中國史學基本典籍叢刊

貞觀政要集校

（修訂本）

上

〔唐〕吴兢 撰
謝保成 集校

中華書局

圖書在版編目(CIP)數據

貞觀政要集校/(唐)吴兢撰;謝保成集校.—修訂本.
—北京:中華書局,2021.2(2025.3 重印)
(中國史學基本典籍叢刊)
ISBN 978-7-101-15053-7

Ⅰ.貞…　Ⅱ.①吴…②謝…　Ⅲ.政書-中國-唐代
Ⅳ.D691.5

中國版本圖書館 CIP 數據核字(2021)第 014724 號

封面題簽:劉德輝
責任編輯:李　爽　劉　學
封面設計:周　玉
責任印製:陳麗娜

中國史學基本典籍叢刊
貞觀政要集校(修訂本)
(全二册)
〔唐〕吴　兢 撰
謝保成 集校
*
中 華 書 局 出 版 發 行
(北京市豐臺區太平橋西里 38 號　100073)
http://www.zhbc.com.cn
E-mail:zhbc@zhbc.com.cn
三河市鑫金馬印裝有限公司印刷
*
850×1168 毫米 1/32 · 25⅝印張 · 6 插頁 · 463 千字
2021 年 2 月第 1 版　2025 年 3 月第 4 次印刷
印數:4501-5300 册　定價:109.00 元

ISBN 978-7-101-15053-7

一 明洪武三年勤有堂刻本（中國國家圖書館藏，中華再造善本影印） 牌記、卷首

洪武庚戌仲冬
王氏勤有堂刊

貞觀政要卷第一

君道第一　　史臣吳兢撰

貞觀初太宗謂侍臣曰爲君之道必須先存百姓若損百姓奉其身猶割股以啖腹腹飽而身斃若安天下必須先正其身未有身正而影曲上理而下亂者朕每思傷其身者不在外物皆由嗜欲以成其禍若耽嗜滋味玩悅聲色所欲既多所損亦大既妨政事又擾生人且復出一非理之言萬姓爲之解體怨讟既作離叛亦興朕每思此不敢縱逸諫議大夫魏徵對曰古者聖哲之主皆近取諸身故能遠體諸物昔楚聘詹何問其理國之要詹何對以脩身之術楚王又問理國何如詹何曰未聞身理而國亂者陛下所明實同古義○貞觀二年太宗問魏徵曰何謂爲明君暗君徵曰君之所以明者兼聽也其所以暗者偏信也詩曰先人有言詢于芻蕘　昔堯舜之世闢四門明四目

二　建治本（日本宮内廳書陵部藏）　上貞觀政要表

不用其計。今日方自悔責。昔漢高
祖遣平城之圍，而賞婁敬；袁紹敗
於官渡，而誅田豐。朕恒以此二事
為誡，寧得忘所言者乎。

貞觀政要卷第九

三　内藤本（日本内藤湖南舊藏）　卷九末、奥書光武不任功臣以吏事所以終全其世者良由得其術也顧陛下深思其宜使夫得奉大恩而子孫終其福祿也太宗並嘉納其言於是竟罷子弟及功臣世襲刺史

貞觀政要卷第三

貞觀政要卷第四

史臣吳兢撰

輔弼第九　直言諫諍第十

興廢第十一　求媚第十二

輔弼第九

貞觀初太宗引虞世南為上客因開文學館中號為多士咸推世南為文學之宗授記室與房玄齡對掌文翰嘗令列女傳以裝屏風于時無本世南暗書之一無遺失

四　寫字臺本（日本龍谷大學藏）卷三末、卷四首

目録

上册

修訂本前言

貞觀政要集校二〇〇三年初版，二〇〇九年、二〇一二年兩次重印均有修訂。一次主要訂正已發現的文字錯漏和串列、串頁，添改、修訂敘録，並將學生做好的人名索引附於書後。一次以明洪武庚戌王氏勤有堂刊本做再校勘，發現先前存在的一些疏漏，以急就的方式補寫入相關處，並將新發表的關於認定貞觀政要進奏年代的一則重要材料一文附在書後。自那時起，決定在兩三年之後集中一段時間對全書進行一次全面修訂。

十多年來一直追尋傳本，發現日本現存鈔本間差異明顯，各系統之内，特别是南家本的代表建治本與南家本系統的興福寺本（興本）、松崎慊堂手澤本（松本）間差異亦多。

原田種成貞觀政要定本所列日本刊本有十二種之多，其中「戈直注所引舊本」以下七種均爲清以後的翻刻本，「戈直注所引舊本」亦無單獨刻本，僅見於戈直集論本注。清以前的刻本實爲前四種，即元槧、明初刊本、韓版注解本、戈直集論本。「元槧」爲戈直集論之前的一種「舊本」，「明初刊本」爲在日本存藏的宋濂作序本的翻刻本，韓版注解本是據「舊本」做注的注解本，「戈直集論本」爲明成化刊本，即通行本。

國內現存貞觀政要刻本主要有三種，一爲戈直集論本元代刻本，一爲戈直集論本明成化刻本，即通行本，一爲宋濂作序本，以明洪武庚戌勤有堂刊本爲初刻本。三個本子中，勤有堂本是經「中秘本」校勘過的刻本，爲現存有上貞觀政要表的唯一刻本。

根據十多年來從不同渠道獲得的各方面讀者的意見，以及對所見鈔本、刻本的進一步認識，確定此次改版基本原則爲：保留「集校」的特色，以勤有堂本爲底本，與現存完整的鈔本及元明其他刻本進行再集校。

與先前集校主要不同點如下：一、先前是一個以鈔本、刻本與相關史籍、文獻進行校勘、擇善而從的「綜合本」，此次是以勤有堂本爲底本，與完整的鈔本及元明其他刻本進行校勘的集校本。二、先前偏重以建治本、内藤本、寫字臺本、勤有堂本及相關史籍、文獻校通行本，此次既校元明刻本間的差異，也校鈔本間（包括同一系統不同本子間）的差異，使「集校」更加名副其實。三、先前所見鈔本一律作爲校本，此次鈔本中僅存一、二卷的日蓮親寫本（蓮本）、傳金澤文庫本（金澤本）、羅振玉本（羅本）和僅見於小田原本考異中的安元本（安本）、永仁本（永本），不再作爲校本。刻本改以元明刻本爲校本，明成化以後的刻本（清嘉慶掃葉山房重鐫本、日本慶長本等）不再作爲校本。王先恭校注魏鄭公諫録引貞觀政要，屬宋濂作序本系統，不再作校本。四、先前對各本卷、篇、章的不同情況雖有説明，但交代不够明晰，給查找造成一定困難。此次圍繞底本，卷、篇情況均加〔案〕説明。章在各本的歸屬不同，在章後〔案〕説明。五、先前有少數根據唐宋相關史籍、文獻校改的字句，此次僅以所列史籍、文獻作參照，不再據以校改文字。

二〇一四年立秋前後轉入改版修訂，二〇一五年四、五月間住院手術，中斷全部工作。養疴半年之後，逐漸恢復修訂，分作四步進行：逐字核對正文，逐條細讀校注，單獨核對全部〔案〕語，完成敘録、凡例、附録的修改。正當前三步交叉進行中，接受了爲「中華傳統文化百部經典」解讀貞觀政要的任務，集校工作便又暫停了下來。但借機對貞觀政要刻本進行了一次新的考察，得見國家圖書館藏兩部洪武庚戌勤有堂刊本、常熟市圖書館藏洪武庚午遵正堂刊本、國家圖書館藏戈直集論本的元代刻本，比較了日藏「元槧」即戈直集論之前的「舊本」與戈直集論本、宋濂作序本之間的異同，區分了戈直集論本元代刻本（名以戈甲本）、明成化及其翻刻本（名以戈乙本）。國家圖書館所藏兩部洪武庚戌勤有堂刊本均有缺頁、配補頁，其中一部影爲「中華再造善本」，便以另一部補齊「中華再造善本」的缺頁，並據常熟市圖書館藏洪武庚午遵正堂刊本、日本静嘉堂文庫藏明初刊本替换了「中華再造善本」用「戈乙本」所補的配補頁。隨後，一面解讀，一面集校，最終完成這個新的集校本，並增加了勤有堂本的書影。

二〇一八年五月六日

貞觀政要集校敍録

貞觀政要十卷，吴兢撰，唐玄宗開元十七年（七二九）在東都洛陽「詣明福門奉表以聞」。

一、吴兢生平與政治傾向

吴兢，汴州浚儀（今河南開封）人。生卒年記載稍有不同，舊唐書卷一〇二吴兢傳記爲：

天寶八年，卒於家，時年八十餘。

新唐書卷一三二吴兢傳爲：

天寶初，入爲恒王傅。……卒，年八十。

以天寶八載（七四九）卒計，若「年八十」，實際年齡爲七十九周歲，生當高宗總章三年即咸亨元年（六七〇）；若「年八十餘」，則實際年齡已過八十周歲，生年不當晚於高宗總章二年（六六九）。吳兢的生年只能是個概數，即生於六六九年前後，或作生於高宗總章、咸亨之交（六六九—六七〇），卒於玄宗天寶八載（七四九）。

吳兢「勵志勤學，博通經史」，武則天當政的最後幾年，魏元忠、朱敬則「深器重之」，薦其有史才。長安三年（七〇三）正月詔修唐史，吳兢以直史館奉命與朱敬則、徐堅、劉知幾等共同修撰。這是吳兢史學生涯的開始。數月後，拜左拾遺内供奉。

中宗神龍元年（七〇五），桓彦範與張柬之等發動政變，武則天還政中宗。中宗以桓彦範爲納言（即侍中），吳兢代桓彦範寫謝表，這就是收在文苑英華卷五七三中的爲桓侍郎讓侍中表，是吳兢現存最早的一篇文章。

不久，柳沖上表請修氏族之譜，吳兢以補闕之職奉詔預修。

神龍二年（七〇六），與劉知幾等預修則天實録。不久，武三思、韋皇后勢力膨脹。補闕張景源以「母子承業，不可言中興」，要中宗承武周之制。補闕權若訥針對神龍元年「一事以上，並依貞觀故事」的中宗制書，以「太后遺訓，母儀也；太宗舊章，祖德也」爲由，認爲「沿襲當自近者始」〔一〕。在武、韋勢力挾制下，中宗動摇了「依貞觀故事」的初衷。武、韋得寸進尺，欲除掉李唐繼承人，「日夜謀譖相王（李隆基生父、後來的睿宗）」，指使侍御史冉祖雍（武三思「五狗」之一）誣奏相王等與太子李重俊相「通謀」舉兵造反。

同爲補闕的吴兢，表現出與張景源、權若訥全然不同的政治態度，景龍二年（七〇八）針對冉祖雍的誣奏上疏中宗，指出誣奏相王是「禍亂之漸，不可不察」，强調「自昔翦伐枝幹、委權異族者，未有不喪其宗社也」。這篇上中宗皇帝疏，保留在册府元龜卷五四五、全唐文卷二九八。

景龍四年（七一〇）六月，安樂公主欲韋皇后臨朝稱制，自爲皇太女，乃合謀毒死中宗。韋皇后密不發喪，自總庶政。李隆基很快平定了諸韋之亂，由其父相王即位，是爲睿宗，改元景雲。幾經動亂，「改中宗之政，依貞觀故事，有志者莫不想望太平」〔二〕，成爲全社會的心聲。姚崇、宋璟「協心革中宗蔽政，進忠良，退不肖，賞罰盡公，請托不行，綱紀修舉，當時翕然以爲復有貞觀、永徽之風」〔三〕。吴兢轉起居郎。

在討平武、韋集團的過程中，太平公主勢力進一步膨脹。經過兩年左右的較量，李隆基一舉盡殲太平公主勢力，親政之後，是爲玄宗，勵精圖治，倚重賢相姚崇，抑權倖、愛爵賞、納諫諍、卻貢獻，使得「貞觀之風，一朝復振」〔四〕。

這幾年，吴兢遷水部郎中，兼判刑部郎中，修史如故。以母喪去官，朝廷幾次「奪情」欲令起復，吴兢三上讓奪禮表，表示要恪守「三年之制」〔五〕。雖然「停職還家」，卻「匪忘紙札」，繼續修撰。開元三年（七一五）守喪期滿，以長垣縣男拜諫議大夫，依前修史。〔六〕開元四年（七一六）十一月，同劉知幾重新修定則天實録三十卷，新成中宗實録二十卷、睿宗實録五卷，姚崇奏請褒賞劉知幾、吴兢。十二月，姚崇罷相，宋璟繼任。史稱：「宋璟爲相，欲復貞觀之政。」〔七〕秘書監馬懷素奏請整比圖書，編次書目，吴兢以衛尉少卿之職奉詔參預編次。直齋書録解題著録貞觀政要，説題「衛尉少卿兼修國史」，「新、舊書列傳，兢未嘗爲此官」。今亦有以「陳氏所云，未免過於武斷」，並引舊唐書同卷（卷一〇二）韋述傳馬懷素受詔編次圖書，奏用「衛尉少卿吴兢并述等二十六人」的一段文字，斷言「舊唐書吴兢傳與新唐書吴兢傳確未載録吴兢曾任衛尉少卿一事」〔八〕，實在是不應該出現的疏忽！各種版本的舊唐書吴兢傳中，在「拜諫議大夫，依前修史，俄兼修文館學士」句之後，清楚地寫道：「歷衛尉少卿、左庶子。」〔九〕新唐書不載此官，豈可殃及舊唐書！

開元六年，吴兢授著作郎兼昭文館學士。

不久，吴兢提出辭去史職，請求外任。他的乞典郡表文字不長，轉録如下：

臣自掌史東觀，十有七年。歲序徒淹，勤勞莫著，不能勒成大典，垂誡將來。顧省微躬，久妨賢路，乞罷今職，别就他官。至於治人之政，在兢尤所詳曉，望令試典一郡，剌舉外臺，必當效績循良，不負朝寄。又，兢父致仕已來，俸料斯絶，所冀禄秩稍厚，甘脆有資。烏鳥之誠，幸垂矜察。〔一〇〕

乞典郡表呈上後，玄宗批答「轉要以從閑，乃回難而就易，私願或愜，公道若何」〔一一〕，不准其請。但隨後爲增其父俸禄，又下詔以「其父鄭州長史處敬爲鳳州刺史，仍聽致仕」〔一二〕。開元八年正月，宋璟、蘇頲同時罷相，源乾曜、張嘉貞接任。五月，源乾曜爲侍中、張嘉貞爲中書令。這就是吴兢貞觀政要序所説「有唐良相曰侍中安陽公、中書令河東公，以時逢聖明，位居宰輔」，二公並相之時，弼諧王政，緬懷故實，以「太宗時政化良可足觀」，「爰命下才，備加甄録」，「於是綴集所聞，參詳舊史，撮其旨要，舉其宏綱」，正式編纂貞觀政要。

先前，吴兢與劉知幾重修則天實録，記有長安三年九月張昌宗誣陷魏元忠，引張説作僞證，「賂以美官」，張説「許之」，宋璟、張廷珪、劉知幾等都正告張説「不可黨邪陷正，以求苟免」。當武則天要張説與魏元忠、張昌宗對質時，張説又改口説是「昌宗逼臣使誣證之」。武則天斥責道：「張説反覆小人。」開元九年（七二一）九月張説入朝，與源乾曜、張嘉貞三人並相。張説以宰相兼修國史，見到則天實録中的這一記述，明知是吴兢所記，卻又説劉知幾論魏元忠事「殊不相饒假，與説毒手」，吴兢當面從容表示：「是兢書之，非劉公修述，草本猶在。其人已亡，不可誣枉於幽魂。」在場的其他修史官都驚異地稱讚吴兢：「昔董狐古之良史，即今是焉。」張説見暗示無效，便私下「頻祈請删削數字」，吴兢回答得很直率：「若取人情，何名爲直筆！」〔一三〕則天實録雖然未改，但吴兢深知張説是「反覆小人」，要長期在這樣一位宰相手下修史，一定會有「小鞋」等着他。果然，吴兢「以父喪解，宰相張説用趙冬曦代之」〔一四〕，從此吴兢便不再任史職了。

開元十一年，張説取代張嘉貞爲中書令，成爲玄宗此間最寵信的宰相。舊唐書張説傳以其「當承平歲久，志在粉飾盛時」，表明「玄宗的重視文治，以張説的用事爲真正的轉捩點」，「在太平盛世，好大喜功的君主，往往要粉飾文治。張説以其人適當其會」〔一五〕。

開元十三年（七二五），吴兢「終喪」，爲太子左庶子。〔一六〕此後，吴兢從另一個方面表現他的政治傾向和耿直品格。當年十月東封泰山，玄宗途中「數馳射爲樂」。吴兢上請東封不宜射獵疏，仍「依貞觀故事」勸諫玄宗，説「貞觀時，太宗文皇帝凡有巡幸，則博選識達古今之士」，「每至前代興亡之地，皆問其所繇，用爲鑒誡」，與當今「騁奔馬於澗谷，要狡獸於叢林，不慎垂堂之危，不思馭朽之變，安可同年而較其優劣」〔一七〕。第二年六月上大風陳得失疏，進一步勸諫玄宗「斥屏群小，不爲慢遊」，「明選舉、慎刑罰、杜僥倖、存至公」〔一八〕。

其間，張説以「引術士占星，徇私僭侈，受納賄賂」被彈劾，罷中書令之職，但修史如故。三個月後，吴兢上請總成國史奏，追述自己參預修國史的經歷，「以丁憂去官，自此便停知史事」的遭遇和所撰國史的情況，特請朝廷給楷書手和紙墨，以便抄録成書。玄宗未復其史職，只是詔吴兢就集賢院「修成其書」。後張説致仕，亦詔其在家修史。張説兼修國史「志在粉飾盛時」，雖然受到玄宗器重，所修國史卻未流傳。吴兢「直書」、「實録」的國史，卻被作爲唐代前期的基本史實寫入兩部唐書，永世流傳。

開元十七年六月源乾曜罷侍中，八月源乾曜封安陽郡公，張嘉貞去世，監修國史由新任中書令蕭嵩接替。緬懷張嘉貞、源乾曜兩位「良相」，又能够避開張説向玄宗進書，吴兢便寫了上貞觀政要表，連同貞觀政要一併奏上。八月五日是玄宗四十五歲生日，名以「千秋節」，「布於天下，咸令晏樂」，吴兢卻在上表中「恥」其「不修祖業」，便以「坐書事不當」被「貶荆州司馬」，但「許以史稿自隨」。〔一九〕

出京以後，可考知的吴兢經歷大致如下：

由於「許以史稿自隨」，吴兢的主要精力便集中在國史修撰上。「中書令蕭嵩監修國史，奏取兢所撰國史，得六十五卷」〔二〇〕，表明在開元二十一年（七三三）蕭嵩罷相之前，吴兢在荆州司馬任上所撰國史爲六十五卷。

接下來，吴兢一面續修國史，一面輾轉「台、洪、饒、蘄四州刺史」。台州（今浙江臨海），屬江南東道，上州。洪州（今江西南昌），屬江南西道，上都督府。饒州（今江西鄱陽），屬江南西道，舊唐書地理志三爲下州，新唐書地理志五爲上州。蘄州（今安徽蘄春），屬淮南道，舊唐書地理志三爲中州，新唐書地理志五爲上州。新唐書本傳以吴兢「累遷洪州刺史，坐累下除舒州」，而未提台、饒、蘄三州。舒州（今安徽潛山），與蘄州爲鄰，在蘄州東，亦屬淮南道，舊唐書地理志三爲下州，新唐書地理志五爲上州。

舊唐書本傳在敘吴兢累遷四州後，接着寫道：「加銀青光禄大夫，遷相州長史，封襄垣縣子。」據刺史任期和「天寶初改官名，爲鄴郡太守」的記載，吴兢遷相州長史、晉爵縣子，當在開元二十九年之前。

舊唐書本傳以此時「封襄垣縣子」，新唐書本傳在貶荊州司馬之前「進封長垣縣男」，均有不當之處。據蘇頲授吴兢諫議大夫制[三]，吴兢封長垣縣男在守諫議大夫之前，即在開元三年（七一五）前後。舊唐書本傳無「進封長垣縣男」，新唐書本傳無「加銀青光禄大夫，遷相州長史，封襄垣縣子」。吴兢既已封「長垣縣男」，舊唐書的「封襄垣縣子」當作「封長垣縣子」爲是。

天寶元年改官名，以州爲郡。相州改爲鄴郡，吴兢由長史晉爲太守，隨即入朝爲恒王傅。在恒王府數年，「意猶願還史職」，李林甫「以其年老不用」。不能修國史，吴兢轉而改纂前代史，「以梁、陳、齊、周、隋五代史繁雜」，别撰梁、齊、周史各十卷，陳史五卷，隋史二十卷。

天寶八載（七四九），卒於家中，時年八十餘。

有關吴兢的生平經歷，詳見書後附録二吴兢學行編年。

吴兢入仕以來，始終以直筆書寫國史爲己任，留下記録唐代前期歷史的系統而可信的原始素材。並以「太宗時政化良足可觀」，能够「作鑒來葉」，因此，在武則天還政至玄宗親政的八年間堅持「依貞觀故事」、熱望恢復「太宗之業」；在開元前期力諫玄宗「克遵太宗之故事」，並「行之而有恒，思之而不倦」，使「貞觀巍巍之化，可得而致矣」。

二、貞觀政要的結構與内容

吴兢以「太宗時政化良足可觀，振古而來，未之有也」，對其「垂世立教之美」的故實，「撮其指要，舉其宏綱」，編成這本「義在懲勸」的貞觀政要。全書十卷四十篇二附篇，表、序之外，按照君道政體、任賢納諫、爲民擇官、教戒皇子、社會公德、從政修養、崇儒興文、固本寬刑、征伐安邊、善始慎終十類編排，包括施政理念的討論、社會風尚的提倡、施政決策的制定、達到治理的表現。吴兢書序概括其書内容爲「人倫之紀備矣，軍國之政存焉」，這裏爲便於把握全書結構與内容，將其分作君道政體、從政修養、基本國策、善始慎終四個方面做一簡述。

（一）君道政體，集中在卷一至卷四。

卷一分二篇，君道篇集中了「爲君」者「安天下」的四大理念：先存百姓、先正自身、君臣共治、善始慎終。

唐太宗即位之初即提出「爲君之道」的兩個「必須」：「必須先存百姓」，「必須先正其身」。接着，魏徵補充了「爲君之道」的另一要則「兼聽納下」。進而，唐太宗提出君臣當「共爲治也」。貞觀中期以後，談「爲君之道」轉以談創業與守成「孰難」爲主，强調守成之難，難在居安思危、善始愼終。

政體篇論施政體制，包括兩大基本關係。一是君臣關係，爲君者，經常「詢訪外事，務知百姓利害、政教得失」；爲臣者，「須滅私徇公，堅守直道，庶事相啓沃」，避免「君臣相疑，不能備盡肝膈」。二是君民關係，如舟與水的關係，「帝王爲政，皆志尚清静，以百姓心爲心」，使「徭役不興，年穀豐稔，百姓安樂」，使「華夏安寧，遠戎賓服」。

君臣關係中還有一層關係，即各機構、各臣僚間的關係。設置中書省、門下省兩大機構，原本爲「相防過誤」，卻有人「護己之短，忌聞其失，有是有非，咸以爲怨」，還有人「苟避私隙，相惜顔面，知非正事，遂即施行，難違一官之小情，頓爲萬人之大弊」，更有人「面從背言」，當面奉承，背後亂説，這都是「亡國之政」，各級官員「特須在意防也」。

政體篇最後一章，反映唐太宗「鋭精爲政」，「得帝王之體」所達到的「古昔未有」的大治景象。

卷二、卷三的任賢納諫、君臣鑒戒、爲民擇官等，都是圍繞「君臣共治」的議論和行事。卷二分任賢、求諫、納諫、直諫附四篇。任賢篇爲貞觀名臣八人，以這樣一個施政核心體現「君臣一體，共爲治也」的關係。求諫、納諫、直諫三篇，展現「君臣上下，各盡至公，共相切磋，以成治道」的施政實踐。唐太宗這一理念是貞觀二年作爲「朕今志在」提出的，既是對「一人獨斷」政體的挑戰，又是貞觀年間求諫、納諫深受歷代推崇的根源所在。唐太宗的聽諫分三種情況，即魏徵所説「恐人不言，導之使諫」，爲「求諫」；「見人諫，悦而從之」，爲「納諫」；「不悦人諫」，經「直諫」而「黽勉聽受」。另有一種情況是君臣認識不一，經反復「執奏」達到一致，「執奏」是另一種形式的「直諫」。還應看到，求諫、納諫、直諫的排序，在一定程度上反映了唐太宗聽諫態度的微妙變化。

卷三分論君臣鑒戒、論擇官、論封建三篇。論君臣鑒戒篇論君臣關係與歷代治亂興衰的關係。魏徵形象地比喻「君爲元首，臣作股肱，齊契同心，合而成體」，「首雖尊高，必資手足以成體，君雖明哲，必藉股肱以致治」，强調「君臣相遇，自古爲難」，殷切希望「上下同心」。論擇官篇論選官與致治的關係，更有對政體篇談君民關係的補充。唐太宗「每夜恒思百姓間事」，使其「或至夜半不寐」的一件事是「惟恐都督、刺史堪養百姓以否」，認爲都督、刺史等地方官「實治亂所繫，尤須得人」，後經馬周再次上疏，決定「刺史朕當自簡擇，縣令詔京官五品以上各舉一人」。强化對地方官的選任，目的在於處理好官民關係。論封建篇所論封建問題，是漢、唐數百年間長期争論的一大「政體」問題，選録了唐代前期最有代表性的論述。

論君臣鑒戒篇最後一章唐太宗發問：「自古草創之主，至子孫多亂，何也？」卷四圍繞這個問題，分論太子諸王定分、論尊敬師傅、教戒太子諸王、論規諫太子四篇。論太子諸王定分篇反映唐太宗對待諸子的微妙變化。貞觀後期，因太子承乾屢教不改，這個問題被提升爲國事中「最急」之事。教戒太子諸王篇教戒的太子是新立太子，唐太宗反復强調「常須爲説百姓間利害事」，並親以吃飯、騎馬、乘舟、依於樹下等日常之事進行教戒，使知「稼穡艱難」、「不盡其力則常有馬」、「水能載舟亦能覆舟」、「木雖曲得繩則正」的道理。同時，命魏徵編纂自古諸侯王善惡録並作序，以歷史教訓教戒諸王，使「置于坐右，用爲立身之本」。論規諫太子篇爲規諫太子承乾的疏奏，反映教戒太子的艱難。

（二）從政修養，緊接君道政體，集中在卷五、卷六。

卷五分論仁義、論忠義、論孝友、論公平、論誠信五篇。仁義、公平、誠信，被提到治國施政的高度。論仁義篇唐太宗提出「今欲專以仁義誠信爲治」，「爲國之道，必須撫之以仁義，示之以威信」。論忠義篇主要記前代、邊族「忠義」之事。論孝友篇以突厥人盡孝表示「仁孝」不分種族。

將執法與公平、誠信聯繫在一起，尤其值得重視。論公平篇論執政公平、執法公平，主要表現在兩件事上。一是對於國舅長孫無忌犯法，唐太宗明確表示：「法者非朕一人之法，乃天下之法，何得以無忌國之親戚，便欲撓法耶？」二是皇帝詔敕不能凌駕於法律之上，詔敕「不穩便」臣下須「執奏」糾正。這是實現「貞觀之治」最突出的兩點。房玄齡提出「理國要道，實在于公正平直」，是對治國施政理念的重要補充。論誠信篇以「信之爲道大矣」，强調君臣間互信，主張對邊族「布德施惠」，使「遠人自服」。

卷六分論儉約、論謙讓、論仁惻、慎所好、慎言語、杜讒佞、論悔過、論奢縱、論貪鄙九篇。從篇目的編排即可看出崇尚儉約，反對奢縱、貪鄙的意向，而且都與「存百姓」、「正自身」的理念緊密相連。

論儉約篇强調「誠能自節，若百姓不欲，必能順其情」，想的是「存百姓」、「正自身」，因此禁斷一切超標準的奢靡消費，使貞觀年間風俗簡樸。論謙讓篇將謙恭作爲一種修養，與存百姓、正自身、納諫諍聯繫在一起。唐太宗表示：「凡爲天子，……但知常謙常懼，猶恐不稱天心及百姓意也。」魏徵更把謙恭視爲「宗社永固」的重要前提，希望「陛下守此常謙常懼之道，日慎一日」。慎所好、慎言語二篇也都如此，一是强調「下之所行，皆從上之所好」，尤須謹慎；二是表示「每日坐朝，欲出一言，即思此一言於百姓有利益否，所以不能多言。」杜讒佞篇論如何避免「曲受讒譖，妄害忠良」，是施政者尤須隨時注意的一大問題。貞觀十六年唐太宗總結自身「勤行三事」時，把「斥棄群小，不聽讒言」與「鑒前代敗事」、「進用善人共成政道」二事相提並論，實際是對貞觀前中期治國施政經驗的一個簡要概括。論悔過獨立爲篇，結合論公平、論刑法篇相關記事，表明把敢於承認過錯作爲衡量國君修養的一項標準。奢縱、貪鄙被視爲最惡劣的兩種品質與行徑分作兩篇，以實例和論述指出其必將導致喪國、身亡的危害。正因爲此，論奢縱篇有二章與卷八辯興亡篇重出，表明奢縱與興亡的密不可分。論貪鄙篇不僅指出「賢者多財損其志，愚者多財生其過」，「徇私貪濁，非止壞公法、損百姓」，更將貪鄙與喪國、亡身緊緊聯繫在一起，反復强調「爲主貪，必喪其國；爲臣貪，必亡其身」，應當引以爲深誡。

通過卷五、卷六可以看到，經貞觀君臣的提倡和力行不倦，雖然人們生活並不十分富足，社會卻是風氣淳樸，崇尚節儉，人自謙恭，相互友愛，處事公平，講究誠信，不信讒邪，戒奢戒貪，呈現出一幅治世的美好情景。

（三）基本國策，集中在卷七至卷九，用十六個字概括：興文備武，布德施惠，固本寬刑，富國强兵。

卷七爲興文教，分崇儒學、論文史、論禮樂三篇。崇儒學篇以執政在用人，用人必須以德行、學問爲根本，將勤學視爲一種美德。論文史篇一則强調「人主唯在德行」、「有益於人」，不圖虚名，二則要求國史紀實無隱，「改削浮詞，直書其事」。論禮樂篇内容較爲龐雜，多與社會風習密切相關，涉及禮樂的社會功用、社會和諧等諸多問題，如懲革婚嫁陋習鄙俗，公主下嫁應遵守禮儀、孝敬公婆，爲人之道首先要「和睦九族」、使整個家族相親相愛，杜絶祝壽過生日，提倡不忘父母辛勞，等等。

卷八爲固本富國，用法寬平，分務農、論刑法、論赦令、論貢獻、禁末作附、辯興亡六篇。務農篇强調「國以人爲本，人以衣食爲本，凡營衣食，以不失時爲本」、「省徭薄賦」、「積穀於民」、「使比屋之人，恣其耕稼，此則富矣」、「鄉間之間，少敬長、妻敬夫，此則貴矣」，不僅勾畫出「貞觀之治」富國富民的實際圖景，而且反映唐太宗的「富貴觀」，即發展生産，關注民生，和睦家庭，穩定社會，並將這一切與「唯欲躬務儉約，必不輒爲奢侈」緊緊聯繫在一起，印證着「先存百姓」、「先正自身」的基本治國施政理念。

論刑法、論赦令篇應與卷五論公平、論誠信篇結合閲讀，一是指出「法乃天下之法」，二是針對「法司覆理一獄，必求深刻，欲成其考課」的弊端，反復强調「深宜禁止，務在寬平」，表明實現「用法務在寬簡」並不容易。論貢獻、禁末作附、辯興亡篇，與節儉、慎所好密切相關，都是從關係興亡的角度取材和論證的。

卷九爲備武强兵，分議征伐、議安邊二篇，主要反映唐太宗關於「土地雖廣，好戰則民凋；中國雖安，忘戰則民殆。凋非保全之術，殆非擬寇之方，不可以全除，不可以常用」的理念，體現「中國既安，遠人自服」，懷之以德，慎用武力的國策。但議征伐篇也不隱諱唐太宗晚年在征高麗問題上拒諫的事實，反映其「終不如初」的細微變化。

（四）善始慎終，在卷十最後一卷。

卷十論行幸、論田獵、論災祥、論慎終四篇，都與能否「善始慎終」相關，而以論慎終篇爲重點。

卷一君道篇始論創業與守成問題，卷十論慎終篇全是關於「居安思危，善始慎終」的論述。這一篇第一章表明，唐太宗明確提出「安不忘危，治不忘亂，雖知今日無事，亦須思其終始」的理念，是在「天下大治」初見成效之後的貞觀五年。貞觀十三年魏徵上十漸不克終疏，專門對比唐太宗十餘年間十個方面「稍乖曩志（稍背初心）」、「漸不克終」的表現，並分析「其故何哉」的原因：「豈不以居萬乘之尊，有四海之富，出言而莫己逆，所爲而人必從，公道溺於私情，禮節虧於嗜欲故也？」直至貞觀十六年，仍然提醒唐太宗：「願陛下常能自制，以保克終之美，則萬代永賴！」

儘管唐太宗「功業雖盛，終不如初」，但畢竟是歷史上「居安思危，善始慎終」做得最好的皇帝，所以吴兢熱望唐玄宗「克遵太宗之故事」。

全書記事，與開元鼎盛之時皇帝、皇族驕奢淫逸，權臣、貪官「徇私僭侈，受納賄賂」形成鮮明對照。上貞觀政要表、書序所説「正詞鯁義，志在匡君」，「義在懲勸」，用意十分明顯。吴兢生活在「開元全盛」時代，卒後五年即發生「安史之亂」，唐朝逐漸走向衰落。修則天、中宗、睿宗實録，續修國史，使吴兢對唐前期的歷史非常熟悉。雖然身處「盛世」，並不熱衷「粉飾盛時」，而是隨時提醒玄宗，「太宗時政化良足可觀」，熱望玄宗「行之而有恒，思之而不倦」，並表示出「陛下儻不修祖業，微臣亦耻之」的鮮明態度。玄宗不采吴兢的一片苦心，未能「克遵太宗之故事」，結果是有善始而無善終，八年的安史之亂雖然没有亡唐，卻逼玄宗縊死愛妃，失去帝位，被禁大内，老病孤寂而死，唐朝開始走下坡路。

自中晚唐以來，「貞觀之治」成爲「有國有家者」實現天下大治應遵循的「前軌」，也成爲中國歷史上帝制社會最受稱道的治世，貞觀政要隨之被視爲「帝學」的圭臬。

「貞觀之治」的取得，不同於以往的治世。貞觀君臣十分重視從歷代哲人論述和歷代興衰教訓中總結治國施政之道，亦即從「哲人」、「亡國」兩個方面「取鑒」，而且是「爲在身之龜鑒」，從自身治國施政實際出發，結合治國施政實踐，綜合各家學説、歷代興衰得失，確立施政理念，制定治國決策，提倡傳統美德，期以宏遠目標，並得到實現，成爲歷史上最受推崇的治世。

貞觀政要與哲人論述、歷代史書不同，是結合客觀實際，對貞觀君臣治國理念、治國實踐的歷史總結，因此融匯了唐代以前中國最優秀的治國施政思想、治國施政經驗，是對中國歷史上取得輝煌治國施政成就的實際經驗的系統總結。中華傳統文化中的優良成分，天下爲公、民惟邦本的思想，爲政以德、德法相濟的主張，富不忘貧、居安思危的觀念，正己修身、慎獨謙恭的修養，以及崇仁義、盡職守、求公平、守誠信、重教育、尊師長、尚和睦、講友愛、倡儉約、反奢縱、遠讒佞、戒貪鄙等，在書中都有記録和論述，爲提升治國施政水平提供了豐富的智慧滋養。

總起來説，貞觀政要是總結中國歷史進程中上升階段即將達到鼎盛之際的治國施政思想、治國施政實踐的一部最具代表性的著述，是僅有思想觀念而無實踐驗證的各類政論集、史論集無可企及和取代的。「良足可觀」的「太宗時政化」，吴兢「盛中見衰」的前瞻意識，是讀貞觀政要應當並重的兩大基本方面，也是貞觀政要能够恒久遠、永流傳的根本原因所在！

這一現存最早專門記録貞觀年間君臣論政、施政的政論集，是吴兢在修纂唐代國史過程中，「綴集所聞，參詳舊史」而成，較現存其他相關史籍，包括舊唐書、新唐書、唐會要等都更爲詳細，提供出不少重要史料。但由於是「志在匡君，用備勸戒」而「撮其指要，舉其宏綱」，因此在編纂上難免漏略、疏誤。首先是重貞觀前中期君臣的嘉言美行，缺少對貞觀後期微妙變化的記載，如任賢篇不記唐太宗晚年疑魏徵阿黨，不記唐太宗臨終前對李勣的猜疑；再如貞觀二十一年唐太宗總結「朕所以成今日之功」的「五事」，第五事即「自古皆貴中華，賤夷、狄，朕獨愛之如一」[三]，卻隻字未提。其次是編纂上的具體問題，一是繫年不準確，如政體篇將魏徵與封德彝論自古理政得失繫於貞觀七年，論擇官篇將唐太宗謂封德彝曰繫於貞觀二年，都忽略了封德彝貞觀元年六月卒這一事實。二是有的章編排不盡符合篇的分類，如卷五論公平篇與卷八論刑法篇中魏徵的幾篇奏疏，究竟編在哪一篇更合適？再如卷八論赦令篇第二、三章，據其内容應編在論刑法篇。三是全書有三章完全重複，即卷六論貪鄙篇末章與卷三論君臣鑒戒篇末章，卷八辯興亡篇第二、四章與卷六論奢縱篇第一、三章重出。

三、貞觀政要進奏時間辨析

貞觀政要雖有表奏、自序，卻無明確成書時間和進奏時間，自宋至清引出種種臆測。舊唐書吴兢傳未載其編録貞觀政要，整部舊唐書正文没有一處提到這本書，只在文宗紀下有一句五代後晉的「史臣曰」：「帝在藩時，喜讀貞觀政要。」北宋時，新唐書、資治通鑑並考異多次提及此書，但新唐書吴兢傳仍未載其編録貞觀政要之事，只在藝文志二雜史類有吴兢唐書備闕記十卷、太宗勳史一卷、貞觀政要十卷，都在「不著録」範圍，表明唐代未曾著録，是宋代的藏書。

南宋時，兩大目録家都著録了此書，晁公武郡齋讀書志的著録僅擇吴兢書序片語隻言，陳振孫直齋書録解題的著録集中反映了當時對此書的瞭解情況，全文如下：

貞觀政要十卷

唐吴兢撰。前題「衛尉少卿兼修國史」。按新、舊書列傳，兢未嘗爲此官。而書亦不記歲月，但其首稱「良相侍中安陽公、中書令河東公」，亦未詳爲何人。館閣書目云「神龍中所進」，當考。〔二三〕

從這段著録看，南宋時對於吴兢的任職與貞觀政要的進奏時間存有疑問，認爲中宗神龍年間進奏並非完全可信，應加考證。

半個多世紀後，王應麟玉海著録貞觀政要，引書目如下：

兢序有曰：「有唐良相曰侍中安陽公、中書令河東公，命加甄録。」以表考之，乾曜、嘉貞開元八年五月始拜是官。按本紀，開元八年乾曜爲侍中，張嘉貞爲中書令，十一年而嘉貞貶，十五年乾曜罷。至九年九月張説亦相。若二公並相之時，蓋可知矣，其上於開元八年、九年歟。〔二四〕

這是開元八、九年間進書説的最早記録。

清修四庫全書總目，又有改變：

其書在當時嘗經表進，而不著年月，惟兢自序所稱侍中安陽公者乃源乾曜，中書令河東公者乃張嘉貞。考玄宗本紀，乾曜爲侍中、嘉貞爲中書令，皆在開元八年，則兢成此書，又在八年以後矣。書中所記太宗事蹟，以唐書、通鑑參考，亦頗見牴牾。……史稱：「兢敘事簡核，號『良史』，而晚節稍疏牾。」此書蓋出其耄年之筆，故不能盡免滲漏。〔二五〕

「出其耄年之筆」，成爲開元、天寶之際成書、進書說的代表。

下面，分別對上述三種說法逐一進行辨析。

（一）中宗時進書說

直齋書録解題目録類著録宋代書目（不含金石、書畫）十六種，只對南宋中興館閣書目、館閣續書目提出批評，認爲館閣書目「中興以來庶事草創」，「其間考究疏謬」；館閣續書目「纂續前録，草率尤甚」。所以，陳振孫認爲「館閣書目云『神龍中所進』當考。」這中間，首先應當辨明兩點認識。

第一，人多以爲玉海關於開元八、九年進貞觀政要是王應麟的考證，其實是書目的考證。玉海卷四九唐貞觀政要、太宗勳史合條這樣寫：「志雜史：『吴兢貞觀政要十卷、太宗勳史一卷。』書目：『兢於太宗實録外采太宗與群臣問對之語，以備勸戒，爲政要凡四十篇十卷……若二公並相之時，蓋可知矣，其上於開元八年、九年歟。』會要：『元和二年……』。文宗贊：文宗『嘗讀太宗政要……』。魏謩傳：『文宗讀貞觀政要……』。通鑑：宣宗書貞觀政要於屏風……。」都是引用的唐宋著録，並非王應麟的考證。

第二，通常以王應麟所引書目爲中興館閣書目，但與前面陳振孫引館閣書目「神龍中所進」相矛盾，其原因就在於王應麟所引並非南宋中興館閣書目，而是北宋李淑邯鄲書目。這可從玉海中得到確證。玉海引兩宋書目，主要有崇文總目（或曰崇文目）、書目、中興書目（即中興館閣書目，或曰中興目）、中興續書目（或曰續書目），唯有書目不知所指。但從玉海的兩條著録可知此書目非中興館閣書目，而是李淑邯鄲書目。其一，卷四六五代史、五代史記合條，先引中興書目介紹薛居正等撰五代史，再引書目介紹歐陽修撰五代史記，表明書目與中興書目絶非同一書目。其二，卷三六後魏關子明易傳條，先引書目關於關子明易傳的詳細著録及「文中子録子明事」，並作注云「王氏易道宗於子明」，然後引晁氏志的著録，强調「李邯鄲始著之目，云王通贊易蓋宗此也」。這證明「李邯鄲始著之目」，即玉海所引之書目。再從玉海卷五二書目類看，在慶曆崇文總目、淳熙中興館閣書目之間，稱「書目」者有元祐秘閣書目、政和秘書總目，均爲中興書目、會要著録。其間的李淑圖書十志，中興書目著録爲「淑皇祐中撰邯鄲書目十卷，子德芻再集其目三十卷」，知李淑「始著之目」既稱圖書十志，又稱邯鄲書目。再回過頭來看玉海卷四九天聖三朝寶訓條，王應麟清楚地寫着：

> 天聖五年十月乙酉，監修(國)史王曾言：「唐史官吴兢於正史、實録外，録太宗與群臣問對之語，爲貞觀政要。今欲采太祖、太宗、真宗實録、日曆、時政記、起居注，其間事迹不入正史者，别爲一書，與正史並行。」從之。六年五月，曾奏委李淑修纂，宋綬、馮元看詳。……十年正月(即明道元年)，敕以三朝寶訓爲名。……康定元年四月十八日，淑又言：寶訓欲先讀第一卷政體。

不僅「王曾言」與上引書目「兢於太宗實録外采太宗與群臣問對之語，以備勸戒，爲政要」文字如出一轍，而且王曾委李淑仿效貞觀政要修纂三朝寶訓，表明李淑非常瞭解貞觀政要的流傳和版本。隨後，李淑編録完成邯鄲書目[二六]，才有關於貞觀政要表、序、篇目的四百餘字的詳細著録被王應麟載入玉海。邯鄲書目編成於北宋皇祐己丑(一〇四九)，爲著録貞觀政要最早、最詳的書目。館閣書目編成於南宋淳熙五年（一一七八），陳振孫認爲「其間考究疏謬，亦不免焉」。王應麟引邯鄲書目，不僅比館閣書目早一百三十年，而且比館閣書目翔實，是頗具眼光的選擇，同時表明北宋年間根本没有中宗時進書的説法。

最早把中宗時進書説寫進貞觀政要刻書序的是現存兩大刻本系統的最初刻印者。元末戈直在集論本貞觀政要序後以「按」的形式寫有吴兢小傳：

神龍中，爲右補闕，累遷衛尉少卿，兼脩文館學士。復脩史，於是采摭太宗朝政事之要，隨事載録，以備勸戒，合四十篇上之，名曰貞觀政要。開元中，爲太子左庶子。

明初宋濂重刻貞觀政要序云：

初，兢屢脩國史，見文皇之朝，君明臣忠，可取爲後嗣法，乃纂是書，十卷合四十篇，上之中宗。然當復辟之初，轉移之機，間不容髮。使中宗能觀之，以法文皇，則削武氏位號，而崇恩之廟不復矣；信任舊臣敬暉諸人，不罷政事矣；嚴於陰治，韋氏之禍不致蹈覆轍矣。奈何視爲空文而弗之講，徒使兢之孤忠遑遑焉而無所伸，可勝歎哉！〔二七〕

然而，二人完全無視吴兢書序的「有唐良相曰侍中安陽公、中書令河東公」，「爰命下才，備加甄録」的事實。戈直更不知吴兢「累遷衛尉少卿，兼脩文館學士」是開元年間的事。宋濂雖以「兢爲衛尉少卿兼修文館學士，與史所載頗不合」，卻又妄加推測：「疑神龍進書之時，方改右補闕，未應升遷如此，豈或他有所據耶？」顯然，都缺乏對那段史實的詳細瞭解。因此，戈直按的「神龍中」上之、宋濂序的「上之中宗」，均不足爲據！

上世紀五十至七十年代，日本學者原田種成系統研究日本現存貞觀政要各種寫本後，形成「兩次進書説」，主要觀點如下：一是江家本上貞觀政要表最後有「景龍三年正月　日衛尉少卿兼修國史崇文館學士臣吴兢等上表」二十六字，認爲中宗時吴兢上「初進本」，上書表是向中宗奉上「初進本」而作；「開元初」吴兢爲太子左庶子，新增教戒太子和諸王的篇章，源乾曜、張嘉貞二人並相，命其撰録，修改上進，爲「開元初年的再進本」，書序是向玄宗奉上「再進本」時所作。二是「初進本」和「再進本」兩個系列並行，分別流傳到日本。宋刊本是根據「再進本」附入「初進本」的資料而編成。〔二八〕這是唯一提出了「證據」的論證，因而給中國學者造成某種誤解，如認爲貞觀政要其書「本有景龍三年正月上書表，是早在中宗時即已撰成，至開元年間稍事修訂重撰序文進上而已。四庫全書所據元人戈直本無景龍上書表，所以講不確切」〔二九〕，再如「根據原田種成的貞觀政要定本，上貞觀政要表進呈的時間是中宗景龍三年（七〇九）正月」〔三〇〕等。然而，這「證據」的真實性和可靠性卻大有問題。

首先，江家本上貞觀政要表最後二十六字有着極其明顯的錯誤，與吳兢經歷不符，根本不能成爲吳兢在中宗時「初進」貞觀政要的「證據」！

中宗時吳兢尚未任衛尉少卿之職，只是從七品上的左補闕，不可能兼任弘（修、昭）文館館職。吳兢爲衛尉少卿在開元四年以後，衛尉少卿官階從四品上，才符合五品以上兼館職稱「學士」的規定。但這是開元年間的事，不可能提前到中宗時。吳兢歷官「弘（修、昭）文館學士」沒有問題，卻從未有過「崇文館學士」的經歷。崇文館爲東宮官署，隸左春坊。太宗時置崇賢館，高宗上元時爲避太子李賢名諱改崇文館。昭文館爲朝廷官署，隸門下省，高祖時置，後改弘文館。中宗神龍元年爲避孝敬皇帝名諱改昭文館，二年改修文館。景雲中，復爲昭文館。至玄宗開元七年，定名弘文館。稱吳兢爲昭文館學士、修文館或弘文館學士都可以，而以其爲崇文館學士就大錯而特錯了！崇文館、弘（修、昭）文館分屬兩個職官系統，連崇文館、弘（修、昭）文館都分不清楚，怎麼會是吳兢本人親寫的上表呢？

其次，江家本上貞觀政要表最後二十六字，不僅書寫格式存在問題，而且與南家本、菅家本上貞觀政要表末的「詣明福門奉表以聞」時間、地點矛盾。

南家本、菅家本上貞觀政要表末爲「謹詣明福門奉表以聞。謹言。」江家本在「謹詣明福門奉表以聞，誠惶誠恐。謹言」之後多出「景龍三年正月……臣吴兢等上表」二十六字。表前已用「臣兢言」，表末又署「臣吴兢等上表」，不僅不符合上表的書寫習慣和格式，而且還多一個「等」字，誰會認爲是吴兢本人書寫的呢？

明福門，是唐代東都洛陽皇宫内宫宫門之一，詳見下引唐六典。在東都覲見皇帝，明福門是進宫路綫之一。在東都上疏皇帝，才可能「詣明福門奉表以聞」。然而，自神龍二年護武則天靈駕還西京長安以後，中宗就常駐西京，不在東都。資治通鑑清楚地記載着：景龍三年關中饑，群臣以「運山東、江、淮穀輸京師，牛死什八九，群臣多請車駕復幸東都。韋后家本杜陵，不樂東遷，乃使巫覡彭君卿等説上云：『今歲不利東行。』後復有言者，上怒曰：『豈有逐糧天子邪！』乃止。」〔三〕中宗在位的幾年根本不在東都，尤其景龍三年絶不在東都，職爲左補闕、起居郎的吴兢，只能隨中宗在西京，怎麽會「詣」東都皇宫的明福門「奉表以聞」呢？

其三，只要對照書序與上表，誰先誰後十分清楚，證明並不存在「兩次進書」的情況。書序這樣表述：

> 太宗時政化良足可觀，振古而來，未之有也。……凡一帙十卷，合四十篇，名曰貞觀政要。

上表這樣表述：

> 竊惟太宗文武皇帝之政化，自曠古而來，未有如此之盛者也。……撰成一帙十卷，合四十篇，仍以貞觀政要爲目，謹隨表奉進。

書序始命「名曰貞觀政要」，上表用「仍以貞觀政要爲目」，表示沿用已經確定的書名。如果説書序是寫給玄宗的，開元時名其書爲貞觀政要，那麽中宗神龍（或景龍）中的上表怎麽會用「仍以貞觀政要爲目」的表述呢？書序在先，上表承其後，這已是無可辯駁的事實，證明江家本上貞觀政要表末的「景龍三年正月……臣吴兢等上表」二十六字絶非吴兢手筆，中宗時「初進」説不攻自破，也就不存在什麽「兩次進書」了。

江家本上書表末尾的「景龍三年正月　日衛尉少卿兼修國史崇文館學士臣吴兢等上

表」二十六字多與史事不符，原田種成或許不熟悉唐代史事，不瞭解直齋書録解題的著録，但國内唐史專家在陳振孫已經明確提出「當考」的情况下，不作任何考察便引以爲據，未免有輕信之嫌！

説神龍年間面對政令是否「依貞觀故事」的政治紛争，吴兢開始考慮編録「貞觀故事」是完全可能的，也是令人信服的。但要説其已經編成貞觀政要，並進書中宗，卻没有絲毫可信的證據。

原田種成以「天下托望中宗者洵篤」，吴兢「深欣慕創業英主，編貞觀政要而上進，期中宗以中興之主」，但中宗昏庸，「吴兢之微衷終無效」，與上引宋濂刻書序的説法極爲相似。

果真如此的話，不能回避的問題就會提出來：吴兢在開元初參預編定中宗實録，並受到褒獎，爲什麽以實録、國史爲「底本」的舊唐書隻字不提這一史實呢？

前面已經説過，景龍二年（七〇八）武、韋勢力加緊密謀，作爲諫官（左補闕）的吴兢，針對安樂公主等「日夜連謀，欲陷相王」，上疏中宗，這就是新唐書摘有片斷的上中宗皇帝疏。吴兢上此疏是載入了中宗實録的，資治通鑑景龍元年（神龍三年）八月考異證明：

「實録載此事於今年八月。」〔三二〕時隔僅僅一年多的「景龍三年正月」，爲什麽目前所能見到的與唐代實録、國史有直接淵源關係的任何史籍都没有吴兢上貞觀政要的絲毫綫索，難道吴兢連自己「上進」貞觀政要「期中宗以中興之主」也忘記寫入中宗實録了嗎？參預編定中宗實録，只記自己上疏中宗，卻不記自己上貞觀政要，主張中宗時進書者如何回答這個問題？陳振孫認爲館閣書目「神龍中所進」的説法「當考」，或許就是從實録中發現問題的，因爲他那個時候還能够看得到完整的唐代實録。

至於認爲吴兢上貞觀政要表篇末所言「昔殷湯不如堯舜，伊尹耻之；陛下儻不修祖業，微臣亦耻之」，「只有在中宗時説這些話才有現實意義」，而開元十三年玄宗還在「大收群書，以廣儒術」，表明他「更加重視貞觀年間太宗的治國之道」，不存在所謂「不脩祖業」的問題。〔三三〕

景龍二年上中宗皇帝疏，吴兢已經在直諫中宗不要聽信「賊臣」誣奏相王，强調「自昔剪伐枝幹、委權異族者，未有不喪其宗社也」，並舉例「秦任趙高，卒致傾敗；漢委王莽，遂成簒逆」云云。對照上貞觀政要表開頭一段文字，「若陛下之聖明，克遵太宗之故事，則不假遠求上古之術，必致太宗之業。……今聖德所感，可謂深矣」，會是説給中宗的嗎？

唯有針對前期的玄宗更符合實際。而且，應當區分的是，我們是在考察吴兢對玄宗的看法，不是談後人對玄宗的歷史評價。開元十三年吴兢上請東封不宜射獵疏，已認爲玄宗與太宗安可「同年而較其優劣」〔三四〕了，這與上貞觀政要表中「陛下儻不脩祖業，微臣亦耻之」不正吻合嗎？換句話説，此時的玄宗，在吴兢心目中的印象，與後來史家的評價並不完全一致。分析吴兢上表是否可能「耻」玄宗，只能看吴兢本人當時對玄宗的認識，不應該將他人對玄宗的認識套用在吴兢頭上。

（二）開元八、九年進書説

王應麟所引北宋李淑邯鄲書目最先考得書序中「侍中安陽公」爲源乾曜、「中書令河東公」爲張嘉貞，「二公並相之時」在開元八年五月至開元九年九月之間，認定貞觀政要「上於開元八年、九年」。

然而，這一考證同樣存在疏忽。其一，忽略了書序中「爰命下才」數字，將吴兢受命編纂貞觀政要的時間誤認作爲進奏時間。依據書序，開元八、九年「二公並相」之際，應該是吴兢受命正式編纂貞觀政要之時。其二，忽略了張嘉貞開元十三年封河東侯、源乾曜開元十七年封安陽郡公的事實，書序怎麽可能提前寫上「侍中安陽公、中書令河東公」呢？

其三，忽略了舊唐書經籍志著録有開元九年十一月元行沖上奏的群書四部録，卻沒有吳兢的貞觀政要。舊唐書經籍志是根據元行沖群書四部録、毋煚古今書録「録開元盛時四部諸書」而成，卷前序文清楚交待：開元「九年十一月，殷踐猷、王愜、韋述、余欽、毋煚、劉彦真、王灣、劉仲等重修成群書四部録二百卷，右散騎常侍元行沖奏上之。自後，毋煚又略爲四十卷，名爲古今書録，大凡五萬一千八百五十二卷。」舊唐書經籍志史部書目類著録的最後一部目録書是「群書四録二百卷，元行沖撰」，但在整個史部卻不見著録貞觀政要。吳兢參預了「詳録四部書」，儘管沒有參加到最後，但在群書四部録完成之前如果有貞觀政要進奏，負責史部書的韋述是不可能忘記或忽略掉的！舊唐書經籍志著録開元九年十一月上奏的群書四部録，不著録吳兢的貞觀政要，答案只能是：開元九年十一月以前，貞觀政要沒有完成，不可能上奏，自然也就沒有著録。

（三）開元、天寶之際成書、進書説

四庫全書總目以其書「蓋出其耄年之筆」，顯然説的是成書而非進書。

上世紀八十年代末，有論吳兢一文在正確指出二公封爵的時間後，以源乾曜封爵在開元十七年，推斷其成書「當在開元十七年之後」，「定稿和進呈」在開元、天寶之際，「主要根據」有三：其一，吴兢在上貞觀政要表中説：「臣愚比嘗見朝野士庶有論及國家政教者，咸云：若陛下之聖明，克遵太宗之故事，則不假遠求上古之術，必致太宗之業。故知天下蒼生所望於陛下者，誠亦厚矣！」認爲「這幾句話所反映出來的社會背景，頗不象是開元前期、中期的所謂『開元盛世』，而倒很象是開元後期的政治環境。」其二，上貞觀政要表還説：「昔殷湯不如堯舜，伊尹耻之；陛下儻不修祖業，微臣亦耻之。」認爲「這種口氣，當然不是從一個普通的地方官員或普通的中央官員口中説出來的；只有那些具有相當影響的地方官員和中央官員，才有可能對皇帝這樣説話」，天寶初年，吴兢由封疆大吏升爲恒王的老師，恒王「授右衛大將軍，加開府儀同三司」，「地位是很顯赫的」。其三，吴兢撰成貞觀政要一書，正值李林甫青雲直上之時，「他在序中推崇『良相』，正是爲了譏刺李林甫這樣的『奸相』。」〔三五〕

這樣的一些推斷，未免疏忽、武斷。

第一部分已經披露出吴兢與張説的種種分歧，還應注意張嘉貞、源乾曜、張説三人並相時出現的種種不和：中宗時，張説爲兵部侍郎，張嘉貞爲兵部員外郎，同爲宰輔後，張説位張嘉貞下，便借故譏諷道「宰相也，時來即爲，豈能長據」，以此「激怒嘉貞，由是與説不叶」。十一年，張嘉貞弟嘉祐「髒污事發」，張說趁機搞倒張嘉貞，出其爲幽州刺史，張嘉貞「恨張說擠己」，在中書省與宰相宴會時「攘袂勃罵」〔三六〕。玄宗寵信張說，以張說爲中書令，源乾曜「不敢與之争權，每事皆推讓之」，但到十二年爲泰山封禪事，張說與源乾曜「由是頗不相平」〔三七〕。在張說排擠張嘉貞之時，「小鞋」也穿到了吴兢的腳上，這就是前引新唐書吴兢傳所說，解除了吴兢的史職。所以，十四年吴兢連上二疏。

一是因大風拔木毁屋，玄宗詔群臣陳得失，吴兢上大風陳得失疏，「恐陛下左右有奸臣擅權，懷謀上之心」，「賕謁大行，趨競彌廣」，勸諫玄宗「斥屏群小，不爲慢遊」〔三八〕，不用說也知其所指。

二是因「停知史事」而上請總成國史奏，其中有如下一段「訴狀」：

臣往者長安、景龍之歲，以左拾遺、起居郎兼修國史。時有武三思、張易之、張昌宗、紀處訥、宗楚客、韋温等，相次監領其職。三思等立性邪佞，不循憲章，苟飾虚詞，殊非直筆。臣愚以爲國史之作，在乎善惡必書，遂潛心積思，別撰唐書九十八卷、唐春秋三十卷，用藏於私室。雖綿歷二十餘年，尚刊削未就。但微臣私門凶釁，頃歲以丁憂去官，自此便停知史事。〔三九〕

張嘉貞受張説排擠後，吴兢隨即被張説解除史職，因此吴兢將「停其史事」的張説，同長安、景龍之歲相次監領史職的武三思、張昌宗等相提並論。更何况，當年張昌宗誣陷魏元忠，引張説作僞證，張説「許之」。而且，事態發展果然如吴兢所料，張説以「引術士占星，徇私僭侈，受納賄賂」被彈劾，玄宗「憐之」，僅罷張説中書令之職，朝廷有事「常遣中使訪之」〔四〇〕。在這種情况下，源乾曜罷職，張嘉貞去世，緬懷二人，稱之爲「良相」，最符合吴兢此時的心境！

以恒王傅的地位來證明上貞觀政要表最後數句的語氣，更難令人信服。恒王「授右衛大將軍、加開府儀同三司」，並不表示其「顯赫」。王，是正一品爵，無需用從一品的文散、正三品的武職來表示其地位「顯赫」。而且，在玄宗封王的二十二子中，有一多半都加開府儀同三司的散階，絶不證明其「顯赫」。相反，恒王「性好道，常服道士衣」，將吴兢派給這樣的皇子爲傅，用意恐怕是不欲吴兢有所爲。特别應當弄清楚的是：玄宗諸子多不出閤，以至王府之官地位益輕，往往不受重視，王傅一度廢置。天寶中，包括恒王在内的十四王均居内宅，在西京長安安國寺東附苑城，爲大宅，各皇子分院而居，「府幕列於外坊，時通名起居而已」〔四一〕。作爲恒王傅的吴兢，僅備名問候起居，恐怕連上疏皇帝都不可能，還會有什麽「耻」之類的語氣。相反，太子的地位較比任何一個「王」的地位都要「顯赫」，太子左庶子在東宫被比作朝廷的侍中，且有上疏諫言的職責，用「耻」一類的口氣上疏玄宗，不比徒有虚名的王傅更符合身份嗎？所以，開元十七年職爲太子左庶子的吴兢，比天寶初身爲恒王傅的吴兢上貞觀政要、「耻」玄宗「不脩祖業」更具真實性。

尤其應該知道，自開元二十五年「車駕不復幸東都矣」〔四二〕，玄宗常駐西京長安。吴兢不論在地方任職，還是隨恒王常駐西京長安，都不會「詣」東都皇宫明福門「奉表」進奏貞觀政要！

在考辨了上述三種進書時間不能成立之後，再來論證開元十七年進書。

五代時期纂修舊唐書，經後梁、後唐兩代史館努力，至後晋高祖天福六年詔修唐史時，搜得的唐代史料如修史官賈緯所奏：「唐高祖至代宗，已有紀傳；德宗至文宗，亦存實録。」〔四三〕「高祖至代宗，已有紀傳」，指的就是吴兢、韋述接續修成的唐史。

從前引開元十四年七月請總成國史奏所説「斷自隋大業十三年，迄乎開元十四年春三月，即皇家一代之典，盡在於斯矣」可知，吴兢所修國史，是對開元十四年以前各家國史的總其成之作。但「全用實録、國史舊本」的舊唐書卻没有貞觀政要的一絲一毫綫索，這只能認爲吴兢上請總成國史奏時，或其國史下限「開元十四年春三月」以前，貞觀政要還没有進奏。

整部舊唐書都没有提及貞觀政要，新唐書吴兢傳雖然比舊唐書吴兢傳補充了重要内容和文字，仍然未提及貞觀政要。這不能不使人産生疑問：貞觀政要究竟進奏没有？若不是尚存上貞觀政要表，似乎可以認爲貞觀政要没有上奏。有了「詣明福門奉表以聞」八個字的上書表，確證其書是上奏了，但没有下文。因此，史書不會記載，吴兢傳也就不可能有「撰貞觀政要，行於時」之類的敍述。舊唐書卷七三附傳李仁實，僅僅二十九字，「李仁實，魏州頓丘人。官至左史。嘗著格論三卷、通曆八卷、戎州記，並行於時」，將其著述交待得清清楚楚。而且經籍志上史部雜史類也著録有：「通曆七卷，李仁實撰。」人們當然不希望吴兢的貞觀政要在唐代還不如李仁實的通曆知名，總是試圖找出其進奏的合理時間。開元九年没有進呈、開元十四年没有上奏，還有什麽時間有合理的上奏理由呢？

許道勳、趙克堯唐明皇與楊貴妃（即唐玄宗傳）專有吴兢獻貞觀政要一節，以開元十七年每事切諫的吴兢，不爲玄宗所容，「出爲荆州司馬」，那部早已編成而未及上獻的貞觀政要也隨身帶去了。就在這年，他素來敬仰的宰相源乾曜，被罷免了侍中的職務，得了個「安陽郡公」封號。也在這年，他敬仰的原宰相「河東侯」張嘉貞病逝於洛陽。吴兢百感交集，憂國憂民，情不自禁地寫下二百餘言的貞觀政要序。大約不久，吴兢將貞觀政要呈獻給玄宗，「上表批評玄宗不如太宗，開元中期不如前期。因此，建議從隨表奉進的貞觀政要中，擇善而從，克遵前軌，以致太平之業。但遺憾的是，玄宗似乎不理睬吴兢的一片心意，從現存的史籍中看不到玄宗對貞觀政要的一絲一毫的反應……説明他已經背離了『依貞觀故事』的方針」〔四四〕。但遺憾的是，没有將吴兢奉進貞觀政要的時間具體，只認爲是在開元十七年吴兢被貶後「不久」。

隨後，筆者一連發表試解貞觀政要成書之「謎」、再論貞觀政要的成書問題——日本學者原田種成的「兩次成書説」難以成立、關於認定貞觀政要進奏年代的一則重要材料三文〔四五〕，斷定其書在開元十七年八月至被貶荆州之前的數月中進奏。

確定吴兢進書在開元十七年八月或稍後的基本依據是兩條不可動摇的史實，一是鈔本南家本、菅家本上貞觀政要表末的「詣明福門奉表以聞」八個字，二是貞觀政要序開頭的「有唐良相曰侍中安陽公」。

先説「詣明福門奉表以聞」八個字。唐六典卷七記載：

（東都）皇宮在皇城之北。南面三門：中曰應天，左曰興教，右曰光政。其内曰乾元門。興教之内曰會昌，其北曰章善。光政之内曰廣運，其北曰明福。乾元之左曰萬春，右曰千秋，其内曰乾元殿。……明福之東曰武成門，其内曰武成殿；明福之西曰崇賢門，其内曰集賢殿。〔四六〕

明福門，在東都皇宮内，從光政門進入，經廣運門往北。從明福門再往西是崇賢門，其内是集賢殿。同書卷九集賢殿書院明確記着「集賢殿書院，開元十三年所置」。開元十四年七月吴兢上請總成國史奏，玄宗「敕兢就集賢院修成其書」〔四七〕，表明玄宗是讓吴兢往東都，在集賢院修書，這才有可能「詣明福門奉表以聞」。開元十七年吴兢被貶荆州司馬，至天寶元年累遷台、洪、饒、蘄四州刺史，轉相州長史、鄴郡太守，長期居官在外。外官進書，杜佑爲淮南節度使檢校左僕射、同平章事，尚且「自淮南使人詣闕獻」通典〔四八〕，吴兢僅爲刺史，豈能逾制「詣明福門奉表以聞」？顯然，吴兢被貶之後進書説難以成立。

再説「有唐良相侍中安陽公」。侍中安陽公，指宰相源乾曜，開元十七年六月罷侍中之職，八月封安陽郡公。吴兢書序的寫定時間只能在這一年八月或稍後，不可能提前，進書更不可能在此之前。罷源乾曜侍中的同時，以蕭嵩爲中書令，取代張説，並加蕭嵩集賢殿學士、知院事、兼修國史銜。在源乾曜封安陽郡公前幾天，先前命吴兢「甄録」貞觀政要的另一「良相」張嘉貞去世。緬懷兩位「良相」，避開張説進書，正當其時。於是，吴兢在寫定書序（稱「有唐良相曰侍中安陽公、中書令河東公」）之後，又寫了上貞觀政要表，連同貞觀政要一併經集賢殿學士、知院事、兼修國史蕭嵩「奉表以聞」，「詣明福門」就成了必經之路。

「詣明福門奉表以聞」，不僅證明吴兢「奉表」進奏貞觀政要的時間在開元十七年（七二九）八月或稍後，亦可推定吴兢「十七年，出爲荆州司馬」的具體時間在當年八月至年底前。

通盤考察過後，應得出的結論是：在中宗景龍三年之後的幾年，面對政令是否「依貞觀故事」的政治紛争，吴兢開始考慮編録「貞觀故事」。玄宗開元四年修定則天、中宗、睿宗實録受到褒獎後，吴兢着手編輯貞觀政要。開元八年「二公並相」，吴兢受命正式編纂貞觀政要。其後，不斷改修、調整，才有寫字臺本卷四與其他各本卷四的不同。直至開元十七年（七二九）八月或稍後，吴兢在東都洛陽「詣明福門」正式進奏貞觀政要。

四、貞觀政要的流傳與版本

開元十七年，吴兢「坐書事不當，貶荆州司馬」，荆州是重鎮，正由玄宗第十六子永王璘遥領大都督。所以，舊唐書只用「出爲荆州司馬」五字以示「懲罰」不重，貞觀政要没有被禁毁。這樣，在玄宗之世有三個本子同時並存：一是正式進奏本，没有得到玄宗認可，留在集賢院未經著録，因而新唐書藝文志將其列入「不著録」的範圍。二是進奏本的底本。三是底本之前的稿本。後二種，在吴兢家中。

唐代貞觀政要的流傳，自玄宗至順宗五帝均不見記載。迄今所見最早讀貞觀政要的記載是玉海卷四九引會要「元和二年十二月（憲宗）謂宰臣曰：近讀貞觀政要……六年三月帝曰：嘗讀貞觀政要……」，這不能不使人們將目光轉向德宗至憲宗時的著名史官蔣乂。

蔣乂（七四七—八二一），吴兢外孫。蔣乂出生時，吴兢尚在世，吴兢的藏書，包括著述稿本和底本，以及西齋書目，是完整保存了下來的。郡齋讀書志著録吴氏西齋書目：

「唐吴兢録其家藏書，凡一萬三千四百六十八卷。兢自撰書，附於正史之末，又有續鈔書列於後。」〔四九〕吴兢故去後不幾年，幼年的蔣乂便「從外家學，得其書，博覽强記」〔五〇〕。蔣乂「家藏書一萬五千卷」，無疑包括吴兢藏書「一萬三千四百六十餘卷」以及「兢自撰書」，必然能够得見貞觀政要的底本和稿本。蔣乂之父將明，集賢殿學士，以安史之亂後圖籍淆亂，奏引蔣乂入院助其整理。蔣乂用一年多時間，便於亂中勒成部帙，得二萬餘卷。而整理貞觀政要，無疑會參考家中所存貞觀政要的底本和稿本。如果連蔣乂都弄不清貞觀政要的成書進奏和文字淆亂，其他人就更難有發言權了。貞觀政要在唐代被皇家視爲定本的本子，是經蔣乂整理的本子，才有後來所説「中秘本」。德宗貞元九年，蔣乂累轉右拾遺，充史館修撰。史稱其「在朝垂三十年，前後每有大政事、大議論，宰執不能裁决者，必召以咨訪。乂徵引典故，以參時事，多合其宜」〔五一〕。

現今所見「讀貞觀政要」最早的記載在唐憲宗時，顯然跟「每有大政事、大議論」必召蔣乂「咨訪」，蔣乂「徵引典故」、推薦貞觀政要有直接關聯，證明是蔣乂使其外祖父的遺著得以重見天日的。經蔣乂整理過後，唐文宗、唐宣宗，直至宋仁宗所讀，即玉海卷四九唐貞觀政要條接着唐憲宗讀貞觀政要之後的唐文宗「嘗讀太宗政要」、唐宣宗「書貞觀政要於屏風」、宋朝仁宗慶曆七年「嘗讀太宗政要」的貞觀政要，均屬這一版本系統。玉海引書目（邯鄲書目）著録貞觀政要的文字，爲反映這一版本系統最詳盡的文字：

兢於太宗實録外采太宗與群臣問對之語，以備勸戒，爲政要凡四十篇十卷，始君道、政體、任賢、求諫，終於謹（慎）終。表云：「比見朝野士庶論及國家政教者，咸云『若陛下之聖明，克遵太宗之故事，則不暇遠求上古之術，必致太平之業。』」序云：「有唐良相曰侍中安陽公源乾曜、中書令河東公張嘉貞，爰命下才，備加甄録。」君道、政體一卷，任賢、求諫、納諫二，君臣鑒戒、論擇官上下、論封建三，太子諸王定分、尊師傅、教戒太子、規諫太子四，仁義、論忠義、孝友、公平、誠信五，儉約、謙遜、仁惻、謹（慎）所好、謹（慎）言語、杜讒邪、論悔過、論奢縱、論貪鄙六，崇儒學、文史、禮樂七，務農、刑法、赦令、辨興亡、貢賦八，謹（慎）征伐、議安邊九，行幸、田獵、災祥、謹（慎）終十，凡十卷四十篇。〔五二〕

現存元、明刻本，與所著録的十卷四十篇的篇目基本相同。鈔本不論南家本、菅家本，還是寫字臺本，與所著録的十卷四十篇的篇目卻有差異。

（一）刻本的流傳

迄今所知，在北宋編録新唐書藝文志之前，五代後唐國子監天成二年（九二七）刻印過貞觀政要，並流傳到南宋紹興年間。〔五三〕傳入契丹者，重熙十五年（一〇四六），遼興宗命譯漢籍，蕭韓家奴「欲帝知古今成敗，譯通曆、貞觀政要、五代史」〔五四〕。西夏有貞觀政要西夏文譯本，俄藏爲木刻本，現存三十葉，著録於西夏書籍目録〔五五〕；英藏爲殘葉，共二二〇枚，詳見英藏黑水城文獻〔五六〕。金哀宗時，趙秉文輪直進講尚書、貞觀政要，並進貞觀政要申鑒。貞觀政要申鑒引保存在閑閑老人滏水文集卷一五，但譯本不傳，不知所據版本情況。天禄琳琅書目卷三金版史部著録貞觀政要云：「書前有大定己丑八月進士唐公弼序，稱南京路都轉運使梁公出公府之資，命工鏤版。」大定己丑，金世宗大定九年，南宋孝宗乾道五年（一一六九）。

及至元代，經戈直集論之後，貞觀政要刻本逐漸形成三個系統，一是戈直集論之前的「舊本」，二是戈直集論本，三是宋濂作序本。〔五七〕

1 戈直集論之前的「舊本」，以日本秩父宮家舊藏趙文敏寫刻本爲代表（簡稱「元刻」），署名「史臣吴兢撰」，無上貞觀政要表。全書十卷四十篇二附篇（卷二有直諫附、卷八有禁末作附），重出四章，較明本多卷七論禮樂篇與卷三論君臣鑒戒篇重出的「貞觀十四年特進魏徵上疏」一章。

2戈直集論本(統稱「戈本」),以明成化元年(一四六五)刻本爲代表(即通行本),無上貞觀政要表。全書十卷四十篇一附篇(卷二有直諫附,卷八無禁末作附,少明本、元刻、韓版關於「禁末作」的三十九字)。除貞觀政要序署「唐衛尉少卿兼修國史修文館學士吴兢撰」之外,再無「史臣吴兢撰」的字樣,各卷均署「戈直集論」。正文之中,「舊本」稱太宗爲「上」處一律改爲「太宗」,夾注人名、地名、制度、故事、引書等,兼有少量校字,包括對引書的校字,章末用資治通鑑校以史事。低二字引述二十二家諸儒有關論述,低四字是戈直「斷以己意」的「愚按」。

這個本子初刻在元至順四年(一三三三),但迄今未見。見於著録和公布者有二本:一本爲國家圖書館藏汲古閣原藏本,據卷端汲古閣細朱文「元本」橢圓印和「甲」字方印以及書後雍正十年宋筠墨寫題記所云「元槧貞觀政要」,「雖元本宛似南宋精刻」等語,推斷爲元代刻本;另一本爲臺北「故宫博物院」藏「天禄琳琅」原藏本,據天禄琳琅書目後編卷九元刻史部著録「元戈直集論」,「前有直自序,及所取諸儒姓氏二十二家,有吴澄題辭,至順四年郭思貞序」,判定不一,或謂高麗復元本,或謂明代蜀藩刻本,暫定爲元代刻本。這兩個刻本，是元至順四年以後，戈直集論本在元代的刻本。明憲宗時，以其書「傳刻歲久，字多訛謬，因命儒臣重訂正之，以永其傳」，卷首新增明憲宗成化元年御製序，成爲通行本。翻刻之多，中國古籍善本書目著録明成化元年内府刻本有二十六家、成化十一年崇府刻本有十一家、明刻本有八家。於是，戈直集論本有了元代刻本、明代刻本之別。爲區分起見，統稱戈直集論本爲「戈本」，稱其據至順四年本刻印爲「戈甲本」，據成化元年本刻印爲「戈乙本」。

清代的寫印，四庫全書所收内府本、嘉慶戊午掃葉山房重鐫本等，均屬戈直集論本系統，爲「戈乙本」的翻本。

3在「戈甲本」流傳的同時，「舊本」流傳到明初出現了新的校勘本，這就是宋濂作序本，以洪武庚戌（一三七〇）王氏勤有堂刊本爲代表（簡稱「明本」）。

洪武元年八月至三年十月，宋濂爲修元史總裁官，主持修成元史二百一十卷。作爲修史總裁官，憑藉調集皇家藏書的機會得見皇家所藏貞觀政要，所以在重刻貞觀政要序中提到「中秘本」：

南、北刻本，多有舛訛。臨川戈直嘗集諸家而校讎之，然亦未能盡善。……遂假

中秘本重爲正之，理有可通者因仍其舊，不敢輒改。〔五八〕

從這段序文知道，戈直集論所見「舊本」，即當時尚存的「南北刻本，多有舛訛」，儘管戈直曾「薈萃衆本，參互考訂」，但其僅是一介「庶士」、「儒士」，所見刻本雖衆，卻未得見「中秘本」，所以書中没有吴兢上貞觀政要表。

前面談到，貞觀政要在玄宗之世有三個本子同時並存，吴兢家藏貞觀政要底本或稿本雖然流向社會、坊間，但都不可能有上貞觀政要表。吴兢的進奏本留在集賢院，成爲中唐以後直至明初皇家藏本即「中秘本」。只有進奏本才會有上貞觀政要表，宋濂「假中秘本」進行校勘、重刻貞觀政要，使吴兢上貞觀政要表得見天日，成爲這一版本的重要標誌。

宋濂重刻貞觀政要序没有寫作年份，署有官銜——「奉議大夫、國子司業」。據明史本傳，宋濂洪武四年授國子司業，洪武庚戌（三年）勤有堂刊本前的宋濂刻書序只能是洪武四年或稍後補刻入書的，這恰恰證明勤有堂本是這一版本系統中最早的刻本，亦即初刻本。

其書篇章結構與「舊本」同，十卷四十篇二附篇（卷二有直諫附，卷八有禁末作附，多關於「禁末作」的三十九字）。卷首爲宋濂重刻貞觀政要序，緊接着是吴兢上貞觀政要表、吴兢貞觀政要序及目録。刻書牌記之後即貞觀政要正文，每卷均署「史臣吴兢撰」。每篇各章接排，除首章外，各章起首有○作爲標記。正文之中，有十九處稱太宗爲「上」，一如宋濂序云，「因仍其舊，不敢輒改」。每頁二十六行，每行二十四字，保留着元代刻本的基本特點。陸心源皕宋樓藏書志卷二四著録：

貞觀政要十卷，元刊本。唐史臣吴兢撰。上貞觀政要表、自序。按：此元刊細字本，每葉二十六行，每行二十四字，小黑口，與明刊本相似。

有上貞觀政要表，每頁行數、每行字數，都與宋濂作序本同，表明宋濂所假「中秘本」或即陸心源所見「元刻本」，其所云「與明刊本相似」的「明刊本」即這一版本。

這一刻本，國家圖書館善本部藏有兩本。一本（索書號A01221）吴兢上貞觀政要表缺後半頁（一面十行），卷二任賢篇李勣、馬周二章間的一頁（二面二十六行）、卷十論慎終篇最後三頁（五面五十六行），據「戈乙本」配補，「中華再造善本」貞觀政要據此本影印。另一本（索書號03835）吴兢上貞觀政要表完整，卷二任賢篇缺李勣、馬周二章間的一頁（二面二十六行），卷三論封建篇第二章李百藥奏論缺半頁（一面十三行），卷十論慎終篇最後三頁（五面五十六行）據别本配補，且有脱誤。兩個藏本互補之後，吴兢上貞觀政要表、卷三論封建篇第二章李百藥奏論不再缺文，但仍有兩處補頁，即卷二任賢篇李勣、馬周二章間的一頁（二面二十六行），卷十論慎終篇的最後三頁（五面五十六行）。

這一版本系統，見於著録和公布者另有二本：一本爲江蘇省常熟市圖書館藏洪武庚午（一三九〇）范氏遵正堂刊本，是仿勤有堂本的一個翻刻本，刻印時間、刻印版式最接近勤有堂本，只可惜僅存表、序、前五卷，不是全本，但上貞觀政要表的後半頁（一面十行）與國家圖書館藏勤有堂本（03835）全同，吴兢貞觀政要序中「爰命下才」的「下」字没有描改；另一本爲日本静嘉堂文庫藏明初刊本，雖表、序、十卷齊全，但各卷無「史臣吴兢撰」的署名，是明初的另一個翻刻本。

此外，日本有一韓版注解本（簡稱「韓版」），是據戈直集論之前「舊本」做注的注解本，但删除了卷七論禮樂篇與卷三論君臣鑒戒篇重出的「貞觀十四年特進魏徵上疏」一章。

（二）鈔本的流傳

貞觀政要鈔本，所見均在日本。藤原佐世奉敕編定的日本國見在書目録「卅雜家」著録有貞觀政要，表明貞觀政要一書在此之前已經傳入日本。其「正史家」著録東觀漢記百卌三卷後有如下一段文字：

右隋書經籍志所載數也。而件漢記，吉備大臣所將來也。其目録注云：此書凡二本……真備在唐國多處營求，竟不得其具本，故且隨寫得如件。今本朝見在百卌二卷。〔五九〕

由這段文字可知，吉備真備從唐朝帶到日本大批圖籍，並編有目録。吉備真備作爲遣唐留學生，是天正靈龜二年（七一七）隨遣唐使入唐，聖武天平六年（七三四）隨下一次遣唐使返回。孝謙天平勝寶三年（七五一）又被任命爲遣唐副使，至五年返回。吉備真備「在唐國多處營求」圖籍，應當在其遣唐留學的十七年間（七一七—七三四）。此時吴兢剛剛遭貶，進奏本尚未獲得朝廷認可，不可能讓吉備真備抄録。而且，就目前日本現存鈔本承傳情況看，與吉備真備没有多少關係。更何況日本國見在書目録著録貞觀政要，是火災過後殘存下的十四卷（或篇）。

日本現存貞觀政要鈔本數目雖多，約二十餘種，但完整而承傳清楚的鈔本僅有兩大系統：一爲南家本系統，一爲菅家本系統。

1南家本系統，奥書記其承傳，最早可以追溯到安元三年（一一七七），由正三位行宫内卿兼式部大輔播磨權守藤原永範「奉授主上既訖」。此即安元本，今僅見於貞觀政要小田原本考異中。

其後，經建久五年（一一九四）、建保四年（一二一六）、嘉禄三年（一二二七）、建長三年（一二五一）、六年傳寫講授，到建治元年（一二七五）抄寫的一部，其奥書記曰：「于時建治第一之曆初冬上旬之候，於燭下所終功也，治部權少輔平朝臣兼俊。」〔六〇〕是爲建治本，日本現存貞觀政要最古寫本。

寶曆五年（一七五五）南都興福寺謄寫一部，是爲興福寺本（興本，亦稱寶曆本）。卷十末奥書，自安元三年至建久六年爲南家本奥書，接下來是「承元二年（一二〇八）四月十五日甲寅奉授主上既訖。此書當家已奉授二皇了。實帝王之高抬貴手，吾道之重寶也。雖片時不可出他處者也。從三位行民部卿藤原朝臣光範（春秋八十三歲）。」以下，爲貞永、永仁、弘安記，正德二年修補。第一册第一葉欄外所記「凡朱書者菅本之原本也，墨書者南家本之寫也」。

2菅家本系統，奥書記其承傳，最早可以追溯到建保四年之前，中經建保四年（一二一六)、嘉禄元年(一二二五)、貞應三年(一二二四)、安貞二年(一二二八)、嘉禎四年(一二三八)、仁治三年(一二四二)、弘長二年(一二六二)傳寫講授。到永仁四年(一二九六)抄寫的一部，其奥書記曰：「永仁四年丙申十月三日書寫訖，執筆宋人明道。」此即永仁本，今僅見於貞觀政要小田原本考異中。

永禄三年(一五六〇)，李部大卿菅長雅抄録一部，爲内藤湖南氏藏，故稱内藤本，是現存菅家本系統最古寫本。卷一政體篇貞觀十九年一章，末句爲「庶幾於時康道泰爾」。「時康」二字旁注以「光孝天皇諱」，「道泰」二字旁注以「文德諱」。日本當年「御座時，不讀御諱」，這兩則旁注是爲了提醒向天皇講讀時應避諱所加。文德天皇八五〇—八五八年在位，光孝天皇八八四—八八七年在位，由此可知菅家本傳入日本的時間不會晚於文德天皇。吉備真備之後，文德天皇之前，有兩次派遣遣唐使，一次在桓武延曆二十年至二十四年(八〇一—八〇五)，正當唐德宗晚年；一次在仁明承和元年至六年(八三四—八三九)，正當唐文宗時。原田種成推測：菅家本貞觀政要是菅原清公爲遣唐判官，從唐朝帶入日本的。菅原清公受命爲遣唐判官，時在桓武延曆二十年(八〇一)八月，正式出發在延曆二十三年七月，至延曆二十四年(八〇五)六月返回日本，在唐朝僅僅一年(八〇四—八〇五)〔六二〕,正當唐德宗、憲宗之交,蔣乂整理本業已完成,雖未經著録,但從其有「詣明福門奉表以聞」八個字的上書表而言,菅原清公抄録的是蔣乂整理本。不過要注意,菅家本卷九闕,是據宋刊本補入的。

文化六年(一八〇九)菅原長親寫本,卷二、卷九末奥書,與内藤本奥書同。各卷末有文化六年五、六月間菅原長親寫記,此爲菅原長親本。菅原長親本,又有若干轉寫本,據悉其楊氏觀海堂本現藏臺北「故宫博物院」。

兩大系統之外,另有一「異本」系統,卷四與南家本、菅家本、各刊本完全不同,有兩家傳本:寫字臺文庫藏本(寫字臺本)缺卷一、卷二;藤波家藏本(藤波本)缺卷一、卷二、卷七、卷八。兩本均缺奥書識語,傳授情況不得而知。

現存最古假名貞觀政要(假名本),卷四與寫字臺本、藤波本全同,乃源賴朝妻北條政子命菅原爲長用假名翻譯之譯本,文禄四年(一五九五)梵舜自寫,正保四年(一六四七)木版刊印。據菅家本奥書,菅原爲長仁治三年(一二四二)爲後峨嵯天皇進講貞觀政要用的是菅家本,而此譯本所據則非菅家本系統。由此可知,「異本」系統與菅家本系統差不多同時傳入日本,只不過没有受到重視而已。「異本」與南家本、菅家本同時傳入日本,更加説明藤原氏、菅原氏、北條氏等傳抄的貞觀政要，是通過多種途徑獲得的吴兢的稿本、進奏本的底本抑或蔣乂整理本，絶非吴兢的進奏本或所謂「定本」。

江家本奥書記道：「本云：以累代秘説本奉授聖上了，尤可秘藏也。寛弘三年三月五日，吏部大卿江判。朱云：寛弘九年閏七月念一日，藤家本一校了。江匡衡。」寛弘三年，一〇〇四年，表明江家本的年代。今僅見於貞觀政要狩谷掖齋校本、松崎慊堂手澤本所引。

鈔本之多，難以盡數。文政元年（一八一八），阿波介藤原以文以所見古寫本合校，爲現存第一個合校本，但各本承傳系統並不完全清楚，也没有與刊本進行校勘，録其古本校合凡例如下：

八條左府本　二條院御點本　菅本　或本　南家本　異本　古本　一本　摺本　イ本　才本　家本　自本　永本菅長雅卿親寫本，有永禄三年之奥書，故稱永本，今爲五條家藏　江家本原本卷子本，有匡衡朝臣奥書，故稱江本。

由此可知，古本校合校合了存世古寫本十五種。以所見奥書識語爲據，貞觀政要在日本受到重視、開始流傳，是在江匡衡（九五二—一〇一二）所在年代，相當於北宋太宗、真宗時期。而系統承傳、抄録，年代則大致相當於北宋末年。

比較南家本、菅家本、寫字臺本與元明刻本，除南家本、菅家本、明本有上貞觀政要表，寫字臺本、元刻、韓版、戈本無上貞觀政要表之外，尚有篇目有無、章之有無的差異。

甲、篇目有無

其一，卷二直諫附，元刻、明本、韓版、戈本有，南家本、菅家本、寫字臺本無。

其二，卷四，寫字臺本與各本不同，爲輔弼第九、直言諫爭第十、興廢第十一、求媚第十二。

其三，卷八禁末作附，元刻、明本、韓版有（多關於「禁末作」的三十九字），南家本、菅家本、寫字臺本、戈本無。

其四，卷八辯興亡第三十四，元刻、明本、韓版、戈本有，南家本、菅家本、寫字臺本無。由此，卷九、卷十出現編序的不同：南家本、寫字臺本爲卷九議征伐第三十四、議安邊第三十五，卷十論行幸第三十六。菅家本爲卷九（據宋刊本補）議征伐第三十五、議安邊第三十六，卷十論行幸第三十六，出現「第三十六」的重複。

其五，卷十論災祥第三十九，南家本、菅家本、寫字臺本分爲論祥瑞第三十八、論災異第三十九。

乙、章之有無

其一，元刻、明本、韓版、戈本均有，南家本、菅家本無者十四章：卷二納諫篇三章，直諫附四章，卷三論君臣鑒戒篇二章，卷五論公平篇一章，卷六論貪鄙篇四章。

其二，南家本、菅家本有，元刻、明本、韓版、戈本均無者十六章：卷一政體篇六章，卷六慎所好篇一章，杜讒佞篇三章，論悔過篇一章，論奢縱篇一章，論貪鄙篇一章，卷七論文史篇一章，卷八務農篇一章，論刑法篇一章。

其三，寫字臺本有，南家本、菅家本、元刻、明本、韓版、戈本均無者五章：直言諫争篇二章，興廢篇三章。

其四，戈本有，元刻、明本、韓版無者二章半：卷一政體篇一章、卷五論忠義篇一章、論公平篇半章（貞觀十一年魏徵上疏的後半部分，即理獄聽諫疏及太宗手詔）。

丙、章的分合、排序不同

以南家本與明本對照，卷九議征伐篇實際内容並無差異，明本十三章，南家本有兩處是合二章爲一章的，所以爲十一章。太宗帝範一章（貞觀二十二年），明本依時間順序排在第十一章，南家本以這一章屬武德九年的一章，將兩章合爲第一章，顯然年代有誤，編排失序。

丁、文字錯亂

以卷十論慎終篇貞觀九年的一章最具代表性，因文字錯亂致使文意背離。

南家本、菅家本、寫字臺本原文：房玄齡進曰：「臣觀近古撥亂之主，皆年踰四十，惟漢光武年三十三。豈如陛下年十八便事經綸，遂平天下，二十九昇爲天子，此則武勝古也。少從戎旅，不暇讀書，貞觀已來，手不釋卷，知風化之本，見理政之源，行之數年，天下大治，此又文過古也。昔周、秦以降，戎狄内侵，今戎狄稽顙，皆爲臣吏，此又懷遠勝古也。已有此功業，何可得不善始慎終耶？」

元刻、明本、韓版、戈本原文：房玄齡因進曰：「陛下撝挹之志，推功群下，致理昇平，本關聖德，臣下何力之有？惟願陛下有始有卒，則天下永賴。」太宗又曰：「朕觀古先撥亂之主，皆年踰四十，唯光武年三十三。但朕年十八便舉兵，年二十四定天下，年二十九昇爲天子，此則武勝於古也。少從戎旅，不暇讀書，貞觀以來，手不釋卷，知風化之本，見政理之源，行之數年，天下大理，風移俗變，子孝臣忠，此又文過於古也。昔周、秦已降，戎狄内侵，今戎狄稽顙，皆爲臣妾，此又懷遠勝古也。此三者朕何德以堪之？既有此功業，何得不善始慎終邪！」

兩段幾乎相同的文字，鈔本是房玄齡稱讚唐太宗，刻本是唐太宗自我炫耀。前面一篇（論災祥篇）前一年（貞觀八年），唐太宗剛剛表示過：「吾之理國，良無景公之過。但朕年十八便爲經綸王業，北翦劉武周，西平薛舉，東擒竇建德、王世充，二十四而天下定，二十九而居大位，四夷降伏，海内乂安。自謂古來英雄撥亂之主無見及者，頗有自矜之意，此吾之過也。」一年過後，同樣的讚美之辭，出於房玄齡之口，比唐太宗自誇更合乎實情。況且唐太宗還有「此三者朕何德以堪之」一句，表示自謙之意。兩段文字比較，以鈔本爲當。

出現上述種種情況，主要是因爲貞觀政要始終是稿本、進奏本的底本、蔣乂整理本交互流傳，加之抄寫的失誤，難免脱漏、錯訛。

至於寫字臺本卷四的四篇二十一章，應是最初編録貞觀政要的素材，稿本没有編入，但在進奏時感到需要進一步提醒玄宗「克遵太宗之故事」，而且在上表中也表示出了「陛下儻不脩祖業，微臣亦耻之」的鮮明態度，卻又不可能改變全書結構，便從輔弼篇選出二章、直言諫争篇選出十章，從鈔本所未見的素材中選出三章，將「直言諫争」簡化爲「直諫」，編爲一篇，作爲納諫篇的附篇。

禁末作、辯興亡二篇，南家本、菅家本、寫字臺本均無，表明吴兢的稿本没有這兩個篇目。進奏時針對玄宗掀起的奢靡之風，把「禁末作」與興亡聯繫在一起，增加了辯興亡、禁末作二篇。原以論祥瑞、論災異分作二篇，論祥瑞只有一章，便把論祥瑞、論災異二篇合爲論災祥一篇，以禁末作爲附篇，仍然保持全書四十篇的篇數不變。

由於是進奏前增加，直諫篇有「直言諫争」各章爲基礎，所以内容充實，而「辯興亡」、「禁末作」先前没有充分的國史舊文積累，只能從其他篇選出内容近似的幾章編入，結果出現分類不當和重出的情况，而且編排也存在問題。

禁末作附，第一章禁巧匠造傀儡戲具，與篇目相符。第二章，雖然後半部分與卷六論儉約篇第一章重出，但一開始有唐太宗所説「爲政之要，必須禁末作……」的三十九字爲鈔本、戈本所無，也算與篇目相符。第三章是關於寬宥前代名臣忠節子孫的詔書，顯然屬於「編排不當」。戈直在移易篇章時，撤銷這一篇，將一、三章分别移在卷六慎所好篇、卷五忠義篇，以第二章與卷六儉約篇第一章重複而删除，隨之將「爲政之要，必須禁末作……」的三十九字删掉。

辯興亡篇四章，有二章與卷六論奢縱篇重出，戈本在移易篇章時做了「去彼存此」的處理。

這中間還有一個篇目排序問題需要指出。玉海引邯鄲書目的著録，貞觀政要卷八的篇目是「辯興亡」在前、「貢賦」在後，而元刻、明本、韓版、戈本卻是論貢獻（貢賦）在前、辯興亡在後。由於附篇未見於玉海著録，不知直諫、禁末作究竟是哪一篇的附篇。但以直諫附納諫當無疑義，而以禁末作附論貢獻（貢賦）顯然欠妥，當爲辯興亡篇的附篇，由於刻印中顛倒了論貢獻、辯興亡二篇順序所致，這從刻本吴兢貞觀政要序所列篇目可以得到證明。刻本吴兢貞觀政要序所列第八卷的篇目都是辯興亡三十三在前、論貢賦（獻）三十四在後，而正文卻都是論貢獻（賦）三十三在前、辯興亡三十四在後，顯然是刻印時弄顛倒的。

鈔本有、刻本無的各章，如果説是蔣乂「於亂中勒成部帙」所致的話，那麼鈔本無、刻本有的各章，只能是日本現存各鈔本之外還有他們没有見到的本子，這足以證明日本現存鈔本與蔣乂整理本不完全相同，日本現存鈔本不可能是什麽「定本」！至於戈本有，元刻、明本、韓版無者，則是戈直集論時據坊間傳鈔本增添，這在鈔本中都有。

綜上所述，充分説明南家本、菅家本、寫字臺本所據絶非「吴兢定本」。陳寅恪通過白居易七德舞詩與貞觀政要文的對照，已有論斷：「其實縱得日本傳寫政要之全本，恐亦不能悉復吴氏原書之舊觀。」〔六二〕

戈直集論貞觀政要未作集校，造成「字多訛謬」、「尚有脱漏」無本可校，這不能不説是一大憾事。日本學者憑藉流傳的各種鈔本、刻本，進行過多次校合，在文字校異方面做了大量細緻的工作，但囿於南家本、菅家本兩個承傳系統，輕信江家本上貞觀政要表末的二十六字，便把日本所傳貞觀政要古寫本與所傳元明刻本以及唐、宋、明相關史籍、文獻進行合校的合校本謂之爲「吴兢定本」。其所謂「吴兢定本」，只不過是一個以建治本爲底本，以鈔本無、刻本有的各章作爲「補篇」的本子，而且羼入了貞觀政要以外其他史籍、文獻的文字。

此次改版，以最具代表性的元明刻本與日藏南家本、菅家本、寫字臺本進行再校勘，

並附以寫字臺本卷四各章，提供一個以有上貞觀政要表的最早刻本爲底本的新集校本。〔六三〕

二〇〇〇年十一月二十八日初稿

二〇〇一年三月二十八日一版稿

二〇〇九年三月十六日二版稿

二〇一八年四月十一日修訂本稿

注釋

〔一〕新唐書卷二〇六武三思傳。

〔二〕隋唐嘉話卷下，中華書局點校本。

〔三〕資治通鑑卷二〇九唐紀睿宗景雲元年七月。

〔四〕舊唐書卷九玄宗紀下「史臣曰」。

〔五〕文苑英華卷九七九。又見全唐文卷二九八，上海古籍出版社影印本。

〔六〕文苑英華卷三八一蘇頲授吴兢諫議大夫制。又見全唐文卷二五〇。

〔七〕資治通鑑卷二一一唐紀玄宗開元五年九月。

〔八〕瞿林東：論吴兢，河南師大學報一九七九年第六期。

〔九〕如果用中華書局點校本舊唐書，吴兢傳「歷衛尉少卿、左庶子」句在第三一八二頁，而韋述傳馬懷素受詔編次圖書，奏用「衛尉少卿吴兢并述等二十六人」句在第三一八三頁，左右兩頁極易對照。

〔一〇〕册府元龜卷五五四國史部恩奬。又見全唐文卷二九八。

〔一一〕册府元龜卷五五四國史部恩奬。又見全唐文卷四〇玄宗報吴兢書。

〔一二〕册府元龜卷五五四國史部恩奬。

〔一三〕唐會要卷六四史館雜録下。新唐書、資治通鑑均載此事，文字稍異而已。

〔一四〕新唐書卷一三二吴兢傳。

〔一五〕汪籛：唐玄宗時期吏治與文學之争，汪籛隋唐史論稿，中國社會科學出版社一九八一年，第二〇〇頁。

〔一六〕吴兢父喪在開元十一年，按「三年之喪，二十五月，不刊之典」，起復時間只能在開元十三年。

〔一七〕册府元龜卷五四六諫諍部直諫一三。又見全唐文卷二九八。

〔一八〕新唐書卷一三二吴兢傳。又見全唐文卷二九八。

〔一九〕從舊唐書吴兢傳知其「出爲荆州司馬」在開元十七年，從新唐書吴兢傳知其「貶荆州司馬」的原因。

〔二〇〕舊唐書卷一〇二吴兢傳。

〔二一〕文苑英華卷三八一。又見全唐文卷二五〇。文字全同：以「前行尚書水部郎中兼修國史上柱國長垣縣開國男」吴兢「可守諫議大夫兼修國史，散官、勳如故」。

〔二二〕詳見資治通鑑卷一九八唐紀太宗貞觀二十一年五月庚辰。

〔二三〕直齋書録解題卷五典故類，上海古籍出版社點校本。

〔二四〕玉海卷四九政要寶訓類，江蘇古籍出版社、上海書店影印本。

〔二五〕四庫全書總目卷五一雜史類。

〔二六〕直齋書録解題卷八目録類：「邯鄲書目十卷，學士河南李淑獻臣撰，號圖書十志。皇祐己丑自作序。」

〔二七〕貞觀政要卷首，明洪武庚戌王氏勤有堂刊本。又見明洪武庚午范氏遵正堂刊本。

〔二八〕原田種成發表最早的論文，本邦傳來的貞觀政要古寫本研究，日本中國學會報第九集，一九五七年。代表性論文，貞觀政要之研究，吉川弘文館，一九六五年。系統的校勘本，貞觀政要定本，日本東洋文化研究所，一九六二年。系統的校釋本，貞觀政要（上、下），日本明治書院，一九七八—一九七九年。引述原田種成觀點，均出以上論著，不再另注。

〔二九〕黄永年、賈憲保：唐史史料學，陝西師範大學出版社一九八九年，第一二五頁。

〔三〇〕牛致功：試論貞觀政要的中心思想，唐研究第一卷，北京大學出版社一九九五年，第三三八頁。

〔三一〕資治通鑑卷二〇九唐紀中宗景龍三年末。

〔三二〕册府元龜卷五四五作景龍三年，通鑑考異據吴兢上疏，「而兢疏云：『陛下登極，於今四稔。』則是明年所上也。」當以景龍二年爲是。

〔三三〕詳見前引試論貞觀政要的中心思想。

〔三四〕全唐文卷二九八。

〔三五〕瞿林東：論吴兢一九八八年三月「作者附記」，唐代史學論稿，北京師範大學出版社一九八九年，第二四三頁。

〔三六〕舊唐書卷九九張嘉貞傳。

〔三七〕舊唐書卷九八源乾曜傳、卷九七張説傳。

〔三八〕新唐書卷一三二吴兢傳。又見全唐文卷二九八。

〔三九〕唐會要卷六三在外修史。又見全唐文卷二九八。

〔四〇〕資治通鑑卷二一三唐紀玄宗開元十四年四月、開元十六年二月。

〔四一〕舊唐書卷一〇七玄宗諸子列傳。

〔四二〕資治通鑑卷二一四唐紀玄宗開元二十五年九月。

〔四三〕五代會要卷一八前代史，叢書集成初編本。

〔四四〕唐明皇與楊貴妃，人民出版社一九九〇年，第一八四—一八六頁。

〔四五〕分載史學月刊一九九三年第二期、史學史研究一九九七年第四期、隋唐遼宋金元史論叢第二輯（上海古籍出版社二〇一二年四月）、貞觀政要集校（中華書局二〇一二年九月第三次印刷本）。

〔四六〕唐六典卷七尚書工部，中華書局一九九二年，第二二〇—二二一頁。

〔四七〕唐會要卷六三在外修史。

〔四八〕舊唐書卷一四七杜佑傳。

〔四九〕郡齋讀書志卷九書目類，上海古籍出版社校證本。

〔五〇〕新唐書卷一三二蔣乂傳。

〔五一〕舊唐書卷一四九蔣乂傳。

〔五二〕玉海卷四九唐貞觀政要。全書引該條「以備觀戒」的「觀」字，據日本國立公文書館内閣文庫藏本均改作「勸」字。

〔五三〕汪應辰：文定集卷一〇跋貞觀政要，叢書集成初編本。

〔五四〕遼史卷一〇三蕭韓家奴傳，中華書局點校本。

〔五五〕龍果夫、聶歷山、王静如：亞細亞博物館西夏書籍目録，國立北平圖書館館刊第四卷第三號，一九三〇年（一九三二年出刊），第三八七頁。

〔五六〕英藏黑水城文獻〔五〕，上海古籍出版社二〇一〇年，第三〇八—三四三頁。

〔五七〕詳見拙文貞觀政要元、明刻本比較，文獻二〇一八年第五期。

〔五八〕貞觀政要卷首，明洪武庚戌王氏勤有堂刊本。又見明洪武庚午范氏遵正堂刊本。

〔五九〕影舊鈔本日本國見在書目，古逸叢書之十九。

〔六〇〕各本奥書，詳見書後附録日本現存鈔本著録及奥書。

〔六一〕參見日本木宫泰彦著、中國胡錫年譯：日中文化交流史，商務印書館一九八〇年，第七一、九三頁。

〔六二〕元白詩箋證稿第五章新樂府七德舞，古典文學出版社一九五八年，第一三五頁。〔案〕白居易較蔣乂晚二十年左右，所見貞觀政要當爲蔣氏家藏本流向社會者，與戈本不盡相同。

〔六三〕由於章之分合各本不一，先前統計的二百八十六章，是取分章最多之數。底本明本有數章在鈔本或戈本中被分作二章或三章，故底本明本爲二百七十六章（包括完全重複的三章），加上所附寫字臺本卷四不重複者五章，共計二百八十一章。

第一版一校校後記

貞觀政要集校全稿送交出版社之後不久，得見池田温教授發表貞觀政要之日本流傳與其影響（北京大學國學研究第六卷，一至二九頁），拜讀過後頗感欣慰。筆者集校貞觀政要所據海内外鈔本、刊本，除池田教授文中談到菅家本系菅原長親寫本轉寫之一的楊氏觀海堂本（現存臺北「故宫博物院」）未能見到外，再没有遺漏。這要感謝中國社會科學院歷史研究所王啓發博士訪日期間代爲廣泛搜集的種種努力。

在談到貞觀政要鈔本流傳時，池田教授雖然認爲筆者先前發表再論貞觀政要的成書問題——日本學者原田種成「兩次成書説」難以成立（史學史研究一九九七年第四期）「提出幾點正確啓發性所論」，卻依然堅持「中宗朝進書説宋人已采之，牛致功教授認爲表文即上中宗者，與推定初撰本古鈔本載表吻合。表與序不必惟一次同時所作，神龍中撰表，開元十七年以後撰序，經鈔本多種混淆流傳，後世或載表或收序，又時並揭。」所謂「中宗朝進書説宋人已采之」，敘録已有考證，論證了「北宋年間根本没有中宗時進書的説法」。至於所引其他學者的看法，在池田教授所見拙文再論貞觀政要的成書問題——日本學者原田種成「兩次成書説」難以成立以及先前發表的試解貞觀政要成書之「謎」（史學月刊一九九三年第二期）中早已辨明，不再贅述。

二〇〇三年四月五日

貞觀政要集校凡例

一　集校以中國國家圖書館藏明洪武庚戌王氏勤有堂刊本（簡稱「明本」）爲底本，以日本現存鈔本建治本、海内外通行本戈直集論本明成化刊本（簡稱「戈本」）爲主進行通校，參以其他完整的鈔本和元明刻本，詳見集校所據貞觀政要鈔本、刻本。

二　貞觀政要所論爲貞觀年間政事，現存唐宋時期記録相關史事的史籍、文獻甚多，集校時參照過這些史籍、文獻，在每章章後【案】注明本章之事見某某史籍或文獻。參照書目，詳見集校參照唐宋史籍、文獻。

三　前人整理貞觀政要，主要是日本學者憑藉現存鈔本、刻本進行的校釋，詳見集校參考校釋書目。

四　鈔本、刻本每篇各章編次完全相同者，四十篇中只有君道、任賢、論封建、論尊敬師傅、論仁惻、慎言語、論貢獻七篇。其餘三十三篇大致分五種情況：［一］刻本有，鈔本無；［二］刻本無，鈔本有；［三］元刻、明本、韓版無，戈本有；［四］鈔本、刻本均有，但分合不同；［五］鈔本、刻本均有，卻不在同一篇。刻本有、鈔本無者，編次依明本；刻本無，據鈔本補入者，編次參照鈔本；元刻、明本、韓版無，戈本有者，據戈本補入相關處；分合不同者，編次依明本；不在同一篇者，編次依明本。每卷、每篇編次，在卷目、篇目【案】説明。每章在各本中的編次、移易情況，在各章章後【案】説明。

五　集校校注，以章爲單元，保留底本各章前的符號○，鈔本、戈本多底本的各章，用符號●以示區別，並仿戈直注對人名、故事等作簡要注釋。爲方便閲讀和前後查對，在每章符號之上添加序號。底本重出的各章、補入的各章，按編排順序編號，在每章章後【案】説明。

六　以讀者所見多爲通行本即戈本，凡戈直注人物、時間、事件、制度、引書者，照録原文。原文有誤，加［案］糾正或以括號()正之；其注音、注地名者，一般不録。集論、戈直按，均爲論貞觀之治其事，非論貞觀政要其書，一概不録。

七　句、段、章的有無。［一］底本無，他本有的句、段，補入相關處，出校説明。［二］底本有，他本無的句、段，在相關處出校説明。［三］戈本多底本各章，僅以建治本、戈本互校，出校説明。

八　文字校勘。［一］避諱字，「民」與「人」、「治」與「理」，保留原字並出校，以顯示本子的時代：避諱者爲唐代國史原文，未避諱者爲宋代以後抄寫、刻印中所改。［二］通假字，一對一者，保留原字不出校，但「常」字多義，既指經常，又通「嘗」字，「縱」與「從」亦如此，此類情況，保留原字並出校。［三］異體字，一對一者，保留原字不出校，但「疏」指章奏，「疎」指疏遠、粗疏，戈注中有「慭」與「愸同」者，此類情況，保留原字並出校。［四］底本個別缺字、殘字或描改字、不清字，從洪武庚午遵正堂本、明初刊本及各主校本、參校本，不出校。［五］明顯的錯別字，如『隋朝』的『隋』作『隨』、『膏粱』的『粱』作『梁』、『徭役』的『徭』作『傜』，『曆數』作『歷數』、『秋毫』作『秋豪』、『揚州』作『楊州』之類，徑改不出校。［六］句末虚字，「也」、「耶」、「邪」的有無、互異，保留原字不出校。

九　書中引述先秦、兩漢典籍，未必原文，不校文字。

十　鈔本寫字臺本卷第四，爲南家本、菅家本、元刻、明本、韓版、戈本所無，作爲附録，只標點，不校勘，並於每章章末【案】注其在各本的有無，有則注其所在卷、篇。所多各本的五章，在每章之上添加序號和符號●，作爲提示。

集校所據貞觀政要鈔本、刻本

一、底本

明洪武庚戌王氏勤有堂刊本（中國國家圖書館藏）〔簡稱明本。卷二任賢篇用戈本配補的一紙改用明洪武庚午范氏遵正堂刊本（江蘇省常熟市圖書館藏）配補，卷十用戈本配補的三紙改用明初刊本（日本静嘉堂文庫藏）配補。個别缺字、殘字、描改字、不清字，參照這兩個本子，擇善而從。〕

二、主校本（二種）

〔一〕鈔　本（一種）

建治本（日本宫内廳書陵部藏　穗久邇文庫藏　南家本系統最早最完整的本子）

〔二〕刻　本（一種）

戈直集論本（涵芬樓影明成化刊本）〔簡稱戈本〕

三、參校本（十一種）

[一]鈔　本(九種)

1南家本(二種)

興福寺本(日本無窮會圖書館神習文庫藏)[簡稱興本]

松崎慊堂手澤本(日本慶應大學圖書館斯道文庫藏)[簡稱松本]

2菅家本(三種)

内藤本(日本内藤湖南舊藏　關西大學圖書館藏　菅家本系統最早最完整的本子)

教育大學本(東京教育大學圖書館藏)[簡稱教大本]

菅原長親本(日本内閣文庫藏　穗久邇文庫藏)[簡稱親本]

3異本(三種)

寫字臺本(日本寫字臺文庫舊藏　龍谷大學圖書館藏)缺卷一、二

藤波本(日本藤波家舊藏　京都大學圖書館藏)缺卷一、二、七、八

假名本(日本宮内廳書陵部藏　正保版)

4江家本(日本狩谷掖齋校本引　松崎慊堂手澤本引)

[二]刻　本(二種)

1 元刻（日本秩父宮家舊藏　趙文敏寫刻）

2 韓版注解本（日本内閣文庫藏　京都大學圖書館藏）〔簡稱韓版〕

集校參照唐宋史籍、文獻

一、魏鄭公諫録，唐王方慶輯。清光緒九年（一八八三）長沙王氏（益吾）刻本。［簡稱諫録］

二、通典，唐杜佑撰。中華書局點校本。

三、舊唐書，五代後晉劉昫監修。中華書局點校本。［簡稱舊唐］

四、唐會要，宋王溥撰。上海古籍出版社點校本。［簡稱會要］

五、文苑英華，宋李昉等奉敕撰。中華書局影印本。［簡稱英華］

六、唐文粹，宋姚鉉編。四部叢刊本。［簡稱文粹］

七、册府元龜，宋王欽若等奉敕撰。中華書局影印本。［簡稱册府］

八、唐大詔令集，宋宋敏求編。商務印書館排印本。［簡稱詔令集］

九、新唐書，宋歐陽修、宋祁等撰。中華書局點校本。［簡稱新唐］

十、資治通鑑，宋司馬光等撰。中華書局點校本。［簡稱通鑑］

集校參考校釋書目

一、貞觀政要定本，財團法人無窮會東洋文化研究所昭和三十七年（一九六二年）發行。原田種成以日本現存鈔本十八種、元明刊本四種進行校勘，廣泛吸收古校本三種、刊正本一種，並引證魏鄭公諫録、舊唐書、唐會要、文苑英華、唐文粹、册府元龜、新唐書、資治通鑑、歷代名臣奏議、全唐文等史籍、文獻，校其異同。這個本子，以最早的鈔本建治本爲底本，將建治本無而刻本有的各章作爲補篇附在書後，羼入了貞觀政要以外其他史籍、文獻的文字，如卷三論封建篇李百藥奏，有二十四字爲貞觀政要各本所無而是舊唐書或唐會要、文苑英華、册府元龜、歷代名臣奏議的文字，卷五論誠信篇貞觀十一年魏徵上疏，有五字爲貞觀政要各本所無而是潛夫論的文字，卷六杜讒佞篇關於皇甫德參的一章，有八字爲貞觀政要各本所無而是日本訪書志或魏鄭公諫録、歷代名臣奏議的文字。

二、貞觀政要（上、下），明治書院昭和五十四年（一九七九年）初版發行。原田種成在貞觀政要定本基礎上增補修訂，同樣羼有貞觀政要以外其他史籍、文獻的文字。

三、貞觀政要小田原本，文政元年（一八一八年）小田原藩主大久保忠真等以菅家本、南家本與清嘉慶掃葉山房重鎸本校訂。考異中引有南家本系統的安元本、菅家本系統的永仁本文字。

四、貞觀政要狩谷掖齋校本，日本松本市立圖書館藏，伊勢神宮文庫藏。引有江家本文字。

上貞觀政要表

【案】此表南家本、菅家本有，元刻、韓版、戈本無。南家本、菅家本署有「史臣吴兢撰」五字。

臣兢言：臣愚比嘗〔一〕見朝野士庶有論及國家政教者，咸云：「若〔二〕陛下之聖明，克遵太宗之故事，則不假〔三〕遠求上古之術，必致太宗之業〔四〕。」故知天下蒼生〔五〕所望於陛下者，誠亦厚矣。易曰：「聖人感人心，而天下和平。」今聖德所感，可謂深矣。竊惟太宗文武皇帝之政化，自曠古而來〔六〕，未有如此之盛者也。雖唐堯、虞舜、夏禹、殷湯、周之文武、漢之文景，皆所不逮也。至如〔七〕用賢納諫之美，垂代立教之規，可以弘闡大猷、增崇至道者，並焕乎國籍，作鑒來葉〔八〕。微臣以早居史職，莫不誠誦在心〔九〕。其有委質策名、立功樹德、正詞鯁義〔一〇〕、志在匡君者，並隨事載録〔一一〕，用備勸戒，撰成一帙十卷，合四十篇，仍以貞觀政要爲目，謹隨表奉進。望紆天鑒，擇善而行，引而伸之，觸類而長。易不云乎，「聖人久於其道，而天下化成。」伏願行之而有恒，思之而不倦〔一二〕，則貞觀巍巍之化，可得而致矣。昔殷湯不如堯舜，伊尹耻之。陛下儻不脩祖業，微臣亦耻之。詩云〔一三〕：「念茲皇祖〔一四〕，陟降庭止。」又云：「無念爾祖〔一五〕，聿脩厥德。」此誠欽奉祖先之義也。惟〔一六〕陛下念之哉，則萬方幸甚，不勝誠懇之至，謹詣明福門奉表以聞〔一七〕。謹言〔一八〕。

校注

〔一〕比嘗　興本、松本、菅家本、江家本作「此嘗」。

〔二〕若　南家本、菅家本作「若以」。

〔三〕不假　興本、松本、菅家本作「不暇」。

〔四〕必致太宗之業　建治本作「必致太平之業」，興本、松本、菅家本作「以必致太平之業」。

〔五〕天下蒼生　興本、松本、菅家本作「天下之蒼生」。

〔六〕曠古而來　南家本、菅家本作「曠古而求」。

〔七〕至如　南家本、菅家本作「至於」。

〔八〕來葉　興本訛作「末葉」。

〔九〕莫不誠誦在心　建治本作「莫不成誦在心」，興本、松本、菅家本衍作「莫居不成誦在心」。

〔一〇〕鯁義　南家本、菅家本作「鯁議」。

〔一二〕並隨事載録　興本、松本、菅家本作「亦隨事載録」。

〔一三〕不倦　南家本、菅家本作「無倦」。

〔一四〕詩云　南家本、菅家本作「詩曰」。

〔一五〕念茲皇祖　原作「念我皇祖」，據興本、松本、菅家本及詩周頌閔予小子改。

〔一六〕無念爾祖　原作「無忝爾祖」，據南家本、菅家本及詩大雅文王改。

〔一七〕惟　南家本、菅家本作「伏惟」。

〔一八〕詣明福門奉表以聞　原作「奉表以聞」，據南家本、菅家本補「詣明福門」四字。江家本下有「誠惶誠恐」四字。

〔一九〕江家本另行有「景龍三年正月　日衛尉少卿兼修國史崇文館學士臣吴兢等上表」二十六字。

貞觀政要序

衛尉少卿兼脩國史弘文館學士臣吴兢撰

【案】南家本作「衛尉少卿兼修國史弘文館學士臣吴兢撰并序」，菅家本無。元刻、韓版署「衛尉少卿兼脩國史弘文館學士吴兢撰」。戈本另行署「唐衛尉少卿兼脩國史修文館學士吴兢撰」，另行有「按：兢，汴州浚儀人。少厲志，貫知經史，方直寡諧，惟與魏元忠、朱敬則游。唐長安中，二人者當道，薦兢才堪論撰，詔直史館，脩國史。神龍中，爲右補闕，累遷衛尉少卿，兼脩文館學士。復脩史，於是采摭太宗朝政事之要，隨事載録，以備勸戒，合四十篇上之，名曰貞觀政要。開元中，爲太子左庶子。又嘗私撰唐書、唐春秋。兢居官多忠諫，敘事簡核，有古良史之風。嘗撰則天實録，直筆無諱，當世謂『今董狐』云。」

有唐良相曰侍中安陽公、中書令河東公，以時逢聖明，位居宰輔，寅亮帝道，弼諧王政，恐一物之乖所，慮四維之不張，每克己勵精，緬懷故實，未嘗有乏〔一〕。太宗時政化良足可觀，振古而來〔二〕，未之有也。至於垂世立教之美，典謨諫奏之詞，可以弘闡大猷、增崇至道者，爰命下才〔三〕，備加甄録，體制大略，咸發成規。於是綴集所聞，參詳舊史，撮其指要，舉其宏綱，詞兼質文，義在懲勸，人倫之紀備矣，軍國之政存焉。凡一帙一十卷〔四〕，合四十篇，名曰貞觀政要。庶乎有國有家者克遵前軌，擇善而從，則可久之業益彰矣，可大之功尤著矣，豈假祖述〔五〕堯、舜，憲章文、武而已哉！其篇目次第，列之于左〔六〕。

四〔一三〕

第九　議征伐三十五　議安邊三十六

第十　論行幸三十七　論畋獵三十八　論灾祥三十九〔一四〕　論慎終四十

校注

〔一〕未嘗有乏　南家本作「未嘗之有」，元刻作「未嘗有之」。

〔二〕振古而來　南家本作「振古而求」。

〔三〕爰命下才　元刻、戈本作「爰命不才」。

〔四〕一帙一十卷　南家本作「一帙十卷」。

〔五〕豈假祖述　戈本作「豈必祖述」。

〔六〕列之于左　建治本於此四字之後另行有「貞觀政要卷第一凡四十篇史臣吴兢撰」十六字。

〔七〕第一　戈本作「第一卷」，以下「第二」至「第十」均有「卷」字。

〔八〕論君道一論政體二　南家本、菅家本無「論」字、「一」字、「二」字，戈本「一」字、「二」字前均有「第」字，下同。

〔九〕論任賢三論求諫四論納諫五　南家本、菅家本無「論」字、「三」字、「四」字、「五」字。

〔一〇〕論君臣鑒戒　南家本、菅家本無「論」字。

〔一一〕論太子諸王定分九論尊敬師傅十論教戒太子諸王十一論規諫太子十二　南家本、菅家本無「論」字。

〔一二〕辯興亡三十三　南家本、菅家本無此篇目。

〔一三〕辯興亡三十三論貢賦三十四　元刻、明本、韓版、戈本正文爲「(論)貢賦(獻)第三十三辯興亡第三十四」。

〔一四〕論灾祥　南家本、菅家本作「論祥瑞論灾害」。祥，原作「詳」。

貞觀政要序并目録終

【案】明本以外各本均無此九字。

【又案】戈本此下有「集論諸儒姓氏」表。

【又案】戈本貞觀政要書名下署「戈直集論」，另行有「愚按：貞觀者，唐太宗表年之號也。易大傳曰：『天地之道，貞觀者也。』猶言天地之文理主於正，以示人也。政要者，唐史臣吴兢類輯貞觀間君臣之嘉言善行、良法美政之大要也。唐史本紀曰：太宗姓李氏，諱世民，隴西成紀人，爲涼武昭王八世孫、高祖次子也。母曰太穆皇后竇氏，生而不驚。方四歲，有書生謁高祖曰：『公貴人也，必有貴子。』及見太宗，曰：『龍鳳之姿，天日之表，其年幾冠，必能濟世安民。』書生既去，乃采其語，名之曰世民。及長，聰明英武，有大志，能屈節下士，結納豪傑，佐高祖以定天下之亂，功業日隆。隋義寧元年，高祖以唐王受隋禪，國號唐。明年改元武德，封世民爲秦王。九年，立秦王世民爲皇太子，聽政。是年八月，即皇帝位。明年改元貞觀，在位凡二十三年，爲一代之賢君。其言行之美、政治之盛，與夫任賢使能之方、從諫樂善之道，大略皆聚此書也。後文宗讀此，慨然慕之，故太和初政，號爲清明，則是書也，不無補於治云」三百二十一字。

貞觀政要卷第一

史臣吴兢撰

【案】韓版無「史臣吴兢撰」五字，戈本作「戈直集論」。南家本、菅家本、江家本另行有「君道第一政體第二」八字，元刻、戈本另行作「論君道一論政體二」。

君道第一

【案】建治本無此四字。各本均五章，戈注「凡五章」。

1 〇貞觀初，太宗謂侍臣曰：「爲君之道，必須先存百姓。若損百姓奉其身〔一〕，猶割股〔二〕以啖腹，腹飽而身斃。若安天下，必須先正其身。未有身正而影曲，上理而下亂者〔三〕。朕每思〔四〕傷其身者不在外物，皆由嗜欲以成其禍。若耽嗜滋味，玩悦聲色，所欲既多〔五〕，所損亦大〔六〕，既妨政事，又擾生人〔七〕。且復出一非理之言，萬姓爲之解體。

怨讟既作〔八〕，離叛亦興。朕每思此，不敢縱逸。」諫議大夫〔九〕魏徵〔一〇〕對曰：「古者聖哲之主，皆近取〔一一〕諸身，故能遠體諸物。昔楚聘詹何〔一二〕，問其理國之要，詹何對以脩身之術。楚王又問理國何如？詹何曰：『未聞身理而國亂者。』陛下所明，實同古義〔一三〕。」

校注

〔一〕奉其身　南家本、菅家本、江家本、韓版、戈本作「以奉其身」。

〔二〕割股　南家本、菅家本作「割脛」。戈注：「股，一作脛。」

〔三〕上理而下亂　江家本作「上治而下亂」，松本、菅家本作「上理而下亂也」。

〔四〕朕每思　南家本、菅家本、江家本作「朕每思之」。

〔五〕既多　南家本、菅家本、江家本作「已多」。

〔六〕所損亦大　建治本作「所用亦大」，興本、松本、菅家本作「所須亦大」。

〔七〕戈注：「擾，亦作損。」

〔八〕戈注：讟，「痛怨也。」

〔九〕戈注：「唐制，掌諫諭得失，侍從贊相之職。」

〔一〇〕戈注：「詳見任賢篇。」

〔一一〕皆近取　南家本、菅家本、江家本、元刻、戈本作「皆亦近取」。

〔一二〕戈注：「楚，春秋時國名，僭稱王。詹何，楚詹尹之後，隱於釣。楚莊王聞而異之，召而問焉。出列子。」

〔一三〕戈注：「按通鑑武德九年，太宗謂侍臣曰：『君依於國，國依於民。刻民以奉君，猶割肉以充腹，腹飽而身斃，君富而國亡。故人君之患，不自外來，常由身出。夫欲盛則費廣，費廣則賦重，賦重則民愁，民愁則國危，國危則君喪矣。朕嘗以此思之，故不敢縱欲也。』與此章辭異而旨同，故附見于此。」

【案】本章事見諫録卷三。

2 ○貞觀二年，太宗問魏徵曰：「何謂爲明君、暗君？」徵曰〔一〕：「君之所以明者，兼聽也；其所以暗者，偏信也。詩曰〔二〕：『先人有言，詢于芻蕘〔三〕。』昔堯、舜之世〔四〕，闢四門，明四目，達四聰〔五〕。是以聖無不照，故共、鯀之徒不能塞也〔六〕，静言庸違不能惑也〔七〕。秦二世則隱藏其身，捐隔疎賤而偏信趙高，及天下潰叛，不得聞也〔八〕。梁武帝偏信朱异，而侯景舉兵向闕，竟不得知也〔九〕。隋煬帝偏信虞世基，而諸賊攻城剽邑，亦不得知也〔一〇〕。故〔一一〕人君兼聽納下，則貴臣不得擁蔽，而下情必得通也〔一二〕。」太宗甚嘉其言〔一三〕。

校注

〔一〕徵曰 南家本、菅家本、江家本作「對曰」。

〔二〕詩曰 南家本、戈本作「詩云」。

〔三〕戈注：「詩大雅板篇之辭。芻蕘，採薪之人，言雖賤而不棄也。人，詩作民，蓋避太宗諱，故以人代民。他皆類此。」

〔四〕堯舜之世 建治本、菅家本、江家本作「堯舜之治」，興本、松本作「唐虞之治」，戈本作「唐虞之理」。戈注：「堯曰陶唐氏，舜曰有虞氏。理本作治，蓋避高宗諱，故以理代治。他皆類此。」

〔五〕戈注：「虞書史贊舜之辭。謂開四方之門，以來天下之賢俊；廣四方之視聽，以決天下之壅蔽也。」

〔六〕不能塞也 南家本、菅家本、江家本作「不能得塞也」。戈注：「共工，唐虞官名，古之世族官也。鯀，崇伯名，夏禹父也。共工淫辟，鯀治水無功，舜流共工于幽州，殛鯀于羽山。塞，猶蔽也。」

〔七〕静言庸違 南家本、菅家本、江家本、戈本作「靖言庸回」。戈注：「虞書曰：『静言庸違。』靖與静同，回亦違也。謂静則能言，用之則不然也。」

〔八〕戈注：「捐，棄也。秦二世，始皇少子，名胡亥，嗣位，號二世皇帝。趙高，秦宦者，二世用之爲相。二世常居禁中，公卿希得朝見，盜賊益多。二世後爲高所弑。」

〔九〕戈注：「梁武帝，姓蕭，名衍，仕齊封梁王，受齊禪，國號梁。朱异，仕梁爲散騎常侍。侯景，東魏臣，叛歸魏，復請歸梁，武帝從朱异之議，納景爲大將軍。及景反叛，朝野共怨异。武帝後爲景所逼，餓而死。」

〔一〇〕戈注：「剽，劫也。隋煬帝，姓楊，名廣，文帝次子也。虞世基，仕隋爲内史侍郎。世基以帝惡聞盜賊，告者皆不以實聞。由是盜賊競起，陷没郡縣，皆弗之知。煬帝後爲宇文化及等所弑。」

〔一一〕故　戈本作「是故」。

〔一二〕必得通也　南家本、菅家本、江家本、韓版、戈本作「必得上通也」。

〔一三〕甚嘉　南家本、菅家本、江家本、戈本作「甚善」。

【案】本章事見會要卷五五、新唐卷九七魏徵傳。

3 〇貞觀十年，太宗謂侍臣曰：「帝王之業，草創與守成孰難〔一〕？」尚書左僕射〔二〕房玄齡〔三〕對曰：「天地草昧〔四〕，群雄競起，攻破乃降，戰勝乃剋。由此言之，草創爲難。」魏徵對曰：「帝王之起，必承衰亂。覆彼昏狡，百姓樂推，四海歸命，天授人與，乃不爲難。然既得之後，志趣驕逸，百姓欲静而徭役不休，百姓凋殘而侈務不息，國之衰敝〔五〕，恒由此起〔六〕。以斯而言，守文則難〔七〕。」太宗曰：「玄齡昔從我定天下，備嘗艱苦，出萬死而遇一生，所以見草創之難也。魏徵與我安天下，慮生驕逸之端，必踐危亡之地，所以見守文之難也。今草創之難既已〔八〕往矣，守文之難者〔九〕，當思與公等慎之〔一〇〕。」

校注

〔一〕守成　南家本、菅家本作「守文」。戈注：「守成，亦作守文，後同。」

〔二〕戈注：「尚，音常。射，音夜。凡言尚書僕射，並同。僕射，秦官。古者重武，官有主射以督課，取其領事之號也。唐制，尚書省置左右僕射，掌統理六官，爲令之貳，令闕則總省事，宰相職也。」

〔三〕戈注：「詳見任賢篇。」

〔四〕戈注：「易屯卦彖傳曰：『天造草昧。』草，雜亂；昧，冥晦也。」

〔五〕敝　南家本、菅家本、江家本、戈本作「弊」。

〔六〕戈注：「恒，常也。」

〔七〕守文　戈本作「守成」。以下兩處同。

〔八〕既已　南家本、菅家本、江家本作「既以」。

〔九〕難者　韓版無「者」字。

〔一〇〕戈注：「按通鑑係十二年。又云玄齡等拜曰：『陛下及此言，四海之福也。』」

【案】本章事見諫録卷四、册府卷一〇四、新唐卷九六房玄齡傳。

4 〇貞觀十一年，特進〔一〕魏徵上疏曰：

臣觀自古受圖膺運，繼體守文，控御英傑〔二〕，南面臨下〔三〕，皆欲配厚德於天地，齊高明於日月，本枝百世，傳祚無窮〔四〕。然而克終者鮮〔五〕，敗亡相繼，其故何哉？所以求之，失其道也。殷鑒不遠〔六〕，可得而言。

昔在有隋，統一寰宇，甲兵强盛〔七〕，三十餘年，風行萬里，威動殊俗，一旦舉而棄之，盡爲他人之有〔八〕。彼煬帝豈惡天下之治安，不欲社稷之長久，故行桀虐，以就滅亡哉〔九〕？恃其富强，不虞後患。驅天下以從欲〔一〇〕，罄萬物以自奉〔一一〕，採域中之子女〔一二〕，求遠方之奇異。宫苑是飾，臺榭是崇，徭役無時，干戈不戢。外示嚴重，内多險忌，讒邪者必受其福〔一三〕，忠正者莫保其生。上下相蒙〔一四〕，君臣道隔，民不堪命，率土分崩。是以〔一五〕四海之尊，殞於匹夫之手〔一六〕，子孫殄絶〔一七〕，爲天下笑，可不痛哉！

聖哲乘機，拯其危溺〔一八〕，八柱傾而復正〔一九〕，四維弛而更張〔二〇〕。遠肅邇安，不踰於期月〔二一〕；勝殘去殺，無待於百年〔二二〕。今宫觀臺榭，盡居之矣；奇珍異物，盡收之矣；姬姜淑媛，盡侍於側矣〔二三〕；四海九州，盡爲臣妾矣。若能鑒彼之所以失〔二四〕，念我之所以得，日慎一日，雖休勿休。焚鹿臺之寶衣〔二五〕，毁阿房之廣殿〔二六〕，懼危亡於峻宇〔二七〕，思安處於卑宫〔二八〕，則神化潛通，無爲而治，德之上也。若成功不毁，即仍其舊，除其不急，損之又損。雜茅茨於桂棟〔二九〕，參玉砌於土階〔三〇〕，悦以使人，不竭其力。常念居之者逸，作之者勞，億兆悦以子來，群生仰而遂性，德之次也。若惟聖罔念〔三一〕，不慎厥終，忘締構之艱難〔三二〕，謂天命之可恃，忽采椽〔三三〕之恭儉，追雕墻之靡麗〔三四〕，因其基以廣之，增其舊以飾之〔三五〕。觸類而長，不知止足〔三六〕，人不見德，而勞役是聞，斯爲下矣。譬之〔三七〕負薪救火，揚湯止沸，以暴易暴〔三八〕，與亂同道，莫可測也〔三九〕，後嗣何觀？夫事無可觀則人怨神怒，人怨神怒則灾害必生〔四〇〕。灾害既生，則禍亂必作，禍亂既作，而能以〔四一〕身名全者鮮矣。順天格命之后〔四二〕，將隆七百之祚〔四三〕，貽厥孫謀〔四四〕，傳之萬葉，難得易失，可不念哉〔四五〕！

是月，徵又上疏曰：

臣聞求木之長者，必固其根本；欲流之遠者，必浚其泉源；思國之安者，必積其德義。源不深而望流之遠，根不固而求木之長，德不厚而思國之理〔四六〕，臣雖下愚，知其不可〔四七〕，而况於明哲乎！人君當神器之重〔四八〕，居域中之大〔四九〕，將崇極天之峻，永保無疆之休。不念〔五〇〕居安思危，戒奢以儉，德不處其厚，情不勝其慾，斯亦伐根以求木茂，塞源而欲流長也〔五一〕。

凡百元首〔五二〕，承天景命，莫不殷憂而道著〔五三〕，功成而德衰〔五四〕。有善始者寔繁，能克終者蓋寡，豈取之易、守之難乎〔五五〕？昔取之而有餘，今守之而不足，何也？夫在殷憂，必竭誠以待下；既得志，則縱情以傲物。竭誠則胡越爲一體〔五六〕，傲物則骨肉爲行路〔五七〕。雖董之以嚴刑〔五八〕，振之以威怒，終苟免而不懷仁，貌恭而不心服〔五九〕。怨不在大，可畏惟人，載舟覆舟，所宜深慎〔六〇〕，奔車朽索，其可忽乎〔六一〕！

君人者，誠能見可欲則思知足以自戒，將有作則思知止以安人，念高危則思謙沖而自牧〔六二〕，懼滿盈則思江海下百川〔六三〕，樂盤遊則思三驅以爲度〔六四〕，憂懈怠〔六五〕則思慎始而敬終，慮壅蔽則思虚心以納下，思讒邪〔六六〕則思正身以黜惡，恩所加則思無因喜以謬賞，罰所及則思無以怒〔六七〕而濫刑。總此十思，弘兹九德〔六八〕，簡能而任之，擇善而從之，則智者盡其謀，勇者竭其力，仁者播其惠，信者效其忠。文武争馳，在君無事〔六九〕，可以盡豫遊之樂〔七〇〕，可以養松、喬之壽〔七一〕，鳴琴垂拱，不言而化〔七二〕。何必勞神苦思，代下司職，役聰明之耳目，虧無爲之大道哉〔七三〕！

太宗手詔答曰：

省頻抗表〔七四〕，誠極忠款〔七五〕，言窮切至。披覽忘倦，每達宵分〔七六〕。非公體國情深，啓沃義重〔七七〕，豈能示以良圖，匡其不及。朕聞晉武帝平吴已後〔七八〕，務在驕奢，不復留心治政。何曾〔七九〕退朝謂其子劭〔八〇〕曰：「吾每見主上不論經國遠圖，但説平生常語，此非貽厥子孫者也，爾身猶可以免。」指諸孫曰：「此等必遇亂死。」及孫綏，果爲淫刑所戮〔八一〕。前史美之，以爲明於先見。朕意不然，謂曾之不忠，其罪大矣。夫爲人臣，當進思竭誠〔八二〕，退思補過，將順其美，匡救其惡〔八三〕，所以共爲治也。曾位極台司〔八四〕，名器崇重，當直詞正諫，論〔八五〕道佐時。今乃退有後言，進無廷諍，以爲明智，不亦謬乎！顛而不扶，安用彼相〔八六〕？公之所陳也，朕聞過矣。當置之几案，事等韋、弦〔八七〕。必望收彼桑榆，期之歲暮，不使康哉良哉，獨盛於往日〔八八〕，若魚若水，遂爽於當今〔八九〕。遲復嘉謀，犯而無隱〔九〇〕。朕將虚襟静志，敬佇德音〔九一〕。

校注

〔一〕戈注：「漢世諸侯功德優盛，朝廷所敬異者，賜位特進，位三公下。唐制因之。」

〔二〕英傑　興本、松本、戈本作「英雄」。戈注：「一作傑。」

〔三〕戈注：「易説卦傳曰：『聖人南面而聽天下，嚮明而治。』」

〔四〕戈注：「祚，禄位也。」

〔五〕鮮　戈注：「少也，後同。」

〔六〕戈注：「詩大雅蕩篇之辭，言商紂之所當鑒者，近在夏桀之世也。」

〔七〕强盛　戈本作「强鋭」。戈注：「一作盛。」

〔八〕之有　菅家本作「之所有」。

〔九〕戈注：「桀名履癸，夏末淫暴之君，湯伐之而死。」

〔一〇〕從欲　興本、松本、菅家本、江家本作「縱欲」。

〔一一〕以自奉　南家本、菅家本、江家本、戈本作「而自奉」。

〔一二〕域中　元刻訛作「城中」。子女，興本訛作「士女」。

〔一三〕受其福　興本訛作「克其福」。戈注：「讒，譖也。」

〔一四〕戈注：「揜蔽也。」

〔一五〕是以　南家本、菅家本、江家本、元刻、韓版、戈本作「遂以」。

〔一六〕戈注：「殞，殁也。」

〔一七〕殄絶　興本訛作「殆絶」。戈注：「殄，盡也。」

〔一八〕拯　戈注：「救也。」

〔一九〕戈注：「淮南子曰：『地有九州八柱。』括地象曰：『崑崙山爲柱，地之中也。地下有八柱，牽制名山大川，孔穴相通。』」

〔二〇〕四維弛　菅家本作「四維絶」。戈注：「弛，廢也。管子曰：『禮義廉耻，是謂四維。四維不張，國乃滅亡。』」

〔二一〕戈注：「期，與朞同，謂周一歲之月也。論語曰：『苟有用我者，朞月而已可也。』」

〔二二〕戈注：「論語曰：『善人爲邦百年，亦可以勝殘去殺矣。』」

〔二三〕戈注：「媛，美女也。」

〔二四〕所以失　建治本、興本、菅家本、江家本作「所以亡」。戈注：「一作亡。」

〔二五〕戈注：「武王克商，紂走反入，登鹿臺，蒙衣其珠玉，自燔於火而死。武王命南宫括散鹿臺之財。」

〔二六〕戈注：「秦始皇作前殿阿房，東西五百步，南北五十丈，上可坐萬人，下可建五丈旗。自殿下直抵南山。表閣道絶漢。後爲楚所焚。」〔案〕「表」字下闕「南山之顛以爲闕」七字。

〔二七〕戈注：「夏書五子之歌曰：『甘酒嗜音，峻宇雕墻，有一於此，未或不亡。』」

〔二八〕戈注：「論語曰：『卑宫室而盡力乎溝洫，禹，吾無間然矣。』謂禹薄於己而勤於民也。」

〔二九〕桂棟　興本、松本訛作「柱棟」。

〔三〇〕於土階　興本、松本、戈本作「以土階」。戈注：「堯舜之朝，土階三等，茅茨不剪。」

〔三一〕戈注：「周書曰：『惟聖罔念，作狂。』言一念之差，雖聖亦爲狂矣。」

〔三二〕戈注：「締，結也。構，成也。」

〔三三〕采椽　建治本、菅家本作「採椽」。戈注：「椽，榱桷也。」

〔三四〕靡麗　英華校注引政要作「美麗」。

〔三五〕以飾之　南家本、菅家本、江家本、戈本作「而飾之」。

〔三六〕不知止足　南家本、菅家本、江家本作「不思止足」。

〔三七〕譬之　建治本、興本、菅家本作「譬如」。

〔三八〕以暴易暴　南家本、菅家本、江家本、戈本作「以暴易亂」，英華校注引政要作「以亂易暴」。

〔三九〕莫可測也　興本、菅家本、江家本作「其可測也」。戈注：「測，一作則。」

〔四〇〕人怨神怒人怨神怒則灾害必生　興本、松本、菅家本、戈本及英華校注引政要均作「人怨人怨則神怒神怒則災害必生。」

〔四一〕能以　菅家本訛作「能以亡」。

〔四二〕格命　南家本、菅家本、江家本、韓版、戈本作「革命」。

〔四三〕隆　英華校注引政要作「基」，戈注：「隆，一作基。左傳曰：『成王定鼎於郟鄏，卜世三十，卜年七百，天所命也。』」

〔四四〕孫謀　戈本作「子孫」。

〔四五〕戈注:「按通鑑係十一年正月,上作飛山宫,故魏徵上此疏。」

〔四六〕思國之理　南家本、菅家本、江家本作「思國之治」。

〔四七〕知其不可　南家本、菅家本、江家本作「知其不可得也」。

〔四八〕戈注:「神器,帝位也。」

〔四九〕戈注:「老子曰:『域中有四大,道大,天大,地大,王亦大。』」

〔五〇〕不念　建治本、菅家本作「不念於」。

〔五一〕流長也　南家本、菅家本、江家本、元刻、韓版、戈本作「流長者也」。

〔五二〕戈注:「虞書曰:『元首明哉。』所以喻君也。」

〔五三〕戈注:「殷憂,憂之盛也。」

〔五四〕德衰　原作「德厚」,元刻同,據南家本、菅家本、江家本、韓版、戈本改。

〔五五〕豈取之易守之難乎　南家本、菅家本、江家本作「豈不其取之易而守之難乎」,戈本作「豈取之易而守之難乎」。

〔五六〕戈注:「胡越者極南北之間,言至異可同也。」

〔五七〕戈注:「言至親反疏也。」

〔五八〕董之以嚴刑　英華校注引政要作「重之以嚴刑」。戈注:「董,督也。虞書曰:『董之用威。』」

〔五九〕不心服　南家本、菅家本作「心不服」。

〔六〇〕戈注：「家語曰：『君者舟也，庶人者水也。水所以載舟，亦所以覆舟也。』」

〔六一〕戈注：「夏書曰：『予臨兆民，凜乎若朽索之御六馬。』喻危懼可畏之甚。奔車朽索，亦此意也。」

〔六二〕自牧　建治本、興本、菅家本作「自收」。

〔六三〕懼滿盈則思江海下百川　南家本、菅家本、江家本、戈本作「懼滿溢則思江海下百川」，英華校注引政要作「懼滿盈則思江海而下百川」。

〔六四〕戈注：「盤遊，畋獵也。夏書曰：『不敢盤于遊田。』三驅者，圍合其三面，前開一路，使之可去，不忍盡物，好生之仁也。』易比卦六五：『王用三驅，失前禽。』蓋猶成湯祝網之義。」

〔六五〕憂懈怠　英華校注引政要作「恐懈怠」。

〔六六〕思讒邪　南家本、菅家本、江家本、元刻、戈本作「想讒邪」。思，乃「懼」之古字。

〔六七〕無以怒　南家本、菅家本、江家本、韓版、戈本作「無因怒」。

〔六八〕戈注：「虞書皋陶曰：『亦行有九德，寬而栗，柔而立，願而恭，亂而敬，擾而毅，直而溫，簡而廉，剛而塞，强而義。』言人之德見於行者凡九，蓋知人之事也。」

〔六九〕在君無事　戈本作「君臣無事」。

〔七〇〕戈注：「孟子曰：『一遊一豫，爲諸侯度。』豫，樂；遊，巡也。言王者一遊一豫，皆有惠及民，而諸侯所取法，不敢慢遊以病民也。」

〔七一〕戈注：「赤松、王喬，皆古仙人之有壽者。」

〔七二〕戈注：「家語曰：『舜彈五弦之琴，造南風之詩。』垂拱者，垂衣拱手，無爲而治也。」

〔七三〕戈注：「按通鑑係十一年四月，魏徵上此疏。」

〔七四〕戈注：「省，視也。」

〔七五〕誠極　南家本、菅家本、江家本作「誠竭」。款，戈注：「誠也。」

〔七六〕宵分　戈注：「夜半也。」

〔七七〕啓沃義重　南家本、菅家本作「匪躬義重」。戈注：「啓，開也。沃，灌溉也。商書高宗命傅説曰：『啓乃心，沃朕心。』」

〔七八〕平吴已後　南家本、菅家本、江家本、元刻、韓版、戈本作「自平吴已後」。戈注：「晉武帝，複姓司馬，名炎，家世仕魏，封晉王，受魏禪，國號晉。吴，國名，三國孫權之後，晉武滅之。」

〔七九〕戈注：「字穎考，仕魏爲司徒，晉受禪，以曾爲太傅。」

〔八〇〕戈注：「字敬祖，曾之子也，仕晉爲司徒。」

〔八一〕戈注：「綏字伯蔚，曾之孫也。仕晉爲尚書，後爲東海王越所殺。」

〔八二〕竭誠　興本、松本、戈本作「盡忠」。

〔八三〕戈注：「孝經傳曾子述孔子之辭。」

〔八四〕戈注：「三公，上應三台。台司者，三公之位也。」

〔八五〕論　興本、松本無此字。

〔八六〕顛而不扶安用彼相　戈本作「危而不持焉用彼相」。戈注：「論語，孔子告冉求曰：『危而不持，顛而不扶，則將焉用彼相矣。』」

〔八七〕韋弦　南家本、菅家本、江家本、元刻、戈本作「弦韋」。戈注：「弦，弓弦。韋，柔皮也。韓子曰：『西門豹性急，佩韋以自緩。董安于性緩，佩弦以自急。』」

〔八八〕獨盛於往日　戈本作「獨美於往日」。戈注：「美，亦作盛。虞書舜臯陶賡歌之辭曰：『股肱良哉，庶事康哉！』」

〔八九〕戈注：「蜀先主曰：『孤之有孔明，猶魚之得水也。』」

〔九〇〕戈注：「禮：『事君有犯而無隱。』」

〔九一〕戈注：「按太宗此詔，通鑑係在十一年七月魏徵累上疏之後。」

【案】魏徵上疏事見舊唐卷七一魏徵傳、英華卷六九五、册府卷三二七。太宗手詔「朕聞晉武帝平吳已後」至章末，見册府卷一〇一。

5 〇貞觀十五年，太宗謂侍臣曰：「守天下難易？」侍中〔一〕魏徵對曰：「甚難。」太宗曰：「任賢能、受諫諍則可〔二〕，何謂爲難？」徵曰：「觀自古帝王，在於〔三〕憂危之間，則任賢受諫。及至安樂，必懷寬怠。恃安樂而欲寬怠〔四〕，言事者惟令兢懼，日陵月替，以至危亡。聖人所以居安思危，正爲此也。安而能懼，豈不爲難？」

校　注

〔一〕戈注：「唐制，門下省侍中，掌出納帝命，相國儀。凡國家之務，與中書令參總而顓判國事，宰相職也。」

〔二〕則可　興本、松本、菅家本、元刻、戈本作「即可」。

〔三〕在於　菅家本、韓版無「於」字。

〔四〕恃安樂而欲寬怠　原無此七字，興本、松本、元刻、韓版、戈本同，據建治本、菅家本及册府補。〔案〕此七字與前「及至安樂必懷寬怠」意相近，句似重，以册府兩處均有此七字，當是唐代實録原文，吴兢採録入書。吴兢的底本或稿本均有此七字，在其後的編輯、蔣乂的整理、他人的轉抄中，或以意近删除，或因抄寫遺落。建治本、菅家本有此七字，亦可間接證明這幾個本子均非所謂的「定本」。

【案】本章事見册府卷一〇四、三二七。

政體第二

【案】明本十三章，據南家本、菅家本補六章（16、17、18、19、20、24），共十九章，排序依明本，增補的六章參照南家本、菅家本編入。戈注「凡十三章」，戈本實十四章，有從卷五論忠義篇移入而明本無的一章（120），在14、15兩章之間。

6 〇貞觀初，太宗謂蕭瑀〔一〕曰：「朕少好弓矢，自謂能盡其妙。近得良弓十數，以示弓工。乃曰〔二〕：『非良材也〔三〕。』朕問其故，工曰：『木心不正，則脉理多斜〔四〕。弓雖剛勁而遺箭不直，非良弓也。』朕始悟焉。朕以弧矢定四方，用弓矢多矣〔五〕，而猶不得其理。況朕有天下之日淺〔六〕，得爲理之意，固未及弓〔七〕。弓猶失之，而況於理乎〔八〕？」自是詔京官五品以上〔九〕，更宿中書内省〔一〇〕。每召見皆賜坐與語，詢訪外事，務知百姓利害、政教得失焉。

校注

〔一〕戈注：「字時文，後梁明帝子也。高祖入關，招之，授光禄大夫。武德初，遷内史令。貞觀初，拜太子少師，遷僕射，又遷御史大夫，參預朝政，後拜太子少傅。卒，謚曰恭，帝以性忌，改謚貞褊。」

〔二〕乃曰　南家本作「工曰」，菅家本作「工乃曰」。

〔三〕非良材也　南家本、菅家本、江家本、元刻、韓版、戈本作「皆非良材也」。

〔四〕多斜　菅家本、元刻、韓版作「皆斜」，戈本作「皆邪」。戈注：「皆，一作多。」

〔五〕用弓矢多矣　建治本、菅家本、江家本、元刻、韓版、戈本作「用弓多矣」。

〔六〕而猶不得其理況朕　建治本、菅家本、江家本無此八字。

〔七〕未及弓　南家本、菅家本、江家本、戈本作「未及於弓」。

〔八〕而況　南家本、菅家本作「何況」。以上二「理」字，鈔本均作「治」字。

〔九〕戈注：「京官，謂京都官。唐制，五品以上皆以名聽制授。」

〔一〇〕戈注：「唐制，中書内省，在禁中。」

【案】本章事見會要卷二六、册府卷一〇四。

7 ○貞觀元年，上〔一〕謂黄門侍郎〔二〕王珪〔三〕曰：「中書所出詔敕〔四〕，頗有意見不同，或兼錯失而相正以否〔五〕。元置中書、門下〔六〕，本擬相防過誤。人之意見，每或不同，有所是非，本爲公事。或有護己之短，忌聞其失，有是有非，咸〔七〕以爲怨。或有苟避私隙，相惜顔面，知非正事〔八〕，遂即施行。難違〔九〕一官之小情，頓爲萬人之大弊，此實亡國之政，卿輩特須在意防也〔一〇〕。隋日内外庶官，政以依違而致禍亂，人多不能深思此理。當時皆謂禍不及身，面從背言〔一一〕，不以爲患。後至大亂一起，家國俱喪，雖有脱身之人，縱不遭刑戮，皆辛苦僅免，甚爲時論所貶黜。卿等須〔一二〕滅私徇公，堅守直道，庶事相啓沃，勿上下雷同也〔一三〕。」

校注

〔一〕上　興本、松本、戈本作「太宗」。

〔二〕戈注：「漢世，禁門曰黄闥，以中人主之，故曰黄門。唐制，黄門侍郎，貳侍中，職掌祭祀、贊獻、奏天下祥瑞之官。」

〔三〕戈注：「詳見任賢篇。」

〔四〕戈注：「中書，省名。武德三年，改内書省曰中書省。唐制，中書掌軍國政令，凡制册詔牒，皆宣署而施行焉。置令二人，侍郎二人，令之貳也。其屬則有舍人六人，右散騎常侍二人，右諫議大夫四人，右補闕六人，右拾遺六人，起居舍人二人。時中書、門下與尚書，號曰三省。」〔案〕戈注脱「右散騎常侍二人」，「令之貳也」錯置「右補闕六人」之後。

〔五〕而相正以否　南家本、江家本作「而是相正以否」，菅家本作「而是相正以不」。

〔六〕戈注：「省名。唐制，門下省掌出納詔令，國務則與中書參總焉。置侍中二人，黄門侍郎二人，侍中之貳也。其屬則有左散騎常侍二人，左諫議大夫四人，給事中四人，起居郎二人，補闕二人，左拾遺二人。弘文館亦隸焉。」〔案〕當作「左補闕六人，左拾遺六人」。

〔七〕咸　興本、松本、菅家本、元刻、戈本作「銜」。戈注：「銜，含也。」

〔八〕正事　南家本、菅家本作「不正」，戈本作「政事」。

〔九〕難違　南家本、菅家本、江家本作「惜違」。

〔一〇〕卿輩特須在意防　建治本、興本、菅家本、江家本無此七字。

〔一一〕戈注：「虞書曰：『汝無面從，退有後言。』謂面諛以爲是，背毁以爲非也。」

〔一二〕卿等須　南家本、菅家本、江家本、戈本作「卿等特須」。

〔一三〕戈注：「雷之發聲，物無不同時應者，故曰雷同。」

8 ○貞觀二年，太宗問王珪曰〔一〕：「近代君臣理國，多劣於前古，何也？」對曰：「古之帝王爲政，皆志尚清淨〔二〕，以百姓心爲心〔三〕。近代則惟損百姓以適其欲，所以〔四〕任用大臣，復非經術之士。漢家宰相，無不精通一經〔五〕，朝廷若有疑事，皆引經史決定〔六〕，由是人識禮教，理致太平。近代重武輕儒，或參以法律，儒行既虧，淳風大壞。」太宗深然其言。自此百官中有學業〔七〕優長、兼識政體者，多進其階品，累加遷擢焉。

校注

〔一〕王珪　南家本、菅家本、江家本、戈本作「黄門侍郎王珪」。

〔二〕志尚清浄　菅家本、江家本作「悉尚清静」，戈本作「志尚清静」。

〔三〕以百姓心爲心　建治本、韓版作「以百姓爲心」，興本、松本、戈本作「以百姓之心爲心」。

〔四〕所以　南家本、菅家本作「所其」，戈本作「所」。

〔五〕戈注：「如漢宣帝時，丞相韋賢通禮，魏相學易之類。」

〔六〕引經史　南家本、戈本作「引經」。

〔七〕有學業　南家本、菅家本作「學業」。

【案】本章假名本無。

9 〇貞觀三年，上〔一〕謂侍臣曰：「中書、門下，機要之司。擢才而居，委任實重。詔敕如有不穩便〔二〕，皆須執論。比來惟覺阿旨順情，唯唯苟過，遂無一言諫諍者，豈是道理？若惟署詔敕、行文書而已，人誰不堪？何煩簡擇，以相委付？自今詔敕疑有不穩便〔三〕，須執言〔四〕，無得妄有畏懼，知而寢默〔五〕。」

校注

〔一〕上　南家本、戈本作「太宗」。

〔二〕不穩便　建治本、松本作「不便」。

〔三〕不穩便　菅家本作「不穩」。

〔四〕須執言　南家本、菅家本、江家本、元刻、戈本作「必須執言」。

〔五〕南家本、菅家本、江家本下有「房玄齡等叩頭出血」八字。戈注：「按通鑑：『是年四月，上始御太極殿，謂侍臣曰云云。房玄齡等皆頓首謝。故事，凡軍國大事，則中書舍人各執所見，雜署其名，謂之五花判事。中書侍郎、中書令省審之，給事中、黄門侍郎駁正之。上始申明舊制，由是鮮有敗事。』」

【案】本章事見會要卷五五。

10○貞觀四年，太宗問蕭瑀曰：「隋文帝何如主也〔一〕？」對曰：「克己復禮〔二〕，勤勞思政，每一坐朝，或至日昃〔三〕，五品以上，引坐論事〔四〕，宿衛之士〔五〕，傳飧而食〔六〕，雖性非仁明，亦是勵精之主。」上〔七〕曰：「公知其一，未知其二。此人性至察而心不明。夫心暗則照有不通，至察則多疑於物。又欺孤兒寡婦以得天下〔八〕，恒恐群臣内懷不服，不肯信任百司，每事皆自決斷，雖即〔九〕勞神苦形，未能盡合於理。朝臣既知〔一〇〕其意，亦不敢直言。宰相以下，惟承順〔一一〕而已。朕意不然〔一二〕，以天下之廣〔一三〕，海内之衆〔一四〕，千端萬緒，須合變通，皆委百司商量、宰相籌畫，於事穩便，方可奏行。豈得以一日萬機〔一五〕，獨斷一人之慮也。且日斷十事而五條不中〔一六〕，中者信善，如其〔一七〕不中者何？以日繼月，乃至累年，乖謬既多，不亡何待？豈如廣任賢良，高居深視，法令嚴肅，誰敢爲非？」因令諸司，若詔敕頒下有未穩便者，必須執奏，不得順旨便即施行，務盡臣下之意。

校注

〔一〕戈注：「隋文帝，姓楊，名堅，弘農人，後周朝以元舅輔政，位相國，封隋王，受周禪，國號隋。」

〔二〕戈注：「論語孔子答顔淵問仁之辭。言克去己私，復還天理也。」

〔三〕日昃　南家本、菅家本作「日側」。

〔四〕五品以上引坐論事　菅家本無此八字。

〔五〕宿衛之士　建治本、菅家本作「至令宿衛之人」。

〔六〕戈注：「飧，熟食也。」

〔七〕上　興本、松本、戈本作「太宗」。

〔八〕戈注：「隋文帝受禪之時，周宣帝既喪，静帝幼沖之日也。」

〔九〕雖即　建治本、菅家本作「雖」，興本、松本、戈本作「雖則」。

〔一〇〕既知　建治本、菅家本無「既」字。

〔一一〕惟承順　興本、松本作「惟即承受」，菅家本作「惟承受」，戈本作「惟即承順」。

〔一二〕朕意不然　建治本、菅家本、江家本、元刻、戈本作「朕意則不然」。

〔一三〕天下之廣　興本、菅家本、江家本作「天下至廣」。

〔一四〕海内之衆　建治本、菅家本、江家本無此四字，元刻、戈本作「四海之衆」。

〔一五〕戈注：「虞書曰：『一日二日萬機。』機，與幾同，言日之至淺，而事之至多也。」

〔一六〕而五條不中　興本、松本、元刻、韓版、戈本無「而」字。戈注：「謂中於理也。」

〔一七〕如其　建治本、菅家本、元刻、韓版、戈本作「其如」。

【案】本章事見舊唐卷三太宗紀下。

11〇貞觀五年，太宗謂侍臣曰：「治國與養病〔一〕無異也。病人覺愈，彌須將護，若有觸犯，必至殞命。治國亦然，天下稍安，尤須兢慎，若便驕逸，必至喪敗。今天下安危，繫之於朕〔二〕。故日慎一日，雖休勿休。然耳目股肱，寄在卿輩〔三〕，既義均一體，宜協力同心，事有不安，可極言無隱。儻君臣相疑，不能備盡肝膈，實爲治國之大害〔四〕也。」

校注

〔一〕養病　菅家本作「養疾」。

〔二〕繫之於朕　菅家本作「繫之朕」。

〔三〕寄在卿輩　建治本、菅家本、戈本作「寄於卿輩」。

〔四〕治國之大害　興本、松本、戈本作「國之大害」，韓版作「治之大害」。戈注：「按通鑑，是年，康國求內附，太宗因有是言。魏徵曰：『內外治安，臣不以爲喜，惟喜陛下居安思危耳。』」

12 〇貞觀六年，上〔一〕謂侍臣曰：「看〔二〕古之帝王，有興有衰〔三〕，猶朝之有暮，皆爲蔽其耳目，不知時政得失。忠正者不言，邪諂者日進，既不見過〔四〕，所以至於滅亡。朕既在九重〔五〕，不能盡見天下事，故布之卿等，以爲朕之耳目。莫以天下無事，四海安寧，便不存意。書云〔六〕『可愛非君，可畏非民〔七〕。』天子者，有道則人推而爲主，無道則人棄而不用，誠可畏也。」魏徵對曰：「自古失國之主，皆爲居安忘危，處理忘亂，所以不能長久。今陛下富有天下〔八〕，內外清晏，能留心治道〔九〕，常臨深履薄〔一〇〕，國家曆數〔一一〕，自然靈長。臣又聞古語云：『君，舟也；人，水也。水能載舟，亦能覆舟。』陛下以爲可畏，誠如聖旨。」

校注

〔一〕上　興本、戈本作「太宗」。

〔二〕看　建治本、菅家本作「朕看」。

〔三〕有興有衰　南家本、菅家本、江家本作「有盛有衰」。

〔四〕既不見過　南家本作「既不見過失」，菅家本作「既不見其過失」。

〔五〕九重　戈注：「君門九重。」

〔六〕書云　興本、松本、戈本無此二字。

〔七〕戈注：「虞書舜告禹之辭，言君可愛，而民可畏也。」

〔八〕富有天下　戈本作「富有四海」。

〔九〕治道　戈本作「理道」。

〔一〇〕常臨深履薄　南家本、菅家本、江家本作「常如臨深履薄」。戈注：「詩曰：『如臨深淵，如履薄冰。』喻可畏之甚也。」

〔一一〕戈注：「曆數者，帝王相繼之次第，猶歲月氣節之先後也。」

【案】本章事見諫録卷四。

13〇貞觀六年，太宗謂侍臣曰：「古人云：『危而不持，顛而不扶，焉用彼相〔一〕？』君臣之義〔二〕，得不盡忠匡救乎？朕嘗讀書，見桀殺關龍逄〔三〕，漢誅晁錯〔四〕，未嘗不廢書歎息。公等但能正詞直諫，裨益政教，終不以犯顏忤旨，妄有誅責。朕比來臨朝斷決，亦有乖於律令者。公等以爲小事，遂不執言。凡大事皆起於小事〔五〕，小事不論，大事又將不可救。社稷傾危，莫不由此。隋主殘暴，身死匹夫之手，率土蒼生，罕聞嗟痛。公等〔六〕爲朕思隋氏滅亡之事，朕爲公等思龍逄、晁錯之誅，君臣保全，豈不美也〔七〕！」

校　注

〔一〕戈注：「見君道篇注。」

〔二〕之義　南家本、菅家本、江家本作「之意」。

〔三〕戈注：「桀，夏桀，見君道篇注。關龍逄，夏之賢大夫，諫桀，被殺。」

〔四〕戈注：「晁錯，潁川人，漢景帝時爲御史大夫，請諸侯之罪過，削其地，吳、楚七國遂反，爰盎請帝斬錯，遂斬於東市。」

〔五〕小事　菅家本無「事」字。

〔六〕公等　建治本、菅家本作「願公等」。

〔七〕豈不美也　興本、松本、戈本作「豈不美哉」。

14 ○貞觀七年〔一〕，太宗與秘書監魏徵〔二〕從容論〔三〕自古治政〔四〕得失，因曰〔五〕：「當今天下大亂之後〔六〕，造次不可致治〔七〕。」徵曰〔八〕：「不然，凡人〔九〕在危困則憂死亡，憂死亡則思治，思治則易教〔一〇〕。然則亂後易教〔一一〕，猶飢人易食也。」太宗曰：「善人爲邦百年，然後勝殘去殺〔一二〕。大亂之後將求致治，寧可造次而望乎？」徵曰：「此據常人，不在〔一三〕聖哲。若聖哲施化〔一四〕，上下同心，人〔一五〕應如響，不疾而速，期月而可理〔一六〕，信不爲難，三年成功，猶謂其晚〔一七〕。」太宗以爲然〔一八〕。封德彝〔一九〕等對曰〔二〇〕：「三代之後〔二一〕，人漸澆訛〔二二〕，故秦任法律〔二三〕，漢雜霸道〔二四〕，皆欲理而不能，豈能理而不欲？若信魏徵所説，恐〔二五〕敗亂國家。」徵曰：「五帝〔二六〕、三王〔二七〕，不易人而治〔二八〕。行帝道則帝，行王道則王，在於當時所理〔二九〕，化之而已。考之載籍，可得而知。昔黄帝與蚩尤七十餘戰，其亂甚矣，既勝殘之後，便致太平〔三〇〕。九黎亂德，顓頊征之，既克之後，不失其理〔三一〕。桀爲亂虐，而湯放之，在湯之代即致太平〔三二〕。紂爲無道，武王伐之〔三三〕，成王之代亦致太平〔三四〕。

若言人漸澆訛，不及淳樸〔三五〕，至今應悉爲鬼魅〔三六〕，寧可復得而教化耶？」德彝等無以難之〔三七〕，然咸以爲不可矣〔三八〕。

太宗每力行不倦〔三九〕，數年間〔四〇〕，海内康寧，突厥破滅〔四一〕，謂群臣曰〔四二〕：「貞觀初〔四三〕，人皆異論，云當今必不可行帝道、王道〔四四〕，惟魏徵勸我。既從其言〔四五〕，不過數載，遂得華夏安寧〔四六〕，遠戎賓服。突厥自古以來，常爲中國勍敵〔四七〕，今酋長〔四八〕並帶刀宿衛，部落皆襲衣冠。使我〔四九〕遂至於此，皆魏徵之力。」顧謂徵曰：「玉雖有美質在於石間〔五〇〕，不值良工琢磨，與瓦礫不别〔五一〕。若遇良工，即爲萬代之寶。朕雖無美質爲公所切磋〔五二〕，勞公〔五三〕約朕以仁義，弘朕以道德，使朕功業〔五四〕至此，公亦足爲良工爾〔五五〕。」

校注

〔一〕七年　寫字臺本作「四年」，通鑑繫貞觀四年。

〔二〕與秘書監魏徵　寫字臺本作「每」。戈注：「唐制，秘書省置監一人，掌邦國經籍圖書之事。有二局，曰著作，曰大（太）史，皆率其屬而修其職。少監爲之貳。」

〔三〕從容論　南家本、菅家本作「從容論曰」。戈注：「從容，和緩貌。」

〔四〕治政　寫字臺本作「理正」，戈本作「理政」。

〔五〕因曰　南家本、菅家本訛作「因由」。

〔六〕天下大亂　南家本、菅家本、寫字臺本、元刻、戈本無「天下」二字。

〔七〕造次不可致治　寫字臺本、元刻、韓版、戈本作「造次不可致理」，下同。戈注：「造次，急遽也。」

〔八〕徵曰　寫字臺本作「給事中魏徵曰」。

〔九〕凡人　寫字臺本下有「居安樂則驕溢驕溢則思亂思亂則難理」十六字。

〔一〇〕則思治思治則易教　寫字臺本作「則思理思理則易教化」，戈本作「則思理思理則易教」。

〔一一〕易教　南家本、菅家本作「易治」。

〔一二〕戈注：「此述論語之辭。」

〔一三〕不在　寫字臺本作「在不」。

〔一四〕若聖哲施化　南家本、菅家本作「聖哲施化」，寫字臺本作「施化」。

〔一五〕人　寫字臺本作「民」。

〔一六〕期月而可理　南家本、菅家本作「朞月而可化」，寫字臺本、韓版、戈本作「朞月而可」。

〔一七〕戈注：「論語曰：『苟有用我者，朞月而已可也，三年有成。』」

〔一八〕以爲然　寫字臺本作「深納其言」。

〔一九〕戈注：「名倫，以字行，觀州人。初仕隋爲起居舍人，佐虞世基以諂承主意。後與宇文士及降唐，以秘策干高祖，爲秦王參謀軍事。貞觀初，拜右僕射。卒，謚曰明，後以邪佞，改謚繆。」〔案〕仕隋爲内史舍人，非起居舍人。

〔二〇〕等對曰　寫字臺本作「等咸共非之曰」。戈注：「按通鑑無『等』字，作『非之曰』。」

〔二一〕之後　興本、松本、菅家本、寫字臺本、戈本作「以後」。戈注：「以，一作之。」

〔二二〕人漸澆訛　寫字臺本作「民漸澆訛」，不避唐諱，非唐寫本。下同。戈注：澆，「薄也」，訛，「謬也」。

〔二三〕戈注：「謂秦之治專用刑法律令。言尚酷也。」

〔二四〕戈注：「謂漢之治以王道、霸道雜施之。言不純也。」

〔二五〕若信魏徵所説恐　寫字臺本作「魏徵書生不識時務若信其虚僞論必」。説，戈注：「一作論。」

〔二六〕戈注：「史記謂黄帝、顓頊、帝嚳、唐堯、虞舜爲五帝。孔安國書序，以少昊、顓頊、高辛、唐、虞爲五帝，未詳孰是。」

〔二七〕戈注：「夏、殷、周創業之主，禹、湯、武王是也。」

〔二八〕不易人而治　寫字臺本作「不易民而理」，戈本作「不易人而理」。戈注：「易，如字。」

〔二九〕所理　南家本、菅家本、江家本、寫字臺本、韓版作「所以」。

〔三〇〕既勝殘之後　南家本、菅家本、江家本、寫字臺本、戈本作「既勝之後」。戈注：「黄帝，姓公孫，名軒轅，號有熊氏。蚩尤，古諸侯之無道者。蚩尤作亂，黄帝徵師諸侯，與戰於涿鹿之野，遂禽殺之，而萬國和。」

〔三一〕戈注：「九黎，蚩尤之屬也。顓頊，號高陽氏，黄帝之孫也。國語楚觀射父曰：『少皞氏之衰也，九黎亂德，人神雜糅，不可方物，顓帝承之，乃命南正重司天以屬神，火正黎司地以屬人。』」

〔三二〕亂虐　南家本、菅家本作「暴虐」。之代，寫字臺本作「之世」，下同。戈注：「桀，夏王，名履癸。湯，殷主，名履。桀不務德而賊傷百姓，湯遂率兵伐之。桀走鳴條，遂放而死。湯乃踐位，平定四海。」

〔三三〕伐之　寫字臺本作「征之」。

〔三四〕成王之代　寫字臺本作「成王之世」。戈注：「紂，殷王，名受。武王，周文王之子，名發。紂淫亂日甚，百姓怨望。武王遂率諸侯伐之。紂死於鹿臺。武王克殷二年，太子誦立，是爲成王。」

〔三五〕不及淳樸　南家本、菅家本、江家本作「不反純樸」，寫字臺本、元刻、戈本作「不及純樸」。

〔三六〕今應悉爲鬼魅　菅家本作「今應合悉爲鬼魅」，寫字臺本作「今應悉爲鬼魅魍魎」。

〔三七〕德彝　寫字臺本作「封德彝」。戈注：「難，駁也。」

〔三八〕不可矣　南家本、江家本、寫字臺本、戈本作「不可」。戈注：「以上文，按通鑑係在四年。」

〔三九〕每力行不倦　寫字臺本作「力行無倦」。

〔四〇〕數年間　寫字臺本作「三數年間」。

〔四一〕海内康寧突厥破滅　寫字臺本作「契丹靺鞨並皆内附突厥破滅部落列爲編户」。戈注：「突厥阿史那氏，古匈奴北部也，居金山之陽，夏曰獫狁，商曰鬼方，周曰獫狁。其别部凡二十八等，皆世其官，與中國抗衡，歷代爲患，悉臣服於唐。」

〔四二〕謂群臣曰　南家本、菅家本、元刻、戈本作「因謂群臣曰」，寫字臺本作「太宗每謂群臣曰」。

〔四三〕貞觀初　寫字臺本作「貞觀之初」。

〔四四〕帝道王道　寫字臺本作「帝王道」。

〔四五〕既從其言　寫字臺本作「不已朕從其言」。

〔四六〕安寧　寫字臺本作「寧安」。

〔四七〕自古以來常爲中國勍敵　寫字臺本作「萬代以來常爲勍敵」。戈注：「勍，强也。」

〔四八〕酋長　寫字臺本作「頭首」。戈注：「長，蕃國之長也。」

〔四九〕使我　寫字臺本下有「不動干戈數年之間」八字。

〔五〇〕在於石間　寫字臺本無「於」字。

〔五一〕戈注：「礫，小石也。」

〔五二〕爲公　寫字臺本作「爲君」。下文「公」亦作「君」。瑳，通「磋」。戈注：「詩曰：『如切如磋，如琢如磨。』言其治之有緒，而益致其精也。」

〔五三〕勞公　寫字臺本無此二字。

〔五四〕功業　寫字臺本作「以功業」。

〔五五〕公亦足爲良工爾　興本、松本作「公亦足爲良匠爾」，菅家本作「公亦足爲良匠耳」，寫字臺本作「君亦足爲良工」，且下有「唯恨不得使封德彝見之徵再拜謝曰匈奴破滅海内康寧自是陛下盛德所加實非群下之力臣但喜身逢明世不敢貪天之功太宗曰朕能任卿稱所委其功獨在朕乎卿何煩飾讓」七十一字。戈注：「按史傳曰：『帝納其言不疑，於是天下大治。蠻夷君長襲衣冠，帶刀宿衛。東薄海，南踰嶺，户闔不閉，行旅不賫糧，取給於道。帝謂群臣曰：此徵勸我行仁義，既效矣。惜不令封德彝見之！』」

【案】「太宗每力行不倦」以下至章末，通鑑繫貞觀四年。本章事見諫録卷三、新唐卷九七魏徵傳。寫字臺本爲卷四直言諫争篇第四章。

【又案】此處戈本從卷五忠義篇移入一章（120）。

15○貞觀九年，太宗謂侍臣曰：「往昔初平京師〔一〕，宫中美女珍玩，無院不滿。煬帝意猶不足，徵求無已〔二〕。兼東西征討，窮兵黷武，百姓不堪，遂致亡滅〔三〕。此皆朕所目見，故夙夜孜孜〔四〕，惟欲清淨〔五〕，使天下無事。遂得〔六〕徭役不興，年穀豐稔，百姓安樂。夫治國猶如栽樹，本根不摇，則枝葉茂盛〔七〕。君能清淨，百姓何得不安樂乎？」

校注

〔一〕往昔　建治本、菅家本作「往者」。戈注：「師，衆也。周都鎬京，後世因以天子建都之地曰京師。此指長安隋之都而言也。」

〔二〕戈注：「徵，召也。」

〔三〕亡滅　南家本作「滅亡」。

〔四〕戈注：「篤意也。」

〔五〕清浄　建治本、菅家本作「清静」。下同。

〔六〕遂得　建治本、菅家本無「遂」字。

〔七〕枝葉茂盛　興本、松本、戈本作「枝葉茂榮」。戈注：「一作盛」。

16 ●貞觀八年，太宗謂房玄齡等曰：「我所居殿，即是隋文帝所造，已經〔一〕四十餘年，損壞處少。唯承乾殿是煬帝造，工匠多覓〔二〕新奇，斗拱至小。年月雖近，破壞處多。今爲改更〔三〕，欲別作意見，亦恐似此屋耳。」魏徵對曰：「昔魏文侯〔四〕時，租賦歲倍，有人致賀。文侯曰：『今户口不加而租税歲倍，此由課斂多。譬如治皮，令大則薄，令小則厚，理民亦復如此〔五〕。』由是魏國大理。臣今量之，陛下爲理，百夷賓服，天下已安。但須守今日理道，亦歸之於厚，此即是足。」

校注

〔一〕已經　興本、松本作「也經」。

〔二〕覓　南家本、菅家本訛作「不見」。〔案〕通鑑武德五年：「世民居承乾殿」，胡三省注：「閣本太極宮圖：月華門内有承慶殿，無承乾殿。按新書，承乾殿在西宮。又按王溥會要，承乾殿在宮中。蓋指太極宮。」

〔三〕改更　建治本、興本訛作「政更」，據松本、菅家本改。

〔四〕魏文侯　名斯（一説都），魏桓公之子。在位五十年，制定法經，作「盡地力之教」，行「平糴」之法。

〔五〕通典卷四：「文侯曰：『今户口不加而租賦歲倍，此由課多也。譬如彼治治，令大則薄，令小則厚，治人亦如之。』」

【案】本章元刻、明本、韓版、戈本無，南家本、菅家本爲第十一章。事見諫録卷四。

17 ●貞觀八年，太宗謂群臣曰：「爲理之要，務全其本。若中國不静，遠夷雖至，亦何益焉？朕與公等共理天下，令中夏乂安，四方静肅，並由公等盛盡忠誠〔一〕，共康庶績之所致耳，朕實喜之。然安不忘危，亦兼以懼。朕煬帝〔二〕纂業〔三〕之初，天下隆盛。棄德窮兵，以取顛覆。頡利近者足爲强大，志意既盈，禍亂斯及，喪其大業，爲臣於朕。葉護可汗亦太强盛，自恃富貴，通使求婚，失道怙過〔四〕，以致破滅。其子既立，便肆猜忌，衆叛親離，覆基絶嗣〔五〕。朕不能遠纂〔六〕堯、舜、禹、湯之德，目覩此輩何得不誡懼乎？公等輔朕，功績已成，唯當慎以守之，自獲長世，並宜勉力。有不是事，則須明言。君臣同心，何得不理？」侍中魏徵對曰：「陛下弘至理以安天下，功已成矣。然每覩非常之慶，彌切慮危之心，自古至慎無以加此。臣聞上之所好，下必從之。明詔奬勵，足使懦夫立節。」

校注

〔一〕盛盡忠誠　諫録作「咸盡忠誠」，爲是。

〔二〕朕煬帝　諫録作「朕見隋煬帝」，當從補。

〔三〕篹業　南家本、菅家本訛作「纂業」。

〔四〕怙過　南家本、菅家本訛作「怙通」。

〔五〕通典卷一九九：統葉護可汗，達頭可汗之孫。控弦數十萬，霸有西域。武德中，來請婚，許之。爲頡利所阻，未果爲婚。自負其强，無恩於國，部落咸怨，爲其伯父所殺。統葉護之子咥力特勤立爲肆葉護可汗，性猜狠信讒，無統馭之略。小可汗乙利，於肆葉護功最多，以非罪族滅之。泥孰迎立肆葉護，而又險欲圖之，泥孰遂適焉耆。諸豪帥潛謀擊之，肆葉護以輕騎遁於康居，尋卒。

〔六〕遠纂　諫録作「遠慕」，爲是。

【案】本章元刻、明本、韓版、戈本無，南家本、菅家本爲第十二章。事見諫録卷三、册府卷一〇九。

18 ●太宗問拓跋使人曰：「拓跋兵馬今有幾許？」對曰：「見有四千餘人，舊有四萬餘人。」太宗謂侍臣曰：「朕聞西胡愛珠，若得好珠，劈身藏之。」侍臣咸曰：「貪財害己，實爲可笑。」太宗曰：「勿唯笑胡，今官人貪財不顧性命，身死之後子孫被辱，何異西胡之愛珠〔一〕耶！帝王亦然，恣情放逸，好樂無度，荒廢庶政，長夜忘返，所行如此，豈不滅亡。隋煬帝奢侈自賢，身死匹夫，足爲可笑。」魏徵對曰：「臣聞魯哀公謂孔子曰：『有人好忘者，移宅乃忘其妻。』孔子曰：『又有好忘甚於此者，丘〔二〕見桀、紂之君乃忘其身。』」太宗曰：「朕與公等既知笑人，今共相匡輔，庶免人笑。」

校注

〔一〕愛珠　興本、松本訛作「受珠」。

〔二〕丘　南家本、菅家本訛作「近」，據卷三君臣鑒戒篇第三章（70）改。

【案】本章元刻、明本、韓版、戈本無，南家本、菅家本爲第十三章，假名本屬前章，通鑑繫貞觀元年十二月。「魏徵對曰」以下至章末，卷三君臣鑒戒篇第三章（70）重出，事見諫録卷三。

19●貞觀九年，太宗謂侍臣曰：「爲帝王者，必須慎其所與。只如鷹犬、鞍馬、聲色、殊味，朕若欲之，隨須即至。如此等也，恒敗人正。邪佞、忠直，亦在時君所好。若任不得賢，何能無滅？」侍中魏徵對曰：「臣聞齊威王問淳于髡：『寡人所好，與古帝王同否？』髡曰：『古者聖王所好有四，今王所好唯有其三。古者好色，王亦好之；古者好馬，王亦好之；古者好味，王亦好之。唯有一事不同者，古者好賢，王獨不好。』齊王曰：『無賢可好也。』髡曰：『古之美色有西施、毛嬙，奇味即龍肝、豹胎，善馬即有飛兔、緑耳，此等今既無之，王之廚膳，後宮外厩，今亦備具。王以爲今之無賢，知前世之賢，得與王相見以否？』」太宗深然之。

【案】本章元刻、明本、韓版、戈本無，南家本、菅家本爲第十四章。事見諫録卷三。齊王問淳于髡事，又見説苑尊賢篇，爲齊宣王。

20 ●貞觀十年，太宗謂侍臣曰：「月令是早晚有？」侍中魏徵對曰：「今禮記所載月令，起自呂不韋[一]。」太宗曰：「但[二]爲化專依月令，善惡復皆如所記不？」魏徵又曰：「秦漢以來，聖王依月令事多。若一依月令者，亦未有善[三]。但古者設教勸人爲善，所行皆欲順時，善惡亦未必皆然。」太宗又曰：「月令既起秦時，三皇、五帝並是聖主，何因不行月令？」徵曰：「計月令起於上古，是以尚書云『敬授民時』[四]。呂不韋止是修古月令，未必始起於秦代。」太宗曰：「朕比讀書，所見善事，並即行之，都無所疑。至於用人，則善惡難別，故知人極爲不易。朕比使公等數人，何因理政猶不及文、景？」徵又曰：「陛下留心於理，委任臣等，逾於古人，直由臣等庸短，不能稱陛下委寄。欲論四夷賓服，天下無事，古來未有似今日者。至於文、景，不足以比聖德。」徵曰：「自古人君初爲理也，皆欲比隆堯、舜。至於天下既安，即不能[五]終其善。人臣初被任也，亦欲盡心竭力。及居富貴，即欲全官爵。若遂君臣常不懈怠，豈有天下不安之道哉！」太宗曰：「論至理誠，如公此語。」

校　注

［一］月令　禮記篇名，傳爲周公所作，實爲秦漢間人鈔合呂氏春秋十二月紀首章，題曰月令。記述每年農曆十

二個月的時令、行政及相關事物。呂不韋，秦莊襄王時爲相，秦王政尊爲相父，招門客著呂氏春秋。

〔二〕但　南家本、菅家本訛作「促」。下同。

〔三〕亦未有善　南家本、菅家本無「善」字。

〔四〕敬授民時　尚書堯典篇之辭，作「敬授人時」。謂曆書分節氣敬記天時，以授人也。南家本、菅家本直書「民」字，未避唐太宗名諱，足見其非唐寫本。

〔五〕即不能　興本、松本、菅家本無「即」字。

【案】本章元刻、明本、韓版、戈本無，南家本、菅家本爲第十五章。「月令未必始起於秦代」以上事見諫録卷四，以下至章末事見魏鄭公諫續録卷上。

21 〇貞觀十六年，太宗謂侍臣曰：「或君亂於上，臣理於下；或臣亂於下〔一〕，君理於上。二者苟逢，何者爲甚？」特進魏徵對曰：「君心理〔二〕，則照見下非〔三〕。誅一勸百，誰敢不畏威盡力？若昏暴於上，忠諫不從，雖百里奚、伍子胥之在虞、吴〔四〕，不救其禍，敗亡亦繼〔五〕。」太宗曰：「必如此。齊文宣昏暴，楊遵彦以正道扶之得理，何也〔六〕？」徵曰：「遵彦彌縫暴主，救理蒼生，纔得免亂，亦甚危苦。與人主嚴明，臣下畏法，直言正諫，皆見信用，不可同年而語也。」

校注

〔一〕或臣亂於下　原作「臣亂於下」，據建治本、興本、菅家本、元刻、戈本及上文補「或」字。

〔二〕君心理　建治本、興本、菅家本、元刻作「君必理」。

〔三〕照見下非　南家本、菅家本、江家本作「照然見下非」。

〔四〕伍子胥之在虞吴　南家本、菅家本作「伍子胥之徒在虞吴」。

〔五〕敗亡亦繼　南家本、菅家本作「敗亡亦促」。戈注：「一作促。虞、吴，二國名。百里奚，虞之賢臣。晉假道於虞以伐虢，欲並取虞，百里奚知虞公之不可諫而去之秦，後果爲晉所滅。伍子胥，名員，楚人，吴之賢臣。吴王夫差伐越，越請和，子胥諫，吴王不聽，與越平。復欲伐齊，子胥以爲不可，吴王又不聽，太宰嚭譖子胥於王，王賜劍使自死。後吴爲越王勾踐所滅。」

〔六〕戈注：「齊文宣，姓高名洋，東魏臣，襲其父歡位，封齊王，受魏禪，國號齊。楊遵彦，名愔，仕齊爲尚書令。文宣以功業自矜，遂嗜酒淫泆，肆行强暴，而能委政楊愔，總攝機衡，百度修飭。時人皆言主昏於上，政清於下。」

【案】本章明本、韓版爲第十一章，元刻、戈本爲第十二章，南家本、菅家本爲第十六章。事見諫録卷四。

22 ○貞觀十九年，太宗謂侍臣曰：「朕觀古來帝王，驕矜而取敗者，不可勝數。不能遠述古昔，至如晉武平吳〔一〕、隋文伐陳〔二〕已後，心逾驕奢〔三〕，自矜諸己，臣下不復敢言，政道因兹弛紊〔四〕。朕自平突厥〔五〕、破高麗已後〔六〕，兼并鐵勒，席卷沙漠，以爲州縣〔七〕，夷狄遠服，聲教益廣。朕恐懷驕矜，恒自抑折，日旰而食〔八〕，坐以待晨。每思臣下有讜言直諫〔九〕，可以施於政教者，當拭目以師友待之〔一〇〕。如此，庶幾於時康道泰耳〔一一〕。」

校注

〔一〕戈注：「見君道篇注。」

〔二〕戈注：「陳後主之世，亡滅之。」

〔三〕驕奢　興本、菅家本作「驕大」。

〔四〕弛紊　南家本、菅家本作「彌紊」。戈注：「散亂也。」

〔五〕平突厥　菅家本無此三字，南家本、戈本作「平定突厥」。

〔六〕戈注：「高麗，東夷國名。本扶餘别種，居遼東。周封箕子之國也。」

〔七〕兼并鐵勒席卷沙漠　建治本、菅家本作「兼并海内鐵勒」，興本、松本作「兼并海内鐵勒席卷沙漠」。戈注：「鐵勒，匈奴苗裔，其種類多居西海之北，突厥北部也。太宗既平其國，即其部落列置州縣，號爲羈縻，以其首領爲都督、刺史，皆得世襲，凡四夷内屬者皆然也。」

〔八〕戈注：「旰，晚也。」

〔九〕戈注：「讜，亦直也。」

〔一〇〕以師友待之　興本引菅家本作「以師待之」。戈注：「一無友字。」

〔一一〕時康道泰耳　建治本、菅家本作「時康道泰」。

【案】本章明本、韓版爲第十二章，元刻、戈本爲第十三章，南家本、菅家本爲第十七章。

23 〇太宗自即位之始，霜旱爲灾，米穀〔一〕踴貴，突厥侵擾〔二〕，州縣騷然。帝志在憂人，鋭精爲政。崇尚節儉，大布恩德。是時，自京師及河東、河南〔三〕、隴右，飢饉尤甚〔四〕，一匹絹纔得一斗米，百姓雖東西逐食，未嘗嗟怨，莫不自安。至貞觀三年，關中〔五〕豐熟，咸自歸鄉，竟無一人逃散，其得人心如此。加以從諫如流，雅好儒學〔六〕，孜孜求士，務在擇官，改革舊弊，興復制度，每因一事，觸類爲善〔七〕。初，息隱、海陵之黨〔八〕，同謀害太宗者數百千人，事寧復引居左右〔九〕近侍，心術豁然，不有疑阻。時論以爲能決斷〔一〇〕大事，得帝王之體。深惡官人〔一一〕貪濁，有受枉法財者〔一二〕，必無赦免〔一三〕。在京流外，有犯贓者，皆遣執奏，隨其所犯，寘以重法〔一四〕。由是官吏多自清謹。制馭王公、妃主之家，大姓豪猾之伍，皆畏威屏跡，無敢侵欺細民〔一五〕。商旅野次，無復盜賊，囹圄常空〔一六〕，牛馬布野〔一七〕，外户不閉〔一八〕。又頻致豐稔，米斗三四錢，行旅自京師至于嶺表〔一九〕，自山東至滄海〔二〇〕，皆不〔二一〕齎糧，取給於路。入山東村落〔二二〕，行客經過者，必厚供待〔二三〕，或發時有贈遺〔二四〕。此皆古昔未有也〔二五〕。

校注

〔一〕米穀　菅家本作「米粟」。

〔二〕侵擾　南家本、菅家本作「侵抄」。

〔三〕河東河南　菅家本無「河東」二字，興本、松本無「河南」二字。

〔四〕戈注：「穀不熟曰饑，菜不熟曰饉。」

〔五〕關中　菅家本作「關内」。戈注：「漢書，關中左殽、函，右隴、蜀。太宗分天下爲十道，此爲關西，唐建都之地也。」

〔六〕儒學　興本、松本、戈本作「儒術」。戈注：「一作學。」

〔七〕觸類爲善　菅家本作「觸類而爲善」。

〔八〕戈注：「息隱，高祖長子也，名建成。初，立爲皇太子。海陵，高祖第四子也，名元吉。初，封齊王。建成荒色嗜酒，畋遊無度，見秦王功高，與元吉謀害秦王，秦王知之，遂殺二人。既即帝位，乃封建成爲息王，謚曰隱。元吉爲海陵王，謚曰剌。」

〔九〕事寧復引居左右　建治本、菅家本作「事寧後引居左右」，興本、松本作「寧後引居左右」。

〔一〇〕決斷　南家本、戈本作「斷決」。

〔一一〕官人　南家本、戈本作「官吏」。

〔一二〕受枉法財　戈本作「枉法受財」。

〔一三〕赦免　建治本作「放免」。

〔一四〕寘以重法　建治本作「皆寘以重法」，菅家本作「更寘以重法」。

〔一五〕細民　建治本、興本、菅家本、元刻、韓版、戈本作「細人」。

〔一六〕囹圄　戈注：「周獄名也。」

〔一七〕牛馬布野　南家本、元刻、戈本作「馬牛布野」。

〔一八〕外户不閉　南家本、菅家本、假名本作「外户動則數月不閉」。

〔一九〕戈注：「五嶺之外。」

〔二〇〕至滄海　建治本、興本、菅家本、元刻、戈本作「至于滄海」。戈注：「山東，古冀州之域。滄海，東海之名也。」

〔二一〕皆不　建治本、菅家本作「皆不用」。

〔二二〕入山東村落　南家本、菅家本、江家本、韓版作「又山東村落」。

〔二三〕必厚供待　建治本、興本、菅家本、元刻、戈本作「必厚加供待」。

〔二四〕或發時有贈遺　建治本、菅家本作「或時有贈遺」。

〔二五〕未有也　建治本、菅家本作「未之有也」。

【案】本章明本、韓版爲第十三章，元刻、戈本爲第十四章，建治本、菅家本、假名本屬前章(22)，興本、松本別爲第十八章。

24 ●貞觀三年，上謂房玄齡曰：「古人善爲國者，必先理其身。理其身，必慎其所習。所習正則其身正，身正則不令而行。所習不正，則身不正，身不正則雖令不從。是以舜誡禹曰：『隣哉隣哉〔一〕。』周公誡成王曰：『其明其明〔二〕。』此皆言慎其所習近也。朕比歲〔三〕臨朝視事，及園苑間遊賞，皆召魏徵、虞世南侍從，或與謀議政事、講論經典，既常聞啓沃，非直於身有益，在於社稷亦可謂久安之道。」

校注

〔一〕夏書益稷篇之辭。「帝曰：吁，臣哉鄰哉，鄰哉臣哉。」鄰，近也。謂君臣道近，相須而成。

〔二〕明　當作「朋」。周書洛誥篇曰：「孺子其朋，孺子其朋，其往。」謂帶領群臣創建功業。

〔三〕比歲　興本作「此歲」。

【案】本章元刻、明本、韓版、戈本無，南家本、菅家本爲本篇末章。貞觀政要每篇各章按年編排，此章當爲在日本傳習後補入。

貞觀政要卷第一

貞觀政要卷第二

【案】南家本、菅家本、元刻有「史臣吴兢撰」五字，戈本作「戈直集論」。南家本、菅家本、元刻另行有「任賢第三求諫第四納諫第五」十二字，戈本另行作「論任賢三論求諫四論納諫五」。

任賢第三

【案】各本均八章，戈注「凡八章」。戈本另有「房玄齡杜如晦魏徵王珪李靖虞世南李勣馬周」兩行十九字。

25 〇房玄齡〔一〕，齊州臨淄人也。初仕隋，爲隰城尉〔二〕。坐事除名，徙上郡。太宗徇地渭北，玄齡杖策〔三〕謁於軍門。太宗一見，便如舊識，署渭北道行軍記室參軍〔四〕。玄齡既喜遇知己〔五〕，遂罄竭心力。是時〔六〕，賊寇每平〔七〕，衆人競求珍玩〔八〕，玄齡獨先收人物，致之幕府。及有謀臣猛將，與之〔九〕潛相申結，各致〔一〇〕死力。累授秦王府記室，兼陝東道大行臺考功郎中〔一一〕。玄齡在秦府十餘年，恒典管記。隱太子、巢刺王〔一二〕以玄齡及杜如晦〔一三〕爲太宗所親禮，甚〔一四〕惡之，譖之於高祖〔一五〕，由是與如晦並遭〔一六〕驅斥。及隱太子〔一七〕將有變也，太宗詔〔一八〕玄齡、如晦，令衣道服，潛引入閤謀議〔一九〕。及事平，太宗入春宫〔二〇〕，遷拜〔二一〕太子右庶子〔二二〕。貞觀元年，遷中書令〔二三〕。三年，拜尚書左僕射、監脩國史〔二四〕，封梁國公，賜實封一千三百户〔二五〕。既任總百司〔二六〕，虔恭夙夜，盡心竭節，不欲一物失所。聞人有善，若己有之。明達吏事，飾以文學，審定法令，意在寬平。不以求備取人，不以己長格物，隨能收敘，無隔卑賤〔二七〕。論者稱爲良相焉〔二八〕。十三年，加太子少師〔二九〕。玄齡自以一居端揆〔三〇〕十有五年，頻抗表〔三一〕辭位，優詔不許。十六年，進拜司空〔三二〕，仍總朝政，依舊監脩國史〔三三〕。玄齡復以年老請致仕，太宗遣使謂曰：「國家久相任使，一朝忽無良相，如失兩手。公若筋力不衰，無煩此讓。自知衰謝，當更奏聞〔三四〕。」玄齡遂止〔三五〕。太宗又嘗追思王業之艱難、玄齡佐命之力〔三六〕，乃作威鳳賦以自喻，因賜玄齡，其見稱類如此〔三七〕。

校　注

〔一一〕戈注：「名喬，以字顯。父彥謙，仕隋，歷刺史。玄齡少警敏，通經史，善屬文。開皇中，隋方盛，密白父曰：

『上無功德，徒以周近親，妄誅殺，亂嫡庶，競僭侈，終當滅亡。』父驚曰：『無妄言！』年十八，舉進士，授羽騎尉，校讎秘省。侍郎高孝基曰：『此郎當爲國器，恨不見其聳壑昂霄耳。』中原方亂，慨然有憂天下之志。既事秦王，王曰：『漢光武得鄧禹，今我得玄齡，猶禹也。』餘見下文。」

〔二〕戈注：「唐制，縣置尉，掌親理庶務，分判衆曹，割斷追催，收率課調，令之佐也。」

〔三〕杖策　原作「策杖」，元刻同，據南家本、菅家本、韓版、戈本及舊唐改。

〔四〕戈注：「唐制，掌軍府表啓書疏之職。」

〔五〕既喜遇知己　戈本作「既遇知己」。

〔六〕是時　菅家本作「此時」。

〔七〕賊寇每平　南家本作「每賊寇平」。

〔八〕珍玩　南家本、菅家本作「金寶」。

〔九〕與之　南家本、菅家本作「皆與之」。

〔一〇〕各致　南家本、菅家本作「各致其」。

〔一一〕大行臺考功郎中　南家本、菅家本作「行臺考功郎中」。戈注：「唐制，掌百官功過善惡之職。」〔案〕此爲大行臺考功，掌大行臺省内百官功過考績。

〔一二〕隱太子巢剌王　南家本、菅家本作「隱太子見太宗勳德日隆轉生忌嫉」。

〔一三〕戈注：「詳見下章。」

〔一四〕所親禮甚　菅家本作「所甚親禮」。

〔一五〕譖之於高祖　南家本、菅家本作「譖於高祖」，戈本作「譖之高祖」。戈注：高祖「諱淵，字叔德。」

〔一六〕並遭　南家本、菅家本作「並被」。

〔一七〕及隱太子　南家本、菅家本無「及」字。

〔一八〕詔　南家本、菅家本、元刻、戈本作「召」。

〔一九〕令衣道服潛引入閤謀議　南家本、菅家本作「令衣道士衣服潛引入閤計事」。

〔二〇〕及事平太宗入春宮　南家本、菅家本作「及太宗入春宮」。戈注：「東宮也，武德九年六月，太宗初爲皇太子。」

〔二一〕遷拜　南家本、菅家本、元刻、戈本作「擢拜」。

〔二二〕右庶子　原作「左庶子」，元刻、韓版、戈本同，據南家本、菅家本及舊唐、册府改。〔案〕戈直據文注左庶子，今正文改爲右庶子，移下章戈直注右庶子于此：「唐制，東宮右春坊右庶子，掌侍從左右、獻納啓奏、宣傳令旨之政。」

〔二三〕戈注：「唐制，中書省之長，掌佐天子執大政而總判省事，宰相也。」

〔二四〕監脩國史　南家本、菅家本作「修國史」。戈注：「唐制，史館有監修國史，皆宰相監領。」

〔二五〕封梁國公賜實封一千三百户　南家本、菅家本無此十二字。累封梁國公，南家本、菅家本在後，見下注。戈注：「唐爵九等，一曰王，食邑萬户。二曰郡王，食邑五千户。三曰國公，食邑三千户。四曰開國郡公，食邑二千户。五曰開國縣公，食邑千五百户。六曰開國縣侯，食邑千户。七曰開國縣伯，食七百户。八曰開國縣子，食五百户。九曰開國縣男，食三百户。此言千三百户者，實封數也。後仿此。」

〔二六〕既任總百司　戈本作「既總任百司」。

〔二七〕無隔卑賤　戈本作「無隔疏賤」。

〔二八〕論者稱爲良相焉　原無此七字，據南家本、菅家本、戈本補。南家本、菅家本下有「累封梁國公」五字。

〔二九〕戈注：「唐制，太子少師、少傅、少保，掌曉三師德行，以諭皇太子，奉觀三師之德。」

〔三〇〕戈注：「舜使禹宅百揆，端揆者，相位也。」

〔三一〕頻抗表　南家本、菅家本作「頻表」。

〔三二〕十六年進拜司空　南家本、菅家本作「十有六年進拜司空」。戈注：「唐制，太尉、司徒、司空爲三公，佐天子理陰陽、平邦國，無所不統。」

〔三三〕仍總朝政依舊監脩國史　南家本、菅家本無此十字。

〔三四〕自知衰謝當更奏聞　南家本、菅家本無此八字。

〔三五〕戈注：「按史傳，玄齡抗表陳辭，太宗遣使謂之曰：『昔留侯讓位，竇融辭榮，自懼盈滿，知進能退，善自止足，前代美之。公亦欲齊蹤往哲，實可嘉尚。然國家久相任使，一朝忽無良相，如失兩手。』玄齡遂止。」

〔三六〕玄齡佐命之力　南家本、菅家本、元刻、戈本作「佐命之匡弼」。

〔三七〕其見稱類如此　原作「其見稱賴如此」，菅家本、元刻、韓版同，據南家本、戈本改。戈注：「按新舊唐書皆曰『太宗追思王業艱難，佐命之力，作威鳳賦以賜無忌』，俱載長孫無忌傳，參之通鑑亦然。政要作賜玄齡，未詳孰是？愚謂其所紀姓名雖不同，而太宗眷命功臣之意則一也。今録其賦於此，以備觀覽焉。其辭曰：『有一威鳳，憩翮朝陽。晨遊紫霧，夕飲玄霜。資長風以舉翰，戾天衢而遠翔。西翥則烟氛閉色，東飛則日月騰光。化垂鵬於北裔，訓群鳥於南荒。殄亂世而方降，應明時而自彰。俛翼雲路，歸功本樹。仰喬枝而見猜，俯修條而抱蠹。同林之侶俱嫉，共幹之儔並忤。無桓山之義情，有炎洲之凶度。若巢葦而居安，獨懷危而履懼。鴟鴞嘯乎側葉，燕雀喧乎下枝。慚己陋之至鄙，害他賢之獨奇。或聚味（咮）而交擊，乍分羅而見羈。戢淩雲之逸羽，韜偉世之清儀。遂乃蓄情宵影，結志晨暉。霜殘綺翼，露點紅衣。嗟憂患之易結，歎矰繳之難違。期畢命於一死，本無情於再飛。幸賴君子，以依以恃。引此風雲，濯斯塵滓。披蒙翳於葉下，發光華於枝裏。仙翰屈而還舒，靈音摧而復起。職（眄）八極以遐翥，臨九天而高峙。庶廣德於衆禽，非崇利於一己。是以徘徊感德，顧慕懷賢。憑明哲而禍散，託英才而福全。答惠之情彌結，報功之志方宣。非知難而行易，思今（令）後而終前。俾賢德之流慶，畢萬葉而芳傳。』」

【案】本章事見舊唐卷六六房玄齡傳、册府卷三〇九。

26〇杜如晦〔一〕，京兆萬年人也。武德初，爲秦王府兵曹參軍〔二〕，俄遷陝州總管府長史〔三〕。時府中多英俊，被外遷者衆，太宗患之。記室房玄齡曰：「府寮去者雖多，蓋不足惜。杜如晦聰明識達，王佐材也。若大王守藩端拱，無所用之；必欲經營四方，非此人莫可。」太宗自此彌加禮重，寄以心腹〔四〕，遂奏爲府屬，常〔五〕參謀帷幄。時軍國多事，剖斷如流，深爲時輩所服。累除天策府從事中郎〔六〕，兼文學館學士〔七〕。隱太子之敗，如晦與玄齡功居第一〔八〕，遷拜太子左庶子〔九〕。俄遷兵部尚書〔一〇〕，進封蔡國公，賜實封一千三百户〔一一〕。貞觀二年，以本官檢校侍中〔一二〕。三年，拜尚書右僕射〔一三〕，兼知吏部選事〔一四〕，仍與房玄齡共掌朝政。至於臺閣規模，典章文物，皆二人所定，甚獲當時之譽〔一五〕，時稱「房杜」焉〔一六〕。

校注

〔一〕戈注：「字克明，少英爽，以風流自命，内負大節，臨機輒斷。隋世預吏部選，高孝基異之，曰：『君當爲棟梁用，願保令德。』餘見下文。」

〔二〕戈注：「唐制，掌王府武官簿書、考課、儀衛、假使等事。」

〔三〕戈注：「唐制，邊要之地，置總管以統軍，長史其貳職也。」

〔四〕自此彌加禮重寄以心腹　南家本、菅家本無此十字。

〔五〕常　原作「嘗」，菅家本、元刻、韓版、戈本同，據南家本改。

〔六〕戈注：「武德四年，高祖以秦王功高，古官號不足以稱，乃加號天策上將，位在王公上，開府置官屬。從事中郎，其屬職也。」

〔七〕戈注：「太宗爲天策上將，亂稍平，乃嚮儒，宮城西作文學館，收聘賢才，詢訪討論，學士其職也。」

〔八〕功居第一　南家本、菅家本作「功等」，元刻、戈本作「功第一」。

〔九〕左庶子　原作「右庶子」，元刻、韓版、戈本同，據南家本、菅家本改。〔案〕戈直據文注右庶子，今正文改爲左庶子，移上章戈直注左庶子于此：唐制，「東宮左春坊左庶子，掌侍從，贊相禮儀，駁正啓奏之職。」

〔一〇〕戈注：「唐制，兵部掌武選、地圖、車馬、甲械之政，尚書其長也。」

〔一一〕賜實封　戈本脱「賜」字。

〔一二〕戈注：「唐制，檢校某官者，皆詔除而非正命。」

〔一三〕尚書右僕射　南家本、菅家本作「尚書左僕射」。

〔一四〕吏部選事　南家本、菅家本作「選事」。戈注：「唐制，吏部掌文選、勳封、考課之政。知，猶主也。」

〔一五〕當時　南家本、菅家本作「當代」。

〔一六〕戈注：「按史傳，如晦進僕射，久之以疾辭職。薨，贈司空，謚曰成。手詔虞世南爲碑文，言痛悼意。它日，食瓜美，輟其半奠焉。後夢如晦若平生，明日敕所御饌往祭。勞問妻子，恩禮無少衰。後詔功臣世襲，贈密州刺史，徙國萊。」

【案】本章事見舊唐卷六六杜如晦傳、册府卷三〇九、三一〇。

27〇魏徵〔一〕，鉅鹿人也，近徙家相州之臨黃〔二〕。武德末，爲太子洗馬〔三〕。見太宗與隱太子陰相傾奪，每勸建成早爲之謀〔四〕。及誅隱太子，太宗召徵責之曰〔五〕：「汝離間我兄弟，何也？」衆皆爲之危懼。徵慷慨自若，從容對曰：「皇太子若從臣言，必無今日之禍。」太宗爲之斂容，厚加禮異，擢拜諫議大夫。太宗數引之卧内〔六〕，訪以得失〔七〕。徵雅有經國之材，性又抗直，無所屈撓。太宗每與之言，未嘗不悦。徵亦喜逢知己之主，竭其力用〔八〕。又勞之曰〔九〕：「卿所諫前後二百餘事〔一〇〕，皆稱朕意，非卿忠誠奉國〔一一〕，何能若是？」三年，累遷秘書監，參預朝政，深謀遠筭，多所弘益。太宗嘗謂曰：「卿罪重於中鉤，我任卿逾於管仲〔一二〕，近代君臣相得，寧有似我於卿者乎？」六年，太宗幸九成宮〔一三〕，宴近臣，長孫無忌曰〔一四〕：「王珪、魏徵，往事息隱，臣見之若讎，不謂今者又同此宴。」太宗曰：「魏徵往者實我所讎，但其盡心所事，有足嘉者。朕能擢而用之，何慚古烈？然徵犯顔切諫，每不許我爲非〔一五〕，我所以重之也。」徵再拜曰：「陛下導臣使言，臣所以敢言。若陛下不受臣言，臣亦何敢犯龍鱗、觸忌諱也〔一六〕。」太宗大悦，各賜錢十五萬〔一七〕。七年，代王珪爲侍中〔一八〕，累封鄭國公。尋以疾乞解所職，請爲散官〔一九〕。太宗曰：「朕拔卿於讎虜之中，任卿以樞要之職，見朕之非，未嘗不諫〔二〇〕。公獨不見金之在鑛〔二一〕，何足貴哉？良冶鍛而爲器〔二二〕，便爲人所寶〔二三〕。朕方自比於金，以卿爲良工〔二四〕。卿雖有疾〔二五〕，未爲衰老，豈得便爾耶？」徵乃止。後復固辭，聽解侍中，授以特進，仍知門下省事。十二年，以誕皇孫〔二六〕，詔宴公卿，帝極歡〔二七〕，謂侍臣曰：「貞觀以前，從我平定天下，周旋艱險，玄齡之功無所與讓。貞觀之後，盡心於我，獻納忠讜，安國利人〔二八〕，成我今日功業，爲天下所稱者，惟魏徵而已。古之名臣，何以加也。」於是親解佩刀以賜二人。庶人承乾〔二九〕在春宫，不脩德業。魏王泰〔三〇〕寵愛日隆，内外庶寮，咸有疑議。太宗聞而惡之，謂侍臣曰：「當今朝臣，忠謇無如魏徵，我遣傅皇太子，用絶天下之望〔三一〕。」十七年，遂授太子太師〔三二〕，知門下事如故。徵自陳有疾，太宗謂曰：「太子，宗社之本，須有師傅，故選中正，以爲輔弼。知公疹病，可卧護之。」徵乃就職〔三三〕。尋遇疾。徵宅内先無正堂，太宗營小殿〔三四〕，乃輟其材爲造，五日而就。遣中使賜以布被素褥，遂其所尚。後數日，薨。太宗親臨慟哭，贈司空，謚曰文貞。太宗親製碑文〔三五〕，復自書於石。特賜其家食實封〔三六〕九百户。太宗後嘗謂侍臣曰：「夫以銅爲鏡，可以正衣冠；以古爲鏡，可以知興替；以人爲鏡，可以明得失。朕常保〔三七〕此三鏡，以防己過。今魏徵殂逝，遂亡一鏡矣！」因〔三八〕泣下久之。乃詔曰〔三九〕：「昔惟魏徵，每顯余過〔四〇〕。自其逝也，雖過莫彰。朕豈獨有非於往時，而皆是於兹日？故亦庶僚苟順，難觸龍鱗者歟！所以虚己外求，披迷内省。言而不用，朕所甘心。用而不言，誰之責也？自斯已後，各悉乃誠。若有是非，直言無隱〔四一〕。」

校注

〔一〕戈注：「字玄成，孤貧落拓，有大志，不事生業，出家爲道士。好讀書，尤屬意縱横之説。大業末，李密見徵所爲文，召之。徵進十策，密奇之，而不能用。後竇建德攻陷黎陽，獲徵，署爲起居舍人。及竇建德就擒，與裴矩西入關，隱太子聞其名，引直洗馬，甚禮之。餘見下文。」

〔二〕臨黄　戈本作「内黄」。〔案〕元和郡縣圖志，臨黄縣北十五里有徵父魏長賢墓。

〔三〕太子洗馬　南家本作「隱太子洗馬」。戈注：「洗馬，漢有是職。太子出，則當直者前驅清道。唐制，東宫左春坊司經局置洗馬，掌經史子集四庫圖籍刊緝之事，凡天下之圖書上東宫者，皆受而藏之。」

〔四〕早爲之謀　南家本、菅家本作「早爲之計」，韓版作「早爲之所」。

〔五〕及誅隱太子太宗召徵責之曰　南家本、菅家本作「太宗及誅隱太子召徵責之曰」，戈本作「太宗既誅隱太子召徵責之曰」。

〔六〕太宗數引之卧内　南家本、菅家本、元刻、戈本作「數引之卧内」。

〔七〕訪以得失　南家本、菅家本、戈本作「訪以政術」。

〔八〕徵亦喜逢知己之主竭其力用　南家本、菅家本、韓版無此十二字。

〔九〕又勞之曰　南家本、菅家本作「又勞曰」。戈注：「勞，慰喻也。」

〔一〇〕二百餘事　南家本、菅家本作「三百餘事」。

〔一一〕忠誠奉國　南家本、菅家本作「竭誠奉國」。

〔一二〕戈注：「管仲，名夷吾，齊卿也。初，齊襄公被弑，議立君，高、國先陰告公子小白於莒，魯亦發兵送公子糾，而使管仲别將兵遮魯道，射中小白帶鈎。糾至齊，小白已立，是爲桓公。管仲請囚，鮑叔牙請公用之，公以爲大夫，後爲相，遂霸天下。」

〔一三〕幸九成宫　南家本、菅家本無此四字。戈注：「隋仁壽宫也。」

〔一四〕戈注：「長，音掌。凡言長孫，並同。長孫，複姓，無忌，其名也。字輔機，文德皇后之兄。從太宗征討有功，累擢比部郎中。貞觀初，遷吏部尚書，封齊國公。復進策司空，爲太子太傅。高宗時，以沮立武后，削官爵，置黔州，卒。」

〔一五〕然徵犯顏切諫每不許我爲非　南家本、菅家本作「然徵每犯顏切諫不許我爲非」，戈本作「徵每犯顏切諫不許我爲非」。

〔一六〕戈注：「史記韓非傳曰：『諫説之士，不可不察。夫龍可擾狎而馴也，然喉下有逆鱗徑寸，嬰之必殺人。人主亦有逆鱗，説之者能無嬰人主逆鱗則幾矣。』」

〔一七〕徵再拜曰陛下導臣使言至各賜錢十五萬　南家本在章末「直言無隱」句下，菅家本以雙行小字補在章末，均無「再」字，「導」訛作「尊」，「各」作「乃」。

〔一八〕代王珪爲侍中　南家本、菅家本、寫字臺本作「遷侍中」。

〔一九〕以疾乞解所職請爲散官　南家本、菅家本、寫字臺本作「以疾請解職」，戈本作「以疾乞辭所職請爲散官」。

〔二〇〕朕拔卿於讎虜之中至未嘗不諫　南家本、菅家本、寫字臺本無此二十三字。

〔二一〕戈注：「金璞也。」

〔二二〕戈注：「冶，陶鑄匠也。」

〔二三〕便爲人所寶　寫字臺本作「使人謂之爲寶」。

〔二四〕良工　南家本、菅家本、寫字臺本作「良匠」。

〔二五〕卿雖有疾　戈本作「雖有疾」。

〔二六〕以誕皇孫　戈本作「太宗以誕皇孫」。

〔二七〕以誕皇孫詔宴公卿帝極歡　南家本、菅家本、寫字臺本無此十一字，而作「帝」字。

〔二八〕獻納忠讜安國利人　寫字臺本作「獻忠讜安國」。

〔二九〕戈注：「太宗初立長子承乾爲太子，後以罪廢爲庶人。」

〔三〇〕戈注：「字惠褒，太宗第四子，封魏王。好士，善屬文，後貶王濮，謚曰恭。」

〔三一〕庶人承乾至用絶天下之望　南家本、菅家本、寫字臺本無此五十八字。

〔三二〕十七年遂授太子太師　南家本、菅家本作「十七年遂拜太子太師」。戈注：「唐制，太子太師、太傅、太保，爲三師，掌以道德輔導皇太子。」〔案〕十七年，舊唐作「十六年」。

〔三三〕徵自陳有疾至徵乃就職　南家本、菅家本、寫字臺本無此三十九字。

〔三四〕太宗營小殿　寫字臺本作「時太宗欲營小殿」，南家本、菅家本、元刻、戈本作「太宗時欲營小殿」。

〔三五〕太宗親製碑文　南家本、菅家本、寫字臺本、元刻、戈本作「太宗親爲製碑文」。

〔三六〕特賜其家食實封　興本、松本脱「賜」字，寫字臺本無「食」字。

〔三七〕常保　原作「嘗保」，據南家本、菅家本、寫字臺本、元刻、戈本改。

〔三八〕因　興本、松本作「因兹」。

〔三九〕乃詔曰　南家本、菅家本、寫字臺本作「詔曰」。

〔四〇〕每顯余過　元刻作「顯余過」，戈本作「每顯予過」。

〔四一〕戈注：「按史傳，徵疾甚，藥膳賜遺無算，上親問疾，語終日。後復與太子至，徵加朝服，拖帶。上悲慟，拊之。將以衡山公主降其子叔玉，時公主從，上曰：『公强視新婦！』徵不能謝。及旦，薨。帝臨哭，罷朝五日。太子舉哀西華堂。詔内外百官朝集使皆赴喪，晉王奉詔致祭，陪葬昭陵。上登苑西樓，望哭盡哀。」

【案】本章寫字臺本卷四興廢篇第三章(281)後半重出。事見舊唐卷七一魏徵傳、册府卷七一五。其「數引之卧内訪以政術」至「竭誠奉國何能若是」，又見册府卷五四二、五四九。「宴近臣」至「賜錢十五萬」，又見册府卷七五。「七年代王珪爲侍中」至章末，又見諫録卷三、册府卷三三一。「十二年太宗以誕皇孫」至「於是親解佩刀以賜二人」，又見册府卷七六。「十二年太宗以誕皇孫」至「今魏徵殂逝遂亡一鏡矣」，又見諫録卷五。「太宗後嘗謂侍臣曰夫以銅爲鏡」至「遂亡一鏡矣」，又見册府卷一四一。

28〇王珪〔一〕，太原祁縣人也〔二〕。武德中〔三〕，爲隱太子中允〔四〕，甚爲建成所禮。後以連其陰謀事，流于巂州〔五〕。建成誅後，太宗即位，召拜諫議大夫〔六〕。每推誠盡節，多所獻納。珪嘗上封事切諫〔七〕，太宗謂曰：「卿所論朕〔八〕，皆中朕之失。自古人君莫不欲社稷永安，然而不得者，衹爲不聞己過，或聞而不能改也〔九〕。今朕有所失，卿能直言，朕復聞過能改，何慮社稷之不安乎？」太宗又嘗謂珪曰：「卿若常居諫官，朕必永無過失。」顧待益厚。貞觀元年，遷黄門侍郎，參預政事，兼太子右庶子。二年，進拜侍中。時房玄齡、魏徵、李靖〔一〇〕、温彦博〔一一〕、戴胄〔一二〕與珪同知國政，嘗因〔一三〕侍宴，太宗謂珪曰：「卿識鑒清通〔一四〕，尤善談論，自玄齡等，咸宜品藻〔一五〕，又可自量，孰與諸子賢？」對曰：「孜孜奉國，知無不爲，臣不如玄齡。每以諫諍爲心，耻君不及〔一六〕堯、舜，臣不如魏徵〔一七〕。才兼文武，出將入相，臣不如李靖。敷奏詳明，出納惟允，臣不如温彦博〔一八〕。處繁理劇，衆務畢舉〔一九〕，臣不如戴胄。至如〔二〇〕激濁揚清、嫉惡好善，臣於數子，亦有一日之長〔二一〕。」太宗深然其言〔二二〕，群公亦各以爲盡己所懷，謂之確論〔二三〕。

校注

〔一〕戈注：「字叔玠。志量隱正，能安於貧賤，交不苟合。開皇末，爲奉禮郎。季叔頍坐事被誅，珪當從坐，遂亡匿，積十餘歲。高祖入關，相府司録李綱薦珪貞諒有器識，引爲世子府諮議參軍。及東宫建，除中舍人，尋轉中允。餘見下文。」

〔二〕太原祁縣　原作「太原祈縣」，據元刻、戈本改。南家本、菅家本作「瑯琊臨沂」。

〔三〕武德中　南家本、菅家本作「初」。

〔四〕戈注：「唐制，東宫官屬，掌侍從贊相，駁正啓奏，總司經、典膳、藥。」〔案〕據新唐書百官志四上，戈注下脱

「藏、内直、典設、宮門六局」。中允，左庶子副貳。

〔五〕戈注：「武德末，高祖以太子與秦王有隙，責珪等不能輔導，皆被流貶巂州。」

〔六〕建成誅後太宗即位召拜諫議大夫　南家本、菅家本、韓版作「建成誅太宗召拜諫議大夫」。

〔七〕戈注：「封事，實封言事也。」

〔八〕卿所論朕　戈本作「卿所論」。

〔九〕不能改也　南家本、菅家本、戈本作「不能改故也」。

〔一〇〕戈注：「詳見下章。」

〔一一〕戈注：「字大臨，并州人，警悟而辯。隋末，幽州總管羅藝以州降，彦博預謀，召入爲郎。戰突厥被執，貞觀始，始得還。尋檢校吏部侍郎，時譏其煩碎。後遷尚書右僕射。卒，追贈特進，謚曰恭。」

〔一二〕戈注：「字玄胤，相州人，性明正，善簿最。王世充謀篡，胄以大義説之。秦王引爲府士曹參軍。貞觀初，遷大理少卿，又遷尚書左丞，號稱職。拜諫議大夫。杜如晦遺言請以選舉委胄，遂檢校吏部尚書。卒，謚曰忠。」

〔一三〕嘗因　南家本、菅家本作「嘗同」。

〔一四〕清通　原作「精通」，元刻、戈本同，據南家本、菅家本、韓版改。

〔一五〕戈注：「定其差品文質也。」

〔一六〕不及　南家本、菅家本作「不及於」。

〔一七〕每以諫諍爲心至臣不如魏徵　南家本、菅家本在「孜孜奉國」句前。

〔一八〕温彦博　南家本、菅家本作「彦博」。

〔一九〕畢舉　南家本、菅家本、元刻、戈本作「必舉」。

〔二〇〕至如　南家本作「至如於」，菅家本訛作「至於如」。

〔二一〕臣於數子亦有一日之長　南家本作「臣於數子頗亦有一日之長」，菅家本作「臣於數子之中頗亦有一日之長」。

〔二二〕深然其言　南家本、菅家本作「深嘉其言」。

〔二三〕戈注：「按史傳，珪後進爵郡公。八年，拜禮部尚書。十一年，正定五禮，兼魏王師。十三年，卒，上素服舉哀，詔魏王泰率百官臨哭，贈吏部尚書，謚曰懿。」

【案】本章事見舊唐卷七〇王珪傳。

29 〇李靖〔一〕，京兆三原人也。大業末，爲馬邑郡丞〔二〕。會高祖爲太原留守，靖觀察高祖，知有四方之志，因自鎖上變〔三〕，將詣江都〔四〕。至長安，道塞不通而止。高祖剋京城，執靖，將斬之，靖大呼曰：「公起義兵除暴亂，不欲就大事，而以私怨斬壯士乎？」太宗亦加救請〔五〕，高祖遂捨之。武德中，以平蕭銑、輔公祏功〔六〕，歷遷揚州大都督府長史〔七〕。

太宗嗣位，召拜刑部尚書〔八〕。貞觀二年，以本官檢校中書令。三年，轉兵部尚書，爲代州道行軍總管〔九〕。進擊突厥定襄城，破之。突厥諸部落並走磧北〔一〇〕，擒隋齊王暕之子楊政道〔一一〕及煬帝蕭后，送于長安〔一二〕，突利可汗來降〔一三〕，頡利可汗〔一四〕僅以身遁。太宗謂曰："昔李陵提步卒五千，不免身降匈奴〔一五〕，尚得名書竹帛。卿以三千輕騎，深入虜庭，剋復定襄，威振北狄，實古今未有，足報往年渭水之役矣。"以功進封代國公。此後〔一六〕，頡利可汗大懼，四年退保鐵山〔一七〕，遣使入朝謝罪，請舉國内附。又以靖爲定襄道行軍總管，往迎頡利〔一八〕。頡利雖外請降，而内懷猶豫〔一九〕。詔遣鴻臚卿〔二〇〕唐儉〔二一〕、攝户部尚書〔二二〕將軍安脩仁〔二三〕慰諭之，靖謂副將張公謹〔二四〕曰："詔使到彼，虜必自寬，乃選精騎齎二十日糧，引兵自白道襲之。"公謹曰："詔許其降，使人在彼〔二五〕，未宜討擊。"靖曰："此兵機也，時不可失。"遂督軍〔二六〕疾進。至陰山〔二七〕，遇其斥候千餘騎〔二八〕，皆俘以隨軍。頡利見使者甚悦，不虞官兵至也。靖軍〔二九〕乘霧而行，去其牙帳〔三〇〕七里，頡利始覺，列兵未及成陣，單馬輕走，虜衆因而潰散，斬萬餘級，殺其妻隋義成公主〔三一〕，俘男女十餘萬，斥土界自陰山至于大漠〔三二〕，遂滅其國。尋獲頡利可汗於别部落，餘衆悉降。太宗大悦，顧謂侍臣曰："朕聞主憂臣辱，主辱臣死。往者國家草創，突厥强梁，太上皇以百姓之故，稱臣於頡利，朕未嘗不痛心疾首，志滅匈奴，坐不安席，食不甘味。今者暫動偏師，無往不捷，單于稽顙〔三三〕，耻其雪乎！」群臣皆稱萬歲〔三四〕。尋拜靖光禄大夫、尚書右僕射〔三五〕，賜實封通前五百户〔三六〕。又爲西海道行軍大總管，征吐谷渾〔三七〕，大破其國。改封衛國公。及靖妻亡〔三八〕，有詔許其墳塋制度依漢衛、霍故事〔三九〕，築闕象突厥内燕然山〔四〇〕、吐谷渾内磧石二山〔四一〕，以旌殊勳〔四二〕。

校注

〔一〕戈注：「字藥師，姿貌魁奇，少有文武材。每曰：『大丈夫若遇主逢時，必當立事立功，以取富貴。』其舅韓擒虎號名將，每與論兵，必曰『可與言孫、吴者』。仕隋，爲長安縣功曹，歷駕部員外郎。楊素、牛弘皆器之。餘見下文。」

〔二〕戈注：「大業，隋煬帝年號。丞，守之貳也。」

〔三〕自鎖上變　南家本、菅家本作「自候上變」。

〔四〕將詣江都　韓版、戈本作「詣江都」。

〔五〕救請　戈本作「救靖」。

〔六〕戈注：「蕭，姓，銑，名，後梁宣帝曾孫也。隋末，起兵巴陵，自稱梁王。靖陳十策，高祖命副趙郡王孝恭討之，遂降。輔，姓，公祏，名，爲淮南道行臺僕射。武德中，據丹陽反叛，又詔靖副孝恭討之，擒獲，遂平。」

〔七〕大都督府長史　原作「大都督長史」，南家本同，據菅家本、元刻、韓版、戈本補「府」字。戈注：「唐制，總十州者爲大都督，長史，其上佐也。」

〔八〕戈注：「唐制，刑部掌律令、刑法、徒隸、按覆讞禁，尚書其長也。」

〔九〕爲代州道行軍總管　菅家本作「以爲代州道行軍總管」，戈本作「爲代州行軍總管」。戈注：「唐制，武德初，置行軍總管以統軍。」

〔一〇〕並走磧北　戈本作「俱走磧北」。戈注：「沙土曰磧，地在塞北。」

〔一一〕擒隋齊王暕之子楊政道　戈本作「北擒隋齊王暕之子楊道政」，衍一「北」字，誤「政道」爲「道政」。〔案〕隋書齊王暕傳作「政道」。

〔一二〕擒隋齊王暕之子至送于長安　南家本、菅家本無此十九字。

〔一三〕戈注：「可汗，蕃王之稱，猶漢時稱單于，中國稱天子也。突利可汗，始畢可汗之子，名什鉢苾，嘗自結於太宗，請入朝，太宗禮見良厚，拜右衛將軍。」

〔一四〕戈注：「處羅可汗之弟，名莫賀咄設，牙直五原北，太宗因其地置伊西州。」

〔一五〕戈注：「李陵，字少卿，漢武帝時爲侍中，將兵伐匈奴，無救而敗，遂降匈奴。」

〔一六〕頡利可汗僅以身遁至以功進封代國公此後　南家本、菅家本無此七十三字。

〔一七〕戈注：「西北之地。」

〔一八〕又以靖爲定襄道行軍總管往迎頡利　南家本、菅家本無此十五字。

〔一九〕内懷猶豫　戈本作「心懷疑貳」。

〔二〇〕戈注：「秦官，典客。漢武時，更名大鴻臚，郊廟行禮，讚道九賓，鴻聲臚傳之也。唐制，掌賓客及凶儀之事。」

〔二一〕戈注：「字茂約，并州人。聞隋政日亂，説秦王建大計，爲天策長史。」

〔二二〕攝户部尚書　南家本、菅家本作「授户部尚書」。戈注：「唐制，户部掌天下土地、人民、錢穀之政，貢賦之差，尚書其長也。詔除而非正命謂之攝。」

〔二三〕將軍安脩仁　南家本、菅家本、韓版無此五字。戈注：「安，姓，脩仁，名。」

〔二四〕戈注：「字弘慎，魏州人。仕王世充爲洧州長史，挈城歸高祖，授檢校鄒州别駕，李勣等啓秦王引入府。貞觀初，爲代州都督，謀破頡利有功，封鄒國公，改封襄州都督，以惠政聞。七年，卒。」

〔二五〕詔許其降使人在彼　南家本、菅家本、戈本作「既許其降詔使在彼」。

〔二六〕督軍　菅家本作「督兵軍」。

〔二七〕至陰山　南家本、菅家本、元刻、戈本作「行至陰山」。

〔二八〕千餘騎　南家本、菅家本、戈本作「千餘帳」。

〔二九〕靖軍　南家本、菅家本、元刻、戈本作「靖前鋒」。

〔三〇〕牙帳　菅家本無「帳」字。

〔三一〕斬萬餘級殺其妻隋義成公主　南家本、菅家本無此十二字。

〔三二〕至于大漠　南家本作「北至于大磧」，菅家本作「北至于大漠」。戈注：「北邊廣漠之地。」

〔三三〕戈注：「漢時蕃王之號，猶可汗也。」

〔三四〕戈注：「漢武帝禮祭中嶽太室，從官在山下，聞若有言萬歲者三，後世臣下稱萬歲者，本此。」

〔三五〕尋拜靖光禄大夫尚書右僕射　南家本、菅家本無「光禄大夫」四字，南家本、韓版訛作「尚書左僕射」。

〔三六〕賜實封通前五百户　南家本、菅家本、戈本無「通前」二字。

〔三七〕又爲西海道行軍大總管征吐谷渾　南家本、菅家本作「又西征吐谷渾」，無「爲西海道行軍大總管」九字。戈注：「吐谷渾，西域國名，本遼東鮮卑徒河涉歸長子之名，其孫葉延，遂以其名爲氏。」

〔三八〕及靖妻亡　原作「及靖身亡」，元刻、韓版、戈本同，據南家本、菅家本及舊唐改。

〔三九〕許其墳塋制度依漢衛霍故事　南家本、菅家本無「其」字。戈注：「衛青、霍去病，皆漢武時爲大將軍，討匈奴有大功。去病尚公主，及亡，詔與主合葬，起冢象廬山。」

〔四〇〕燕然山　南家本、菅家本作「鐵山」。

〔四一〕磧石二山　南家本、菅家本作「積石二山」。

〔四二〕殊勳　南家本、菅家本、戈本作「殊績」。戈注：「按史傳，十四年，靖妻卒，故有墳塋之詔。『及靖身亡』四字疑誤。十八年，上幸其第問疾。上將伐遼東，靖入閣賜坐，謂曰：『公南平吴會，北清沙漠，西定慕容，惟東有高麗未服，公意如何？』對曰：『臣往者憑藉天威，薄展微效，今殘年朽骨，唯擬此行。陛下若不棄老臣，病其瘳矣。』上愍其羸老，不許。二十三年，薨，贈司徒，謚曰景武。」

【案】本章事見舊唐卷六七李靖傳。「四年退保鐵山」至章末，又見册府卷九八五。

30 ○虞世南〔一〕，會稽餘姚人也。貞觀初，太宗引爲上客，因開文學館〔二〕，館中號爲多士，咸推世南爲文學之宗，授以記室，與房玄齡對掌文翰。嘗命寫列女傳以裝屏風，于時無本，世南暗書之，一無遺失〔三〕。貞觀七年，累遷秘書監。太宗每機務之隙，引之談論〔四〕，共觀〔五〕經史。世南雖容皃儒懦〔六〕，若不勝衣〔七〕，而志性抗烈，每論及古先帝王爲政得失，必存規諷，多所補益。及高祖晏駕〔八〕，太宗執喪過禮，哀容毁顇，久替萬機，文武百僚，計無所出，世南每入進諫，太宗甚嘉納之，益所親禮〔九〕。嘗謂侍臣曰：「朕因暇日，每與虞世南商榷古今〔一〇〕，朕有一言之善，世南未嘗不悦；有一言之失，未嘗不悵恨。近嘗戲作一詩，頗涉浮豔，世南進表諫曰：『陛下此作雖工，體非雅正。上之所好，下必隨之。此文一行，恐致風靡，輕薄成俗，非爲國之利。賜令繼和，不敢不作。而今之後，更有斯文，繼以死請，不奉詔〔一一〕。』其懇誠若此，朕用嘉焉。群臣皆若世南，天下何憂不理？」因賜帛一百五十段〔一二〕。太宗嘗稱世南有五絶：一曰德行，二曰忠直，三曰博學，四曰詞藻，五曰書翰。及卒，太宗舉哀於別次，哭之甚慟。喪事官給，仍賜以東園秘器〔一三〕，贈禮部尚書〔一四〕，謚曰文懿。太宗手敕魏王泰曰：「虞世南於我，猶一體也。拾遺補闕，無日暫忘，實當世名臣〔一五〕，人倫準的。吾有小善，必將順而成之；吾有小失，必犯顔而諫之。今其云亡，石渠、東觀之中，無復人矣〔一六〕，痛惜豈可言耶！」未幾，太宗爲詩一篇，追思往古理亂之道，既而嘆曰：「鍾子期死，伯牙毁琴〔一七〕。朕之此篇，將何所示？」因令起居〔一八〕褚遂良〔一九〕詣其靈帳讀訖焚之，其悲悼也若此。又令與房玄齡、長孫無忌、杜如晦、李靖等二十四人，圖形於凌烟閣〔二〇〕。

校注

〔一〕戈注：「字伯施。性沈静寡欲，篤意學問。與兄世基仕隋，俱有重名，時人方晉二陸。累遷至秘書郎、起居舍人。從宇文化及至聊城，又陷于竇建德，僞授黄門侍郎。太宗後滅建德，引爲秦府參軍。餘見下文。」

〔二〕文學館　戈本脱「學」字。

〔三〕貞觀初至一無遺失　南家本、菅家本無此六十四字。

〔四〕機務之隙引之談論　南家本、菅家本作「萬機之隙數引之談論」。

〔五〕共觀　菅家本作「或觀」。

〔六〕儒懦　南家本、菅家本、韓版、戈本作「懦弱」。

〔七〕若不勝衣　戈本作「如不勝衣」。

〔八〕及高祖晏駕　南家本、菅家本無此五字。戈注：「漢書曰：『宮車晏駕。』注：『謂天子當晨起早作，而方崩殞，故稱晏駕者，臣子之心，猶謂宮車晚出也。』按高祖以貞觀九年五月崩。」

〔九〕執喪過禮至益所親禮　南家本、菅家本無此三十六字。

〔一〇〕商榷古今　南家本、菅家本作「商略古今」。

〔一一〕近嘗戲作一詩至不奉詔　原無此七十四字，元刻、韓版、戈本同，據南家本、菅家本及册府補，菅家本首字「近」上多一「朕」字。

〔一二〕因賜帛一百五十段　原無此八字，元刻、韓版、戈本同，據南家本、菅家本補。

〔一三〕太宗舉哀於别次至仍賜以東園秘器　南家本、菅家本無此二十二字。戈注：「葬具也。」

〔一四〕戈注：「唐制，禮部掌禮儀、祭享、貢舉之政，尚書其長也。凡既没而加之以官曰贈。」

〔一五〕當世名臣　南家本、菅家本、元刻、韓版、戈本作「當代名臣」。

〔一六〕戈注：「漢置石渠閣、東觀，皆藏圖籍秘書之所。」

〔一七〕伯牙毁琴　戈本作「伯牙不復鼓琴」。戈注：「列子曰：『鍾子期與伯牙爲友，伯牙鼓琴，子期善聽。子期死，伯牙絶弦，以世無知音者。』」

〔一八〕戈注：「官名。唐制，門下省置起居郎，中書省置起居舍人，掌録天子之動作法度，以修記事之史，書以授之于國史焉。」

〔一九〕戈注：「字登善，杭州人。博涉經史，工楷隸。累遷起居郎。十五年，拜諫議大夫，兼起居事。後授太子賓客。高宗時，拜僕射，因沮立武后，后立，被貶，卒。」

〔二〇〕未幾太宗爲詩一篇至圖形於凌烟閣　南家本、菅家本無此八十三字。戈注：「按史傳，十七年，詔趙國公長孫無忌、河間元王孝恭、萊國成公杜如晦、鄭國文貞公魏徵、梁國公房玄齡、申公高士廉、鄂國公尉遲敬德、衛國公李靖、宋國公蕭瑀、褒忠壯公段志玄、夔國公劉弘基、蔣忠公屈突通、鄖節公殷開山、譙襄公柴紹、邳襄公長孫順德、鄖國公張亮、陳國公侯君集、郯襄公張公謹、盧國公程知節、永興文懿公虞世南、渝襄公劉政會、莒國公唐儉、英國公李勣、胡壯公秦叔寶二十四人，可並圖畫於凌烟閣。」

【案】本章事見舊唐卷七二虞世南傳。「嘗謂侍臣曰」至「天下何憂不理」，又見册府卷五四九；「未幾太宗爲詩一篇」至章末「圖形於凌烟閣」，又見册府卷四〇。

31 〇李勣〔一〕，曹州離狐人也。本姓徐氏〔二〕，仕李密〔三〕，爲右武候大將軍〔四〕。密後爲王世充所破〔五〕，擁衆歸國，勣猶據密舊境十郡之地〔六〕。武德二年，謂其長史〔七〕郭孝恪〔八〕曰：「魏公既歸大唐，今此人衆、土地，魏公所有也。吾若上表獻之，則是〔九〕利主之敗，自爲己功，以邀富貴，是吾所耻。今宜具録州縣及軍人户口，總啓魏公，聽公自獻，此則〔一〇〕魏公之功也，不亦可乎？」乃遣使啓密〔一一〕。使人初至，高祖聞無表，惟有啓與密〔一二〕，甚怪之。使者以勣意聞奏，高祖方大喜曰：「徐勣感德推功，寔純臣也。」拜黎州總管，賜姓李氏，附屬籍于宗正〔一三〕。封其父蓋爲濟陰王，固辭王爵，乃封舒國公，授散騎常侍〔一四〕。尋加勣右武候大將軍〔一五〕。及李密反叛誅〔一六〕，勣發喪行服，備君臣〔一七〕之禮，表請收葬〔一八〕，高祖遂歸其屍。於是大具威儀，三軍縞素〔一九〕，葬於黎陽山。禮成，釋服而散，朝野義之。尋爲竇建德所攻，勣陷於建德〔二〇〕，又自拔歸京師〔二一〕。從太宗征王世充、竇建德，平之。貞觀元年，拜并州都督〔二二〕，令行禁止，號爲稱職，突厥甚畏憚〔二三〕。太宗謂侍臣曰：「隋煬帝不解精選賢良，鎮撫邊境，惟遠築長城，廣屯將士，以備突厥〔二四〕，而情識之惑，一至於此〔二五〕。朕今委任李勣於并州，遂得突厥畏威遠遁，沙垣〔二六〕安静，豈不勝數千里長城耶？」其後并州改置大都督府，又以勣爲長史，累封英國公。在并州凡十六年。召拜兵部尚書，兼知政事。勣時遇暴疾，驗方云鬚灰可以療之，太宗乃自剪〔二七〕鬚爲其和藥，勣頓首見血，泣以陳謝。太宗曰：「吾爲社稷計耳，不煩深謝。」十七年，高宗居春宮，轉太子詹事〔二八〕，加特進，仍知政事。太宗又嘗宴，顧謂勣曰〔二九〕：「朕將屬以孤幼，思之無越卿者〔三〇〕。公往不遺於李密，今豈負於朕哉！」勣雪涕致辭，因噬指流血。俄沉醉，御服覆之，其見委信如此。勣每行軍用師，頗任籌筭〔三一〕，臨敵應變，動合事機。自貞觀已來，討擊突厥頡利及薛延陀〔三二〕、高麗等，並大破之。太宗嘗曰：「李靖、李勣二人，古之名將〔三三〕韓、白〔三四〕、衛、霍，豈能及也〔三五〕。」

校注

〔一〕戈注：「本名世勣，字茂功。永徽中，以犯太宗諱，單名勣焉。餘見下文。」

〔二〕本姓徐氏　戈本作「本姓徐」。

〔三〕仕李密　南家本、菅家本、戈本作「初仕李密」。戈注：「李密，字玄邃。其先遼東人。大業末，韋城人翟讓聚衆爲盜，勣往從之。密初從楊玄感起兵謀事，及玄感敗，亡命雍丘。勣説讓奉密爲主，號魏公。密後殺讓，而人心始離。武德初，入關見高祖，拜光禄卿。復以反誅。」

〔四〕右武候大將軍　戈本作「左武候大將軍」。

〔五〕戈注：「王世充，字行滿。本西域人，姓支，幼從母嫁王氏，因冒其姓。仕隋，爲民部侍郎，陰結豪傑，自爲太尉，矯隋主侗策禪位，殺侗自立。武德初，破李密，高祖詔秦王攻之，擒歸長安，族徙于蜀。」

〔六〕戈注：「密舊境，東至于海，南至于江，西至汝州，北至魏郡，時未有所附，勣並據之。」

〔七〕謂其長史　戈本作「謂長史」。

〔八〕郭孝恪　原作「郭恪」，南家本、菅家本、元刻、韓版同，據戈本及舊唐補「孝」字。戈注：「郭孝恪，許州人。初附密爲長史，後謁秦王，上策擒竇建德，拜上柱國。後遷大總管，破龜兹國，爲流矢所中而卒。」

〔九〕則是　南家本、菅家本作「即是」。

〔一〇〕此則　菅家本作「此即」。

〔一一〕啓密　南家本作「啓李密」。

〔一二〕有啓與密　南家本、菅家本作「有啓與李密」。

〔一三〕戈注：「唐制，宗正府掌親屬以别昭穆，宗室居之。」〔案〕「宗正府」當作「宗正寺」，「宗正府」爲元代官衙，戈直粗疏致誤。

〔一四〕戈注：「唐制，掌規諷過失、侍從顧問之職。」

〔一五〕戈注：「唐制，武衛之職。」

〔一六〕反叛誅　南家本、菅家本作「反叛被誅」，戈本作「反叛伏誅」。

〔一七〕君臣　菅家本訛作「群臣」。

〔一八〕收葬　南家本、菅家本作「收葬密」。

〔一九〕三軍縞素　原無此四字，元刻、韓版同，據南家本、菅家本、戈本補。戈注：「三軍，上軍、中軍、下軍也。」

〔二〇〕勣陷於建德　南家本、菅家本作「陷於竇建德」，戈本作「陷於建德」。

〔二一〕自拔歸京師　南家本、菅家本作「自拔於京師」。戈注：「竇建德，貝州人。世爲農，材力絶人。大業中，募兵伐遼，補隊長。後據渤海，自立爲夏王，建元，置官屬。武德初，擒化及於魏縣，進兵攻勣，力屈降之。收勣父爲質，令勣復守黎陽。三年，勣自拔歸京師。四年，從太宗平建德，於是獲而斬之。」

〔二二〕戈注：「唐制，武德七年，改總管曰都督，立府置佐。」

〔二三〕甚畏憚　南家本、菅家本、戈本作「甚加畏憚」。

〔二四〕戈注：「隋大業三年，詔發丁男百餘萬築長城，西距榆林，東至紫河，旬而畢工。」

〔二五〕而情識之惑一至於此　南家本、菅家本、韓版無此九字。

〔二六〕沙垣　南家本、菅家本、韓版、戈本作「塞垣」。

〔二七〕乃自剪　南家本、菅家本、元刻、戈本無「乃」字。

〔二八〕戈注：「唐制，東宮官，掌統三寺、十率府之政。」

〔二九〕顧謂　戈本無「謂」字。

〔三〇〕十七年高宗居春宮至思之無越卿者　南家本、菅家本無此四十一字。

〔三一〕頗任籌筭　戈本無「頗任」二字。

〔三二〕戈注：「北狄國名，本延陀部，與薛種雜居，號薛延陀。貞觀中，拔灼立，勣滅其國，置爲州縣。」

〔三三〕古之名將　戈本無「名將」二字。

〔三四〕戈注：「漢將韓信、秦將白起也。」

〔三五〕勣雪涕致辭因噬指流血至衛霍豈能及也　南家本、菅家本無此八十五字。戈注：「按史傳，二十三年，帝疾，謂太子曰：『李勣才智有餘，然汝與之無恩，恐不能懷服。我今黜之，若其即行，俟我死，汝用爲僕射，親任之。若徘徊顧望，當殺之。』乃授疊州都督，受詔，不至家而去。高宗立，召進僕射。後欲立武昭儀爲后，畏大臣異議，未決。帝密訪勣，勣曰：『此陛下家事，無須問外人。』帝意遂定，詔勣率册立武氏。總章二年，卒，贈太尉，謚曰貞武。」

【案】本章自「離狐人也」以下至章末，原據戈本配補，現改用常熟市圖書館藏明洪武庚午遵正堂刊本配補。事見舊唐卷六七李勣傳。

32 〇馬周〔一〕，博州茌平人也。貞觀五年至京師，舍於中郎將〔二〕常何之家〔三〕。時太宗令〔四〕百官上書言得失，周〔五〕爲何陳便宜二十餘事，令奏之，事皆合旨。太宗怪其能，問何，答曰〔六〕：「此非臣所發意〔七〕，乃臣家客馬周也。」太宗即日召之，未至間〔八〕，凡四遣使催，乃謁見〔九〕，與語甚悦，令直門下省。授監察御史〔一〇〕，累除中書舍人〔一一〕。周有機辯，能敷奏，深識事端，故動無不中。太宗嘗曰：「我於馬周〔一二〕，暫時不見便思之〔一三〕。」十八年，歷遷中書令，兼太子右庶子〔一四〕。周既職兼兩宫〔一五〕，處事平允〔一六〕，甚獲當時之譽。又以本官攝吏部尚書。太宗嘗謂侍臣曰：「馬周見事敏速〔一七〕，性甚貞正〔一八〕。至於論量人物，直道而言，朕比任使之〔一九〕，多稱朕意。既寫忠誠，親附於朕〔二〇〕，實藉此人，共康時政〔二一〕。」

校注

〔一〕戈注：「字賓王。家貧嗜學，資志曠遠。武德中，補州助教，不治事而去，密州趙仁本高其才，厚贈使入關。留汴爲浚儀令崔賢所辱，遂感激而西。舍新豐逆旅，主人不之顧，周命酒一斗八升，悠然獨酌，衆異之。餘見下文。」

〔二〕舍於　南家本作「客舍於」。戈注：「唐制，中郎將，太子府屬，掌校尉、旅帥，及親、勳、翊衛之屬。」

〔三〕戈注：「常，姓，何，名。史無傳。」

〔四〕馬周博州茌平人也至時太宗令　原據戈本配補，現改用常熟市圖書館藏明洪武庚午遵正堂刊本配補。

〔五〕周　南家本作「馬周」。

〔六〕答曰　南家本、菅家本作「何答曰」，戈本作「何對曰」。

〔七〕發意　南家本、菅家本作「發慮」。

〔八〕未至間　南家本、菅家本作「未至門」。

〔九〕凡四遣使催乃謁見　南家本、菅家本、元刻、戈本作「凡四度遣使催促及謁見」。

〔一〇〕授監察御史　南家本、菅家本作「尋授監察御史」。戈注：「唐制，掌分察百寮，巡按州郡，獄訟、軍戎、祭祀、營作、太府出納，皆隸焉。」

〔一一〕戈注：「唐制，掌侍進奏，參議表章。」

〔一二〕我於馬周　南家本、菅家本作「我馬周」。

〔一三〕便思之　南家本、菅家本、元刻、戈本作「則便思之」。

〔一四〕右庶子　原作「左庶子」，元刻、韓版、戈本同，據南家本、菅家本及舊唐改。

〔一五〕兩宮　南家本、菅家本訛作「兩官」。

〔一六〕處事平允　南家本、菅家本作「處事中允」，韓版無此四字。

〔一七〕馬周見事敏速　戈本作「周見事敏速」。

〔一八〕貞正　戈本作「慎至」。戈注：「一作貞正。」

〔一九〕朕比任使之　南家本、菅家本無此五字。

〔二〇〕既寫忠誠親附於朕　南家本、菅家本無此八字。

〔二一〕共康時政　興本、松本、菅家本作「共秉時政」。戈注：「按史傳，帝嘗以飛白書賜周曰：『鸞鳳沖霄，必假羽翼。股肱之寄，要在忠力。』周疾甚，詔使視護，躬爲調藥。周以所上章奏悉焚之，曰：『管、晏暴君之過，取身後名，吾不爲也。』二十一年，卒。按此章曰貞觀五年，周爲何陳便宜，與舊史同。通鑑考異曰：『五年不見有詔令百官上封事。』唐曆曰：『三年六月，詔文武官言得失，馬周代常何陳事。』舊史或本於政要，而吴氏所紀是也。」

【案】本章事見舊唐卷七四馬周傳、册府卷八八四。

求諫第四

【案】元刻、韓版、明本十章。南家本、菅家本八章，有二章（36、38）在納諫篇。戈本有一章(38)被分爲兩章，故戈注「凡十一章」。

33〇太宗威儀儼肅〔一〕，百僚進見者，皆失其舉措。太宗知其若此，每見人奏事，必假借顔色〔二〕，冀聞諫諍，知政教得失。貞觀初，嘗謂公卿曰：「人欲自照，必須明鏡；主欲知過，必藉忠臣。主若自賢〔三〕，臣不匡正，欲不危敗，豈可得也〔四〕？故君失其國，臣亦不能獨全其家。至如〔五〕隋煬帝暴虐，臣下鉗口，卒令不聞其過，遂至滅亡。虞世基等，尋亦誅死。前事不遠，公等每看事有不利於人，必須直言規諫〔六〕。」

校注

〔一〕威儀儼肅　南家本、菅家本、戈本作「威容嚴肅」。

〔二〕必假借顔色　戈本、韓版作「必假顔色」。

〔三〕主若自賢　南家本作「若主自恃賢聖」，菅家本作「若主自恃聖賢」。

〔四〕豈可得也　戈本作「豈可得乎」。

〔五〕至如　戈本作「至於」。

〔六〕直言規諫　南家本、菅家本、元刻、韓版、戈本作「極言規諫」。

【案】本章事略同於卷三君臣鑒戒篇第一章(68)。

34 ○貞觀元年，太宗謂侍臣曰：「正主任邪臣，不能致理；正臣事邪主，亦不能致理。惟君臣相遇，有同魚水，則海内可安。朕雖不明，幸諸公數相匡救，冀憑直言鯁議〔一〕，致天下於太平〔二〕。」諫議大夫王珪對曰：「臣聞木從繩則正，君從諫則聖〔三〕。故〔四〕古者聖主必有争臣七人，言而不用，則相繼以死〔五〕。陛下開聖慮，納蒭蕘，愚臣處不諱〔六〕之朝，實願罄其狂瞽。」太宗稱善，詔令自是宰相入内平章國計，必使諫官〔七〕隨入，預聞政事。有所開説〔八〕，必虚己納之〔九〕。

校注

〔一〕戈注：「鯁，刺在喉也。」

〔二〕致天下於太平　戈本作「致天下太平」。

〔三〕君從諫則聖　韓版、戈本作「后從諫則聖」。戈注：「商書傅説告高宗之辭，明諫之不可不受。」

〔四〕故　戈本作「是故」。

〔五〕戈注：「孝經曰：『天子有争臣七人，雖無道，不失其天下。』」

〔六〕不諱　興本、松本作「不忌」。

〔七〕戈注：「唐制，諫官，左右散騎常侍四人，掌規諷過失，侍從顧問。左右諫議大夫八人，掌諫諭得失，侍從贊相。左右補闕十二人，掌供奉諷諫，大事廷議，小事則上封事。左右拾遺十二人，掌同補闕。」

〔八〕有所開説　菅家本作「有所闕説」。

〔九〕必虚己納之　南家本、菅家本無此五字。戈注：「按通鑑曰：『詔諫官隨中書門下同三品官入閤。』」

【案】本章事見舊唐卷七〇王珪傳、會要卷五五、册府卷一〇二。

35 〇貞觀二年，太宗謂侍臣曰：「明主思短而益善，暗主護短而永愚。隋煬帝好自矜誇，護短拒諫，誠亦寔難犯忤。虞世基不敢直言，或恐未爲深罪。昔微子佯狂自全，孔子亦稱其仁〔一〕。及煬帝被殺〔二〕，世基合同死否〔三〕？」杜如晦對曰：「天子有争臣，雖無道不失其天下。仲尼稱：『直哉史魚，邦有道如矢，邦無道如矢〔四〕。』世基豈得以煬帝無道，不納諫諍〔五〕，遂杜口無言？偷安重位，又不能解職請退〔六〕，則與微子佯狂而去，事理不同。昔晉惠帝〔七〕賈后〔八〕將廢愍懷太子〔九〕，司空張華〔一〇〕竟不能苦争，阿意苟免〔一一〕。趙王倫〔一二〕乃舉兵廢后〔一三〕，使讓張華〔一四〕，華曰：『將廢太子日，非是無言，當時不被納用〔一五〕。』其使曰：『公爲三公，太子無罪被廢，言既不從，何不引身而退？』華無詞以答，遂斬之，夷其三族。古人云〔一六〕：『危而不持，顛而不扶，則將焉用彼相？』故『君子臨大節而不可奪也〔一七〕。』張華既抗直不能成節，遜言不足全身，王臣之節固已墜矣。虞世基位居宰輔，在得言之地，竟無一言諫争，誠亦合死。」太宗曰：「公言是也。人君〔一八〕必須忠良輔弼，乃得身安國寧。煬帝豈不以下無忠臣，身不聞過，惡積禍盈，滅亡斯及。若人主所行不當，臣下又無匡諫，苟在阿順，事皆稱美，則君爲暗主，臣爲諛臣，主暗臣諛〔一九〕，危亡不遠。朕今志在君臣上下，各盡至公，共相切磋，以成理道。公等各宜務盡忠讜，匡救朕惡，終不以直言忤意，輒相責怒〔二〇〕。」

校注

〔一〕微子　戈本作「箕子」，下同。佯狂，南家本、菅家本作「詳狂」。戈注：「箕，國名。子，爵也。紂之諸父，見紂無道，諫之，紂囚之爲奴。箕子因佯狂而受。孔子曰：『殷有三仁焉。』謂微子去之，箕子爲之奴，比干諫而死也。」

〔二〕被殺　菅家本作「被弑」。

〔三〕合同死否　南家本、菅家本作「合同死以否」。

〔四〕戈注：「仲尼，孔子字。史，官名，魚，衛大夫，名鰌。如矢，言直也。史魚自以不能進賢退不肖，既死，猶以屍諫。事見家語。」

〔五〕諫諍　南家本作「諍臣」，菅家本作「諫諍臣」。

〔六〕解職請退　南家本、菅家本、戈本作「辭職請退」。

〔七〕戈注：「姓司馬，名衷，武帝次子也。西晉昏庸之主。」

〔八〕戈注：「惠帝之后，後爲趙王倫所廢，矯詔賜死。」

〔九〕戈注：「名遹，惠帝太子，爲賈后所殺，趙王倫後謚曰愍懷。」

〔一〇〕戈注：「司空，三公之官。張華，字茂先，范陽人也，惠帝時爲丞相。」

〔一一〕阿意苟免　南家本、菅家本作「阿隱苟免」。

〔一二〕戈注：「字子彝，晉宣帝第九子，後以篡逆誅死。」

〔一三〕趙王倫乃舉兵　南家本、菅家本作「趙王倫及舉兵」，戈本作「及趙王倫舉兵」。

〔一四〕使讓張華　南家本、菅家本、戈本作「遣使收華」。

〔一五〕當時不被納用　戈本無「時」字。

〔一六〕古人云　戈本作「古人有云」，韓版作「故古人云」。

〔一七〕戈注：「皆論語之辭。」

〔一八〕人君　原作「人臣」，韓版同，據南家本、菅家本、戈本改。

〔一九〕主暗臣諛　南家本、菅家本、戈本作「君暗臣諛」。

〔二〇〕輒相責怒　南家本、菅家本作「輒相責怒焉」。

36 貞觀三年，太宗謂司空裴寂〔一〕曰：「比有上書奏事，條數甚多，朕總黏之屋壁，出入觀省〔二〕。所以孜孜不倦者，欲盡臣下之情。每一思政理〔三〕，或三更方寢〔四〕。亦望公輩用心不倦，以副朕懷〔五〕。」

校注

〔一〕戈注：「字玄真，蒲州人。仕隋，爲晉陽宮副監。秦王方建大計，未敢白高祖，以寂最善，遂以情告之，寂乃以宮人私侍高祖，脅從之。武德初，拜僕射，呼裴監不名。貞觀初，進拜司空，後坐罪放靜州。會羌反，或言寂爲主。既而寂率家僮破羌。帝念寂，詔入朝。會卒，封河東公。」

〔二〕觀省　菅家本作「視省」。

〔三〕政理　南家本、菅家本作「致理」。

〔四〕或三更　南家本、菅家本作「或至三更」。

〔五〕以副朕懷　南家本、戈本作「以副朕懷也」，菅家本作「以副一朕懷也」。

【案】本章南家本、菅家本爲納諫篇第二章。

37 ○貞觀五年，太宗謂房玄齡〔一〕曰：「自古帝王多任情喜怒，喜則濫賞無功，怒則濫殺無罪。以是〔二〕天下喪亂，莫不由此。朕今夙夜未嘗不以此爲心，恒欲公等盡情極諫。公等亦須受人諫語，豈得以人言不同己意，便即〔三〕護短不納？若不能受諫〔四〕，安能諫人〔五〕？」

校注

〔一〕房玄齡　南家本、菅家本、戈本作「房玄齡等」。

〔二〕以是　南家本、菅家本、戈本作「是以」。

〔三〕便即　菅家本作「便則」。

〔四〕受諫　南家本作「受人諫」。

〔五〕安能諫人　菅家本作「安能諫人耶」。

38 ○貞觀六年，太宗以御史大夫〔一〕韋挺〔二〕、中書侍郎〔三〕杜正倫〔四〕、秘書少監〔五〕虞世南、著作郎〔六〕姚思廉〔七〕等上封事稱旨，召而謂曰：「朕歷觀自古人臣立忠之事，若值明主，便得〔八〕盡誠規諫，至如龍逄、比干〔九〕，竟不免孥戮〔一〇〕。爲君不易，爲臣極難。朕又聞龍可擾而馴之〔一一〕，然頷下〔一二〕有逆鱗，觸之則殺人，人主亦然〔一三〕。卿等遂不避犯觸，各進封事。常能如此，朕豈慮社稷〔一四〕之傾敗！每思卿等此意，不能暫忘，故詔卿等設宴爲樂〔一五〕。」仍賜帛〔一六〕有差。

太常卿〔一七〕韋挺常〔一八〕上疏陳得失，太宗賜書曰：「得所上意見〔一九〕，極是讜言，辭理可觀，甚以爲慰。若齊桓之難〔二〇〕，夷吾有射鉤之罪；蒲城之役，勃鞮爲斬袂之仇。而小白不以爲疑，重耳待之若舊〔二一〕。豈非各吠非主〔二二〕，志在無二。卿之深誠，見於斯矣。若能克全此節，則保令名〔二三〕。如其怠之〔二四〕，可不惜也。勉勵終始〔二五〕，垂範將來，當使後之視今，亦猶今之視古〔二六〕，不亦美乎？朕比不聞其過，未覩其闕，賴竭忠懇，數進嘉言，用沃朕懷，一何可道〔二七〕！」

校注

〔一〕戈注：「唐制，以掌刑法典章，糾正百官之罪惡，御史臺之長也。」

〔二〕戈注：「京兆人，少與隱太子善，後爲太子宮臣。武德七年，或言太子與宮臣謀逆，帝專責宮臣，遂流巂州。貞觀初，王珪數薦之，拜御史大夫。俄兼魏王府事，復改太常卿。帝討遼東，命挺主餉料，運渠塞不通，挺以待凍泮，帝怒，廢爲民。」

〔三〕戈注：「唐制，貳令之職也，朝廷大政參議焉。臨軒册命，則爲使以授之。四夷來朝，則受其表疏而奏之。獻贄幣，則受以付有司。」

〔四〕戈注：「相州人，隋世舉秀才。貞觀初，魏徵薦之，擢兵部員外郎，遷知起居注，累進中書侍郎。後行左庶子，漏泄，帝怒。太子廢，坐流驩州。顯慶初，遷中書令。出爲横州刺史，卒。」

〔五〕戈注：「唐制，秘書監之貳職也。」

〔六〕戈注：「唐制，秘書省屬官也。掌修撰碑志、祝文、祭文，與佐郎分判局事。」

〔七〕戈注：「名簡，以字行，京兆人。仕隋，爲河間郡司法，遷代王侍郎。高祖定京師，府僚皆奔，獨思廉侍王。帝義之，授秦王府文學。王即位，改弘文館學士，遷著作郎。」

〔八〕便得　戈本作「便宜」。

〔九〕戈注：「龍逄，桀之賢臣。比干，紂之賢臣。皆以忠諫見殺。」

〔一〇〕竟不免孥戮　戈本無「竟」字。戈注：「一作仇戮。孥，子也。戮，殺也。謂併妻、子而戮之也。」

〔一一〕擾而馴之　南家本、菅家本、戈本作「擾而馴」。

〔一二〕頷下　南家本、菅家本、戈本作「喉下」。

〔一三〕觸之則殺人人主亦然　南家本、菅家本作「觸之則殺人人主亦有逆鱗」，戈本無此九字。

〔一四〕社稷　南家本、菅家本、戈本作「宗社」。

〔一五〕詔卿等設宴爲樂　南家本、菅家本作「設宴爲樂也」，戈本作「設宴爲樂」。

〔一六〕賜帛　戈本作「賜絹」。

〔一七〕戈注：「唐制，掌禮樂郊廟社稷之事。」

〔一八〕常　南家本、菅家本、戈本作「嘗」。

〔一九〕得所上意見　戈本作「所上意見」。

〔二〇〕若齊桓之難　南家本、菅家本、戈本作「昔齊境之難」，元刻作「昔齊景之難」。

〔二一〕戈注：「夷吾射鉤事，見任賢篇注。勃鞮，晉寺人披也。重耳，晉文公名。晉獻公使勃鞮殺重耳，重耳逾垣，勃鞮逐斬其衣袪，重耳奔狄。後重耳歸晉，即位爲晉君，懷公之黨欲弑之，勃鞮欲以告，求見解前罪。文公使人讓之，勃鞮曰：『臣不敢以一心事君，故得罪。君已反國，其無蒲、狄乎？』於是見之。」〔案〕「臣不敢以一心事君」成化内府本作「臣不敢以二心事君」。

〔二二〕各吠非主　原作「各吠其主」，據南家本、菅家本、戈本改。戈注：漢書：「桀犬吠堯，堯非不仁，特吠非其主耳。」

〔二三〕則保令名　南家本、菅家本、戈本作「則永保令名」。

〔二四〕其怠之　南家本脱「之」字。

〔二五〕勉勵終始　南家本、菅家本作「勉勵終此」。

〔二六〕後之視今亦猶今之視古　南家本、菅家本作「後之觀今若今之視古」。

〔二七〕一何可道　興本、松本脱「可」字。戈注：「舊本，此與上章通爲一章，今按不同，分爲二章。」

【案】本章南家本、菅家本爲納諫篇第四章。戈本别作一章。事見舊唐卷七〇杜正倫傳、册府卷五四九。

39 ○貞觀八年，上〔一〕謂侍臣曰：「朕每閒居静坐，則自内省。恒恐上不稱天心，下爲百姓所怨。但思正人匡諫〔二〕，欲令耳目外通，下無冤滯〔三〕。又比見人來奏事者，多有怖慴，言語致失次第。尋常奏事，情猶如此，況欲諫諍，必當畏犯龍鱗〔四〕。所以每有諫者，縱不合朕心，亦不以爲忤〔五〕。若即嗔責，深恐人懷懼〔六〕，豈敢更言〔七〕！」

校注

〔一〕上　戈本作「太宗」。

〔二〕但思正人匡諫　南家本、菅家本無「正」字。

〔三〕下無冤滯　戈本作「下無怨滯」。

〔四〕龍鱗　南家本、菅家本、元刻、戈本作「逆鱗」。

〔五〕亦不以爲忤　南家本、菅家本、元刻、戈本作「朕亦不以爲忤」。

〔六〕深恐人懷懼　南家本、菅家本、元刻、戈本作「深恐人懷戰懼」。

〔七〕豈敢更言　南家本作「豈肯更言耳」，菅家本作「豈肯更言耶」，戈本作「豈肯更言」。

40 ○貞觀十五年，太宗問魏徵曰：「比來朝臣都不論事，何也？」對曰〔一〕：「陛下虛心採納，誠宜有言〔二〕。然古人云：『未信而諫，則謂之謗己〔三〕；信而不諫，謂之尸祿〔四〕。』但人之材器，各有不同。懦弱之人，懷忠直而不能言；疎遠之人，恐不信而不得言；懷祿之人，慮不便身而不敢言。所以相與緘默，俛仰過日。」太宗曰：「誠如卿言。朕每思之，臣欲進諫〔五〕，輒懼死亡之禍，夫與〔六〕赴鼎鑊、冒白刃，亦何異哉！故忠貞之臣，非不欲竭誠，乃是極難〔七〕。所以禹拜昌言〔八〕，豈不謂此也〔九〕！朕今開懷抱、納諫諍，卿等無勞怖畏〔一〇〕，遂不極言。」

校注

〔一〕對曰　南家本、菅家本、元刻、戈本作「徵對曰」。

〔二〕誠宜有言　南家本、菅家本、戈本作「誠宜有言者」。

〔三〕謂之謗己　南家本、菅家本作「謂爲謗己」，戈本作「以爲謗己」。

〔四〕謂之尸祿　南家本、菅家本作「則謂爲之尸祿」，戈本作「則謂之尸祿」。戈注：「論語子夏曰：『信而後諫，未信則以爲謗己也。』尸禄，謂尸位而竊禄。」

〔五〕臣欲進諫　南家本、菅家本、元刻、戈本作「人臣欲諫」。

〔六〕夫與　南家本、菅家本、元刻、戈本作「與夫」。

〔七〕竭誠乃是極難　南家本作「竭誠者乃是極難」，菅家本作「竭誠者敢竭誠者乃是極難」，戈本作「竭誠竭誠者乃是極難」。

〔八〕戈注：「語見虞書益稷謨。」

〔九〕謂此也　南家本、菅家本、韓版、戈本作「爲此也」。

〔一〇〕怖畏　南家本、菅家本、戈本作「怖懼」。

41 〇貞觀十六年，太宗謂房玄齡曰〔一〕：「自知者明，信爲難矣。如屬文之士〔二〕、伎巧之徒，皆自謂己長，他人不及〔三〕。若名工文匠〔四〕，商略詆訶，蕪詞拙跡，於是乃見〔五〕。由此言之〔六〕，人君須得匡諫之臣，舉其愆過〔七〕。一日萬機，一人聽斷，雖復憂勞，安能盡善？常念魏徵隨事諫正〔八〕，多中朕失，如明鏡鑑形，美惡畢見〔九〕。」因舉觴賜玄齡等數人以勗之〔一〇〕。

校注

〔一〕房玄齡　南家本、菅家本、戈本作「房玄齡等」。

〔二〕如屬文之士　南家本、菅家本作「至如屬文之士」。

〔三〕不及　南家本作「弗及」。

〔四〕名工　菅家本作「名士」。

〔五〕乃見　菅家本脱「乃」字。

〔六〕由此言之　南家本、菅家本、戈本作「由是言之」。

〔七〕舉其愆過　菅家本脱「舉」字。戈注：「愆，與愆同。」

〔八〕諫正　南家本、菅家本作「諫諍」。

〔九〕美惡畢見　原作「美惡必見」，元刻、韓版、戈本同，據南家本、菅家本及吴兢上玄宗皇帝納諫疏引太宗語改。

〔一〇〕以勗之　菅家本作「勗」，戈本作「勗之」。戈注：「勗，勉也。」戈直按：「魏徵以貞觀十七年春正月卒。太宗謂玄齡嘗念魏徵隨事諫正，如鏡照形，美惡必見。舉觴賜玄齡等數人以勗之，蓋欲群臣亦如徵之極言無隱也。然此言恐在徵卒之後，未必在十六年也。」

【案】本章事見諫録卷五、册府卷一五七。

42 〇貞觀十七年〔一〕，太宗嘗問〔二〕諫議大夫褚遂良曰：「昔舜造漆器〔三〕，禹雕其俎〔四〕，當諫舜、禹〔五〕十有餘人。食器之間，何須苦諫？」遂良曰〔六〕：「雕琢害農事，纂組傷女工〔七〕。首創奢淫，危亡之漸。漆器不已，必金爲之〔八〕。金器不已，必玉爲之〔九〕。所以諍臣必諫其漸，及其滿盈，無所復諫。」太宗曰：「卿言是也〔一〇〕。朕所爲事，若有不當，或在其漸，或已將終，皆宜進諫。比見前史，或有人臣諫事，遂答云『業〔一一〕已爲之』，或道『業已許之』，竟不爲停改。此則危亡之禍，可反手而待也〔一二〕。」

校注

〔一〕貞觀十七年　原無，南家本、菅家本、元刻、韓版同，據戈本補。

〔二〕太宗嘗問　戈本作「太宗問」。

〔三〕戈注：「漆，木名，可以髹物。世傳造漆器自舜始。」

〔四〕戈注：「俎，薦肉之器。雕，鏤飾也。」

〔五〕當諫舜禹　韓版、戈本作「當時諫者」。

〔六〕遂良曰　戈本作「遂良對曰」。

〔七〕戈注：「組，繡作也。」

〔八〕必金爲之　菅家本作「必金以爲之」。

〔九〕必玉爲之　菅家本作「必以玉爲之」。

〔一〇〕是也　南家本、菅家本、戈本作「是矣」。

〔一一〕業　興本、松本訛作「葉」。

〔一二〕待也　菅家本作「待已」。戈注：「舊本，此與前章通爲一章。今按不同，分爲二章，仍按通鑑標年於此章之首。」

【案】本章南家本、菅家本、元刻、韓版與前章通爲一章，明本雖未繫年，卻單獨爲一章。事見舊唐卷八〇褚遂良傳、會要卷五五、册府卷五三一。

納諫第五 直諫附

【案】南家本、菅家本、戈本無「直諫附」三字，戈注「凡十章。直諫另爲一類，附此篇之後。」元刻、明本、韓版九章，南家本、菅家本無三章（45、46、51前半），有求諫篇一章（38）被分作二章，實爲十章。戈本分51爲二章，故戈注「凡十章」。

43 ○貞觀初〔一〕，太宗與黃門侍郎王珪宴語〔二〕。時有美人侍側〔三〕，本廬江王瑗之姬也〔四〕，瑗敗籍没入宫。太宗指珪曰〔五〕：「廬江不道，賊殺其夫而納其室，暴虐之甚，何有不亡者乎！」珪避席曰〔六〕：「陛下以廬江取之爲是耶，爲非也？」太宗曰：「安有殺人而取其妻，卿乃問朕是非，何也？」珪對曰〔七〕：「臣聞於管子曰〔八〕：『齊桓公之郭國〔九〕，問其父老曰：「郭何故亡？」父老曰：「以其善善而惡惡也。」桓公曰：「如子之言〔一〇〕，乃賢君也，何至於亡？」父老曰：「不然，郭君善善而不能用，惡惡而不能去，所以亡也〔一一〕。」』今此婦人〔一二〕尚在左右，臣竊以聖心爲是之也〔一三〕，陛下若以爲非，所謂〔一四〕知惡而不去也。」太宗大悦，稱爲至言〔一五〕，遽令美人還其親族〔一六〕。

校注

〔一〕貞觀初　戈注：「通鑑作貞觀二年十二月，以黄門侍郎王珪爲守侍中，上嘗閒居，與珪語。」

〔二〕宴　南家本、菅家本衍作「日宴」。

〔三〕戈注：「美人，女官，九員，充世婦之數。」

〔四〕戈注：「廬江王，名瑗。太祖生蔚，蔚生哲，哲生瑗。武德末，爲幽州都督右領軍。王君廓誘瑗反，後瑗傳首至京師。」

〔五〕指珪曰　南家本、菅家本、戈本作「指示珪曰」。

〔六〕避席曰　南家本、菅家本作「避席對曰」。

〔七〕珪對曰　元刻無。

〔八〕臣聞於　南家本、菅家本作「臣聞」。戈注：「管仲著書十八篇，曰管子。」

〔九〕戈注：「齊桓公，名小白。郭，小國，齊滅之。之，猶往也。」

〔一〇〕如子之言　南家本、菅家本、元刻、戈本作「若子之言」。

〔一一〕戈注：「已上，王珪述管子之言以爲喻也。」

〔一二〕今此婦人　興本、松本脱「此」字。

〔一三〕以聖心爲是之也　南家本、菅家本作「以聖心爲之是」，戈本作「以爲聖心是之」。

〔一四〕所謂　南家本、菅家本作「此所謂」。

〔一五〕稱爲至言　興本、松本作「爲至言」，戈本作「稱爲至善」。

〔一六〕遽令美人還其親族　戈本作「遽令以美人還其親族」。戈注：「按新舊史，皆云『帝雖不出此美人，而甚重其言』，與此異。通鑑考異曰：『太宗賢主，既重珪言，何得反棄而不用乎？且美人汎侍左右，又非嬖寵著名之人，太宗何愛而留之。』此章爲是也。」〔案〕「且美人」當爲「且是人」。

【案】本章事見舊唐卷七〇王珪傳、會要卷五二。

【又案】此處南家本、菅家本有求諫篇一章(36)。

44 〇貞觀四年，詔發卒脩洛陽之乾元殿〔一〕，以備巡狩〔二〕，給事中〔三〕張玄素〔四〕上書諫曰：

陛下智周萬物，囊括四海。令之所行，何往不應？志之所欲，何事不從〔五〕？微臣竊思秦始皇之爲君也，藉周室之餘，因六國之盛，將貽之萬葉〔六〕，及其子而亡〔七〕，諒由逞嗜奔慾〔八〕，逆天害人者也。是知天下不可以力勝，神祇不可以親恃。惟當弘儉約，薄賦斂，慎終如始〔九〕，可以永固。

方今承百王之末，屬凋弊之餘，必欲節之以禮制，陛下宜以身爲先。東都未有幸期，即令補葺；諸王今並出藩，又須營構。興發數多〔一〇〕，豈疲人之所望？其不可一也。陛下初平東都之始，層構廣殿，皆令撤毁〔一一〕，天下翕然，同心傾仰〔一二〕。豈有初則惡其侈靡，今乃襲其雕麗？其不可二也。每承音旨，未即巡幸，此乃〔一三〕事不急之務，成虚費〔一四〕之勞。國無兼年之積，何用兩都之好〔一五〕？勞役過度，怨讟將起。其不可三也。百姓承亂離之後，財力凋盡，天恩含育，粗見存立，飢寒猶切，生計未安，三五年間〔一六〕，恐未能復〔一七〕。奈何營未幸之都，而奪疲人之力〔一八〕？其不可四也。昔漢高祖將都洛陽，婁敬一言，即日西駕〔一九〕。豈不知地惟土中，貢賦所均，但以形勝不如關内也。伏惟陛下化凋弊之人，革澆漓〔二〇〕之俗，爲日尚淺，未甚淳和，斟酌事宜，詎可東幸〔二一〕？其不可五也。

臣嘗見〔二二〕隋室初造此殿，楹棟宏壯，大木非近道〔二三〕所有，多自〔二四〕豫章採來。二千人拽一柱，其下施轂，皆以生鐵爲之，中間若用木輪，動即火出〔二五〕。略計一柱，用數十萬功〔二六〕，則餘費又過倍於此。臣聞阿房成，秦人散〔二七〕；章華就，楚衆離〔二八〕；乾元畢工〔二九〕，隋人解體。且陛下〔三〇〕今時功力，何如隋日？承凋殘之後，役瘡痍之人，費億萬之功，襲百王之弊，以此言之，甚於煬帝遠矣〔三一〕。深願陛下思之，無爲由余所笑〔三二〕，則天下幸甚〔三三〕。

太宗謂玄素曰：「卿以我不如煬帝，何如桀、紂？」對曰：「若此殿卒興，所謂同歸於亂。」太宗歎曰：「我不思量，遂至於此。」顧謂房玄齡曰：「今玄素上表〔三四〕，洛陽亦實未宜脩造，後必事理須行，露坐亦復何苦？所有作役，宜即停之〔三五〕。然以卑干尊，古來不易，非其忠直〔三六〕，安能若此〔三七〕？且衆人之唯唯，不如一士之諤諤〔三八〕。可賜絹五百匹。」魏徵歎曰：「張公遂有回天之力，可謂仁人之言，其利博哉〔三九〕！」

校注

〔一〕洛陽　南家本、菅家本作「洛陽宮」。戈注：「乾元殿，隋所建。」

〔二〕戈注：「孟子曰：『天子適諸侯曰巡狩。』巡狩者，巡所守也。」

〔三〕戈注：「唐制，掌侍左右，分判省事之官。察弘文館繕寫校讎之課，大事覆奏，小事署而行之。」

〔四〕戈注：「蒲州人。仕隋爲景城縣户曹，竇建德陷景城，將殺之，邑人號泣曰：『此清吏，殺之，是無天也。』遂釋之。貞觀初，召問以政道。歷太子詹事，遷左庶子。會東宫廢，坐罪爲民。頃之，召授刺史。麟德初，卒。」

〔五〕陛下智周萬物至何事不從　南家本、菅家本無此二十六字。

〔六〕萬葉　南家本、菅家本作「萬代」。

〔七〕戈注：「周之季世，天下大亂，秦併吞之六國，齊、楚、燕、韓、趙、魏也。始皇曰：『朕爲始皇帝，後世以數計，二世三世，至於萬世，傳之無窮。』始皇歿，二世立，而趙高弑之。子嬰立，而遂降於漢。」

〔八〕諒由　南家本、菅家本作「良由」。

〔九〕慎終如始　戈本作「慎終始」。

〔一〇〕興發數多　興本、松本作「興廢既多」。

〔一一〕撤毀　菅家本作「徹毀」。

〔一二〕同心傾仰　南家本、菅家本作「同心欣仰」。

〔一三〕此乃　菅家本作「此即」。

〔一四〕虚費　南家本作「虚實」。

〔一五〕戈注：「兩都，東都洛陽、西都長安也。」

〔一六〕三五年間　南家本、菅家本作「五六年間」。

〔一七〕恐未能復　南家本、菅家本、元刻、戈本作「未能復舊」。

〔一八〕奈何營未幸之都而奪疲人之力　南家本、菅家本作「奈何更奪疲人之力」。

〔一九〕戈注：「漢高祖，姓劉，名邦，沛人。伐秦得天下，國號漢。婁敬，齊人。高祖在洛陽，敬説曰：『陛下取天下與周異，宜入關而都，按秦之故。』上未決。張良言入關便，即日駕西，都長安。賜敬姓劉氏，拜郎中。」

〔二〇〕澆漓　建治本作「澆離」。

〔二一〕詎可　菅家本訛作「誰可」。

〔二二〕臣嘗見　南家本、菅家本作「臣又嘗見」。

〔二三〕非近道　南家本、菅家本作「非隨近」。

〔二四〕多自　南家本、菅家本作「多從」。

〔二五〕中間若用木輪動即火出　南家本、菅家本作「若用木輪便即火出」。

〔二六〕用數十萬功　南家本、菅家本作「已用數十萬功」，戈本作「已用數十萬」。

〔二七〕戈注：「見政體篇注。」

〔二八〕戈注：「楚靈王爲章華之臺，納亡人以實之。」

〔二九〕乾元畢工　南家本、菅家本作「然乾陽畢功」。

〔三〇〕且陛下　南家本、菅家本、戈本作「且以陛下」。

〔三一〕甚於煬帝遠矣　南家本、菅家本、戈本作「恐甚於煬帝者矣」。

〔三二〕由余所笑　南家本作「由余西戎之人所笑」。戈注：「由余，西戎人，戎王使由余觀秦，繆公示以宫室、積聚。由余曰：『鬼爲之，則勞神矣。人爲之，亦苦民矣。』公怪之，問曰：『中國以詩書禮樂法度爲政，然尚時亂，今戎夷無此，何以爲治？』由余笑曰：『此乃中國所以亂也』云云。出史記。」

〔三三〕天下幸甚　戈本作「天下幸甚矣」。

〔三四〕今玄素上表　南家本、菅家本作「今得玄素上表」。

〔三五〕宜即停之　南家本作「宜停之」。

〔三六〕非其忠直　南家本、菅家本作「非其至忠至直」。

〔三七〕若此　南家本、菅家本、戈本作「如此」。

〔三八〕衆人之唯唯不如一士之諤諤　南家本作「衆人唯唯不如一士之諤諤」，菅家本作「衆人唯唯不如一士諤諤」。

〔三九〕戈注：「按史傳，此疏有曰：『臣聞東都始平，太上皇詔宫室過度者焚之，陛下謂瓦木可用，請賜貧人。事雖不從，天下稱爲盛德。今復度而營之，是隋役又興，不五六年間，一捨一取，天下將謂何？』帝顧玄齡曰：

『洛陽朝貢天下中，朕營之，意欲便四方百姓。今玄素言如此，使後必往，雖露坐，庸何苦？』即詔罷役。」

【案】本章事見舊唐卷七五張玄素傳、會要卷三〇、册府卷五三一、五四二。

【又案】此處南家本、菅家本有求諫篇一章(38)。

45 ○太宗有一駿馬，特愛之，恒於宮中養飼，無病而暴死。帝〔一〕怒養馬宮人，將殺之。皇后〔二〕諫曰：「昔齊景公以馬死殺人〔三〕，晏子請數其罪云〔四〕：『爾養馬而死，爾罪一也。使公以馬殺人，百姓聞之，必怨吾君，爾罪二也。諸侯聞之，必輕吾國，爾罪三也。』公乃釋罪。陛下嘗讀書見此事，豈忘之耶？」太宗意乃解。又謂房玄齡曰：「皇后庶事相啓沃，極有利益爾。」

校注

〔一〕帝　元刻、戈本作「太宗」。

〔二〕戈注：「長孫氏。」

〔三〕戈注：「齊景公，名杵臼。」

〔四〕戈注：「晏子，名嬰，字平仲，齊大夫。」

【案】本章南家本、菅家本無。

46 ○貞觀七年，太宗將幸九成宮〔一〕，散騎常侍姚思廉進諫曰：「陛下高居紫極，寧濟蒼生，應須以欲從人，不可以人從欲。然則離宮遊幸，此秦皇、漢武之事〔二〕，固非堯、舜、禹、湯之所爲也〔三〕。」言甚切至。太宗諭之曰：「朕有氣疾〔四〕，熱便頓劇，故非情好遊幸，甚嘉卿意。」因賜帛五十段。

校注

〔一〕戈注：「隋仁壽宮也。」

〔二〕戈注：「始皇，姓嬴，名政，國號秦。武帝，姓劉，名徹，國號漢。」

〔三〕固非　元刻、戈本作「故非」。

〔四〕氣疾　即「氣病」，爲上氣、賁豚氣、七氣、九氣、逆氣、短氣等症候，見隋巢元方諸病源候論。

【案】本章南家本、菅家本無。事見舊唐卷七三姚思廉傳、會要卷二七、册府卷五四二。

47 ○李大亮，貞觀初〔一〕爲涼州都督，嘗有臺使至州境，見有名鷹，諷大亮獻之。大亮密表曰：「陛下久絶畋獵，而使者求鷹。若是陛下之意，深乖昔旨；如其自擅，便是使非其人。」太宗下書曰〔二〕：「以卿兼資文武，志懷貞確，故委藩牧〔三〕，當兹重寄。比在州鎮，聲績遠彰，念此忠勤，無忘〔四〕寤寐。使遣獻鷹，遂不曲順，論今引古，遠獻直言，披露腹心，非常懇到〔五〕，覽用嘉歎，不能已已。有臣若此，朕復何憂！宜守此誠，終始若一〔六〕。詩云：『靖恭爾位，好是正直。神之聽之，介爾景福〔七〕。』古人稱一言之重，侔於千金，卿之此言〔八〕，深足貴矣。今賜卿金壺缾〔九〕、金碗〔一〇〕各一枚，雖無千鎰之重〔一一〕，是朕自用之物。卿立志方直，竭節至公，處職當官，每副所委，方大任使，以申〔一二〕重寄。公事之閑，宜觀典籍。兼賜卿荀悦漢紀一部〔一三〕，此書敘致簡要，論議深博，極爲政之體，盡君臣之義，今以賜卿〔一四〕，宜加尋閲〔一五〕。」

校注

〔一〕李大亮貞觀初　南家本、菅家本作「李大亮貞觀中」，戈本作「貞觀三年李大亮」。戈注：「京兆人，有文武才。高祖入關，自歸，授土門令。擊盜皆降，擢金州司馬。貞觀初，授太府卿。復出爲涼州都督，俄爲西北道安撫大使，以綏諸部降者。八年，討吐谷渾有功，進爵爲公，拜右衛將軍。臨終，表請罷遼東役。」

〔二〕下書　南家本作「下其書」。

〔三〕戈注：「藩，屏；牧，守也。」

〔四〕無忘　戈本作「豈忘」。

〔五〕懇到　南家本、菅家本作「懇至」。

〔六〕若一　南家本、菅家本作「如一」。

〔七〕戈注：「詩小雅小旻篇之辭。」

〔八〕卿之此言　戈本作「卿之所言」。

〔九〕金壺餅　南家本、菅家本、韓版作「金壺瓶」，元刻作「金盞瓶」。

〔一〇〕金碗　南家本、菅家本、元刻、韓版、戈本作「金椀」。

〔一一〕千鎰之重　建治本、松本作「千溢之重」。戈注：「重二十四兩爲鎰。」

〔一二〕以申　興本、松本作「可申」。

〔一三〕戈注：「荀悦，字仲豫，潁川人。後漢時爲秘書監，撰漢紀三十卷。」

〔一四〕今以賜卿　南家本、菅家本無此四字。

〔一五〕戈注：「舊本此章之首曰『貞觀初』，今按通鑑標年。」

【案】本章南家本屬前「太常卿韋挺嘗上疏陳得失」章（38後半章）。事見舊唐卷六二李大亮傳、册府卷五三一、五四九。

48 〇貞觀八年，陝縣丞皇甫德參〔一〕上書忤旨，太宗以爲訕謗。侍中魏徵進言曰〔二〕：「昔賈誼當漢文帝〔三〕上書云云〔四〕，『可爲痛哭者，可爲長歎者〔五〕。』自古上書，率多激切。若不激切，則不能起人主之心。激切即似訕謗，惟陛下詳其可否。」太宗曰：「非公無能道此者。」賜德參帛二十段〔六〕。

校注

〔一〕戈注：「皇甫，複姓，德參，名也。」

〔二〕進言曰　南家本、菅家本作「奏言」。

〔三〕當漢文帝　南家本、菅家本、韓版作「當漢文帝時」。

〔四〕云云　南家本、菅家本、韓版作「云」。

〔五〕可爲痛哭者可爲長歎者　南家本、菅家本、韓版作「可爲痛哭者三可爲長歎者五」，戈本作「可爲痛哭者一可爲長歎息者六」。戈注：「漢文帝，名恒，高祖次子也。賈誼，洛陽人，文帝召爲博士，後爲梁懷王傅。上書陳事，多所匡建。其略曰：『臣竊爲事執可爲痛哭者一，可爲流涕者二，可爲長太息者六。』」

〔六〕賜德參帛二十段　南家本、菅家本作「令賜德參物一百三十段」，戈本作「令賜德參帛二十段」。戈注：「按通鑑，中牟丞皇甫德參上言：『脩洛陽宮，勞人；收地租，厚斂；俗好高髻，蓋宮中所化。』上怒，謂房玄齡等曰：『德參欲國家不役一人，不收斗租，宮人皆無髮，乃可其意耶？』欲治訕謗之罪。魏徵諫曰云云。上曰：『朕罪斯人，則誰敢言？』乃賜絹二十匹。它日，徵奏言：『陛下近日不好直言，雖勉强含容，非曩時之豁如。』上乃更加優賜，拜監察御史。與此章雖小異而詳，故附見焉。」

【案】卷六杜讒佞篇另有一章（163）載此事，較本章稍詳。事見諫録卷一。

49 ○貞觀中〔一〕，遣使詣西域立葉護可汗〔二〕，未還，又令人多賫金帛，歷諸國市馬。魏徵諫曰：「今發使以立可汗爲名，可汗未定立，即詣諸國市馬，彼必以爲意在市馬，不爲專立可汗。可汗得立，則不甚懷恩；不得立，則生深怨。諸蕃聞之，且不重中國。但使彼國〔三〕安寧，則諸國之馬，不求自至。昔漢文帝〔四〕有獻千里馬者，曰〔五〕：『吾吉行日三十〔六〕，凶行日五十〔七〕，鑾輿在前〔八〕，屬車在後〔九〕，吾獨乘千里馬，將安之乎〔一〇〕？』乃償其道里所費而返之〔一一〕。又光武〔一二〕有獻千里馬及寶劍者，以馬駕鼓車〔一三〕，劍以賜騎士。今陛下凡所施爲，皆邈過三主〔一四〕之上，奈何至此欲爲孝文、光武之下乎？又魏文帝〔一五〕求市西域大珠，蘇則曰〔一六〕：『若陛下惠及四海，則不求自至，求而得之，不足貴也。』陛下縱不能慕漢文之高行，可不畏蘇則之言〔一七〕耶？」太宗欣然而止〔一八〕。

校注

〔一〕貞觀中　戈本作「貞觀十五年」。

〔二〕戈注：「葉護，突厥大臣之號也。本曰葉護統葉護，嗣其兄射匱可汗，乃號葉護可汗。是年，葉護數遣使入貢。秋七月，左領軍將軍張大師持節即其所號，立爲可汗，賜以鼓纛。」

〔三〕彼國　南家本、菅家本作「彼土」。

〔四〕昔漢文帝　建治本、菅家本無「帝」字，興本、松本無「昔」字。

〔五〕曰　南家本作「帝曰」。

〔六〕戈注：「吉行，謂巡幸祭祀也。」

〔七〕戈注：「凶，漢書作師。凶行，謂出兵行師也。」

〔八〕鑾輿　南家本、菅家本、戈本作「鸞輿」。戈注：「輿，漢書作旗。」

〔九〕戈注：「漢因秦制，大車八十一，乘相屬也。」〔案〕「大車八十一」當作「大駕屬車八十一」。

〔一〇〕將安之乎　南家本、菅家本作「將以安之乎」。戈注：「之，猶往也。」

〔一一〕道里所費　南家本、菅家本無「所」字。

〔一二〕戈注：「名秀，漢中興之君。」

〔一三〕以馬駕鼓車　南家本、菅家本、元刻、戈本作「馬以駕鼓車」。

〔一四〕三主　南家本、菅家本、元刻、韓版、戈本作「三王」。

〔一五〕戈注：「姓曹，名丕，操之子也。受漢禪，國號魏。」

〔一六〕戈注：「蘇，姓，則，名，字文師，扶風人，仕魏爲侍中。」

〔一七〕之言　南家本、菅家本、元刻、戈本作「之正言」。

〔一八〕欣然而止　南家本、菅家本、戈本作「遽令止之」。戈注：「舊本，此章之首曰『貞觀中』，今按通鑑標年。」

【案】本章南家本屬前章。事見諫録卷一、舊唐卷七一魏徵傳、會要卷五一、册府卷三二七。

50 〇貞觀十七年，太子右庶子高季輔〔一〕上疏陳得失。特賜鍾乳一劑〔二〕，謂曰：「卿進藥石之言〔三〕，故以藥石相報〔四〕。」

校注

〔一〕戈注：「名馮，以字行，德州人，以孝聞。貞觀初，拜監察御史，不避權要。累轉中書舍人，列上五事，後除是職。遷吏部侍郎。及卒，謚曰憲。」

〔二〕戈注：「鍾乳，産於石，食之使人通氣生胃。」

〔三〕戈注：「謂其言有益於國，猶藥石有益於病也。」

〔四〕戈注：「按史傳，季輔後爲吏部侍郎，善銓敘人物。帝賜金背鏡一，以况其清鑒焉。」

【案】本章事見舊唐卷七八高季輔傳、會要卷五五、册府卷五四九。

51 ○貞觀十八年，上〔一〕謂長孫無忌等曰：「夫人臣之對帝王，多順從而不逆，甘言以取容。朕今發問，不得有隱，宜以次言朕過失。」長孫無忌、唐儉等咸曰〔二〕：「陛下聖化，道致太平，以臣觀之，不見其失。」黄門侍郎劉洎〔三〕對曰：「陛下撥亂造化〔四〕，實功高萬古，誠如無忌等言。然頃有人上書，辭理不稱者，或對面窮詰，無不慚退，恐非獎進言者。」上曰：「此言是也，當爲卿改之〔五〕。」

太宗嘗怒苑西監〔六〕穆裕〔七〕，命於朝堂斬之。時高宗〔八〕爲皇太子，遽犯顔進諫，太宗意乃解〔九〕。司徒長孫無忌曰：「自古太子之諫，或承間〔一〇〕從容而言。今陛下發天威之怒，太子申犯顔之諫，斯誠〔一一〕古今未有。」太宗曰：「夫人久相與處，自然染習。自朕御天下，虚心正直，即有魏徵朝夕進諫。自徵云亡，劉洎、岑文本〔一二〕、馬周、褚遂良等繼之。太子〔一三〕幼在朕膝前，每見朕心悦諫者，因染以成性，故有今日之諫〔一四〕。」

校注

〔一〕上　元刻、戈本作「太宗」，下同。

〔二〕咸曰　戈本作「皆曰」。

〔三〕戈注：「字思道，荆州人。貞觀七年爲治書侍御史，遷右丞，號稱職。十七年，遞日直東宫，遷侍中。太宗征遼東，詔輔太子監國，洎曰：『願無憂，大臣有罪，當按法誅之。』帝怪其言，及還，遂賜死。」

〔四〕造化　戈本作「創業」。

〔五〕戈注：「按通鑑，是年夏四月，上至太平宫，因有是問，無唐儉名。又載馬周曰：『陛下比來賞罰，微以喜怒有所高下，此外不見其失。』上皆納之。」

〔六〕西監　南家本、菅家本、韓版作「西面監」。戈注：「掌宫苑之官。」

〔七〕戈注：「穆，姓；裕，名。」

〔八〕高宗　南家本作「大帝」。戈注：「高宗名治，初封晉王，十七年立爲皇太子。」

〔九〕乃解　南家本、菅家本「解」下衍「顧謂」二字。

〔一〇〕承間　南家本、菅家本作「乘閑」，元刻、韓版、戈本作「乘間」。

〔一一〕斯誠　南家本、菅家本無「誠」字，元刻、戈本無「斯」字。

〔一二〕戈注：「字景仁，鄧州人。貞觀初，除秘書郎，奏籍田頌，擢中書舍人，號善職，遷侍郎。十七年，文本不欲兼東宮官，乃詔五日一參東宮，後遷中書令，卒。」

〔一三〕太子　南家本、菅家本、元刻、戈本作「皇太子」。

〔一四〕戈注：「舊本，此章與前章通爲一章。今按不同，分爲二章。」

【案】本章前半章，南家本、菅家本無，元刻、明本、韓版、戈本卷六悔過篇第五章（169）重出，以此爲詳。事見舊唐卷七四劉洎傳、册府卷一〇一。本章後半章，南家本、菅家本屬「貞觀十七年太子右庶子高季輔上疏陳得失」章（50），戈本別作一章。事見舊唐卷七四劉洎傳、會要卷四。

直諫附

【案】南家本、菅家本、寫字臺本無。明本十六章，見於寫字臺本卷四者十二章，依次爲輔弼篇第三、四章，直言諫争篇第一、五、六、七、八、九、十、十一、十二、十三章。戈本合54、55兩章爲一章，移出五章，一章（61）在卷五忠義篇、一章（53）在卷六杜讒邪篇、一章（62）在卷八辯興亡篇、一章（67）在卷十行幸篇、一章（65）在卷十畋獵篇，故戈注「凡十章」。

52 ○貞觀二年〔一〕，隋通事舍人〔二〕鄭仁基女年十六七，容色絶姝，當時莫及〔三〕。文德皇后〔四〕訪求得之，請備嬪御，太宗乃聘爲充華〔五〕。詔書已出，策使未發〔六〕，魏徵聞其已許嫁〔七〕陸氏，方遽進〔八〕而言曰：「陛下爲人父母〔九〕，撫愛百姓〔一〇〕，當憂其所憂，樂其所樂。自古有道之主，以百姓心爲心〔一一〕，故君處臺榭，則欲民有棟宇之安；食膏粱，則欲民無飢寒之患；顧嬪御，則欲民有室家之歡。此人主之常道也。今鄭氏之女，久已許人〔一二〕，陛下取之不疑，無所顧問，播之四海，豈爲民父母之義乎〔一三〕？臣傳聞雖或未的〔一四〕，然恐虧損聖德〔一五〕，情不敢隱。君舉必書，所願特留神慮。」太宗聞之大驚，手詔答之〔一六〕，深自剋責，遂停策使，乃令〔一七〕女還舊夫。左僕射房玄齡、中書令温彦博、禮部尚書王珪、御史大夫韋挺等云〔一八〕：「女適陸氏〔一九〕，無顯然之狀，大禮既行，不可中止。」又陸氏抗表云〔二〇〕：「某父康在日〔二一〕，與鄭家還往〔二二〕，時相贈遺資財，初無婚姻交涉〔二三〕。親戚並云。外人不知，妄有此説〔二四〕。」大臣又勸進〔二五〕。太宗於是頗以爲疑，問徵曰〔二六〕：「群臣或順旨〔二七〕，陸氏何爲過爾〔二八〕分疎？」徵曰：「以臣度之，其意可識，將以陛下同於太上皇。」太宗曰：「何也？」徵曰：「太上皇初平京城〔二九〕，得辛處儉婦，稍蒙遇寵〔三〇〕。處儉時爲太子舍人〔三一〕，太上皇〔三二〕聞之不悦，遂令東宮出爲萬全縣〔三三〕，每懷戰懼，常恐不全首領。陸爽〔三四〕以爲陛下今雖容之〔三五〕，恐後陰加譴謫〔三六〕，所以反覆自陳，意在於此，不足爲怪。」太宗笑曰：「外人意見，或當如此。然朕之所言〔三七〕，未能使人必信。」乃出敕曰：「今聞鄭氏之女，先已受人禮聘，前出文書之日，事不詳審，此乃朕之不是，亦爲有司之過。授充華者宜停。」時莫不稱歎〔三八〕。

校注

〔一〕二年　寫字臺本作「五年」，通鑑繫貞觀八年十二月。

〔二〕戈注：「隋制，掌引納通奏。」

〔三〕容色絶姝當時莫及　寫字臺本作「容色姝麗絶妙當時」。

〔四〕戈注：「長孫氏，喜圖傳，尚禮法，性約素，嘗著女則十篇。又爲論斥漢馬后不能檢抑外家，使與政事，乃戒其車馬之侈，此謂開本源、恤末事。臨終請帝納忠諫，勿受讒，省遊畋作役。」

〔五〕充華　寫字臺本訛作「元華」，下同。戈注：「唐制，女官號，九嬪之一。」

〔六〕未發　寫字臺本作「將發」。

〔七〕聞其已許嫁　寫字臺本作「聞其父康曰已許嫁」。

〔八〕方遽進　寫字臺本作「遽進」。

〔九〕爲人父母　寫字臺本作「爲民父母」。戈注：「書曰：『元后作民父母』。」

〔一〇〕撫愛百姓　寫字臺本作「子愛萬姓」。

〔一一〕以百姓心爲心　寫字臺本、戈本作「以百姓之心爲心」。

〔一二〕久已許人　寫字臺本作「已許人」。

〔一三〕父母之義　戈本作「父母之道」，戈注：「道，一作義。」

〔一四〕雖或未的　寫字臺本作「所許或未指的」。

〔一五〕聖德　寫字臺本作「盛德」。

〔一六〕手詔答之　寫字臺本作「乃手詔答之」。

〔一七〕乃令　寫字臺本作「即令」。

〔一八〕等云　寫字臺本作「等内外朝臣咸云」。

〔一九〕女適陸氏　寫字臺本作「許適陸氏」。

〔二〇〕又陸氏抗表云　寫字臺本作「陸氏又抗表云」。陸氏，諫録作「陸爽」。

〔二一〕某父康在日　寫字臺本作「其父康曰」。

〔二二〕還往　戈本作「往還」。

〔二三〕交涉　寫字臺本作「交接」。

〔二四〕此説　寫字臺本作「此語」。

〔二五〕大臣又勸進　寫字臺本訛作「大臣又皆歡進」。

〔二六〕問徵曰　寫字臺本作「問魏徵曰」。

〔二七〕或順旨　寫字臺本作「或可順旨」。

〔二八〕過爾　寫字臺本作「過理」。

〔二九〕初平京城　寫字臺本作「初平原城」。

〔三〇〕稍蒙遇寵　寫字臺本衍作「有稍蒙寵遇」，戈本作「稍蒙寵遇」。

〔三一〕戈注：「唐制，東宮右春坊置舍人，掌行令書表啓。」

〔三二〕太上皇　寫字臺本作「太上」。

〔三三〕令東宮出爲萬全縣　寫字臺本作「令東宮出爲萬泉縣令」，戈本作「令出東宮爲萬年縣」。戈注：「見任賢篇注。」

〔三四〕陸爽　戈注：「陸氏名。」

〔三五〕容之　寫字臺本作「容納」。

〔三六〕恐後陰加譴讁　寫字臺本無「恐後」二字。戈注：「責也。」

〔三七〕然　寫字臺本作「然則」。

〔三八〕時莫不稱歎　寫字臺本作「聞之者莫不稱聖明主焉」。

【案】本章南家本、菅家本無。寫字臺本爲卷四輔弼篇第三章。元刻、明本、韓版、戈本均爲直諫附篇第一章。事見諫録卷二。

53 ○貞觀十年，太宗謂侍臣曰：「太子保傅〔一〕，古難其選。成王幼小，以周、召〔二〕爲保傅，左右皆賢，足以長仁，致理〔三〕太平，稱爲聖主。及秦之胡亥，始皇所愛，趙高作傅，教以刑法。及其篡也，誅功臣、殺親戚，酷烈不已，旋踵亦亡。以此而言，人之善惡，誠由近習。朕弱冠交遊，惟柴紹〔四〕、竇誕等〔五〕，爲人既非三益〔六〕。及朕居兹寶位，經理天下，雖不及堯、舜〔七〕之明，庶免乎孫皓、高緯之暴〔八〕。以此而言，復不由染，何也？」魏徵曰〔九〕：「中人可與爲善，可與爲惡，然上智之人自無所染。陛下受命自天〔一〇〕，平定寇亂，救萬民之命，理致〔一一〕升平，豈紹、誕之徒能累聖德？但經云〔一二〕：『放鄭聲，遠佞人〔一三〕。』近習之間，尤宜深慎。」太宗曰：「善〔一四〕。」

校注

〔一〕保傅 寫字臺本作「大保」。

〔二〕周召 寫字臺本作「周邵」。

〔三〕致理 寫字臺本作「理致」。

〔四〕戈注：「字嗣昌，臨汾人。以任俠聞，高祖妻以平陽公主。武德初，拜左翊衛大將軍，累從戰伐而有功。」

〔五〕戈注：「外戚也。貞觀爲宗正卿，太宗與語，昏謬失對，以光禄大夫罷。」

〔六〕戈注：「論語曰：『益者三友：友直，友諒，友多聞。』」

〔七〕堯舜　寫字臺本作「堯禹」。

〔八〕戈注：「孫皓，三國吴主，是爲烏程侯，降於晉。高緯，北齊後主，爲周所虜。」

〔九〕魏徵曰　寫字臺本作「魏徵進言曰」。

〔一〇〕自天　寫字臺本訛作「自元」。

〔一一〕理致　寫字臺本作「致理」。

〔一二〕經云　寫字臺本作「傳曰」。

〔一三〕放鄭聲遠佞人　原作「放鄭聲淫遠佞人」，元刻、韓版作「鄭聲淫遠佞人」，據寫字臺本、戈本及論語改。戈注：「論語孔子答顏淵問爲邦之辭。」

〔一四〕曰善　寫字臺本作「稱善」。戈注：「按：自『誠由近習』已上，文重出師傅篇，舊本此章在直諫篇，今附入於此。」〔案〕指卷六杜讒邪篇。

【案】本章南家本、菅家本無。寫字臺本爲卷四輔弼篇第四章，元刻、明本、韓版爲直諫附篇第二章，戈本移爲卷六杜讒邪篇第三章。事見諫録卷四。自「貞觀十年」至「誠由近習」，與卷四尊敬師傳篇第三章（95）略同。

54 ○貞觀三年，詔關中免二年租稅〔一〕，關東給復一年〔二〕。尋有敕：已役已納，並遣輸了〔三〕，明年總爲準折。給事中魏徵上書曰〔四〕：「臣伏見〔五〕八月九日詔書，率土皆給復一年，老幼相歡，咸歌且舞〔六〕。又聞有敕，丁已配役，即令役滿折造，餘物亦遣輸了，待明年〔七〕總爲準折。道路之人，或失所望〔八〕。此誠平分百姓，均同己子〔九〕。但下民難與圖始，日用不足〔一〇〕，皆以國家追悔前言，二三其德。臣竊聞之〔一一〕，天之將輔者仁，人之所助者信〔一二〕。今陛下初膺大寶〔一三〕，億兆觀德。始發大號，便有二言。生八表之疑心，失四時之大信。縱國家有倒懸之急，猶必不可。況以太山之安，而輒行此事！爲陛下爲此計者，於財利小益，於德義大損。臣誠智識淺短，竊爲陛下惜之。伏〔一四〕願少覽臣言，詳擇利益〔一五〕。冒昧之罪，臣所甘心。」

校注

〔一〕詔關中免二年租稅　寫字臺本作「有詔關中免二年租調」。下文「租稅」亦作「租調」。

〔二〕戈注：「關東，潼關以東也。」

〔三〕輸了　寫字臺本作「輸納了」，戈本作「輸納」。

〔四〕上書曰　寫字臺本作「上書諫曰」。

〔五〕臣伏見　戈本作「伏見」。

〔六〕咸歌且舞　寫字臺本、戈本作「或歌且舞」。

〔七〕待明年　寫字臺本作「待至明年」。

〔八〕或失所望　寫字臺本、戈本作「咸失所望」。

〔九〕平分百姓均同己子　寫字臺本作「平分萬姓均同七子」，戈本作「平分百姓均同七子」。

〔一〇〕日用不足　寫字臺本作「日用不知」。

〔一一〕臣竊聞之　寫字臺本無「之」字。

〔一二〕天之將輔者仁人之所助者信　寫字臺本作「天之所輔者信故得原失信古人不取」，戈本作「天之所輔者仁人之所助者信」。

〔一三〕戈注：「易大傳曰：『聖人之大寶曰位。』」

〔一四〕陛下爲此計者至竊爲陛下惜之伏　寫字臺本無此二十九字。

〔一五〕利益　寫字臺本作「利害」。

【案】本章南家本、菅家本無。寫字臺本爲卷四直言諫争篇第一章前半章。明本單獨一章，爲直諫附篇第三章。元刻、韓版爲直諫附篇第三章前半章。戈本爲直諫附篇二章前半章。事見諫録卷一。

55○簡點使〔一〕、右僕射封德彝等，並欲中男十八已上簡點入軍〔二〕。敕三四出，徵執奏以爲不可。德彝重奏：「今見簡點使云〔三〕，次男内大有壯者。」太宗怒，乃出敕：「中男已上，雖未十八，身形壯大亦取。」徵又不從，不肯署敕。太宗召徵及王珪，作色而待之，曰：「中男若實小，自不點入軍〔四〕。若實大，亦可簡取〔五〕，於君何嫌〔六〕？過作如此固執〔七〕，朕不解公意！」徵正色曰：「臣聞竭澤取魚〔八〕，非不得魚，明年無魚。焚林而畋，非不獲獸，明年無獸。若次男已上盡點入軍，租賦雜徭，將何取給？且比年〔九〕國家衛士不堪攻戰，豈爲其少，但爲禮遇失所，遂使人無鬭心〔一〇〕。若多點取，人還充雜使，其數雖衆〔一一〕，終是無用。若精簡壯健，遇之以禮，人百其勇〔一二〕，何必在多？陛下每云，『我之爲君，以誠信待物，欲使官人百姓，並無矯僞之心。』自登極以來，大事三數件〔一三〕，皆是不信，復何以取信於人？」太宗愕然曰：「所云不信，是何等也？」徵曰：「陛下初即位，詔書曰：『逋租宿債〔一四〕，欠負官物，並悉原免。』即令〔一五〕所司，列爲事條，秦府國司，亦非官物。陛下自秦王爲天子，國司不爲官物，其餘物〔一六〕復何所有？又關中免二年租調，關外給復一年。百姓蒙恩，無不歡悦〔一七〕。更有敕旨〔一八〕：『今年白丁多以役訖，若從此放免，並是〔一九〕虚荷國恩，若已折已輸，令總納取了〔二〇〕，所免者皆以來年爲始。』散還之後，方更〔二一〕徵收，百姓之心，不能無怪。已徵得物，便點入軍，來年爲始，何以取信〔二二〕？又共理所寄，在於刺史、縣令〔二三〕，常年兑税〔二四〕，並悉委之。至於簡點，即疑其詐僞，望下誠信，不亦難乎？」太宗曰：「我見君固執不已，疑君蔽此事〔二五〕。今論國家不信，乃人情不通〔二六〕。我不尋思，過亦深矣〔二七〕。行事往往如此錯失〔二八〕，若爲致理？」乃停中男〔二九〕，賜徵金甕一口〔三〇〕，賜珪絹五十匹。

校注

〔一〕簡點使　寫字臺本作「簡點使出」。

〔二〕簡點入軍　寫字臺本作「取入軍」。

〔三〕簡點使云　寫字臺本作「簡點使公」，戈本作「簡點者云」。

〔四〕若實小自不點入軍　寫字臺本無此八字。

〔五〕亦可簡取　寫字臺本作「是其詐妄依式點取」。

〔六〕於君何嫌　寫字臺本作「於理何嫌」。

〔七〕過作如此固執　寫字臺本作「君過作如此固執」。

〔八〕竭澤取魚　寫字臺本作「竭澤而漁」。

〔九〕比年　寫字臺本作「比來」。

〔一〇〕鬭心　寫字臺本作「戰心」。

〔一一〕雖衆　寫字臺本作「雖多」。

〔一二〕戈注：「謂一人可當百夫也。」

〔一三〕大事三數件　寫字臺本作「大事三數」。

〔一四〕詔書曰逋租宿債　原作「詔書曰逋私宿債」，元刻、韓版同，據戈本改「私」爲「租」。寫字臺本作「詔書逋祖宿債」。

〔一五〕即令　寫字臺本作「即命」。

〔一六〕其餘物　寫字臺本作「其餘官物」。

〔一七〕歡悦　寫字臺本作「忻悦」。

〔一八〕敕旨　寫字臺本作「敕云」。

〔一九〕並是　寫字臺本作「便是」。

〔二〇〕令總納取了　寫字臺本作「並令總納使了」。

〔二一〕方更　寫字臺本作「方便」。

〔二二〕何以取信　寫字臺本作「何所取信」。

〔二三〕在於刺史縣令　寫字臺本作「唯縣刺史」。戈注：「唐制，武德初，罷郡爲州，改太守曰刺史，掌宣德化，歲巡屬縣，觀風俗，録囚，恤鰥寡。」「唐制，縣置令，掌導揚風化，撫字黎氓，敦民業，崇地利，養鰥寡，恤孤貧，審冤屈，親獄訟。」

〔二四〕常年皃税　寫字臺本作「年常皃閲」。

〔二五〕蔽此事　寫字臺本作「蔽於此事」。

〔二六〕今論國家不信乃人情不通　寫字臺本作「今論國家信迺是通於人情」。

〔二七〕我不尋思過亦深矣　寫字臺本作「我等不思過亦甚矣」。

〔二八〕往往如此錯失　寫字臺本作「往往如此錯天下」。

〔二九〕停中男　寫字臺本作「停取中男」。

〔三〇〕賜徵金甕一口　戈本無「徵」字。

【案】本章南家本、菅家本無。寫字臺本爲卷四直言諫争篇第一章後半章。明本單獨一章，爲直諫附篇第四章。元刻、韓版與上章通作一章，爲直諫附篇第三章後半章。戈本與上章通作一章，爲直諫附篇第二章後半章。事見諫録卷一。

56 ○貞觀五年，治書侍御史〔一〕權萬紀〔二〕、侍御史〔三〕李仁發，俱以告訐譖毁〔四〕數蒙引見〔五〕，遂任心彈射〔六〕，肆其欺罔〔七〕，令在上震怒，臣下無以自安。内外〔八〕知其不可而莫能論爭。給事中魏徵正色而奏之曰：「權萬紀、李仁發並是小人，不識大體，以譖毁爲是〔九〕、告訐爲直，凡所彈射，皆非有罪。陛下掩其所短，收其一切〔一〇〕。乃騁其奸計，附下罔上〔一一〕，多行無禮，以取强直之名。誣房玄齡〔一二〕，斥退張亮〔一三〕，無所肅厲，徒損聖明。道路之人，皆興謗議〔一四〕。臣伏度聖心，必不以爲〔一五〕謀慮深長，可委以棟梁之任，將以其無所避忌，欲以警厲群臣。若信其回邪〔一六〕，猶不可以小謀大，群臣素無矯僞，空使臣下離心〔一七〕。以言其齡、亮之徒〔一八〕，猶不可得伸其枉直〔一九〕，其餘疎淺〔二〇〕，孰能免其欺罔〔二一〕？伏願陛下留意再思〔二二〕。自驅使二人以來，有一弘益〔二三〕，臣即甘心斧鉞，受不忠之罪。陛下縱未能舉善以崇德〔二四〕，豈可進奸而自損乎？」太宗欣然納之，賜徵絹五百匹。其萬紀又奸狀漸露，仁發亦解黜〔二五〕，萬紀貶連州司馬〔二六〕。朝廷咸相慶賀焉〔二七〕。

校注

〔一〕治書侍御史　寫字臺本作「治書」，戈本作「持書侍御史」。戈注：「唐制，舉劾官品。本作治書，避高宗諱，故改曰持。」

〔二〕戈注：「權，姓，萬紀，名，京兆人。性悻直，爲治書侍御史。魏徵奏黜之，後數年，復是官。」

〔三〕戈注：「唐制，掌糾舉百寮，及入閣承詔，推彈雜事。」

〔四〕告訐譖毁　寫字臺本訛作「告訴譖」，下文「訐」亦訛「訴」。

〔五〕數蒙　寫字臺本訛作「數家」。

〔六〕遂任心彈射　戈本無「遂」字。

〔七〕欺罔　寫字臺本訛作「欺因」。

〔八〕内外　原作「外」，據南家本、菅家本、元刻、戈本補「内」字。寫字臺本作「外内」。

〔九〕不識大體以譖毁爲是　寫字臺本作「不識本體以譖毁爲忠」。

〔一〇〕收其一切　寫字臺本作「收其一功」。

〔一一〕附下罔上　寫字臺本作「讚下用上」。

〔一二〕誣房玄齡　原作「誣房玄齡」，寫字臺本作「誣玄齡」，據戈本改。戈注：「玄齡嘗掌内外官考，萬紀劾其不平。」

〔一三〕張亮　寫字臺本訛作「張高」，下文同。戈注：「鄭州人，初，玄齡薦爲車騎將軍，詳見公平篇注。」

〔一四〕皆興　寫字臺本作「皆有」。

〔一五〕以爲　寫字臺本作「以其」。

〔一六〕信其回邪　寫字臺本作「任使因邪」，戈本作「信狎回邪」。

〔一七〕臣下離心　寫字臺本作「上下離心」。

〔一八〕以言其齡亮之徒　寫字臺本作「玄齡張高之徒」，戈本作「以玄齡亮之徒」。

〔一九〕猶不可得伸其枉直　寫字臺本作「猶不可申其枉直」。

〔二〇〕疎淺　元刻、戈本、寫字臺本作「疏賤」。

〔二一〕欺罔　寫字臺本作「欲誣」。

〔二二〕留意　寫字臺本作「留神」。

〔二三〕有一弘益　寫字臺本作「有一事弘益」。

〔二四〕崇德　寫字臺本作「嵩德」。

〔二五〕解黜　寫字臺本訛作「解點」。

〔二六〕連州司馬　寫字臺本作「連司馬」。戈注：「司馬，州僚佐也。」

〔二七〕咸相慶賀　寫字臺本作「相慶」。

【案】本章南家本、菅家本無。寫字臺本爲卷四直言諫争篇第五章，明本爲直諫附篇第五章，元刻、韓版爲直諫附篇第四章，戈本爲直諫附篇第三章。事見諫録卷一。

57 ○貞觀六年，有人告尚書右丞魏徵〔一〕，言其阿黨親戚〔二〕。太宗使御史大夫温彦博案驗其事，乃言者〔三〕不直。彦博奏稱，徵既爲人臣，須存形迹。不能遠避嫌疑〔四〕，爲人所道，雖在無私，亦有可責〔五〕。遂令彦博謂徵曰：「爾諫正我數百條〔六〕，豈以此小事便損衆美〔七〕。自今已後，不得不存形迹。」居數日，太宗問徵曰：「昨來在外，聞有何不是事？」徵正色〔八〕曰：「前日令彦博宣敕語臣云：『因何不作形迹〔九〕？』此言大不是。臣聞君臣同契，義皆一體〔一〇〕。未聞不存公道，惟事形迹。若君臣上下同遵此路，則邦國之興喪或未可知！」太宗矍然改容曰〔一一〕：「前發此語，尋已悔之。實大不是，公亦不得遂懷隱避〔一二〕。」徵乃拜而言曰：「臣以身許國，直道而行，必不敢有所欺負。但願陛下使臣爲良臣，勿使臣爲忠臣。」太宗曰：「良、忠〔一三〕有異乎？」徵曰：「良臣，稷、契、咎繇是也。忠臣，龍逢、比干是也〔一四〕。良臣使身獲美名，君受顯號，子孫傳世，福禄無疆。忠臣身受誅夷，君陷大惡，家國〔一五〕並喪，獨有其名。以此而言，相去遠矣。」太宗曰：「君但莫違此言，我必不忘社稷之計。」乃賜絹二百匹〔一六〕。

校注

〔一〕魏徵　寫字臺本無「魏」字。

〔二〕阿黨親戚　寫字臺本作「阿黨親戚者」。

〔三〕言者　寫字臺本作「告者」。

〔四〕爲人臣須存形跡不能遠避嫌疑　原無此十三字，元刻、韓版、戈本同，據寫字臺本及諫録、舊唐、會要、册府補。

〔五〕雖在無私亦有可責　寫字臺本作「雖情在無私亦可有責」。

〔六〕數百條　寫字臺本作「凡數百條」。

〔七〕豈以此小事便損衆美　寫字臺本作「豈以小事便損衆義之美然」。

〔八〕正色　元刻、戈本無此二字。

〔九〕云因何不作形迹　寫字臺本作「玄何因不作形迹」，戈本作「云因何不存形迹」。

〔一〇〕君臣同契義皆一體　寫字臺本作「君臣叶契義同一體」，戈本作「君臣同氣義均一體」。

〔一一〕戈注：「瞿，驚悟貌。」

〔一二〕不得遂懷隱避　寫字臺本作「不得因此事遂懷隱避」。

〔一三〕良忠　寫字臺本、元刻、韓版、戈本作「忠良」。

〔一四〕良臣稷契咎繇是也忠臣龍逢比干是也　原無此十六字，元刻、韓版、戈本同，據寫字臺本及諫録、舊唐、會要補。

〔一五〕家國　寫字臺本作「國家」。

〔一六〕二百匹　寫字臺本作「三百疋」。戈注：「按通鑑，徵又曰：『稷、契、皋陶，良臣也；龍逢、比干，忠臣也。』」

【案】本章南家本、菅家本無。寫字臺本爲卷四直言諫争篇第六章，明本爲直諫附篇第六章，元刻、韓版爲直諫附篇第五章，戈本爲直諫附篇第四章。事見諫録卷五、舊唐卷七一魏徵傳、會要卷五八、册府卷四六〇。

58 ○貞觀六年，匈奴克平，遠夷入貢，符瑞日至，年穀頻登。岳牧等屢請封禪〔一〕，群臣等又稱述功德，以爲「時不可失，天不可違，今行之，臣等猶謂其晚」，惟魏徵以爲不可。太宗曰：「朕欲得卿直言之，勿有所隱。朕功不高耶？」曰：「功高矣〔二〕。」「德未厚耶？」曰：「德厚矣〔三〕。」「華夏未理耶？」曰：「理矣〔四〕。」「遠夷未慕耶？」曰：「慕矣。」「符瑞未至耶？」曰：「至矣〔五〕。」「年穀不登〔六〕耶？」曰：「登矣。」「然則何爲不可？」對曰：「陛下功高矣，民未懷惠。德厚矣，澤未滂流〔七〕。華夏安矣，未足以供事。遠夷慕矣，無以供其求。符瑞雖臻，而罻羅猶密。積歲豐稔，而倉廩尚虚。此臣所以切謂〔八〕未可。臣未能遠譬，且借近喻於人。有人十年長患〔九〕，疼痛不能任持，療理且愈，皮骨僅存，便欲負一石米，日行百里，必不可得。隋氏之亂，非止十年。陛下爲之良醫，除其疾苦，雖已乂安，未甚充實，告成天地，臣竊有疑。且陛下東封〔一〇〕，萬國咸萃，要荒之外〔一一〕，莫不奔馳。今自伊、洛之東，暨乎海、岱〔一二〕，灌莽〔一三〕巨澤，茫茫千里，人煙斷絶，雞犬不聞，道路蕭條，進退艱阻。寧可引彼戎狄，示以虚弱？竭財以賞，未厭遠人之望〔一四〕；加年給復，不償百姓之勞。或遇水旱之災，風雨之變，庸夫邪議，悔不可追。豈獨臣之誠懇，亦有輿人之論。」太宗稱善，於是乃止〔一五〕。

校注

〔一〕戈注：「封禪者，封土於山，禪祭於地也。」

〔二〕功高矣　元刻、戈本作「高矣」。

〔三〕德未厚耶曰德厚矣　元刻作「德未有矣曰有矣」，戈本作「德未厚耶曰厚矣」。

〔四〕未理耶曰理矣　戈本作「未安耶曰安矣」。

〔五〕遠夷未慕耶曰慕矣符瑞未至耶曰至矣　原無此十六字，元刻、韓版同，據戈本及諫録補。

〔六〕不登　戈本作「未登」。

〔七〕滂流　戈本作「旁流」。

〔八〕切謂　韓版作「竊謂」。

〔九〕十年長患　戈本無「十年」二字。

〔一〇〕戈注：「謂東封泰山也。」

〔一一〕戈注：「要服、荒服，蠻夷之地也。」

〔一二〕戈注：「岱，泰山也。」

〔一三〕灌莽　戈本作「萑莽」。

〔一四〕戈注：「厭，足也。」

〔一五〕戈注：「按通鑑，是年正月，文武官請封禪。上曰：『卿輩皆以封禪爲帝王盛事，朕意不然。若天下乂安，家給人足，雖不封禪，庸何傷乎！昔秦始皇封禪，漢文帝不封禪，後世豈以文帝之賢不及始皇耶？且事天掃地而祭，何必登泰山之顛，封數尺之土，然後可以展其誠敬乎！』群臣猶請之不已，上亦欲從之，魏徵獨以爲不可云云。會河南、北數州大水，事遂寢。」

【案】本章南家本、菅家本、寫字臺本無。明本爲直諫附篇第七章，元刻、韓版爲直諫附篇第六章，戈本爲直諫附篇第五章。事見諫録卷二、舊唐卷七一魏徵傳、大唐新語卷一三。

59○貞觀七年，蜀王〔一〕妃父楊譽在省競婢，都官郎中〔二〕薛仁方留身勘問，未及予奪。其子爲千牛〔三〕，於殿廷陳訴云：「五品以上非反逆不合留身。以是國親，故生節目，不肯決斷〔四〕，淹留歲月〔五〕。」太宗聞之怒曰〔六〕：「知是我親戚〔七〕，故作如此艱難。」即令杖仁方一百，解所任官。魏徵進曰〔八〕：「城狐社鼠皆微物〔九〕，爲其有所憑恃〔一〇〕，故除之猶不易〔一一〕。況世家貴戚〔一二〕，舊號難理。漢、晉已來，不能禁禦〔一三〕。武德之中，以多驕縱〔一四〕，陛下登極，方始蕭條〔一五〕。仁方既是職司，能爲國家守法〔一六〕，豈可枉加刑罰〔一七〕，以成外戚之私乎！此源一開，萬端争起，後必悔之，將無所及。自古能禁斷此事，惟陛下一人〔一八〕。備豫不虞，爲國常道〔一九〕，豈可以水未横流〔二〇〕，便欲自毁隄防？臣切思度〔二一〕，未見其可。」太宗曰：「誠如公言〔二二〕，向者不思。然仁方輒禁不言，頗是專擅〔二三〕，雖不合重罪，宜少加懲肅。」乃令杖二十而赦之〔二四〕。

校注

〔一〕戈注：「名愔，太宗第六子也。」〔案〕舊唐太宗諸子傳，愔，貞觀五年封梁王，十年改封蜀王；舊唐太宗紀、新唐鬱林王恪傳，太宗第三子恪，武德九年進封漢王，貞觀二年徙封蜀王。貞觀七年之蜀王當恪非愔。

〔二〕戈注：「唐制，刑部官，掌配役徒隸，簿録俘囚，以給衣糧藥療，以理訴競雪冤，凡公私良賤，必周知之。凡反逆相坐，没其家爲官奴婢。」

〔三〕戈注：「後魏官名，隋有千牛刀，人主防身刀也。其職本掌御刀，蓋取莊子庖丁爲惠文君解牛，十九年所割者數千牛，而刀刃若新發硎石，言此刀可以備身，因以名官。唐制，左右千牛衛將軍，掌宫殿侍衛，及供御儀仗，左右執弓箭宿衛。」〔案〕千牛，非左右千牛衛將軍，乃「千牛備身」的簡稱，左右千牛衛屬官，爲王公、高品子孫起家之職，掌宫殿侍衛及供御儀仗。

〔四〕決斷　寫字臺本作「斷決」。

〔五〕淹留歲月　寫字臺本作「淹歷歲年」。

〔六〕怒曰　寫字臺本作「大怒曰」。

〔七〕我親戚　寫字臺本作「我之親戚」。

〔八〕魏徵進曰　寫字臺本作「侍中魏徵曰」。

〔九〕皆徵物　寫字臺本作「皆是徵物」。

〔一〇〕有所憑恃　寫字臺本作「有憑恃」。

〔一一〕除之猶不易　寫字臺本作「除之不易」。戈注：「古語，城狐不灌，社鼠不燻。謂其所栖穴者，得所憑恃也。故議者率謂人君左右近習，爲城狐社鼠。」

〔一二〕世家貴戚　寫字臺本作「外戚公主」。

〔一三〕不能禁禦　寫字臺本作「莫能禁制」。

〔一四〕以多驕縱　寫字臺本作「或多奸縱」。

〔一五〕蕭條　寫字臺本作「肅然」。

〔一六〕爲國家守法　寫字臺本作「爲國制家守法」。

〔一七〕枉加刑罰　寫字臺本作「横加嚴罰」。

〔一八〕一人　寫字臺本作「一人而已」。

〔一九〕常道　寫字臺本作「之道」。

〔二〇〕水未横流　寫字臺本作「水横流」。

〔二一〕臣切思度　寫字臺本作「臣竊思度」。

〔二二〕公言　寫字臺本作「公語」。

〔二三〕頗是專擅　戈本作「頗是專權」。

〔二四〕杖二十而赦之　寫字臺本作「杖少而嚴之」。

【案】本章南家本、菅家本無。寫字臺本爲卷四直言諫争篇第七章，明本爲直諫附篇第八章，元刻、韓版爲直諫附篇第七章，戈本爲直諫附篇第六章。事見諫録卷二、會要卷五一。

60○貞觀八年，左僕射房玄齡、右僕射高士廉〔一〕於路逢少監〔二〕竇德素，問北門近來更何營造〔三〕。德素以聞，上乃謂玄齡曰〔四〕：「君但知南衙事，我北門少有營造，何預君事？」玄齡等拜謝。魏徵進曰〔五〕：「臣不解陛下責〔六〕，亦不解玄齡、士廉拜謝〔七〕。玄齡既任大臣，即陛下股肱耳目，有所營造，何容不知？責其訪問官司，臣所不解。且所爲有利害，役工有多少〔八〕，陛下所爲善〔九〕，當助陛下成之；所爲不是，雖營造〔一〇〕，當奏陛下罷之。此乃君使臣、臣事君之道〔一一〕。玄齡等問既無罪，而陛下責之，臣所不解〔一二〕；玄齡等〔一三〕不識所守，但知拜謝，臣亦不解。」太宗深愧之。

校注

〔一〕戈注：「名儉，齊清河王岳之孫。初隱居終南山，武德初秦王領雍州牧，舉爲治中。及居東宮，授右庶子。遷益州都督長史，勵風俗有聲。入爲吏部尚書，拜僕射。卒，贈司徒。」

〔二〕少監　寫字臺本、戈本作「少府監」。戈注：「唐制：掌百工繕作之政。」〔案〕少監，少府監副長官，置二人。

〔三〕更何營造　寫字臺本作「更有何營造」。

〔四〕上乃謂玄齡　寫字臺本作「太宗乃謂玄齡等」，戈本作「太宗乃謂玄齡」。

〔五〕進曰　寫字臺本作「進言曰」。

〔六〕責　寫字臺本作「責意」。

〔七〕拜謝　寫字臺本作「拜謝意」。

〔八〕且所爲有利害役工有多少　原作「且有利害役工多少」，元刻、韓版、戈本同，據寫字臺本及諫録、會要「且」下補「所爲」、「工」下補「有」字。

〔九〕陛下所爲善　寫字臺本作「陛下所爲若是」。

〔一〇〕雖營造　寫字臺本作「雖已營造」。

〔一一〕戈注：「論語：孔子對魯定公曰：『君使臣以禮，臣事君以忠。』」

〔一二〕臣所不解　原無此四字，寫字臺本、元刻、韓版同，據戈本補。

〔一三〕玄齡等　原作「玄齡」，元刻、韓版同，據寫字臺本、戈本補「等」字。

【案】本章南家本、菅家本無。寫字臺本爲卷四直言諫争篇第八章，明本爲直諫附篇第九章，元刻、韓版爲直諫附篇第八章，戈本爲直諫附篇第七章。事見諫録卷二、會要卷五一。

61〇貞觀八年，先是桂州都督〔一〕李弘節以清慎著聞〔二〕，及身殁後，其家賣珠。太宗聞之，乃宣於朝曰：「此人生平宰相皆言其清，今日既然，所舉者豈得無罪〔三〕？必當深理之，不可捨也。」侍中魏徵承間〔四〕言曰：「陛下生平言此人濁，未見受財〔五〕之所。今聞其賣珠，將罪舉者，臣不知所謂。自聖朝已來，爲國盡忠，清貞慎守〔六〕，終始不渝〔七〕，屈突通、張道源而已〔八〕。通子三人來選，有一匹羸馬〔九〕，道源兒子不能存立，未見一言及之。今弘節爲國立功，前後大蒙賞賚，居官歿後〔一〇〕，不言貪殘〔一一〕，妻子賣珠，未爲有罪。審其清者，無所存問，疑其濁者，旁責舉人，雖云疾惡不疑〔一二〕，實亦好善不篤〔一三〕。臣竊思度，未見其可，恐有識聞之，必生枉議〔一四〕，伏願留心再思〔一五〕。」太宗撫掌曰：「造次不思，遂有此語〔一六〕，方知談不容易，並勿問之。其屈突通、張道源兒子，宜各與一官〔一七〕。」

校注

〔一〕都督　原作「都督府」，元刻、韓版同，據寫字臺本、戈本删「府」字。

〔二〕以清慎著聞　韓版同，寫字臺本、戈本作「以清慎聞」，元刻作「以清慎所聞」。

〔三〕無罪　寫字臺本作「無過」。

〔四〕承間　寫字臺本訛作「承聞」。

〔五〕受財　寫字臺本訛作「授財」。

〔六〕清貞慎守　寫字臺本作「清貞守」。

〔七〕終始不渝　寫字臺本作「終始不渝者」。

〔八〕戈注：「張道源，并州人。初，守并州，賊平，拜大理卿。時何稠得罪，籍家，屬以賜群臣，道源曰：『禍福無常，安可利人之亡，取其子女自奉？仁者不爲也。』更資以衣食遣之。家無貲産，比亡，餘粟二斛。」

〔九〕通子三人來選有一匹羸馬　寫字臺本作「通子三人未有一匹羸馬」。

〔一〇〕歿後　寫字臺本作「終歿」。

〔一一〕貪殘　寫字臺本作「貧賤」。

〔一二〕疾惡不疑　寫字臺本作「疾惡情深」。

〔一三〕實亦　戈本作「是亦」。

〔一四〕枉議　寫字臺本、元刻、韓版作「横議」。

〔一五〕伏願留心再思　原無此六字，元刻、韓版、戈本同，據寫字臺本及諫録補。

〔一六〕遂有此語　原作「遂聞此語」，元刻、韓版、戈本同，據寫字臺本及諫録、會要改。

〔一七〕一官　寫字臺本作「一人官」。戈注：「舊本此章附直諫類，今附入此。」〔案〕指卷五忠義篇。

【案】本章南家本、菅家本無。寫字臺本爲卷四直言諫争篇第九章，明本爲直諫附篇第十章，元刻、韓版爲直諫附篇第九章，戈本移爲卷五忠義篇第六章。事見諫録卷二、會要卷五三。

62○貞觀九年，北蕃〔一〕歸朝人奏稱〔二〕：「突厥內大雪，人饑，羊馬並死。中國人在彼者皆入山作賊，人情大惡。」太宗謂侍臣曰：「觀古人君〔三〕，行仁義、任賢良則理；行暴亂、任小人則敗〔四〕。突厥所信任者，並共公等見之，略無忠正可取者〔五〕。頡利復不憂百姓，恣情所爲，朕以人事觀之，亦何可久矣〔六〕？」魏徵進曰：「昔魏文侯〔七〕問李克〔八〕，諸侯誰先亡？克曰：『吴先亡。』文侯曰：『何故？』克曰〔九〕：『數戰數勝，數勝則主驕，數戰則民疲〔一〇〕。主驕民疲〔一一〕，不亡何待？』頡利逢隋末中國喪亂，遂恃衆内侵，今尚不息，此其必亡之道。」太宗深然之。

校注

〔一〕北蕃　寫字臺本作「有北蕃」。戈注：「北突厥之國。」

〔二〕奏稱　元刻、戈本作「奏」。

〔三〕古人君　寫字臺本作「古來人君」。

〔四〕行暴亂任小人則敗　寫字臺本作「暴亂任小人敗」。

〔五〕略無忠正可取者　寫字臺本作「略無忠正者」。

〔六〕亦何可久矣　寫字臺本作「亦可久」。

〔七〕戈注：「名斯，晉卿，桓子之子，爲諸侯。」

〔八〕李克 寫字臺本作「里克」。戈注：「戰國時人。」

〔九〕克曰 寫字臺本無此二字。

〔一〇〕數勝則主驕數戰則民疲 寫字臺本作「數戰則民疲數勝則主驕」。

〔一一〕主驕民疲 寫字臺本作「以驕馭疲民」，戈本無此數字。

【案】本章南家本、菅家本無。寫字臺本爲卷四直言諫争篇第十章，明本爲直諫附篇第十一章，元刻、韓版爲直諫附篇第十章，戈本移爲卷八辯興亡篇第四章。事見諫録卷三。

63 ○貞觀十年，越王〔一〕，長孫后所生〔二〕，太子介弟，聰敏絶倫，太宗特所寵異。或言〔三〕三品已上皆輕蔑王者，意在譖〔四〕侍中魏徵等，以激上怒〔五〕。上〔六〕御齊政殿，引三品以上入，坐定，大怒作色而言曰：「我有一言向公等道，往前天子即是天子〔七〕，今時天子非天子耶？往年〔八〕天子兒是天子兒，今日天子兒非天子兒耶？我見隋家諸王，達官已下〔九〕，皆不免被其躓頓。我之兒子，自不許其縱横，公等所容易過，豈得相共輕蔑〔一〇〕。我若縱之，豈不能躓頓公等！」玄齡等戰慄〔一一〕，皆拜謝。徵正色諫曰〔一二〕：「當今群臣，必無輕越王者〔一三〕。然在禮，臣、子一例〔一四〕。傳稱，王人雖微，列於諸侯之上。諸侯用之爲公即是公，用之爲卿即是卿。若下爲公卿〔一五〕，即下士於諸侯也〔一六〕。今三品已上列爲公卿，並天子大臣，陛下所加敬異〔一七〕。縱其小有不是，越王何得輒加〔一八〕折辱？若國家紀綱〔一九〕廢壞，臣所不知。以當今聖明之時，越王豈得如此。且隋高祖不知禮義，寵樹諸王，使行無禮，尋以罪黜，不可爲法〔二〇〕，亦何足道！」太宗聞其言，喜形於色，謂群臣曰：「凡人言語理到〔二一〕，不可不伏。朕之所言，當身私愛。魏徵所道，國家大法〔二二〕。朕向者忿怒，自謂理在不疑。及見〔二三〕魏徵所論，始覺大非道理，爲人君言何容易〔二四〕！」召玄齡等而〔二五〕切責之，賜徵〔二六〕絹一千匹。

校注

〔一〕戈注：「名貞，太宗第八子也。」〔案〕戈注誤。太宗第八子貞，貞觀五年封漢王，十年改封原王，尋徙封越王，非長孫皇后所生，乃燕妃所生。此越王，名泰，字惠褒，太宗第四子，長孫皇后所生。貞觀二年封越王，十年徙封魏王。

〔二〕長孫后　寫字臺本、元刻、韓版、戈本作「長孫皇后」。

〔三〕或言　寫字臺本作「貴要有數言」。

〔四〕譖　寫字臺本作「譖毁」。

〔五〕以激上怒　寫字臺本作「以激怒太宗」。

〔六〕上　寫字臺本作「太宗」。

〔七〕即是天子　寫字臺本作「是天子」。

〔八〕往年　寫字臺本作「往前」。

〔九〕達官　寫字臺本作「達官一品」。

〔一〇〕公等所容易過豈得相共輕蔑　寫字臺本作「公等何容過得共相輕蔑」，戈本作「公等所容過得共相輕蔑」。

〔一一〕玄齡等戰慄　寫字臺本作「房玄齡等戰慄起」。

〔一二〕徵正色諫曰　寫字臺本作「魏徵正色而諫曰」。

〔一三〕無輕越王者　寫字臺本作「無敢輕越王者」，戈本作「無輕蔑越王者」。

〔一四〕一例　寫字臺本、假名本作「一列」。

〔一五〕下爲公卿　寫字臺本、元刻、戈本作「不爲公卿」。

〔一六〕下士於諸侯　寫字臺本作「下士之諸侯」。

〔一七〕所加敬異　寫字臺本作「所加禮敬異」。

〔一八〕何得輒加　寫字臺本作「何容輕加」。

〔一九〕紀綱　寫字臺本作「綱紀」。

〔二〇〕尋以罪黜不可爲法　寫字臺本作「尋家罪黜不知爲國禮法」。

〔二一〕言語理到　寫字臺本作「言語到」。

〔二二〕國家大法　寫字臺本作「國家禮法」。

〔二三〕及見　寫字臺本作「更見」。

〔二四〕何容易　戈本作「何可容易」。

〔二五〕玄齡等而　寫字臺本作「房玄齡等」。

〔二六〕賜徵　寫字臺本作「賜魏徵」。

【案】本章南家本、菅家本無。寫字臺本爲卷四直言諫争篇第十一章，明本爲直諫附篇第十二章，元刻、韓版爲直諫附篇第十一章，戈本爲直諫附篇第八章。事見諫録卷一。

64 ○貞觀十一年，所司奏凌敬乞貧之狀〔一〕，太宗責侍中魏徵等濫進人。徵曰：「臣等每蒙顧問，常具言其長短。有學識、强諫争，是其所長；愛生活、好經營，是其所短。今凌敬爲人作碑文，教人讀漢書，因兹附託，回易求利，與臣等所説不同。陛下未用其長，惟見其短，以爲臣等欺罔，實不敢心服。」太宗納之。

校注

〔一二〕戈注：「凌，姓，敬，名，初仕竇建德爲祭酒。」

【案】本章南家本、菅家本、寫字臺本無。明本爲直諫附篇第十三章，元刻、韓版爲直諫附篇第十二章，戈本爲直諫附篇第九章。事見諫録卷四。

65 ○貞觀十一年，太宗謂侍臣曰：「朕昨往懷州，有上封事者云：『何爲恒差〔一〕山東衆丁於苑内營造？即日〔二〕徭役，似不下隋時〔三〕。懷、洛以東，殘人不堪其命〔四〕，而田獵猶數〔五〕，驕逸之主也。今者復來懷州畋獵〔六〕，忠諫不復至洛陽矣〔七〕。』四時蒐田〔八〕，既是帝王常禮，今者〔九〕懷州，秋毫不干於百姓。凡上書諫正〔一〇〕，自有常准〔一一〕。臣貴有詞，主貴能改。如斯詆毁，有似呪咀〔一二〕。」侍中魏徵奏稱：「國家開直言之路，所以上封事者尤多〔一三〕。陛下親自〔一四〕披閱，或冀其言〔一五〕可取，所以僥倖之士得肆其醜〔一六〕。臣諫其君，甚須折衷，從容諷諫〔一七〕。漢元帝〔一八〕嘗以酎祭高廟〔一九〕，出便門，御樓舡，御史大夫薛廣德〔二〇〕當乘輿，免冠曰〔二一〕：『宜從橋，陛下不聽臣言〔二二〕，臣自刎，以頸血汙車輪，陛下不得入廟矣〔二三〕。』元帝不悦。光禄〔二四〕張猛進曰：『臣聞主聖臣直，乘舡危，就橋安〔二五〕。聖主不乘危，廣德言可聽。』元帝曰：『曉人不當如是耶！』乃從橋。以此而言，張猛可謂直臣諫君也〔二六〕。」太宗大悦〔二七〕。

校注

〔一〕恒差　寫字臺本訛作「恒羡」。

〔二〕即日　寫字臺本訛作「即曰」。

〔三〕不下　寫字臺本訛作「不可」。

〔四〕懷洛以東殘人不堪其命　寫字臺本作「懷洛以來凋殘人不堪命」。

〔五〕田獵猶數　寫字臺本作「畋獵尤數」。

〔六〕畋獵　寫字臺本作「遊畋」。

〔七〕忠諫不復至洛陽　寫字臺本作「恐不得復至洛陽」。

〔八〕四時蒐田　寫字臺本作「夫四時蒐田」。戈注：「春曰蒐，夏曰苗，秋曰獮，冬曰狩。」

〔九〕今者　戈本作「今日」。

〔一〇〕諫正　寫字臺本作「諫争」。

〔一一〕常准　寫字臺本作「常禮」。

〔一二〕呪咀　寫字臺本作「咒詛」，戈本作「呪詛」。

〔一三〕尤多　寫字臺本作「極多」。

〔一四〕親自　寫字臺本訛作「觀自」。

〔一五〕其言　寫字臺本作「片言」。

〔一六〕得肆其醜　寫字臺本作「得肆醜辭」。

〔一七〕從容諷諫　寫字臺本作「合從容諷諫」。

〔一八〕戈注：「名奭。」

〔一九〕嘗以酎祭高廟　寫字臺本作「常酎祭宗廟」，戈本作「常以酎祭宗廟」。戈注：「酎，三重釀酒也，味厚，故以薦宗廟。」

〔二〇〕戈注：「字長卿，沛郡人。」

〔二一〕當乘輿免冠曰　寫字臺本作「當乘輿前免冠頓首曰」。

〔二二〕不聽臣言　寫字臺本作「不聽」。

〔二三〕不得入　寫字臺本無「得」字。

〔二四〕光禄　寫字臺本作「光禄勳」，元刻、戈本作「光禄卿」。〔案〕漢代稱「光禄」，既指「光禄勳」，又指「光禄大夫」，張猛時爲光禄大夫。

〔二五〕就橋安　寫字臺本作「就橋吉」。

〔二六〕直臣諫君　寫字臺本作「能諫其君」。

〔二七〕太宗大悦　寫字臺本無此四字。

【案】本章南家本、菅家本無。寫字臺本爲卷四直言諫争篇第十二章，明本爲直諫附篇第十四章，元刻、韓版爲直諫附篇第十三章，戈本移爲卷十畋獵篇第三章。事見諫録卷四。

66 〇貞觀十一年〔一〕，太宗謂魏徵〔二〕曰：「比來所行得失政化，何如往前？」對曰〔三〕：「若恩威所加〔四〕，遠夷朝貢，比於貞觀之始，不可等級而言。若德義潛通，民心悦服，比於貞觀之初，相去又甚遠〔五〕。」太宗曰：「遠夷來服，應由德義所加〔六〕。往前功業何因益大〔七〕？」徵曰：「昔者四方未定，常以德義爲心。旋以〔八〕海内無虞，漸加〔九〕驕奢自溢。所以功業雖盛，終不如〔一〇〕往初。」太宗又曰〔一一〕：「所行比往前何爲異〔一二〕？」徵曰：「貞觀之初，恐人不言，導之使諫。三年已後，見人諫〔一三〕，悦而從之。一二年來，不悦人諫〔一四〕，雖僶勉〔一五〕聽受，而意終不平，諒有難也〔一六〕。」太宗曰：「於何事如此？」對曰〔一七〕：「即位之初，處元律師死罪〔一八〕，孫伏伽〔一九〕諫曰：『法不至死，無容濫加酷罰。』遂賜以蘭陵公主園〔二〇〕，直錢百萬。人或曰：『所言乃常〔二一〕，而所賞太厚。』答曰：『我即位來，未有諫者，所以賞之。』此導之使言也。徐州司户柳雄〔二二〕，於隋資妄加階級，人有告之者，陛下令其自首，不首與罪。遂固言是實，竟不肯首。大理推得其僞，將處雄死罪，少卿戴胄奏法止合徒〔二三〕。陛下曰：『我已與其斷當訖，但當與死罪。』胄曰：『陛下既不然，即付臣法司。罪不合死，不可酷濫。』陛下作色遣殺，胄執之不已，至於四五，然後赦之。乃謂法司曰：『但能爲我如此守法，豈畏濫有誅夷。』此則悦以從諫也。往年陝縣丞皇甫德參上書有忤聖旨〔二四〕，陛下以爲訕謗。臣奏稱上書不激切，不能起人主意，激切即似訕謗。于時雖從臣言，賞物二十段，意甚不平，難於受諫也。」太宗曰：「誠如公言，非公無能道此者。人皆苦不自覺，公向未道時，都自謂所行不變。及見公論説，過失堪驚。公但存此心，朕終不違公語。」

校　注

〔一〕十一年　戈本作「十二年」。

〔二〕魏徵　寫字臺本作「侍臣魏徵」。

〔三〕對曰　寫字臺本作「徵對曰」，下文又作「徵曰」。

〔四〕恩威所加　寫字臺本作「威之所加」。

〔五〕又甚遠　寫字臺本作「又亦甚遠」。

〔六〕德義所加　寫字臺本無「所加」二字。

〔七〕往前功業何因益大　寫字臺本作「不如往前功業何因得大」。

〔八〕旋以　寫字臺本無「旋」字。

〔九〕漸加　寫字臺本作「漸更」。

〔一〇〕終不如　寫字臺本作「終是不如」。

〔一一〕又曰　寫字臺本無「又」字。

〔一二〕所行比往前何爲異　寫字臺本作「今日所行與往前何異」。

〔一三〕見人諫　寫字臺本作「見人諫争」。

〔一四〕不悦人諫　寫字臺本作「所悦人諫」。

〔一五〕僶勉　寫字臺本作「俛僶」，元刻、戈本作「黽强」。

〔一六〕意終不平諒有難也　寫字臺本作「終有疑難之色」。

〔一七〕對曰　寫字臺本作「徵曰」。

〔一八〕戈注：「元，姓，律師，名。」

〔一九〕戈注：「貝州人。武德中，上言三事，帝稱之曰諠臣。貞觀中，拜御史，遷大理卿。」

〔二〇〕遂賜以蘭陵公主園　寫字臺本無「園」字，此句以下抄寫錯亂，且重出直言諫争篇第三章「一人善惡」至章末一百七十餘字。

〔二一〕乃常　戈本作「乃常事」。

〔二二〕戈注：「司户，州屬户曹。柳，姓，雄，名。」

〔二三〕戈注：「唐制，徒刑五，一年至于三年。」

〔二四〕有忤聖旨　戈本作「大忤聖旨」。

【案】本章南家本、菅家本無。寫字臺本爲卷四直言諫争篇第十三章，明本爲直諫附篇第十五章，元刻、韓版爲直諫附篇第十四章，戈本爲直諫附篇第十章。事見諫録卷一、新唐卷九七魏徵傳。

67 ○貞觀十二年，太宗東巡狩，將入洛，次於顯仁宮，宮苑官司多被責罰。侍中魏徵進言曰：「陛下今幸洛州，爲是舊征行處，庶其安定，故欲加恩故老。城郭之民未蒙德惠，官司苑監多及罪辜，或以供奉之物不精，又以不爲獻食，此則不思止足，志在奢靡。既乖行幸本心，何以副百姓所望？隋主先命在下多作獻食，獻食不多，則有威罰。上之所好，下必有甚，競爲無限，遂至滅亡。此非載籍所聞，陛下目所親見，爲其無道，故天命陛下代之。當戰戰慄慄，每事省約，參踪盛列〔一〕，昭訓子孫，奈何今日欲在人之下？陛下若以爲足，今日不啻足矣。若以爲不足，萬倍於此亦不足也。」太宗大驚曰：「非公，朕不聞此言。自今已後，庶幾無如此事〔二〕。」

校　注

〔一〕參踪盛列　戈本作「參蹤前列」。

〔二〕戈注：「按通鑑係十一年，上至顯仁宮，官吏以闕諸待，有被譴責。魏徵諫曰云云，上驚曰：『非公，不聞此言。』因謂長孫無忌等曰：『朕昔過此，買飯而食，僦舍而宿，今供頓如此，豈得猶嫌不足乎！』」

【案】本章南家本、菅家本、寫字臺本無。明本爲直諫附篇第十六章，元刻、韓版爲直諫附篇第十五章，戈本移爲卷十論行幸篇第四章。事見諫録卷二。

貞觀政要卷第二

貞觀政要卷第三

史臣吴兢撰

【案】韓版無「史臣吴兢撰」五字，戈本作「戈直集論」。南家本、菅家本、寫字臺本、元刻另行有「君臣鑒戒第六擇官第七封建第八」十四字，戈本另行作「論君臣鑒戒六論擇官七論封建八」。

論君臣鑒戒第六

【案】南家本、菅家本、寫字臺本、元刻、韓版、戈本均無「論」字。元刻、明本、韓版八章。南家本、菅家本四章，無三章（68、69、75），在卷七禮樂篇一章（72）。寫字臺本四章，無二章（68、75），在卷七禮樂篇一章（72），在卷四輔弼篇一章（69）。戈本以末章（75）與卷六貪鄙篇末章（188）重出而删去此處一章，故戈注「凡七章」。

68 ○貞觀三年，上[一]謂侍臣曰：「君臣本同治亂，共安危。若主納忠諫，臣進直言，斯故君臣合契，古來所重。若君自賢，臣不匡正，欲不危亡，不可得也。君失其國，臣亦不能獨全其家。至如隋煬帝暴虐，天下鉗口〔二〕，卒令不聞其過，遂至滅亡。虞世基等，尋亦誅死。前事不遠，朕與卿等可得不慎，無爲後所嗤！」

校注

〔一〕上　戈本作「太宗」。

〔二〕天下鉗口　戈本作「臣下鉗口」。

【案】本章南家本、菅家本、寫字臺本無。事略同於卷二求諫篇第一章(33)。

69 ○貞觀四年，上論隋日〔一〕。魏徵對曰：「臣往在隋朝，曾聞有盜發〔二〕，煬帝令於士澄捕逐〔三〕。但有疑似，苦加拷掠，枉承〔四〕賊者二千餘人，並令同日斬決〔五〕。大理丞〔六〕張元濟怪之，試尋其狀，乃有六七人盜發之日先禁他所，被放纔出，亦遭推勘，不勝苦痛，自誣行盜。元濟因此更事究尋，二千人内惟九人逗遛〔七〕不明。官人有諳識者，就九人内四人非賊。有司以煬帝已令斬決，遂不執奏，並殺之〔八〕。」太宗曰：「非是〔九〕煬帝無道，臣下亦不盡心。須相匡諫〔一〇〕，不避誅戮，豈得惟行諂佞，苟求悦譽。君臣如此，何能不敗〔一一〕？朕賴公等共相輔佐〔一二〕，遂令〔一三〕囹圄空虚，願公等善始克終〔一四〕，恒如今日！」

校注

〔一〕上論隋日　寫字臺本作「太宗論隋日禁囚」，元刻、韓版、戈本作「太宗論隋日」。

〔二〕盜發　寫字臺本作「盜發處」。

〔三〕戈注：「於，姓也，士澄，名，爲隋將，以魏郡降唐。」

〔四〕枉承　寫字臺本作「枉成」。

〔五〕斬決　藤波本訛作「輔決」。

〔六〕戈注：「隋獄官之貳職。」

〔七〕戈注：「逗遛，遷延也。」

〔八〕並殺之　寫字臺本作「並皆煞之」。

〔九〕非是　寫字臺本作「非直」。

〔一〇〕須相匡諫　寫字臺本作「須匡諫」。

〔一一〕何能不敗　戈本作「何得不敗」。

〔一二〕輔佐　寫字臺本作「輔助」。

〔一三〕遂令　寫字臺本作「遂得」。

〔一四〕善始克終　寫字臺本作「善始令終」。

【案】本章南家本、菅家本無，寫字臺本爲卷四輔弼篇第二章。事見諫録卷三。

70 ○貞觀六年，太宗謂侍臣曰：「朕聞周、秦初得天下，其事不異。然周則〔一〕惟善是務，積功累德，所以能保七百之基〔二〕。秦乃恣其奢淫，好行刑罰，不過二世而滅。豈非爲善者福祚延長，爲惡者降年不永？朕又聞，桀、紂，帝王也，以匹夫比之，則以爲辱。顔、閔，匹夫也〔三〕，以帝王比之，則以爲榮。此亦帝王深耻也〔四〕。朕每將此事以爲鑒戒，常恐不逮，爲人所笑。」魏徵對曰〔五〕：「臣聞魯哀公〔六〕謂孔子曰：『有人好忘者，移宅乃忘其妻。』孔子曰：『又有好忘甚於此者，丘見桀、紂之君〔七〕乃忘其身。』願陛下每以此爲慮〔八〕，免後人笑〔九〕！」

校注

〔一〕然周則　南家本、菅家本、寫字臺本作「然周即」。

〔二〕七百之基　戈本作「八百之基」。

〔三〕戈注：「顔回，字子淵。閔損，字子騫。皆孔子弟子，以德行稱。」

〔四〕帝王深耻　南家本、菅家本、寫字臺本作「帝王之深耻」。

〔五〕對曰　南家本、菅家本、寫字臺本無「對」字。

〔六〕戈注：「魯君，名蔣。」

〔七〕戈注：「丘，孔子名。」

〔八〕每以此爲慮　南家本、菅家本、寫字臺本作「每作如此爲慮」。

〔九〕免後人笑　南家本、菅家本、寫字臺本、戈本作「庶免後人笑耳（爾）」。

【案】本章南家本、菅家本、寫字臺本爲第一章。「魏徵對曰」以下至章末，同卷一政體篇第十三章（18）。事見諫録卷三。

71〇貞觀十四年，以高昌平〔一〕，召侍臣賜宴於兩儀殿，謂房玄齡曰〔二〕：「高昌若不失臣禮，豈至滅亡？朕平此一國，甚懷危懼〔三〕，惟當戒驕逸以自防，納忠謇以自正〔四〕。黜邪佞，用賢良，不以小人之言而議君子，以此慎守〔五〕，庶幾於獲安也。」魏徵進曰：「臣觀古來帝王撥亂創業，必自戒慎〔六〕，採芻蕘之議，從忠讜之言。天下既安，則恣情肆欲，甘樂諂諛，惡聞正議〔七〕。張子房〔八〕，漢王計畫之臣，及高祖爲天子，將廢嫡立庶，子房曰：『今日之事，非口舌〔九〕所能争也。』終不敢復有開説〔一〇〕。況陛下功德之盛，以漢祖方之，彼不足準。即位十有五年〔一一〕，聖德光被，今又平殄高昌。屢以〔一二〕安危繫意，方欲納用忠良，開直言之路，天下幸甚。昔齊桓公〔一三〕與管仲、鮑叔牙、甯戚〔一四〕四人飲〔一五〕，桓公謂叔牙曰：『盍起爲〔一六〕寡人壽乎？』叔牙捧觴而起曰：『願公無忘出在莒時〔一七〕，使管仲無忘束縛於魯時〔一八〕，使甯戚無忘飯牛車下時〔一九〕。』桓公避席而謝〔二〇〕曰：『寡人與二大夫能無忘夫子之言，則社稷不危矣！』」太宗謂徵曰：「朕必不敢忘布衣時，公不得忘叔牙之爲人也〔二一〕。」

校注

〔一〕以高昌平　戈本作「太宗以高昌平」。戈注：「高昌，西域國名，都交河城，漢車師之地，其王麴文泰。是年文泰卒，子智盛立。平，謂征討平定也。」

〔二〕召侍臣賜宴於兩儀殿謂房玄齡曰　南家本、菅家本、寫字臺本作「召侍臣賜宴太宗謂房玄齡曰」。

〔三〕甚懷危懼　南家本、菅家本、寫字臺本作「益懷危懼今欲克存久大之業」。

〔四〕戈注：「謇，言也。」

〔五〕慎守　南家本、菅家本、寫字臺本作「守之」。

〔六〕戒慎　南家本、菅家本、寫字臺本作「戒懼」。

〔七〕正議　南家本、菅家本、寫字臺本、戈本作「正諫」。

〔八〕張子房　南家本、菅家本、寫字臺本作「張良」。下文同。

〔九〕口舌　南家本無「舌」字。戈注：「張子房，名良，漢封留侯。高祖欲廢太子盈，立趙王如意。或謂呂后曰：『留侯善畫計，上信用之。』后刼良曰：『君爲上謀臣，今上欲易太子，君安得高枕而卧？』良曰：『始上在急困中，幸用臣策，天下已定，以愛欲易太子，雖臣等百人何益？』后强要曰：『爲我畫計。』良曰：『此難以口舌爭。』遂爲太子請四皓爲輔，賴以不廢。」

〔一〇〕開説　南家本、菅家本、寫字臺本作「闢説」。

〔一一〕戈注：「太宗以武德九年即帝位，至是十有五年。」

〔一二〕屢以　南家本、菅家本、寫字臺本作「猶以」。

〔一三〕戈注：「齊君，名小白。」

〔一四〕與管仲　南家本、菅家本、寫字臺本無「與」字。戈注：「三人，皆齊相。」

〔一五〕四人飲　菅家本作「四人爲飲」。

〔一六〕盍起爲　建治本作「盍爲」，興本、松本、菅家本、寫字臺本作「盍不爲」。戈注：「諸侯自稱曰寡人，言寡德之人也。」

〔一七〕出在莒時　南家本、菅家本、寫字臺本作「出而在莒」。戈注：「桓公初出奔於莒，鮑叔爲之傅。」

〔一八〕魯時　南家本、菅家本、寫字臺本無「時」字。戈注：「桓公立，謂魯曰：『管仲，讎也，請得甘心醢之。』管仲請囚，叔牙迎受之，及堂阜而脱桎梏。」

〔一九〕飯牛車下時　南家本、菅家本、寫字臺本作「飯牛於車下」。戈注：「甯戚嘗候桓公出，扣牛角歌曰：『南山矸，白石爛，中有鯉魚長尺半。生不遭堯與舜禪，短布單衣纔至骭，從昏飯牛至夜半。』公遂召之爲相。」

〔二〇〕而謝　南家本、菅家本、寫字臺本作「再拜」。

〔二一〕公不得忘　南家本、菅家本、寫字臺本作「公等不得忘」。戈注：「按通鑑十三年，高昌王麴文泰遏絶西域朝貢。伊吾既内屬，高昌又與西突厥共擊之。上徵其臣阿史那矩，文泰不遣。中國人在突厥者或奔高昌，詔使歸之，亦不遣。又與西突厥共破焉耆，上遣使責之，文泰語不遜。於是詔侯君集等擊之，遂降。由此唐地東極於海，西至焉耆，南盡林邑，北抵大漠，皆爲州縣，凡東西九千五百一十里，南北一萬九百一十八里，爲唐之極盛焉。」

【案】本章南家本、菅家本、寫字臺本爲第二章。事見諫録卷二、新唐卷九七魏徵傳。

72 ○貞觀十四年，特進魏徵上疏曰：

臣聞君爲元首，臣作股肱，齊契同心，合而成體〔一〕，體或不備，未有成人〔二〕。然則首雖尊極〔三〕，必資手足以成體；君雖明哲，必藉股肱以致理〔四〕。故禮云〔五〕：「人以君爲心，君以人爲體，心莊則體舒，心肅則容敬〔六〕。」書云：「元首明哉〔七〕，股肱良哉，庶事康哉〔八〕。」「元首叢脞哉，股肱惰哉，萬事墮哉〔九〕。」然則委棄股肱，獨任胸臆，具體成理，非所聞也。

夫君臣相遇，自古爲難。以石投水，千載一合，以水投石，無時不有。其能開至公之道，申天下之用，內盡心膂，外竭股肱，和若鹽梅〔一〇〕，固同金石者，非惟高位厚秩，在於禮之而已。昔周文王遊於鳳皇之墟，襪系解〔一一〕，顧左右莫可使者，乃自結之。豈周文之朝盡爲俊乂，聖明之代獨無君子哉〔一二〕？但知與不知，禮與不禮耳！是以伊尹，有莘之媵臣；韓信，項氏之亡命。殷湯致禮，定王業於南巢；漢祖登壇，成帝功於垓下。若夏桀不棄於伊尹，項羽〔一三〕垂恩於韓信，寧肯敗已成之國爲滅亡之虜乎〔一四〕？又〔一五〕微子，骨肉也，受茅土於宋；箕子，良臣也，陳洪範於周。仲尼稱其仁，莫有非之者〔一六〕。禮記稱：「魯繆公問於子思曰〔一七〕：『爲舊君反服，古歟？』子思曰：『古之君子，進人以禮，退人以禮，故有舊君反服〔一八〕之禮也。今之君子，進人若將加諸膝，退人若將墜諸泉〔一九〕。無爲戎首〔二〇〕，不亦善乎，又何反服之有〔二一〕？』」齊景公問於晏子曰：「忠臣之事君，如之何〔二二〕？」晏子對曰：「有難不死，出亡不送。」公曰：「裂地以封之，疏爵以待之〔二三〕，有難不死，出亡不送，何也？」晏子曰：

「言而見用，終身無難，臣何死焉？諫而見納〔二四〕，終身不亡，臣何送焉〔二五〕？若言不見用〔二六〕，有難而死，是妄死也。諫不見納〔二七〕，出亡而送，是詐忠也。」春秋左氏傳曰〔二八〕：「崔杼弒齊莊公〔二九〕，晏子立於崔氏之門外，其人曰：『死乎？』曰：『獨吾君也乎哉，吾死也？』曰：『行乎？』曰：『吾罪也乎哉，吾亡也？故君爲社稷死，則死之，爲社稷亡，則亡之。若爲己死，爲己亡〔三〇〕，非其親昵，誰敢任之。』門啓而入〔三一〕，枕尸股而哭，興，三踴而出〔三二〕。」孟子曰：「君視臣如手足，臣視君如腹心；君視臣如犬馬，臣視君如國人；君視臣如糞土〔三三〕，臣視君如寇讎〔三四〕。」雖臣之事君無有二志〔三五〕，至於去就之節，當緣恩之厚薄〔三六〕，然則爲人主者〔三七〕，安可以無禮於下哉！

竊觀在朝群臣，當主樞機之寄者〔三八〕，或地鄰秦、晉〔三九〕，或業預經綸〔四〇〕，並立事立功，皆一時之選，處之衡軸，爲任重矣。任之雖重，信之未篤；信之未篤〔四一〕，則人或自疑；人或自疑，則心懷苟且；心懷苟且，則節義不立；節義不立，則名教不興；名教不興，而可與〔四二〕固太平之基、保七百之祚，未之有也。又聞國家重惜功臣，不念舊惡，方之前聖，一無所間。然但寬於大事，急於小罪，臨時責怒，未免愛憎之心，不可以爲政。君嚴其禁，臣或犯之，況上啓其源，下必有甚，川壅而潰，其傷必多，欲使凡百黎元，何所措其手足！此則〔四三〕君開一源，下生百端之變〔四四〕，無不亂者也〔四五〕。禮記曰：「愛而知其惡，憎而知其善〔四六〕。」若憎而不知其善，則爲善者必懼；愛而不知其惡，則爲惡者實繁。詩曰：「君子如怒，亂庶遄沮〔四七〕。」然則古人之震怒，將以懲惡，當今〔四八〕之威罰，所以長奸，此非堯、舜之心也〔四九〕，非禹、湯之事也。書曰：「撫我則后，虐我則讎〔五〇〕。」孫卿子〔五一〕曰：「君，舟也。人〔五二〕，水也。水所以載舟，亦以覆舟〔五三〕。」孔子曰〔五四〕：「魚失水則死，水失魚猶爲水也。」故堯、舜戰戰慄慄，日慎一日。安可不深思之乎？安可不熟慮之乎？

夫委大臣以大體，責小臣以小事，爲國之常也，爲理之道也〔五五〕。今委之以職，則重大臣而輕小臣；至於有事，則信小臣而疑大臣。信其所輕，疑其所重，將求至治，豈可得乎〔五六〕？又政貴有恒，不求屢易。今或責小臣以大體，或責大臣以小事。小臣乘非其據〔五七〕，大臣失其所守；大臣或以小過獲罪，小臣或以大體受罰。職非其位，罰非其辜〔五八〕，欲其無私，求其盡力，不亦難乎？小臣不可委以大事，大臣不可責以小罪。任以大官，求其細過，刀筆之吏，順旨承風，舞文弄法，曲成其罪。自陳也，則以爲心不伏辜；不言也，則以爲所犯皆實。進退惟咎〔五九〕，莫能自明。莫能自明〔六〇〕，則苟求免禍；大臣苟免，則譎詐萌生；譎詐萌生，則矯僞成俗；矯僞成俗，則不可以臻至理矣！

又委任大臣，欲其盡力，每官有闕，責其取人。或言所知，則以爲私意〔六一〕；有所避忌不言〔六二〕，則爲不盡〔六三〕。若舉得其人，何嫌於故舊；若舉非其任，何貴於疎遠。待之不盡誠信〔六四〕，何以責其忠恕哉！臣雖或有失之〔六五〕，君亦未爲得也〔六六〕。夫上之不〔六七〕信於下，必以爲下無可信矣〔六八〕。若必下無可信，則上亦有可疑矣〔六九〕！禮云〔七〇〕：「上人疑，則百姓惑。下難知，則君長勞〔七一〕。」上下相疑，則不可以言至理矣〔七二〕。當今群臣之内，遠在一方，流言三至而不投杼者〔七三〕，臣竊思度，未見其人。夫以四海之廣，士庶之衆〔七四〕，豈無一二可信者哉〔七五〕？蓋信之則無不可信〔七六〕，疑之則無可信者，豈獨臣之過乎？且以〔七七〕一介庸夫結爲交友，以身相許，死且不渝，況君臣契合，意同魚水〔七八〕。若君爲堯、舜，臣爲稷、契〔七九〕，豈有遇小事則變志〔八〇〕，見小利則易心哉！此雖下之立忠未能明著〔八一〕，亦由上懷不信、待之過薄之所致也。豈〔八二〕君使臣以禮，臣事君以忠乎？以陛下之聖明，以當今之功業，誠能博求時俊，上下同心，則三皇可追而四〔八三〕，五帝可俯而六矣〔八四〕。夏、殷、周、漢，夫何足數！太宗深嘉納之，賜駿馬一匹〔八五〕。

校注

〔一〕合而成體　南家本、菅家本、寫字臺本作「合成一體」。

〔二〕未有成人　南家本、菅家本、寫字臺本作「未爲成人」。

〔三〕尊極　南家本、寫字臺本、戈本作「尊高」。

〔四〕致理　南家本、菅家本、寫字臺本作「致治」。下文凡「爲治」、「至治」，皆南家本、菅家本、寫字臺本原文。

〔五〕故禮云　戈本無「故」字。

〔六〕心莊　原作「心壯」，南家本、菅家本、寫字臺本同，據元刻、韓版、戈本改。戈注：「禮緇衣篇之辭。」

〔七〕元首明哉　南家本、寫字臺本作「元首康哉」。

〔八〕庶事康哉　南家本、寫字臺本作「萬事興哉」。

〔九〕股肱惰哉萬事墮哉　原作「股肱墮哉萬事隳哉」，南家本、菅家本、寫字臺本、元刻同，據韓版、戈本改。戈注：「虞書皋陶賡歌之辭。」

〔一〇〕戈注：「商書高宗命傅說曰：『若作和羹，爾惟鹽梅。』」

〔一二〕襪系解　建治本、興本、菅家本作「襪系解」，寫字臺本作「襪緒解」。

〔一三〕獨無君子　戈本作「獨無君子者」。

〔一三〕項羽　南家本作「項王」。

〔一四〕戈注：「伊，姓，尹，字也。伊尹名摯，湯三聘之，遂佐湯伐桀，放桀於南巢之地。有莘，國名。送女曰媵。湯妃，有莘氏之女也。史記謂伊尹欲行道以致君而無由，乃爲有莘氏之媵臣，説湯致於王道。蓋戰國時有爲此説者。韓，姓，信，名也，淮陰人，數以策干項羽，羽弗聽，信亡歸漢。高祖用蕭何言，於是擇日齋戒，設壇場，拜信爲大將，後圍羽於垓下之地。」

〔一五〕又　南家本無此字。

〔一六〕戈注：「微、箕，二國名。子，爵也。微子，紂之庶兄，諫紂不聽，遂去之。武王克商，封微子於宋。箕子，紂之諸父，諫紂不聽，被囚爲奴。武王即位，訪之，箕子爲陳洪範九疇。論語曰：『微子去之，箕子爲之奴，比干諫而死，子曰：殷有三仁焉。』」

〔一七〕繆公　南家本、菅家本、寫字臺本、戈本及禮記作「穆公」。戈注：「穆公，魯君，名顯。子思，孔子之孫，名伋。」

〔一八〕舊君反服　南家本、菅家本、寫字臺本作「爲舊君反服」。

〔一九〕墜諸泉　戈本作「隊諸泉」。戈注：「隊，音墜。泉，禮作淵，蓋避高祖諱，故以泉代淵。」

〔二〇〕無　戈本作「毋」。

〔二二〕反服之有　南家本、菅家本、寫字臺本下有「晏子曰」三字，元刻、戈本作「反服之禮之有」。戈注：「禮檀弓篇之辭。」

〔二三〕如之何　南家本、菅家本、寫字臺本作「如何」。

〔二三〕以待之　南家本、菅家本、寫字臺本、戈本作「而待之」。

〔二四〕諫而見納　南家本、菅家本、寫字臺本作「諫而見從」。

〔二五〕臣何送焉　南家本脱「臣」字。

〔二六〕言不見用　南家本、菅家本、寫字臺本作「言而不見用」。

〔二七〕諫不見納　南家本、菅家本、寫字臺本作「諫而不見從」。

〔二八〕戈注：「春秋，孔子所作，而左氏爲傳。」

〔二九〕弑　南家本、菅家本作「殺」。戈注：「崔杼，齊臣，崔武子也。莊公名光。」

〔三〇〕爲己亡　南家本、菅家本、寫字臺本作「而爲己亡」。

〔三一〕門啓而入　南家本脱「門」字。

〔三二〕戈注：「事見左傳襄公二十五年。」

〔三三〕糞土　南家本、菅家本、寫字臺本作「土芥」。

〔三四〕戈注：「孟子告齊宣王之辭。」

〔三五〕無有二志　戈本作「無二志」。

〔三六〕當緣恩之厚薄　南家本、菅家本、寫字臺本作「尚緣恩之薄厚」，元刻作「當緣恩之薄厚」。

〔三七〕爲人主者　南家本、菅家本、寫字臺本作「爲人上者」。

〔三八〕當主樞機　南家本、菅家本、寫字臺本、韓版作「當樞機」。

〔三九〕秦晉　南家本、菅家本、寫字臺本作「齊晉」。

〔四〇〕業預　戈本作「業與」。戈注：「與，音預。」

〔四一〕信之未篤　南家本、菅家本、寫字臺本作「信之不篤」，戈本無此四字。

〔四二〕而可與　南家本、寫字臺本作「則可與」。

〔四三〕此則　南家本、菅家本、寫字臺本作「此所謂」。

〔四四〕下生百端之變　南家本、菅家本、寫字臺本作「下生百端百端之變」。

〔四五〕無不亂者　南家本、菅家本、寫字臺本作「無不動亂者」。

〔四六〕戈注：「禮曲禮篇之辭。」

〔四七〕戈注：「詩小雅巧言篇之辭。」

〔四八〕當今　南家本無「當」字。

〔四九〕堯舜　戈本作「唐虞」。下文同。

〔五〇〕戈注：「周書武王誓師之辭。」

〔五一〕孫卿子　戈本作「荀卿子」。戈注：「名况，趙人。卿者，時人相尊之號。著書曰荀子。」

〔五二〕人　南家本、菅家本、寫字臺本作「庶人」。

〔五三〕亦以覆舟　南家本、菅家本、寫字臺本作「亦所以覆舟也」。戈注：「此本家語之辭，而荀子述之也。」

〔五四〕孔子曰　戈本作「故孔子曰」。

〔五五〕爲理之道　南家本、菅家本、寫字臺本作「爲治之道」。

〔五六〕豈可得乎　南家本、菅家本、寫字臺本作「其可得乎」。

〔五七〕小臣乘非其據　原無「小臣」二字，據南家本、菅家本、寫字臺本、元刻、韓版、戈本補。其據，戈本作「所據」。

〔五八〕罰非其辜　南家本作「罰非其罪」。

〔五九〕進退惟咎　南家本、菅家本、寫字臺本、元刻作「進退惟谷」。

〔六〇〕莫能自明　原無此四字，韓版、戈本同，據南家本、菅家本、寫字臺本、元刻補。

〔六一〕有闕責其取人或言所知則以爲私意　原無此十五字，元刻、韓版、戈本同，據南家本、菅家本、寫字臺本補。

〔六二〕有所避忌不言　南家本、菅家本、寫字臺本作「有所避忌」。

〔六三〕則爲不盡　南家本作「則以爲不盡」，菅家本、寫字臺本、元刻作「則以爲不盡力」。

〔六四〕不盡誠信　南家本、菅家本、寫字臺本作「未盡誠信」。

〔六五〕或有失之　南家本衍作「或百有失之」。

〔六六〕亦未爲得　興本、松本訛作「必未爲得」。

〔六七〕之不　寫字臺本作「不之」。

〔六八〕必以爲下無可信矣　南家本作「必以爲下無可信」，菅家本作「亦以爲下無可信矣」。

〔六九〕亦有可疑　南家本作「有疑」，菅家本、寫字臺本作「亦有疑」。

〔七〇〕禮云　戈本作「禮曰」。

〔七一〕戈注：「禮緇衣篇之辭。」

〔七二〕言至理　菅家本、寫字臺本無「至」字。

〔七三〕戈注：「秦甘茂告秦王曰：『魯人有與曾參同姓名者殺人，人告其母，母織自若。三人告之，其母投杼下機，逾墻而走。臣之賢不及曾參，王之信臣不如其母，疑臣者非特三人，臣恐大王之投杼也。』」

〔七四〕士庶　南家本、菅家本、寫字臺本作「民庶」。

〔七五〕可信者　南家本、菅家本、寫字臺本作「可信之」，元刻、戈本作「可信之人」。

〔七六〕則無不可信　南家本、菅家本、寫字臺本作「則無不可信者」，元刻、戈本作「則無不可」。

〔七七〕且以　南家本、菅家本、寫字臺本、元刻、戈本作「夫以」。

〔七八〕意同魚水　南家本、寫字臺本作「實同魚水」，菅家本、元刻、戈本作「寄同魚水」。

〔七九〕戈注：「稷，農官。舜命棄曰：『汝后稷播時百穀。』命契曰：『汝作司徒敬敷五教。』」

〔八〇〕遇小事　南家本、菅家本、寫字臺本作「遇一事」。

〔八一〕未能明著　元刻、韓版、戈本作「未有明著」。

〔八二〕豈　南家本、菅家本、寫字臺本作「此豈」。

〔八三〕戈注：「三皇，史記謂庖犧氏、女媧氏、神農氏也。孔安國書序以伏羲、神農、黄帝爲三皇。一説謂天皇、地皇、人皇。未詳孰是。」

〔八四〕而六矣　南家本、菅家本、寫字臺本、元刻無「矣」字。

〔八五〕賜駿馬一匹　原無此五字，元刻、韓版、戈本同，據南家本、菅家本、寫字臺本補。

【案】本章南家本、菅家本、寫字臺本爲卷七禮樂篇第九章，元刻兩處重出。事見英華卷六九五。

73 〇貞觀十六年〔一〕，太宗問特進魏徵曰：「朕克己爲政，仰企前烈〔二〕。至如〔三〕積德、累仁、豐功、厚利四者，常以爲稱首，朕皆庶幾自勉。人苦不能自見，不知〔四〕朕之所行〔五〕，何等優劣？」徵曰〔六〕：「德、仁、功、利，陛下兼而行之。然則内平禍亂，外除戎狄〔七〕，是陛下之功。安諸黎元〔八〕，各有生業，是陛下之利。由此言之，功利居多，惟德與仁，願陛下自强不息，必可致也。」

校注

〔一〕十六年　南家本、菅家本、寫字臺本作「十五年」。

〔二〕仰企　南家本、菅家本、寫字臺本作「仰止」。

〔三〕至如　南家本、菅家本、寫字臺本、戈本作「至於」。

〔四〕常以爲稱首朕皆庶幾自勉人苦不能自見不知　南家本、菅家本、寫字臺本無此十九字。

〔五〕朕之所行　南家本、菅家本、寫字臺本作「朕皆行之」。

〔六〕徵曰　戈本作「徵對曰」。

〔七〕内平禍亂外除戎狄　南家本、菅家本、寫字臺本作「撥亂反正克除戎狄」。

〔八〕安諸　南家本、菅家本、寫字臺本作「安堵」。

【案】本章南家本、菅家本、寫字臺本爲第三章。事見諫録卷四、册府卷三七、一〇四。

74 〇貞觀十七年，太宗謂侍臣曰：「自古草創之主，至〔一〕子孫多亂，何也？」司空房玄齡曰：「此爲幼主生長深宫，少居富貴，未嘗識人間情僞，理國安危，所以爲政多亂。」太宗曰：「公意推過於主，朕則歸咎〔二〕於臣。夫功臣子弟多無才行，藉祖父資蔭遂處大官，德義不脩，奢縱是好。主既幼弱，臣又不才，顛而不扶，豈能無亂？隋煬帝録宇文述在藩之功，擢化及於高位，不思報效，翻行弑逆〔三〕。此非〔四〕臣下之過歟？朕發此言，欲公等戒勗子弟，使無愆犯〔五〕，即國家之慶也〔六〕。」太宗又曰：「化及與玄感〔七〕，即隋大臣受恩深者，子孫皆反，其故何也〔八〕？」岑文本對曰：「君子乃能懷德，小人不能〔九〕荷恩，玄感、化及之徒，並小人也。古人所以貴君子而賤小人。」太宗曰：「然。」

校注

〔一〕至　戈本作「至於」。

〔二〕歸咎　南家本、菅家本、寫字臺本作「歸罪」。

〔三〕弑逆　南家本、菅家本、寫字臺本作「殺逆」。戈注：「化及，隋相宇文述之子，爲右屯衛將軍。武德初，弑煬帝於江都，立秦王浩。復殺浩自立，稱許帝。二年，竇建德破化及於聊城，殺之。」

〔四〕此非　南家本、菅家本、寫字臺本作「此豈非」。

〔五〕愆犯　戈本作「愆過」。

〔六〕國家之慶也　南家本、菅家本、寫字臺本作「國家之慶耳」，戈本作「家國之慶也」。

〔七〕玄感　南家本、菅家本、寫字臺本作「楊玄感」。

〔八〕戈注：「玄感，隋相楊素之子，爲大將。大業九年，起兵黎陽，圍東都。隋主命宇文述等討之，遂敗死。」

〔九〕小人不能　原無此四字，元刻、韓版、戈本同，據南家本、菅家本、寫字臺本補。

【案】本章南家本、菅家本、寫字臺本爲第四章。事見册府卷一五七。

75 ○貞觀十九年〔一〕，太宗謂侍臣曰：「古人云：『鳥栖於林，猶恐其不高，復巢於木杪〔二〕；魚藏於泉，猶恐其不深，復窟穴於泥下〔三〕。然〔四〕爲人所獲者，皆由貪餌故也。』今大臣受委任〔五〕，居高位、食厚禄，皆須履忠信〔六〕、蹈公清，則無咎悔〔七〕，長守富貴矣〔八〕。陷其刑者〔九〕，祇爲貪冒財利〔一〇〕，與魚鳥何異哉〔一一〕！卿等宜記此語〔一二〕，用爲鑒誡。」

校注

〔一〕十九年　卷六貪鄙篇作「十六年」。

〔二〕木杪　卷六貪鄙篇無「杪」字。

〔三〕復窟穴於泥下　卷六貪鄙篇作「復穴於窟下」。

〔四〕然　卷六貪鄙篇作「然而」。

〔五〕今大臣受委任　卷六貪鄙篇作「今人臣受任」。

〔六〕皆須履忠信　卷六貪鄙篇作「當須履忠正」。

〔七〕咎悔　卷六貪鄙篇作「灾害」。

〔八〕此句以下卷六貪鄙篇有「古人云禍福無門唯人所召」十一字。

〔九〕陷其刑者　卷六貪鄙篇作「然陷其身者」。

〔一〇〕祇爲　卷六貪鄙篇作「皆爲」。

〔一一〕與魚鳥何異哉　卷六貪鄙篇作「與夫魚鳥何以異哉」。

〔一二〕宜記此語　卷六貪鄙篇作「宜思此語」。

【案】本章與卷六貪鄙篇末章（188）重出。南家本、菅家本、寫字臺本無，戈本去此存彼。

論擇官第七

【案】戈本無「論」字。元刻、明本、韓版、戈本十一章，戈注「凡十一章」。南家本、菅家本、寫字臺本十章，以82、83兩章爲一章，第二章（77）在第四章（79）之後。

76 〇貞觀元年，太宗謂房玄齡等曰：「致理之本，惟在於審。量才授職，務省官員。故書稱：『任官惟賢才。』又云：『官不必備，惟其人〔一〕。』若得其善者，雖少〔二〕亦足矣。其不善者，縱多亦奚爲〔三〕？古人亦以官不得其才，比於畫地作餅〔四〕，不可食也。詩曰：『謀夫孔多，是用不就〔五〕。』又孔子曰：『官事不攝，焉得儉〔六〕？』且『千羊之皮，不如一狐之腋〔七〕。』此皆載在經典，不能具道。當須更併省官員，各當所任〔八〕，則無爲而理矣〔九〕。卿宜詳思此理，量定庶官員位。」玄齡等由是所置文武總六百四十員〔一〇〕。太宗從之，因謂玄齡曰：「自此儻有樂工雜類，假使術逾儕輩者，只可特賜錢帛以賞其能，必不可超授官爵，與夫朝臣君子〔一一〕比肩而立、同坐而食，遣諸衣冠以爲耻累〔一二〕。」

校　注

〔一〕戈注：「商周書之辭。」此下，南家本、菅家本、寫字臺本有「孔子曰官事不必攝焉得稱儉」十二字。

〔二〕雖少　菅家本訛作「雖劣」。

〔三〕亦奚爲　南家本、菅家本、寫字臺本作「亦何爲」。

〔四〕作餅　南家本、菅家本、寫字臺本作「爲餅」。

〔五〕戈注：「詩小雅小旻篇之辭。」

〔六〕戈注：「論語孔子言管仲之辭。」

〔七〕戈注：「史記，商君問趙良曰：『子觀我治秦也，孰與五羖大夫賢？』良曰：『千羊之皮，不如一狐之腋。千人之諾諾，不如一士之諤諤。』」

〔八〕各當所任　戈本作「使得各當所任」。

〔九〕詩曰謀夫孔多是用不就至各當所任則無爲而理矣　南家本、菅家本、寫字臺本無此五十九字。

〔一〇〕文武總六百四十員　南家本、菅家本、寫字臺本作「文武官總六百四十三員」。

〔一一〕朝臣君子　南家本、菅家本、寫字臺本、戈本作「朝賢君子」。

〔一二〕戈注：「按通鑑：唐初士大夫以亂離之後，不樂仕進，官員不充。省符下諸州差人赴選，勅赴省選，集者七千餘人。吏部劉林甫隨材銓敘，各得其所，時人稱之。上謂玄齡曰：『官在得人，不在員多。』命併省，留文武總六百四十三員。百官志曰：太宗省内外官，定制七百三十員，曰：『吾以此待天下賢材，足矣！』」

【案】南家本、菅家本、寫字臺本以第三章（78）在此處。

77 ○貞觀二年，太宗謂房玄齡、杜如晦曰：「公〔一〕爲僕射，當助朕憂勞〔二〕，廣開耳目，求訪賢哲。比聞公等聽受詞訟，日有數百。此則〔三〕讀符牒不暇，安能助朕求賢哉？」因敕尚書省〔四〕，細碎務〔五〕皆付左右丞〔六〕，惟冤滯大事合聞奏者，關於僕射。

校注

〔一〕公　南家本、菅家本、寫字臺本作「卿」。下文同。

〔二〕憂勞　南家本、菅家本、寫字臺本無「勞」字。

〔三〕此則　南家本、菅家本、寫字臺本作「此即」。

〔四〕戈注：「唐制，尚書謂之都省，置令一人，典領百官。貞觀中，以太宗曾爲之，故缺而不置。其次左、右僕射各一人，左、右丞各一人。其屬有六部，庶務皆會決焉。凡符移關牒必遣於都省乃下，天下大事不決者皆上都省。」

〔五〕細碎務　南家本、菅家本、寫字臺本作「細務」。

〔六〕戈注：「唐制，掌辨六官之儀，糾正省内，劾御史舉不當者。吏、户、禮三部，左丞總焉。兵、刑、工三部，右丞總焉。」

【案】本章南家本、菅家本、寫字臺本爲第四章。事見會要卷五七、册府卷一五七。

78 貞觀二年，太宗謂侍臣曰：「朕每夜恒思百姓間事，或至夜半不寐，惟恐都督〔一〕、刺史〔二〕堪養百姓以否。故於屏風上録其姓名，坐卧恒看。在官如有善事，亦具列於名下〔三〕。朕居深宫之中，視聽不能及遠〔四〕，所委者惟都督、刺史，此輩實理亂所繫，尤須得人。」

校　注

〔一〕戈注：「唐制，武德七年，改總管曰都督，掌督諸州兵馬、甲械、城隍、鎮戍、糧廪，總判府事。」

〔二〕戈注：「見前篇注。」

〔三〕具列於名下　菅家本無「於」字。

〔四〕不能及遠　寫字臺本作「不能得及遠」。

【案】本章南家本、菅家本、寫字臺本爲第二章。事見會要卷六八。

79 〇貞觀二年，上〔一〕謂右僕射〔二〕封德彝曰：「致安之本，惟在得人。比來命卿舉賢〔三〕，未嘗有所推薦。天下事重，卿宜分朕憂勞。卿既不言，朕將安寄？」對曰：「臣愚豈敢不盡情，但今所見，未有奇才異能〔四〕。」上曰：「前代明王使人如器，不借才於異代，皆取士於當時〔五〕。豈得待夢傅説〔六〕、逢吕尚〔七〕然後爲政乎？且何代無賢〔八〕，但患遺而不知耳！」德彝慚赧而退〔九〕。

校　注

〔一〕上　戈本作「太宗」。下文同。

〔二〕右僕射　南家本、菅家本、寫字臺本作「尚書右僕射」。

〔三〕命卿舉賢　南家本作「令卿舉賢」，菅家本、寫字臺本作「令卿舉賢才」。

〔四〕但今所見未有　戈本作「但今未見有」。

〔五〕不借才於異代皆取士於當時　戈本作「皆取士於當時不借才於異代」。

〔六〕豈得待　南家本、菅家本、寫字臺本作「豈待」。戈注：「傅說，商賢相也。武丁夢得聖人名曰說。以夢所見，視群臣百吏皆非也。乃使營求之野，得說於巖中，立爲相。」

〔七〕戈注：「呂，周太公也。本姓姜，從其封姓。周西伯將出獵，卜之曰：『所獲非龍、非彲、非虎、非羆，霸王之輔。』果遇太公於渭之陽，與語，大悅。遂載與俱歸，立爲師。」

〔八〕且何代無賢　南家本、菅家本、寫字臺本無「且」字。

〔九〕戈注：「赧，愧態也。按史傳，係元年二月，帝謂封倫曰：『大理之職，人命所懸，此官極須妙選公直。』倫未對。帝曰：『戴胄忠直，每事用心，即其人也。』又謂倫曰云云。」

【案】本章南家本、菅家本、寫字臺本爲第三章。事見會要卷五三、册府卷六七。

【又案】南家本、菅家本、寫字臺本以第二章（77）在此處。

80 ○貞觀三年，太宗謂吏部尚書杜如晦曰：「比見吏部擇人，惟取其言詞刀筆，不悉其景行。數年之後，惡跡始彰，雖加刑戮，而百姓已受其弊。如何可獲善人？」如晦對曰：「兩漢取人，皆行著鄉閭，州郡貢之〔一〕，然後入用，故當時號爲多士。今每年選集，向數千人，厚貌飾詞，不可知悉，選司但配其階品而已。銓簡之理，實所未精〔二〕，所以不能得才。」上〔三〕乃將依漢時法〔四〕，令本州郡〔五〕辟召。會功臣等將行世封，其事遂止〔六〕。

校注

〔一〕州郡貢之　南家本、菅家本、寫字臺本無此四字。

〔二〕銓簡之理實所未精　南家本、菅家本、寫字臺本無此八字。

〔三〕上　戈本作「太宗」。

〔四〕漢時法　南家本、菅家本、寫字臺本作「漢家法」。

〔五〕州郡　南家本、菅家本、寫字臺本、元刻、戈本無「郡」字。

〔六〕其事遂止　元刻、戈本作「事遂止」。

【案】本章事見會要卷七四、册府卷六二九。

81 〇貞觀六年，上〔一〕謂魏徵曰：「古人云，王者須爲官擇人，不可造次即用。朕今行一事，則爲天下所觀；出一言，則爲天下所聽。用得正人〔二〕，爲善者皆勸；誤用惡人，不善者競進。賞當其勞，無功者自退；罰當其罪，爲惡者戒懼。故知賞罰不可輕行，用人彌須慎擇。」徵對曰：「知人之事，自古爲難，故考績黜陟〔三〕，察其善惡。今欲求人，必須審訪其行。若知其善，然後用之。設令〔四〕此人不能濟事，只是才力不及，不爲大害。誤用惡人，假令〔五〕强幹，爲害〔六〕極多。但亂代惟求其才，不顧其行。太平之時，必須才行俱兼，始可任用〔七〕。」

校注

〔一〕上　戈本作「太宗」。

〔二〕用得正人　南家本、菅家本、寫字臺本作「用德好人」。

〔三〕戈注：「虞書曰：『三載考績，三考黜陟幽明。』」

〔四〕設令　南家本、菅家本、寫字臺本作「縱令」。

〔五〕假令　南家本、菅家本、寫字臺本作「縱令」。

〔六〕爲害　南家本、菅家本、寫字臺本作「爲患」。

〔七〕任用　南家本、菅家本、寫字臺本作「任用之」。

【案】本章事見諫録卷三、會要卷七四。

82 ○貞觀十一年，侍御史馬周上疏曰：「理天下者，以人爲本。欲令百姓安樂，在〔一〕刺史、縣令。縣令既衆〔二〕，不可皆賢。若每州得良刺史，則合境蘇息。天下刺史，悉稱聖意，則陛下可端拱巖廊之上，百姓不慮不安。自古郡守、縣令，皆妙選賢德。欲有遷擢爲將相者〔三〕，必先試以臨民〔四〕，或從二千石〔五〕入爲丞相及司徒、太尉者〔六〕，朝廷必不可獨重内臣〔七〕，外刺史〔八〕、縣令，遂輕其選。所以百姓未安，殆由於此。」太宗因謂侍臣曰：「刺史，朕當自簡擇。縣令，詔京官五品已上，各舉一人〔九〕。」

校注

〔一〕在　南家本、菅家本、寫字臺本、戈本作「惟在」。

〔二〕縣令既衆　南家本、菅家本、寫字臺本作「今縣令既衆」。

〔三〕將相者　南家本、菅家本、寫字臺本作「宰相」，戈本無「者」字。

〔四〕臨民　南家本、菅家本、寫字臺本、戈本作「臨人」。

〔五〕戈注：「漢世郡守曰二千石。」

〔六〕太尉者　南家本、菅家本、寫字臺本作「太尉者多」。
〔七〕内臣　南家本、菅家本、寫字臺本作「内官」。
〔八〕外刺史　南家本、菅家本、寫字臺本無「外」字。
〔九〕戈注：「按史傳，此與諫營造奢侈及論太子諸王定分同一疏。」

【案】本章事見舊唐卷七四馬周傳、會要卷六八、册府卷五三一、五四二。

83 ○貞觀十一年〔一〕，治書侍御史劉洎以爲左右丞宜特加精簡〔二〕，上疏曰：

臣聞尚書萬機，實爲政本，伏尋此選，授任〔三〕誠難。是以八座比於文昌〔四〕，二丞方於管轄〔五〕，爰至曹郎，上應〔六〕列宿，苟非稱職，竊位興譏。伏見比來尚書省詔敕稽停，文案壅滯，臣誠庸劣，請述其源。貞觀之初，未有令、僕〔七〕，于時省務繁雜，倍多於今。而左丞戴胄、右丞魏徵，並曉達吏方，質性平直，事應彈舉〔八〕，無所回避。陛下又假以恩慈，自然肅物。百司匪懈，抑此之由。及杜正倫續任右丞，頗亦厲下。比者綱維不舉，並爲勳親在位，器非其任，功勢相傾。凡在官僚，未循〔九〕公道，雖欲自强，先懼囂謗〔一〇〕。所以郎中予奪，惟事咨稟；尚書依違，不能斷决。或憚聞奏〔一一〕，故事稽延，按雖理窮，仍更盤下。去無程限，來不責遲，一經出手，便涉年載。或希旨失情，或避嫌抑理。有司以案成爲事了〔一二〕，不究是非；尚書用便僻爲奉公，莫論當否〔一三〕。互相姑息，惟事彌縫。且選衆授能，非才莫舉，天工人代〔一四〕，焉可妄加？至於懿戚、元勳，但宜優其禮秩，或年高及耄〔一五〕，或積病〔一六〕智昏，既無益於時宜，當置之〔一七〕以閑逸。久妨賢路，殊爲不可。將救茲弊〔一八〕，且宜精簡。尚書左右丞及左右郎中〔一九〕，如並得人，自然綱維備舉，亦當矯正趨競，豈惟息其稽滯哉！

疏奏，尋以洎爲尚書左丞〔二〇〕。

校注

〔一〕貞觀十一年　南家本、菅家本、寫字臺本與前章通爲一章，無此五字。

〔二〕以爲左右丞宜特加精簡　南家本、菅家本、寫字臺本無此十字。

〔三〕授任　南家本、菅家本、寫字臺本作「授受」。

〔四〕戈注：「左右僕射及六部，是爲八座。漢志曰：『斯乃文昌天府，衆務淵藪。』」

〔五〕戈注：「二丞，左右丞也。六典曰：『掌管轄省事。』」

〔六〕上應　南家本、菅家本、寫字臺本訛作「上膺」。戈注：「漢明帝曰：『郎官上應列宿。』」

〔七〕戈注：「尚書令及僕射也。」

〔八〕事應彈舉　原脱「事」字，據南家本、菅家本、寫字臺本、元刻、韓版、戈本補。

〔九〕未循　南家本、菅家本、寫字臺本作「未修」。

〔一〇〕戈注：「囂，浮薄也。」

〔一一〕或憚聞奏　原作「或糺彈聞奏」，元刻、韓版、戈本同，據南家本、菅家本、寫字臺本及舊唐改。

〔一二〕有司以案成爲事了　南家本作「勾司以案成爲事畢」，菅家本、寫字臺本作「勾司以案成爲事了」，元刻、戈本作「勾司以案成爲了」。

〔一三〕當否　南家本、菅家本、寫字臺本作「當不」。

〔一四〕戈注：「虞書曰：『天工人其代之。』言人君代天理物，官所治皆天事。」

〔一五〕及耄　南家本、菅家本、寫字臺本作「耄及」。戈注：「八十、九十曰耄。」

〔一六〕積病　南家本、菅家本、寫字臺本作「病積」。

〔一七〕置之　南家本、菅家本、寫字臺本作「致之」。

〔一八〕將救茲弊　南家本、菅家本、寫字臺本作「將欲救茲灾弊」。

〔一九〕左右郎中　南家本作「右左司郎中」，菅家本、寫字臺本作「左右司郎中」。戈注：「唐制，副二丞所轄諸司事，署録目，勘稽失，知省内宿直之事。」

〔二〇〕尚書左丞　南家本作「尚書右丞」。

【案】本章南家本、菅家本、寫字臺本與前章通爲一章。事見舊唐卷七四劉洎傳、會要卷五八。

84 ○貞觀十三年，太宗謂侍臣曰：「朕聞太平後有大亂〔一〕，大亂後必有太平。承大亂之後〔二〕，即是太平之運也〔三〕。能安天下者，惟在用得賢才〔四〕。公等既不能知賢〔五〕，朕又不可遍識〔六〕。日復一日，無得人之理。今欲令人自舉，於事何如？」魏徵曰〔七〕：「知人者智，自知者明。知人既以爲難，自知誠亦不易。且愚暗之人，皆矜能伐善，恐長澆競〔八〕之風，不可令其自舉〔九〕。」

校注

〔一〕太平後有大亂　韓版、戈本作「太平後必有大亂」。

〔二〕承大亂之後　戈本無「承」字。

〔三〕太平後有大亂至即是太平之運也　南家本、菅家本、寫字臺本無此二十五字。

〔四〕惟在用得賢才　南家本、菅家本、寫字臺本無「用得」二字。

〔五〕不能知賢　戈本作「不知賢」。

〔六〕不可遍識　菅家本作「不能遍識」。

〔七〕魏徵曰　元刻、戈本作「魏徵對曰」。

〔八〕澆競　南家本訛作「繞競」。

〔九〕令其自舉　南家本、菅家本、寫字臺本作「令自舉」。

【案】本章事見會要卷五三、册府卷六七、四六五。

85 〇貞觀十四年，特進魏徵上疏曰：

臣聞知臣莫若君，知子莫若父。父不能知其子，則無以睦一家；君不能知其臣，則無以齊萬國。萬國咸寧，一人有慶，必藉惟良〔一〕作弼，俊乂在官，則庶績其凝〔二〕，無爲而化矣。故堯、舜、文、武見稱前載，咸以知人則哲，多士盈朝，元、凱翼巍巍之功〔三〕，周、召光焕乎之美〔四〕。然則四岳〔五〕、九官〔六〕、五臣〔七〕、十亂〔八〕，豈惟生之於曩代，而獨無於當今者哉？在乎求與不求，好與不好耳！何以言之？夫美玉明珠，孔翠犀象，大宛之馬〔九〕，西旅之獒〔一〇〕，或無足也，或無情也，生於八荒之表，塗遥萬里之外，重譯入貢〔一一〕，道路不絶者，何哉？蓋由乎中國之所好也。況從仕者，懷君之榮，食君之禄，率之以義〔一二〕，將何往而不至哉？臣以爲與之爲忠，則可使同乎龍逄、比干矣〔一三〕。與之爲孝〔一四〕，則〔一五〕可使同乎曾參、子騫矣〔一六〕。與之爲信，則可使同乎尾生、展禽矣〔一七〕。與之爲廉，則可使同乎伯夷、叔齊矣〔一八〕。

然而今之群臣，罕能貞白卓異者，蓋求之不切〔一九〕，勵之未精故也。若勗之以公忠〔二〇〕，期之以遠大，各有職分〔二一〕，得行其道。貴則觀其所舉，富則觀其所養〔二二〕，居則觀其所好，習則〔二三〕觀其所言，窮則觀其所受〔二四〕，賤則觀其所不爲。因其材以取之〔二五〕，審其能以任之，用其所長，掩其所短。進之以六正，戒之以六邪，則不嚴而自勵，不勸而自勉〔二六〕矣。故説苑曰〔二七〕：「人臣之行，有六正六邪〔二八〕。行六正則榮〔二九〕，犯六邪則辱。何謂六正？一曰，萌牙未動，形兆未見，昭然獨見存亡之機，得失之要〔三〇〕，預禁乎未然之前，使主超然立乎榮顯之處〔三一〕，如此者，聖臣也。二曰，虚心盡意，日進善道〔三二〕，勉主以禮義，諭主以長策，將順其美，匡救其惡，如此者，良臣也。三曰，夙興夜寐，進賢不懈，數稱往古之行事，以厲主意，如此者，忠臣也。四曰，明察成敗，早防而救之，塞其間，絶其源〔三三〕，轉禍以爲福，使君終以〔三四〕無憂，如此者，智臣也。五曰，守文奉法，任官職事，不受贈遺〔三五〕，辭禄讓賜，飲食〔三六〕節儉，如此者，貞臣也。六曰，國家〔三七〕昏亂，所爲不諛，敢犯主之嚴顔，面言主之過失，如此者，直臣也。是謂六正。何謂六邪？一曰，安官貪禄，不務公事，與代浮沉〔三八〕，左右觀望，如此者，具臣也。二曰，主所言皆曰善，主所爲皆曰可，隱而求主之所好而進之，以快主之耳目，偷合苟容，與主爲樂，不顧其後害，如此者，諛臣也。三曰，内實〔三九〕險詖，外皃小謹，巧言令色，妬善疾賢，所欲進〔四〇〕，則明其美、隱其惡〔四一〕；所欲退，則明其過、匿其美〔四二〕，使主賞罰不當，號令不行，如此者，奸臣也。四曰，智足以飾非，辯足以行説，内離骨肉之親，外構亂於朝廷〔四三〕，如此者，讒臣也。五曰，專權擅勢，以輕爲重〔四四〕，私門成黨，以富其家，擅矯主命，以自顯貴〔四五〕，如此者，賊臣也。六曰，諂主以邪佞〔四六〕，陷主於不義，朋黨比周，以蔽主明，使黑白〔四七〕無别，是非無間〔四八〕，使主惡布於境内，聞於四隣，如此者，亡國之臣也。是謂六邪。賢臣處六正之道，不行六邪之術，故上安而下理〔四九〕。生則見樂，死則見思，此人臣之術也。」禮記曰〔五〇〕：「權衡誠懸，不可欺以輕重。繩墨誠陳，不可欺以曲直。規矩誠設，不可欺以圓方〔五一〕。君子審禮，不可誣以奸詐〔五二〕。」然則臣之情僞，知之不難矣。又設禮以待之，執法以御之，爲善者蒙賞，爲惡者受罰，安敢不企及乎？安敢不盡力乎？

國家思欲進忠良、退不肖，十有餘載矣，徒聞其語，不見其人，何哉？蓋言之是也，行之非也。言之是，則出乎公道；行之非，則涉乎邪徑。是非相亂，好惡相攻。所愛雖有罪，不及於刑；所惡雖無辜，不免於罰。此所謂愛之欲其生，惡之欲其死者也。或以小惡棄大善，或以小過忘大功。此所謂君之賞不可以無功求，君之罰不可以有罪免者也。賞不以勸善，罰不以懲惡，而望邪正不惑，其可得乎〔五三〕？若賞不遺疎遠，罰不阿親貴，以公平爲規矩，以仁義爲準繩，考事以正其名，循名〔五四〕以求其實，則邪正莫隱，善惡自分。然後取其實，不尚其華，處其厚，不居其薄，則不言而化，期月而〔五五〕可知矣！若徒愛美錦而不爲人擇官〔五六〕，有至公之言，無至公之實，愛而不知其惡，憎而遂忘其善，循私情以近邪佞〔五七〕，背公道而遠忠良，則雖〔五八〕夙夜不怠，勞神苦思，將求至理，不可得也！

書奏，太宗甚嘉納之〔五九〕。

校　注

〔一〕惟良　戈本作「忠良」。

〔二〕其凝　南家本、菅家本、寫字臺本作「其熙」。

〔三〕戈注：「舜舉八凱使主后土，百揆時序；舉八元使布五教，内平外成。」

〔四〕周召　南家本、菅家本、寫字臺本作「周邵」。戈注：「周公名旦，武王之弟。召公名奭，爲周太保。二公夾輔成王。」

〔五〕戈注：「唐虞官名，掌四岳諸侯之事，或一人而總兼之。」〔案〕戈注「諸侯」訛作「諸俠」。

〔六〕戈注：「舜命禹作司空，稷播百穀，契爲司徒，皋陶作士，垂爲共工，益掌山澤，伯夷爲秩宗，夔典樂，龍作納言，是爲九官。」

〔七〕戈注：「論語曰：『舜有臣五人，而天下治。』謂禹、稷、契、皋陶、伯益也。」

〔八〕戈注：「周書武王曰：『予有亂臣十人。』亂，治也。十人，謂周公旦、召公奭、太公望、畢公、榮公、大顛、閎夭、散宜生、南宫适，其一文母。論語曰：『有婦人焉，九人而已。』先儒以爲子無臣母之義，蓋邑姜也。九人治外，邑姜治内。」

〔九〕戈注：「大宛，西域國。漢武時，李廣利破其國，獲汗血馬以獻。」

〔一〇〕戈注：「西旅，西夷國，武王時貢獒。犬高八尺曰獒。」

〔一一〕戈注：「言語不通，必重譯而求也。」

〔一二〕率之以義　南家本、菅家本、寫字臺本作「率之與爲義」。

〔一三〕戈注：「龍逢，桀臣，比干，紂臣，皆以忠諫見殺。」

〔一四〕與之爲忠至與之爲孝　戈本「與之爲孝」與「與之爲忠」互倒。

〔一五〕則　南家本、菅家本無此字。下二「則」字，南家本、菅家本、寫字臺本均無。

〔一六〕戈注：「曾參，字子輿；子騫，姓閔，名損，皆孔子弟子。孟子曰：『事親若曾子可也。』論語曰：『孝哉，閔子騫，人不間於其父母昆弟之言。』」

〔一七〕戈注：「莊子曰：『尾生與女子期於梁下，女子不來，水至不去，抱梁柱而死。』展禽，魯大夫展獲，名禽，食邑柳下，謚曰惠。」

〔一八〕戈注：「伯夷、叔齊，孤竹國君之二子，讓國而逃，諫伐而餓。」

〔一九〕求之不切　南家本、菅家本、寫字臺本作「求士之不切」。

〔二〇〕公忠　南家本作「忠臣」，菅家本、寫字臺本作「忠公」。

〔二一〕職分　南家本、菅家本、寫字臺本作「分職」。

〔二二〕所養　南家本、菅家本、寫字臺本作「所與」。

〔二三〕習則　南家本、菅家本、寫字臺本作「學則」。

〔二四〕所受　南家本、菅家本、寫字臺本、韓版、戈本作「所不受」。

〔二五〕以取之　南家本、菅家本、寫字臺本作「而取之」。

〔二六〕自勉　原作「日勉」，據南家本、菅家本、寫字臺本、元刻、韓版、戈本改。

〔二七〕戈注：「前漢光禄大夫劉向，字子政，楚元王交之後，采傳記行事，著説苑三十篇。」

〔二八〕六正六邪　南家本、菅家本、寫字臺本作「有六正有六邪」。

〔二九〕行六正　南家本、菅家本、寫字臺本作「修六正」。

〔三〇〕得失之要　南家本、菅家本、寫字臺本無此四字。

〔三一〕榮顯之處　南家本、菅家本、寫字臺本、元刻、韓版、戈本作「顯榮之處」。

〔三二〕虚心盡意日進善道　南家本、菅家本、寫字臺本作「虚心白意進善通道」。

〔三三〕塞其間絶其源　南家本、菅家本無此六字。間，戈注：「隙也。」

〔三四〕終以　南家本、菅家本、寫字臺本作「終已」。

〔三五〕不受贈遺　南家本、菅家本、寫字臺本無此四字。

〔三六〕飲食　南家本、菅家本、寫字臺本作「衣食」。

〔三七〕國家　戈本作「家國」。

〔三八〕浮沉　南家本、菅家本、寫字臺本作「沈浮」。

〔三九〕内實　南家本、菅家本、寫字臺本作「中實」。

〔四〇〕疾賢所欲進　南家本、菅家本、寫字臺本作「嫉賢心所欲進」。

〔四一〕明其美隱其惡　南家本、菅家本、寫字臺本作「明其美而隱其惡」。

〔四二〕明其過匿其美　南家本、菅家本、寫字臺本作「揚其過而匿其美」。

〔四三〕構亂於朝廷　元刻、戈本作「構朝廷之亂」。

〔四四〕以輕爲重　南家本、菅家本、寫字臺本作「以爲輕重」。

〔四五〕顯貴　南家本、菅家本、寫字臺本、戈本作「貴顯」。

〔四六〕邪佞　南家本、菅家本、寫字臺本、戈本作「佞邪」。

〔四七〕黑白　南家本、菅家本、寫字臺本、戈本作「白黑」。

〔四八〕無間　建治本、松本作「無問」，興本、菅家本作「無聞」。

〔四九〕下理　南家本、菅家本、寫字臺本作「下治」。下文同。

〔五〇〕禮記曰　原作「記曰」，元刻、韓版同，據南家本、菅家本、寫字臺本、戈本改。

〔五一〕圓方　南家本、菅家本、寫字臺本、戈本作「方圓」。

〔五二〕誣以　原作「誣以」，據南家本、菅家本、寫字臺本、元刻、韓版、戈本及禮記改。戈注：「禮經解篇之辭。」

〔五三〕徒聞其語至其可得乎　南家本、菅家本、寫字臺本無此一百三十三字。

〔五四〕循名　南家本、寫字臺本作「修名」，菅家本無此二字。

〔五五〕而　南家本、菅家本、寫字臺本無此字。

〔五六〕不爲人擇官　南家本、菅家本、寫字臺本作「不製爲人擇官」。

〔五七〕循私情　南家本、菅家本、寫字臺本、元刻、韓版、戈本作「徇私情」。

〔五八〕則雖　原作「則」，韓版同，據南家本、菅家本、寫字臺本、元刻、戈本補「雖」字。

〔五九〕書奏太宗甚嘉納之　南家本、菅家本、寫字臺本作「太宗甚嘉納之」，戈本作「書奏甚嘉納之」。

86 〇貞觀二十一年，太宗在翠微宮〔一〕，授司農卿〔二〕李緯户部尚書。房玄齡是時留守京城。會有自京師來者，太宗問曰：「玄齡聞李緯拜尚書，如何？」對曰：「玄齡但云〔三〕李緯大好髭鬚，更無他語。」由是改授緯〔四〕洛州刺史。

校注

〔一〕戈注：「在長安縣，武德八年置，貞觀十年廢，是年復脩方成。」

〔二〕戈注：「唐制，掌倉儲委積之事。」

〔三〕玄齡但云　戈本作「但云」。

〔四〕改授緯　南家本、菅家本、寫字臺本作「遽改授緯」，戈本無「緯」字。

【案】本章事見舊唐卷六六房玄齡傳、册府卷六九。

論封建第八

【案】戈本無「論」字。各本均二章，戈注「凡二章」。

87 ○貞觀元年，封中書令房玄齡爲邢國公〔一〕，兵部尚書〔二〕杜如晦爲蔡國公，吏部尚書長孫無忌爲齊國公，並爲第一等，食實封一千三百户〔三〕。皇從父淮安王神通〔四〕上言：「義旗初起，臣率兵先至〔五〕，今房玄齡等刀筆之人〔六〕，功居第一，臣竊不服。」太宗曰：「國家大事，惟賞與罰。若賞當其勞〔七〕，無功者自退；罰當其罪，爲惡者咸懼〔八〕。則知賞罰不可輕行也。今計勳行賞，玄齡等有籌謀帷幄，畫定社稷之功，所以漢之蕭何，雖無汗馬，指蹤推轂，故得功居第一〔九〕。叔父於國至親，誠無愛惜〔一〇〕，但以不可緣私濫與勳臣同賞矣！」由是諸功臣自相謂曰：「陛下以至公賞〔一一〕，不私其親，吾屬何可妄訴。」初，高祖舉宗正籍，弟姪、再從、三從童孩〔一二〕已上封王者數十人。至是〔一三〕，太宗謂群臣曰：「自兩漢已降，惟封子及兄弟，其疎遠者，非有大功，如漢之賈、澤〔一四〕，並不得受封。若一切封王，多給力役，乃至〔一五〕勞苦萬姓，以養己之親屬。」於是宗室先封郡王其間無功者，皆降爲縣公〔一六〕。

校注

〔一〕邢國公 原作「邗國公」，戈本同，韓版作「郯國公」，據南家本、菅家本、寫字臺本及舊唐、會要改。

〔二〕兵部尚書 原作「工部尚書」，元刻、韓版同，據南家本、菅家本、寫字臺本、戈本及舊唐改。

〔三〕食實封一千三百户 原作「食實封三千三百户」，寫字臺本、韓版同，菅家本、戈本作「食邑實封一千三百户」，南家本作「實封千三百户」，從南家本、舊唐改。

〔四〕戈注：「神通與高祖爲從兄弟，從高祖平京師，典兵宿衛，封淮安王。」

〔五〕戈注：「隋大業十三年五月，高祖起兵太原，六月，傳檄稱義師，故曰『義旗』。神通自長安入鄠南山，舉兵應太原，從平京師有功。」

〔六〕房玄齡等 南家本、菅家本、寫字臺本作「房玄齡杜如晦等」，韓版、戈本作「玄齡等」。

〔七〕若賞當其勞 戈本無「若」字。

〔八〕咸懼 南家本、菅家本、寫字臺本作「戒懼」。

〔九〕戈注：「漢高祖論功行封，群臣争功不决，帝以蕭何功盛，先封酇侯。功臣皆曰：『何無汗馬之勞，徒持文墨議論，顧居臣等上，何也？』帝曰：『夫獵，追殺獸者狗也，發縱指示者人也。諸君徒能得獸耳，功，狗也。何之功，人也。』群臣皆莫敢言。」

〔一〇〕誠無愛惜　南家本、菅家本、寫字臺本作「誠無所愛惜」。

〔一一〕以至公賞　南家本、菅家本、寫字臺本作「以至公行賞」。

〔一二〕童孩　南家本、菅家本、寫字臺本、戈本作「孩童」。

〔一三〕至是　南家本、菅家本、寫字臺本作「至是日」。

〔一四〕戈注：「漢高祖封從兄弟賈爲荆王，從祖昆弟澤爲燕王，並爲將軍有功。」

〔一五〕乃至　南家本、菅家本、寫字臺本作「乃是」。

〔一六〕縣公　據舊唐宗室列傳「於是宗室率以屬疏降爵爲郡公」，當以郡公爲是。戈注：「按本紀，降封事，係武德九年十一月。又按膠東郡王道彦傳云：『唐興，務廣藩鎮，故從昆弟子自勝衣已上，皆爵郡王。太宗即位，舉屬籍問大臣曰：盡王宗子於天下，可乎？封德彝曰：漢所封，惟帝子若親昆弟，其屬遠，非大功不王。如周郇滕、漢賈澤，尚不得茅土，所以别親疏也。先朝一切封之，爵命崇而力役多，以天下爲私奉，非所以示至公。帝曰：朕君天下以安百姓，不容勞百姓以養己之親。於是疏屬王者皆降爲公，惟有功者不降。故道彦等並降封公。』由是言之，其初所封郡王者，後所降皆郡公也。縣字疑衍。」

【案】本章事見舊唐卷六〇淮安王神通傳、卷六六房玄齡杜如晦傳、會要卷四五、册府卷一二八。

88 ○貞觀十一年，太宗以周封子弟，八百餘年，秦罷諸侯，二世而滅，吕后欲危劉氏，終賴宗室獲安〔一〕，封建親賢，當是〔二〕子孫長久之道。乃定制，以子弟荆州都督荆王元景〔三〕、安州都督吴王恪〔四〕等二十一人，又以功臣司空趙州刺史長孫無忌、尚書左僕射宋州刺史房玄齡等一十四人，並爲世襲刺史。禮部侍郎〔五〕李百藥〔六〕奏論以駁世封事曰〔七〕：

臣聞經國庇民，王者之常制；尊主安上，人情之大方。思闡理定之規〔八〕，以弘長世之業〔九〕，萬古不易，百慮同歸。然命曆有賒促之殊，邦家有理亂〔一〇〕之異。遐觀載籍，論之詳矣。咸云周過其數〔一一〕，秦不及期〔一二〕，存亡之理，在於郡國。周氏以鑒夏、殷之長久，遵皇王〔一三〕之並建，維城磐石，深根固本，雖王綱弛廢，而枝幹相持，故使逆節不生，宗祀不絶。秦氏背師古之訓〔一四〕，棄先王之道，翦華恃險〔一五〕，罷侯置守，子弟無尺土之邑，兆庶罕共理之憂〔一六〕，故一夫號呼而七廟隳圮〔一七〕。

臣以爲自古皇王君臨宇内，莫不受命上玄，册名帝籙〔一八〕，締構遇興王之運，殷憂屬啓聖之期。雖魏武携養之資〔一九〕，漢高徒役之賤〔二〇〕，非止意有覬覦，推之亦不能去也。若其獄訟不歸〔二一〕，菁華已竭，雖帝堯之光被四表〔二二〕，大舜之上齊七政〔二三〕，非止情存揖讓，守之亦不可固〔二四〕焉！以放勳、重華之德〔二五〕，尚不能克昌厥後。是知祚之長短，必在於天時；政或興衰〔二六〕，有關於人事〔二七〕。隆周卜世三十，卜年七百，雖淪胥之道斯極，而文、武之器尚存〔二八〕，斯〔二九〕龜鼎之祚，已懸定於杳冥也。至使南征不反〔三〇〕，東遷避逼〔三一〕，禋祀闕如〔三二〕，郊畿不守，此乃陵夷之漸，有累於封建焉。暴秦運距閏餘，數終百六〔三三〕。受命之主，德異禹、湯；繼世之君，才非啓、誦〔三四〕。借使李斯、王綰之輩咸開四履〔三五〕，將閭、子嬰之徒俱啓千乘〔三六〕，豈能逆帝子之勃興，抗龍顏之基命者也〔三七〕！

然則得失成敗，各有由焉。而著述之家，多守常轍，莫不情忘今古，理蔽澆淳，欲以百王之季，行三代之法。天下五服之內，盡封諸侯〔三八〕；王畿千里之間，俱爲采地〔三九〕。是則以結繩之化行虞、夏之朝〔四〇〕，用象刑之典治劉、曹之末〔四一〕，紀綱弛紊，斷可知焉〔四二〕。鍥舡求劍，未見其可〔四三〕；膠柱成文，彌多所惑〔四四〕。徒知問鼎請隧，有懼勤王之師〔四五〕；白馬素車，無復藩維〔四六〕之援。不悟望夷之釁〔四七〕，未堪羿、浞之災〔四八〕；高貴之殃〔四九〕，寧異申、繒之酷〔五〇〕。此乃欽明昏亂，自革安危，固非守宰公侯，以成興廢〔五一〕。且數世之後，王室浸微，始自藩屏〔五二〕，化爲仇敵。家殊俗，國異政，强陵弱，衆暴寡，疆埸彼此，干戈侵伐。狐駘之役，女子盡髽〔五三〕；殽陵〔五四〕之師，隻輪不反〔五五〕。斯蓋略舉一隅，其餘不可勝數。陸士衡〔五六〕方規規然云〔五七〕：「嗣王委其九鼎〔五八〕，凶族據其天邑〔五九〕，天下晏然〔六〇〕，以治待亂。」何斯言之謬也！而設官分職，任賢使能，以循良之才，膺共治之寄，刺舉分竹，何世無人〔六一〕。至使地或呈祥，天不愛寶〔六二〕，民稱父母〔六三〕，政比神明〔六四〕。曹元首〔六五〕區區然稱〔六六〕：「與人共其樂者，必急其憂〔六七〕；與人同其安者，必拯其危〔六八〕。」豈容以爲侯伯〔六九〕，則同其安危；任之牧宰，則殊其憂樂？何斯言之妄也！

封君列國，籍其門資〔七〇〕，忘其先業之艱難，輕其自然之崇重〔七一〕，莫不世增淫虐，代益驕侈。離宮別館，切漢淩雲，或刑人力而將盡，或召諸侯而共樂〔七二〕。陳靈則君臣悖禮，共侮徵舒〔七三〕；衛宣則父子聚麀，終誅壽、朔〔七四〕。乃云爲己思治，豈若是乎？內外群官，選自朝廷，擢士庶以任之，澄水鏡以鑒之，年勞優其階品，考績明其黜陟。進取事切，砥礪情深，或俸禄不入私門〔七五〕，妻子不之官舍〔七六〕。班條之貴，食不舉火〔七七〕；剖符之重，衣惟補葛〔七八〕。南陽太守〔七九〕，敝布裹身〔八〇〕；萊蕪縣長，凝塵生甑〔八一〕。專知〔八二〕爲利圖物，何其爽歟！總而言之，爵非世及，用賢之路斯廣；民無定主，附下之情不固。此乃愚智所辨，安可惑哉？至如滅國弑君〔八三〕，亂常干紀，春秋二百年間，略無寧歲〔八四〕。次睢咸秩，遂用玉帛之君〔八五〕；魯道有蕩，每等衣裳之會〔八六〕。縱使西漢哀、平之際〔八七〕，東洛桓、靈之時〔八八〕，下吏淫暴，必不至此〔八九〕。爲政之理，可以一言蔽焉。

伏惟陛下握紀御天，應期〔九〇〕啓聖，救億兆之焚溺，掃氛祲於寰區。創業垂統，配二儀以立德；發號施令，妙萬物而爲言。獨照宸衷〔九一〕，永懷前古。將復五等而脩舊制，建萬國以親諸侯。竊以漢、魏已還〔九二〕，餘風之弊未盡；勛、華既往，至公之道斯革〔九三〕。况晉氏失御〔九四〕，宇縣〔九五〕崩離；後魏乘時，華夷雜處〔九六〕。重以關、河分阻，吴、楚懸隔，習文者學長短縱横之術，習武者盡干戈戰争之心，畢爲狙詐之階，彌長澆浮〔九七〕之俗。開皇在運〔九八〕，因藉外家。驅御群英〔九九〕，任雄猜之數；坐移明運〔一〇〇〕，非克定之功。年踰二紀，人不見德〔一〇一〕。及大業嗣立〔一〇二〕，世道交喪，一人一物，掃地將盡。雖天縱神武，削平寇虐，兵威不息，勞心未康〔一〇三〕。

自陛下頃順聖慈〔一〇四〕，嗣膺寶曆，情深致理，綜覈前王。雖至道無名，言象所絶〔一〇五〕，略陳梗概，實所庶幾。愛敬蒸蒸〔一〇六〕，勞而不倦，大舜之孝也〔一〇七〕。訪安内豎，親嘗御膳，文王之德也〔一〇八〕。每憲司讞罪，尚書奏獄，大小必察，枉直咸舉，以斷趾之法，易大辟之刑，仁心隱惻，貫徹幽顯，大禹之泣辜也〔一〇九〕。正色直言，虛心受納，不簡鄙訥，無棄芻蕘，帝堯之求諫也〔一一〇〕。弘獎名教，勸勵學徒，既擢明經於青紫，將升碩儒於卿相，聖人之善誘也〔一一一〕。群臣以宫中暑濕，寢膳或乖，請移御高明〔一一二〕，營一小閣。遂惜家人之産〔一一三〕，竟抑子來之願，不吝陰陽之感〔一一四〕，以安卑陋之居。頃歲霜儉，普天饑饉，喪亂甫爾，倉廪空虛。聖情矜愍，勤加賑恤，竟無一人流離道路，猶且食惟藜藿，樂徹簨簴〔一一五〕，言必悽動，貌成癯瘦。公旦喜於重譯〔一一六〕，文命矜其即序〔一一七〕。陛下每見四夷款附，萬里歸仁，必退思進省，凝神動慮，恐妄勞中國，以求遠方，不藉萬古之英聲，以存一時之茂實。心切憂勞，跡絶遊幸〔一一八〕，每旦視朝，聽受無倦，智周於萬物，道濟於天下。罷朝之後，引進名臣，討論是非，備盡肝膈，惟及政事，更無異詞。纔日昃〔一一九〕，必命才學之士，賜以清閑，高談典籍，雜以文詠，間以玄言，乙夜忘疲〔一二〇〕，中宵不寐。此之四道，獨邁往初，斯實生民以來，一人而已。弘兹風化，昭示四方，信可以期月之間，彌綸天壤。而淳粹尚阻，浮詭未移，此由習之永久〔一二一〕，難以卒變。請待彫琢成器〔一二二〕，以質代文，刑措之教一行，登封之禮云畢，然後定强理之制，議山河之賞，未爲晚焉。易稱：「天地盈虛，與時消息，況於人乎〔一二三〕？」美哉斯言也。

中書舍人馬周又上疏曰：

伏見詔書令宗室勳賢作鎮藩部，貽厥子孫，嗣守其政，非有大故，無或黜免。臣竊惟陛下封植之者，誠愛之重〔二四〕，欲其胤裔承守〔二五〕，爲國無疆〔二六〕，可使世官也。何則？以堯、舜之父，猶有朱、均之子〔二七〕，況下此已還，而欲以父取子〔二八〕，恐失之遠矣。儻有孩童嗣職，萬一驕逸〔二九〕，則兆庶被其殃，而國家受其敗。政欲絶之也，則子文之理猶在〔三〇〕；政〔三一〕欲留之也，而欒黶之惡已彰〔三二〕。與其毒害於見存之百姓，則寧使割恩於已亡之一臣，明矣。然則向〔三三〕所謂愛之者，乃適所以傷之也。臣謂宜賦以茅土〔三四〕，疇其户邑，必有材行，隨器方授，則翰翮非强〔三五〕，亦可以獲免尤累。昔漢光武不任功臣以吏事，所以終全其世者，良由得其術也。願陛下深思其宜，使夫得奉天恩〔三六〕，而子孫終福禄〔三七〕也。

太宗並嘉納其言。於是竟罷子弟及功臣世襲刺史也〔三八〕。

校注

〔一〕戈注：「吕后，名雉，漢高祖后，惠帝母也。惠帝崩，吕后臨朝，欲王諸吕。諸吕擅權，朱虚侯劉章因侍宴，以軍法斬諸吕一人，自是諸吕憚之，劉氏益强。」

〔二〕當是　南家本作「當是時」。

〔三〕戈注：「高祖第六子。」

〔四〕戈注：「太宗次子也。」

〔五〕戈注：「尚書之貳。」

〔六〕李百藥　南家本、菅家本、寫字臺本作「李伯藥」。戈注：「字重規，定州人，幼多病，祖母趙以百藥名之。貞觀初，拜中書舍人，後遷是職，復授右庶子，卒，謚曰康。」

〔七〕以駁世封事　戈本無「以」字。

〔八〕思聞理定之規　南家本、菅家本、寫字臺本作「闡治定之規」。

〔九〕長世之業　南家本、菅家本、寫字臺本作「長世之業者」。

〔一〇〕理亂　南家本、菅家本、寫字臺本、元刻、韓版、戈本作「治亂」，未避唐諱。

〔一一〕戈注：「昔成王定鼎，卜世三十，卜年七百，後歷三十七主，八百六十七年，過其數也。」

〔一二〕戈注：「初秦皇謂二世、三世至于萬世，後二世被弑，子嬰降漢，不及期也。」

〔一三〕皇王　南家本、菅家本、寫字臺本作「唐虞」。

〔一四〕戈注：「商書傅説告高宗曰：『事不師古，匪説攸聞。』」

〔一五〕翦華恃險　戈本作「踐華恃險」。

〔一六〕共理之憂　南家本、菅家本、寫字臺本、元刻、韓版、戈本作「共治之憂」，未避唐諱。

〔一七〕隳圮　南家本、菅家本、寫字臺本、戈本作「隳祀」。戈注：「禮，天子七廟。賈誼曰：『斬華爲城，因河爲津，自以關中之固，金城千里，子孫萬世之業也。秦皇没，山東豪傑並起而亡秦，一夫作難而七廟隳，身死人手，爲天下笑。』」

〔一八〕册名帝籙　南家本、菅家本、寫字臺本作「飛名帝籙」，戈本作「册名帝録」。

〔一九〕戈注：「曹操，沛人。父嵩爲漢中常侍曹騰養子，不能審其生出本末。操子丕受漢禪，國號魏，追號操爲武皇帝。」

〔二〇〕戈注：「漢高祖，姓劉名邦，字季，沛人。初爲泗上亭長，爲縣送徒驪山，徒多道亡，自度比至必皆亡，乃縱所送徒，徒中願從者十餘人，由是起兵。」

〔二一〕戈注：「孟子曰：『獄訟者，不之堯之子而之舜。』」

〔二二〕戈注：「虞書贊堯之辭，謂德之光顯被及於四外也。」

〔二三〕戈注：「虞書曰：『在璿璣玉衡以齊七政。』謂日月五星也。」

〔二四〕亦不可固　原作「亦不可」，元刻、韓版、戈本同，據南家本、菅家本、寫字臺本及舊唐、會要、英華補「固」字。

〔二五〕戈注：「勛與勳同。放勛者，總言堯之德。重華者，總言舜之德。史記因以爲堯、舜之名。」

〔二六〕興衰　南家本、菅家本、寫字臺本作「盛衰」。

〔二七〕有關於人事　南家本、菅家本、寫字臺本、元刻作「有關人事」。

〔二八〕尚存　南家本、菅家本作「猶存」。

〔二九〕斯　南家本、菅家本、寫字臺本作「斯則」。

〔三〇〕戈注：「周昭王德衰，南巡濟于漢，人惡之，以膠舡進，王御船至中流，膠液船解，王没水中。」

〔三一〕戈注：「周平王東遷雒邑，以避戎寇。」

〔三二〕禋祀闕如　南家本、菅家本、寫字臺本作「禋祀如綫」。

〔三三〕數終　南家本、菅家本、寫字臺本作「數鍾」。戈注：「秦世爲閏餘。百六爲周之阨數也。漢王莽傳云：『餘分閏位，陽九之阨，百六之會。』謂莽爲閏位。百六爲漢之阨數也。律曆志曰：『易九厄曰：初入元，百六。』注：『易爻有九六七八，百六與三百七十四，六乘八之數也，六八四十八，合爲四百八十歲也。』」

〔三四〕戈注：「啓，夏禹子。誦，周武王之子成王也。」

〔三五〕戈注：「李斯、王綰皆秦丞相。四履，爲諸侯而有四方所履踐之界也。」

〔三六〕戈注：「將閭，秦公子，爲二世所殺。子嬰，始皇之孫，趙高立爲秦王，後殺高降漢。千乘，諸侯之國，其地可出兵車千乘者也。」

〔三七〕戈注：「漢高祖應赤帝子之讖，隆準而龍顔。」

〔三八〕戈注：「五服者，甸、侯、綏、要、荒也。虞、夏制，王城之外四面各五百里曰甸服，甸服外又各五百里曰侯服，侯服外又各五百里曰綏服，綏服外又各五百里曰要服，要服外又各五百里曰荒服。周制，乃分其五服爲九。見周禮。」

〔三九〕采地　南家本、菅家本訛作「菜地」。戈注：「周制，天子畿内之地方千里。詩曰『邦畿千里』是也。采地者，天子之卿大夫邑地也。」

〔四〇〕以結繩之化　英華校注引政要作「將結繩之化」。戈注：「易大傳曰：『上古結繩而治，後世聖人易之以書契。』此言雖虞、夏之時，已不可行上古之法也。」

〔四一〕戈注：「虞書曰：『象以典刑。』象如天之垂象以示人，而典者，常也。劉，漢之姓，曹，魏之姓，言漢、魏之時，又豈可以帝世之法而爲治也。」

〔四二〕斷可知焉　寫字臺本作「料可知焉」。

〔四三〕鍥舡　南家本、菅家本、寫字臺本、元刻、韓版、戈本作「鍥船」。戈注：「吕氏春秋曰：『楚人有涉江，其劍自舟中墜於水，遂刻其舟，曰：是吾劍所從水也。舟已行而劍不行，若此求劍，而不其惑乎？』」

〔四四〕彌多所惑　建治本、松本作「彌所多惑」。戈注：「揚子曰：『以往聖之法治將來，譬猶膠柱而調瑟。』」

〔四五〕勤王之師　戈本作「霸王之師」。戈注：「左傳宣公三年，楚子觀兵于周疆，定王使王孫滿勞之。楚子問鼎之大小輕重。對曰：『在德不在鼎。』僖公二十五年，晉侯朝王，王享之，請隧，弗許，曰：『王章也。未有代德而有二王，亦叔父之所惡也。』」

〔四六〕藩維　南家本、菅家本、寫字臺本作「藩籬」。戈注：「漢高祖初至霸上，使人約降，秦王子嬰繫頸以組，白馬素車，奉天子璽符，降軹道旁而降。」

〔四七〕戈注：「秦相趙高弒二世望夷宮。」

〔四八〕未堪　南家本、菅家本、寫字臺本作「未甚」。戈注：「夏帝相既立，后羿有窮氏篡位。帝相徙商丘。羿耽于畋獵，信用寒浞。浞後殺羿自立爲帝，因羿之室，生子奡。奡弒帝相，夏之貴臣殺浞，後滅奡，立帝相子，是爲少康。」

〔四九〕高貴之殃　戈本作「既罹高貴之殃」。戈注：「魏高貴鄉公，名髦，文帝之孫，嗣明帝位六年，司馬昭擅政，遂勒兵誅昭而敗，爲昭黨所弒。」

〔五〇〕申繒　原作「申胥」，元刻、韓版同，據南家本、菅家本、寫字臺本、戈本改。戈注：「周幽王嬖褒姒，而廢申后，立褒姒之子伯服而黜太子。申侯怒，與繒及犬戎殺王驪山下。」

〔五一〕興廢　元刻作「廢興」。

〔五二〕始自　建治本作「始因」。戈注：「詩曰：『价人維藩，大邦維屏。』」

〔五三〕戈注：「髽，麻髪合結也。左傳襄公四年，邾人、莒人伐鄫，臧紇救鄫，侵邾，敗于狐駘。國人逆喪者皆髽，魯於是乎髽。禮記曰：『魯婦人髽而弔。』」

〔五四〕殽陵　元刻作「邵陵」。

〔五五〕戈注：「公羊傳僖公三十三年，晉人及姜戎敗秦師於殽，匹馬隻輪無反者。」

〔五六〕戈注：「名機，晉吴郡人。以聖王經國義在封建，著五等諸侯論。」

〔五七〕方規規然　菅家本作「方規然」。

〔五八〕委其九鼎　原作「要其九鼎」，元刻同，據南家本、菅家本、寫字臺本、韓版、戈本改。

〔五九〕戈注：「嗣王，謂周惠王、襄王、悼王也。委九鼎，謂三王棄國出奔也。凶族，謂王子頹、王子帶、王子朝也。據天邑，謂三子據國僭位也。」

〔六〇〕天下宴然　菅家本衍作「天下日晏然」。

〔六一〕戈注：「漢文帝初與郡守爲銅虎符，當發兵，遣使者至郡合符，乃聽受之，以代古之圭璋。分竹亦其義也。」

〔六二〕戈注：「前漢黄霸爲潁川太守，政化大行，嘉禾生，鳳凰集。後漢秦彭爲潁川太守，有甘露、嘉禾、鳳麟之瑞。」

〔六三〕戈注：「前漢邵信臣爲河南太守，視民如子，號曰邵父。後漢杜詩爲南陽太守，爲政清平，民爲之語曰：『前有邵父，後有杜母。』」

〔六四〕戈注：「後漢孟嘗爲合浦太守，郡産珠，先守多貪，珠徙交趾，人物無資。嘗至，革前弊，去珠復還，百姓反業，謂爲神明。」

〔六五〕戈注：「魏人，上六代論感悟曹爽。」

〔六六〕區區然稱　南家本、菅家本、戈本作「方區區然稱」，寫字臺本作「方區區然」。

〔六七〕必急其憂　南家本、菅家本、寫字臺本作「人必分其憂」，戈本據六代論改作「人必憂其憂」。

〔六八〕必拯其危　南家本、菅家本、寫字臺本、戈本作「人必拯其危」。

〔六九〕豈容以爲侯伯　南家本、菅家本、寫字臺本作「豈容以侯伯」。

〔七〇〕籍其門資　南家本、菅家本、寫字臺本作「藉慶門資」。

〔七一〕崇重　南家本、菅家本、寫字臺本、元刻、戈本作「崇貴」。

〔七二〕共樂　戈本作「共落」。

〔七三〕戈注：「左傳宣公九年，陳靈公與孔寧、儀行父通于夏姬。十年，公與二人飲酒于夏氏，公謂行父曰：『徵舒似汝。』對曰：『亦似君。』徵舒病之，公出，自其廄而殺之。二子奔楚。徵舒，夏姬之子也。」

〔七四〕戈注：「麀，牝鹿也。聚麀，謂無禮也。衛宣公納子伋之妻，是爲宣姜，生壽及朔。朔與宣姜愬伋於公，公令伋之齊，使賊先待於隘而殺之。壽知之以告伋，伋曰：『君命也，不可逃。』壽竊其節先往，賊殺之。伋至曰：『君命殺我，壽何罪？』賊又殺之。國人哀之。作二子乘舟之詩。壽、朔，當作伋、壽。」

〔七五〕戈注：「後漢楊秉爲豫章太守，清儉，計日受禄，餘俸不入私門。」

〔七六〕戈注：「後漢魏霸爲鉅鹿太守，何並爲潁川太守，每之官，妻子不入官舍。」

〔七七〕戈注：「後漢左雄爲冀州刺史，在任不舉煙火，常食乾飯。」

〔七八〕剖符之重衣惟補葛　南家本、菅家本、寫字臺本作「割符之重衣惟補葛」，戈本作「剖符之重居惟飲水」。戈注：「晉鄧攸爲吴郡太守，載米居官，惟飲吴水而已。」

〔七九〕南陽太守　南家本、菅家本、寫字臺本作「南陽郡太守」，英華校注引政要作「南陽郡守」。戈注：「後漢羊續爲南陽太守，常敝衣薄食，妻子資藏，布衾敝袛裯而已。」

〔八〇〕裹身　原作「囊身」，據南家本、菅家本、寫字臺本、元刻、韓版、戈本改。

〔八一〕戈注：「後漢范丹爲萊蕪縣令，家貧，里歌曰：『甑中生塵范史雲，釜中生魚范萊蕪。』」

〔八二〕專知　南家本、菅家本、寫字臺本、韓版、戈本作「專云」。

〔八三〕弒君　南家本、菅家本、寫字臺本作「殺君」。

〔八四〕戈注：「春秋始魯隱公元年，終哀公十四年，凡二百四十二年，言二百者，舉大數也。」

〔八五〕戈注：「左傳僖公十九年，宋公使邾文公用鄫子於次睢之社。睢，水名。此水受汴入泗，有妖神，東夷祀之。鄫子，小國之君，乃殺而祭之，非禮也。」

〔八六〕戈注：「『魯道有蕩』，詩載驅篇之辭。按春秋魯莊公夫人姜氏會齊侯者凡六，故齊人作是詩，以刺文姜來會齊襄公也。」

〔八七〕戈注：「前漢都長安，故曰西漢。哀帝名欣，定陶恭王之子。平帝名衎，中山孝王之子。皆元帝之庶孫。」

〔八八〕戈注：「後漢都洛陽，故曰東洛。桓帝，名志，章帝曾孫。靈帝，名宏，章帝玄孫。」

〔八九〕必不至此　南家本作「必至此」。

〔九〇〕應期　南家本、菅家本、寫字臺本、韓版、戈本作「膺期」。

〔九一〕宸衷　南家本、菅家本、寫字臺本、戈本作「神衷」。

〔九二〕已還　南家本、菅家本、寫字臺本、戈本作「以還」。下文同。

〔九三〕斯革　英華校注引政要、戈本作「斯乖」。

〔九四〕失御　南家本、菅家本、寫字臺本、元刻、戈本作「失馭」。

〔九五〕宇縣　原作「寓縣」，戈本同。戈注：「晉司馬氏初受魏禪，後遜于宋。」

〔九六〕乘時　南家本、寫字臺本作「時乖」。戈注：「後魏拓拔氏，本北狄種，改姓元氏。」

〔九七〕澆浮　南家本訛作「澆淳」。

〔九八〕戈注：「開皇，隋文帝年號。」

〔九九〕驅御群英　南家本、菅家本、寫字臺本作「臨御群英」。

〔一〇〇〕明運　南家本、菅家本、寫字臺本作「時運」。

〔一〇一〕戈注：「文帝在位二十四年。」

〔一〇二〕嗣立　南家本、菅家本、寫字臺本作「嗣文」。戈注：「大業，煬帝年號。」

〔一〇三〕勞心　南家本、寫字臺本、戈本作「勞止」。

〔一〇四〕頃順　南家本、菅家本、寫字臺本作「慎順」，戈本作「仰順」。

〔一〇五〕言象所絶　戈本作「言象所紀」。

〔一〇六〕蒸蒸　亦作「烝烝」。戈注：「虞書稱舜曰：『克諧以孝，烝烝乂，不格姦。』」

〔一〇七〕之孝　菅家本作「之孝者」。

〔一〇八〕戈注：「禮記曰：『文王之爲世子，朝於王季日三，雞初鳴而衣服至寢門外，問内豎之御者曰：「今日安否何如？」曰：「安。」文王乃喜。日中又至，亦如之。及莫又至，亦如之。食上必在視寒煖之節，食下問所饍。』」

〔一〇九〕戈注：「讞，議也。説苑曰：『禹出見罪人，下車，問而泣之。左右曰：「罪人不順道，何爲痛之？」禹曰：「堯、舜之民，皆以堯、舜之心爲心，寡人之民，各自以其心爲心，是以痛之。」』」

〔一一〇〕戈注：「訥，當作陋。虞書曰：『稽于衆，舍己從人。』」

〔一一一〕戈注：「論語曰：『夫子循循然善誘人。』」

〔一一二〕移御高明　南家本作「從御高明」，菅家本作「從高明」，寫字臺本作「御高明」。

〔一一三〕家人　韓版、戈本作「十家」。

〔一一四〕之感　南家本、菅家本、寫字臺本作「所感」。

〔一一五〕戈注：「懸鐘鼓之柎也。皆以木爲之，横曰簨，縱曰簴。」

〔一一六〕戈注：「旦，周公名。史記曰：『交趾之南有越裳國，周公居攝六年，制禮作樂，天下和平，越裳以三象重譯而獻白雉，曰：道路悠遠，山川阻深，音使不通，故重譯而朝。』」

〔一一七〕即序　南家本、菅家本、寫字臺本訛作「節敘」。戈注：「文命，史記以爲禹名。夏書曰：『織皮崑崙、析支、渠搜，西戎即敘。』即，就也。言雍州水土既平，而餘功及於西戎也。」

〔一一八〕跡絶遊幸　戈本作「志絶遊幸」。

〔一一九〕纔日昃　南家本、菅家本、寫字臺本作「纔及日昃」。

〔一二〇〕戈注：「太宗嘗曰：『若不甲夜視事，乙夜讀書，何以爲人君？』」

〔一二一〕習之永久　戈本作「習之久」。

〔一二二〕彫琢成器　南家本、菅家本、寫字臺本作「琢雕成樸」，戈本作「斲雕成器」。

〔一二三〕戈注：「易豐卦彖傳之辭。」

〔一二四〕誠愛之重　南家本、菅家本、寫字臺本、元刻、韓版、戈本作「誠愛之重之」。

〔一二五〕胤裔承守　戈本作「緒裔承守」。

〔一二六〕爲國無疆　南家本、菅家本、寫字臺本作「而與國無疆」，戈本作「與國無疆」。

〔一二七〕戈注：「堯之子曰丹朱，舜之子曰商均，皆不肖。」

〔一二八〕取子　南家本、菅家本、寫字臺本、戈本作「取兒」。

〔一二九〕驕逸　南家本、菅家本、寫字臺本作「驕恣」。

〔一三〇〕子文之理　南家本、菅家本、寫字臺本訛作「子父之治」。戈注：「子文，楚令尹，姓鬬，名穀於菟，其孫克黄使齊復命，自拘於司寇。王思子文之治，曰：『子文無後，何以勸善？』使復其官。」

〔一三一〕政　南家本脱此字。

〔一三二〕戈注：「欒，姓，黶，名，晉大夫武子之子也。晉士鞅曰：『欒黶汰虐已甚，猶可以免。其在盈乎！黶死，武子所施没矣，而黶之怨實章。後盈見逐。盈，黶之子也。』」

〔一三三〕向　戈本作「嚮之」。

〔一三四〕戈注：「古者天子以五色土爲壇，封諸侯取其方面，苴以白茅，授之，使立社於其國。」

〔一三五〕翰翮非强　南家本、菅家本、寫字臺本作「臣雖其翰翮非强」。

〔一三六〕天恩　南家本、菅家本、寫字臺本、戈本作「大恩」。

〔一三七〕終福禄　南家本、菅家本、寫字臺本、戈本作「終其福禄」。

〔一三八〕戈注：「按通鑑：貞觀五年，上令群臣議封建。魏徵以爲：『若封建，則卿大夫咸資俸禄，必致厚斂。又京畿賦税不多，所資畿外，若盡封國邑，經費頓闕。又燕、秦、趙、代俱帶外夷，若有警急，追兵内地，難以奔赴。』李百藥云云。顔師古以爲：『不若分王宗子，勿令過大，間以州縣，離錯而居，互相維持，各守其境，協力同心，足扶京室；爲置官寮，皆省司選用，法令之外，不得擅作威福，朝貢禮儀，具爲條式。一定此制，萬代無虞。』十一月，詔：『宗室勳賢，作鎮藩部』云云。十三年二月，于志寧以爲古今事殊，恐非久安之道，上疏争之。馬周亦上疏云云。會長孫無忌等皆不願，上表固讓，稱：『承恩以來，形影相弔，若履春冰；宗室憂虞，如置湯火。緬惟三代封建，蓋由力不能制，因而利之，禮樂節文，多非己出。兩漢罷侯，蠲除曩弊，深協事宜。今因臣等，復有變更，恐紊聖朝綱紀。且後世愚幼不肖之嗣，或抵冒邦憲，自取誅夷，更因延世之賞，致成剿絶之禍，良可哀愍。願停涣汗之旨，賜其性命之恩。』又因子婦長樂公主固請於上，且言『臣等披荆棘事陛下，今海内寧一，奈何棄之外州，與遷徙何異？』上曰：『割地以封功臣，古今通義，意欲公之後嗣，輔朕子孫，共傳永久。而公等乃復發言怨望，朕豈强公等以茅土耶！』詔停世封刺史。與此章所紀年歲不同，今備録于此，亦以見唐世議封建之始末云。」

【案】本章假名本别作三章，詔荆州都督荆王元景等二十一王、長孫無忌等十四人世襲刺史爲一章，李百藥奏論爲一章，馬周上疏爲一章（繫貞觀十一年）。詔荆州都督荆王元景等二十一王、長孫無忌等十四人世襲刺史，在貞觀十一年，見會要卷四六、四七。李百藥官禮部侍郎，上疏在貞觀二年，見舊唐卷七二李百藥傳、會要卷四六、英華卷七四一。馬周上疏，在貞觀六年，見舊唐卷七四馬周傳、會要卷四六、英華卷六九五、册府卷五四二。

貞觀政要卷第三

貞觀政要卷第四

史臣吴兢撰

【案】韓版無「史臣吴兢撰」五字，戈本作「戈直集論」。南家本、菅家本、元刻另行有「論太子諸王定分第九尊師傅第十教戒太子諸王第十一規諫太子第十二」三十字，戈本另行作「論太子諸王定分九論尊敬師傅十論教戒太子諸王十一論規諫太子十二」。

論太子諸王定分第九

【案】戈本無「論」字。元刻、明本、韓版、戈本均四章，戈注「凡四章」。南家本、菅家本亦四章，但以89,90兩章爲一章，篇末有教戒太子諸王篇一章(105)。

89 ○貞觀七年，授吴王恪齊州都督〔一〕。太宗謂侍臣曰：「父子之情，豈不欲常相見邪！但家國事殊，須出作藩屏。且令其早有定分，絶覬覦之心，我百年後，使其兄弟無危亡之患〔二〕。」

校注

〔一〕吳王　南家本、菅家本作「蜀王」。

〔二〕使其兄弟無危亡之患　南家本、菅家本作「使其事兄無危亡之慮也」。戈注：「按史傳，恪，初王鬱林，貞觀十年，始改王吳，授安州都督。帝賜書曰：『汝惟茂親，勉思所以藩王室，以義制事，以禮制心，外爲之君臣，內爲之父子，今當去膝下，不遺汝珍而遺汝以言，其念之哉！』帝後以晉王爲太子，又欲立恪，長孫無忌固爭，帝曰：『公豈以非己甥邪？且恪英果類我。』無忌曰：『晉王仁厚，守文之良主，且舉棋不定則敗，況儲位乎？』帝乃止。」

【案】本章事見新唐卷八〇鬱林王恪傳。

90〇貞觀十一年，侍御史馬周上疏曰〔一〕：

漢、晉已來〔二〕，諸王皆爲樹置失宜，不預立定分，以至於滅亡。人主熟知其然，但溺於私愛，故〔三〕前車既覆而後車不改轍也。今諸王承寵遇之恩有過厚者，臣之愚慮，不惟慮其恃恩驕矜也。昔魏武帝寵樹陳思〔四〕，及文帝即位，防守禁閉，有同獄囚，以先帝加恩太多，故嗣主從而畏之也〔五〕。此則武帝之寵陳思〔六〕，適〔七〕所以苦之也。且帝子何患不富貴，身食大國，封户不少，好衣美食外〔八〕，更何所須〔九〕？而每年别加優賜，曾無紀極。俚語曰〔一〇〕：「貧不學儉，富不學奢。」言自然也。今陛下以大聖創業，豈惟處置見在子弟而已，當須制長久之法，使萬代遵行。疏奏，太宗甚嘉之，賜物百段〔一一〕。

校注

〔一〕貞觀十一年侍御史馬周上疏曰　南家本、菅家本屬前章，故作「侍御史馬周貞觀十一年上疏曰」。

〔二〕漢晉已來　南家本、菅家本作「自漢晉以來」。

〔三〕故　南家本、菅家本作「故使」。

〔四〕陳思　興本作「陳思王」。

〔五〕嗣主從而畏之　南家本、菅家本作「嗣主疑而畏之」，元刻、戈本作「嗣王從而畏之」。戈注：「魏武帝，曹操也。操生四子，丕、彰、植、熊。丕，文帝也。植，陳思王也。植多藝能，操愛之。文帝既立，植寵日衰，後以悖慢貶安鄉侯，後進王東阿。」

〔六〕陳思　興本、松本作「陳思王」。

〔七〕適　建治本作「適其」。

〔八〕美食外　南家本、菅家本、戈本作「美食之外」。

〔九〕更何所須　南家本作「又何所須」。
〔一〇〕戈注：「俚語，猶云俗諺也。」
〔一一〕百段　南家本、菅家本作「三百段」。
【案】本章南家本、菅家本屬前章。事見舊唐卷七四馬周傳、英華卷六九五、文粹卷二七下、册府卷五三一、五四二。

91 ○貞觀十三年，諫議大夫褚遂良以每月〔一〕特給魏王泰府料物有逾於皇太子，上疏諫曰：

昔聖人制禮，尊嫡卑庶。謂之儲君〔二〕，道亞霄極，甚尚崇重〔三〕，用物不計，泉貨財帛，與王者共之。庶子體卑，不得爲例，所以塞嫌疑之漸，除禍亂之源。而先王必本人情〔四〕，然後制法，知有國家，必有嫡庶。然庶子雖愛，不得超越嫡子，正禮〔五〕特須尊崇。如不能明立定分，遂使當親者疎，當尊者卑，則佞巧〔六〕之徒承機而動，私恩害公，或至亂國。伏惟陛下功超萬古，道冠百王，發號施令〔七〕，爲世作法。一日萬機，或未盡美，臣職諫争，無容静默〔八〕。伏見儲君料物〔九〕翻少魏王，朝野見聞〔一〇〕，不以爲是。臣聞傳曰〔一一〕：「愛子，教以義方〔一二〕。」忠、孝、恭、儉，義方之謂。昔漢竇太后及景帝並不識義方之理〔一三〕，遂驕恣〔一四〕梁孝王，封四十餘城，苑方三百里，大營宮室，複道彌望，積財鏹巨萬計〔一五〕，入警出蹕〔一六〕，小不得意，發病而死。宣帝亦驕恣淮陽王，幾至於敗，賴其輔以退讓之臣，僅乃獲免〔一七〕。且魏王既新出閤〔一八〕，伏願恒存禮訓，妙擇師傅，示其成敗；既敦之以節儉，又勸之以文學。惟忠惟孝，因而獎之，道德齊禮〔一九〕，乃爲良器。此所謂「聖人之教，不肅而成」者也。

太宗深納其言〔二〇〕。

校注

〔一〕每月　原作「每日」，元刻、韓版、戈本同，據南家本、菅家本及舊唐、册府改。戈注：「一作月。」

〔二〕戈注：「儲，副也。太子，君之副，故謂之儲君。」

〔三〕甚尚崇重　南家本、韓版、戈本作「甚爲崇重」。

〔四〕必本人情　元刻、戈本作「必本於人情」。

〔五〕正禮　南家本、菅家本作「正體」。

〔六〕佞巧　南家本、菅家本作「邪佞」。

〔七〕發號施令　戈本作「發施號令」。

〔八〕伏惟陛下功超萬古至臣職諫争無容静默　南家本、菅家本無此三十六字。

〔九〕儲君料物　南家本、菅家本作「儲后料物」。

〔一〇〕朝野見聞　南家本、菅家本作「朝見野聞」。

〔一一〕臣聞傳曰　南家本、菅家本作「傳曰」。

〔一二〕教以義方　南家本、菅家本作「教之以義方」。

〔一三〕並不識義方之理　南家本、菅家本無此七字。

〔一四〕驕恣　南家本、菅家本訛作「驕殺」。

〔一五〕積財鏹巨萬計　南家本、菅家本作「積財鉅萬計」。戈注：「鏹，舉兩切。貫，錢索也。」

〔一六〕入警出蹕　戈本作「出警入蹕」。戈注：「天子出稱警，入稱蹕。竇太后，漢文帝之后，生景帝及梁王。王名武，謚曰孝，事見本傳。」

〔一七〕宣帝亦驕恣淮陽王至僅乃獲免　南家本、菅家本無此二十四字。戈注：「淮陽王，名欽，漢宣帝庶子也，謚曰憲，事見本傳。」

〔一八〕出閤　亦作「出閣」。

〔一九〕道德齊禮　南家本、菅家本作「導德齊禮」。戈注：「論語曰：『道之以德，齊之以禮，有耻且格。』」

〔二〇〕菅家本下有「即日滅魏王料物」七字。

【案】本章事見舊唐卷七六濮王泰傳、會要卷四、册府卷五四三。

92 〇貞觀十六年，太宗謂侍臣曰：「當今國家何事最急？各爲我言之。」尚書右僕射高士廉〔一〕曰：「養百姓最急。」黄門侍郎劉洎曰：「撫四夷急〔二〕。」中書侍郎岑文本曰：「傳稱：『道之以德，齊之以禮。』由斯而言，禮義爲急〔三〕。」諫議大夫褚遂良曰：「即日四方仰德，不敢爲非〔四〕，但太子、諸王須有定分。陛下宜爲萬代法以遺子孫，此最當今日之急〔五〕。」太宗曰：「此言是也。朕年將五十，已覺衰怠。既以長子守器東宮，諸弟及庶子數將四十，心常憂慮，正在此耳〔六〕。但自古嫡庶無良，何嘗不傾敗國家〔七〕。公等爲朕搜訪賢德，以輔儲宮，爰及諸王，咸求正士〔八〕。且官人事王，不宜歲久。歲久則分義情深，非意闚闟〔九〕，多由此作。其府〔一〇〕官寮，勿令過四考。」

校注

〔一〕戈注：「名儉，以字行。初秦王薦爲治中，王爲皇太子，授右庶子，既即位，爲吏部尚書，封許國公，後遷僕射，攝太傅，掌機務。二十一年，卒。」

〔二〕撫四夷急　南家本、菅家本作「撫四夷最急」。

〔三〕由斯而言禮義爲急　原作「義爲急」，元刻、韓版、戈本同，據南家本、菅家本及舊唐、册府補「由斯而言禮」五字。

〔四〕不敢爲非　南家本、菅家本作「誰敢爲非」。

〔五〕當今日之急　南家本、菅家本作「爲當今之急」。

〔六〕正在此耳　原作「在此耳」，元刻、韓版、戈本同，據南家本、菅家本補「正」字。

〔七〕國家　南家本、菅家本、戈本作「家國」。

〔八〕正士　菅家本作「正直」。

〔九〕戈注：「窺伺貌。」

〔一〇〕其府　南家本、菅家本、元刻、韓版、戈本作「其王府」。

【案】本章事見舊唐卷八〇褚遂良傳、會要卷四、册府卷五三一。

【又案】此處南家本、菅家本有教戒太子諸王篇一章（105）。

論尊敬師傅第十

【案】南家本、菅家本、元刻、韓版作「論尊師傅第十」，戈本作「尊敬師傅第十」。各本皆六章，戈注「凡六章」。

93 ○貞觀三年，太子少師李綱〔一〕有脚疾，不堪踐履。太宗賜步輿〔二〕入東宮〔三〕，詔皇太子引上殿，親拜之，大見崇重〔四〕。綱爲太子陳君臣父子之道，問寢視膳〔五〕之方，理順辭直，聽者忘倦。太子嘗商略古來君臣名教〔六〕、竭忠盡節之事，綱懍然曰〔七〕：「託六尺之孤，寄百里之命〔八〕，古人以爲難，綱以爲易。」每吐論發言，皆辭色慷慨，有不可奪之志，太子未嘗不聳然禮敬。

校注

〔一〕貞觀三年太子少師李綱　南家本、菅家本作「太子少師李綱貞觀三年」。戈注：「字文紀，觀州人，始名瑗，慕張綱爲人，改焉。仕隋爲太子洗馬，擢尚書右丞。隋末，賊帥何潘仁劫爲長史。高祖平京師，綱上謁。既受禪，拜禮部尚書、太子詹事，諫建成不聽，遂乞骸骨。貞觀初，拜是職。五年，卒，謚曰貞。」

〔二〕賜步輿　南家本、菅家本作「特賜步輿」。

〔三〕入東宮　南家本、菅家本、戈本作「令三衛舉入東宮」。戈注：「唐制，東宮六率府分爲上、中、下三等，掌宿衛之事，是爲三衛。」

〔四〕大見崇重　南家本、菅家本作「太見崇重」。

〔五〕視膳　戈本作「侍膳」。戈注：「見封建篇注。」

〔六〕名教　原作「必教」，據南家本、菅家本、韓版、戈本改。

〔七〕戈注：「懔，嚴毅貌。」

〔八〕戈注：「論語曾子之言，謂輔幼君，攝國政也。」

【案】本章事見舊唐卷六二李綱傳、册府卷七〇九、七一一。

94 ○貞觀六年，詔曰：「朕比尋討〔一〕經史，明王聖帝，曷嘗無師傅哉！前所進令，遂不覩三師之位，意將未可，何以然？黄帝學太顛〔二〕，顓頊學禄圖〔三〕，堯學尹壽〔四〕，舜學務成昭，禹學西王國，湯學威子伯〔五〕，文王學子期，武王學虢叔〔六〕。前代聖王〔七〕，未遭此師，則功業不著乎天下，名譽不傳乎載籍〔八〕。况朕接百王之末，智不同聖人〔九〕，其無師傅，安可以臨兆民〔一〇〕者哉？詩不云乎：『不愆不忘，率由舊章〔一一〕。』夫不學，則不明古道，而能政致太平者，未之有也！可即著令，置三師之位〔一二〕。」

校注

〔一〕尋討　建治本、松本訛作「尋計」。

〔二〕太顛　菅家本、戈本作「大顛」。

〔三〕禄圖　南家本、菅家本作「録圖篆」，韓版、戈本作「録圖」。

〔四〕戈注：「一作君疇。」

〔五〕威子伯　南家本、菅家本作「成子伯」。

〔六〕戈注：「已上出劉向新序。」〔案〕新序卷五，「大顛」作「大真」，「禄圖」作「緑圖」，「務成昭」作「務成跗」，「子期」作「鉸時子斯」，「虢叔」作「郭叔」。

〔七〕前代聖王　南家本、菅家本作「前代聖人」。

〔八〕載籍　南家本、菅家本作「千載」。

〔九〕不同聖人　南家本、菅家本作「不周於聖人」。

〔一〇〕兆民　南家本、菅家本作「億兆」。

〔一一〕戈注：「詩大雅嘉樂篇之辭。」

〔一二〕戈注：「按史志，隋廢三師，貞觀十一年復置，與三公皆不設官屬。」

95 ○貞觀八年，太宗謂侍臣曰：「上智之人，自無所染，但中智之人無恒〔一〕，從教而變。況太子師保，古難其選。成王幼小〔二〕，周、召爲保傅〔三〕。左右皆賢，日聞雅訓，足以長仁益德，便爲聖君〔四〕。秦之胡亥，用趙高作傅，教以刑法，及其嗣位，誅功臣、殺宗族〔五〕，酷暴不已，旋踵而亡〔六〕。故人之善惡〔七〕，誠由近習。朕今爲太子、諸王精選師傅，令其式瞻禮度，有所裨益。公等可訪正直忠信者，各舉三兩人。」

校注

〔一〕但中智之人無恒　南家本、菅家本作「中人無恒」。

〔二〕幼小　南家本、菅家本作「幼少」。

〔三〕周召　南家本、菅家本作「周公」。戈注：「賈誼曰：『成王幼，在繈抱之中，召公爲太傅，周公爲太保。』保，保其身體。傅，傅之德義。」

〔四〕便爲聖君　戈本作「使爲聖君」。

〔五〕殺宗族　南家本、菅家本、戈本作「殺親族」，元刻作「殺祖族」。

〔六〕旋踵而亡　南家本、菅家本作「未旋踵而亡」。戈注：「胡亥，秦二世名。初，始皇使趙高教胡亥決獄，胡亥幸之。及嗣位，高説曰：『陛下嚴法而刻刑，令有罪者相坐，誅滅大臣宗室，盡除先帝之故臣，更置陛下之所親信。』二世乃更爲法律，大臣公子有罪輒誅，二世卒爲高所弒。」

〔七〕故人之善惡　南家本、菅家本作「故知人之善惡」。

【案】「貞觀八年」至「誠由近習」，與卷二直諫附篇第二章（53）略同。

96 ○貞觀十一年，以禮部尚書王珪兼爲〔一〕魏王師。太宗謂尚書左僕射房玄齡曰：「古來帝子，生於深宮，及其成人，無不驕逸，是以傾覆相踵，少能自濟。我今嚴教子弟，欲皆得安全〔二〕。王珪我久驅使，甚知剛直，志存忠孝，選爲子師。卿宜語泰〔三〕，每對王珪，如見我面，宜加尊敬〔四〕，不得懈怠。」珪亦以師道自處，時議善之也。

校注

〔一〕兼爲　南家本、菅家本無「爲」字。戈注：「唐因隋制，皇叔、昆弟、皇子爲親王者，置師，掌傅相訓導，匡其過失。」

〔二〕欲皆得安全　南家本、菅家本作「欲令皆得安全」。

〔三〕泰　南家本、菅家本訛作「奏」。

〔四〕尊敬　建治本訛作「導敬」，興本、松本作「遵敬」。

【案】本章事見舊唐卷七〇王珪傳。

97 ○貞觀十七年，太宗謂司徒長孫無忌、司空房玄齡曰：「三師以德道人者也。若師體卑，太子無所取則。」於是詔令撰太子接三師儀注。太子出殿門迎，先拜〔一〕，三師答拜。每門讓〔二〕。三師坐，太子乃坐。與三師書，前名「惶恐」，後名「惶恐再拜」。

校注

〔一〕先拜　戈本作「先拜三師」。

〔二〕每門讓　戈本作「每門讓三師」。

【案】本章事見通典卷六七、會要卷二六。

98 ○貞觀十八年，大帝〔一〕初立爲皇太子，尚未尊賢重道。太宗又嘗令太子居寢殿之側，絶不往東宮。散騎常侍劉洎上書曰：

臣聞郊迎四方，孟侯所以成德〔二〕；齒學三讓，元良由是作貞〔三〕。斯皆屈主禮〔四〕之尊，申下交之義。故得蒭言咸薦，睿問旁通，不出軒庭，坐知天壤，率由兹道，永固鴻基者焉。至若生乎深宮之中，長乎婦人之手，未曾識〔五〕憂懼，無由曉風雅〔六〕。雖復〔七〕神機不測，天縱生知，而開物成務，終由外獎。匪夫崇彼干籥〔八〕，聽茲謠頌，何以辨章庶類，甄覈彝倫？歷考聖賢，咸資〔九〕琢玉〔一〇〕。是故周儲上哲，師望、奭而加裕〔一一〕；漢蓄兩人〔一二〕，引園、綺而昭德〔一三〕。原夫太子，宗祧是繫，善惡之際〔一四〕，興亡斯在。不勤于始，將悔于終。是以晁錯上書，令通政術〔一五〕；賈誼獻策，務知禮教〔一六〕。竊惟皇太子玉裕挺生，金聲夙振，明允篤誠之美，孝友仁義之方，皆挺自天姿，非勞審諭，固以華夷仰德，翔泳希風矣。然則寢門侍膳〔一七〕，已表於三朝；藝宮論道，宜弘於四術〔一八〕。雖春秋鼎盛〔一九〕，飭躬有漸，寔恐歲月易往，墮業〔二〇〕興譏，取適宴安，言從此始〔二一〕。以臣〔二二〕愚短，幸參侍從，思廣儲明，輕願聞徹〔二三〕，不敢曲陳故事，請以〔二四〕聖德言之。

伏惟陛下誕睿膺圖〔二五〕，登庸歷試〔二六〕。多才多藝，道著於匡時；允武允文〔二七〕，功成於纂祀。萬方即敘〔二八〕，九圍清晏〔二九〕。尚曰〔三〇〕雖休勿休，日慎一日，求異聞於振古，勞睿思於當年。乙夜觀書，事高漢帝〔三一〕；馬上披卷，勤過魏王〔三二〕。陛下自勵如此，而令太子優游棄日〔三三〕，不習圖書，臣所未諭一也。加以暫屏機務〔三四〕，即寓雕蟲〔三五〕。紆〔三六〕竇思於天文，則長河韜暎；摛玉華於仙札〔三七〕，則流霞成彩。固以錙銖萬代〔三八〕，冠冕百王〔三九〕，屈、宋不足以升堂〔四〇〕，鍾、張何偕於〔四一〕入室。陛下自好如此，而太子〔四二〕悠然靜處，不尋篇翰，臣所未諭二也。陛下備該衆妙，獨秀寰中，猶晦天聰，俯詢凡識。聽朝之隙〔四三〕，引見群官，降以温顏，詢以今古〔四四〕。故得朝廷是非、閭里〔四五〕好惡，凡有巨細，必關聞聽〔四六〕。陛下自行如此，今太子久入趨侍〔四七〕，不接正人，臣所未諭三也。陛下若謂無益，則何事勞神；若謂〔四八〕有成，則宜申貽厥〔四九〕。蔑而不急，未見其可。伏願俯推睿範，訓及儲君，推以〔五〇〕良書，娛之嘉客。朝披經史，觀成敗於前蹤；晚接賓遊，訪得失於當代。間以書札，繼以篇章，則日聞所未聞，日見所未見，副德逾光，群生之福也。

竊以良娣之選，遍於中國。仰惟聖旨，本求典内〔五一〕，冀防微，慎遠慮〔五二〕，群下所知〔五三〕。暨乎徵簡人物，則與躬納〔五四〕相違，監撫二周〔五五〕，未近一士〔五六〕。愚謂内既如彼，外亦宜然者。恐招物議，謂陛下重内而輕外也〔五七〕。古之太子，問安而退，所以廣敬於君父；異宮而處，所以分別於嫌疑。今太子一侍天闈，動移旬朔，師傅以下，無由接見。假令供奉有隙，暫還東朝，拜謁既疎，且事俯仰〔五八〕，規諫之道，固所未暇。

陛下不可以親教，宮寀無因〔五九〕以進言，雖有具寮，竟將何補？

伏願俯循〔六〇〕前躅，稍抑下流，弘遠大之規，展師友之義。則離徽〔六一〕克茂，帝圖斯廣，凡在黎元，孰不慶賴。太子温良恭儉，聰明睿哲，含靈所悉，臣豈不知。而淺識勤勤，思效愚忠者，願滄溟益潤，日月增華也。

太宗乃令洎與岑文本、馬周遞日往東宫〔六二〕，與皇太子談論〔六三〕。

校注

〔一〕大帝　南家本、菅家本訛作「天帝」，元刻、戈本作「高宗」。戈注：「貞觀十七年四月，立晉王治爲皇太子，是爲高宗。」

〔二〕戈注：「月令，『天子立春迎春於東郊，立夏迎夏於南郊，立秋迎秋於西郊，立冬迎冬於北郊。』按此，非王世子之事。或曰：『周制東西南北之學在於四郊。』孟，長也。孟侯，謂世子也。此説於成德爲切。迎字疑誤。」

〔三〕戈注：「文王世子：行一物而三善皆得者，其齒於學之謂也。故世子齒於學，國人觀之曰：『將君我而與我齒讓？』曰：『有父在則禮然。』然而衆知父子之道矣！二曰：『君在則禮然。』而衆著於君臣之義矣！三曰：『長長也。』然而衆知長幼之節矣！故父子君臣長幼之道得而國治。禮曰：『一有元良，萬邦作貞。』」

〔四〕主禮　南家本、菅家本、韓版、戈本作「主祀」。戈注：「主祀，一作嗣主。」

〔五〕未曾識　南家本作「未曾識其」。

〔六〕風雅　南家本作「風俗」。

〔七〕雖復　南家本無「復」字。

〔八〕匪夫　興本、松本訛作「匪文」。戈注：「干，舞者所執之楯也。籥，樂管，以竹爲之，三孔，長三尺，以和衆聲者也。」

〔九〕咸資　南家本訛作「咸兹」。

〔一〇〕至若生乎深宮之中至咸資琢玉　菅家本無此七十一字。戈注：「學記：『玉不琢不成器，人不學不知道。』」

〔一一〕戈注：「周儲，謂成王也。望，太公號。奭，召公名。成王以二公爲師保。」

〔一二〕漢蓄兩人　興本作「漢惠兩人」，菅家本作「漢畜兩仁」，韓版、戈本作「漢嗣深仁」。

〔一三〕戈注：「漢嗣，謂惠帝盈也。高祖欲廢太子盈，張良教太子迎四皓。高祖置酒，太子侍，四皓從，皆年八十餘。上曰：『煩公幸卒調護太子。』既去，上目送之，曰：『彼四人爲之輔，羽翼已成，難動矣。』卒不廢。四皓，東園公、綺里季、夏黄公、甪里先生也。」

〔一四〕之際　原作「之濟」，據南家本、菅家本、元刻、韓版、戈本改。

〔一五〕令通政術　南家本、菅家本作「令先通政術」。戈注：「漢文帝時，晁錯爲太子舍人，遷博士，上書曰：『人主所以尊顯功名，揚於萬世者，以知術數也。故人主知所以臨制臣下而治其衆，則群臣畏服矣；知所以聽言受事，則不欺蔽矣；知所以安利萬民，則海内必從矣；知所以忠孝事上，則臣子之行備矣。此四者，臣竊爲皇太子急之。』」

〔一六〕務知禮教　南家本、菅家本作「務前知禮教」。戈注：「賈誼，雒陽人，漢文帝時爲梁懷王傅，上書曰：『古之王者，太子迺生，固舉以禮，使士負之，有司齊肅端冕，見之南郊，見于天也。過闕則下，過廟則趨，孝子之道也。故自爲赤子而教已行矣。』」

〔一七〕侍膳　南家本、菅家本、韓版、戈本作「視膳」。戈注：「事見封建篇注。」

〔一八〕戈注：「王制：『樂正崇四術，立四教，順先王詩書禮樂以造士。』」

〔一九〕雖春秋鼎盛　南家本、菅家本作「雖則春秋鼎盛」，元刻、韓版、戈本作「雖富於春秋」。

〔二〇〕墮業　南家本、菅家本作「惰業」。

〔二一〕言從此始　南家本作「方從此始」。

〔二二〕以臣　南家本、菅家本、戈本作「臣以」。

〔二三〕輕願　南家本、菅家本作「輒願」，戈本作「暫願」。

〔二四〕請以　戈本作「切請以」。

〔二五〕誕睿　南家本、菅家本作「叡哲」。

〔二六〕歷試　建治本訛作「歷誠」。

〔二七〕允武允文　韓版、戈本作「允文允武」。

〔二八〕即敘　南家本訛作「歸敘」。

〔二九〕九圍　南家本、菅家本作「九國」。

〔三〇〕尚曰　南家本、菅家本、戈本作「尚且」。

〔三一〕事高　南家本無「高」字。戈注：「漢紀，光武講論經理，夜分乃寐。」

〔三二〕魏王　南家本、菅家本作「魏君」。戈注：「魏紀，文帝雖在軍旅，手不釋卷。」

〔三三〕棄日　南家本訛作「奕日」。

〔三四〕戈注：「屏，棄也。」

〔三五〕即寓雕蟲　南家本、菅家本作「即常寓雕蟲」。戈注：「揚子曰：『或問：吾子少而好賦？曰：童子雕蟲篆刻，壯夫不爲也。』」

〔三六〕紆　興本、松本訛作「行」。

〔三七〕玉華　南家本作「玉字」，菅家本作「玉筆」。

〔三八〕戈注：「十黍爲絫，十絫爲銖，十銖爲錙。」

〔三九〕冠冕　南家本、菅家本作「冠絶」。

〔四〇〕戈注：「屈原名平，楚懷王時爲大夫，作離騷經，爲詞賦之祖。宋玉，屈原弟子，楚大夫，以詞賦名。」

〔四一〕偕於　南家本、韓版、戈本作「階於」，菅家本作「陛於」。戈注：「鍾繇，字元常，魏太尉，善草書。張芝，字伯英，後漢太尉，臨池學書，池水盡黑，時稱草聖。」

〔四二〕而太子　南家本、菅家本作「而令太子」。

〔四三〕隙　戈本作「隟」，故戈注：「與隙同。」

〔四四〕詢以今古　南家本、戈本作「訪以今古」，菅家本作「訪以古今」。

〔四五〕閭里　南家本、菅家本作「里閭」。

〔四六〕聞聽　南家本、菅家本作「聽覽」。

〔四七〕今太子久入趨侍　南家本、菅家本作「而令太子久入趨侍」，戈本作「而令太子久趨入侍」。

〔四八〕若謂　南家本、菅家本作「若爲」。

〔四九〕戈注：「詩曰：『貽厥孫謀。』」

〔五〇〕推以　南家本、菅家本、韓版、戈本作「授以」。

〔五一〕典内　南家本、菅家本作「内助」。

〔五二〕冀防微慎遠慮　南家本、菅家本作「防微慎遠之慮」。

〔五三〕群下所知　南家本、菅家本作「固非群下之所議」，戈本作「臣下所知」。

〔五四〕躬納　南家本、菅家本、元刻、韓版、戈本作「聘納」。

〔五五〕戈注：「監撫，謂監國撫軍也。」

〔五六〕未近一士　南家本、菅家本作「未延一士」。

〔五七〕者恐招物議謂陛下重内而輕外　南家本、菅家本作「不者恐招物議將謂陛下輕外而重内」。

〔五八〕俯仰　南家本、菅家本作「欣仰」。

〔五九〕無因　興本、菅家本訛作「無固」。戈注：「宷，寮屬也。」

〔六〇〕俯循　南家本、菅家本作「俯偱」。戈注：「跡也。」

〔六一〕離徽　南家本、菅家本作「慎徽」。

〔六二〕馬周遞日往東宫　南家本作「馬周等遞日往來東宫」，菅家本作「馬周遞日往來東宫」。

〔六三〕戈注：「按通鑑，此疏係十七年。又按高宗諫誅穆裕，太宗歸功洎等，事在十八年，則洎上疏當在十七年。」

【案】本章事見舊唐卷七四劉洎傳、會要卷四、册府卷五三一。

教戒太子諸王第十一

【案】元刻、明本、韓版、戈本均七章，戈注「凡七章」。南家本、菅家本六章，有一章（105）在論太子諸王定分篇。

99 ○貞觀七年，上〔一〕謂太子左庶子于志寧〔二〕、杜正倫曰：「卿等輔導太子，常須〔三〕爲説百姓間利害事。朕年十八，猶在人間，百姓艱難，無不諳練〔四〕。及居帝位，每商量處置，時有乖疎〔五〕，得人諫争，方始覺悟。若無忠諫者爲説，何由行得好事〔六〕？况太子生長深宫，百姓艱難都不聞見乎！且人主安危所繫，不可輒爲驕縱。朕若欲肆情驕縱〔七〕，但出敕云，有諫者即斬，必知天下士庶〔八〕無敢更發直言。故剋己勵精〔九〕，容納諫諍，卿等常須以此意共其談説。每見有不是事，宜極言切諫，令有所補益也〔一〇〕。」

校注

〔一〕上　戈本作「太宗」。

〔二〕戈注：「字仲謐，京兆人，貞觀三年爲中書侍郎，遷左庶子，上諫苑，俄兼詹事。晉王爲皇太子，復拜左庶子。」

〔三〕常須　南家本、菅家本作「當須」，下文同。

〔四〕無不　南家本、菅家本作「莫不」。

〔五〕時有乖疎　南家本、菅家本、戈本作「或時有乖疏」。

〔六〕行得好事　南家本、菅家本作「可行得好事」。

〔七〕朕若欲肆情驕縱　原無此七字，元刻、韓版、戈本同，據南家本、菅家本補。

〔八〕士庶　原作「庶士」，據南家本、菅家本、元刻、韓版、戈本乙正。

〔九〕剋己勵精　南家本、菅家本作「克己勵情」。

〔一〇〕補益也　南家本、戈本作「裨益也」，菅家本作「裨益」。

100〇貞觀十八年，太宗謂侍臣曰：「古有胎教世子〔一〕，朕則不暇。但近自建立太子，遇物必誨諭〔二〕，見其臨食將飯，謂曰：『汝知飯乎？』對曰：『不知。』曰〔三〕：『凡稼穡艱難，皆出人力，不奪其時，常有此飯。』見其乘馬，又謂曰〔四〕：『汝知馬乎？』對曰：『不知。』曰〔五〕：『能代人勞苦者也，以時消息，不盡其力，則可以常有馬也。』見其乘舟，又謂曰〔六〕：『汝知舟乎？』對曰：『不知。』曰：『舟所以比人君〔七〕，水所以比黎庶，水能載舟，亦能覆舟。爾方爲人主，可不畏懼！』見其依於〔八〕曲木之下，又謂曰〔九〕：『汝知此樹乎？』對曰：『不知。』曰：『此木雖曲，得繩則正，爲人君雖無道，受諫則聖。此傅説所言〔一〇〕，可以自鑑〔一一〕。』」

校注

〔一〕胎教世子　南家本、菅家本作「胎教世子者」。戈注：「文王之母大任，爲人端一誠莊，惟德之行。及其娠文王，目不視惡色，耳不聽淫聲，口不出傲言。生文王而明聖，大任教之，以一識百，卒爲周宗。而君子謂大任爲能胎教。」

〔二〕必誨諭　南家本、菅家本、元刻、韓版、戈本作「必有誨諭」。

〔三〕曰　原脱此字，據南家本、菅家本、元刻、韓版、戈本補。

〔四〕又謂曰　菅家本訛作「人謂曰」。

〔五〕曰　原無此字，元刻同，據南家本、菅家本、韓版、戈本補。

〔六〕又謂曰　南家本、菅家本作「問曰」。

〔七〕比人君　南家本、菅家本作「况人君」。

〔八〕依於　南家本、菅家本、戈本作「休於」。

〔九〕又謂曰　南家本、菅家本作「謂曰」。

〔一〇〕此傅説所言　南家本、菅家本作「此亦傅説所言」。戈注：「商書傅説告高宗曰：『惟木從繩則正，后從諫則聖。』」

〔一一〕自鑑　南家本訛作「自覽」。

【案】本章事見册府卷一五七。

101 〇貞觀七年，太宗謂侍中[一]魏徵曰：「自古侯王能自保全者甚少，皆由生長富貴，好尚驕逸，多不解親君子、遠小人故爾。朕所有子弟，欲使見前言往行，冀其以爲規範。」因命徵録古來帝王子弟成敗事，名爲自古諸侯王善惡録，以賜諸王。其序曰：

觀其[二]膺期受命，握圖御宇，咸建懿親，藩屏王室，布在方策，可得而言。自軒分二十五子[三]，舜舉十六族[四]，爰歷周、漢，以建[五]陳、隋，分裂山河，大啓磐石者衆矣。或保乂王家[六]，與時升降；或失其土宇，不祀忽諸。然考其盛衰[七]，察其興滅，功成名立，咸資始封之君；國喪身亡，多因繼體之后。其故何哉？始封之君，時逢草昧，見王業之艱阻，知父兄之憂勤。是以在上不驕，夙夜匪懈，或設醴以求賢[八]，或吐飧而接士[九]。故甘忠言[一〇]之逆耳，得百姓之歡心[一一]，樹至德於生前，流遺愛於身後。暨乎[一二]子孫繼體，多屬隆平[一三]，生自深宮之中，長居[一四]婦人之手，不以高危爲憂懼，豈知稼穡之艱難[一五]？昵近小人[一六]，疏遠君子，綢繆哲婦，傲很明德。犯義悖禮，淫荒無度，不遵典憲，僭差越等。恃一顧之權寵，便懷匹嫡[一七]之心；矜一事之微勞，遂有無厭之望。棄忠貞之正路，蹈奸宄之迷塗〔一八〕。愎諫違卜，往而不返。雖梁孝、齊冏之勳庸〔一九〕，淮南、東阿之才俊〔二〇〕，摧摩霄之逸翮，成窮轍之涸鱗，棄桓、文之大功〔二一〕，就梁、董之顯戮〔二二〕。垂爲明戒〔二三〕，可不惜乎？皇帝以聖哲之姿〔二四〕，拯傾危〔二五〕之運，耀七德〔二六〕以清六合，總萬國而朝百靈，懷柔四荒，親睦九族〔二七〕。念華萼於棠棣〔二八〕，寄維城於宗子。心乎愛矣，靡日不思，爰命下臣，考覽載籍，博求鑒鏡，貽厥孫謀。臣輒竭愚淺〔二九〕，稽諸前訓〔三〇〕。凡爲藩爲翰，有國有家者，其興也必由於積善，其亡也皆在於積惡。故知善不積不足以成名，惡不積不足以滅身。然則禍福無門，吉凶由己，惟人所召，豈徒然〔三一〕哉！今録自古諸王行事得失，分其善惡，各爲一篇，名曰諸王善惡録，欲使見善思齊，足以揚名不朽；聞惡能改〔三二〕，庶得免乎大過〔三三〕。從善則有譽，改過則無咎。興亡是繫，可不勉與〔三四〕？

太宗覽而稱善，謂諸王曰：「此宜置于〔三五〕坐右，用爲立身之本。」

校注

〔一〕侍中　菅家本訛作「侍臣」。

〔二〕觀其　南家本、菅家本、韓版、戈本作「觀夫」。

〔三〕戈注：「國語，黄帝之子二十五子，其同姓者二人，青陽與夷鼓是也。其同生而異姓者十四人，别爲十二姓，姬、酉、祁、己、滕、箴、任、荀、僖、吉、儇、依是也。」

〔四〕十六　南家本、菅家本、戈本作「一十六」。戈注：「即八元八凱，見擇官篇注。」

〔五〕以建　南家本、菅家本、元刻、韓版、戈本作「以逮」。

〔六〕或保乂王家　原作「保人王家」，元刻、韓版作「保乂王家」，據南家本、菅家本、戈本及下文改補。

〔七〕盛衰　戈本作「隆替」。

〔八〕戈注：「漢楚元王敬禮申公等，穆生不嗜酒，元王每置酒，嘗爲穆生設醴。」

〔九〕吐飡　南家本、菅家本、元刻、韓版、戈本作「吐飧」。戈注：「周公戒伯禽曰：『我於天下亦不賤矣，然我一沐三握髮，一飯三吐哺，猶恐失天下之賢人。子之魯，慎無以國驕人。』」

〔一〇〕故甘忠言　南家本、菅家本作「故能甘忠言」。戈注：「家語曰：『忠言逆耳利於行。』」

〔一一〕歡心　亦作「懽心」。戈注：「孝經曰：『治國者不敢侮於鰥寡，故得百姓之懽心。』」

〔一二〕暨乎　南家本、菅家本、戈本作「暨夫」。

〔一三〕隆平　南家本、菅家本作「太平」。

〔一四〕長居　南家本、菅家本作「長於」。

〔一五〕戈注：「周書曰：『相小人，厥父母勤勞于稼穡，厥子乃不知稼穡之艱難。』」

〔一六〕戈注：「昵，與暱同。」

〔一七〕匹嫡　南家本、菅家本作「廢嫡」。

〔一八〕戈注：「書曰：『寇賊姦宄。』注：『在外曰姦，在内曰宄。』」

〔一九〕戈注：「梁孝名武，漢文帝子也，封梁王。七國反，先擊梁，殺虜有功，謚曰孝。齊冏姓司馬，名冏，晉齊王攸子也，爲大司馬，封齊王，以功遷遊擊將軍。」

〔二〇〕東阿　原作「河東」，據南家本、菅家本、元刻、韓版、戈本改。戈注：「淮南名安，漢武帝諸父也，封淮南王，好書鼓瑟，招賓客，喜文辭。後坐反謀，自殺，謚曰厲。東阿，見定分篇注。」

〔二一〕戈注：「齊桓公、晉文公皆春秋諸侯之伯，有尊王室匡天下之功。」

〔二二〕戈注：「梁冀，漢桓帝時爲大將軍。後爲反謀，冀與妻皆自殺。董卓，漢獻帝時自爲太尉、相國，作亂被誅，夷三族。」

〔二三〕明戒　南家本、菅家本作「鑒戒」，戈本作「炯戒」。

〔二四〕聖哲之姿　元刻作「聖哲之懷」，韓版、戈本作「聖哲之資」。

〔二五〕傾危　南家本、菅家本作「傾頽」。

〔二六〕耀七德　南家本、菅家本作「曜七德」。戈注：「左傳，楚子曰：『夫武，禁暴、戢兵、保大、定功(國)、定(安)民、和衆、豐財者也，使子孫無忘其章。』注云：『此武王七德之義。』」

〔二七〕戈注：「九族，高祖玄曾之親也。」

〔二八〕戈注：「棠棣，詩小雅篇名，燕兄弟之樂歌也。」

〔二九〕愚淺　戈本作「愚誠」。

〔三〇〕前訓　戈本作「則訓」。

〔三一〕徒然　南家本、菅家本、戈本作「徒言」。

〔三二〕聞惡能改　南家本、菅家本作「聞惡知改」。戈注：「能，一作知。」

〔三三〕庶得免乎大過　原作「得免乎太過」，據南家本、菅家本、韓版、戈本改補。

〔三四〕與　南家本、菅家本、元刻、韓版、戈本作「歟」。

〔三五〕置于　南家本、菅家本作「常置于」。

102 〇貞觀十年，太宗〔一〕謂荆王元景〔二〕、吴王恪、魏王泰〔三〕等曰：「自漢以來，帝弟帝子，受茅土、居榮貴者〔四〕甚衆，惟東平及河間王〔五〕最有令名，得保其禄位。如楚王瑋〔六〕之徒，覆亡非一，並爲生長富貴，好自驕逸所致。汝等〔七〕鑒誡，宜熟思之。簡擇〔八〕賢才，爲汝師友，須受其諫争，勿得自專〔九〕。我聞以德服物，信非虚説。比嘗夢中見一人云虞、舜，我不覺竦然敬異，豈不爲仰其德也！向若夢見桀、紂，必應斫之〔一〇〕。桀、紂雖是天子，今若相喚作桀、紂，人必大怒。顏回、閔子騫〔二〕、郭林宗、黄叔度〔三〕，雖是布衣，今若相稱贊，道類此四賢，必當大喜。故知人之立身，所貴者惟在德行，何必要論榮貴。汝等位列藩王，家食實封，更能克脩德行，豈不具美也？且君子、小人本無常，行善事則爲君子，行惡事則爲小人，當須自剋勵，使善事日聞〔三〕，勿縱欲肆情，自陷刑戮！」

校注

〔一〕太宗　原無此二字，元刻、韓版同，據南家本、菅家本、戈本補。

〔二〕元景　菅家本、韓版、戈本下有「漢王元昌」四字。

〔三〕魏王泰　南家本、菅家本無此三字。

〔四〕自漢以來至居榮貴者　南家本、菅家本作「前代侯王」。

〔五〕戈注：「東平王，名蒼，漢光武子也。好經書，有智思，文稱典雅。明帝問處家何事最樂？王曰：『爲善最樂。』謚曰憲。河間王，名德，漢景帝子也。博學有德。武帝時奏對，推道術而言，得事之中。謚曰獻。」

〔六〕瑋　原無此字，據南家本、菅家本、元刻、韓版、戈本補。戈注：「楚王瑋，晉武帝第五子也。元康中，掌兵權，剛狠好殺，因矯詔殺太宰汝南王亮、太保衛瓘，賈后遂執瑋下廷尉斬之。謚曰隱。」

〔七〕汝等　原脱「等」字，元刻同，據韓版、戈本補。

〔八〕簡擇　戈本作「揀擇」。

〔九〕並爲生長富貴至勿得自專　南家本、菅家本無此三十七字。

〔一〇〕比嘗夢中見一人至必應斫之　南家本、菅家本無此三十四字。

〔一一〕戈注：「顔回字子淵，閔損字子騫，皆孔子弟子，以德行稱。」

〔一二〕戈注：「二人皆後漢時高尚之士。郭林宗名太，太原人也。范滂稱之曰：『隱不違親，身不絶俗，天子不得臣，諸侯不得友。』黄叔度名憲，汝南人也。郭林宗稱之曰：『汪汪若千頃陂，澄之不清，淆之不濁，不可量也。』」

〔一三〕且君子小人本無常至使善事日聞　南家本、菅家本作「故我簡擇賢才爲汝師傅宜受其諫諍不可自專」。

103 〇貞觀十年，太宗謂房玄齡曰：「朕歷觀前代撥亂創業之主，生長人間，皆識達情僞，罕至於敗亡〔一〕。逮乎繼世守成〔二〕之君，生而富貴，不知疾苦〔三〕，動至夷滅。朕少小以來，經營多難，備知天下之事，猶恐有所不逮。至於〔四〕荆王諸弟，生自〔五〕深宫，識不及遠，能〔六〕念此哉？朕每一食，便念稼穡之艱難；每一衣，則思紡績之辛苦，諸弟何能學朕乎？選〔七〕良佐以爲藩弼，庶其習近善人，得免於愆過爾〔八〕。」

校注

〔一〕敗亡　南家本、菅家本作「破亡」。

〔二〕守成　南家本、菅家本、戈本作「守文」。

〔三〕疾苦　南家本、菅家本作「疲苦」。

〔四〕至於　南家本、菅家本作「至如」。

〔五〕生自　南家本、菅家本作「長自」。

〔六〕能　南家本、菅家本作「豈能」，戈本作「安能」。

〔七〕選　南家本、菅家本作「今選」。

〔八〕僁過爾　南家本、菅家本作「愆過耳」，戈本作「愆過爾」。

【案】本章事見冊府卷一五七。

104 〇貞觀十一年，太宗謂吳王恪曰：「父之愛子，人之常情，非待〔一〕教訓而知也。子能忠孝則善矣！若不遵誨誘，忘棄禮法〔二〕，必自致刑戮，父雖愛之，將如之何？昔漢武〔三〕既崩，昭帝嗣位〔四〕，燕王旦素驕縱，譸張不服〔五〕，霍光遺一折簡誅之，則身死國除〔六〕。夫爲臣子，不得不慎。」

校注

〔一〕非待　南家本、菅家本作「非徒」。

〔二〕忘棄禮法　南家本、菅家本作「忘禮棄法」。

〔三〕漢武　戈本作「漢武帝」。

〔四〕嗣位　南家本、元刻、戈本作「嗣立」。

〔五〕戈注：「譸張，狂貌。」

〔六〕戈注：「漢武帝名徹，既崩，少子弗陵立，是爲昭帝。燕王名旦，武帝第三子也。霍光爲大將軍，輔昭帝，燕王與上官桀等潛謀不軌，事敗，桀等伏誅，乃賜燕璽書責之，曰『以綬自絞』。賜謚曰剌。」

【案】本章事見册府卷一五七。

105 ○貞觀中，皇子年小者〔一〕多授以都督、刺史，諫議大夫褚遂良上疏諫曰：

昔兩漢以郡國理人，除郡〔二〕以外，分立諸子，割土分疆〔三〕，雜用周制。皇唐郡縣，粗依秦法。皇子幼年〔四〕，或授刺史。陛下豈不以王之骨肉〔五〕，鎮扞四方，聖人造制，道高前烈〔六〕？臣愚見〔七〕有小未盡，何者？刺史師帥〔八〕，人仰以安〔九〕。得一善人，部内蘇息；遇一不善人〔一〇〕，合州勞弊。是以人君愛恤百姓，常爲擇賢。或稱河潤九里〔一一〕，京師蒙福〔一二〕；或以人興詠〔一三〕，生爲立祠〔一四〕。漢宣帝〔一五〕云：「與我共理者，惟良二千石乎！」如臣愚見，陛下子内〔一六〕，年齒尚幼，未堪臨人者，請且〔一七〕留京師，教以經學。一則畏天之威，不敢犯禁；二則觀見〔一八〕朝儀，自然成立。因此積習，自知爲人。審堪臨州，然後遣出。臣謹按漢明、章、和三帝〔一九〕，能友愛子弟，自茲以降，以爲準的。封立諸王，雖各有土，年尚幼小者，各留〔二〇〕京師，訓以禮法，垂以恩惠。訖三帝世，諸王數十百人〔二一〕，惟二王稍惡〔二二〕，自餘皆沖和深粹〔二三〕，惟陛下詳察。

太宗嘉納其言〔二四〕。

校　注

〔一〕年小者　南家本、菅家本作「年少者」，下文同。

〔二〕除郡　原脱「郡」字，元刻同，據南家本、菅家本、韓版、戈本補。

〔三〕分疆　戈本作「封疆」。

〔四〕皇子幼年　南家本、菅家本作「幼年」。

〔五〕王之骨肉　南家本、菅家本、韓版作「骨肉」。

〔六〕前烈　戈本作「前古」。

〔七〕臣愚見　南家本、菅家本作「如臣愚見」。

〔八〕師帥　興本、松本作「師輔」。

〔九〕人仰以安　南家本、菅家本作「萬人瞻仰以安」。

〔一〇〕不善人　南家本、菅家本作「不善」。

〔一一〕九里　南家本作「九土」。

〔一二〕戈注：「漢光武時潁川盜起，徵拜漁陽太守郭伋爲潁川太守，召見，帝勞曰：『賢能太守，去帝城不遠，河潤九里，冀京師並蒙福也。』伋到郡，招懷群盜皆降。」

〔一三〕或以人興詠　南家本、菅家本作「或人興歌詠」，韓版作「輿人興歌詠」，戈本作「或與人興詠」。

〔一四〕戈注：「漢明帝時，王堂拜巴州太守，時西羌爲寇，堂討平之。巴、庸清静，生爲立祠。」

〔一五〕戈注：「名詢，武帝曾孫，衛太子之孫也。」

〔一六〕子内　南家本、菅家本作「兒子内」。

〔一七〕請且　南家本作「且請」，菅家本無「且」字。

〔一八〕觀見　南家本、菅家本作「常觀」。

〔一九〕臣謹按　南家本、菅家本作「謹按」。戈注：「後漢明帝名莊，章帝名炟，和帝名肇。」

〔二〇〕各留　南家本、菅家本作「召留」。

〔二一〕數十百人　南家本作「數百人」。

〔二二〕二王　南家本、菅家本作「一王」。戈注：「二王，謂楚王英、廣陵思王荆也。皆以謀逆自殺。」

〔二三〕皆沖和深粹　南家本、菅家本作「凔和染教皆爲善人此則前事已驗」。

〔二四〕嘉納其言　南家本、菅家本作「從之」。

【案】本章南家本、菅家本爲論太子諸王定分篇第五章。事見舊唐卷八〇褚遂良傳、會要卷四七、册府卷五三一。

論規諫太子第十二

【案】南家本、菅家本、戈本無「論」字。元刻、明本、韓版、戈本均四章，戈注「凡四章」。南家本、菅家本五章，以第三章(108)分作二章。

106 ○貞觀五年，李百藥爲太子右庶子。時太子承乾〔一〕頗留意典墳〔二〕，然閑燕之後，嬉遊無度〔三〕。百藥作贊道賦以諷焉，其詞曰：

下臣則聞〔四〕先聖之格言，嘗覽載籍之遺則。伊天地之玄造，洎皇王之建國。曰人紀與人綱，資立言與立德。履之則率性成道，違之則罔念作忒〔五〕。望興廢如從鈞〔六〕，視吉凶於糾纆〔七〕。至乃受圖膺籙，握鏡君臨。因萬物之恩化〔八〕，以百姓而爲心〔九〕。傷大儀〔一〇〕之潛運〔一一〕，閱往古以來今〔一二〕。盡爲善於乙夜，惜勤勞於寸陰〔一三〕。故能釋增冰〔一四〕於瀚海〔一五〕，變寒谷於蹛林〔一六〕。總人靈以胥悦，極穹壤而懷音〔一七〕。

赫矣盛唐〔一八〕，大哉靈命；時惟太始〔一九〕，運鍾上聖。天縱皇儲，固本居正；機晤宏遠，神姿凝暎。顧三善而必弘〔二〇〕，祗四德而爲行〔二一〕。每趍庭而聞禮〔二二〕，常問寢而資敬。奉聖訓以周旋，誕天文之明令〔二三〕。邁觀喬而望梓〔二四〕，即元龜與明鏡。自大道云革，禮教斯起。以正君臣，以篤父子。君臣之禮〔二五〕，父子之親，盡情義以兼極，諒弘道而在人〔二六〕。豈夏啓而周誦〔二七〕，亦丹朱以商均〔二八〕。既彫且琢，温故知新。惟忠與敬〔二九〕，曰孝與仁。則可以下光四海，上燭三辰〔三〇〕。昔三王〔三一〕之教子，兼四時以齒學；將交發於中外，乃〔三二〕先之以禮樂。樂以移風易俗，禮以安上化人。非有悦於鍾鼓，將宣志以和神。寧有〔三三〕懷於玉帛，將克己而庇身。生於深宮之中，處於群后之上〔三四〕；未深思於王業，不自珍於匕鬯〔三五〕。謂富貴之自然，恃崇高以矜尚。必恣驕很，動褰〔三六〕禮讓。輕師傅而慢禮儀，狎姧盜〔三七〕而縱淫放。前星之耀遽隱〔三八〕，少陽之道斯諒〔三九〕。雖天下之爲家，蹈夷險〔四〇〕之非一。或以才而見升，或見讒〔四一〕而受黜。足可以自省〔四二〕厥休咎，觀其得失。請粗略而陳之，覬披文以相質〔四三〕。

在宗周之積德〔四四〕，乃執契而膺期；賴昌、發而作貳〔四五〕，啓七百之鴻基。逮扶蘇之副秦〔四六〕，非有虧於聞望〔四七〕；以長嫡之隆重，監偏師於亭障〔四八〕。始禍則金以寒離〔四九〕，厥妖則火不炎上〔五〇〕；既樹置之違道，見宗祀之遄喪。伊漢氏之長世，固明兩之遞作〔五一〕。高惑戚而寵趙，以天下而爲謔；惠結皓而因良，致羽翼於寥廓〔五二〕。景有慚於鄧子，成從理之淫虐；終生患於强吴，由發怒於争博〔五三〕。徹居儲兩，時猶幼沖，防衰年之絶議〔五四〕，識亞夫之矜功，故能恢弘〔五五〕祖業，紹三代之遺風〔五六〕。據開博望，其名未融〔五七〕。哀時命之奇舛，遇讒賊於江充；雖備兵〔五八〕以誅亂，竟背義而凶終〔五九〕。宣嗣好儒，大猷行闡，嗟被尤於德教，美發言於忠謇。始聞道於韋、匡〔六〇〕，終獲戾於恭、顯〔六一〕。太孫〔六二〕雜藝，雖異定陶，馳道不絶，抑惟小善。猶見重於通人，當傳芳於前典〔六三〕。中興上嗣，明、章濟濟，俱達時政〔六四〕，咸通經禮。極至情於愛敬〔六五〕，惇友于於兄弟，是以固東海〔六六〕之遺堂，因西周之繼體〔六七〕。五官在魏，無聞德音。或受譏於妲己，且自悦於從禽。雖才高而學富，竟取累於荒淫〔六八〕。暨貽厥於明皇，構崇基於三世。得秦帝之奢侈，亞漢武之才藝。遂驅役於群臣，亦無救於凋弊〔六九〕。中撫寬愛，相表多奇。重桃符而致惑〔七〇〕，納鉅鹿之明規〔七一〕。竟能掃江表之氛穢，舉要荒而見羈〔七二〕。思惠處東朝〔七三〕，察其遺跡。在聖德其如初，實御床之可惜〔七四〕。悼愍懷之云廢，遇烈風之吹沙。盡性靈之狎藝〔七五〕，亦自敗於凶邪。安能奉其粢盛，承此邦家〔七六〕。

惟聖上之慈愛，訓義方於至道。同論政於漢幄，脩政戒〔七七〕於京鄗。鄗韓子之所賜〔七八〕，重經術以爲寶〔七九〕。咨〔八〇〕政理之美惡，亦文身之斧藻。庶有擇於愚夫，慙乞言於遺老。致庶績於咸寧，先得人而爲盛。帝堯以則哲垂謨〔八一〕，文王以多士興詠〔八二〕。取之於正人，鑒之於〔八三〕靈鏡。量〔八四〕其器能，審其檢行。必宜度機而分職，不可違方以從政。若其惑於聽受〔八五〕，暗於知人，則有道者咸屈，無用者必伸〔八六〕。諂諛〔八七〕競進以求媚，玩好不召而自臻。直言正諫，以忠信而獲罪；賣官鬻獄，以貨賄而見親。於是虧我王度，斁我彝倫〔八八〕。九鼎遇奸回而遠逝〔八九〕，萬姓望撫我而歸仁〔九〇〕。蓋造化之至育，惟人靈之爲貴〔九一〕。獄訟不理〔九二〕，有生死之異塗；冤結不申，感〔九三〕陰陽之和氣。士之通塞，屬之以深文；命之脩短，懸之於酷吏。是故，帝堯畫像，陳郵隱之言〔九四〕；夏禹泣辜，盡哀矜之志〔九五〕。因取象於大壯〔九六〕，乃峻宇而雕墻。將瑶臺以〔九七〕瓊室，豈畫棟以虹梁。或凌雲以遐觀〔九八〕，或通天而納涼〔九九〕。極醉飽而刑人力，命痿蹷而受身殃。是故言惜十家之産〔一〇〇〕，漢帝以昭儉而垂裕〔一〇一〕；雖成百里之囿，周文以子來而克商〔一〇二〕。彼嘉會而禮通，重旨酒之爲德〔一〇三〕。至忘歸而受祉，在齊聖而温克。若其酗醟以致昏〔一〇四〕，沈湎以成忒〔一〇五〕，痛殷受〔一〇六〕與灌夫，亦亡家〔一〇七〕而喪國。是以伊尹以酣室〔一〇八〕而作戒，周公以亂邦而貽則〔一〇九〕。咨幽閑之令淑，寔好逑於君子〔一一〇〕。辭玉輦而割愛，固班姬之所耻〔一一一〕；脱簪珥而思愆，亦宣姜之爲美〔一一二〕。乃有禍晋之驪姬〔一一三〕，喪周之褒姒〔一一四〕。盡娥妍於圖畫〔一一五〕，極凶悖於人理。傾城傾國，思昭示於後王；麗質冶容，宜永鑑於前史〔一一六〕。復有蒐狩之禮〔一一七〕，馳射之場，不節之以禮義〔一一八〕，必自致於禽荒。匪外形之疲極，亦中心而發狂〔一一九〕。夫高深不懼，胥靡之徒；韝緤爲娱，小竪之事〔一二〇〕。以宗社之崇重，持先王之名器，與鷹犬之並驅〔一二一〕，淩艱險而逸轡。馬有銜橛之理〔一二二〕，獸駭不存之地，猶有靦於獲多〔一二三〕，獨無情而内愧〔一二四〕。

以小人〔一二五〕之愚鄙，忝不貲之恩榮。擢無庸於草澤，齒陋質於簪纓。遇大道行而兩儀泰，喜元良盛〔一二六〕而萬國貞。以監撫〔一二七〕之多暇，每講論而肅成〔一二八〕。仰惟神之敏速，歎將聖之聰明。自禮賢於秋實，足歸道於春卿。芳年淑景，時和氣清。華殿邃兮簾幃靜〔一二九〕，灌木森兮風雲輕，花飄香兮動笑日，驕鶯囀兮相哀鳴〔一三〇〕。以物華之繁靡，尚絶思於將迎。猶蹈道〔一三一〕而不倦，極耽翫以研精。命庸才以載筆，謝摛藻於天庭。異洞簫之娛侍〔一三二〕，殊飛蓋之緣情〔一三三〕。闕雅言以贊德〔一三四〕，思報恩〔一三五〕以輕生。敢下拜而稽首，願永樹於風聲。奉皇靈之遐壽，冠振古於鴻名〔一三六〕。」

太宗見而遣使〔一三七〕謂百藥曰：「朕於皇太子處見卿所作賦，述古來儲貳事以戒太子，甚是典要。朕選卿以輔弼太子，正爲此事，大稱〔一三八〕所委，但須善始令終耳。」因賜〔一三九〕厩馬一匹，綵物三百段。

校注

〔一〕承乾　南家本、菅家本無此二字。戈注：「字高明，太宗長子也。生承乾殿，即以名之。貞觀初立爲皇太子，甫八歲，特敏惠，及長，過惡浸聞。十七年廢爲庶人，十八年卒。封常山王，謚曰愍。」

〔二〕戈注：「孔安國曰：『伏羲、神農、黄帝之書，謂之三墳，言大道也。少昊、顓頊、高辛、唐、虞之書，謂之五典，言常道也。』」

〔三〕嬉遊無度　南家本、菅家本、戈本作「嬉戲過度」。

〔四〕則聞　南家本、菅家本作「側聽」，元刻、戈本作「側聞」。

〔五〕罔念作忒　南家本、菅家本作「罔念作慝」。

〔六〕從鈞　南家本作「徙鉤」，菅家本作「徒鉤」。

〔七〕於糾纆　戈本作「如糾纆」。

〔八〕恩化　戈本作「思化」。

〔九〕爲心　南家本、菅家本衍作「爲腹心」。

〔一〇〕傷大儀　韓版、戈本作「體大儀」。

〔一一〕潛運　原作「僭運」，據南家本、菅家本、元刻、韓版、戈本改。

〔一二〕以來今　南家本、菅家本、元刻、戈本作「於來今」。

〔一三〕戈注：「淮南子曰：『聖人不貴尺之璧而重寸之陰，時難得而易失也。』」

〔一四〕增冰　戈本作「層冰」。

〔一五〕瀚海　原作「渙汗」，元刻同，據南家本、菅家本、韓版、戈本及英華改。

〔一六〕戈注：「唐之思結地置蹛林州。漢書注云：『蹛林，匈奴繞林而祭也。』」

〔一七〕極穹壤 興本、松本脱「極」字。

〔一八〕盛唐 建治本、元刻、戈本作「聖唐」。

〔一九〕時惟太始 戈本作「時維大始」。戈注：「大，讀曰泰。」

〔二〇〕戈注：「見教誡篇注。」

〔二一〕戈注：「易文言傳曰：『君子行此四德者，故曰元亨利貞。』」

〔二二〕戈注：「論語，伯魚曰：鯉趨而過庭，曰：『學禮乎？』曰：『未也。』鯉退而學禮。」

〔二三〕誕天文之明令 南家本、菅家本作「誕天文之明命」。

〔二四〕邁觀喬 南家本、菅家本作「邁觀高」。戈注：「商子曰：『喬仰，父道也；梓俯，子道也。』」

〔二五〕君臣之禮 南家本、菅家本作「君臣之體」。

〔二六〕諒弘道而在人 南家本、菅家本作「諒道德之在人」，戈本作「諒弘道之在人」。戈注：「論語曰：『人能弘道。』」

〔二七〕而周誦 南家本、菅家本、戈本作「與周誦」。

〔二八〕以商均 南家本、菅家本、戈本作「與商均」。

〔二九〕敬 南家本訛作「教」。

〔三〇〕戈注：「日、月、星也。」

〔三一〕三王　原作「二王」，據南家本、菅家本、元刻、韓版、戈本改。

〔三二〕乃　南家本、菅家本、韓版作「故」。

〔三三〕寧有　南家本、菅家本作「非有」。

〔三四〕戈注：「群后，諸侯也。」

〔三五〕匕鬯　南家本、菅家本訛作「巨鬯」。戈注：「匕，所以載鼎實。鬯，香酒灌地以求神者也。」

〔三六〕動褰　韓版、戈本作「動愆」。

〔三七〕狎奸盜　南家本、菅家本、韓版、戈本作「狎姦諂」。

〔三八〕前星之耀遽隱　南家本、菅家本作「則前星之曜遽隱」。戈注：「心三星，中爲君，前爲太子，後爲少子。」

〔三九〕戈注：「震爲少陽，長子之道也。」

〔四〇〕蹈夷險　戈本作「蹈夷儉」。

〔四一〕見讒　南家本、菅家本作「遇讒」。

〔四二〕自省　南家本、菅家本無「自」字。

〔四三〕以相質　南家本、菅家本、元刻、戈本作「而相質」。

〔四四〕宗周　南家本、菅家本作「隆周」。

〔四五〕而作貳　南家本、菅家本作「之作貳」。戈注：「昌，文王名。發，武王名。」

〔四六〕副秦　南家本、菅家本作「嗣秦」。

〔四七〕聞望　南家本、菅家本作「問望」。

〔四八〕戈注：「扶蘇，秦始皇長子也。始皇欲坑諸生，扶蘇切諫，始皇怒，使北監蒙恬上郡。始皇崩，公子胡亥詐受遺詔自立，賜扶蘇死。」

〔四九〕戈注：「左傳閔公二年，晉侯使太子申生伐東山皋落氏，衣之偏衣，佩之金玦，狐突歎曰：『衣之尨服，遠其躬也。佩以金玦，棄其衷也。尨涼冬殺，金寒玦離，胡可恃也？』金玦，金環也。」

〔五〇〕戈注：「五行傳曰：『棄法律，逐功臣，殺太子，以妾爲妻，則火不炎上。』言火失其性而爲災也。」

〔五一〕明兩　南家本、菅家本、韓版作「明離」。戈注：「易曰：『明兩作離，大人以繼明，照于四方。』」

〔五二〕戈注：「並見教戒篇注」。

〔五三〕戈注：「漢景帝，名啓，文帝太子也。鄧子，名通，文帝佞幸臣也。强吴，高祖兄仲之子，吴王濞也。文帝嘗病癰，鄧通常爲帝吮之。帝曰：『天下誰最愛我？』通曰：『宜莫如太子。』太子入問病，帝使吮癰，吮而色難之。已而聞通嘗爲帝吮，心慙，由此怨通。及即位，鄧通免。太子又嘗與吴太子飲博，吴太子素驕，博争不恭，太子引博局提吴太子殺之。吴王由是怨望，稍失藩臣禮。」

〔五四〕防衰年之絶議　南家本、菅家本作「知防年之絶義」。

〔五五〕恢弘　南家本作「恢弘於」。

〔五六〕戈注：「徹，漢武帝名。儲兩，爲太子時也。亞夫，周勃之子，仕至丞相，景帝甚重之。帝欲廢戾太子，亞夫不可，帝由是疏之。帝嘗目之曰：『此鞅鞅，非少主臣也。』」

〔五七〕其名未融　南家本、菅家本作「其明未融」。

〔五八〕備兵　南家本、菅家本作「借兵」。

〔五九〕戈注：「據，戾太子名，漢武帝子也。帝爲太子立博望苑，使通賓客。趙人江充與太子有隙，見帝年老，恐他日爲所誅，因言帝疾祟在巫蠱。帝乃使充入宮治之。充云：『太子宮木人尤多，又有帛書，所言不道。』太子遂捕充，斬之。長安軍亂，因言太子反。上怒，太子自經。」

〔六〇〕韋匡　原作「匡遠」，元刻同，南家本作「違匡」，菅家本作「匡違」，韓版、戈本作「匡韋」，英華作「韋匡」。〔案〕「韋匡」指西漢韋玄成、匡衡，先後以儒宗居相位，爲元帝丞相。參取南家本、韓版、戈本及英華作「韋匡」。

〔六一〕戈注：「宣嗣，漢元帝也，名奭，好儒術文辭，用韋玄成、匡衡相繼爲丞相，多所嚮納。復以弘恭、石顯相繼擅權用事，蕭望之、京房、賈捐之等，皆以言顯短而死。」

〔六二〕太孫　南家本、菅家本作「大孫」。

〔六三〕當傅芳　南家本、菅家本作「尚傅芳」。戈注：「漢成帝，名驁，字太孫，元帝太子也。定陶共王，元帝庶子也。成帝博好經書，爲太子時，帝急召之。太子出龍樓門，不敢絶馳道，西至直城門得絶，乃度，還入作室門。上遲之，問其故，以狀對，帝悦，乃詔太子得絶馳道。其後帝以定陶王有材藝，欲立爲嗣，賴侍中史丹輔助太子，得無廢。」

〔六四〕時政　南家本、菅家本作「政術」。

〔六五〕愛敬　南家本、戈本作「敬愛」。

〔六六〕東海　南家本、菅家本訛作「東漢」。

〔六七〕因西周　南家本、菅家本作「同西周」。戈注：「光武爲漢中興之君，太子莊，是爲明帝，號顯宗。明帝太子炟是爲章帝，號肅宗。東海王，明帝之兄，極相友愛。史贊：『顯宗不承，業業兢兢，危心恭德，政察姦勝；肅宗濟濟，天性豈弟，於穆后德，諒惟淵體。』」

〔六八〕戈注：「魏文帝，姓曹，名丕，初爲五官中郎將，見袁熙妻甄氏美而悦之，太祖爲之聘焉。及受漢禪，嘗出射雉，謂群臣曰：『射雉樂哉！』辛毗對曰：『於陛下甚樂，於群臣甚苦。』」

〔六九〕戈注：「明皇，名叡，魏文帝太子也，嗣帝位。侍中劉曄稱之曰：『秦始皇、漢孝武之儔，才具微不及耳。』景初元年，起土山於芳林園，使公卿群僚皆負土栽木於其上，捕禽驅獸於其中。群臣皆面目垢黑，由是百姓凋弊，四海分崩。」

〔七〇〕致惑　南家本訛作「致或」。

〔七一〕明規　南家本、菅家本作「弘規」。

〔七二〕戈注：「晉武帝，姓司馬，名炎，晉王昭之子也。仕魏爲中撫軍。桃符，武帝弟齊王攸之小名也。初晉王欲以攸爲世子，何曾、裴秀曰：『中撫軍聰明神武，人望既茂，天表如此，固非人臣之相也。』晉王由是意定，立炎爲世子，嗣晉王位，受魏禪，國號晉。」

〔七三〕思惠處東朝　南家本、菅家本、韓版、戈本無「思」字。

〔七四〕戈注：「晉惠帝，名衷，武帝第三子。東朝，爲太子時也。是時朝野咸知太子昏愚，不堪爲嗣，尚書令衛瓘欲陳啓而未敢發。會侍宴陵雲臺，瓘陽醉，跪帝前，欲言而止者三，因以手撫床曰：『此座可惜。』」

〔七五〕狎藝　南家本、菅家本作「狎褻」。

〔七六〕戈注：「晉愍懷太子，名遹，惠帝長子也。有令譽，賈后忌之，使閹官輩媚之爲非，於是慢弛益彰，賈后遂設計譏譖於帝，廢爲庶人。」

〔七七〕政戒　南家本、菅家本、韓版、戈本作「致戒」。

〔七八〕戈注：「晉元帝好任刑法，以韓非子賜太子。」

〔七九〕以爲寶　南家本、菅家本作「而以爲寶」。

〔八〇〕咨　南家本、菅家本訛作「恣」。

〔八一〕垂謨　南家本、菅家本作「垂禮」。戈注：「虞書曰：『知人則哲，能官人。』」

〔八二〕戈注：「詩曰：『濟濟多士，文王以寧。』」

〔八三〕鑒之於　南家本、菅家本作「鑒之以」。

〔八四〕量　南家本訛作「置」。

〔八五〕惑於聽受　建治本訛作「惑於聽愛」，菅家本訛作「或於聽受」。

〔八六〕必伸　南家本、菅家本作「畢伸」。

〔八七〕諂諛　戈本作「讒諛」。

〔八八〕戈注：「斁，亂也。」

〔八九〕戈注：「九鼎，周之寶器，周沉泗水中。始皇求之，不能出。」

〔九〇〕戈注：「此一節述任用之戒。」

〔九一〕爲貴　菅家本作「所貴」。

〔九二〕獄訟不理　南家本作「獄訟之不理」，菅家本作「獄訟之理」。

〔九三〕感　戈本作「乖」。

〔九四〕戈注：「虞書曰：『象以典刑。』又曰：『惟刑之恤哉。』漢書：『唐、虞畫像而民不犯。』注：『畫像者，畫衣冠異章服，象五刑也。犯黥者皂其中，犯劓者丹其服，犯宫者雜其屨，大辟之罪，誅殛之刑，布其衣裾無領緣。』」

〔九五〕戈注：「見封建篇注。此一節述刑罰之戒。」

〔九六〕戈注：「易大傳曰：『上古穴居而野處，後世聖人易之以宫室，上棟下宇以待風雨，蓋取諸大壯。』」

〔九七〕以　南家本、菅家本作「與」。下句同。戈注：「桀作瑶臺，紂作瓊室。」

〔九八〕戈注：「世説，魏作淩雲臺，極精巧，隨風摇動，終無崩隕。」

〔九九〕戈注：「漢武帝作神明、通天之臺於林光明，高三十丈。」

〔一〇〇〕是故　戈本作「是以」。

〔一〇一〕戈注：「漢文帝欲作露臺，召匠計之，直百金，帝曰：『百金，中人十家之産也，吾奉先帝宫室，常恐羞之，何以臺爲？』」

〔一〇二〕克商　南家本、菅家本、韓版、戈本作「克昌」。戈注：「孟子曰：『文王之囿方七十里。』此言百里者，舉成數言也。囿者，蕃育鳥獸之所。詩曰：『經始勿亟，庶民子來，經之營之，不日成之。』此一節述營繕之戒。」

〔一〇三〕戈注：「儀狄作酒，禹飲而甘之，曰：『後世必有以酒亡國者。』遂疏儀狄，而絶旨酒。出戰國策。」

〔一〇四〕戈注：「酗醟，酣怒也。」

〔一〇五〕沈湎以成忒　南家本、菅家本作「酖湎而成惑」，戈本作「酖湎而成忒」。戈注：「酖湎，嗜飲也。」

〔一〇六〕殷受　南家本、菅家本訛作「膚受」。

〔一〇七〕亡家　戈本作「亡身」。戈注：「殷紂名受，以酒爲池，竟亡其國。漢灌夫醉酒駡坐，遂誅其身。」

〔一〇八〕酣室　戈本作「酣歌」。戈注：「商書伊尹作訓曰：『敢有恒舞于宫，酣歌于室，時謂巫風。』」

〔一〇九〕戈注：「周書周公作誥曰：『越小大邦用喪，亦罔非酒。』此一節述甘酒之戒。」

〔一一〇〕戈注：「逑，匹也。詩曰：『窈窕淑女，君子好逑。』」

〔一一一〕戈注：「漢成帝遊於後庭，嘗欲與班倢妤同輦，辭曰：『觀古圖畫，聖賢之君皆有名臣在側，三代末主乃有嬖女，今欲同輦，得無近似之乎？』帝善納其言而後止。」

〔一一二〕戈注：「宣姜，周宣王后也。王嘗晏起，后乃脱纓珥待罪於永巷，使傅母通言於王曰：『王樂色而忘德，失禮而晏起，亂之興自婢子始，敢請罪。』王曰：『寡人不德，實自生過，非夫人之罪也。』自是勤於政事，早朝晏罷，卒成中興之主。」

〔一一三〕戈注：「晉獻公伐驪戎，獲驪姬，愛之，生奚齊。公有子八人，惟太子申生、重耳、夷吾賢。驪姬佯譽太子，而陰令人譖之，欲立其子，太子自殺，又譖二公子，於是重耳走蒲，夷吾走屈，竟以亂晉。」

〔一一四〕喪周　南家本、菅家本作「亡周」。戈注：「周幽王嬖愛褒姒，生子伯服。王竟廢申后及太子宜臼，以褒姒爲后，伯服爲太子。後因取褒姒笑失信於諸侯，西夷犬戎殺王驪山下，虜褒姒，盡取周賂而去。」

〔一一五〕娥妍　南家本、菅家本、韓版、戈本作「妖妍」。

〔一一六〕永鑑於前史　南家本作「永鑒前史」。戈注：「此一節述色荒之戒。」

〔一一七〕戈注：「禮，春曰『蒐田』，冬曰『狩田』。」

〔一一八〕以禮義　南家本作「正義」，菅家本、戈本作「以正義」。

〔一一九〕戈注：「老子曰：『馳騁田獵，令人心發狂。』」

〔二〇〕戈注：「鞲，鷹帽也。緤，所以繫犬者。」

〔二一〕之並驅　南家本、菅家本作「而竝馳」，韓版、戈本作「而並驅」。

〔二二〕戈注：「相如諫獵書：『時有銜橛之變。』」

〔二三〕有靦　南家本、菅家本作「靦面」。戈注：「靦，慙也。」

〔二四〕而内愧　南家本、菅家本作「於内愧」。戈注：「此一節述禽荒之戒。」

〔二五〕小人　戈本作「小臣」。

〔二六〕元良盛　戈本作「元良會」。

〔二七〕監撫　戈本作「監府」。

〔二八〕而肅成　南家本作「於肅成」。

〔二九〕幃静　南家本、菅家本作「帷静」。

〔三〇〕花飄香兮動笑日驕囂囀兮相哀鳴　南家本、菅家本作「花飄香兮動笑鳥嬌囀兮相鳴」。

〔三一〕蹈道　戈本作「允蹈」。

〔三二〕戈注：「漢元帝爲太子時，好吹洞簫，自度聲被歌調。王褒上洞簫賦，乃令後宫貴人皆誦讀之。」

〔三三〕戈注：「魏文帝爲世子時，曹植賦詩曰：『清夜遊西園，飛蓋相追隨。』」

〔三四〕闕雅言以贊德　南家本、菅家本作「闕雅命以誦德」。

〔一三五〕思報恩　原作「異報恩」，元刻、韓版同，興本、松本、菅家本作「思報德」，據建治本、戈本改。

〔一三六〕於鴻名　戈本作「之鴻名」。

〔一三七〕見而遣使　南家本無「遣使」二字。

〔一三八〕大稱　南家本作「太稱」。

〔一三九〕因賜　南家本作「詔賜」，菅家本作「因詔賜」。

【案】本章事見舊唐卷七二李百藥傳，賦見英華卷六〇。

107 ○貞觀中，太子承乾數虧禮度，侈縱日甚〔一〕，太子左庶子〔二〕于志寧撰諫苑二十卷諷之〔三〕。是時，太子右庶子孔穎達〔四〕每犯顏進諫。承乾乳母遂安夫人謂穎達曰：「太子長成〔五〕，何宜屢得面折？」對曰：「蒙國厚恩，死無所恨。」諫爭愈切。承乾令撰孝經義疏，穎達又因文見意，愈廣規諫之道〔六〕。太宗並嘉納之〔七〕，二人各賜帛五百匹〔八〕、黃金一斤，以勵承乾之意〔九〕。

校注

〔一〕侈縱日甚　南家本、菅家本無此四字。

〔二〕左庶子　南家本、菅家本作「右庶子」。

〔三〕此句以下南家本、菅家本有「太宗大悦賜黄金一斤絹三百匹」十三字，舊唐于志寧傳同。

〔四〕戈注：「字仲達，冀州人，八歲就學，日記千餘言。隋世舉明經高第。貞觀初，數進忠言，爲右庶子。嘗撰五經義疏，號爲詳博。」

〔五〕太子長成　南家本作「我太子成長」，菅家本作「太子成長」。

〔六〕承乾令撰孝經義疏至愈廣規諫之道　南家本、菅家本無此二十一字。

〔七〕並嘉納之　南家本、菅家本作「甚嘉之」。

〔八〕二人各賜帛五百匹　南家本、菅家本作「賜帛五百段」。

〔九〕黄金一斤以勵承乾之意　南家本無此十字。戈注：「按史傳，各賜帛百匹，黄金十斤。」〔案〕舊唐孔穎達傳爲「各賜黄金一斤、絹百匹」。

【案】本章事見舊唐卷七三孔穎達傳、卷七八于志寧傳、册府卷七〇九、七一〇、七一四。

108 ○貞觀十三年，太子右庶子張玄素以承乾〔一〕頗以遊畋廢學，上書諫曰：

臣聞皇天無親，惟德是輔〔二〕，苟違天道，人神同棄。然三驅之禮〔三〕，非欲教殺，將爲百姓除害，故湯羅一面，天下歸仁〔四〕。今苑内娱獵，雖名異遊畋，若行之無恒，終虧雅度。且傅說曰〔五〕：「學不師古，匪說攸聞〔六〕。」然則弘道在於學古，學古必資師訓〔七〕。既奉恩詔，令孔穎達侍講，望數存顧問，以補萬一。仍博選有名行學士，兼朝夕讀〔八〕。覽聖人之遺教，察既行之往事〔九〕，日知其所不足，月無忘其所不能〔一〇〕。此則〔一一〕盡善盡美，夏啓、周誦，焉足言哉！夫爲人上者，未有不求其善，但以性不勝情，耽惑成亂。耽惑〔一二〕既甚，忠言盡塞〔一三〕，所以臣下苟順，君道漸虧。古人有言：「勿以小惡而不去，小善而不爲〔一四〕。」故知禍福之來，皆起於漸。殿下地居儲貳〔一五〕，當須廣樹嘉猷。既有好畋之淫〔一六〕，何以主斯匕鬯？慎終如始，猶恐〔一七〕漸衰，始尚不慎，終將安保！

承乾不納。玄素又上書諫曰：

臣聞稱皇子〔一八〕入學而齒胄者，欲令〔一九〕太子知君臣父子尊卑之序、長幼之節〔二〇〕。用之方寸之內，弘之四海之外者，皆因〔二一〕行以遠聞，假言以光被。伏惟殿下，睿質已隆，尚須學文以飾其表。竊見孔穎達、趙弘智等，非惟宿德鴻儒，亦兼達政要。望令數得侍講，開釋〔二二〕物理，覽古論今〔二三〕，增輝〔二四〕睿德。至如騎射畋遊，酣歌妓玩，苟悦耳目，終穢心神。漸染既久，必移情性。古人有言：「心爲萬事主，動而無節即亂。」恐〔二五〕殿下敗德之源，在於此矣。

承乾覽書愈怒，謂玄素曰：「庶子患風狂耶！」

十四年〔二六〕，太宗知玄素在東宮頻有〔二七〕進諫，擢授銀青光禄大夫〔二八〕，行太子左庶子。時承乾嘗於宮中擊鼓，聲聞于外，玄素叩閤〔二九〕請見，極言切諫。承乾乃出宮内鼓〔三〇〕，對玄素毁之。遣户奴伺玄素早朝，陰以馬撾擊之，殆至於死。

是時承乾好營造亭觀〔三一〕，窮奢極侈〔三二〕，費用日廣，玄素上書諫曰：

臣以愚蔽，竊位兩宮，在臣有江海之潤，於國無秋毫之益，是用必竭愚誠，思盡臣節者。伏惟儲君〔三三〕之寄，荷戴〔三四〕殊重，如其積德不弘，何以嗣守成業？聖上以殿下親則父子，事兼家國，所應用物，不爲節限。恩旨未踰六旬，用物已過七萬，驕奢之極，孰云過此。龍樓之下，惟聚工匠；望苑之内，不覩賢良。今言孝敬，則闕侍膳問竪〔三五〕之禮；語恭順，則違君父慈訓之方；求風聲，則無學古〔三六〕好道之實；觀舉措，則有因緣〔三七〕誅戮之罪。宮臣正士，未嘗在側〔三八〕，群邪淫巧，日近〔三九〕深宮。愛好者皆遊伎〔四〇〕雜色，施與〔四一〕者並圖畫彫鏤。在外〔四二〕瞻仰，已有此失；居中隱密〔四三〕，寧可勝計哉！宣猷禁門，不異闤闠，朝入暮出，惡聲漸遠。右庶子趙弘智經明行脩，當今善士，臣每請〔四四〕望數召進，與之談論〔四五〕，庶廣徽猷。令旨反有嫌猜〔四六〕，謂臣妄相推引。從善如流，尚恐不逮；飾非拒諫，必是招損。古人云：「苦藥〔四七〕利病，苦言〔四八〕利行。」伏願安居思危〔四九〕，日慎一日。書入，承乾大怒，遣刺客將加屠害，俄屬宫廢〔五〇〕。

校注

〔一〕承乾　南家本、菅家本作「太子承乾」。

〔二〕戈注：「周書蔡仲之命之辭。」

〔三〕三驅之禮　南家本、菅家本、戈本作「古三驅之禮」。

〔四〕戈注：「湯出，見野張網四面。祝曰：『自天下四方，皆入吾網。』湯曰：『嘻，盡之矣！』乃去其三面，祝曰：『欲左，左；欲右，右。不用命，乃入吾網。』諸侯聞之曰：『湯德至矣，及禽獸。』」

〔五〕且傅説曰　南家本、菅家本訛作「且傅曰」。

〔六〕攸聞　建治本訛作「欣聞」。戈注：「商書傅説告高宗之辭。」

〔七〕學古必資師訓　南家本作「學古必資於師訓」，菅家本作「必資於師訓」。

〔八〕讀　南家本、菅家本、戈本作「侍奉」，元刻作「侍讀」。

〔九〕既行之往事　南家本、菅家本、戈本作「既往之行事」。

〔一〇〕所不能　南家本、親本、韓版、戈本作「所能」。

〔一一〕此則　菅家本無「此」字。

〔一二〕耽惑　菅家本訛作「耽或」。

〔一三〕盡塞　南家本、菅家本作「遂塞」。

〔一四〕勿以小惡而不去小善而不爲　南家本、菅家本作「忽小惡而不去耻小善而不爲」。

〔一五〕儲貳　南家本、菅家本作「儲兩」。

〔一六〕之淫　南家本、菅家本訛作「之謡」。

〔一七〕猶恐　南家本、菅家本作「猶懼」。

〔一八〕稱皇子　南家本、菅家本作「禮稱皇太子」。

〔一九〕欲令　南家本、菅家本作「欲使」。

〔二〇〕君臣父子尊卑之序長幼之節　南家本、菅家本作「君臣父子長幼之道然君臣之義父子之親尊卑之序長幼之節」，戈本作「君臣父子尊卑長幼之道然君臣之義父子之親尊卑之序長幼之節」。戈注：「見教誡篇注。」

〔二一〕因　南家本訛作「日」。

〔二二〕開釋　原作「問釋」，元刻、韓版同，據南家本、菅家本、戈本改。

〔二三〕覽古論今　南家本、菅家本作「覽古諭今」。

〔二四〕增輝　南家本、菅家本作「增暉」。

〔二五〕恐　南家本、菅家本作「臣恐」。

〔二六〕十四年　南家本、菅家本別爲一章，故作「貞觀十四年」。

〔二七〕頗有　南家本、菅家本、韓版、戈本作「頻有」。

〔二八〕銀青光禄大夫　戈本訛作「銀青榮禄大夫」。

〔二九〕叩閤　菅家本作「扣閤」。

〔三〇〕承乾乃出宫内鼓　原作「乃出宫内鼓」，元刻、韓版、戈本同，據南家本、菅家本及舊唐補「承乾」二字。

〔三一〕亭觀　菅家本作「高觀」。

〔三二〕窮奢極侈　南家本、菅家本、戈本作「窮極奢侈」。

〔三三〕儲君　南家本、菅家本作「皇儲」。

〔三四〕荷戴　建治本、松本訛作「節載」。

〔三五〕侍膳問豎　建治本、松本、菅家本訛作「視膳問賢」。

〔三六〕學古　南家本、菅家本作「愛學」。

〔三七〕因緣　南家本訛作「恩緣」，菅家本訛作「因禄」。

〔三八〕在側　南家本訛作「存側」。

〔三九〕日近　南家本、菅家本、戈本作「昵近」。

〔四〇〕皆遊伎　南家本、菅家本作「遊手」。

〔四一〕施與　興本、松本訛作「施興」。

〔四二〕在外　南家本訛作「存外」。

〔四三〕隱密　建治本、松本作「隱蜜」。

〔四四〕臣每請　南家本、菅家本作「臣每奏請」。

〔四五〕與之談論　南家本、菅家本作「乃與之談論」。

〔四六〕反有嫌猜　南家本、菅家本作「及有猜嫌」，韓版、戈本作「反有猜嫌」。

〔四七〕苦藥　興本、松本訛作「苦樂」。

〔四八〕苦言　戈本作「苦口」。

〔四九〕安居思危　南家本、菅家本、元刻、韓版、戈本作「居安思危」。

〔五〇〕戈注：「按後一書，通鑑係十三年，『詔自今皇太子出用庫物，所司勿爲限制，於是太子發取無度』，故玄素上疏。十七年承乾廢。」〔案〕「通鑑係十三年」誤，當作「通鑑係十六年」。

【案】「十四年」以下，南家本、菅家本別作一章。事見舊唐卷七五張玄素傳。

109 ○貞觀十四年，太子詹事〔一〕于志寧以太子承乾廣造宮室〔二〕，奢侈過度，耽好聲樂，上書諫曰：

臣聞克儉節用，實弘道之源；崇侈恣情，乃敗德之本。是以陵雲槩日，戎人於是致譏〔三〕；峻宇雕墻，夏書以之作誡〔四〕。昔趙盾匡晉〔五〕，呂望師周〔六〕，或勸之以節財，或諫之以厚斂。莫不盡忠以佐國，竭誠以奉君，欲使茂實播於無窮，英聲被乎物聽。咸著簡册，用爲美談。且今所居東宮，隋日營建，覩之者尚譏甚侈〔七〕，見之者猶歎甚華〔八〕。何庸於此中〔九〕更有脩造，財帛日費，土木不停，役〔一〇〕斤斧之工，極磨礱之妙？且丁匠官奴入內，比者無復監〔一一〕。此等或兄犯國章，或弟罹王法，往來御苑，出入禁闈〔一二〕，鉗鑿緣其身，槌杵在其手〔一三〕。千牛既自不見，直長無由得知〔一四〕。爪牙在外，廝役在內〔一五〕，所司何以自安，臣下豈容無懼？

又鄭、衛之樂，古謂淫聲〔一六〕。昔朝歌之鄉，回車者墨翟〔一七〕；夾谷之會，揮劍者孔丘〔一八〕。先聖既以爲非，通賢將以爲失。頃聞宮內，往往取〔一九〕太樂伎兒，入便不出。聞之者股慄〔二〇〕，言之者心戰。往年口敕，伏請重尋，聖旨殷勤，明誡懇切。在於殿下，不可不思；至於微臣，不得無懼。

臣自驅馳宮闕，已積歲時〔二一〕，犬馬識恩，木石知感〔二二〕，臣〔二三〕所有管見，敢不盡言〔二四〕。但悦意取容，臧孫方以疾疢〔二五〕；犯顔逆耳，春秋比之藥石〔二六〕。伏願停工巧〔二七〕之作，罷久役之人，絶鄭、衛之音，棄〔二八〕群小之輩。則三善允備，萬國作貞矣。

承乾覽書不悦。

十五年，承乾以務農〔二九〕之時召駕士等役〔三〇〕，不許分番，人懷怨苦，又私引突厥群豎入宫，志寧上書諫曰：

上天蓋高〔三一〕，日月光其德；明君至聖，輔佐贊其功。是以周誦升儲，見匡毛、畢〔三二〕；漢盈居震，取資黄、綺〔三三〕。姬旦抗法於伯禽〔三四〕，賈生諫争於文帝〔三五〕。咸殷勤於端士，皆懇切於正人。歷代賢君，莫不丁寧於太子者，良以地膺上嗣，位處儲君〔三六〕。善則率土沾其恩，惡則〔三七〕海内罹其禍。近聞僕寺習馭〔三八〕、駕士、獸醫，始自春初，迄兹夏晚，恒居内役〔三九〕，不放分番。或家有尊親，闕於温清〔四〇〕；或室有幼弱，絶於撫養〔四一〕。春既廢其耕墾，夏又妨其播殖。事乖存育，恐致怨嗟。儻聞天聽，後悔何及〔四二〕？又突厥哥支〔四三〕等，咸是人面獸心〔四四〕，近之有損於〔四五〕英聲，昵之無益於〔四六〕盛德。引之入閤〔四七〕，人皆驚駭，豈臣愚識〔四八〕，獨用不安？殿下必須上副至尊聖情，下允黎元本望，不可輕微惡而不避，無容略小善〔四九〕而不爲。理敦〔五〇〕杜漸之方，須有防萌之術。屏退不肖，狎近賢良。如此，則善道日隆，德音自遠。」

承乾大怒，遣刺客張師政、紇干承基〔五一〕就舍〔五二〕殺之。志寧是時丁母憂〔五三〕，起復爲詹事。二人潛入其第，正見寢處苫廬〔五四〕，竟不忍而止。

及承乾敗，太宗知其事，深勉勞之〔五五〕。

校注

〔一〕戈注：「唐制，東宮置詹事府，掌統三寺、十率府之政。」

〔二〕廣造宫室　南家本、菅家本作「盛造曲室」。

〔三〕於是　菅家本訛作「作是」。戈注：「秦繆公夸示宫室之盛，爲西戎由余所笑。詳見納諫篇注。」

〔四〕戈注：「五子之歌曰：『甘酒嗜音，峻宇雕墻，有一於此，未或不亡。』」

〔五〕戈注：「盾，晉靈公大夫，即趙宣子也。」

〔六〕戈注：「望，太公也，爲周太師。」

〔七〕譏甚侈　南家本、菅家本作「譏其侈」。

〔八〕歎甚華　南家本、菅家本作「歎其華」。

〔九〕何庸於此中　南家本、菅家本作「何容於此之中」，戈本作「何容於此中」。

〔一〇〕役　南家本、菅家本、戈本作「窮」。

〔一一〕無復監　建治本、菅家本作「無皆仗監」，興本、松本作「無皆伏監」，元刻作「皆仗監」，韓版、戈本作「曾無復監」。

〔一二〕禁闈　南家本、菅家本訛作「禁圍」。

〔一三〕戈本下有「監門本防非慮宿衛以備不虞」十二字。

〔一四〕千牛既自不見直長無由得知　戈本作「直長既自不知千牛又復不見」。戈注：「直長，官名」，「千牛，官名，見納諫篇注。」

〔一五〕爪牙在外廝役在内　原無此八字，元刻、韓版同，據南家本、菅家本、戈本補。

〔一六〕戈注：「鄭、衛二國名。樂記曰：『鄭、衛之音，亂世之音也，比於慢矣！桑間、濮上之音，亡國之音也。其政散，其民流，誣上行私而不可止也。』」

〔一七〕戈注：「朝歌，殷之邑名。漢書鄒陽書曰：『邑號朝歌，墨子回車。』」

〔一八〕戈注：「夾谷，魯地名。家語曰：『定公與齊侯會于夾谷。孔子攝相事，齊使萊人以兵劫定公，孔子歷階而進，以公退，曰：「裔不謀夏，夷不亂華；俘不干盟，兵不偪好。」齊侯心怍，麾而避之。齊奏樂，俳優侏儒戲於前。孔子曰：「匹夫熒惑侮諸侯者，罪應誅。」於是斬侏儒。齊侯懼，有慚色。』」

〔一九〕往往取　南家本、菅家本、元刻、韓版作「往往鼓聲」，戈本作「屢有鼓聲」。

〔二〇〕股慄　戈本作「股栗」。

〔二一〕歲時　南家本、菅家本作「歲年」。

〔二二〕犬馬識恩木石知感　戈本作「犬馬尚解識恩木石猶能知感」。

〔二三〕臣　南家本、菅家本、韓版無此字。

〔二四〕戈本下有「如鑒以丹誠則臣有生路若責其忤旨則臣是罪人」二十字。

〔二五〕疾疢　南家本、菅家本作「疾疹」。

〔二六〕戈注：「臧孫，魯大夫，名紇，即臧武仲也。左傳襄公三十三年，臧孫曰：『季孫之愛我，疾疢也。孟孫之惡我，藥石也。美疢不如惡石。夫石猶生我，疢之美，其毒滋多。』」

〔二七〕工巧　南家本、菅家本作「工匠」。

〔二八〕棄　南家本、菅家本、韓版、戈本作「斥」。

〔二九〕務農　南家本、菅家本作「盛農」。

〔三〇〕召駕士等役　南家本、菅家本作「召駕士等入役」。

〔三一〕上天蓋高　南家本、菅家本、戈本作「臣聞上天蓋高」，元刻、韓版作「聞上天蓋高」。

〔三二〕戈注：「毛叔鄭、畢公，周之輔臣。」

〔三三〕戈注：「見定分篇注。」

〔三四〕戈注：「姬，周之姓。旦，周公之名。伯禽，周公子也。禮曰：『成王幼，不能涖阼，周公相，踐阼而治，抗世子法於伯禽。』成王有過，則撻伯禽，所以示成王世子之道也。」

〔三五〕諫争　南家本、菅家本、戈本作「陳事」。戈注：「賈生，即賈誼也。見納諫篇注。」

〔三六〕儲君　建治本作「副君」，興本、松本、菅家本作「嗣君」。

〔三七〕惡則　菅家本作「則惡」。

〔三八〕習馭　戈本作「司馭」，據舊唐職官志、新唐百官志，當作「翼馭」。

〔三九〕恒居　元刻、戈本作「常居」。

〔四〇〕温清　建治本、菅家本訛作「温凊」。戈注：「禮記曰：『子之事父母，冬温而夏清。』」

〔四一〕撫養　興本、松本、菅家本作「撫育」。

〔四二〕後悔何及　南家本、菅家本作「後悔無及」。

〔四三〕哥支　南家本、菅家本、戈本作「達哥支」。

〔四四〕人面獸心　南家本、菅家本作「人面獸心之徒」。戈本下有「豈得以禮義期不可以仁信待心則未識於忠孝言則莫辯其是非」二十六字。

〔四五〕有損於　菅家本作「有損」。

〔四六〕無益於　菅家本作「無益」。

〔四七〕引之入閤　建治本作「則引之入閤」，興本、松本作「則引之如閤」，菅家本作「引之如閤」。

〔四八〕愚識　戈本作「庸識」。

〔四九〕無容略小善　建治本訛作「無咎略小善」，興本、松本作「無小善」，菅家本訛作「無咎無小善」。

〔五〇〕理敦　南家本、菅家本作「理正敦」。

〔五一〕戈注：「紇干，複姓。」

〔五二〕就舍　南家本、菅家本無「舍」字。

〔五三〕志寧是時丁母憂　戈本作「是時丁母憂」。

〔五四〕正見　戈本作「見志寧」。戈注：「禮，居父母之喪者，寢苫枕塊。」

〔五五〕深勉勞之　南家本、菅家本作「深勉勞志寧」。戈注：「按前一書，通鑑係十四年。舊史曰：『承乾敗後，推鞠具得其事。太宗謂志寧曰：「知公數有規諫，事無所隱。」深加勉勞。右庶子令狐德棻等，以無諫書，皆從貶責。』」

【案】本章事見舊唐卷七八于志寧傳、册府卷七一四。

貞觀政要卷第四

中國史學基本典籍叢刊

貞觀政要集校

（修訂本）

下

〔唐〕吴兢 撰

謝保成 集校

中華書局

貞觀政要卷第五

【案】寫字臺本作「卷五」。南家本、菅家本、寫字臺本、元刻有「史臣吳兢撰」五字，戈本作「戈直集論」。南家本、菅家本、元刻另行有「論仁義第十三論忠義第十四論孝友第十五論公平第十六論誠信第十七」三十字，戈本另行作「論仁義十三論忠義十四論孝友十五論公平十六論誠信十七」。

論仁義第十三

【案】戈本無「論」字。元刻、明本、韓版、戈本均四章，戈注「凡四章」。南家本、菅家本、寫字臺本六章，有卷八辯興亡篇二章（238、240），分別在110、112之後。

110 〇貞觀元年，太宗曰：「朕看古來帝王以仁義爲治者，國祚延長，任法御人者，雖救一時[一]，敗亡亦促。既見前王成事，足是[二]元龜，今[三]欲專以仁義、誠信爲治，望革近代之澆薄也〔四〕。」黄門侍郎王珪對曰：「天下凋喪日久，陛下承其餘弊，弘道移風，萬代之福。但非賢不理，惟在得人。」太宗曰：「朕思賢之情，豈捨夢寐！」給事中杜正倫進曰：「世必有才，隨時所用，豈待夢傅説、逢呂尚，然後治乎〔五〕？」太宗深納其言。

校注

〔一〕雖救一時　南家本、菅家本、寫字臺本、元刻、韓版作「雖救弊一時」，戈本作「雖救弊於一時」。

〔二〕足是　南家本、菅家本、寫字臺本作「足爲」。

〔三〕今　寫字臺本作「今以」。

〔四〕也　興本作「也已」，松本作「已」。

〔五〕治乎　南家本、菅家本、寫字臺本、元刻、韓版、戈本作「爲治乎」。

【案】此處南家本、菅家本、寫字臺本有卷八辯興亡篇一章（238）。

三〇貞觀二年，太宗謂侍臣曰：「朕謂亂離之後，風俗難移。比觀百姓，漸知廉耻〔一〕，官人奉法，盜賊日稀，故知人無常俗，但政有治亂耳。是以爲國之道，必須〔二〕撫之以仁義，示之以威信。因人〔三〕之心，去其苛刻，不作異端，自然安靜。公等宜共行斯事〔四〕也！」

校注

〔一〕廉耻　南家本、菅家本、寫字臺本作「廉讓」。

〔二〕必須　興本、松本訛作「如須」。

〔三〕因人　菅家本、寫字臺本訛作「固人」。

〔四〕斯事　興本作「其事」。

112 ○貞觀四年，房玄齡奏言：「今閱武庫甲仗，勝隋日遠矣。」太宗曰：「飭兵備寇雖是要事，然朕惟欲〔一〕卿等存心治道〔二〕，務盡忠貞，使百姓安樂，便是朕之甲仗。隋煬帝豈無甲仗〔三〕，適足以致滅亡〔四〕，正由仁義不脩，而群下怨叛故也。宜識此心，當以德義相輔〔五〕。」

校注

〔一〕惟欲　原作「惟欲得」，據南家本、菅家本、寫字臺本、元刻、韓版、戈本刪「得」字。

〔二〕治道　戈本作「理道」。

〔三〕豈無甲仗　南家本、菅家本、寫字臺本作「豈爲甲兵」，韓版、戈本作「豈爲甲仗」。

〔四〕適足以致滅亡　南家本、菅家本、寫字臺本、韓版、戈本作「不足以至滅亡」。

〔五〕當以德義相輔　南家本、菅家本、寫字臺本作「常以德義相輔」，元刻作「嘗以德義相輔」，戈本無此六字。

【案】此處南家本、菅家本、寫字臺本有卷八辯興亡篇第三章（240）。

113○貞觀十三年〔一〕，太宗謂侍臣曰：「林深則鳥栖，水廣則魚遊，仁義積則物自歸之。人皆知畏避灾害，不知行仁義則灾害不生〔二〕。夫仁義之道，當思之在心，常令相繼，若斯須懈怠〔三〕，去之已遠。猶如飲食資身，恒令腹飽〔四〕，乃可存其性命。」王珪頓首曰：「陛下能知此言，天下幸甚〔五〕！」

校注

〔一〕十三年　南家本、寫字臺本作「十二年」。

〔二〕不知行仁義則灾害不生　南家本、菅家本、寫字臺本衍作「不知行仁義行仁義則災害不生」。

〔三〕懈怠　南家本、菅家本、寫字臺本作「懈惰」。

〔四〕令腹飽　菅家本作「令人腹飽」。

〔五〕王珪頓首曰至天下幸甚　建治本、菅家本、寫字臺本無此十五字。

論忠義第十四

【案】戈本無「論」字。元刻、明本、韓版九章，據南家本、菅家本、寫字臺本、戈本補二章（119、120），共十一章，排序依明本，增補的二章參照南家本、菅家本、寫字臺本編入。戈注「凡十五章」，戈本實爲十四章，移卷一政體篇一章（120），有卷二直諫附篇一章（61）、卷八禁末作附篇一章（237），分118爲二章、分124爲二章。南家本十章，菅家本、寫字臺本十三章，排序相同，章的分合不一。

114 ○馮立〔一〕，武德中爲東宮率〔二〕，甚被隱太子親遇。太子之死也，左右多逃散〔三〕，立嘆曰：「豈有生受其恩，而死逃其難！」於是率兵犯玄武門，苦戰，殺屯營將軍敬君弘〔四〕，謂其徒曰：「微以報太子矣。」遂解兵遁於野。俄而來請罪，太宗數之曰：「汝昨者出兵來戰，大殺傷我兵〔五〕，將何以逃死？」立飲泣而對曰〔六〕：「立出身事主〔七〕，期以〔八〕效命，當戰之日，無所顧憚。」因歔欷〔九〕悲不自勝，太宗慰勉之，授左屯衛中郎將〔一〇〕。立謂所親曰：「逢莫大之恩，幸而獲免〔一一〕，終當以死奉答〔一二〕。」未幾，突厥至便橋，率數百騎〔一三〕與虜戰於咸陽，殺獲甚衆，所向皆披靡，太宗聞而嘉歎之〔一四〕。

時有齊王元吉府左府車騎謝叔方〔一五〕，率府兵與馮立合軍拒戰〔一六〕，及殺敬君弘、中郎將呂衡〔一七〕，王師不振。秦府官屬〔一八〕乃傳〔一九〕元吉首以示之，叔方下馬啼哭〔二〇〕，拜辭而遁。明日出首，太宗曰：「義士也。」命釋之，授左翊衛郎將〔二一〕。

校注

〔一〕戈注：「馮翊人。」

〔二〕東宮率　興本訛作「東宮卒」。戈注：「唐制，東宮置左右率府，掌兵仗宿衛之政令，總諸曹之事。」

〔三〕左右多逃散　建治本、松本訛作「左多右逃散」，興本訛作「左多右遊散」。

〔四〕戈注：「絳州人。」

〔五〕我兵　戈本作「吾兵」。

〔六〕對曰　南家本、寫字臺本作「言曰」，菅家本作「言對曰」。

〔七〕事主　興本、松本訛作「事生」。

〔八〕期以　南家本、菅家本、寫字臺本、戈本作「期之」。

〔九〕歔欷　建治本、菅家本作「欷歔」。戈注：「歔欷，悲歎貌。」

〔一〇〕戈注：「唐制，掌宿衛之屬。」

〔一一〕獲免　南家本、菅家本、寫字臺本作「獲存」。

〔一二〕以死奉答　南家本、菅家本、寫字臺本作「以死奉君死而後已」，戈本作「以此奉答」。

〔一三〕率數百騎　南家本、菅家本、寫字臺本作「立率數百騎」。

〔一四〕嘉歎之　南家本、菅家本下有「曰於生死之間甚衆義備矣如此則彼尋行數里矯事談義者徒自以爲人何逮於此也」三十四字。數里，寫字臺本作「數百里」。

〔一五〕元吉府　南家本、菅家本、寫字臺本作「元吉右府」。戈注：謝叔方「萬年人」。

〔一六〕率府兵與馮立合軍　南家本、菅家本、寫字臺本作「率兵與馮立合軍」，元刻、韓版、戈本作「率府兵與立合軍」。

〔一七〕戈注：「史作呂世衡，此避太宗諱，除世字。」

〔一八〕秦府官屬　南家本、菅家本、寫字臺本作「秦府官護軍尉尉遲敬德」，戈本作「秦府護軍尉尉遲敬德」。戈注：護軍尉「唐制，掌宿衛之職」；「尉遲，複姓，名恭，以字行。朔州人，爲劉武周將。武德初，舉地降，爲右府統軍。後從討隱、巢有功，封鄂國公。卒，贈徐州都督。」〔案〕唐初，秦王、齊王府各置左、右六護軍府，每府以護軍、副護軍統領，無「護軍尉」，「尉」乃涉下文「尉遲敬德」之「尉」的衍字，當以舊唐謝叔方傳「秦府護軍尉遲敬德」爲是。

〔一九〕乃傳　戈本作「乃持」。

〔二〇〕啼哭　南家本、菅家本、寫字臺本作「號哭」，戈本作「號泣」。

〔二一〕左翊衛郎將　戈本作「右翊衛郎將」。戈注：「唐制，掌供奉侍衛之職。按通鑑，武德九年六月，馮立聞建成死，乃與副護軍薛萬徹、屈咥、直府左車騎謝叔方帥東宮、齊府精兵二千，馳赴玄武門，張公謹多力，獨閉關以拒之，不得入。敬君弘掌宿衛兵，屯玄武門，挺身出戰，與吕世衡大呼而進，皆死之。守門兵與萬徹等力戰良久，萬徹欲攻秦府，尉遲敬德持建成、元吉首示之，宫、府兵遂潰。萬徹亡入終南山，馮立遂解兵逃於野。高祖既赦天下，馮立、謝叔方皆自出，萬徹亡匿，屢使諭之，乃出。秦王曰：『皆忠於所事，義士也。』釋之。馮立，後授廣州都督，卒于官。敬君弘，後贈左屯衛大將軍。吕衡，贈右驍衛將軍。」

【案】本章事見舊唐卷一八七上馮立傳、謝叔方傳、册府卷七一五。

115 〇貞觀元年，太宗嘗從容言及隋亡之事，慨然歎曰〔一〕：「姚思廉不懼兵刃，以明大節，求諸古人，亦何以加也！」思廉時在洛陽，因寄物三百段，并遺其書曰：「想卿忠義〔二〕之風，故有斯贈。」初，大業末，思廉爲隋代王侑侍讀〔三〕，及義旗克京城時，代王府寮多駭散，唯思廉侍王，不離其側。兵士〔四〕將昇殿，思廉厲聲謂曰：「唐公舉義〔五〕，本匡王室，卿等不宜無禮〔六〕於王！」衆服其言〔七〕，於是稍却，布列階下〔八〕。須臾，高祖至，聞而義之，許其扶侑〔九〕至順陽閣下〔一〇〕，思廉泣拜而去。見者咸〔一一〕歎曰：「忠烈之士〔一二〕，仁者有勇〔一三〕，此之謂乎！」

校注

〔一〕慨然歎曰　南家本、菅家本、寫字臺本作「慨然而歎曰」。

〔二〕忠義　南家本、菅家本、寫字臺本作「節義」，戈本作「忠節」。

〔三〕戈注：「代王侑，隋元德太子之子，煬帝十三年南巡，以侑留守長安，高祖克長安，立侑爲帝。」

〔四〕兵士　南家本、菅家本、寫字臺本作「義師甲士」。

〔五〕唐公舉義　南家本、菅家本、寫字臺本、戈本作「唐公舉義兵」。戈注：「高祖初封唐公。」

〔六〕不宜無禮　興本、松本脱「無」字。

〔七〕服其言　南家本、菅家本、寫字臺本作「壯其言」。

〔八〕階下　南家本、菅家本訛作「陛下」。

〔九〕扶侑　戈本作「扶代王侑」。

〔一〇〕閤下　南家本、戈本作「閣下」。

〔一一〕咸　興本訛作「感」。

〔一二〕忠烈之士　原無此四字，元刻、韓版同，據南家本、菅家本、寫字臺本、戈本及舊唐補。

〔一三〕仁者有勇　南家本、菅家本、寫字臺本作「仁者必有勇」。

【案】本章事見舊唐卷七三姚思廉傳、册府卷七一五。

116 ○貞觀二年，將葬故息隱王建成、海陵王元吉，尚書右丞魏徵與黃門侍郎王珪請預陪送，上表曰：「臣等〔一〕昔受命太上，委質東宮，出入龍樓，垂將〔二〕一紀。前宮結釁〔三〕宗社，得罪人神，臣等不能死亡，甘從夷戮，負其罪戾，寘録〔四〕周行，徒竭生涯，將何上報？陛下德光四海，道冠前王，陟崗有感，追懷常棣〔五〕，明社稷之大義，申骨肉之深恩，卜葬二王，遠期有日。臣等永惟疇昔，忝曰舊臣，喪君有君，雖展事君〔六〕之禮；宿草將列〔七〕，未申送往之哀。瞻望九原，義深凡百，望於葬日，送至墓所。」太宗義而許之，於是宮府〔八〕舊僚吏〔九〕，盡令送葬。

校注

〔一〕臣等　原無「等」字，元刻、韓版同，據南家本、菅家本、寫字臺本、戈本補。

〔二〕垂將　寫字臺本作「將垂」。

〔三〕結釁　原作「結疊」。

〔四〕寘録　寫字臺本作「寘彼」。

〔五〕常棣　亦作「棠棣」。

〔六〕事君　原作「事居」，據南家本、菅家本、寫字臺本、元刻、韓版、戈本改。

〔七〕將列　南家本、菅家本、寫字臺本訛作「將刈」。

〔八〕宮府　寫字臺本訛作「官府」。

〔九〕僚吏　建治本、興本、松本作「僚史」。

【案】本章南家本屬前章。

117 ○貞觀五年，太宗謂侍臣曰：「忠臣烈士，何代無之，公等知隋朝誰爲忠貞？」侍臣王珪曰〔一〕：「臣聞太常丞〔二〕元善達在京留守，見群賊縱横，遂轉騎遠詣江都諫煬帝，令還京師。既不受其言，後更涕泣極諫，煬帝怒，乃遠使追兵，身死瘴癘之地。有武賁郎將獨孤盛〔三〕在江都宿衛，宇文化及起逆，盛惟一身，抗拒而死。」太宗曰〔四〕：「屈突通爲隋將〔五〕，共國家戰於潼關〔六〕，聞京師〔七〕陷，乃引兵東走。義兵追及於桃林，朕遣其家人往招慰〔八〕，遽殺其奴。又遣其子往，乃云：『我蒙隋家驅使，已事兩帝，今者吾死節之秋，汝舊於我家〔九〕爲父子，今則於我家爲仇讎〔一〇〕。』因射之，其子避走，所領士卒多潰散。通惟一身，向東南慟哭盡哀，曰：『臣荷國恩，任當將帥，智力俱盡，致此敗亡，非臣不竭誠於國。』言盡，追兵擒之〔二〕。太上皇授其官，每託疾固辭。此之忠節，足可嘉尚。」因敕所司，採訪大業中直諫被誅者子孫聞奏。

校注

〔一〕侍臣王珪曰　戈本作「王珪曰」。

〔二〕戈注：「卿之佐也。」

〔三〕武賁郎將　原作「武賁郎中」，元刻同，戈本作「虎賁郎中」，據韓版及唐書職（百）官志改。戈注：「獨孤，複姓，盛，名也。」

〔四〕公等知隋朝誰爲忠貞至太宗曰　南家本、菅家本、寫字臺本無此一百字。

〔五〕戈注：「屈突，複姓，通，名。仕隋爲虎賁郎將。初，代王遣通守河東，高祖兵圍之，通守節不降。後被擒，帝勞之。泣曰：『臣不能盡人臣之節，故至此，爲本朝羞。』帝曰：『忠臣也。』授兵部尚書，從討王世充。時通二子在洛，帝曰：『以東略屬公，如何？』通曰：『二兒死自其分，終不以私害義。』帝曰：『烈士徇節，吾今見之。』貞觀初，卒。」

〔六〕共國家　南家本、菅家本、寫字臺本作「與國家」。

〔七〕京師　南家本、菅家本、寫字臺本、元刻、戈本作「京城」。

〔八〕往招慰　南家本、菅家本、寫字臺本無「往」字。

〔九〕汝舊於我家　南家本、菅家本、寫字臺本作「汝舊於我」。

〔一〇〕今則於我家爲仇讎　南家本、菅家本、寫字臺本作「今即於我爲讎敵」。

〔一一〕言盡追兵擒之　南家本、菅家本作「言盡追兵擒獲」，寫字臺本作「言未盡追兵擒獲」。

【案】本章南家本爲第三章。

118 〇貞觀六年，授左光禄大夫陳叔達〔一〕禮部尚書，因謂曰：「武德中，公曾進直言於太上皇〔二〕，明朕有克定之功〔三〕，不可黜退云。朕本性剛烈，若有抑挫，恐不勝憂憤，以致疾斃〔四〕之危。今賞公忠謇〔五〕，有此遷授。」叔達對曰：「臣以隋氏父子自相誅戮，以至滅亡，豈容目覩覆車〔六〕，不改前轍？臣所以竭誠進諫。」太宗曰：「朕知公非獨爲朕一人，實爲社稷之計。」〔七〕

蕭瑀，貞觀中爲尚書左僕射〔八〕，嘗因宴集〔九〕，太宗謂房玄齡曰：「武德六年已後，太上皇有廢立之心，我當此日〔一〇〕，不爲兄弟所容，實有功高不賞之懼。蕭瑀不可以厚利誘之，不可以刑戮懼之〔一一〕，真社稷臣也。」乃賜瑀〔一二〕詩曰：「疾風知勁草，版蕩識誠臣。」顧謂瑀曰：「卿之守道耿介，古人無以過也。然則善惡太分明，亦有時而失〔一三〕。」瑀拜謝〔一四〕曰：「臣〔一五〕特蒙誡訓，許臣〔一六〕以忠諒，雖死之日，猶生之年。」尋進拜太子太保〔一七〕。

校注

〔一〕戈注：「字子聰，陳宣帝子也。武德初，判納言。始，建成兄弟鬩間太宗，帝惑之，叔達極意救辨。及建成誅，高祖謂裴寂等曰：『不圖今日乃見此事，當如之何？』蕭瑀、陳叔達曰：『建成、元吉，本不預義謀，又無功於天下，疾秦王功高望重，共爲姦謀，今秦王已討而誅之。秦王功蓋宇宙，率土歸心，陛下若處以元良，委之國務，無復事矣。』上曰：『善，此吾之夙心也。』」

〔二〕太上皇　建治本訛作「大上皇」。

〔三〕之功　南家本、菅家本、寫字臺本、戈本作「大功」。

〔四〕疾斃　南家本、菅家本、寫字臺本作「疾弊」。

〔五〕今賞公忠謇　南家本、菅家本、寫字臺本作「今賞公擧忠謇故」。

〔六〕豈容目覩覆車　南家本、菅家本、寫字臺本作「無容目觀覆車」。

〔七〕上文南家本屬前章，戈本別爲一章。

〔八〕蕭瑀貞觀中爲尚書左僕射　南家本、菅家本、寫字臺本作「貞觀中特進蕭瑀與房玄齡等」，戈本作「貞觀九年蕭瑀爲尚書左僕射」。

〔九〕宴集　南家本、菅家本、寫字臺本作「宴會」。

〔一〇〕當此日　菅家本作「當此之日」。

〔一一〕懼之　南家本、菅家本、寫字臺本作「維之」。

〔一二〕乃賜瑀　菅家本、寫字臺本作「乃賜蕭瑀」，戈本作「乃賜」。

〔一三〕顧謂瑀曰卿之守道耿介古人無以過也然則善惡太分明亦有時而失　原無此二十八字，元刻、韓版、戈本同，據南家本、菅家本、寫字臺本及舊唐補。

〔一四〕拜謝　南家本、菅家本、寫字臺本作「再拜謝」。

〔一五〕臣　南家本、菅家本、寫字臺本無此字。

〔一六〕許臣　南家本、菅家本、寫字臺本作「又許臣」。

〔一七〕尋進拜太子太保　南家本、菅家本、寫字臺本、元刻、韓版無「進」字，戈本無此七字。戈注：「舊本此章首曰『貞觀中』，與第五章合爲一章。今按通鑑標年，附入於此。又按史傳，魏徵曰：『臣有逆衆持法，主恕之以公；孤特守節，主恕之以介。昔聞其言，乃今見之。使瑀不遇陛下，庸自保邪？』」〔案〕舊唐太宗紀，貞觀元年蕭瑀即罷尚書左僕射，戈本以「貞觀九年蕭瑀爲尚書左僕射」，誤。

【案】在本章前半章之後，戈本有卷二直諫附篇移入一章(61)，爲本篇第六章。本章後半章，南家本、菅家本、寫字臺本均別爲一章，分別爲第四章、第六章、第六章，假名本無後半章。戈本亦以後半章别爲一章，移爲本篇第八章，事見舊唐卷六三蕭瑀傳、册府卷三一九。

119 ●貞觀七年，將發十六道〔一〕黜陟使〔二〕，畿内道〔三〕未有其人，太宗親定，問於房玄齡等曰：「此道事最重，誰可充使？」右僕射李靖曰：「畿内事大，非魏徵莫可。」太宗作色曰：「朕向九成宫〔四〕，事亦非小〔五〕，寧可遣魏徵出使？朕每行不欲與其相離者，適爲其見朕是非，必無所隱。今欲從公等語遣去，朕若有是非〔六〕得失，公等能正朕否〔七〕？何因〔八〕輒有所言，大非道理。」乃即令李靖充使〔九〕。

校注

〔一〕將發十六道　戈本作「太宗將發諸道」。戈注：「唐分天下爲十道：一曰關内，二曰河南，三曰河東，四曰河北，五曰山南，六曰隴右，七曰淮南，八曰江南，九曰劍南，十曰嶺南。皆因山川形便而併省之也。」

〔二〕戈注：「將命而出，掌黜陟臧否，故曰黜陟使。」

〔三〕戈注：「唐建都之地，即關内道也。」

〔四〕朕向九成宫　菅家本作「朕幸九成宫」，戈本作「朕今欲向九成宫」。

〔五〕事亦非小　戈本作「亦非小」。

〔六〕必無所隱今欲從公等語遣去朕若有是非　戈本無此十七字。

〔七〕公等能正朕否　戈本作「公等能正朕」。

〔八〕何因　戈本作「不可」。

〔九〕戈注：「按通鑑，貞觀八年，太宗欲分遣大臣爲諸道黜陟使，未得其人，李靖薦魏徵。上曰：『徵，箴規朕失，不可一日離左右。』乃命靖與蕭瑀等凡十三人分行天下，『察長吏賢不肖，問民疾苦，禮高年，振窮乏，褒善良，起淹滯。俾使者所至，如朕親睹。』與此小異。」

【案】本章南家本爲第五章，菅家本、寫字臺本爲第七章，元刻、明本、韓版無，戈本在前章(118)兩事之間，爲第七章。事見諫録卷五、會要卷七八。

120●貞觀八年，太宗謂侍臣曰：「隋時百姓縱有財物，豈得自保〔一〕？自朕有天下已來，存心撫養，無有所科差〔二〕，人人皆得營生，守其資財，即朕所賜。向使朕科唤不已，數雖賞賜〔三〕，亦不如不得。」侍中魏徵〔四〕對曰：「堯、舜在上，百姓亦云『耕田而食，鑿井而飲』，含哺鼓腹，而云『帝何力』於其間矣〔五〕。今陛下如此含養，百姓可謂日用而不知。」又奏稱：「晉文公〔六〕出田，逐獸於碭山〔七〕，入大澤，迷不知所出。其中有漁者，文公謂曰：『我，若君也，道將安出？我且厚賜若。』漁者曰：『臣願有獻。』文公曰〔八〕：『出澤而受之。』於是送出澤。文公曰：『今子之所欲教寡人者何？願受之。』漁者曰：『鴻鵠保河海之中〔九〕，厭心而移徙之小澤〔一〇〕，則必有矰丸之憂〔一一〕。黿鼉保深泉〔一二〕，厭心而出之淺渚〔一三〕，則必有羅網釣射之憂〔一四〕。今君逐獸碭〔一五〕，入至此，何行之太遠也？』文公曰：『善哉！』謂從者曰〔一六〕，記漁者名。漁者曰：『君何以名爲〔一七〕？君尊天事地，敬社稷，保四國，慈愛萬人，薄賦斂，輕租税者〔一八〕，臣亦與焉。君不尊天，不事地，不敬社稷，不固四海，外失禮於諸侯，内逆人心，一國流亡，漁者雖有厚賜，不得保也。』遂辭不受。」太宗曰：「卿言是也〔一九〕。」

校注

〔一〕自保　戈本作「保此」。

〔二〕無有所科差　南家本作「所科差」，寫字臺本作「無所科差」。

〔三〕數雖賞賜　戈本作「雖數資賞賜」。

〔四〕侍中魏徵　戈本作「魏徵」。

〔五〕戈注：「堯時有老人擊壤於路曰：『吾日出而作，日入而息，鑿井而飲，耕田而食，帝何力於我哉！』」

〔六〕戈注：「晉，春秋時國名。文公，晉君，名重耳。」

〔七〕碭山　戈本作「碭」。

〔八〕文公曰　戈本無「曰」字。

〔九〕河海之中　戈本作「河海」。

〔一〇〕厭心而移徙之小澤　戈本作「厭而徙之小澤」。

〔一一〕必有　戈本無「必」字。戈注：「矰，矢也。」

〔一二〕深泉　戈本作「深淵」，未避唐諱。

〔一三〕厭心而出之淺渚　戈本作「厭而出之淺渚」。

〔一四〕則必有羅網釣射之憂　戈本作「必有釣射之憂」。

〔一五〕逐獸碭　戈本作「出獸碭」。

〔一六〕謂從者曰　戈本無「曰」字。

〔一七〕何以名爲　戈本作「何以名」。

〔一八〕輕租税者　戈本無「者」字。

〔一九〕戈注：「舊本此章附忠義篇，今按其言於政體尤切，故附於此。」〔案〕指卷一政體篇。

【案】本章南家本爲第六章，菅家本、寫字臺本爲第八章，元刻、明本、韓版無，戈本移爲卷一政體篇第十章。事見諫録卷四。

121 〇貞觀十一年〔一〕，太宗行至漢太尉楊震墓〔二〕，傷其以忠非命，親爲文以祭之。房玄齡進曰：「楊震雖當天枉〔三〕，數百年後方遇聖君〔四〕，停輿駐蹕，親降神作〔五〕，此文可謂雖死猶生〔六〕，没而不朽，不覺助伯起幸賴欣躍於九泉之下矣。伏讀天文，且戚且慰〔七〕，凡百君子，焉可〔八〕不勗勵名節，知爲善之有效〔九〕！」

校注

〔一〕十一年　建治本引菅本作「十年」。

〔二〕戈注：「楊震字伯起，弘農人也。好學明經，諸儒稱爲關西夫子。漢安帝時爲刺史，號『清白吏』，後徵爲太常，遷太尉，爲内戚讒譖遣歸。震曰：『死者人之常分，吾蒙恩居上司，姦臣狡猾而不能誅，嬖女傾亂而不能禁，何面目復見日月？』飲酖而卒。」

〔三〕當天枉　南家本、菅家本、寫字臺本、元刻、戈本作「當年夭枉」。

〔四〕聖君　南家本、菅家本、寫字臺本、元刻、戈本作「聖明」。

〔五〕神作　南家本、寫字臺本作「神位」，菅家本作「神祉」。戈注：「一作玉趾。」

〔六〕此文可謂雖死猶生　南家本、菅家本、寫字臺本作「此可謂雖死如生」，戈本無「此文」二字。

〔七〕且戚且慰　南家本、菅家本、寫字臺本、韓版、戈本作「且感且慰」。

〔八〕焉可　戈本作「焉敢」。

〔九〕有效　菅家本作「有效哉」。

【案】本章南家本爲第七章，菅家本、寫字臺本爲第九章，戈本爲第九章。

122 〇貞觀十一年，上〔一〕謂侍臣曰：「狄人殺衛懿公〔二〕，盡食其肉，獨留其肝。懿公之臣弘演呼天大哭，自出其肝，而内懿公之肝於其腹中。今覓此人，而不可得〔三〕。」特進魏徵對曰：「在君待之而已〔四〕。昔豫讓爲智伯報讎〔五〕，欲刺趙襄子〔六〕，襄子〔七〕執而獲之，謂之曰〔八〕：『子昔事范、中行氏乎〔九〕？智伯盡滅之，子乃委質〔一〇〕智伯，不爲報讎，今即爲〔一一〕智伯報讎，何也？』讓答曰：『臣昔事范、中行，范、中行〔一二〕以衆人遇我，我以衆人報之。智伯以國士遇我，我以國士報之〔一三〕。』在君禮之而已，亦何爲無人〔一四〕焉？」

校注

〔一〕上　戈本作「太宗」。

〔二〕戈注：「名赤。」

〔三〕而不可得　南家本、菅家本、寫字臺本作「恐不可得也」，戈本作「恐不可得」。

〔四〕在君待之而已　原無此六字，元刻、韓版、戈本同，據南家本、菅家本、寫字臺本及諫録補。

〔五〕戈注：「豫讓，智伯之臣。智伯名瑶，號襄子，晉智宣子之後，爲韓、趙、魏所滅。」

〔六〕戈注：「名無恤，晉趙簡子之後。」

〔七〕襄子　南家本、寫字臺本脱此二字。

〔八〕謂之曰　南家本、菅家本、寫字臺本作「謂讓曰」。

〔九〕子昔事　南家本、菅家本、寫字臺本作「子昔不事」。戈注：「春秋之世，晉有范氏、中行氏，與智氏、韓氏、魏氏、趙氏，爲六卿。春秋之末，晉公室卑，六卿强，各據采地，更相攻伐。貞定王十一年，智氏、魏氏、趙氏、韓氏共伐范氏、中行氏，滅之而分其地。」

〔一〇〕委質　南家本、菅家本、寫字臺本作「委質於」。

〔一一〕今即爲　南家本、菅家本、寫字臺本作「今爲」。

〔一二〕范中行　南家本、菅家本、寫字臺本脱「范」字。

〔一三〕戈注：「事見史記趙世家。」

〔一四〕亦何爲無人　南家本、菅家本、寫字臺本作「何爲其無人」，戈本作「亦何謂無人」。

【案】本章南家本爲第八章，菅家本、寫字臺本爲第十章，戈本爲第十章。事見諫録卷四。

123○貞觀十三年〔一〕，太宗幸蒲州，因詔曰〔二〕：「隋故鷹擊郎將〔三〕堯君素〔四〕，往在大業，受任河東，固守忠義，克終臣節。雖桀犬吠堯〔五〕，有乖倒戈之志〔六〕，而〔七〕疾風勁草，實表歲寒之心。爰踐茲境，追懷往事，宜錫寵命，以申勸獎。可追贈蒲州刺史，仍訪其子孫以聞。」

校注

〔一〕十三年　南家本、菅家本、寫字臺本、戈本作「十二年」。〔案〕舊唐太宗紀，事在貞觀十二年。

〔二〕因詔曰　南家本、菅家本、寫字臺本無「因」字。

〔三〕戈注：「隋制，親侍置鷹揚府，有鷹揚郎將，後改副郎將爲鷹擊郎將。」

〔四〕堯君素　原作「姚君素」，元刻同，據南家本、菅家本、寫字臺本、戈本及隋書堯君素傳改。戈注：「魏郡人。煬帝爲晉王時，君素以左右從。及嗣位，累遷鷹擊郎將，及天下大亂，君素所部獨全。後從屈突通守河東，通敗，通誘之降，君素責通不義，卒無降心。其妻誘之降，乃引弓射殺之。嘗曰：『大義不得不死。』後爲左右所害。」

〔五〕戈注：「漢書曰：『桀犬吠堯，堯非不仁，特吠非其主耳。』」

〔六〕戈注：「周書曰：『前徒倒戈。』言衆服周仁政，無有戰心，前徒倒戈，自攻于後也。」

〔七〕而　南家本、菅家本、寫字臺本、元刻、韓版、戈本無。

【案】本章南家本爲第九章，菅家本、寫字臺本爲第十一章，戈本爲第十一章。

124 〇貞觀中〔一〕，太宗謂中書侍郎岑文本曰：「梁、陳〔二〕名臣，有誰可稱？復有子弟堪招引否？」文本奏言〔三〕：「隋師入陳，百司分散〔四〕，莫有留者〔五〕，唯尚書僕射袁憲獨在其主之傍。王世充將受隋禪，群僚表請勸進，憲子國子司業承家〔六〕，託疾獨不署名。此之父子，足稱忠烈。承家弟承序〔七〕，今爲建昌令，清貞雅操，寔繼先風。」由是召拜晉王友，兼令侍讀〔八〕，尋授〔九〕弘文館學士。

太宗攻遼東安市城〔一〇〕，高麗人衆皆死戰，詔令高延壽、惠真〔一一〕等降衆〔一二〕，止其城下招之〔一三〕。城中堅守不動，每見帝幡旗，必乘城鼓譟。帝怒甚，詔江夏王道宗〔一四〕築土山而〔一五〕攻其城，竟不能剋。太宗將旋師，嘉安市城主堅守臣節〔一六〕，賜絹三百疋，以勵事君者也〔一七〕。

校注

〔一〕貞觀中　南家本、菅家本、寫字臺本作「貞觀十三年」，戈本作「貞觀十二年」。

〔二〕戈注：「梁，姓蕭氏，受齊禪。陳，姓陳氏，受梁禪。」

〔三〕文本奏言　南家本、菅家本、寫字臺本無「奏」字。

〔四〕分散　南家本、菅家本、寫字臺本、戈本作「奔散」。

〔五〕莫有留者　南家本、菅家本、寫字臺本無此四字。

〔六〕承家　建治本訛作「承蒙」。

〔七〕承家弟承序　南家本、菅家本、寫字臺本作「承家有弟承序」。

〔八〕戈注：「唐制，諸王友掌陪侍遊居，規諷道義。侍讀掌講道經學。」

〔九〕尋授　南家本、菅家本、寫字臺本作「尋擢授」。

〔一〇〕太宗攻遼東安市城　戈本別作一章，故據通鑑標年，添加「貞觀十九年」五字。

〔一一〕高延壽惠真　南家本作「權延壽惠真」，菅家本、寫字臺本作「延壽惠真」，元刻作「權延壽惠真宗」，戈本作「耨薩延壽惠真」。

〔一二〕等降衆　南家本、寫字臺本作「等領降衆」，菅家本作「等預降衆」，韓版作「降衆」。戈注：「耨薩高延壽，北部；耨薩高惠真，南部。」〔案〕耨薩，即傉薩，高麗地方長官，大城置傉薩一人，比都督。高麗北部傉薩高延壽，南部傉薩高惠真，率衆救援安市城，爲太宗所降。太宗命其率降衆至安市城，招降城中守將。

〔一三〕招之　南家本、菅家本、寫字臺本、戈本作「以招之」。

〔一四〕戈注：「高祖從兄弟，字承範。年十七，從秦王討賊有功。初封任城，後封江夏郡。道宗好學接士，不倨于貴，爲宗室最賢。」

〔一五〕而　南家本、菅家本、寫字臺本、戈本作「以」。

〔一六〕臣節　南家本、菅家本、寫字臺本作「城節」。

〔一七〕以勵事君者也　戈本作「以勸勵事君者」。戈注：「舊本此章與第十二章合爲一章。今按通鑑標年，附入于此。又按通鑑，太宗親征遼東，令李勣攻安市，安市人望見旗蓋，輒乘城鼓譟，上怒，勣請克城之日，男子皆阬之。安市人聞之，益堅守，久不下。江夏王道宗築土山於城東，浸逼其城，城中亦增高其城以拒之。又衝車礮石壞其城堞，城中隨立木栅以塞之。築山晝夜不息，凡六旬，用功五十萬。山頹，壓城崩，城中數百人出戰，遂奪據土山而守之，諸將攻三日不克。上以天寒糧盡，先拔遼、蓋二州户口渡遼，乃耀兵城下而旋。城中皆屏跡不出，城主登城拜辭，上嘉其固守，賜縑百匹。」

【案】本章南家本爲第十章，菅家本、寫字臺本分二章，爲第十二、十三章，假名本無。戈本分二章，並在二章間移入卷八禁末作附篇一章(237)，爲本篇第十二、十四章。事見通典卷一八六、舊唐卷一九九上高麗傳。

論孝友第十五

【案】戈本無「論」字。元刻、明本、韓版、戈本均五章，戈注「凡五章」。南家本、菅家本、寫字臺本均四章，以127、128兩章爲一章。

125 ○司空房玄齡事繼母，能以色養，恭謹過人。其母病，請醫人至門，必迎拜垂泣。及居喪，尤甚柴毀〔一〕。太宗命散騎常侍劉洎就加寬譬，遺寢床〔二〕、粥食、鹽醋〔三〕。

校　注

〔一〕戈注：「言毀瘠如柴也。」

〔二〕遺寢床　興本、松本、菅家本、寫字臺本作「遺就寢床」。

〔三〕粥食鹽醋　南家本、菅家本、寫字臺本作「漸食鹽菜」，戈本作「粥食鹽菜」。

126 ○虞世南，初仕隋，歷起居舍人〔一〕，宇文化及弑逆〔二〕之際，其兄世基時爲内史侍郎〔三〕，將被誅，世南抱持號泣，請以身代死，化及竟不納。世南自此哀毀骨立者〔四〕數載，時人稱重焉。

校注

〔一〕戈注：「隋制，掌書王言動作之事，以爲國志。」

〔二〕弑逆　菅家本、寫字臺本、戈本作「殺逆」。

〔三〕戈注：「隋改中書爲内史。」

〔四〕哀毁骨立者　南家本、菅家本、寫字臺本無「者」字。

【案】本章事見舊唐卷七二虞世南傳。

127 〇韓王元嘉〔一〕，貞觀初〔二〕爲潞州刺史。時年十五，聞太妃有疾〔三〕，便涕泣不食。及至京師發喪，哀毁過禮，太宗嗟其至性〔四〕，屢慰勉之。元嘉閨門〔五〕脩整，有類寒素士大夫。與其弟魯王〔六〕靈夔甚相友愛，兄弟集見，如布衣之禮。其脩身潔己〔七〕，當代諸王，莫能及者。

校注

〔一〕戈注：「高祖第十一子也。少好學，藏書至萬卷，皆以古文參定同異，當世稱之。」

〔二〕戈注：「史作六年。」

〔三〕聞太妃有疾　南家本、菅家本、寫字臺本、戈本作「在州聞太妃有疾」。戈注：「太妃，韓王之母，隋大將軍宇文述之女也。爲昭儀有寵。高祖即位，欲立爲后，固辭不受。韓王以母有寵，而爲帝所愛。」

〔四〕嗟其至性　戈本作「嘉其至性」。

〔五〕闔門　南家本、菅家本、寫字臺本、戈本作「閨門」。

〔六〕魯王　原作「魯哀王」，元刻、韓版、戈本同，據南家本、菅家本、寫字臺本及舊唐删「哀」字。戈注：「高祖第十九子，韓王同母弟也，好學善音律。後以謀欲起兵應接越王貞父子，事泄，自縊，謚曰哀。」〔案〕戈注「謚曰哀」有誤，據兩唐書本傳，未追謚。

〔七〕脩身潔己　此下戈本有「内外如一」四字。

【案】本章假名本無。事見舊唐卷六四韓王元嘉傳、會要卷五、册府卷二七二、二七四。

128〇霍王元軌〔一〕，武德中初封爲吴王〔二〕，貞觀七年爲壽州〔三〕刺史。屬高祖崩，去職，毁瘠過禮。自後〔四〕常衣布服，示有終身之戚。太宗常問〔五〕侍臣曰：「朕子弟孰賢？」侍中魏徵對曰：「臣愚暗，不盡知〔六〕其能，唯吴王數與臣言，臣未嘗不自失。」上〔七〕曰：「卿以爲前代誰比〔八〕？」徵曰：「經學文雅，亦漢之間、平〔九〕。至如孝行，乃古之曾、閔也〔一〇〕。」由是寵遇彌厚，因令徵女聘焉〔一一〕。

校注

〔一〕戈注：「高祖第十四子也。多才藝，出爲刺史，所至閉閤讀書。與處士劉玄平爲布衣交，或問王所長，玄平曰：『王無不備，吾何以稱之。』」

〔二〕戈注：「武德六年封蜀王，八年徙封吴王。」

〔三〕壽州　南家本、寫字臺本作「嘉州」。

〔四〕自後　興本、松本無「自」字。

〔五〕常問　南家本、寫字臺本、韓版、戈本作「嘗問」。

〔六〕不盡知　南家本、菅家本、寫字臺本作「不能盡知」。

〔七〕上　戈本作「太宗」。

〔八〕卿以爲　南家本、菅家本、寫字臺本作「卿以」。

〔九〕間平　原作「河間乎」，元刻、韓版同，據南家本、菅家本、寫字臺本、戈本改。戈注：「漢河間獻王德、東平獻王蒼也。」

〔一〇〕戈注：「曾參、閔損也。」

〔一一〕徵女聘焉　南家本、菅家本、寫字臺本、韓版、戈本作「妻徵女焉」。

【案】本章南家本、菅家本、寫字臺本屬前章。事見舊唐卷六四霍王元軌傳、會要卷五、册府卷二七〇、二七二。

129 ○貞觀中，有突厥史行昌〔一〕直玄武門〔二〕，食而捨肉，人問其故，曰：「歸以奉母。」太宗聞而歎曰：「仁孝之性，豈隔華夷？」賜尚乘馬一疋〔三〕，詔令〔四〕給其母肉料。

校注

〔一〕戈注：「突厥阿史那氏，此因以史爲姓。行昌，其名也。」

〔二〕戈注：「玄武，北方宿名，取以名門也。」

〔三〕賜尚乘馬一疋　南家本、寫字臺本作「賜馬一疋」，菅家本作「賜常乘馬一疋」。戈注：「尚乘，主車乘之官。」

〔四〕詔令　南家本、菅家本、寫字臺本無「令」字。

論公平第十六

【案】戈本無「論」字。元刻、明本、韓版、戈本均八章，戈注「凡八章」。南家本、菅家本、寫字臺本均六章，無一章（136），在本卷論誠信篇一章（137）。

130 ○太宗初即位，中書令房玄齡奏言：「秦府舊左右未得官者，共怨〔一〕前宮及齊府左右處分之先己。」太宗曰：「古稱至公者，蓋謂平恕〔二〕無私。丹朱、商均〔三〕，子也，而堯、舜廢之〔四〕。管叔、蔡叔，兄弟也，而周公誅之〔五〕。故知君人者，以天下爲心〔六〕，無私於物。昔諸葛孔明，小國之相〔七〕，猶曰『吾心如稱〔八〕，不能爲人作輕重』，況我今理大國乎？朕與公等〔九〕衣食出於百姓，百姓人力〔一〇〕已奉於上〔一一〕，而上恩未被於下〔一二〕。今所以擇賢才者，蓋爲求安百姓也〔一三〕。用人但問〔一四〕堪否，豈以新故〔一五〕異情？凡一面尚自〔一六〕相親，況舊人而頓忘也！才若不堪，亦豈以舊人而先用？今不問〔一七〕其能不能〔一八〕，而直言其怨嗟〔一九〕，豈是至公之道耶！」

校注

〔一〕共怨　南家本、菅家本、寫字臺本、戈本作「並怨」。

〔二〕平恕　建治本、松本訛作「平怒」。

〔三〕商均　建治本訛作「尚均」。

〔四〕堯舜廢之　興本、松本作「堯舜廢」。戈注：「堯知子丹朱之不肖，不足授天下，卒授舜。舜之子商均亦不肖，乃以天下授禹。」

〔五〕戈注：「管叔名鮮，蔡叔名度，皆文王之子也。武王既克殷，封鮮於管，封度於蔡，相紂子武庚禄父，治殷遺民。武王崩，成王少，周公旦專王室，叔疑之，乃挾武庚作亂。周公承王命，遂誅武庚，殺管叔，流蔡叔。」

〔六〕以天下爲心　戈本作「以天下爲公」。

〔七〕戈注：「諸葛，複姓，字孔明，名亮。琅琊人，爲蜀丞相。」

〔八〕如稱　南家本、菅家本、寫字臺本作「如秤」，戈本作「如爾」。戈注：「與秤同。」

〔九〕公等　南家本、菅家本、寫字臺本作「卿等」。

〔一〇〕百姓人力　南家本、菅家本、寫字臺本、韓版、戈本作「此則人力」。

〔一一〕已奉於上　興本、松本作「既奉於上」，菅家本、寫字臺本作「既以奉於上」。

〔一二〕未被於下　菅家本作「未被下」。

〔一三〕蓋爲求安百姓也　興本、松本作「並爲求安百姓」。

〔一四〕但問　南家本訛作「俱問」。

〔一五〕新故　寫字臺本作「新古」。

〔一六〕尚自　南家本、菅家本、寫字臺本、戈本作「尚且」。

〔一七〕今不問　南家本、菅家本、寫字臺本、戈本作「今不論」。

〔一八〕能不能　南家本、菅家本、寫字臺本作「能否」。

〔一九〕怨嗟　戈本作「嗟怨」。

131 ○貞觀元年，有上封〔一〕事者，請秦府舊兵共授〔二〕以武職，追入宿衛。太宗謂曰：「朕以天下爲家，不能私於一物，唯有才行是任，豈以新舊爲差？况古人云：『兵猶火也，弗戢〔三〕將自焚。』汝之此意，非益政理。」

校　注

〔一〕上封　興本訛作「上對」。

〔二〕共授　南家本、菅家本、寫字臺本、戈本作「並授」。

〔三〕弗戢　南家本、菅家本、寫字臺本作「不戢」。

【案】本章假名本無。

132 ○貞觀元年，吏部尚書長孫無忌嘗被召〔一〕，不解佩刀入東上閤門〔二〕，出閤後〔三〕，監門校尉始覺〔四〕。尚書右僕射封德彝議，以監門校尉不覺，罪當死；無忌誤帶刀入，徒二年，罰銅二十斤。太宗從之。大理少卿〔五〕戴胄駁曰〔六〕：「校尉不覺，無忌帶刀入內〔七〕，同爲誤耳。夫臣子〔八〕之於尊極，不得稱誤，准律云：『供御湯藥、飲食、舟船，誤不如法者，皆死。』陛下若録其功，非憲司所決；若當據法，罰銅未爲得中〔九〕。」太宗曰：「法者，非朕一人之法，乃天下之法，何得以〔一〇〕無忌國之親戚，更欲〔一一〕撓法耶？」更令定議。德彝執議如初，太宗將從其議〔一二〕，胄又駁奏曰：「校尉緣無忌以致罪，於法當輕。若論其過誤，則爲情一也，而生死頓殊，敢以固請。」太宗乃免校尉之死。

是時，朝廷盛開〔一三〕選舉，或有詐僞階資者，太宗令其自首，不首〔一四〕，罪至于死。俄有詐僞者事洩，胄〔一五〕據法斷流以奏之。太宗曰：「朕初下敕〔一六〕，不首者死，今斷從流〔一七〕，是示天下以不信〔一八〕矣。」胄曰：「陛下當即殺之，非臣所及，既付所司，臣不敢虧法。」太宗曰：「卿自守法，而令朕失信耶？」胄曰：「法者，國家所以布大信於天下；言者，當時喜怒之所發耳。陛下發一朝之忿而欲殺之〔一九〕，既知不可而寘之於法〔二〇〕，此乃忍小忿而存大信〔二一〕，臣竊爲陛下惜之。」太宗曰：「朕法有所失〔二二〕，卿能正之，朕復何憂也〔二三〕！」

校注

〔一〕被召　南家本、菅家本、寫字臺本作「被召入内」。

〔二〕閤門　南家本、菅家本、寫字臺本作「閤門」，下文同。

〔三〕出閤後　建治本、菅家本、寫字臺本作「出後」，興本、松本作「出閤後」，戈本作「出閤門後」。

〔四〕監門校尉　原作「臨門校尉」，元刻同，據南家本、菅家本、寫字臺本及下文、舊唐、會要、册府改。韓版無「門出閤後監門校尉始覺」十字。

〔五〕戈注：「卿之貳也。」

〔六〕駁曰　寫字臺本作「駁奏曰」。

〔七〕無忌帶刀入内　建治本作「與無忌帶入」，興本、松本、寫字臺本作「與無忌帶刀入」，菅家本作「與無忌帶刀入内」。

〔八〕夫臣子　南家本無「夫」字。

〔九〕得中　南家本、菅家本、寫字臺本作「得衷」，戈本作「得理」。

〔一〇〕何得以　建治本、松本、菅家本、寫字臺本作「豈得以」，興本訛作「豈以得」。

〔一一〕更欲　南家本、菅家本、寫字臺本、元刻、韓版、戈本作「便欲」。

〔一二〕將從其議　南家本、菅家本、寫字臺本作「將從德彝之議」。

〔一三〕盛開　韓版、戈本作「大開」。

〔一四〕不首　興本、松本作「不首者」。

〔一五〕胄　南家本、菅家本、寫字臺本作「戴胄」。

〔一六〕朕初下敕　南家本、菅家本、寫字臺本作「朕下敕」。

〔一七〕今斷從流　戈本作「今斷從法」。

〔一八〕不信　菅家本、寫字臺本作「不信朕」。

〔一九〕發一朝之忿而欲殺之　南家本、菅家本、寫字臺本作「發一言之忿而許殺之」，元刻、戈本作「發一朝之忿而許殺之」。

〔二〇〕而寘之於法　菅家本、寫字臺本作「寘之於法」，戈本作「而寘之以法」。

〔二一〕此語與後句語意矛盾，舊唐戴胄傳、會要卷三九此句下均有「也若順忿違信」六字，可補脱漏。

〔二二〕朕法有所失　南家本、寫字臺本無「朕」字。

〔二三〕朕復何憂也　南家本、寫字臺本無「復」字。

【案】本章事見舊唐卷七〇戴胄傳、會要卷三九、册府卷六一七。

【又案】「是時朝廷盛開選舉」至「朕復何憂也」，假名本別爲一章，標貞觀元年。

133 ○貞觀二年，太宗謂房玄齡等曰：「朕比見隋代遺老咸稱〔一〕高熲善爲相者〔二〕，遂觀其本傳，可謂公平正直，尤識治體。隋室安危，繫其存沒。煬帝無道，枉見誅夷，何嘗不想見其人〔三〕，廢書歔歎〔四〕！又漢、魏已來，諸葛亮爲丞相〔五〕，亦甚平直。亮〔六〕嘗表廢廖立〔七〕、李嚴〔八〕於南中。立聞亮卒，泣曰〔九〕：『吾其〔一〇〕左衽矣！』嚴聞亮卒，發病而死。故陳壽〔一一〕稱『亮之爲政，開誠心，布公道，盡忠益時者，雖讎必賞〔一二〕，犯法怠慢者，雖親必罰。』卿等豈可不企慕及之？朕今每慕前代帝王之善者，卿等亦可慕宰相之賢者。若如是，則榮名高位，可以長守。」玄齡對曰：「臣聞理國要道，實在於〔一三〕公平正直，故〔一四〕尚書云：『無偏無黨，王道蕩蕩。無黨無偏，王道平平〔一五〕。』又孔子稱『舉直措諸枉，則民服〔一六〕』。今聖慮所尚，誠足以極政教之源，盡至公之要，囊括區宇，化成天下。」太宗曰：「此直〔一七〕朕之所懷，豈有與卿等言之而不行也？」

校注

〔一〕咸稱　南家本、菅家本、寫字臺本作「盛稱」。

〔二〕戈注：「高熲字昭玄，隋之賢相。煬帝以其忠諫爲謗訕，誅之。」

〔三〕其人　戈本作「此人」。

〔四〕歔歎　南家本、菅家本、寫字臺本、韓版、戈本作「欽歎」。

〔五〕諸葛亮爲丞相　南家本、菅家本、寫字臺本作「有諸葛亮爲相」。

〔六〕亮　戈本無此字。

〔七〕戈注：「字公淵，武陵人，仕蜀爲長水使者。」〔案〕應爲「長水校尉」而非「長水使者」。

〔八〕戈注：「字正方，南陽人，仕蜀爲中都説。」〔案〕「中都説」誤，當爲「中都護」。

〔九〕泣曰　菅家本作「泣下曰」。

〔一〇〕吾其　菅家本作「吾失其」，寫字臺本作「吾失」。

〔一一〕戈注：「晉人，撰三國志。」

〔一二〕必　興本、松本訛作「如」。下文同。

〔一三〕實在於　戈本作「在於」。

〔一四〕故　寫字臺本無此字。

〔一五〕戈注：「周書洪範篇之辭。」

〔一六〕直措　亦作「直錯」。戈注：「錯讀曰措。孔子對魯哀公之辭。」

〔一七〕此直　南家本、菅家本、寫字臺本作「此真」。

134 〇長樂公主〔一〕，文德皇后所生也〔二〕。貞觀中將出降〔三〕，敕所司資送倍於長公主〔四〕。魏徵奏言：「昔漢明帝欲封其子，帝曰：『朕子豈得同於先帝子乎〔五〕？可半楚、淮陽王〔六〕。』前史以爲美談。天子姊妹爲長公主，天子之女爲公主，既加長字，良以尊於公主也。情雖有殊，義無等别〔七〕。若令公主之禮有過長公主，理恐不可〔八〕，實願〔九〕陛下思之。」太宗稱善。乃以其言退而〔一〇〕告后，后歎曰：「嘗聞陛下敬重魏徵，殊未知其故，而今聞其諫〔一一〕，乃能以義制人主〔一二〕之情，可謂正直社稷臣〔一三〕矣！妾與陛下結髮爲夫妻，曲蒙禮敬，情義深重，每將有言，必候〔一四〕顔色，尚不敢輕犯威嚴，況在臣下，情疎禮隔？故韓非謂之説難〔一五〕，東方朔稱其不易〔一六〕，良有以也。忠言逆耳而利於行，有國有家者深所要急，納之則世治，杜之則政亂，誠願陛下詳之，則天下幸甚〔一七〕！」因請遣中使賫帛五百匹，詣徵宅以賜之。

校注

〔一〕戈注：「公主，太宗第五女，封長樂郡，下嫁長孫沖。」

〔二〕所生也　菅家本、寫字臺本作「所生太宗尤加鍾愛」。

〔三〕貞觀中　戈本據通鑑作「貞觀六年」。戈注：出降「謂下嫁也」。

〔四〕敕所司　南家本作「初敕所司」，菅家本、寫字臺本作「特敕所司」。戈注：「通鑑作永嘉長公主，乃高祖之女也。」

〔五〕先帝子乎　南家本、菅家本、寫字臺本無「乎」字。

〔六〕戈注：「楚王英、淮陽王昞，皆光武子。」

〔七〕義無等別　南家本、菅家本、寫字臺本作「禮法不可逾越」。

〔八〕若令公主之禮至理恐不可　南家本無此十五字。

〔九〕實願　南家本、菅家本、寫字臺本、韓版無「實」字。

〔一〇〕退而　南家本、菅家本、寫字臺本、元刻、韓版、戈本均無此二字。

〔一一〕嘗聞陛下敬重魏徵至而今聞其諫　南家本、菅家本、寫字臺本無此十八字，作「魏徵所奏甚是公平」。

〔一二〕人主　南家本、菅家本、寫字臺本無「人」字。

〔一三〕可謂正直社稷臣　南家本、菅家本、寫字臺本、戈本作「真社稷臣」。

〔一四〕必候　戈本作「必俟」。〔案〕成化内府本作「必候」。

〔一五〕戈注：「韓非，戰國時刑名之學者。」

〔一六〕戈注：「東方朔字曼倩，平原人，漢武帝時爲大夫。」

〔一七〕故韓非謂之説難至則天下幸甚　南家本、菅家本、寫字臺本無此五十六字，作「豈不難言乎」。

【案】本章事見諫録卷一、舊唐卷五一文德皇后傳、卷七一魏徵傳、會要卷六、册府卷三二七。

135 ○刑部尚書張亮坐謀反下獄〔一〕，詔令〔二〕百官議之，多言亮當誅，唯殿中少監〔三〕李道裕奏亮反形未具，明其無罪。太宗既盛怒〔四〕，竟殺之。俄而刑部侍郎有闕〔五〕，令宰相妙擇其人，累奏不可。太宗曰：「吾已得其人也〔六〕，往者李道裕議張亮云『反形未具』，明其無罪〔七〕，可謂公平矣。當時雖不用其言，至今追悔。」遂授道裕刑部侍郎。

校注

〔一〕戈注：「亮爲相州刺史，假子公孫節以讖有『弓長之主當別都』，亮自以相舊都，弓長其姓，陰有怪謀。陝人常德告發其謀，並言亮養假子五百。太宗曰：『正欲反耳。』遣房玄齡謂曰：『法者天下平，與公共爲之。公不自脩乃至此，將奈何？』於是斬之，籍其家。」

〔二〕下獄詔令　南家本、菅家本、寫字臺本作「下詔獄令」。

〔三〕戈注：「唐制，殿中監掌天子服御之事。少監，其貳也。」〔案〕舊唐張亮傳作「將作少匠」，非「殿中少監」。唐制，將作監掌土木工匠之政，少監，監之副貳。

〔四〕盛怒　寫字臺本下有「而」字。

〔五〕戈注：「侍郎，尚書之貳。」

〔六〕吾已得其人也　南家本、菅家本作「朕已得其人也」，寫字臺本作「已得其人也」，戈本作「吾已得其人矣」。

〔七〕明其無罪　原無此四字，元刻、韓版、戈本同，據南家本、菅家本、寫字臺本及舊唐補。

【案】本章菅家本、寫字臺本屬前章。事見舊唐卷六九張亮傳、册府卷四五七。

136 ○貞觀初，太宗謂侍臣曰：「朕今孜孜求士，欲專心政道，聞有好人，則抽擢驅使。而議者多稱『彼者皆宰臣親故』，但公等至公行事，勿避此言，便爲形迹。古人『内舉不避親，外舉不避讎』，而爲舉得其真賢故也。但能舉用得才，雖是子弟及有讎嫌，不得不舉。」

【案】本章南家本、菅家本、寫字臺本無。事見會要卷五三、册府卷六七。

137 ○貞觀十一年，時屢有閹宦〔一〕充外使，妄有所奏〔二〕，發，太宗怒。魏徵進曰：「閹豎雖微，狎近左右，時有言語，輕而易信，浸潤之譖，爲患特深〔三〕。今日之明，必無所慮〔四〕，爲子孫教〔五〕，不可不杜絶〔六〕其源。」太宗曰：「非卿，朕安得聞此語？自今以後，充使宜停〔七〕。」特進魏徵上疏曰〔八〕：

臣聞爲人君者，在乎善善惡惡〔九〕，近君子而遠小人〔一〇〕。善善明，則君子進矣；惡惡著，則小人退矣〔一一〕。近君子，則朝無粃政；遠小人，則聽不私邪〔一二〕。小人非無小善，君子非無小過。君子小過，蓋白璧〔一三〕之微瑕；小人小善，乃鉛刀之一割。鉛刀一割〔一四〕，良工之所不重〔一五〕，小善〔一六〕不足以掩衆惡也；白玉微瑕，善賈之所不棄〔一七〕，小疵不足以妨大美也。小人之小善〔一八〕，謂之善善，君子之小過〔一九〕，謂之惡惡，此則蕳蘭同嗅〔二〇〕，玉石不分，屈原所以沉江〔二一〕，卞和所以泣血者〔二二〕。既識玉石之分，又〔二三〕辨蕳蘭之臭，善而不能進，惡而不能去〔二四〕，此郭氏所以爲墟〔二五〕，史魚所以爲恨者也〔二六〕。

陛下聰明神武，天姿英睿，志存汎愛，引納多途，好善而不甚擇人，疾惡而未能遠佞。又出言無隱，疾惡大深〔二七〕，聞人之善〔二八〕或未全信，聞人之惡以爲必然。雖有獨見之明，猶恐理或未盡。何則？君子揚人之善，小人訐〔二九〕人之惡〔三〇〕。聞惡〔三一〕必信，則小人之道長矣〔三二〕；聞善或疑，則君子之道〔三三〕消矣。爲國者〔三四〕，急於進君子、退小人〔三五〕，乃使君子道消，小人道長，則君臣失序，上下相隔〔三六〕，亂亡不卹，將何以求治〔三七〕？且世俗常人，心無遠慮，情在告訐，好言朋黨〔三八〕。夫以善相成謂之同德，以惡相濟〔三九〕謂之朋黨。今則清濁共流，善惡無別，以告訐爲誠直〔四〇〕，以同心〔四一〕爲朋黨。以之爲朋黨〔四二〕，則謂事無可信；以之爲誠直，則謂言皆可取。此君恩所以不結於下，臣忠所以不達於上。大臣不能辯正，小臣莫之敢論，近遠〔四三〕承風，混然成俗，非國家之福，非爲治〔四四〕之道。適足以長奸邪、亂視聽，使人君不知所信，臣下不得相安〔四五〕。若不遠慮，深絕其源〔四六〕，則後患未之息也。本行之而未敗者〔四七〕，由乎君有遠慮，雖失之於始，必得之於終，故若時逢少墮〔四八〕，往而不返，雖欲悔之，必無所及。既事失以〔四九〕傳諸後嗣，復何以〔五〇〕垂法將來？且夫進善黜惡，施於人者也；以古作鑒，施於己者也。鑒貌在乎止水，鑒己在乎哲人。能以古之哲王鑒於己之行事，則貌之妍媸〔五一〕宛然在目，事之善惡自得於心，無勞司過之史，不假蒭蕘之議，巍巍之功日著，赫赫之名弘遠〔五二〕，爲人君可不務乎〔五三〕？

校注

〔一〕閹宦　興本、松本訛作「閹官」。

〔二〕妄有所奏　戈本作「妄有奏事」，「事」下屬。

〔三〕特深　南家本訛作「將深」，此據菅家本、寫字臺本、戈本。

〔四〕所慮　戈本作「此慮」。

〔五〕爲子孫教　興本、菅家本、寫字臺本作「爲子孫教之」。

〔六〕杜絶　南家本、菅家本、寫字臺本訛作「救絶」，此據戈本及諫録。

〔七〕時屢有閹宦充外使至自今以後充使宜停　原無此八十二字，元刻、韓版同，據南家本、菅家本、寫字臺本、戈本及諫録補。

〔八〕特進魏徵上疏曰　南家本、寫字臺本作「魏徵曰」，菅家本、戈本作「魏徵因上疏曰」。

〔九〕善善惡惡　南家本、菅家本、寫字臺本、戈本作「善善而惡惡」。

〔一〇〕近君子而遠小人　南家本、菅家本、寫字臺本無「而」字。

〔一一〕退矣　南家本、菅家本、寫字臺本作「遠矣」。

〔一二〕私邪　南家本、菅家本、寫字臺本作「惑邪」。

〔一三〕白璧　元刻、戈本作「白玉」。

〔一四〕鉛刀一割　南家本作「鉛刀之一割」。

〔一五〕良工之所不重　元刻訛作「良工所重」。

〔一六〕小善　南家本、菅家本、寫字臺本作「一善」。

〔一七〕不棄　元刻作「棄棄」。

〔一八〕小人之小善　南家本、菅家本、寫字臺本作「若善小人之小善」，戈本作「善小人之小善」。

〔一九〕君子之小過　南家本、菅家本、寫字臺本、戈本作「惡君子之小過」。

〔二〇〕此則蕙蘭同嗅　菅家本、寫字臺本作「此蕙蘭同臭」。

〔二一〕戈注：「屈原名平，楚懷王大夫。王信讒而不見用，乃自沉汨羅江而死。」

〔二二〕戈注：「卞和，楚人。得玉璞獻厲王，王以爲僞，刖其足。和抱璞而泣，繼之以血。」

〔二三〕又　寫字臺本無此字。

〔二四〕善而不能進惡而不能去　南家本、菅家本、寫字臺本、戈本作「善善而不能進惡惡而不能去」。

〔二五〕戈注：「事見納諫篇。」

〔二六〕爲恨者也　南家本、菅家本、寫字臺本作「遺恨者也」，戈本作「遺恨也」。戈注：「家語曰：『史魚病，將卒，命其子曰：「吾不能進蘧伯玉，退彌子瑕，是吾爲臣不能正其君也。生不能正其君，則死無以成禮。我死，汝置屍牖下。」其子從之。靈公吊，其子以告公，公曰：「寡人之過也。」命殯之客位，進蘧伯玉而用，退彌子瑕而遠之。孔子曰：「古之諫者，死則已矣，未有如史魚死而屍諫，忠感其君者也，可不謂直乎？」』」

〔二七〕大深　南家本作「而未太深」，菅家本、寫字臺本、韓版、戈本作「太深」。

〔二八〕之善　菅家本脱「之」字。

〔二九〕訐　建治本、菅家本、寫字臺本作「訴」，下文同。

〔三〇〕之惡　建治本、寫字臺本作「之告」。

〔三一〕聞惡　南家本、菅家本、寫字臺本作「言惡」。

〔三二〕道長矣　菅家本、寫字臺本無「矣」字。

〔三三〕君子之道　南家本脱「子」字。

〔三四〕爲國者　南家本、菅家本、寫字臺本、戈本作「爲國家者」。

〔三五〕退小人　南家本、菅家本、寫字臺本、戈本作「而退小人」。

〔三六〕相隔　南家本訛作「歪隔」，菅家本、寫字臺本、戈本作「否隔」。

〔三七〕求治　南家本、菅家本、寫字臺本、戈本作「理乎」。

〔三八〕且世俗常人心無遠慮情在告訐好言朋黨　原無此十七字，元刻、韓版同，據南家本、菅家本、寫字臺本、戈本補。

〔三九〕相濟　南家本、菅家本、寫字臺本作「相成」。

〔四〇〕爲誠直　建治本作「以告爲誠直」，興本、松本作「以告爲正直」，菅家本、寫字臺本作「爲正直」。

〔四一〕同心　南家本、菅家本、寫字臺本作「同德」，元刻作「同惡」。

〔四二〕以之爲朋黨　寫字臺本無此五字。

〔四三〕近遠　南家本、菅家本、寫字臺本、戈本作「遠近」。

〔四四〕爲治　南家本、菅家本、寫字臺本、元刻、韓版、戈本作「爲理」。

〔四五〕人君不知所信臣下不得相安　南家本、菅家本、寫字臺本作「君不知所信臣不得相安」。

〔四六〕若不遠慮　南家本、菅家本、寫字臺本無「遠慮」二字。

〔四七〕本行之而未敗者　南家本、菅家本、寫字臺本作「今之行而未敗弊者」，戈本作「今之幸而未敗者」。

〔四八〕故若時逢少墮　南家本、菅家本、寫字臺本作「故也若時逢少墮」，戈本作「故也若時逢少隳」。

〔四九〕既事失以　南家本、菅家本、寫字臺本、戈本作「既不可以」。

〔五〇〕何以　南家本、寫字臺本無「以」字。

〔五一〕妍媸　南家本、菅家本、寫字臺本、戈本作「妍醜」。

〔五二〕之名弘遠　南家本作「之明彌遠」，菅家本、寫字臺本、戈本作「之名彌遠」。

〔五三〕爲人君可不務乎　南家本、菅家本、寫字臺本、戈本作「爲人君者可不務乎」。

【案】本章戈本有以下理獄聽諫疏二千九百五十餘字，南家本、菅家本、寫字臺本在論誠信篇，亦有以下理獄聽諫疏二千九百五十餘字。事見諫録卷二、魏鄭公諫續録下，文見魏鄭公文集卷一，題名論君子小人疏。

●臣聞道德之厚，莫尚於軒、唐；仁義之隆，莫彰於舜、禹。君欲〔一〕繼軒、唐之風，將追舜、禹之跡，必鎮之以道德，弘之以仁義，舉善而任之，擇善而從之。不擇善任能，而委之俗吏，既無遠度，必失大體〔二〕，唯奉三尺之律，以繩四海之人，欲求垂拱無爲〔三〕，不可得也。故聖哲君臨〔四〕，移風易俗，不資嚴刑峻法，在仁義而已。故非仁無以廣施，非義無以正身。惠下以仁，正身以義，則其政不嚴而理，其教不肅而成矣。然則仁義，理之本也；刑罰，理之末也。爲理之有刑罰，猶執御之有鞭策也。人皆從化，而刑罰無所施；馬盡其力，則鞭策〔五〕無所用。由此言之，刑罰不可致理，亦已明矣。故潛夫論〔六〕曰：「人君之理，莫大於道德教化也。民有性、有情、有化、有俗。情性者，心也，本也；俗化者，行也，末也。是以上君撫世，先其本而後其末〔七〕，順其心而履其行。心情苟正〔八〕，則姦慝無所生，邪意無所載矣。是故上聖無不務理民心〔九〕，故曰『聽訟，吾猶人也，必也使無訟乎〔一〇〕？』導之以禮，務厚其性而明其情。民相愛，則無相害傷〔一一〕之意；動思義〔一二〕，則無畜姦邪之心。若此，非律令之所理也，此乃教化之所致也。聖人甚尊德禮而卑刑罰，故舜先敕契以敬敷五教〔一三〕，而後任咎繇以五刑也〔一四〕。凡立法者，非以司民短而誅過誤也，乃以防姦惡而救禍患〔一五〕，檢淫邪而内正道。民蒙善化，則人有士君子之心；被惡政，則人有懷姦亂之慮。故善化之養民，猶工之爲麴豉也。六合之民，猶一蔭也。黔首之屬〔一六〕，猶豆麥也。變化云爲，在將者耳！遭良吏，則懷忠信而履仁厚；遇惡吏，則懷姦邪而行淺薄。忠厚積，則致太平；淺薄積，則致危亡。是以聖帝明王，皆敦德化而薄威刑也。德者，所以循己〔一七〕也；威者，所以理人也。民之生，由鑠金在爐〔一八〕，方圓薄厚，隨鎔制耳！是故世之善惡，俗之薄厚，皆在於君。世主〔一九〕誠能使六合之内、舉世之人，感方厚〔二〇〕之情而無淺薄之惡，各奉公正之心，而無姦險之慮，則醇醲之俗〔二一〕，復見於茲矣。」後王雖未能遵古〔二二〕，專尚仁義，當慎刑卹典，哀敬無私，故管子曰：「聖君任法不任智，任公不任私。」故王天下，理國家。

貞觀之初，志存公道，人有所犯，一一於法。縱臨時處斷或有輕重，但見臣下執論，無不忻然受納。民知罪之無私，故甘心而不怨〔二三〕；臣下〔二四〕見言無忤，故盡力以效忠。頃年以來，意漸深刻，雖開三面之網〔二五〕，而察見川中之魚，取捨在於愛憎，輕重由乎喜怒。愛之者，罪雖重而强爲之辭；惡之者，過雖小而深探其意。法無定科，任情以輕重；人有執論，疑之以阿僞。故受罰者無所控告，當官者〔二六〕莫敢正言。不服其心，但窮其口，欲加之罪，其無辭乎？又五品已上有犯，悉令曹司聞奏。本欲察其情狀，有所哀矜；今乃曲求小節〔二七〕，或重其罪，使人攻擊，惟恨不深。事無重條，求之法外所加，十有六七，故頃年犯者懼上聞，得付法司，以爲多幸。告訐〔二八〕無已，窮理不息，君私於上，吏姦於下，求細過而忘大體〔二九〕，行一罰而起衆姦，此乃背公平之道，乖泣辜之意〔三〇〕，欲其人和訟息，不可得也。

故體論云：「夫淫逸盜竊，百姓之所惡也，我從而刑罰之，雖過乎當，百姓不以我爲暴者，公也。怨曠飢寒，亦百姓之所惡也，遁而陷之法，我從而寬宥之，百姓不以我爲偏者，公也。我之所重，百姓之所憎也；我之所輕，百姓之所憐也。是故賞輕〔三一〕而勸善，刑省而禁姦。」由此言之，公之於法，無不可也，過輕亦可也〔三二〕。私之於法，無可也，過輕則縱姦，過重則傷善。聖人之於法也公矣，然猶懼其未也，而救之以化，此上古所務也。後〔三三〕之理獄者則不然，未訊〔三四〕罪人，則先爲之意，及其訊之，則驅而致之意，謂之能；不探獄之所由，生爲之分，而上求人主之微旨以爲制，謂之忠。其當官也能，其事上也忠，則名利隨而與之，驅而陷之，欲望道化之隆，亦難矣〔三五〕。

凡聽訟吏獄〔三六〕，必原父子之親，立君臣之義，權輕重之敘，測淺深之量。悉其聰明，致其忠愛，然後察之〔三七〕，疑則與衆〔三八〕共之。疑則從輕者，所以重之也，故舜命咎繇曰：「汝作士，惟刑之恤〔三九〕。」又復加之以三訊〔四〇〕，衆所善，然後斷之。是以爲法，參之人情。故傳曰：「小大之獄，雖不能察，必以情。」而世俗拘愚苛刻之吏，以爲情也者，取貨者也，立愛憎者也，右親戚者也，陷怨讎者也。何世俗小吏之情，與夫古人之懸遠乎？有司以此情疑之群吏，人主以此情疑之有司，是君臣上下通相疑也〔四一〕。通相疑〔四二〕，欲其盡忠立節，難矣。

凡理獄之情，必本所犯之事以主，不敢訊，不旁求，不貴多端，以見聰明。故律正其舉劾之法，參伍其辭，所以求實也，非所以飾實也〔四三〕。但當參伍〔四四〕明聽之耳，不使獄吏鍛鍊飾理成辭於手。孔子曰：「古之聽獄，求所以生之也；今之聽獄，求所以殺之也〔四五〕。」故析言以破律，詆案〔四六〕以成法，執左道亂政，皆王誅之，所以必加也〔四七〕。又淮南子〔四八〕曰：「豐水之深十仞，金鐵在焉，則形見於外。非不深且清，而魚鼈莫〔四九〕之歸也。」故爲政者〔五〇〕以苛爲察，以切爲明〔五一〕，以刻下爲忠，以訐多爲功〔五二〕，譬猶廣革，大則大矣，裂之道也。夫賞宜從重，罰宜從輕〔五三〕，君居其厚，百王通制。故臧孫嚴猛，魯邦患其不亡；子産寬仁，鄭國憂其將死〔五四〕。刑之輕重，恩之厚薄，見思與見疾〔五五〕，其可同日言哉！且法者〔五六〕，國之權衡也，時之準繩也。權衡所以定輕重，準繩所以正曲直。今作法貴其寬平，罪人欲其嚴酷，喜怒肆情〔五七〕，高下在心，是則捨準繩以正曲直，棄權衡而定輕重者也，不亦惑哉？諸葛孔明，小國之相，猶曰：「吾心如秤，不能爲人作輕重。」況萬乘之主〔五八〕，當可封之日〔五九〕，而任心棄法〔六〇〕，取怨於人乎？

又時有小事，不欲人聞，則暴作威怒，以弭謗議。若所爲是也，聞於外〔六一〕，其何傷？若所爲非，雖掩之，其何益〔六二〕？故諺曰：「欲人不知，莫若不爲；欲人不聞，莫若勿言。」爲之而欲人不知，言之而欲人不聞，此猶捕雀以掩目，盜鐘掩耳者〔六三〕，祇以其取怪〔六四〕，將何益乎？臣又聞之，無常亂之國，無不可治之民〔六五〕，在乎君之善惡〔六六〕，由乎化之薄厚，故禹、湯以之理，桀、紂以之亂；文、武以之安，幽、厲以之危。是以古之哲王，罪己〔六七〕而不以尤人，求身而不以責下。故曰：「禹、湯罪己，其興也勃焉；桀、紂罪人，其亡也忽焉〔六八〕。」今罪己之事未聞，罪人之心無已〔六九〕，既乖〔七〇〕惻隱之情，實啓姦邪之路。温舒恨之於曩日〔七一〕，臣亦欲恨於當今。恩不結於人心，而望刑措不用，非所聞也〔七二〕。臣聞堯有敢諫之鼓〔七三〕，舜有誹謗之木〔七四〕，湯有司過之史〔七五〕，武有戒慎之銘〔七六〕。此皆〔七七〕聽之於無形，求之於未有，虛己心〔七八〕以待下，庶下情之達上，上情之無私，君臣德合〔七九〕者也。魏文帝〔八〇〕云：「有德之君所以〔八一〕樂聞逆耳之言、犯顔之諍，親忠臣、厚諫士，斥讒慝、遠佞人者，誠欲全身保國，遠避滅亡者也。」凡百君子，膺期統運，縱未能上下無私，君臣合德，可不欲〔八二〕全身保國，遠避滅亡乎？書曰：「木從繩則正，君從諫則聖〔八三〕。」然則〔八四〕自古聖哲之君，功成事立，未有不資同德同心〔八五〕，予違汝弼者也。

昔在貞觀之初，側身勵行，謙以受益，聞善必改〔八六〕。時有小過，引納忠規，每聽直言，喜形顏色〔八七〕。故凡在忠烈，咸竭其辭。自頃年〔八八〕海内無虞，遠夷懾服，志意盈滿，事異厥初。高談疾邪，而喜聞順旨之説〔八九〕；空論忠讜，而不悦逆耳之言。私嬖〔九〇〕之徑漸開，至公之道日塞，往來行路，咸知之矣。故使埋輪懷疏之士，徒懷諤諤之心；牽裾折檻之臣，未申懔懔之氣〔九一〕。邦之興喪〔九二〕，實由斯道。爲人上者，可不勉乎〔九三〕？臣數年以來，每奉明旨，深怪群下〔九四〕莫肯盡言。臣竊〔九五〕思之，抑有由來矣。比者人或上書〔九六〕，事有得失，惟見述其所短，未有稱其所長。又天居自高，龍鱗難犯。在於造次，不可〔九七〕盡言。時有所陳，不能〔九八〕盡意。又思重謁〔九九〕，其道無因。且所言當理，未必加於寵秩〔一〇〇〕；意或乖忤，將有耻辱隨之〔一〇一〕。莫能盡節，寔由於此。雖左右近侍，朝夕階墀，事或犯顏，咸懷顧望。况疎遠不接，將何〔一〇二〕極其忠款哉？又時或宣言〔一〇三〕云：「臣下見事，祇可來道〔一〇四〕，何因所言，即望我用？」此乃拒諫〔一〇五〕之辭，誠非納忠之意。何以言之？犯主嚴顏，獻可替否，所以成主之美，匡主之過。若主聽有惑〔一〇六〕，事有不行，使其盡忠讜之言，竭股肱之力，猶恐臨事而懼〔一〇七〕，莫肯效其誠款。若其論所道〔一〇八〕，便是許其面從，而又責其未盡言〔一〇九〕，進退將何所據？必欲使其致諫〔一〇〕，在乎好之而已。故齊桓好服紫，而合境無異色〔一一〕；楚王好細腰，而後宮〔一二〕多餓死。夫以耳目之玩，人猶死而不違〔一三〕，況聖明之君求忠正之士，千里斯應，信不爲難。若徒有其言，而内無其實，欲其必至，不可得也〔一四〕。

太宗手詔曰：

省前後諷諭，皆切至之言〔一五〕，固所望於卿也。朕昔在衡門，尚惟童幼，未漸師保之訓，罕聞先達之言。值隋氏分崩〔一六〕，萬邦塗炭，慄慄黔黎〔一七〕，庇身無所。朕自二九之年〔一八〕，有懷拯溺，發憤投袂，便事干戈〔一九〕，蒙犯霜露，東西征伐，日不暇給，居無寧歲。降蒼昊〔二〇〕之靈，禀廟堂之略，義旗所指，觸向平夷。弱水、流沙，並通輶軒之使〔二一〕；被髮左衽〔二二〕，並爲〔二三〕衣冠之域。正朔所班，無遠不届。恭承寶曆〔二四〕，夤奉帝圖，垂拱無爲，氛埃靜息〔二五〕，於兹十有餘年矣〔二六〕。斯蓋股肱罄帷幄之謀，爪牙竭熊羆之力，協德同心，以致於此。宣其寡薄，獨享斯休〔二七〕，每以大寶神器〔二八〕，憂深責重，常懼萬機多曠，四聰不達〔二九〕，何嘗不戰戰兢兢〔三〇〕，坐以待旦。詢于公卿，以至蒭蕘皂隸〔三一〕，推以赤心，庶幾刑措。昔者徇齊睿智，資風、牧以致隆平；翼善欽明，賴稷、契以康至道〔三二〕。然後文德武功，載勒於鐘石〔三三〕；淳風至德，以傳於竹素〔三四〕。克播鴻名，常爲稱首。朕以虚薄，多慚往代，若不任舟楫，豈得濟彼巨川？不藉鹽梅，安得調夫鼎味[一五]？賜絹三百匹。

校注

〔一〕君欲　戈本無「君」字。

〔二〕必失　南家本作「必遠」，據戈本改。

〔三〕無爲　興本、松本脱「無」字。

〔四〕君臨　南家本訛作「居臨」，據戈本改。

〔五〕鞭策　戈本作「有鞭策」。

〔六〕戈注：「後漢王符，字節信，著書號潛夫論。」

〔七〕後其末　興本作「緩其末」。

〔八〕苟正　南家本訛作「苟政」，據戈本改。

〔九〕上聖無不務理民心　南家本作「上聖不務理民心」，據戈本改。

〔一〇〕戈注：「孔子之辭。」

〔一一〕害傷　戈本作「傷害」。

〔一二〕思義　興本、松本訛作「恩義」。

〔一三〕戈注：「契，音泄，舜臣名。五教，謂父子有親，君臣有義，夫婦有別，長幼有序，朋友有信。」

〔一四〕戈注：「咎繇與臯陶同。五刑，謂墨、劓、剕、宫、大辟也。」

〔一五〕禍患　南家本無「患」字，據戈本補。

〔一六〕戈注：「秦稱民曰黔首。」

〔一七〕脩己　戈本作「循己」。

〔一八〕民之生由鑠金在爐　戈本作「民之生也猶鑠金在爐」。

〔一九〕世主　戈本作「世之主」。

〔二〇〕感方厚　戈本作「感忠厚」。

〔二一〕戈注：「言俗如酒味之和也。」

〔二二〕雖未能遵古　戈本脱「古」字。

〔二三〕甘心而不怨　興本、松本無「而」字。

〔二四〕臣下　南家本無「臣」字，據戈本補。

〔二五〕戈注：「見規諫篇注。」

〔二六〕當官者　興本、松本脱「者」字。

〔二七〕小節　興本、松本脱「節」字。

〔二八〕告訐　南家本訛作「告訴」，據戈本改。

〔二九〕忘大體　南家本訛作「志大體」，據戈本改。

〔三〇〕戈注：「見封建篇注。」

〔三一〕賞輕　南家本作「賞惡」，據戈本改。

〔三二〕亦可也　戈本無「也」字。

〔三三〕後　興本訛作「緩」。

〔三四〕未訊　興本、松本訛作「未許」。下文同。

〔三五〕亦難矣　南家本「難」上衍一「不」字，據戈本删。

〔三六〕凡聽訟吏獄　南家本作「聽凡訟吏獄」，據戈本乙改。

〔三七〕然後察之　戈本無此四字。

〔三八〕臬　興本、松本訛作「泉」。

〔三九〕戈注：「出虞書。」

〔四〇〕戈注：「周禮以三刺斷庶民獄訟之中，一曰訊群臣，二曰訊群吏，三曰訊萬民。」

〔四一〕相疑也　興本、松本作「相疑已」。

〔四二〕通相疑　戈本無此三字。

〔四三〕無勞司過之史不假蒭蕘之議至所以求實也非所以飾實也　菅家本、寫字臺本無此一千四百六十餘字。

〔四四〕參伍　戈本作「參任」。

〔四五〕殺之也　南家本無「也」字，菅家本、寫字臺本同，據戈本補。

〔四六〕詆案　戈本作「任案」。

〔四七〕執左道亂政皆王誅之所以必加也　戈本作「執左道以必加也」，無「亂政皆王誅之所」七字。

〔四八〕戈注：「漢淮南王安著書，曰淮南子。」

〔四九〕魚鼈莫　南家本訛作「莫魚鼈」，據菅家本、寫字臺本、戈本改。

〔五〇〕爲政者　戈本脱「政」字。

〔五一〕以切爲明　興本、戈本作「以功爲明」。

〔五二〕以許多爲功　南家本作「以訴多爲功者」，菅家本、寫字臺本同，據戈本改。

〔五三〕賞宜從重罰宜從輕　南家本作「賞疑從重罰疑從輕」，菅家本、寫字臺本同，據戈本改。

〔五四〕故臧孫嚴猛魯邦患其不亡子産寬仁鄭國憂其將死　戈本無此二十一字。臧孫，魯大夫，行猛政，子貢非之，見後漢書陳寵傳注引新序。

〔五五〕見思與見疾　南家本作「見思之與見疾」，菅家本、寫字臺本同，據戈本删「之」字。

〔五六〕且法者　戈本無「者」字。

〔五七〕肆情　戈本作「肆志」。

〔五八〕戈注：「天子畿内之地方千里，出車萬乘，故曰萬乘之主。」

〔五九〕戈注：「唐、虞之世，比屋可封。」

〔六〇〕棄法　南家本作「去法」，菅家本、寫字臺本同，據戈本改。

〔六一〕所爲是也聞於外　南家本作「所爲是」，菅家本、寫字臺本同，據戈本補「也聞於外」四字。

〔六二〕爲非雖掩之其何益　戈本作「爲非也雖掩之何益」。

〔六三〕捕雀以掩目盜鐘掩耳者　菅家本作「捕雀以掩目盜鐘掩耳者也」，戈本作「捕雀而掩目盜鐘而掩耳者」。

〔六四〕祇以其取怪　戈本作「祇以取誚」。

〔六五〕不可治之民　戈本作「不可理之民者」。

〔六六〕在乎君之善惡　戈本作「夫君之善惡」。

〔六七〕罪己　戈本作「盡己」。

〔六八〕戈注：「左傳臧文仲告魯君之辭。」

〔六九〕今罪己之事未聞罪人之心無已　戈本脱訛作「爲之無已」。

〔七〇〕既乖　戈本作「深乖」。

〔七一〕恨之於曩日　戈本作「恨於曩日」。戈注：「温舒，前漢人，嘗上書言獄吏之害。」

〔七二〕臣亦欲恨於當今恩不結於人心而望刑措不用非所聞也　戈本脱訛作「臣亦欲惜不用非所不聞也」。

〔七三〕戈注：「通曆曰：『堯定四嶽，置諫鼓。』」

〔七四〕誹謗　南家本作「謗誹」，據菅家本、寫字臺本、戈本乙改。戈注：「淮南子曰：『舜立誹謗之木。』」

〔七五〕司過之史　南家本作「思過之史」，寫字臺本作「司過之吏」。戈注：「淮南子曰：『湯有司直之人。』」

〔七六〕戈注：「太公述丹書之言曰：『敬勝怠者吉，怠勝敬者滅，義勝欲者從，欲勝義者凶。』武王聞之，退而爲戒，乃書於几、鑑、盂、槃爲銘。出大戴禮。」

〔七七〕此皆　戈本作「此則」。

〔七八〕虚己心　戈本作「虚心」。

〔七九〕上情之無私君臣德合　戈本作「上下無私君臣合德」。

〔八〇〕魏文帝　戈本作「魏武帝」。

〔八一〕所以　戈本無此二字。

〔八二〕可不欲　戈本作「可不」。

〔八三〕書曰木從繩則正君從諫則聖　戈本無此十二字。

〔八四〕然則　戈本無「則」字。

〔八五〕同德同心　戈本無「同德」二字。

〔八六〕謙以受益聞善必改　戈本訛作「謙以受物蓋聞善必改」。

〔八七〕喜形顏色　菅家本作「喜形於顏色」。

〔八八〕自頃年　南家本作「自頃」，菅家本、寫字臺本同，據戈本補「年」字。

〔八九〕順旨之説　建治本訛作「順音之説」，松本同，菅家本作「順旨説」，據戈本改。

〔九〇〕私嬖　南家本訛作「私避」，菅家本、寫字臺本同，據戈本改。

〔九一〕故使埋輪懷疏之士徒懷謇謇之心牽裾折檻之臣未申懍懍之氣　戈本無此二十六字。

〔九二〕興喪　戈本作「興衰」。

〔九三〕勉乎　建治本訛作「免乎」，松本同。

〔九四〕深怪群下　戈本作「深懼群臣」。

〔九五〕臣竊　戈本作「臣切」。

〔九六〕抑有由來矣比者人或上書　戈本作「自比來人或上書」。

〔九七〕不可　戈本作「不敢」。

〔九八〕不能　安本作「不敢」。

〔九九〕又思重謁　寫字臺本作「又重思謁」，戈本作「更思重竭」。

〔一〇〇〕寵秩　興本、松本訛作「寵殊」。

〔一〇一〕隨之　南家本作「隋之」，據菅家本、寫字臺本、戈本改。

〔一〇二〕何　戈本作「何以」。

〔一〇三〕宣言　寫字臺本作「直言」。

〔一〇四〕來道　興本、寫字臺本訛作「求道」。

〔一〇五〕拒諫　建治本作「折諫」，松本同，興本作「所諫」，據菅家本、寫字臺本、戈本改。

〔一〇六〕主聽有惑　建治本作「主聽惑」，松本同，戈本作「主聽則惑」，從興本、菅家本、寫字臺本。

〔一〇七〕臨事而懼　戈本作「臨時恐懼」。

〔一〇八〕若其論所道　戈本作「若如明詔所道」。

〔一〇九〕未盡言　戈本無「未」字。

〔一一〇〕必欲使其致諫　戈本作「欲必使乎致諫」。

〔一一一〕無異色　南家本作「無虞異色」，菅家本同，寫字臺本作「無庸異色」，從戈本。

〔一一二〕而後宫　南家本無「而」字，菅家本、寫字臺本同，從戈本。戈注：「言上有好者，下必有甚之意。」

〔一一三〕人猶死而不違　南家本「人」前有一「既」字，據菅家本、寫字臺本、戈本删。

〔一一四〕得也　戈本作「得之」。〔案〕以上爲魏徵理獄聽諫疏。

〔一二五〕切至之言　戈本作「切至之意」。

〔一二六〕隋氏分崩　戈本作「隋主分崩」。

〔一二七〕慄慄　菅家本作「慓慓」，戈本作「惵惵」。戈注：「惵音蝶。」

〔一二八〕二九之年　南家本作「二十九之年」，從菅家本、寫字臺本、戈本。

〔一二九〕便事干戈　戈本作「便提干戈」。

〔一三〇〕蒼昊　南家本作「蒼梧」，菅家本同，從寫字臺本、戈本。

〔一三一〕戈注：「輶，輕車也。」

〔一三二〕戈注：「四夷之人也。」

〔一三三〕並爲　戈本作「皆爲」。

〔一三四〕恭承寶曆　戈本作「及恭承寶曆」。

〔一三五〕静息　興本訛作「静恩」，松本同，戈本作「靖息」。

〔一三六〕十有餘年矣　戈本無「矣」字。

〔一三七〕宣其寡薄獨享斯休　寫字臺本作「豈宣其寡薄獨享斯休」，戈本作「自惟寡薄厚享斯休」。

〔一三八〕大寶神器　戈本作「撫大神器」。

〔一三九〕四聰　南家本作「四聽」，據菅家本、寫字臺本、戈本改。

〔一三〇〕何嘗不戰戰兢兢　戈本無「何嘗不」三字。

〔一三一〕蕣羹皂隸　戈本作「隸皂」。

〔一三二〕以康至道　菅家本訛作「以秉至道」，寫字臺本同，從南家本。

〔一三三〕庶幾刑措昔者徇齊睿智資風牧以致隆平翼善欽明賴稷契以康至道然後文德武功載勒於鐘石　戈本作「庶幾明賴一動以鐘石」。

〔一三四〕以傳於竹素　戈本作「永傳於竹帛」。

〔一三五〕鼎味　戈本作「五味」。戈注：「商書高宗命傳説曰：『若濟巨川，用汝作舟楫。』又曰：『若作和羹，爾惟鹽梅。』」

【案】此後半章元刻、明本、韓版無，南家本、菅家本、寫字臺本以魏徵二疏及太宗手詔並爲論誠信篇第三章。魏徵理獄聽諫疏，見魏鄭公文集卷一。太宗手詔，見册府卷一〇一。

論誠信第十七

【案】戈本無「論」字。明本三章，據南家本、菅家本、寫字臺本、戈本補一章（139），共四章，排序依明本，增補的一章參照南家本、菅家本、寫字臺本編入。戈本「凡四章」，139、140 兩章順序互倒。南家本、菅家本、寫字臺本五章，有本卷論公平篇一章（137）。

138 〇貞觀初，有上書請去佞者〔一〕。太宗謂曰：「朕之所任，皆以爲賢，卿知佞者誰耶？」對曰：「臣居草澤，不的知佞者，請陛下佯怒以試群臣，若能不畏雷霆，直言進諫，則是正人，順情阿旨，則是佞人。」帝〔二〕謂封德彝曰：「流水清濁〔三〕，在其源也。君者政源，人庶猶水，君自爲詐，欲臣下行直，是猶源濁而望水清，理不可得。朕常以魏武帝多詭詐，深鄙其爲人。此〔四〕豈可堪爲教令？」謂上書人曰：「朕欲使大信行於天下，不欲以詐道訓俗，卿言雖善〔五〕，朕所不取也。」

校　注

〔一〕佞者　南家本、菅家本、寫字臺本、戈本作「佞臣者」。

〔二〕帝　戈本作「太宗」。

〔三〕流水清濁　南家本、菅家本、寫字臺本作「朕聞流水清濁」。

〔四〕此　南家本、菅家本、寫字臺本作「此言」，戈本作「如此」。

〔五〕卿言雖善　南家本、菅家本、寫字臺本作「卿言無謂」。

【案】本章事見會要卷五一。

139 ●太宗謂無忌曰〔一〕：「朕即位之初，有上書者非一，或言人主必須威權獨運〔二〕，不得委任群下；或欲耀兵〔三〕振武，懾服四夷。惟有魏徵令朕〔四〕『偃革興文，布德施惠，中國既安，遠人自服』。朕從其語〔五〕，天下大寧，絶域君長，皆來朝貢，九夷重譯，相望於道。凡此等事，皆魏徵之力也。朕任用豈不得人？」徵拜謝稱曰〔六〕：「陛下聖德自天，留心政術。臣以〔七〕庸短，承受不暇，豈得稱有益聖朝〔八〕？」

校注

〔一〕太宗謂無忌曰　戈本作「太宗嘗謂長孫無忌等曰」。

〔二〕獨運　戈本作「獨任」。

〔三〕耀兵　南家本、菅家本、寫字臺本作「曜兵」。

〔四〕令朕　戈本作「勸朕」。

〔五〕其語　戈本作「此語」。

〔六〕拜謝稱曰　戈本作「拜謝曰」。

〔七〕臣以　戈本作「實以」。

〔八〕豈得稱有益聖朝　戈本作「豈有益於聖明」。

【案】本章元刻、明本、韓版無，南家本、菅家本、寫字臺本爲第二章，戈本爲第三章。事見諫録卷五、舊唐卷七一魏徵傳、會要卷九九、册府卷七六、一三三。

【又案】此處南家本、菅家本、寫字臺本有論公平篇一章（137）及魏徵理獄聽諫疏、太宗手詔。

140 ○貞觀十年〔一〕，魏徵上疏曰：

臣聞爲國之基，必資於德禮；君之所保，唯在於誠信。誠信立則下無二心，德禮形則遠人斯格。然則德禮、誠信，國之大綱，在於君臣父子〔二〕，不可斯須而廢也。故孔子曰：「君使臣以禮，臣事君以忠〔三〕。」又曰：「自古皆有死，人無信不立〔四〕。」文子〔五〕曰：「同言而行信〔六〕，信在言前；同令而行誠，誠在令後〔七〕。」然則言而不行〔八〕，言無信也〔九〕；令而不從，令無誠也。不信之言，無誠之令，爲上則敗德，爲下則危身，雖在顛沛之中，君子之所不爲也〔一〇〕。

自王道休明，十有餘載，威加海內〔一一〕，萬國來庭，倉廩日積，土地日廣。然而道德未益厚，仁義未益博者，何哉？由乎〔一二〕待下之情未盡於誠信，雖有善始之勤，未覩克終之美故也。其所由來有漸，非一朝一夕〔一三〕。昔貞觀之始，乃聞善驚歎，暨八九年間，猶悦以從諫。自兹厥後，漸惡直言，雖或勉强有所容，非復曩時之裕如[一四]。謇諤之輩，稍避龍鱗；便佞之徒，肆其巧辯。謂同心者爲擅權[一五]，謂忠讜者爲誹謗。謂之爲朋黨，雖忠信而可疑；謂之爲至公，雖矯僞而無咎。强直者畏擅權之議，忠讜者慮誹謗之尤。至於竊斧生疑，投杼致惑[一六]，正臣不得盡其言，大臣莫能與之争。熒惑視聽於大道，妨政損德，其在兹乎[一七]？故孔子曰「惡利口之覆邦家者」，蓋爲此也。

且君子小人，貌同心異。君子掩人之惡，揚人之善，臨難無苟免，殺身以成仁。小人不耻不仁，不畏不義，唯利之所在，危人自安。夫苟在危人，則何所不至？今欲將求致理，必委之於君子；事有得失，或訪之於小人。其待君子也則敬而疎，遇小人也必輕而狎。狎則言無不盡，疎則情不上通。是則毁譽在於小人，刑罰加於君子，實興喪之所在，可不慎哉！此乃孫卿所謂：「使智者謀之，與愚者論之，使脩潔之士行之，與汙鄙之人疑之。欲其成功，可得乎哉？」夫中智之人，豈無小慧，然才非經國，慮不及遠，雖竭力盡誠，猶未免於傾敗；况内懷姧利，承顔順旨，其爲禍患，不亦深乎？夫立直木而疑影之不直，雖竭精神、勞思慮，其不得亦已明矣[一八]。

夫君能盡禮，臣得竭忠，必在於外內〔一九〕無私，上下相信。上不信則無以使下，下不信則無以事上，信之爲道大矣。故自天祐之，吉無不利〔二〇〕。昔齊桓公問於管仲曰：「吾欲使爵腐於酒〔二一〕，肉腐於俎〔二二〕，得無害於霸乎〔二三〕？」管仲曰：「此極非其善者，然亦無害霸也〔二四〕。」桓公〔二五〕曰：「如何〔二六〕而害霸乎？」管仲曰：「不能知人，害霸也；知而不能任〔二七〕，害霸也；任而不能信〔二八〕，害霸也；既信而又使小人參之，害霸也。」晉中行穆伯〔二九〕攻鼓〔三〇〕，經年而弗能下〔三一〕，餽間倫曰：「鼓之嗇夫，間倫知之。請無疲士大夫，而鼓可得。」穆伯不應。左右曰：「不折一戟，不傷一卒，而鼓可得，君奚爲不取？」穆伯曰：「間倫之爲人也〔三二〕，佞而不仁。若使間倫下之，吾可以不賞之乎？若賞之，是賞佞人也。佞人得志，是使晉國之士捨仁而爲佞。雖得鼓〔三三〕，將何用之矣〔三四〕？」夫穆伯，列國之大夫〔三五〕，管仲，霸者之佐〔三六〕，猶能慎於信任，遠避佞人也如此，況乎〔三七〕爲四海之大君，應千齡之上聖，而可使巍巍之盛德，復將有所間然乎〔三八〕？

若欲令君子小人是非不雜，必〔三九〕懷之以德，待之以信，厲之以義，節之以禮，然後善善而惡惡，審罰而明賞。小人絶其佞邪〔四〇〕，君子自强不息，無爲之治，何遠之有？善善而不能進，惡惡而不能去，罰不及於有罪，賞不加於有功，則危亡之期，或未可保〔四一〕，永錫祚胤，將何望哉！

太宗覽疏歎曰：「若不遇公〔四二〕，何由得聞此説〔四三〕？」

校注

〔一〕十年　南家本、菅家本作「十五年」。

〔二〕君臣父子　南家本、菅家本、寫字臺本作「父子君臣」。

〔三〕戈注：「孔子對魯定公之辭。」

〔四〕戈注：「孔子答子貢之辭。」

〔五〕戈注：「姓辛，名鈃，一名計然。濮上人，師事老子。著書十二篇，名之曰通玄真經。」

〔六〕而行信　南家本、菅家本、韓版、戈本作「而信」。

〔七〕同令而行誠誠在令後　南家本、菅家本譌作「同令而信信在言前同令而誠誠在令後」，寫字臺本譌作「同令而信信在言前同令而行誠誠在令後」，韓版、戈本作「同令而行誠在令外」。

〔八〕言而不行　戈本作「言而不信」。

〔九〕言無信也　南家本、菅家本、寫字臺本作「言不信也」。

〔一〇〕君子之所不爲　南家本、菅家本、寫字臺本作「君子所不爲」。

〔一一〕海内　南家本、菅家本、寫字臺本、韓版、戈本作「海外」。

〔一二〕由乎　南家本、菅家本、寫字臺本上有一「蓋」字。

〔一三〕其所由來有漸非一朝一夕　南家本、菅家本、寫字臺本、戈本無此十一字。

〔一四〕裕如　南家本、菅家本、寫字臺本、戈本作「豁如」，元刻作「類如」。

〔一五〕謂同心者爲擅權　文意不通，據舊唐、英華、册府，「擅權」前脱「朋黨謂告訐者爲至公謂强直者爲」十四字。

〔一六〕至於竊斧生疑投杼致惑　戈本無此十字。

〔一七〕兹乎　戈本作「此乎」。

〔一八〕昔貞觀之始乃聞善驚歎至雖竭精神勞思慮其不得亦已明矣　南家本、菅家本、寫字臺本無此四百餘字。

〔一九〕外内　戈本作「内外」。

〔二〇〕故自天祐之吉無不利　戈本無此九字。

〔二一〕吾欲使爵腐於酒　南家本、菅家本作「吾欲能使爵腐於酒」，興本、寫字臺本作「吾能使酒腐於爵」，戈本作「吾欲使酒腐於爵」。

〔二二〕肉腐於俎　南家本無此四字。

〔二三〕害於霸　戈本無「於」字。

〔二四〕無害霸　戈本作「無害於霸」。

〔二五〕桓公　南家本、菅家本、寫字臺本無「桓」字。

〔二六〕如何　南家本、菅家本、寫字臺本作「何如」。

〔二七〕知而不能任　南家本、菅家本、寫字臺本作「知而不能用」。

〔二八〕任而不能信　南家本、菅家本、寫字臺本作「用而不能任」。

〔二九〕戈注：「中行氏穆伯，晉卿也。」

〔三〇〕戈注：「城名。」

〔三一〕弗能下　南家本、菅家本、寫字臺本作「不能下」。

〔三二〕之爲人也　南家本、菅家本、寫字臺本無「之」字。

〔三三〕雖得鼓　南家本、菅家本作「吾雖得鼓」，寫字臺本作「臣雖得鼓」。

〔三四〕用之矣　南家本、菅家本、寫字臺本無「矣」字。

〔三五〕列國之大夫　南家本、寫字臺本無「之」字。

〔三六〕霸者之佐　戈本作「霸者之良佐」。

〔三七〕况乎　菅家本無「乎」字。

〔三八〕巍巍之盛德復將有所間然　戈本作「巍巍至德之盛將有所間」。

〔三九〕必　興本、松本作「如」。

〔四〇〕佞邪　戈本作「私佞」。

〔四一〕或未可保　南家本、菅家本、寫字臺本作「或不可保」。

〔四二〕公　南家本、菅家本、寫字臺本作「卿」。

〔四三〕此説　戈本作「此語」。戈注：「按史傳係十一年。是歲大雨，穀、洛溢，毁官寺十九，漂居人六百家，故徵上疏陳事。帝手詔嘉答，於是廢明德宫、玄圃院，賜遭水者。疏文比此章尤多。」

【案】本章南家本、菅家本、寫字臺本爲第四章，戈本爲第二章。事見舊唐卷七一魏徵傳、英華卷六九五、册府卷三二七、五四二。

141 〇貞觀十七年，太宗謂侍臣曰：「傳稱『去食存信』，孔子曰〔一〕『人無信不立』。昔項羽既入咸陽，已制天下，向使能行漢高祖仁、信〔二〕，誰奪邪〔三〕？」房玄齡對曰：「仁、義、禮、智、信〔四〕，謂之五常，廢一不可。能勤行之，甚有裨益〔五〕。殷紂狎侮五常，而武王伐之〔六〕，項氏以無仁爲漢高祖所奪〔七〕，皆誠如聖旨〔八〕。」

校注

〔一〕孔子曰　南家本、菅家本、寫字臺本作「孔子云」。戈注：「並孔子答子貢之辭。」

〔二〕向使能行漢高祖仁信　南家本、戈本作「向能力行仁信」，菅家本作「向使能力行仁信」。

〔三〕誰奪邪　南家本、菅家本、寫字臺本作「誰能奪耶」。戈注：「項羽引兵屠咸陽，殺秦降王子嬰，燒秦宮室，收其貨寶、婦女而東，秦民大失望。」

〔四〕仁義禮智信　南家本、寫字臺本作「仁智禮義信」。

〔五〕裨益　原作「俾益」，據南家本、菅家本、寫字臺本、元刻、韓版、戈本改。

〔六〕而武王伐之　南家本、菅家本、寫字臺本、韓版作「武王伐之」，戈本作「武王奪之」。戈注：「周書武王誓師之言曰：『今商王受狎侮五常。』」

〔七〕以無仁爲漢高祖所奪　南家本、菅家本、寫字臺本、元刻、韓版作「以無仁信爲漢祖所奪」，戈本作「以無信爲漢高祖所奪」。

〔八〕皆誠如聖旨　南家本、菅家本、寫字臺本、戈本無「皆」字。

貞觀政要卷第五

貞觀政要卷第六

【案】戈本作「卷之六」。南家本、菅家本、寫字臺本、元刻有「史臣吴兢撰」五字，戈本作「戈直集論」。南家本、菅家本、寫字臺本、元刻另行有「論儉約第十八論謙讓第十九論仁惻第二十慎所好第二十一慎言語第二十二杜讒邪第二十三論悔過第二十四論奢縱第二十五論貪鄙第二十六」六十字，戈本另行作「論儉約十八論謙讓十九論仁惻二十慎所好二十一慎言語二十二杜讒邪二十三論悔過二十四論奢縱二十五論貪鄙二十六」。

論儉約第十八

【案】戈本無「論」字。南家本、菅家本、寫字臺本、元刻、明本、韓版均四章。戈注「凡八章」，戈本實九章，有卷十慎終篇移入一章（272）、卷六貪鄙篇移入四章（182、180、181、183）。

142

○貞觀元年，太宗謂侍臣曰：「自古〔一〕帝王凡有興造，必須貴順物情。昔大禹鑿九山〔二〕、通九江〔三〕，用人力極廣而無怨讟者，物情所欲，共衆所有故也〔四〕。秦始皇營建宮室而人多謗議者，爲徇其私欲，不與衆共故也〔五〕。朕今欲造一殿，材木已具，遠想秦皇〔六〕之事，遂不復作也。又〔七〕古人云：『不作無益害有益〔八〕』，『不見可欲〔九〕，使心不亂〔一〇〕』，固知見可欲，其心必亂矣。至如雕鏤器物、珠玉服玩，若恣其驕奢，則危亡之期可立待也。自王公已下，第宅、車服、婚娶〔一一〕、喪葬，准品秩不合服用者，一切禁斷〔一二〕。」由是二十年間，風俗簡樸，衣無錦繡，財帛富饒，無饑寒之弊。

校注

〔一〕自古　元刻、韓版無此二字。

〔二〕戈注：「禹貢曰：『九山刊旅。』蔡氏注：『九州之山也。如冀州則梁、岐之類。』」

〔三〕戈注：「禹貢曰：『九江孔殷。』蔡氏注：『即今之洞庭也，今沅水、漸水、元水、辰水、敘水、酉水、澧水、資水、湘水，皆合於洞庭，故曰九江。漢志所謂九江，非是。』」

〔四〕共衆所有故也　戈本作「而衆所共有故也」。

〔五〕不與衆共故　興本、松本「衆」下衍一「衆」字。

〔六〕秦皇　菅家本、寫字臺本作「秦始皇」。

〔七〕又　南家本、菅家本、戈本無此字。

〔八〕戈注：「周書旅獒之辭。」

〔九〕可欲　興本訛作「所欲」。

〔一〇〕使心不亂　南家本、菅家本、寫字臺本作「使人心不亂」，戈本作「使民心不亂」。戈注：「老子之辭。」

〔一一〕婚娶　戈本作「婚嫁」。

〔一二〕一切禁斷　南家本、菅家本、寫字臺本、戈本作「宜一切禁斷」。

【案】本章元刻、明本、韓版與卷八禁末作附篇第二章（236）大部分文字相同，卻無「爲政之要必須禁末作傳曰雕琢刻鏤傷農事纂組文彩害女工自古聖人制法莫不崇節儉革奢侈」三十九字。事見會要卷五八。

143 〇貞觀二年，公卿奏曰：「依禮，季夏之月，可以居臺榭〔一〕。今夏暑〔二〕未退，秋霖方始，宮中卑濕，請營一閣以居之。」上〔三〕曰：「朕有氣疾〔四〕，豈宜下濕？若遂來請，糜費良多。昔漢文〔五〕將起露臺，而惜十家之產〔六〕，朕德不逮于漢帝，而所費過之，豈謂爲人父母之道也〔七〕？」固請至于再三〔八〕，竟不許。

校注

〔一〕居臺榭　菅家本作「居其臺榭」。戈注：「禮記：『仲夏之月，毋用火南方，可以居高明，可以遠眺望，可以升山陵，可以處臺榭。』」

〔二〕夏暑　南家本、菅家本、寫字臺本作「盛暑」。

〔三〕上　戈本作「太宗」。

〔四〕氣疾　南家本、菅家本、寫字臺本作「氣病」。

〔五〕漢文　菅家本作「漢文帝」。

〔六〕戈注：「見教戒篇注。」

〔七〕豈謂爲人父母之道　戈本作「豈爲人父母之道」。

〔八〕固請至于再三　南家本、菅家本、寫字臺本無此六字。

【案】本章事見舊唐卷二太宗紀上、會要卷三〇、册府卷五六。

144 ○貞觀四年〔一〕，上〔二〕謂侍臣曰：「崇飾宮宇，遊賞池臺，帝王之所欲，百姓之所不欲。帝王所欲者放逸，百姓所不欲者勞弊。孔子云：『有一言〔三〕可以終身行之者，其恕乎！己所不欲，勿施於人〔四〕。』勞弊之事，誠不可施於百姓。朕尊爲帝王，富有四海，事皆由己〔五〕，誠能自節。若百姓不欲，必能順其情也。」魏徵曰〔六〕：「陛下本憐萬姓〔七〕，每節己以順人。臣聞『以欲從人者昌，以人樂己者亡。』隋煬帝志在無厭，惟好奢侈〔八〕，所司每有供奉、營造，小不稱意〔九〕，則有峻罰嚴刑。上之所好〔一〇〕，下必有甚，競爲無限，遂至滅亡。此非書籍所傳，亦陛下目所親見。爲其無道，故天命陛下代之。陛下若以爲足，今日不啻足矣；若以爲不足〔一一〕，更萬倍過此亦不足。」太宗曰：「公所奏對甚善〔一二〕，非公，朕安得聞此言？」

校注

〔一〕四年　菅家本作「十四年」。

〔二〕上　戈本作「太宗」。

〔三〕有一言　興本、松本作「有言」，菅家本、寫字臺本作「有一言而」。

〔四〕戈注：「論語之辭。」

〔五〕事皆由己　南家本、寫字臺本作「每事由於己」，菅家本、元刻、韓版、戈本作「每事由己」。

〔六〕魏徵曰　南家本、菅家本、寫字臺本作「魏徵對曰」。

〔七〕本憐萬姓　南家本、菅家本、寫字臺本作「大憐萬姓」，戈本作「本憐百姓」。

〔八〕惟好　原作「雖好」，據南家本、菅家本、寫字臺本、元刻、韓版、戈本改。

〔九〕小不稱意　菅家本、寫字臺本作「小有不稱意」。

〔一〇〕上之所好　菅家本作「上之所好者」。

〔一一〕不足　菅家本作「不足矣」。下文同。

〔一二〕公所奏對　南家本、寫字臺本作「卿所對」，菅家本作「卿所奏對」。下文「公」字，南家本、菅家本、寫字臺本均作「卿」字。

145 ○貞觀十六年，太宗謂侍臣曰：「朕近讀劉聰傳〔一〕，將爲劉后〔二〕起鷦儀殿，廷尉陳元達〔三〕切諫，聰大怒，命斬之。劉后手疏啓請〔四〕，辭情甚切，聰怒乃解，而甚愧之〔五〕。人之讀書〔六〕，欲廣聞見以自益耳。朕見此事，可以深戒〔七〕。比者欲造一殿〔八〕，仍構重閣，今於藍田〔九〕採木，並已備具〔一〇〕。遠想聰事，斯作遂止〔一一〕。」

校　注

〔一〕戈注：「劉聰字玄明，元海第四子。本新興匈奴，以漢高祖嘗以宗女妻冒頓，故子孫冒劉姓。元海於晉永興中立國，是爲前趙，聰殺兄自立。」

〔二〕將爲劉后　南家本、菅家本、寫字臺本、戈本作「聰將爲劉后」。戈注：「后，太保劉殷之女，爲左貴嬪，後立爲后。」

〔三〕戈注：「廷尉，獄官也。元達，字長宏，後部人。本姓高，以生月妨父，改姓陳。」

〔四〕啓請　興本作「答請」。

〔五〕戈注：「晉載記：劉聰將起殿於後庭，陳元達切諫，聰大怒曰：『吾爲萬機主，豈問汝鼠子乎？』將出斬之。時在逍遥園李中堂，劉后聞之，密敕停刑，上手疏曰：『今宫室已備，宜愛民力，廷尉之言，四海之福也。陛下宜加封賞，而更誅之，四海謂陛下如何哉？陛下今興工費廣，爲妾營殿而殺諫臣，使天下罪妾，妾何以當之？願賜死，以塞陛下之過。』聰覽之，命引元達謝之，曰：『外輔如公，内輔如后，朕復何憂？』更命園曰納賢園，堂曰愧賢堂。」

〔六〕人之讀書　寫字臺本無「之」字。

〔七〕可以深戒　南家本、菅家本、寫字臺本、戈本作「可以爲深誡」。

〔八〕一殿　南家本作「小殿」，菅家本、寫字臺本作「一小殿」。

〔九〕今於藍田　南家本、菅家本作「令於藍田」。

〔一〇〕備具　寫字臺本作「具備」。

〔一一〕遂止　南家本、菅家本、寫字臺本作「遂已」。

【案】本章事見册府卷五六。

【又案】此處戈本有卷十慎終篇移入一章(272)、卷六貪鄙篇移入四章(182,180,181,183)。

論謙讓第十九

【案】戈本無「論」字。南家本二章,以147,148兩章爲一章。其餘各本均三章,戈注「凡三章」。

146 ○貞觀二年,太宗謂侍臣曰:「人言作天子則得自尊崇,無所畏懼,朕則以爲正合自守謙恭〔一〕,常懷畏懼。昔舜誡禹曰:『汝惟不矜,天下莫與汝争能;汝惟不伐,天下莫與汝争功〔二〕。』又易曰:『人道惡盈而好謙〔三〕。』凡爲天子,若唯自尊崇,不守謙恭者,在身儻有不是之事,誰肯犯顔諫奏? 朕每出一言〔四〕、行一事,必上畏皇天,下懼群臣。天高聽卑,何得不畏? 群公卿士,皆見瞻仰,何得不懼? 以此思之,但知常謙常懼,猶恐不稱天心及百姓意也。」魏徵曰:「古人云:『靡不有初,鮮克有終〔五〕。』願陛下守此常謙常懼之道,日慎一日,則宗社永固,無傾覆矣〔六〕。堯、舜〔七〕所以太平,實用此法。」

校注

〔一〕自守謙恭　南家本作「自謙恭」。

〔二〕戈注：「虞書大禹謨之辭。」

〔三〕易曰　南家本、菅家本、寫字臺本作「周易云」。戈注：「易謙卦彖辭。」

〔四〕每出一言　南家本、菅家本、戈本作「每思出一言」。

〔五〕戈注：「詩大雅蕩篇之辭。」

〔六〕宗社永固無傾覆　南家本、菅家本、寫字臺本作「宗社永無傾敗」。

〔七〕堯舜　戈本作「唐虞」。

【案】本章事見會要卷五五。

147 ○貞觀三年，太宗問給事中孔穎達曰：「論語云『以能問於不能〔一〕，以多問於寡，有若無，實若虛』，何謂也〔二〕？」孔穎達對曰〔三〕：「聖人設教，欲人謙光，己雖有能，不自矜大，仍就不能之人求訪能事。己之才藝雖多，猶以爲少〔四〕，仍就寡少〔五〕之人更求所益。己之雖有，其狀若無。己之雖實，其容若虛。非唯匹庶〔六〕，帝王之德，亦當如此。夫帝王內蘊神明，外須玄默，使深不可知〔七〕。故易稱『以蒙養正〔八〕，以明夷莅衆〔九〕』，若其位居尊極，炫耀聰明，以才凌人，飾非拒諫，則上下情隔，君臣道乖。自古滅亡，莫不由此也。」

太宗曰：「易云：『勞謙，君子有終，吉〔一〇〕。』誠如卿所説〔一一〕。」詔賜物二百段。

校注

〔一〕問於不能　興本、松本無此四字。

〔二〕戈注：「論語曾子之言。」

〔三〕孔穎達對曰　南家本、菅家本、寫字臺本、戈本作「穎達對曰」。

〔四〕猶以爲少　戈本作「猶病以爲少」。

〔五〕寡少　南家本、菅家本、寫字臺本作「寡小」。

〔六〕匹庶　南家本、菅家本、寫字臺本作「匹夫庶人」。

〔七〕深不可知　南家本、菅家本、寫字臺本作「深不可測遠不可知」。

〔八〕戈注：「易蒙卦彖辭曰：『蒙以養正。』」

〔九〕戈注：「易象傳曰：『明入地中，明夷，君子以莅衆，用晦而明。』」

〔一〇〕戈注：「易謙卦九三爻辭。」

〔一一〕所説　戈本作「言」。

【案】本章事見舊唐卷七三孔穎達傳、册府卷五三一、五九九。

148 ○河間王孝恭〔一〕，武德初封爲趙郡王，累授東南道行臺尚書左僕射。孝恭既討平蕭銑、輔公祏〔二〕，江、淮及嶺南皆統攝之〔三〕。專制八方〔四〕，威名甚著〔五〕，累遷禮部尚書。孝恭性惟退讓，無驕矜自伐之色。時有特進江夏王道宗，尤以將略馳名，兼好學，敬慕賢士，動修〔六〕禮讓，太宗並加親待。諸〔七〕宗室中，惟孝恭、道宗，莫與爲比，一代宗英云〔八〕。

校注

〔一〕戈注：「太祖之子也。佐高祖，多進圖策，獨存方面功，寬恕退讓。太宗親重之，宗室莫比。」

〔二〕輔公祏　南家本、菅家本、元刻作「輔公祐」。

〔三〕江淮及嶺南皆統攝之　南家本、菅家本作「遂領江淮及嶺南道皆統攝之」，寫字臺本作「江淮及嶺南道皆統攝之」，戈本作「遂領江淮及嶺南北皆統攝之」。

〔四〕專制八方　戈本作「專制一方」。

〔五〕威名甚著　南家本、菅家本、寫字臺本作「威名甚盛」。

〔六〕勤修　興本作「勤修」。

〔七〕諸　菅家本無此字。

〔八〕一代宗英云　南家本、菅家本、寫字臺本作「爲一代宗英」。

【案】本章南家本屬前章。事見舊唐卷六〇河間王孝恭傳、江夏王道宗傳、册府卷二七二、二七三。

論仁惻第二十

【案】戈本無「論」字。各本均四章，戈注「凡四章」。

149 〇貞觀初，上〔一〕謂侍臣曰：「婦人幽閉深宫，情實可愍。隋氏末年，求採無已，至於離宫別館，非幸御之所，多聚宫人，此皆竭人財力，朕所不取。且灑掃之餘，更何所用？今將出之，任求伉儷〔二〕，非獨以省費息人〔三〕，亦各得遂其情性〔四〕。」於是後宫及掖庭，前後所出三千餘人〔五〕。

校注

〔一〕上　南家本、菅家本、寫字臺本、元刻、韓版、戈本作「太宗」。

〔二〕戈注：「上音抗，敵也。下音麗，耦也。」

〔三〕省費息人　南家本、菅家本、寫字臺本、戈本作「省費兼以息人」。

〔四〕遂其情性　南家本、菅家本、寫字臺本作「遂其性」。

〔五〕戈注：「按通鑑，貞觀二年九月，天少雨，中書舍人李百藥上言：『往年雖出宮人，竊聞太上皇宮及掖庭宮人無用者尚多，豈惟虛費衣食，且陰氣鬱積，亦足致旱。』上曰云云，於是遣尚書左丞戴胄、給事中杜正倫於掖庭西門簡出之，前後所出三千餘人。」

【案】本章事見舊唐卷二太宗紀上、會要卷三、册府卷四二。

150 ○貞觀二年〔一〕，關中旱，大饑。太宗謂侍臣曰：「水旱不調，皆爲人君失德。朕德之不修，天當責朕，百姓何罪而多遭困窮〔二〕！聞有鬻男女者，朕甚愍之焉〔三〕。」乃遣御史大夫杜淹〔四〕巡檢，出御府金寶贖之，還其父母。

校注

〔一〕二年　南家本、菅家本、寫字臺本衍作「二十年」。

〔二〕多遭困窮　南家本、菅家本、寫字臺本作「多困窮」。

〔三〕甚愍之焉　南家本、菅家本、寫字臺本、戈本無「之」字。

〔四〕戈注：「字執禮，如晦叔也。材辯多聞，秦王引爲文學館學士。及即位，召爲御史大夫，俄檢校吏部尚書。所薦引贏四十人，後皆知名。」

【案】本章事見舊唐卷二太宗紀上、册府卷一七五。

151 ○貞觀七年，襄州都督張公謹卒，上〔一〕聞而嗟悼，出次發哀。有司奏言：「准陰陽書〔二〕云：『日在辰〔三〕，不可哭泣。』此亦流俗所傳〔四〕。」上曰：「君臣之義，同於父子，情發於衷，安避辰日？」遂泣之〔五〕。

校注

〔一〕上　戈本作「太宗」。下文同。

〔二〕准陰陽書　寫字臺本作「準格陰陽書」。

〔三〕云日在辰　南家本、菅家本、寫字臺本作「甲子在辰」。

〔四〕所傳　南家本、寫字臺本、韓版、戈本作「所忌」。

〔五〕泣之　南家本、菅家本、寫字臺本、韓版、戈本作「哭之」。戈注：「按通鑑，係六年夏四月辛卯，襄州都督鄒襄公張公謹卒，明日上出次發哀云云。」

【案】本章事見舊唐卷六八張公謹傳、會要卷三八、册府卷一四一。

152 ○貞觀十九年，太宗征高麗，次定州。有兵士到者，帝御州城北門樓〔一〕撫慰之。有從卒一人病，不能進，詔至〔二〕床前，問其所苦，仍敕州縣醫療之，是以將士莫不欣然願從。及大軍迴次柳城，詔集前後戰亡人骸骨，設太牢〔三〕致祭，親臨哭之盡哀，軍人無不灑泣〔四〕。兵士觀祭者歸家以言，其父母曰〔五〕：「吾兒之喪〔六〕，天子哭之，死無所恨〔七〕。」太宗征遼東，攻白巖城，右衛大將軍李思摩〔八〕爲流矢所中，帝親爲吮血，將士莫不感勵〔九〕。

校注

〔一〕御州城北門樓　菅家本訛作「御城北門州樓」。

〔二〕詔至 南家本、菅家本、寫字臺本作「招至」。

〔三〕太牢 南家本、菅家本作「大牢」。戈注：「牛、羊、豕，曰太牢。」

〔四〕灑泣 建治本作「灑淚」。

〔五〕歸家以言其父母曰 南家本、寫字臺本作「歸家言其父母父母曰」，菅家本作「歸家言於其父母父母曰」。

〔六〕吾兒之喪 菅家本作「吾兒之喪亡」。

〔七〕死無所恨 菅家本作「死無所恨焉」。

〔八〕戈注：「頡利族人。諸部納款，思摩獨留，高祖封和順郡王，與秦王結爲兄弟，賜姓李，爲化州都督，統頡利故部爲可汗。思摩遣使謝曰：『望世世爲國一犬，守天子北門，如延陀侵逼，願入保長城。』太宗詔許之。居三年，不得其衆，入朝，從伐遼。」

〔九〕感勵 興本作「感慟」。

【案】本章事見舊唐卷一九九上高麗傳、册府卷一三五。

慎所好第二十一

【案】明本三章，據南家本、菅家本、寫字臺本補一章（156），共四章，排序依明本，增補的一章參照南家本、菅家本、寫字臺本編入。戈本「凡四章」，有卷八禁末作附篇移入一章（235）。

153 ○貞觀二年，太宗謂侍臣曰：「古人云：『君猶器也，人猶水也，方圓在於器，不在於水。』故堯、舜率天下以仁，而人從之；桀、紂率天下以暴〔一〕，而人從之。下之所行〔二〕，皆從上之所好。至如梁武帝父子，志尚浮華，唯好釋氏、老氏之教〔三〕，武帝末年，頻幸〔四〕同泰寺，親講佛經〔五〕，百寮皆大冠高履，乘車扈從，終日談説苦空〔六〕，未嘗以軍國典章爲意。及侯景率兵向闕〔七〕，尚書郎以下多不解乘馬，狼狽步走〔八〕，死者相繼於道路，武帝及簡文〔九〕卒被侯景幽逼而死。孝元帝〔一〇〕在於江陵〔一一〕，爲萬紐于謹所圍〔一二〕，帝猶講老子不輟〔一三〕，百寮皆戎服以聽。俄而城陷〔一四〕，君臣俱被囚縶〔一五〕。庾信〔一六〕亦歎其如此，及作〔一七〕哀江南賦，乃云：『宰衡以干戈爲兒戲，搢紳以清談爲廟略。』此事亦足爲鑒誡。朕今所好者，唯在堯、舜之道，周、孔之教〔一八〕，以爲如鳥有翼，如魚依水，失之必死，不可暫無耳。」

校注

〔一〕堯舜率天下以仁而人從之桀紂率天下以暴　建治本、興本、松本作「堯舜率天下以暴」，脱「仁而人從之桀紂率天下以」十一字。

〔二〕下之所行　興本、松本作「下所行」。

〔三〕唯好釋氏老氏　建治本作「惟崇釋老」，興本、松本、菅家本作「惟崇釋氏」，寫字臺本作「惟崇釋老氏」。

〔四〕頻幸　南家本、菅家本、寫字臺本作「乃頻幸」。

〔五〕親講　建治本、興本、松本上衍「同泰寺」三字。

〔六〕談説苦空　戈本作「談論苦空」。戈注：「佛教也。」

〔七〕戈注：「見君道篇。」

〔八〕戈注：「狼似犬，鋭首白頰，高前廣後。狽，狼屬，生子或欠一足二足，相附而行，離則躓，故猝遽，謂之狼狽。」

〔九〕戈注：「簡文名綱，武帝第三子，侯景廢之。」

〔一〇〕戈注：「名繹，武帝第七子，起兵討侯景，即帝位。」

〔一一〕在於江陵　南家本、菅家本、寫字臺本作「在江陵」。

〔一二〕萬紐　寫字臺本訛作「石紐」。戈注：「梁承聖三年，元魏遣萬紐于謹將兵五萬，入寇，攻江陵。」

〔一三〕戈注：「元帝好玄談，嘗於龍光殿講老子，聞魏師至，停講。聞報帖然，復開講。」

〔一四〕俄而城陷　菅家本作「俄頃而城陷」。

〔一五〕囚縶　南家本、菅家本、寫字臺本作「囚執」。

〔一六〕戈注：「爲梁將軍，留於西魏。」

〔一七〕及作　南家本、菅家本、寫字臺本作「乃作」。

〔一八〕周孔之教　南家本、寫字臺本作「周孔之書」。

154 〇貞觀二年，太宗謂侍臣曰：「神仙〔一〕本是虛妄，空有其名。秦始皇非分愛好，遂爲方士所詐〔二〕，乃遣童男童女數千人，隨其入海求仙藥〔三〕。方士避秦苛虐，因留不歸。始皇猶海側踟躕以待之〔四〕，還至沙丘而死〔五〕。漢武帝〔六〕爲求神仙，乃將女嫁道術之人，事既無驗，便行誅戮〔七〕。據此二事，神仙不煩妄求也〔八〕。」

校注

〔一〕神仙　南家本、菅家本、寫字臺本、韓版、戈本作「神仙事」。

〔二〕遂爲方士所詐　南家本、菅家本、寫字臺本作「遂爲方士所詭詐」，戈本作「爲方士所詐」。

〔三〕仙藥　戈本作「神仙」。

〔四〕猶海側踟躕以待之　南家本、菅家本、寫字臺本作「猶在海側踟躕待之」。戈注：「踟躕，遲回貌。」

〔五〕戈注：「始皇東遊海上，方士徐市等上書，請得與童男女入海求三神山不死藥，始皇從之。明年復遊海上，後三年遊碣石，考入海方士，從上郡歸。後五年，復至海上，冀遇仙藥，不得，還到沙丘崩。」

〔六〕漢武帝　南家本、菅家本、寫字臺本上有一「又」字。

〔七〕戈注：「漢武帝元鼎四年，樂成侯登薦方士樂大，上見之大悦。大言曰：『黄金可成，河決可塞，不死之藥可得，神仙可致。』時上方憂河決，而黄金不就，迺拜大爲五利將軍，賜列侯甲第，童千人。又以衞長公主妻之。後竟坐誣罔，遂腰斬。」

〔八〕不煩妄求　南家本、菅家本、寫字臺本作「不須妄求」。

【案】本章事見舊唐卷二太宗紀上。

155○貞觀四年，太宗曰〔一〕：「隋煬帝性好猜防，專信邪道，大忌胡人〔二〕，乃至〔三〕謂胡床爲交床，胡瓜爲黄瓜，築長城以備胡〔四〕，終被宇文化及使令狐行達殺之〔五〕。又誅戮李金才〔六〕，及諸李殆盡，卒何所益？且居天下者〔七〕，唯〔八〕正身修德而已。此外虚事，不足在懷。」

校注

〔一〕太宗曰　南家本、菅家本、寫字臺本作「太宗謂曰」。

〔二〕大忌胡人　南家本、菅家本、寫字臺本作「云忌胡人」。

〔三〕乃至　南家本、寫字臺本無「至」字。

〔四〕築長城以備胡　南家本、菅家本、寫字臺本上有一「又」字，戈本作「築長城以避胡」。

〔五〕戈注：「令狐，複姓，行達，其名。時爲校尉。」

〔六〕戈注：「名渾，爲將軍。有方士言曉圖讖，謂帝曰：『當有李氏爲天子。』渾與宇文述有隙，述因誣搆之，於是盡誅渾族。」

〔七〕且居天下　戈本作「且君天下」。

〔八〕唯　南家本、菅家本、寫字臺本、元刻、戈本作「惟須」。

156 ●貞觀五年，有人上注解圖讖。太宗曰：「此誠不經之事，不能愛好。朕杖德履義，救天下蒼生，蒙上天睠命，爲四海主，安用圖讖。」命焚之〔一〕。

校注

〔一〕焚之　興本作「焚也」。

【案】本章假名本、元刻、明本、韓版、戈本無。

【又案】此處戈本有卷八禁末作附篇移入一章（235）。

慎言語第二十二

【案】各本均三章，戈注「凡三章」。

157 ○貞觀二年，太宗謂侍臣曰：「朕每日坐朝，欲出一言，即思此一言〔一〕於百姓有利益否，所以不能〔二〕多言。」給事中兼知起居事〔三〕杜正倫進曰：「君舉必書，言存左史〔四〕。臣職當兼修起居注，不敢不盡愚直。陛下若一言乖於道理，則千載累於聖德，非止當今損於百姓，願陛下慎之。」太宗大悦，賜綵百段〔五〕。

校注

〔一〕思此一言　南家本、菅家本、寫字臺本無「一」字。

〔二〕不能　建治本、寫字臺本、戈本作「不敢」。

〔三〕戈注：「唐制，起居郎及舍人掌天子起居法度。貞觀初，以給事中、諫議大夫兼之，執事記録。」

〔四〕戈注：「春秋左氏傳也。」〔案〕戈注誤，「左史」當指記言之左史，非春秋左氏傳。

〔五〕賜綵百段　南家本、菅家本作「賜絹百匹」，寫字臺本作「賜綵絹百匹」。

【案】本章事見舊唐卷七〇杜正倫傳、會要卷五六、册府卷五五四。

158 〇貞觀八年，上〔一〕謂侍臣曰：「言語者，君子之樞機，談何容易！凡在衆庶〔二〕，出一言〔三〕不善，則人記之〔四〕，成其恥累。況是萬乘之主，不可出言有失〔五〕。其所虧損至大，豈同匹夫〔六〕！我常以此爲戒〔七〕。隋煬帝初幸甘泉宮〔八〕，泉石稱意，而怪無螢火，敕云：『捉取多少〔九〕，於宮中照夜。』所司遽遣數千人採拾，送五百轝於宮側。小事尚爾，況其大乎〔一〇〕！」魏徵對曰：「人君居四海之尊，若有虧失，古人以爲如日月之蝕，人皆見之，實如陛下所戒慎。」

校注

〔一〕上　戈本作「太宗」。

〔二〕衆庶　南家本、菅家本、寫字臺本作「匹庶」。

〔三〕出一言　南家本、寫字臺本、元刻、韓版、戈本無「出」字。

〔四〕則人記之　南家本、菅家本、寫字臺本作「人則記之」。

〔五〕有失　南家本、菅家本、寫字臺本、韓版、戈本作「有所乖失」。

〔六〕豈同匹夫　南家本、菅家本、寫字臺本作「豈同匹夫哉」。

〔七〕我常以此爲戒　南家本、菅家本、寫字臺本作「朕當以此爲誡」。

〔八〕甘泉宮　菅家本「宮」下有「而」字。

〔九〕捉取多少　南家本作「捉取螢火」，寫字臺本作「捉取螢火多少」。

〔一〇〕大乎　南家本、寫字臺本作「大事乎」。

【案】本章事見諫録卷三。

159 ○貞觀十六年，太宗每與公卿言及古道，必詰難往復〔一〕。散騎常侍劉洎上書諫曰：

帝王之與凡庶，聖哲之與庸愚，上下相懸，擬倫斯絶。是知以至愚〔二〕而對至聖，以極卑而對極尊，徒思自强，不可得也。陛下降恩旨、假慈顔〔三〕，凝旒〔四〕以聽其言，虚襟以納其説，猶恐群下未敢對揚，况動神機、縱天辯，飾辭以折其理，援古以排其議，欲令凡蔽〔五〕何階應答？臣聞皇天以無言爲貴，聖人以不言〔六〕爲德，老君〔七〕稱『大辯若訥』，莊生〔八〕稱『至道無文〔九〕』，此皆不欲煩也。是以齊侯讀書，輪扁竊議〔一〇〕；漢皇慕古，長孺陳譏〔一一〕，此亦不欲勞也。且多記則損心，多語則損氣，心氣内損，形神外勞，初雖不覺，後必爲累。須爲社稷自愛，豈爲性好自傷乎？竊以今日昇平，皆陛下力行所致〔一二〕，欲其長久，匪由辯博〔一三〕。但當忘彼愛憎，慎茲取舍，每事敦樸，無非至公，若貞觀之初則可矣。至於〔一四〕秦政强辯，失人心於自矜；魏文宏才，虧衆望於虚説。此才辯之累，皎然可知〔一五〕。伏願略茲雄辯，浩然養氣〔一六〕，簡彼緗圖〔一七〕，淡焉怡悦〔一八〕，固萬壽於南岳〔一九〕，齊百姓於東户，則天下幸甚，皇恩斯畢。

手詔答曰〔二〇〕：「非慮無以臨下，非言無以述慮。比有談論，遂致〔二一〕煩多，輕物驕人，恐由斯道〔二二〕，形神心氣，非此爲勞。今聞讜言，虚懷以改〔二三〕。」

校　注

〔一〕詰難　菅家本作「詰問數難」。

〔二〕以至愚　南家本、菅家本、寫字臺本作「課至愚」。

〔三〕慈顏　元刻訛作「怒顏」。

〔四〕凝旒　南家本、菅家本訛作「疑旒」。

〔五〕凡蔽　韓版作「凡庶」。

〔六〕不言　南家本、寫字臺本作「無言」。

〔七〕老君　戈本作「老子」。

〔八〕莊生　菅家本作「莊周」。

〔九〕無文　南家本作「無言」。

〔一〇〕竊議　南家本、菅家本、寫字臺本作「竊笑」。戈注：「桓公讀書於堂上，輪扁斲輪於堂下，釋椎鑿而上，曰：『君之所讀者，古人之糟魄已夫！以臣之事觀之，斲輪徐則甘而不固，疾則苦而不入，不徐不疾，得之於手，應之於心，口不能言，有數存焉。古之人與？不可傳也。』出莊子。」

〔一一〕長孺　原作「張孺」，元刻、韓版、戈本同，據南家本、菅家本、寫字臺本及舊唐、會要改。〔案〕長孺，汲黯字。漢武帝召爲主爵都尉，位列九卿。務在無爲。其諫，犯主之顏色。戈直誤以「張孺」爲「張良」，此處戈注删去。「陳譏」，興本、松本訛作「陳議」。

〔一二〕所致　興本、松本、菅家本、寫字臺本、元刻、戈本作「所至」。

〔一三〕辯博　興本、松本作「博辯」。

〔一四〕至於　南家本、菅家本、寫字臺本、戈本作「至如」。

〔一五〕皎然可知　南家本、菅家本、寫字臺本作「較然可知矣」。

〔一六〕戈注：「孟子曰：『我善養吾浩然之氣。』」

〔一七〕戈注：「緗，淺黄色。圖，書也。」

〔一八〕淡焉怡悦　南家本、寫字臺本作「淡焉怡目」。

〔一九〕固萬壽　原作「自固萬壽」，據南家本、菅家本、寫字臺本、元刻、韓版、戈本刪「自」字。戈注：「詩曰：『不騫不崩，如南山之壽。』」

〔二〇〕手詔答曰　戈本作「太宗手詔答曰」。

〔二一〕遂致　戈本作「遂至」。

〔二二〕斯道　戈本作「茲道」。

〔二三〕戈注：「按通鑑，係十八年，上好文學而辯敏，群臣言事者多引古今以折之，多不能對。洎上書云云，上飛白答之。」

【案】本章事見舊唐卷七四劉洎傳、會要卷五四、文粹卷二六上、册府卷五三二。

杜讒佞第二十三

【案】戈本作「杜讒邪」。明本二章，據南家本、菅家本、寫字臺本補三章（161、162、163），共五章，排序依明本，增補的三章參照南家本、菅家本、寫字臺本編入。戈本「凡七章」，包括明本的二章（160、164）和卷二直諫附篇移入的一章（53）、本卷貪鄙篇移入的四章（184、185、186、187）。南家本、菅家本五章，寫字臺本六章，分合不同，有本卷論貪鄙篇一章（184）。

160 ○貞觀初，太宗謂侍臣曰：「朕觀前代讒佞之徒，皆國之蟊賊也〔一〕。或巧言令色，朋黨比周。若暗主庸君，莫不以之迷惑；忠臣孝子，所以泣血銜冤。故叢蘭欲茂，秋風敗之；王者欲明，讒人蔽之。此事著於史籍，不能具道。至如齊、隋間讒譖事，耳目所接〔二〕者，略與公〔三〕等言之。斛律明月〔四〕，齊朝良將，威震敵國，周家每歲斲汾河冰，慮齊兵之西渡。及明月被祖孝徵〔五〕讒構伏誅，周人始有吞齊之心〔六〕。高熲〔七〕有經國大才，爲隋文帝贊成霸業，知國政者二十餘載，天下賴以安寧〔八〕。文帝唯婦言是聽〔九〕，特令擯斥，及爲煬帝所殺，刑政由是衰壞〔一〇〕。又隋太子勇〔一一〕撫軍監國，凡二十年〔一二〕，固亦〔一三〕早有定分，楊素〔一四〕欺主罔上，賊害良善，使父子之道一朝滅於天性〔一五〕。逆亂之源，自此開矣。隋文既淆混嫡庶〔一六〕，竟禍及其身，社稷〔一七〕尋亦覆敗。古人云『代亂則讒勝〔一八〕』，誠非妄言。朕每防萌杜漸〔一九〕，用絕讒構之端，猶恐心力所不至，或不能覺悟。前史云：『猛獸處山林，藜藿爲之不採；直臣立朝廷〔二〇〕，奸邪爲之寢謀。』此實朕所望於群公也。」魏徵曰：「禮云：『戒慎乎其所不睹，恐懼乎其所不聞〔二一〕。』詩云：『愷悌君子，無信讒言。讒言罔極，交亂四國〔二二〕。』又孔子〔二三〕『惡利口之覆邦家』，蓋爲此也。臣嘗觀自古有國有家者，若曲受讒譖，妄害忠良，必宗廟丘墟，市朝霜露矣。願陛下深慎之！」

校注

〔一〕戈注：「蝨，蟲之害稼者。」

〔二〕所接　南家本、菅家本、寫字臺本訛作「所案」。

〔三〕公　南家本、菅家本、寫字臺本作「卿」。

〔四〕斛律　安本訛作「解律」。戈注：「斛律，複姓，明月，其字，名光。後齊朝兼行將相，有名譽，鄰敵所憚。」

〔五〕戈注：「名珽。密爲謡言，譖斛律光，殺之。」

〔六〕吞齊之心　南家本、菅家本、寫字臺本作「吞齊之志」，元刻、韓版、戈本作「吞齊之意」。

〔七〕戈注：「隋之賢相。」

〔八〕安寧　南家本、菅家本、寫字臺本、元刻、韓版作「康寧」。

〔九〕是聽　南家本作「是用」。

〔一〇〕衰壞　元刻、韓版訛作「褱壞」。

〔一一〕戈注：「文帝太子名勇，後廢爲庶人。」

〔一二〕二十年　南家本、菅家本、寫字臺本、戈本作「二十年間」。

〔一三〕固亦　菅家本作「固又」。

〔一四〕戈注：「玄感之父，爲隋相。」

〔一五〕戈注：「楊素揣知獨孤后意，盛言太子不才，文帝於是禁太子勇部分，收其黨與。楊素舞文巧詆，以成其獄。廢勇立晉王廣爲皇太子，是爲煬帝。」

〔一六〕淆混　南家本、菅家本、寫字臺本、戈本作「混淆」。

〔一七〕社稷　建治本、菅家本、寫字臺本作「宗社」，興本、松本作「宗廟」。

〔一八〕讒勝　建治本、菅家本、寫字臺本衍作「讒勝直」。

〔一九〕防萌杜漸　南家本、菅家本、寫字臺本、戈本作「防微杜漸」。

〔二〇〕直臣立朝廷　南家本、菅家本、寫字臺本作「直臣在朝廷」。

〔二一〕戈注：「中庸首章之辭。」

〔二二〕戈注：「詩小雅青蠅篇之辭。」

〔二三〕孔子　戈本作「孔子曰」。

【案】此處南家本、菅家本、寫字臺本有論貪鄙篇三章（184、185、186），戈本依次有貪鄙篇移入一章（187）、卷二直諫附篇移入一章（53）、貪鄙篇移入三章（184、185、186）。

161 ●貞觀十年，權貴有疾魏徵者，每言於太宗曰：「魏徵凡所諫諍，委曲反覆，不從不止，竟欲以陛下爲幼主，不同於長君。」太宗曰：「朕是達官〔一〕子弟〔二〕，少不學問，唯好弓馬。至於起義，即有大功。既封爲王，偏蒙寵愛。理道政術，都不留心，亦非所解。及爲太子，初入東宮，思安天下，欲克己爲理。唯魏徵與王珪導我〔三〕以禮義，弘我以政道。我勉强從之，大覺其利益，力行不息〔四〕，以致今日安寧，並是魏徵等之力。所以特加禮重，每事聽從，非私之也。」言者乃慙而止，太宗呵而出之。

校　注

〔一〕達官　建治本、松本訛作「達宮」，據興本、菅家本、寫字臺本改。

〔二〕子弟　菅家本衍作「子弟子弟」。

〔三〕導我　菅家本訛作「遵我」。

〔四〕力行不息　寫字臺本作「遂力行不息」。

【案】本章元刻、明本、韓版、戈本無。事見諫録卷五。

162 ●貞觀十一年，長安縣人霍行斌告變，言尚書右丞魏徵預事。太宗覽之，謂侍臣曰：「此言太無由緒，並不須問，行斌宜付所司理罪。」徵曰：「臣蒙近侍，未以善聞，大逆〔一〕之名，罪合萬死。縱陛下曲垂矜照，臣將何以自安？」請鞫。尋仍頓首拜謝。太宗曰：

「卿累仁積行，朕所悉知。愚人相謗，豈能由己，不須致謝。」

校注

〔一〕大逆　菅家本作「太逆」。

【案】本章元刻、明本、韓版、戈本無。事見諫録卷五。

163●太宗謂房玄齡等曰：「昨日皇甫德參上書言朕修營洛州宫殿〔一〕是勞民也，收地租是厚斂也，俗高髻是宫中所化也。觀此人心，必欲使國家不役一人，不收一租，宫人皆無髮，乃稱其意耳。」魏徵進曰：「賈誼當漢文之時，上書云『可爲痛哭者三，可爲長歎息者五。』自古上書，率多激切。若不激切，則不能起人主之心。激切即似訕謗，所謂狂夫之言，聖人擇焉，唯在陛下裁察〔二〕，不可責也。」太宗曰：「朕初欲責此人，但已許進直言。若責之，則於後誰敢言？」賜絹二十匹，令歸。

校注

〔一〕宫殿　菅家本無「宫」字。

〔二〕裁察　建治本訛作「裁察」，據興本、松本、菅家本、寫字臺本改。

【案】本章南家本、菅家本屬前章，寫字臺本、假名本別作一章。元刻、明本、韓版、戈本無。卷二納諫篇另有一章（48），較此簡略，當是稿本、進奏本取捨不一所致。事見諫録卷一、大唐新語卷二。

164 ○貞觀十六年，太宗謂諫議大夫褚遂良曰：「卿知〔一〕起居，比來記我行事善惡〔二〕？」遂良曰：「史官之設〔三〕，君舉必書〔四〕。善既必書，過亦〔五〕無隱。」太宗曰：「朕今勤行三事，亦望史官不書吾惡。一則鑒前代敗事〔六〕，以爲元龜；二則進用善人，共成政道；三則斥棄群小，不聽讒言。吾能守之，終不轉也。」

校注

〔一〕知　南家本、菅家本、寫字臺本作「兼知」。

〔二〕善惡　南家本、菅家本、寫字臺本作「善惡否」。

〔三〕史官之設　南家本、菅家本、寫字臺本作「史官之記」。

〔四〕君舉必書　南家本、菅家本、寫字臺本作「君舉動必書」。

〔五〕亦　菅家本作「又」，下文同。

〔六〕鑒前代敗事　原作「鑒前代成敗事」，菅家本、元刻、韓版、戈本同，據南家本、寫字臺本及會要改。

【案】本章南家本、菅家本爲第五章，寫字臺本爲第六章，戈本爲第七章。事見會要卷六三、冊府卷五五四。

論悔過第二十四

【案】戈本無「論」字。明本四章，據南家本、菅家本、寫字臺本補一章（166），共五章，排序依明本，增補的一章參照南家本、菅家本、寫字臺本編入。元刻、韓版、戈本均四章，戈注「凡四章」。

165 〇貞觀二年，太宗謂玄齡〔一〕曰：「爲人大須學問。朕往爲群兇未定，東西征討，躬親戎事，不暇讀書。比來四海安靜，身處殿堂，不能自執書卷，使人讀而聽之。君臣父子，政教之道〔二〕，共在書内〔三〕。古人云『不學，墻面，莅事惟煩〔四〕』，不徒言也。却思〔五〕少小時〔六〕行事，大覺非也〔七〕。」

校注

〔一〕玄齡　南家本、菅家本、寫字臺本、韓版、戈本作「房玄齡」。

〔二〕政教之道　南家本、菅家本、寫字臺本作「政教仁義之道」。

〔三〕共在書内　南家本、菅家本、寫字臺本作「並在書内」。

〔四〕惟煩　南家本、菅家本、寫字臺本作「惟繁」。戈注：「周書周官之辭。」

〔五〕却思　南家本、菅家本、寫字臺本作「却省」。

〔六〕少小時　寫字臺本作「少時」。

〔七〕大覺非也　南家本、菅家本、寫字臺本、元刻作「大覺其非」。

166 ○貞觀中，太子承乾多不修法度，魏王泰尤以才能爲太宗所重，特詔泰移居武德殿。魏徵上疏諫曰：「此殿在内，處所寬閑，參奉往來，實爲穩近。但〔一〕魏王既是陛下愛子，陛下須使知定分〔二〕，常保安全，每事抑其〔三〕驕奢，不處嫌疑之地也。今移居此殿，使在東宮之西〔四〕。海陵昔居〔五〕，時人以爲不可，雖時移事異〔六〕，猶恐人之多言。又王之本心，亦〔七〕不寧息，既能以寵爲懼，伏願成人之美。」太宗曰：「幾不思量〔八〕，朕甚大錯誤〔九〕。」遂遣泰歸于本第。

校注

〔一〕此殿在内處所寬閑參奉往來實爲穩近但　原無此十七字，元刻、韓版、戈本同，據南家本、菅家本、寫字臺本及諫録、舊唐、會要補。

〔二〕陛下須使知定分　南家本、菅家本、寫字臺本脱「知定分」三字，元刻、韓版、戈本脱「陛下」二字。

〔三〕抑其　興本、松本作「折其」。

〔四〕使在　松本、寫字臺本作「便在」。

〔五〕海陵昔居　南家本、菅家本、寫字臺本作「或云海陵昔居時海内陵替」。

〔六〕時移事異　南家本、寫字臺本作「時異事異」。

〔七〕亦　菅家本作「又」。

〔八〕幾不思量　南家本、菅家本、寫字臺本作「朕幾不思量」，元刻、韓版、戈本作「我幾不思量」。

〔九〕朕甚大錯誤　南家本、菅家本、寫字臺本作「大是錯誤」，元刻、韓版、戈本作「甚大錯誤」。

【案】本章事見諫録卷二、舊唐卷七六濮王泰傳、會要卷六七、册府卷三二七。

167 ●貞觀五年，太宗謂侍臣等曰：「齊文宣何如人君？」魏徵對曰：「非常顛狂，然有人共争道理，自短屈即能從之。臣聞齊時魏愷先任青州長史，嘗使梁，還除光州長史，不就。

楊遵彥奏之，文宣帝大怒，召而責之。愷曰：『先任青州大藩長史，今有使勞，更無罪過，反授光州，所以不就。』乃顧謂遵彥曰：『此難〔一〕有理。』因命捨之。」太宗曰：「往者盧祖尚不肯受官，朕遂殺之。文宣帝雖復癲狂，尚能容忍此一事，朕所不如〔二〕也。祖尚不受處分，雖失人臣之禮，朕即可殺之，大是傷急。一死不可再生，悔無所及，宜復其故官蔭。」

校注

〔一〕此難　諫録作「此漢」，當從之。

〔二〕不如　興本、菅家本訛作「不知」。

【案】本章元刻、明本、韓版、戈本無。事見諫録卷三、會要卷五一。

168 ○貞觀十七年，太宗謂侍臣曰：「人情之至痛者，莫過乎喪親也。故孔子云：『三年之喪，天下之通喪〔一〕，自天子達於庶人也。』又曰：『何必高宗〔二〕？古之人皆然〔三〕。』近代帝王，遂行漢儀〔四〕以日易月之制，甚乖於禮典。朕昨見徐幹中論〔五〕復三年喪篇，義理甚精審〔六〕，深恨不早見此書。所行大疏略〔七〕，但知自咎自責，追悔何及！」因悲泣久之。

校注

〔一〕戈注：「孔子答宰我之辭。」

〔二〕戈注：「商君武丁也。」

〔三〕戈注：「孔子答子張之辭。」

〔四〕遂行漢儀　南家本、寫字臺本、戈本作「遂行不逮漢文」，菅家本作「遂行不逮漢儀」。戈注：「漢文帝行短喪，以日易月。」

〔五〕戈注：「後漢徐幹撰中論二十篇。」

〔六〕義理甚精審　戈本作「義理甚深」。

〔七〕大疏略　南家本、菅家本、寫字臺本作「太疏略」。

169 〇貞觀十八年，太宗謂侍臣曰：「夫人臣之對帝王，多承意順旨，甘言取容。朕今欲聞己過，卿等皆可直言。」散騎常侍劉洎對曰：「陛下每與公卿論事，及有上書者，以其不稱旨，或面加詰難，無不慚退，恐非誘進直言之道。」太宗曰：「卿言是也，朕亦悔之〔一〕，當爲卿改之〔二〕。」

校注

〔一〕卿言是也朕亦悔之　南家本、寫字臺本作「朕亦悔有此問」，菅家本、戈本作「朕亦悔有此問難」。

〔二〕當爲卿改之　南家本衍作「當即改之卿言是當爲卿改之」，菅家本衍作「當即改之言是當爲卿改之」，寫字臺本衍作「卿言是當爲卿當改之」，戈本作「當即改之」。戈注：「此章重出納諫篇直諫類，比此爲詳。」〔案〕戈注「重出納諫篇直諫類」不確，乃重出納諫篇。

【案】本章與卷二納諫篇第十二章（51）略有重複，事見舊唐卷七四劉洎傳。

論奢縱第二十五

【案】戈本無「論」字。明本三章，據南家本、菅家本、寫字臺本補一章（170），共四章，排序依明本，增補的一章參照南家本、菅家本、寫字臺本編入。元刻、韓版三章。戈注「凡二章」，戈本實一章，即明本第三章（173）。

170 〇貞觀二年，太宗謂黃門侍郎王珪曰：「隋開皇十四年大旱，人多飢乏。是時倉庫盈溢，竟不許賑給，乃令百姓逐糧。隋文不憐百姓而惜倉庫，比至末年，計天下儲積，得供〔一〕五六十年。煬帝恃此富饒，所以奢華無道，遂致亡滅〔二〕。煬帝失國，亦由其父〔三〕。凡理國者，務積於人，不在盈其倉庫。古人云：『百姓不足，君孰與足。』但〔四〕使倉庫可備凶年，此外何煩儲蓄！後嗣若賢，能自保〔五〕其天下；如其〔六〕不肖，多積倉庫，徒益其奢侈，危亡之本也。」

校注

〔一〕得供　菅家本作「供得」。

〔二〕亡滅　南家本、菅家本、寫字臺本作「滅亡」。

〔三〕亦由其父　菅家本作「又由其父」，寫字臺本作「亦由不憐其人」，韓版作「亦此之由」。

〔四〕但　南家本無此字。

〔五〕能自保　南家本、菅家本、寫字臺本作「自能保」。

〔六〕如其　元刻、韓版作「如有」。

【案】本章元刻、明本、韓版卷八辯興亡篇第二章（239）重出，戈本去此存彼。

171 ●貞觀七年〔一〕，太宗授郭孝恪西州道行軍總管，率步騎三千人出銀山道以伐焉耆。夜往掩襲其城，破之，虜其王龍突騎支〔二〕。太宗謂侍臣曰：「計八月中旬郭恪發去，至廿日應到，必以廿二日破焉耆，當馳使報。朕計其行程，今日應有好消息〔三〕。」言未訖而騎〔四〕至，云孝恪已破焉耆，太宗悦。及征龜兹，以孝恪爲崑山道副大總管，破其都城，留孝恪守之，餘軍分道别進。城外未賓〔五〕，孝恪因乃出營於外，有龜兹人來謂孝恪曰：「那利我之國相，人心素歸，今亡在野，必思爲變。城中之人，頗有異志，公其備之。」孝恪不以爲虞〔六〕。那利等果率衆萬餘，私與城内降胡相知表裏爲應。孝恪失於警候，賊〔七〕入城鼓譟，孝恪始覺之，爲胡矢所中而死。孝恪性奢侈，家之僕妾及以器玩，務極鮮華。雖在軍中，床榻什器，皆飾以金玉，仍以金床、華帳充具〔八〕，以遺行軍大總管阿史那社爾，社爾〔九〕一無所受。太宗聞之，乃曰：「二將何優劣之不同也。郭孝恪今爲寇虜所屠，可謂自招伊咎耳。」

校　注

〔一〕七年　假名本作「十七年」。

〔二〕龍突騎支　南家本、菅家本作「龍突騎友」，據寫字臺本及舊唐改。

〔三〕消息　興本、松本脱此二字。

〔四〕騎　寫字臺本作「驛騎」。

〔五〕城外未賓　建治本、興本作「域外未賓」，寫字臺本作「城外未賞」，從興本、松本、菅家本。

〔六〕不以爲虞　菅家本作「不以爲虜」。

〔七〕賊　寫字臺本作「賊人」。

〔八〕充具　菅家本作「宛具」，寫字臺本作「完具」。

〔九〕社爾　寫字臺本脱「社」字。

【案】本章元刻、明本、韓版、戈本無。事見舊唐卷八三郭孝恪傳。

172 〇貞觀九年，太宗謂魏徵曰：「頃讀周、齊史，末代亡國之主，爲惡多相類也。齊王〔一〕深好奢侈，所有府庫用之略盡，乃至〔二〕關市無不税斂。朕常謂此猶如饞人自食其肉〔三〕，肉盡必死。人君賦斂不已，百姓既弊，其君亦亡，齊主即是也。然天元、齊主，若爲優劣？」徵對曰：「二主亡國雖同，其行則别。齊主懦弱，政出多門，國無綱紀，遂至亡滅〔四〕。天元性兇而强〔五〕，威福在己，亡國之事，皆在其身。以此論之，齊主爲劣。」

校注

〔一〕齊王　南家本、菅家本、寫字臺本作「齊主」。

〔二〕乃至　南家本、菅家本作「及至」。

〔三〕此猶如饑人自食其肉　南家本、寫字臺本作「此輩猶如饑人自食其身」，菅家本作「此輩猶如饑人自食其身肉」。

〔四〕亡滅　南家本、菅家本、寫字臺本作「滅亡」。

〔五〕天元性兇而强　建治本、菅家本作「天元立性凶而强」，興本、松本、寫字臺本作「天元立性凶强」。

【案】本章元刻、明本、韓版卷八辯興亡篇第四章（241）重出，戈本去此存彼。事見諫録卷四。

173 ○貞觀十一年，太宗令所司造金銀器物五十事〔一〕，侍御史馬周上疏陳時政曰〔二〕：

臣歷覩前代〔三〕，自夏、商、周〔四〕及漢氏之有天下，傳祚相繼，多者八百餘年〔五〕，少者猶四五百年〔六〕，皆爲積德累業，恩結於人心。豈無僻王〔七〕，賴前哲以免爾〔八〕。自魏、晉已還，降及周、隋，多者不過五六十年，少者纔二三十年而亡〔九〕，良由創業之君不務廣恩化，當時僅能自守，後無遺德可思，故傳嗣〔一〇〕之主政教少衰，一夫大呼而天下土崩〔一一〕矣。今陛下雖以大功定天下，而積德日淺，固當思崇〔一二〕禹、湯、文、武之道，廣施德化〔一三〕，使恩有餘地，爲子孫立萬代之基〔一四〕，豈欲但令政教無失，以持當年而已。且自古明王聖主，雖因人設教，寬猛隨時，而大要以節儉於身〔一五〕、恩加於人二者是務〔一六〕。故其下愛之如父母，仰之如日月，敬之如神明，畏之如雷霆，此其所以卜祚〔一七〕遐長而禍亂不作也〔一八〕。

臣愚頃聞京師營造，供奉器物，頗多糜費，百姓或有嗟怨之言〔一九〕。今百姓承喪亂之後，比於隋時〔二〇〕纔十分之一，而供官徭役，道路相繼，兄去弟還，首尾不絶，遠者往來五六千里，春秋冬夏，略無休時。陛下雖每有恩詔令其減省，而有司作既不廢，自然須人，徒行文書，役之如故。臣每訪問，四五年來，百姓頗有怨嗟之言，以陛下不存養之。昔唐堯茅茨土階，夏禹惡衣菲食，如此之事，臣知復可行於今〔二一〕。漢文帝惜百金之費，輟露臺之役，集上書囊以爲殿帷，所幸夫人〔二二〕衣不曳地。至景帝以錦繡纂組妨害女功，特詔除之，所以百姓安樂。至孝武帝雖窮奢極侈，而承文景遺德，故人心不動。向使高祖之後即有武帝，天下必不能全。此於時代差近，事迹可見。今京師及益州諸處營造供奉器物，并諸王、妃主服飾，議者皆不以爲儉。臣聞昧旦丕顯，後世猶怠，作法於理，其弊猶亂〔二三〕。陛下少處人間，知百姓辛苦〔二四〕，前代成敗，目所親見，尚猶如此，而皇太子生長深宫，不更外事，即萬歲之後，固聖慮所當憂也。

臣竊尋往代以來成敗之事，但有黎庶怨叛，聚爲盜賊，其國無不即滅，人主雖欲改悔，未有重能安全者。凡修政教，當修之於[二五]可修之時，若事變一起而後悔之，則無益也。故人主每見前代之亡，則知其政教之所由喪，而皆不知其身之有失。是以殷紂笑夏桀之亡，而幽厲亦笑殷紂之滅[二六]。隋煬[二七]大業初，又笑周、齊之失國。然今之視煬帝[二八]，亦猶煬帝之視周、齊也。故京房[二九]謂漢元帝云：「臣恐後之視今，亦猶今之視古。」此言不可不戒也。

往者貞觀之初，率土霜儉，一匹絹纔得粟一斗，而天下怡然。百姓知陛下甚憂憐之，故人人自安，曾無謗讟。自五六年來，頻歲豐稔，一匹絹得十餘石粟，而百姓皆以陛下不憂憐之，咸有怨言。又今所營爲者，頗多不急之務故也。自古以來，國之興亡不由蓄積多少，唯在百姓苦樂。且以近事驗之，隋家[三〇]貯洛口倉，而李密因之；東京積布帛，王世充據之；西京府庫，亦爲國家之用，至今未盡。向使洛口、東都無粟帛，即世充、李密未必能聚大衆。但貯積者固是國之常事，要當人有餘力而後收之。若人勞而强斂之，竟以資寇，積之無益也。然儉以息人，貞觀之初，陛下已躬爲之，故今行之不難也。爲之一日，則天下知之，式歌且舞矣。若人既勞矣，而用之不息，儻中國被水旱之災，邊方有風塵之警，狂狡因之竊發，則有不可測之事，非徒聖躬旰食晏寢而已〔三一〕。若以陛下之聖明，誠欲勵精爲政，不煩遠求上古之術，但及貞觀之初，則天下幸甚〔三二〕。

太宗曰：「近令造小〔三三〕隨身器物，不意百姓遂有嗟怨，此則朕之過誤。」乃命停之〔三四〕。

校注

〔一〕太宗令所司造金銀器物五十事　原無此十三字，元刻、韓版、戈本同，據南家本、菅家本、寫字臺本補。

〔二〕上疏陳時政曰　南家本、菅家本、寫字臺本無「陳時政」三字。

〔三〕歷覩前代　南家本、菅家本、寫字臺本作「歷觀前代」。

〔四〕夏商周　南家本、寫字臺本作「夏殷」，戈本作「夏殷周」。

〔五〕戈注：「史記注：『周凡三十七主，八百六十七年。』」

〔六〕猶四五百年　菅家本無「猶」字。戈注：「史記注：『從禹至桀十七君，十四世。有王與無王，用歲四百七十一年。』『殷凡三十一世，六百二十九年。』『東、西兩漢共二十四帝，凡四百二十四年，見漢書。』」

〔七〕僻王　原作「辟王」，據南家本、菅家本、寫字臺本、韓版、戈本改。

〔八〕以免爾　南家本、寫字臺本作「以免」，菅家本作「以免耳」。

〔九〕戈注：「三國：蜀二主，四十五年；魏五主，四十五年；吴四主，五十九年。西晉四主，五十三年。南齊七主，二十二年。蕭梁四主，五十六年。陳五主，二十三年。東晉十一主，一百三年。劉宋八主，六十年。元魏十二主，一百一十九年。東魏一主，十七年。西魏三主，二十二年。北齊五主，二十八年。後周五主，二十五年。隋三主，三十七年。」〔案〕戈注統計有不確處。

〔一〇〕傳嗣　建治本、松本訛作「傳副」。

〔一一〕土崩　寫字臺本作「分崩」。

〔一二〕固當思崇　戈本作「固當崇」。

〔一三〕廣施德化　興本脱「德」字。

〔一四〕萬代之基　南家本、菅家本、寫字臺本作「萬代之業」。

〔一五〕雖因人設教寬猛隨時而大要以節儉於身　南家本、菅家本、寫字臺本作「有能節儉於」，無「雖因人設教寬猛隨時而大要以」十三字。

〔一六〕是務　菅家本無「是」字。

〔一七〕卜祚　南家本作「福祚」。

〔一八〕不作也　南家本、菅家本、寫字臺本作「不作者也」。

〔一九〕臣愚頃聞京師營造供奉器物頗多糜費百姓或有嗟怨之言　原無此二十四字，元刻、韓版、戈本同，據南家本、菅家本、寫字臺本補。

〔二〇〕隋時　原作「隨時」，據南家本、菅家本、寫字臺本、元刻、韓版、戈本改。

〔二一〕復可行於今　戈本作「不復可行於今」。

〔二二〕戈注：「慎夫人也。」

〔二三〕今百姓承喪亂之後至其弊猶亂　南家本、菅家本、寫字臺本無此二百七十一字。

〔二四〕辛苦　菅家本作「艱苦」。

〔二五〕當修之於　南家本、菅家本、寫字臺本作「當修之」。

〔二六〕戈注：「周幽王名宫涅，厲王名胡，皆無道之主。」

〔二七〕隋煬　南家本、菅家本、寫字臺本、戈本作「隋帝」，元刻作「隋文」。

〔二八〕今之視煬帝　南家本、菅家本、寫字臺本作「今之視隋煬帝」。

〔二九〕戈注：「京，姓，房，名，字君明。漢東郡人，治易。」

〔三〇〕隋家　原作「隨家」，據南家本、菅家本、寫字臺本、元刻、韓版、戈本改。

〔三一〕戈注：「旰，日晚也。」

〔三二〕往者貞觀之初至則天下幸甚　南家本、菅家本、寫字臺本無此三百二十字。

〔三三〕小　南家本、菅家本、寫字臺本作「少」。

〔三四〕戈注：「按史傳、通鑑，此與論諸王定分、刺史縣令同一疏。」

【案】本章事見舊唐卷七四馬周傳、會要卷八三、英華卷六九五、文粹卷二七下、册府卷五三一、五四二。

論貪鄙第二十六

【案】戈本無「論」字。明本十四章，據南家本、菅家本、寫字臺本補一章（177），共十五章，重出卷三論君臣鑒戒篇一章（75），排序依明本，增補的一章參照南家本、菅家本、寫字臺本編入。戈本移出四章（182、180、181、183）至儉約篇，移出四章（184、185、186、187）至杜讒邪篇，削去一章（75），故戈注「凡六章」。南家本、菅家本七章，多明本一章（177），無四章（180、181、182、183），在本卷杜讒佞篇三章（184、185、186）。寫字臺本八章，多明本一章（177），無四章（180、181、182、183），在本卷杜讒佞篇三章（184、185、186），在卷四求媚篇一章（187）。

174 〇貞觀初，太宗謂侍臣曰：「人有明珠，莫不貴重，若以彈雀，豈非可惜？況人之性命甚於明珠，見金銀錢帛〔一〕，不懼刑網，徑即受納，乃是不惜性命。明珠是身外之物，尚不可彈雀，何況性命之重，乃以博財物邪？群臣若能備盡忠直，有益國利民〔二〕，則官爵立至。若不能〔三〕以此道求榮，遂妄受錢物〔四〕，贓賄既露，其身亦損〔五〕，實爲可笑。帝王亦然，恣情放逸，勞役無度，信任群小，疎遠忠正，有一於此，豈不滅亡？隋煬帝奢侈自賢，身死匹夫之手，亦爲可笑〔六〕。」

校注

〔一〕金銀錢帛　戈本作「金錢財帛」。

〔二〕有益國利民　南家本、菅家本作「有益於國家」，寫字臺本作「有益國家」，戈本作「益國利人」。

〔三〕若不能　南家本、菅家本、寫字臺本、戈本作「皆不能」。

〔四〕妄受錢物　戈本作「妄受財物」。

〔五〕亦損　南家本、寫字臺本、戈本作「亦殞」，菅家本作「又殞」。

〔六〕帝王亦然至亦爲可笑　南家本、菅家本、寫字臺本無此四十五字。

175 ○貞觀二年，上〔一〕謂侍臣曰：「朕嘗謂〔二〕貪人不解愛財也，至如内外官五品已上，禄秩優厚，一年所得，其數自多。若受人財賄，不過數萬〔三〕，一朝彰露，禄秩削奪，此豈是解愛〔四〕財物？視小得〔五〕而大失者也。昔公儀休〔六〕性嗜魚而不受人魚，其魚長存。且爲主〔七〕貪，必喪其國；爲臣貪，必忘其身〔八〕。詩云〔九〕『大風有隧，貪人敗類』，固非謬言也。昔秦惠王〔一〇〕欲伐蜀，不知其逕，乃刻五石牛，置金其後。蜀人見之，以爲牛能便金，蜀王使五丁力士挽牛入蜀〔一一〕。道成〔一二〕，秦師隨而伐之，蜀國遂亡〔一三〕。漢大司農〔一四〕田延年〔一五〕贓賄三千〔一六〕萬，事覺自死〔一七〕。如此之流，何可勝記！朕今以蜀王爲元龜，卿等〔一八〕亦須以延年爲覆轍也。」

校注

〔一〕上　戈本作「太宗」。

〔二〕嘗謂　南家本、菅家本、寫字臺本作「常謂」。

〔三〕數萬　寫字臺本作「致數萬」。

〔四〕解愛　南家本訛作「解受」。

〔五〕視小得　南家本、菅家本、寫字臺本、戈本作「規小得」。

〔六〕戈注：「公儀，複姓，休，名。魯相也。」

〔七〕爲主　寫字臺本作「爲君」。

〔八〕必忘其身　南家本、菅家本、寫字臺本、韓版、戈本作「必亡其身」。

〔九〕詩云　南家本、菅家本、寫字臺本作「詩曰」。戈注：「詩大雅桑柔篇之辭。」

〔一〇〕戈注：「即秦惠公，僭稱王，是爲惠文王。」

〔一一〕挽牛入蜀　南家本、菅家本、寫字臺本、戈本作「拖牛入蜀」。

〔一二〕道成　南家本、寫字臺本作「道城」，菅家本作「而道成」。

〔一三〕遂亡　南家本、寫字臺本作「遂滅亡」。戈注：「事見蜀記。」

〔一四〕漢大司農　南家本、菅家本、寫字臺本作「漢末大司農」。戈注：「漢制，掌諸錢穀金帛貨幣之職。」

〔一五〕戈注：「字子賓，齊諸田之後，漢昭帝時爲大司農。」

〔一六〕三千　菅家本作「三十」。

〔一七〕戈注：「時茂陵富人焦氏、賈氏以數千萬積貯炭葦諸葬物，昭帝大行，用度未辦，延年奏言豫收不祥物，冀疾用以求利，非臣民所當爲，請没入官，奏可。富人皆怨，出錢求延年罪。初，大司農取民牛車三萬兩爲僦，車直千錢，延年詐增二千，凡六千萬，盜取其半，焦、賈告其事。時議以延年廢昌邑王時嘗發大議，當以功覆過。霍光曰：『往就獄，公議過。』延年曰：『我何面目入牢獄！』遂刎死。」

〔一八〕卿等　南家本、菅家本、寫字臺本作「公等」。

【案】自「昔秦惠王欲伐蜀」至章末，假名本别作一章，標貞觀二年。

176 ○貞觀四年，太宗謂公卿曰：「朕終日孜孜，非但〔一〕憂憐百姓，亦〔二〕欲使卿等長守富貴。天非不高，地非不厚，朕嘗〔三〕兢兢業業，以畏天地。卿等若能小心奉法，常如朕〔四〕畏天地，非但〔五〕百姓安寧，自身常得驩樂。古人云：『賢者多財損其志，愚者多財生其過。』此言可以爲深誡〔六〕。若徇私貪濁，非止壞公法、損百姓，縱事未發聞〔七〕，中心豈不恒恐懼〔八〕？恐懼既多，亦有因而致死。大丈夫豈得苟貪財物，以害身命〔九〕，使子孫每懷愧恥耶？卿等宜深思此言〔一〇〕。」

校注

〔一〕非但　松本訛作「非任」。

〔二〕亦　菅家本作「又」。下文同。

〔三〕嘗　南家本、菅家本、寫字臺本、元刻、戈本作「常」。

〔四〕常如朕　南家本、菅家本、寫字臺本作「當如朕」。

〔五〕非但　南家本、菅家本、寫字臺本作「非直」。

〔六〕可以爲深誡　戈本作「可爲深誡」。

〔七〕事未發間　興本、松本作「事未發聞」。

〔八〕恒恐懼　戈本作「常懼」。

〔九〕以害身命　戈本作「以害及身命」。

〔一〇〕深思此言　南家本、菅家本、寫字臺本作「深思此語」。

177 ●貞觀四年，濮州刺史龐相壽〔一〕貪濁有聞，追還解任。殿庭自陳，幕府舊左右，實不貪濁。太宗矜之，使舍人謂之曰：「爾是我舊左右，我極哀矜爾。爾取他錢物，祇應爲貧。今賜爾絹一百匹，還向任所，更莫作罪過。」魏徵進而言曰：「相壽貪濁，遠近所知。今以故舊私情赦其貪濁之罪，加以厚賞，還令復任。相壽性識未知愧耻，幕府左右，其數甚多，人人皆恃恩私，足使爲善者懼。」太宗欣然納之，使引相壽於前，親謂之曰：「我昔爲王，爲一府作主。今爲天子，爲四海作主。既爲四海主〔二〕，不可偏與一府恩澤。向欲令爾重任，左右以爲若爾得重任，必使爲善者皆不用心。今既以左右所言爲是，便不得申我私意，且放爾歸。」乃賜雜物而遣之，相壽亦辭，流涕而去。

校注

〔一〕龐相壽　菅家本、假名本訛作「寵相壽」。

〔二〕既爲四海主　興本脱此五字。

【案】本章元刻、明本、韓版、戈本無。事見諫録卷一。

178 ○貞觀六年，右衛將軍陳萬福自九成宮赴京，違法取驛家麩數石。太宗賜其麩，令自負出以耻之。

179 ○貞觀十年，治書侍御史〔一〕權萬紀上言〔二〕：「宣、饒二州諸山大有銀坑，採之極是利益，每歲可得錢數百萬貫。」太宗曰〔三〕：「朕貴爲天子，是事無所少乏〔四〕。唯須嘉言進善事〔五〕，有益於百姓者。且〔六〕國家賸得數百萬貫錢，何如得一有才行人〔七〕？不見〔八〕卿推賢進善之事，又不能按舉不法，震肅權豪，唯道〔九〕税鬻銀坑以爲利益〔一〇〕。昔堯、舜抵璧於山林〔一一〕，投珠於淵谷〔一二〕，由是崇名美號，見稱千載。後漢桓、靈二帝〔一三〕好利賤義〔一四〕，爲近代庸暗之主，卿〔一五〕遂欲將我比桓、靈邪〔一六〕？」是日敕放令還第〔一七〕。

校注

〔一〕治書侍御史　南家本作「持書御史」，菅家本、寫字臺本作「持書侍御史」。

〔二〕上言　南家本作「上書言」，寫字臺本作「上疏言」。

〔三〕太宗曰　南家本、菅家本、寫字臺本作「太宗謂曰」。

〔四〕是事無所少乏　南家本、菅家本、寫字臺本作「無所少乏」，戈本作「是事無所少之」。

〔五〕唯須嘉言進善事　南家本作「惟須嘉言善事」，元刻、戈本作「惟須納嘉言進善事」。

〔六〕且　南家本無此字。

〔七〕得一有才行人　南家本作「得一才行人」，菅家本、寫字臺本作「得有一才行人」。

〔八〕不見　菅家本作「不曾見」。

〔九〕唯道　南家本、菅家本作「惟只道」。

〔一〇〕以爲利益　南家本、菅家本、寫字臺本作「以利多爲美」。

〔一一〕抵璧於山林　南家本、菅家本、寫字臺本作「抵璧於山」。

〔一二〕投珠於淵谷　南家本、菅家本作「投珠於谷」，寫字臺本作「投珠於泉」。

〔一三〕戈注：「後漢桓帝名志，靈帝名宏。」

〔一四〕戈注：「漢靈帝時，開西邸賣官，自關内侯、虎賁、羽林，入錢各有差。私令左右賣公、卿，公千萬，卿五百萬。又賣關内侯，假金印紫綬，傳世，入五百萬。」

〔一五〕卿　寫字臺本訛作「朕卿」。

〔一六〕比桓靈邪　南家本、菅家本、寫字臺本作「比桓靈二帝耶」。

〔一七〕是日敕放令還第　南家本、菅家本作「是日放令還第」，戈本作「是日敕放令萬紀還第」。

180 ○户部尚書戴胄卒，太宗以其居宅弊陋，祭享無所，令有司特爲之造廟。

【案】本章南家本、菅家本、寫字臺本無，戈本移爲儉約篇第七章。

181 ○温彦博爲尚書右僕射，家貧無正寢。及薨〔一〕，殯於並室〔二〕。太宗聞而嗟嘆，遽命所司爲造，當厚加賻贈。

校注

〔一〕戈注：「公侯死曰薨。」

〔二〕並室　戈本作「旁室」。

【案】本章南家本、菅家本、寫字臺本無，戈本移爲儉約篇第八章。事見舊唐卷六一温彦博傳、册府卷三一〇、三一九。

182〇岑文本爲中書令，宅卑陋〔一〕，無帷帳之飾。有勸其營産業者，文本歎曰：「吾本漢南一布衣耳，竟無汗馬之勞，徒以文墨致位中書令，斯亦極矣。荷俸禄之重，爲懼已多，更得言産業乎？」言者歎息而退〔二〕。

校　注

〔一〕宅卑陋　戈本作「宅卑濕」。

〔二〕戈注：「舊本自此以下四章，並在貪鄙篇，今附入於此。」〔案〕指儉約篇。【案】本章南家本、菅家本、寫字臺本無，戈本移爲儉約篇第六章。事見舊唐卷七〇岑文本傳、册府卷三一〇。

183〇魏徵宅内先無正堂，及遇疾，太宗時欲造小殿，而輟其材爲徵營構，五日而就。遣中使齎素褥布被而賜之，以遂其尚〔一〕。

校　注

〔一〕以遂其尚　戈本作「以遂其所尚」。戈注：「此章重出任賢篇。」

【案】本章南家本、菅家本、寫字臺本無，戈本移爲儉約篇第九章。事見諫録卷五、舊唐卷七一魏徵傳。

184 ○尚書左僕射〔一〕杜如晦奏言：「監察御史陳師合〔二〕上拔士論，兼〔三〕人之思慮有限，一人不可總知數職，以論〔四〕臣等。」太宗謂戴胄曰：「朕以至公理天下，今任〔五〕玄齡、如晦，非爲勳舊，以其有才行也〔六〕。此人妄事毀謗，止欲離間〔七〕我君臣。昔蜀後主昏弱〔八〕，齊文宣狂悖〔九〕，然國稱理者〔一〇〕，以任諸葛亮、楊遵彦〔一一〕不猜之也〔一二〕。朕今任如晦等，亦復如法〔一三〕。」於是流陳師合于嶺外〔一四〕。

校注

〔一〕左僕射　南家本、菅家本作「右僕射」。

〔二〕戈注：「史無傳。」

〔三〕兼　南家本、菅家本、寫字臺本作「兼言」。

〔四〕以論　南家本、菅家本、寫字臺本作「似論」。

〔五〕今任　南家本、菅家本、寫字臺本作「今任用」。

〔六〕有才行也　南家本、菅家本、寫字臺本作「有才故也」。

〔七〕止欲離間　南家本、菅家本、寫字臺本作「正離間」。

〔八〕戈注：「名禪，先主之子。」

〔九〕狂悖　南家本、菅家本作「狂勃」。

〔一〇〕然國稱理者　南家本、菅家本、寫字臺本作「國稱治者」。

〔一一〕以任諸葛亮　南家本、菅家本、寫字臺本作「以諸葛亮」。戈注：「並見前注。」

〔一二〕不猜之也　戈本作「不猜之故也」。

〔一三〕如法　南家本、菅家本、寫字臺本作「如此」。

〔一四〕流陳師合于嶺外　南家本、菅家本、寫字臺本作「流師合嶺外」。戈注：「舊本自此已下三章在貪鄙篇，今附入此。」〔案〕指杜讒邪篇。

【案】本章南家本、菅家本、寫字臺本在杜讒佞篇，屬第一章，戈本爲杜讒邪篇第四章。事見會要卷五三、新唐卷九六杜如晦傳。

185 ○貞觀中，太宗謂房玄齡、杜如晦〔一〕曰：「朕聞〔二〕自古帝王上合天心，以致太平者，皆股肱之力。朕比開直言〔三〕之路者，庶知冤屈，欲聞規諫〔四〕。所有上封事人，多告訐百官，細無可採〔五〕。朕歷選前王，但有君疑於臣，則下情不能上達〔六〕，欲求盡忠極慮，何可得哉！而無識之人，務行讒毀，交亂君臣，殊非益國。自今已後，有上書訐人小惡〔七〕者，當〔八〕以讒人之罪罪之。」

校注

〔一〕謂房玄齡杜如晦　南家本作「謂玄齡如晦等」，菅家本、寫字臺本作「謂玄齡如晦」。

〔二〕朕聞　南家本、菅家本無此二字。

〔三〕直言　南家本、菅家本、寫字臺本作「直諫」。

〔四〕規諫　戈本作「諫諍」。

〔五〕多告訐百官細無可採　建治本、松本、寫字臺本作「皆多告訴百官納事殊無可採」，菅家本作「皆多告訴百官細事殊無可採」。訐，南家本、菅家本、寫字臺本俱訛作「訴」，下文同。

〔六〕下情不能上達　戈本作「下不能上達」。

〔七〕小惡　興本、松本無「小」字。

〔八〕當　南家本、菅家本、寫字臺本作「朕當」。

【案】本章南家本、菅家本、寫字臺本在杜讒佞篇，屬第一章，戈本爲杜讒邪篇第五章。

186○魏徵爲秘書監，有告謀反〔一〕，太宗曰：「魏徵，昔吾之讎〔二〕，止以忠於所事〔三〕，吾遂拔而用之〔四〕，何乃妄生讒構？」竟不問徵，遽斬所告者。

校注

〔一〕有告謀反　南家本、菅家本、寫字臺本作「嘗有告其謀反者」，戈本作「有告徵謀反者」。

〔二〕魏徵昔吾之讎　南家本、菅家本、寫字臺本作「徵本吾之讎也」。

〔三〕止以忠於所事　南家本、菅家本、寫字臺本作「正以忠於所事」，戈本作「祇以忠於所事」。

〔四〕吾遂　南家本、菅家本、寫字臺本無「吾」字。

【案】本章南家本、菅家本、寫字臺本在杜讒佞篇，屬第二章，戈本爲杜讒邪篇第六章。

187○貞觀七年，太宗幸蒲州，刺史趙元楷課父老服黄紗單衣，迎謁路左，盛飾廨宇，修營樓雉以求媚〔一〕。又潛飼羊百餘口，魚數千頭，將饋貴戚。太宗知，召而數之曰〔二〕：「朕巡省河、洛，經歷數州，凡有所須，皆資官物。卿爲〔三〕飼羊養魚，雕飾院宇，此乃亡隋弊俗，今不可〔四〕復行。當識朕心，改舊態也〔五〕。」以元楷在隋邪佞〔六〕，故太宗發此言以戒之〔七〕。元楷慙懼，數日不食而卒〔八〕。

校注

〔一〕以求媚　寫字臺本作「欲以求媚」。

〔二〕召而數之　寫字臺本作「知而數之」。

〔三〕卿爲　寫字臺本作「卿」字。

〔四〕今不可　寫字臺本作「不可」。

〔五〕改舊態　寫字臺本作「改卿舊心」。

〔六〕以元楷在隋邪佞　寫字臺本作「元楷在隋陷邪佞之目」。

〔七〕故太宗發此言以戒之　寫字臺本作「太宗故發此言以誡之」。

〔八〕戈注：「舊本此章在貪鄙篇，今附入此。」〔案〕指杜讒邪篇。

【案】本章南家本、菅家本無，寫字臺本在卷四求媚篇，戈本爲杜讒邪篇第二章。事見會要卷二七、册府卷一五七。

188 ○貞觀十六年，太宗謂侍臣曰：「古人云：『鳥栖於林，猶恐其不高，復巢於木〔一〕；魚藏於泉〔二〕，猶恐其不深，復穴於窟下〔三〕。然而爲人所獲者，皆由貪餌故也。』今人臣受任，居高位、食厚禄〔四〕，當須履忠正、蹈公清，則無灾害，長守富貴矣。古人云：『禍福無門，唯人所召。』然陷其身者，皆爲貪冒財利，與夫魚鳥何以異哉！卿等宜思此語，用爲鑒誡〔五〕。」

校注

〔一〕木　南家本、菅家本、寫字臺本、戈本作「木末」。

〔二〕魚藏於泉　戈本作「魚藏於水」。

〔三〕穴於窟下　南家本、菅家本、寫字臺本作「窟穴於其下」。

〔四〕食厚禄　菅家本訛作「貪厚禄」。

〔五〕用爲鑒誡　戈本作「爲鑒誡」。戈注：「舊本此章重出鑒戒篇，今按此章喻貪爲切，故去彼存此。」

【案】本章重出卷三論君臣鑒戒篇（75），戈本留此去彼。

貞觀政要第六

【案】南家本、菅家本、寫字臺本、戈本作「貞觀政要卷第六」。

貞觀政要卷第七

【案】南家本、菅家本、寫字臺本、元刻有「史臣吳兢撰」五字，戈本作「戈直集論」。南家本、菅家本、元刻另行有「崇儒學第二十七論文史第二十八論禮樂第二十九」三十一字，寫字臺本「崇儒學」上有「論」字。戈本另行作「崇儒學二十七論文史二十八論禮樂二十九」。

崇儒學第二十七

【案】寫字臺本作「論崇儒學」。各本排序相同，分章不同：南家本、菅家本、寫字臺本三章，元刻、明本五章，韓版四章，戈本「凡六章」。

189 ○太宗初踐祚，即於正殿之左置弘文館，精選天下文儒，令以本官兼直〔一〕學士，給珍膳〔二〕，更日直宿〔三〕。以〔四〕聽朝之隙，引入内殿，討論墳典，商略政事，或至夜分乃罷。又詔勳賢三品已上子孫爲弘文學生〔五〕。

貞觀二年〔六〕，詔停周公爲先聖〔七〕，始立孔子廟堂於國學。稽式舊典，以仲尼爲先聖，顔子爲先師，而邊豆〔八〕干戚之容，始備于兹矣〔九〕。是歲，大收〔一〇〕天下儒士，賜帛給傳〔一一〕，令詣京師〔一二〕，優以吏職〔一三〕，布廊廟者〔一四〕甚衆。學生通一大經已上，咸得署吏〔一五〕。於國學造舍四百間〔一六〕，國子、太學、四門、俊士亦增置生員〔一七〕，其書、筭各置博士、學生，以備衆藝〔一八〕。自玄武門屯營飛騎，亦給博士，授以經業。有能通經者，聽預貢舉〔一九〕。而吐蕃及〔二〇〕高昌、高麗、新羅等諸夷酋長，亦遣子弟請入于學以百數〔二一〕。國學之内〔二二〕，鼓篋而升講筵者〔二三〕，幾至萬人。儒學之盛〔二四〕，前古未之聞也〔二五〕。太宗又數幸國學，令祭酒、博士講論畢，各賜以束帛。學生能通經者，即擢以吏職〔二六〕。

十四年詔曰〔二七〕：「梁皇侃〔二八〕、褚仲都〔二九〕，周熊安生〔三〇〕、沈重〔三一〕，陳沈文阿〔三二〕、周弘正〔三三〕、張譏〔三四〕，隋何妥〔三五〕、劉炫〔三六〕等〔三七〕，並前代名儒，經術可紀。加以所在學徒，多行其講疏，宜加優賞〔三八〕，以勸後生。可訪其子孫見在者，録姓名聞奏〔三九〕。」二十一年又詔曰〔四〇〕：「左丘明〔四一〕、卜子夏〔四二〕、公羊高〔四三〕、穀梁赤〔四四〕、伏勝〔四五〕、高堂生〔四六〕、戴聖〔四七〕、毛萇〔四八〕、孔安國〔四九〕、劉向〔五〇〕、鄭衆〔五一〕、杜子春〔五二〕、馬融〔五三〕、盧植〔五四〕、鄭玄〔五五〕、服虔〔五六〕、何休〔五七〕、王肅〔五八〕、王弼〔五九〕、杜預〔六〇〕、范甯〔六一〕等二十有一人，並用其書，垂於國胄。既行其道，理合褒崇。自今有事於太學，可並配享尼父廟堂〔六二〕。」其尊儒重道如此〔六三〕。

校注

〔一〕兼直　南家本、菅家本、寫字臺本、韓版、戈本作「兼署」。

〔二〕給珍膳　南家本、菅家本、寫字臺本、戈本作「給以五品珍膳」，元刻作「珍膳」。

〔三〕直宿　南家本、寫字臺本、元刻、戈本作「宿直」。

〔四〕以　南家本、菅家本、寫字臺本無此字。

〔五〕弘文學生　南家本、菅家本、寫字臺本作「弘文館生」。戈注：「舊本，此與後三章，通爲一章。今按崇儒雖同，典故則異，分爲三章。又按通鑑，武德九年九月，上於弘文殿聚四部書，二十餘萬卷，置弘文館於殿側，精選天下文學之士虞世南、褚亮、姚思廉、歐陽詢、蔡允恭、蕭德言等，並以本官兼學士云云。又取三品已上子孫，充弘文館學生。」

〔六〕貞觀二年　南家本、菅家本、寫字臺本、韓版作「至貞觀二年」。戈本別作一章。

〔七〕周公爲先聖　菅家本、寫字臺本作「以周公爲先聖」。

〔八〕而邊豆　原作「兩邊俎豆」，元刻、韓版、戈本同，據南家本、菅家本、寫字臺本删「俎」字。〔案〕邊豆，當作「籩豆」，爲祭祀宴享時盛果脯等之竹編食器，形如豆，容四升。爾雅釋器：「竹豆謂之籩。」

〔九〕備于兹矣　南家本無「矣」字。

〔一〇〕大收　南家本、菅家本、寫字臺本、韓版作「大徵」。

〔一一〕戈注：「驛傳也。」

〔一二〕賜帛給傳令詣京師　南家本、菅家本、寫字臺本無此八字。

〔一三〕優以吏職　南家本、菅家本、寫字臺本、戈本作「擢以不次」。

〔一四〕布廊廟者　南家本、菅家本、寫字臺本、元刻、韓版、戈本作「布在廊廟者」。

〔一五〕戈注：「署吏職入仕也。」

〔一六〕於國學造舍四百間　南家本、菅家本、寫字臺本、戈本作「國學增築學舍四百餘間」。

〔一七〕國子太學四門俊士亦增置生員　南家本作「國學四門博士又增置生員」，菅家本、寫字臺本作「國學大學四門博士增置生員」，戈本作「國子太學四門廣文亦增置生員」。「太學」，原作「大學」，據戈本及舊唐改。

〔一八〕戈注：「唐制，國子、太學、廣文、四門、律、書、筭凡七學，皆置博士。國子，掌教三品以上及國公子孫、從二品以上曾孫爲生者。太學，掌教五品以上及郡縣公子孫、從三品曾孫爲生者。廣文館，掌領國子學生業進士者。四門館，掌教七品以上侯伯子男爲生，及庶人子爲俊士生者。律學、書學、筭學，掌教八品以下及庶人子爲俊士生者。又有五經博士，掌以其經教國子。」

〔一九〕自玄武門屯營飛騎亦給博士授以經業有能通經者聽預貢舉　菅家本、寫字臺本、戈本無此二十五字。

〔二〇〕吐蕃及　南家本、菅家本、寫字臺本無此三字。

〔二一〕請入于學以百數　南家本、菅家本、寫字臺本、戈本無「以百數」三字。

〔二二〕國學之內　南家本、寫字臺本、戈本作「於是國學之內」。

〔二三〕鼓篋而升講筵者　戈本無「而」字。戈注：「篋，方竹器，所以盛書籍者。」

〔二四〕儒學之盛　戈本作「儒學之興」。

〔二五〕前古未之聞也　南家本、菅家本、寫字臺本、戈本作「古昔未有也」。戈注：「按儒學傳，貞觀十四年，召天下惇師老德以爲學官，數臨幸，觀釋菜，廣學舍千二百區，益生員至三千二百。自屯營飛騎，皆給博士，受經，能通經者，聽入貢限，四方秀艾，坌集京師。於是新羅、高昌、百濟、吐蕃、高麗等群酋長，並遣子弟入學，鼓笥踵堂者，凡八千餘人，雖三代之盛，所未聞也。」〔案〕戈注「貞觀十四年」，據新唐書當作「貞觀六年」。

〔二六〕太宗又數幸國學令祭酒博士講論畢各賜以束帛學生能通經者即擢以吏職　南家本、菅家本、寫字臺本、戈本作「太宗又數幸國學令祭酒司業博士講論畢各賜以束帛四方儒生負書而至者蓋以千數俄」，在「而吐蕃及」前。戈注：「凡會同饗醮，必尊長先，以酒祭先，故曰祭酒，長者之稱也。唐制，國子監祭酒，掌邦國儒學訓導之政，兼領諸學，凡釋奠，則爲初獻。司業，其貳職也。」

〔二七〕十四年　戈本別爲一章，作「貞觀十四年」。

〔二八〕戈注：「皇，姓，侃，名。明三禮，爲散騎侍郎。一作皇甫侃者，非。」

〔二九〕戈注：「明周易。」

〔三〇〕熊安生　元刻、韓版作「熊生」。戈注：「字植之，長樂人，爲國子博士。」

〔三二〕戈注：「字子厚，通春秋群書，爲五經博士。」

〔三三〕沈文阿　南家本、寫字臺本作「沈文何」。戈注：「字國衛，通三禮、春秋，爲五經博士。」

〔三三〕戈注：「字思行，晉周顗之後，爲國子博士。」

〔三四〕戈注：「字直言，武城人，爲國子博士。」

〔三五〕何妥　建治本、松本、菅家本、寫字臺本作「何晏」。戈注：「字栖鳳，西城人，爲國子祭酒。」

〔三六〕戈注：「字光明，河間人，爲太學博士。」

〔三七〕等　戈本無此字。

〔三八〕宜加優賞　南家本、菅家本、寫字臺本作「宜加優異」。

〔三九〕録姓名聞奏　南家本、菅家本作「録名奏聞」，元刻、戈本作「録姓名奏聞」。

〔四〇〕又詔曰　戈本作「詔曰」。假名本别作一章。

〔四一〕戈注：「左丘明，見於論語，程子謂古之聞人。唐啖、趙氏謂孔子所言左丘明，在孔子前，則左氏傳非丘明所爲，亦有姓左而不得其名者爲此傳也。或問朱子，朱子曰：『未可知也。』先友鄧著作考姓氏書曰：『蓋左丘姓，而名明，傳春秋者，乃左氏耳。』然則太宗詔從祀諸儒，以左丘明爲首，而置於公、穀之列者，蓋漢晉以來相傳，誤以左氏爲左丘明也。」

〔四二〕戈注：「名商，孔子弟子，以文學稱，序詩，傳易、禮、春秋。」

〔四三〕戈注：「公羊，姓，高，名，子夏弟子，傳春秋。」

〔四四〕戈注：「穀梁，姓，赤，名，子夏弟子，傳春秋。」

〔四五〕伏勝　南家本作「伏生勝」。戈注：「濟南人，爲秦博士。漢文時求治尚書者，聞伏生能治之，欲召，時年九十餘，詔使往受之。秦時焚書，伏生藏於屋壁，兵起流亡，獨得二十九篇，教于齊、魯之間。」

〔四六〕戈注：「魯人，前漢爲博士，得儀禮十七篇傳於世，爲漢言禮宗。」

〔四七〕戈注：「前漢爲九江太守，得禮記四十六篇傳於世，號小戴記。」

〔四八〕戈注：「趙人，爲漢河間獻王博士，治詩。」

〔四九〕戈注：「孔子之後，漢武帝時爲博士，至臨淮太守，爲古文尚書之宗。」

〔五〇〕戈注：「字子政，漢楚元王之後，成帝時爲光禄大夫，校五經。」

〔五一〕戈注：「後漢爲大司農卿。」

〔五二〕戈注：「後漢河南人。」

〔五三〕戈注：「字季長，扶風人，漢桓帝時爲南郡太守，著春秋三傳異同説。」

〔五四〕戈注：「字子幹，後漢爲北中郎將。」

〔五五〕戈注：「字康成，北海人，後漢爲大司農卿，著易、書、詩、禮、論語、孝經、國語、乾象曆、天文等書。」

〔五六〕戈注：「字子慎，後漢爲九江太守。」

〔五七〕戈注：「字邵公，後漢爲諫議大夫，解春秋公羊傳、孝經、論語等書。」

〔五八〕王肅　菅家本脱此二字。戈注：「字子雍，三國時爲魏太常、蘭亭侯，注孔子家語。」

〔五九〕戈注：「字輔嗣，三國時爲魏尚書郎，注易。」

〔六〇〕戈注：「字元凱，晉惠帝時爲鎮南大將軍、當陽侯，注春秋左氏傳。」

〔六一〕戈注：「西晉時爲豫章太守，注春秋穀梁傳。」

〔六二〕可並　寫字臺本作「竝可」。戈注：尼父，「魯哀公誄孔子之稱。」

〔六三〕尊儒重道　南家本、寫字臺本作「尊崇儒學」。

【案】本章假名本別作二章，戈本別作三章。事見舊唐卷三太宗紀下、卷二四禮儀志四、卷一八九上儒學傳上、會要卷三五、册府卷五〇、六〇四。

190 ○貞觀二年，太宗謂侍臣曰：「爲政之要，惟在得人，用非其才，必難致理〔一〕。今所任用，必須以德行、學識爲本。」諫議大夫王珪曰：「人臣〔二〕若無學業，不能識前言往行，豈堪大任。漢昭帝〔三〕時，有詐稱衛太子〔四〕，聚觀者數萬人，衆皆致惑。雋不疑〔五〕斷以蒯聵之事〔六〕。昭帝曰：『公卿大臣，當用經術明於古義者〔七〕，此則固非刀筆俗吏所可比擬。』」太宗曰〔八〕：「信如卿言。」

校注

〔一〕必難致理　戈本作「必難致治」。

〔二〕人臣　南家本作「爲人臣」。

〔三〕昭帝　原作「宣帝」，南家本、菅家本、寫字臺本、元刻、韓版同，據戈本及會要、漢書卷七一雋不疑傳改。下文同。戈注：「昭帝，名弗陵，武帝幼子。」

〔四〕有　戈本作「有人」。戈注：「名據，武帝太子，衛皇后所生。」

〔五〕戈注：「雋，姓也，不疑，其名，字曼倩，渤海人，時爲京兆尹。」

〔六〕戈注：「蒯聵，春秋時衛靈公世子也，出奔于宋。靈公卒，孫出公輒立，晉又納蒯聵于戚，父子争國。後十五年蒯聵入，是爲莊公，輒乃出奔。」

〔七〕戈注：「昭帝始元五年，有男子乘黄犢車，詣北闕，自謂衛太子。詔公卿識視，皆不敢言。雋不疑後到，叱從吏收縛曰：『昔蒯聵出奔，輒距而不納，春秋是之。衛太子得罪先帝，亡不即死，今來自請，此罪人也。』遂詔送獄，帝嘉之。廷尉驗治，竟得姦詐。」

〔八〕太宗曰　戈本作「上曰」。

【案】本章事見會要卷五五、册府卷一三一。

191 〇貞觀四年，太宗以經籍去聖久遠，文字訛謬，詔前中書侍郎顏師古〔一〕於秘書省考定五經。及功畢，復詔尚書左僕射房玄齡集諸儒重加詳議〔二〕。時諸儒傳習師説，舛謬已久，皆共非之，異端鋒起〔三〕。而〔四〕師古輒引晉、宋已來古本，隨方曉答，援據詳明〔五〕，皆出其意表，諸儒莫不歎伏。太宗稱善者久之〔六〕，賜帛五百段〔七〕，加授通直散騎常侍〔八〕，頒其所定書〔九〕於天下，令學者習焉。

校注

〔一〕戈注：「名籀，其先琅琊人，博學善屬文，隋世李綱薦之，授安養尉。高祖入關，謁見，授朝散大夫，遷中書舍人，詔令一出其手。貞觀中，釐正五經，拜秘書少監。後撰五禮成，進爵爲子。」

〔二〕詳議　建治本、松本作「評議」。

〔三〕鋒起　戈本作「蠭起」。

〔四〕而　南家本、寫字臺本無此字。

〔五〕援據詳明　興本、松本脱「援」字。

〔六〕太宗稱善者久之　南家本作「太宗稱善」。

〔七〕五百段　菅家本、寫字臺本、戈本作「五百匹」。

〔八〕戈注：「晉以員外常侍與散騎常（侍）通直，故號通直，後世因之。」

〔九〕頒其所定書　南家本、寫字臺本作「仍頒其所定之書」。

【案】本章事見舊唐卷七三顔師古傳、卷一八九上儒學傳上、册府卷六〇一。

192 〇太宗又以儒家多門〔一〕，章句繁雜，詔師古與國子祭酒孔穎達等諸儒撰定五經疏義，凡一百八十卷，名曰五經正義，付國學施行〔二〕。

校注

〔一〕儒家多門　南家本、寫字臺本作「儒學多門」，戈本作「文學多門」。

〔二〕戈注：「舊本五經疏義另爲一章，今合爲一章。」

【案】本章南家本、菅家本、寫字臺本、韓版、戈本與前章爲一章。事見册府卷六〇六。

193 〇太宗嘗謂中書令岑文本曰：「夫人雖禀定性，必須博學以成其道，亦猶蜃性含水，待月光而水垂〔一〕；木性懷火，待燧動而焰發〔二〕；人性含靈〔三〕，待學成而爲美。是以蘇秦刺股〔四〕，董生垂帷〔五〕。不勤道藝，則其名不立。」文本曰〔六〕：「夫人性相近，情則遷移，必須以學飾情，以成其性〔七〕。禮云：『玉不琢不成器，人不學不知道〔八〕。』所以古人勤於學問，謂之懿德。」

校注

〔一〕戈注：「蜃，大蛤也。海上月明，蜃吐氣如樓閣之狀。」

〔二〕戈注：「燧，取火之木也。春取榆柳之火，夏取棗杏之火，夏季取桑柘之火，秋取柞楢之火，冬取槐檀之火。」

〔三〕人性含靈　南家本訛作「人含性靈」。

〔四〕戈注：「蘇秦，字季子，雒陽人，師鬼谷子，得太公陰符，伏而誦之。讀書欲睡，引錐自刺其股，血流至踵，簡練揣摩，至期年而成。後遊説，佩六國相印。」

〔五〕戈注：「董生，名仲舒，廣川人，漢景帝時爲博士。治春秋，下帷講誦，弟子以次相授，或莫見其面，三年不窺園，其精如此，學者皆師尊之。武帝即位，舉賢良對策三篇，擢爲江都王相。」

〔六〕文本曰　戈本作「文本對曰」。

〔七〕夫人性相近至以成其性　南家本、寫字臺本無此十九字。

〔八〕戈注：「禮學記之辭。」

【案】本章南家本、菅家本、寫字臺本屬前章。

論文史第二十八

【案】戈本無「論」字。明本四章，據南家本、菅家本、寫字臺本補一章（195），共五章，排序依明本，增補的一章參照南家本、菅家本、寫字臺本編入。元刻、韓版、戈本均四章，戈注「凡四章」。

194 ○貞觀初，太宗謂監脩國史〔一〕房玄齡曰：「比見前後漢史載録楊雄甘泉、羽獵〔二〕，司馬相如子虛、上林〔三〕，班固兩都等賦〔四〕，此既文體浮華，無益勸誡，何假書之史册〔五〕？其〔六〕上書論事，詞理切直，可裨於政理者，朕從與不從，皆須載書〔七〕。」

校注

〔一〕監脩國史　南家本、菅家本、寫字臺本作「監修國史官」。

〔二〕戈注：「楊雄，字子雲，成都人。漢成帝時有薦雄文似相如者，上方郊祠甘泉泰畤、汾陰后土，以求繼嗣，召雄待詔承明之庭，從上甘泉還，奏甘泉賦以風。後上羽獵，雄從，以爲非堯、舜、成湯、文王三驅之意，故作羽獵賦以風。」

〔三〕戈注：「司馬，複姓，相如，名，成都人。著子虛賦，漢武帝讀而善之，乃召問相如。相如曰：『此乃諸侯之事，未足觀，請爲天子游獵之賦。』相如以『子虛』虛言也，欲明天子之義，故虛藉爲辭以推天子諸侯之苑囿，爲子虛、上林賦，其卒章歸之於節儉，因以諷諫。」

〔四〕戈注：「班固，字孟堅，彪之子也。漢明帝時爲校書郎，繼父業，著西漢書。後遷玄武司馬，作西都、東都賦。」

〔五〕何假書之史册　寫字臺本、韓版作「何暇書之史册」。

〔六〕其　南家本、菅家本、寫字臺本、元刻、韓版、戈本作「其有」。

〔七〕皆須載書　南家本、寫字臺本、韓版、戈本作「皆須備載」，菅家本作「皆須備載書」。

195 〇貞觀十一年，著作佐郎鄧隆〔一〕表請編次太宗文章爲集。太宗謂曰〔二〕：「朕若制事出令，有益於人者，史則書之，足爲不朽。若事不師古，亂政害物，雖有詞藻，終貽後代笑，非所須也。祇如梁武帝父子〔三〕及陳後主〔四〕、隋煬帝，亦大有文集〔五〕，而所爲多不法〔六〕，宗社皆須臾傾覆〔七〕。凡人主唯在德行〔八〕，何必要事文章耶？」竟不許〔九〕。

校注

〔一〕著作佐郎鄧隆　原作「著作佐郎郄崇」，元刻、韓版同，南家本作「著作佐郎鄧崇」，菅家本作「著作郎鄧崇」，寫字臺本作「著作郎劉崇」，據戈本及舊唐卷七三鄧世隆傳改。戈注：「通鑑作鄧世隆，避太宗諱，除世字。」

［案］不論鄧崇、劉崇，還是郄崇，以「崇」替「隆」，是在避玄宗名諱。

〔二〕太宗謂曰　原作「太宗謂崇曰」，元刻同，韓版作「太宗謂隆曰」，據南家本、菅家本、寫字臺本、戈本及舊唐改。

〔三〕戈注：「武帝及昭明太子統也。」

〔四〕戈注：「名叔寶，字元秀，高宗長子也，國號陳。多與狎客賦詩，後爲隋所滅，封長城公。」

〔五〕戈注：「如玉樹後庭花曲、清夜遊西園曲之類。」

〔六〕多不法　菅家本作「多不法古」。

〔七〕傾覆　南家本、菅家本、寫字臺本作「覆滅」。

〔八〕凡人主唯在德行　南家本、菅家本、寫字臺本作「凡爲人主惟在德化」。

〔九〕戈注：「按通鑑係十二年。」

【案】本章建治本屬前章。事見舊唐卷七三鄧世隆傳。

196 ●尚書左僕射房玄齡、侍中魏徵、散騎常侍姚思廉、太子右庶子李百藥〔一〕、孔穎達、中書侍郎岑文本、禮部侍郎令狐德棻〔二〕、舍人許敬宗等，以貞觀十年撰成周、齊、梁、陳、隋等五代史奏上。太宗勞之曰：「良史善惡必書，足爲懲勸。秦始皇奢侈無度，志在隱惡，焚書坑儒，用緘談者之口。隋煬帝志在隱惡，雖曰好學，招集天下學士，全不禮待，竟不能修得〔三〕歷代一史。數百年事，殆將泯絶。朕今欲見近代人主善惡，以爲身誡，故令公等修之，遂能成五代之史。深副朕懷，極可嘉尚〔四〕。」於是進級班賜，各有差降。

校注

〔一〕李百藥　南家本、菅家本訛作「李伯藥」。

〔二〕令狐德棻　南家本、菅家本訛作「令孤德菜」。

〔三〕修得　松本訛作「循得」。

〔四〕嘉尚　松本訛作「喜尚」。

【案】本章南家本、菅家本屬前章，從寫字臺本別爲一章，元刻、明本、韓版、戈本無。事見諫録卷五、會要卷六三、册府卷五五四。

197 ○貞觀十三年，褚遂良爲諫議大夫，兼知起居注。太宗問曰：「卿比知起居，書何等事？大抵於人君得觀見否〔一〕？朕欲見此注記者，將却〔二〕觀所爲得失以自警誡耳〔三〕。」

遂良曰：「今之起居，古之左、右史〔四〕，以記人君言行，善惡畢書〔五〕，庶幾人主不爲非法，不聞帝王躬自觀史。」太宗曰：「朕有不善，卿必記耶〔六〕？」遂良曰〔七〕：「臣聞守道不如守官，臣職當載筆，何不書之。」黄門侍郎劉洎進曰：「人君有過失，如日月之蝕，人皆見之。設令遂良不記，天下之人皆記之矣。」

校注

〔一〕大抵於人君得觀見否　南家本、菅家本、寫字臺本作「大抵人君得觀見不」。

〔二〕將却　菅家本作「將都」。

〔三〕以自警誡　南家本、寫字臺本作「以爲警誡」，菅家本作「將以爲警誡」。

〔四〕戈注：「禮：『天子言則左史書之，動則右史書之。』」

〔五〕畢書　南家本、菅家本、寫字臺本作「必書」。

〔六〕卿必記耶　南家本、菅家本、寫字臺本作「卿必記録耶」。

〔七〕遂良曰　南家本、菅家本、寫字臺本作「遂良對曰」。

【案】本章事見舊唐卷八〇褚遂良傳、會要卷六三、册府卷五五四、八四四。

198 ○貞觀十四年，太宗謂房玄齡曰：「朕每觀〔一〕前代史書，彰善癉惡〔二〕，足爲將來規誡。不知自古當代國史，何因不令帝王親見之〔三〕？」對曰：「國史既善惡必書，庶幾人主不爲非法。止應畏有忤旨，故不得見也。」太宗曰：「朕意殊不同古人。今欲自看〔四〕國史者，若有善事〔五〕，故〔六〕不須論；若有惡事〔七〕，亦欲以爲鑒誡，使得自脩改耳〔八〕。卿可撰録進來〔九〕。」玄齡等遂刪略國史爲編年體，撰高祖、太宗實録各二十卷表上之。太宗見六月四日事〔一〇〕，語多微文，乃謂玄齡曰：「昔周公誅管、蔡而周室安〔一一〕，季友鴆叔牙而魯國寧〔一二〕，朕之所爲，義同此類〔一三〕，蓋所以安社稷、利萬人耳。史官執筆，何煩有隱？宜即改削浮詞，直書其事。」侍中魏徵奏曰：「臣聞人主位居尊極，無所忌憚，唯有國史，用爲懲惡勸善〔一四〕。書不以實，後人何觀〔一五〕？陛下今遣史官正其辭〔一六〕，雅合至公之道〔一七〕。」

校注

〔一〕每觀　南家本、菅家本、寫字臺本作「每睹」。

〔二〕戈注：「癉，病也。」

〔三〕親見之　南家本、菅家本、寫字臺本無「之」字。

〔四〕自看　興本、松本作「自覩」。

〔五〕若有善事　戈本作「蓋有善事」。

〔六〕故　戈本作「固」。

〔七〕惡事　戈本作「不善」。

〔八〕使得自脩改耳　南家本、寫字臺本作「便得自用修改耳」，菅家本作「便得用自修改耳」。

〔九〕進來　南家本、寫字臺本訛作「近來」。

〔一〇〕戈注：「武德九年，六月丁巳，秦王殺太子建成、齊王元吉。」

〔一一〕戈注：「見公平篇注。」

〔一二〕戈注：「鴆，毒鳥也，以羽歷飲食即殺人。春秋時魯莊公有三弟，長慶父，次叔牙，次季友。莊公娶孟任，生子班，欲立之。及病，問嗣於叔牙，叔牙曰：『慶父可爲嗣。』公患之，問季友，季友請立班。季友以公命，使人飲叔牙以鴆。」

〔一三〕義同此類　菅家本上有「謂」字。

〔一四〕懲惡勸善　南家木、寫字臺本作「懲勸」，菅家本作「懲誡」。

〔一五〕書不以實後人何觀　南家本、寫字臺本作「若書不以實後人何觀」，菅家本作「儻若書不以實後人何觀」，韓版、戈本作「書不以實後嗣何觀」。

〔一六〕史官　南家本、寫字臺本作「史臣」，菅家本作「史」。

〔一七〕至公之道　南家本、菅家本、寫字臺本下有「即天下幸甚」五字。

【案】本章事見會要卷六三。

論禮樂第二十九

【案】戈本無「論」字。元刻、明本、韓版、戈本均十二章，戈注「凡十二章」。南家本、菅家本、寫字臺本十三章，有卷三論君臣鑒戒篇一章(72)。

199 ○太宗初即位，謂侍臣曰：「准禮，名終爲諱之〔一〕。前古帝王，亦不生諱其名，故周文王名昌，周詩云『克昌厥後』。春秋時魯莊公〔二〕名同，十六年經云〔三〕『齊侯、宋公同盟于幽〔四〕』。唯近代諸帝〔五〕，皆〔六〕妄爲節制，特令生避其諱，理非通允，宜有改張。」因詔曰：「依禮，二名義不偏諱。尼甫〔七〕達聖，非無前指。近世〔八〕以來，曲爲節制，兩字兼避，廢闕已多，率意而行，有違經誥〔九〕。今宜依據禮典，務從簡約，仰效先哲，垂法將來。其官號、人名及公私文籍，有『世』及『民』兩字不連讀〔一〇〕，並不須避。」

校注

〔一〕終爲諱之　南家本、菅家本、寫字臺本、戈本作「終將諱之」。

〔二〕魯莊公　菅家本無「魯」字。

〔三〕經云　南家本、菅家本、寫字臺本、戈本作「經書」。

〔四〕盟于幽　建治本、松本訛作「盟于豳」，興本作「盟幽」。

〔五〕諸帝　寫字臺本作「諸帝王」。

〔六〕皆　元刻、戈本無此字。

〔七〕尼甫　南家本、菅家本、寫字臺本、戈本作「尼父」。

〔八〕近世　南家本、菅家本、寫字臺本作「近代」。

〔九〕經誥　戈本作「經語」。

〔一〇〕不連讀　南家本、菅家本、寫字臺本作「不連讀者」。

【案】本章事見會要卷二三。

200 ○貞觀二年，中書舍人高季輔上疏曰：「竊見密王元曉等〔一〕俱是懿親，陛下友愛之懷，義高古昔，分以車服，委以藩維，須依禮儀，以副瞻望。比見帝子拜諸叔，諸叔即亦答拜〔二〕，王爵既同〔三〕，家人有禮，豈合如此顛倒昭穆〔四〕？伏願一垂訓誡，永脩彝則〔五〕。」太宗乃詔元曉等，不得答吴王恪、魏王泰兄弟拜。

校注

〔一〕戈注：「高祖第二十一子也。」

〔二〕即亦答拜　寫字臺本作「亦答拜」，戈本作「亦即答拜」。

〔三〕王爵既同　南家本作「今王爵既同」。

〔四〕戈注：「古者宗廟之次，左爲昭，右爲穆，而子孫亦以爲序。説見朱子中庸或問。」

〔五〕永脩彝則　菅家本作「永爲彝則」，寫字臺本、戈本作「永循彝則」。

【案】本章事見舊唐卷七八高季輔傳、會要卷二七、册府卷五三一。

201 ○貞觀四年，太宗謂侍臣曰：「比聞京城士庶居父母喪者，乃有信巫書之言，辰日不哭，以此辭於弔問，拘忌輟哀，敗俗傷風，極乖人理。宜令州縣教導，齊之以禮典。」

202 ○貞觀五年，太宗謂侍臣曰：「佛道設教，本行善事，豈遣僧尼、道士等妄自尊崇，坐受父母之拜？損害風俗〔一〕，悖亂禮經，宜即禁斷，仍令致拜於父母。」

校注

〔一〕損害風俗　菅家本作「損害風化」。

203 ○貞觀六年，太宗謂尚書左僕射房玄齡曰：「比有山東崔、盧、李、鄭四姓，雖累葉陵遲，猶恃其舊地〔二〕，好自矜大，稱爲士大夫。每嫁女他族〔二〕，必廣索聘財，以多爲貴，論數定約，同於市買〔三〕，甚損風俗，有紊禮經。既〔四〕輕重失宜，理須改革。」乃〔五〕詔吏部尚書高士廉、御史大夫韋挺、中書侍郎岑文本、禮部侍郎令狐德棻等〔六〕刊正姓氏，普責天下譜牒，兼據憑史傳，剪其浮華，定其真僞，忠賢者褒進，悖逆者貶黜〔七〕，撰爲氏族志。士廉等〔八〕及進定氏族等第，以〔九〕崔幹爲第一等。太宗謂曰：「我與山東崔、盧、李、鄭，舊既無嫌，爲其世代衰微，全無官宦〔一〇〕，猶自云士大夫。婚姻之際，則多索財物〔一一〕。或才識庸下，而偃仰自高，販鬻松檟，依託富貴，我不解人間何爲重之？且大丈夫〔一二〕有能立德立功〔一三〕，爵位崇重，善事君父，忠孝可稱；或道義素高〔一四〕，學藝宏博〔一五〕，此亦足爲門户，可謂天下大丈夫〔一六〕。今崔、盧之屬，唯矜遠葉衣冠，寧比當朝之貴？公卿已下，何假〔一七〕多輸錢物，兼與他氣勢，向聲背實，以得爲榮？我今定氏族者，誠欲崇樹今朝冠冕，何因崔幹〔一八〕猶爲第一等，只看卿等不貴我官爵耶！不須論〔一九〕數代已前，止〔二〇〕取今日官品、人才作等級，宜一量定〔二一〕，用爲永則。」遂以崔幹爲第三〔二二〕等。至十二年書成，凡百卷，頒天下〔二三〕。又詔曰：「氏族之美〔二四〕，寔繫於冠冕〔二五〕；婚姻之道，莫先於仁義。自有魏失御，齊氏云亡，市朝既遷，風俗陵替。燕、趙古姓〔二六〕，多失衣冠之緒；齊、韓舊族，或乖禮義〔二七〕之風。名不著於州閭，身未免於貧賤，自號高門之冑〔二八〕，不敦匹嫡〔二九〕之儀，問名唯在於竊貲，結縭必歸於富室。乃有新官之輩、豐財之家，慕其祖宗，競結婚姻〔三〇〕，多納貨賄，有如販鬻。或自貶家門，受屈辱〔三一〕於姻婭；或矜誇其〔三二〕舊望，行無禮於舅姑。積習成俗，迄今未已，既紊人倫，實虧名教。朕夙夜兢惕，憂勤政道，往代蠹害，咸以懲革，唯此弊風，未能盡變。自今已後，明加告示，使識嫁娶之序，務合典禮〔三三〕，稱朕意焉〔三四〕。」

校注

〔一〕舊地　松本訛作「黨地」。

〔二〕他族　南家本、寫字臺本脱「他」字。

〔三〕市買　南家本、寫字臺本、戈本作「市賈」。

〔四〕既　菅家本無此字。
〔五〕乃　南家本無此字。
〔六〕戈注：「令狐，複姓，德棻，名也，宜州人。博貫文史，武德初，起居舍人，嘗建言論次隋、周正史。貞觀三年，詔德棻等撰周、齊、梁、陳、隋史，書成，遷禮部侍郎。」
〔七〕貶黜　南家本、菅家本、寫字臺本作「則貶黜」。
〔八〕士廉等　南家本、寫字臺本無「等」字。
〔九〕以　南家本、菅家本、寫字臺本、元刻、戈本作「遂以」。
〔一〇〕世代衰微全無官宦　南家本、寫字臺本作「世代衰微全無官爵」，菅家本作「氏族衰微全無官宦」。
〔一一〕財物　南家本、菅家本、寫字臺本作「錢物」。
〔一二〕大丈夫　南家本、菅家本、寫字臺本作「大夫」，戈本作「士大夫」。
〔一三〕立德立功　戈本作「立功」。
〔一四〕素高　戈本作「清素」。
〔一五〕宏博　南家本、菅家本、寫字臺本、戈本作「通博」。
〔一六〕天下大丈夫　南家本、菅家本、寫字臺本、韓版、戈本作「天下士大夫」。
〔一七〕何假　寫字臺本、戈本作「何暇」。

〔一八〕戈注：「通鑑作崔民幹，避太宗諱，除民字。」

〔一九〕不須論 戈本作「不論」。

〔二〇〕止 戈本作「衹」。

〔二一〕量 寫字臺本衍作「量置」。

〔二二〕第三 興本、菅家本、寫字臺本作「第二」。

〔二三〕頒天下 南家本、菅家本、寫字臺本作「頒於天下」。

〔二四〕氏族之美 南家本、菅家本、寫字臺本作「氏族之盛」。

〔二五〕寔繫於 原作「寔繁於」，元刻、韓版、戈本同，據南家本、菅家本、寫字臺本及會要改。

〔二六〕古姓 寫字臺本作「右姓」。

〔二七〕禮義 南家本、菅家本、寫字臺本作「德義」。

〔二八〕高門之胄 南家本、菅家本、寫字臺本作「膏粱之胄」。

〔二九〕匹嫡 南家本、菅家本、寫字臺本作「匹敵」。

〔三〇〕婚姻 南家本、菅家本、寫字臺本作「婚媾」。

〔三一〕受屈辱 戈本作「受辱」。

〔三二〕矜誇其 南家本、菅家本、寫字臺本、元刻、戈本作「矜其」。

〔三〕典禮　戈本作「禮典」。

〔四〕戈注：「按通鑑，凡二百九十三姓，千六百五十一家。」

【案】「至十二年書成」以下，假名本別爲一章。「凡百卷頒天下」句前，事見舊唐卷六五高士廉傳、會要卷三六；「又詔曰」至章末，事見會要卷八三、册府卷一五九。

204 ○禮部尚書王珪子敬直，尚太宗女南平公主。珪曰：「禮有婦見舅姑之義〔一〕，自近代風俗弊薄，公主出降，此禮皆廢。主上欽明，動循法制〔二〕，吾受公主謁見，豈爲身榮，所以成國家之美耳。」遂與其妻就位而坐，令公主親執巾〔三〕，行盥饋之道〔四〕，禮成而退。太宗聞而稱善。是後公主下降有舅姑者，皆遣備行此禮。

校注

〔一〕之義　南家本、菅家本、寫字臺本、戈本作「之儀」。

〔二〕動循法制　南家本、菅家本、寫字臺本作「動修法制」。

〔三〕執巾　南家本、菅家本、寫字臺本作「執笄」。

〔四〕戈注：「盥，以盤水沃手也。左傳『奉匜沃盥。』饋，以食爲餉也。易家人『主中饋』。言婦人職乎中饋，巽順而已。」

【案】本章南家本、菅家本、寫字臺本、韓版屬前章。事見舊唐卷七〇王珪傳、會要卷六。

205 ○貞觀十二年，太宗謂侍臣曰：「古者諸侯入朝，有湯沐之邑〔一〕，芻禾百車〔二〕，待以客禮。晝坐正殿，夜設庭燎〔三〕，思與相見，問其勞苦。又漢家京城，亦爲諸郡立邸舍。頃聞奉使〔四〕至京師者〔五〕，皆賃房以坐，與商人雜居，纔得容身而已。既待禮之不足〔六〕，必是人多怨歎，豈肯竭情於共理哉！」乃令就京城閑坊，爲諸州奉使各造邸第。及成，太宗親觀幸焉〔七〕。

校注

〔一〕戈注：「古者諸侯京師有朝宿之邑，泰山有湯沐之邑，蓋朝宿，亦名湯沐。諸侯來京師，主爲朝王，故名朝宿。從王巡狩，主爲助祭，祭必沐浴，故名湯浴。隨事立名爾。」

〔二〕戈注：「芻，茭也。禾，稈也。所以供軍馬。」

〔三〕戈注：「大燭也。諸侯將朝，則司烜以物百枚，並而束之，設於門內也。」

〔四〕奉使　南家本、菅家本、寫字臺本、戈本作「考使」。下文同。戈注：「即朝集使也。」

〔五〕至京師者　戈本作「至京者」。

〔六〕既待禮之不足　南家本、菅家本、寫字臺本作「復禮待禮之不足也」。

〔七〕親覲幸焉　南家本、寫字臺本作「親覲行焉」，菅家本作「親行焉」。

206 ○貞觀十三年，禮部尚書王珪奏言：「准令，三品以上，遇親王於路，不合下馬。今皆違法申敬，有乖朝典。」太宗曰：「卿輩欲自崇貴，卑我兒子耶！」魏徵對曰：「漢魏已來，親王班皆次三公以下〔一〕。今三品並天子〔二〕六尚書、九卿，爲諸王下馬〔三〕，王所不宜當也〔四〕。求諸故事，則無可憑；行之於今，又乖國憲，理誠不可。」帝曰：「國家立太子者，擬以爲君〔五〕。人之脩短，不在老幼。設無太子，則母弟次立〔六〕。以此而言，安得輕我子耶！」徵又曰：「殷人尚質，有兄終弟及之義。自周以降，立嫡必長，所以絕庶孽之窺窬，塞禍亂之源本。爲國家者，所深慎之〔七〕。」太宗遂可王珪之奏〔八〕。

校注

〔一〕三公以下　菅家本、寫字臺本、韓版、戈本作「三公下」。

〔二〕天子　寫字臺本衍作「天子大臣」。

〔三〕爲諸王下馬　南家本、寫字臺本、戈本無「諸」字。

〔四〕王所不宜當　南家本、寫字臺本作「所不宜當議」，菅家本作「所不宜當」。

〔五〕君　寫字臺本作「人君」。

〔六〕戈注：「母弟，同母之弟也。」

〔七〕所深慎之　南家本、寫字臺本、戈本作「所宜深慎」，菅家本作「所宜深慎之」。

〔八〕可王珪之奏　南家本作「可珪之奏」。

【案】本章事見諫録卷二、舊唐卷七一魏徵傳、會要卷二五、册府卷三二七。

【又案】此處南家本、菅家本、寫字臺本有卷三君臣鑒戒篇一章（72），元刻重出卷三君臣鑒戒篇第五章（72）。

207 〇貞觀十四年，太宗謂禮官曰：「同爨尚有緦麻之恩，而嫂叔無服。又舅之與姨，親踈相似，而服紀有殊〔一〕，未爲得禮，宜集學者詳議。餘有親重而服輕者，亦附奏聞。」是月〔二〕尚書八座與禮官定議曰：

臣〔三〕竊聞之，禮所以決嫌疑、定猶豫、别同異、明是非〔四〕者也。非從天下〔五〕，非從地出，在人情而已〔六〕矣。人道所先，在乎敦睦九族〔七〕。九族敦睦，由乎親親，以近及遠。親屬有等差，故喪紀有降殺〔八〕，隨恩之薄厚，皆稱情以立文。原夫舅之與姨，雖爲〔九〕同氣，推之於母，輕重相懸。何則？舅爲母之本宗，姨乃外成他姓〔一〇〕，求之母族，姨不與〔一一〕焉，考之經文〔一二〕，舅誠爲重。故周王念齊，是稱舅甥之國〔一三〕；秦伯懷晉，實切渭陽之詩〔一四〕。今在舅服止一時之情〔一五〕，爲姨居喪五月〔一六〕，徇名喪實，逐末棄本。此古人之情，或有未達，所宜損益，寔在茲乎！

禮記曰〔一七〕：「兄弟之子猶子，蓋引而進之也。嫂叔之無服〔一八〕，蓋推而遠之也〔一九〕。」禮云〔二〇〕，繼父同居則爲之朞〔二一〕，未嘗同居則不爲服。從母之夫、舅之妻，二人相爲服〔二二〕。或曰〔二三〕「同爨緦麻」。然則繼父並非骨肉〔二四〕，服重由乎同爨，恩輕在乎異居。固知制服雖繼於名文〔二五〕，蓋亦緣恩之厚薄者也。或有長年之嫂，遇孩童之叔，劬勞鞠養，情若所生，分飢共寒，契闊偕老，譬同居之繼父，方他人之同爨，情義之深淺，寧可同日而言哉！在其生也，乃愛同骨肉；於其死也，則推而遠之。求之本源，深所未喻。若推而遠之爲是，則不可生而共居；生而共居爲是，則不可死同行路。重其生而輕其死，厚其始而薄其終，稱情立文，其義安在？且事嫂見稱，載籍〔二六〕非一。鄭仲虞則恩禮甚篤〔二七〕，顏弘都則竭誠致感〔二八〕，馬援則見之必冠〔二九〕，孔伋則哭之爲位〔三〇〕。此蓋〔三一〕並躬踐教義，仁深孝友，察其所行之旨，豈非先覺者歟？但于時上無哲主〔三二〕，禮非下之所議，遂使深情鬱於千載，至理藏於萬古，其來久矣，豈不惜哉！

今陛下以爲尊卑之敘，雖焕乎已備；喪紀之制，或情理〔三三〕未安。爰命秩宗，詳議損益。臣等奉遵明旨，觸類傍求，採摭群經，討論傳記，或抑或引，兼名兼實，損其有餘，益其不足，使無文之禮咸秩，敦睦之情畢舉，變薄俗於既往，垂篤義於將來，信六籍〔三四〕所不能談，超百王而獨得者也。

謹按曾祖父母舊服齊衰三月〔三五〕，請加爲齊衰五月；嫡子婦舊服大功〔三六〕，請〔三七〕加爲朞；衆子婦舊服小功，今請與兄弟子婦〔三八〕同爲大功九月；嫂叔舊無服，今請服小功五月〔三九〕。服其〔四〇〕弟妻及夫兄，亦小功五月。舅舊服緦麻，請加與從母同服小功五月〔四一〕。

詔從其議。魏徵之詞也〔四二〕。

校　注

〔一〕服紀有殊　戈本作「服之有殊」。

〔二〕是月　南家本、菅家本、寫字臺本作「是日」。

〔三〕臣　南家本無此字。

〔四〕明是非　原作「名是非」，元刻同，據南家本、菅家本、寫字臺本、韓版、戈本改。

〔五〕非從天下　建治本、寫字臺本作「豈非從天下」，興本、菅家本作「豈非從天降」。

〔六〕在人情而已　南家本、菅家本、寫字臺本、戈本作「人情而已」。

〔七〕戈注：「九族者，高祖至玄孫之親，舉近者以該遠。五服異姓之親，亦在其中。」

〔八〕降殺　韓版、戈本作「隆殺」。

〔九〕雖爲　菅家本作「雖有」。

〔一〇〕姨乃外成他姓　南家本、菅家本、寫字臺本作「姨爲外成他姓」，戈本作「姨乃外戚他姓」。

〔一一〕不與　南家本、菅家本、寫字臺本作「不預」。

〔一二〕經文　南家本、菅家本、戈本作「經史」。

〔一三〕戈注：「左傳成公二年，晉侯使鞏朔獻齊捷于周，王弗見，使單襄公辭曰：『夫齊，甥舅之國也，寧不亦淫從其欲，抑豈不可諫？』」

〔一四〕戈注：「詩秦渭陽篇曰：『我送舅氏，曰至渭陽。』朱子注：『舅氏，秦穆公之舅晉公子重耳也，出亡在外，穆公召而納之。時康公爲太子，送之渭陽，而作此詩。渭，水名。秦時都雍，至渭陽者，蓋東行送之於咸陽之地也。』」〔案〕戈注引朱子注「秦穆公之舅晉公子重耳也」有誤，當爲「秦康公之舅晉公子重耳也」。

〔一五〕今在舅服止一時之情　南家本、菅家本、寫字臺本作「今舅服止爲一時」。

〔一六〕戈注：「五月，小功之服。」

〔一七〕禮記曰　菅家本作「記曰」。

〔一八〕嫂叔之無服　南家本、菅家本、寫字臺本作「嫂叔之不服」。

〔一九〕戈注：「禮喪記篇之辭。」〔案〕戈注誤，當爲禮記檀弓上篇之辭。

〔二〇〕禮云　南家本、戈本無「云」字。

〔二一〕爲之朞　菅家本作「爲之服期」。

〔二二〕二人相爲服　南家本、菅家本、寫字臺本作「二夫人相爲服」。

〔二三〕或曰　菅家本無「曰」字。

〔二四〕繼父並非骨肉　南家本、菅家本、寫字臺本作「繼父從母之夫並非骨肉」，戈本作「繼父且非骨肉」。

〔二五〕雖繼於名文　南家本、菅家本、寫字臺本作「雖繼於名」，戈本作「雖係於名文」。

〔二六〕載籍　菅家本作「籍載」。

〔二七〕戈注：「名均，後漢時人。好義篤實，養寡嫂孤兒，恩禮敦至。兄子長，令別居並門，盡推財與之，使得一尊其母。」

〔二八〕致感　興本、松本訛作「致盛」。戈注：「名含，晉時人。嫂樊氏因疾失明，含盡心奉養，醫須蚺蛇膽，含憂歎累時，有童子持囊授含，開視乃膽也。藥成，嫂病癒。」

〔二九〕見之　南家本、菅家本、寫字臺本作「見也」。戈注：「馬援，字文淵，扶風人，後漢伏波將軍。奉嫂致恭，不冠，不敢入廬見。」

〔三〇〕哭之爲位　南家本、菅家本、寫字臺本訛作「哭之爲泣」。戈注：「孔伋，孔子之孫，字子思。禮記檀弓篇：『曾子曰：子思之哭嫂也爲位。』」

〔三一〕此蓋　南家本、菅家本、寫字臺本無「蓋」字。

〔三二〕哲主　南家本、菅家本、寫字臺本、元刻、韓版、戈本作「哲王」。

〔三三〕情理　南家本、菅家本、寫字臺本作「情禮」。

〔三四〕六籍　菅家本、寫字臺本作「六籍之」。

〔三五〕戈注：「齊衰，五服之第二等，衣長六尺，博四寸，裳下緝，曰齊衰。」

〔三六〕戈注：「服九月。」

〔三七〕請　南家本、菅家本、寫字臺本作「今請」。

〔三八〕與兄弟子婦　原作「與兄弟」，元刻、韓版、戈本同，據南家本、菅家本、寫字臺本及舊唐、會要補「子婦」二字。

〔三九〕服小功五月　南家本、寫字臺本作「小功五月服」。

〔四〇〕服其　元刻、韓版、戈本無「服」字。

〔四一〕請加與從母同服小功五月　南家本、菅家本、寫字臺本作「請與從母同服小功」。

〔四二〕魏徵之詞也　南家本、菅家本、寫字臺本作「此皆魏徵之詞也」，戈本作「此並魏徵之詞也」。

【案】本章事見舊唐卷二七禮儀志七、會要卷三七、英華卷七六七、文粹卷四二、册府卷五八五。

208 ○貞觀十四年〔一〕十二月癸丑，太宗謂侍臣曰：「今日是朕生日。俗間以生日可爲〔二〕喜樂，在朕情〔三〕翻成感思。君臨天下，富有四海，而追求侍養，永不可得。仲由懷負米之恨〔四〕，良有以也。況詩曰〔五〕：『哀哀父母，生我劬勞〔六〕。』奈何以劬勞之辰〔七〕，遂爲宴樂之事，甚是〔八〕乖於禮度！」因而泣下〔九〕。

校注

〔一〕十四年　南家本、菅家本、寫字臺本、戈本作「十七年」。

〔二〕可爲　南家本、寫字臺本作「爲可」。

〔三〕在朕情　南家本作「在於朕情」，菅家本作「在朕之情」。

〔四〕戈注：「家語：『子路曰：昔者由也事二親之時，常食藜藿之食，爲親負米於外。親没之後，南遊於楚，從車百乘，積米萬鍾。願欲食藜藿，爲親負米，不可復得也。』」

〔五〕詩曰　南家本、菅家本、寫字臺本、韓版、戈本作「詩云」。

〔六〕戈注：「詩蓼莪篇之辭。」

〔七〕奈何以劬勞之辰　南家本、菅家本、寫字臺本作「或云奈何以本爲劬勞之辰」。

〔八〕甚是　菅家本無「是」字。

〔九〕泣下　寫字臺本、戈本作「泣下久之」。戈注：「通鑑係二十年十二月癸未。」

209 ○太常少卿祖孝孫〔一〕奏請〔二〕所定新樂。太宗曰：「禮樂之作，是聖人象物設教〔三〕，以爲撙節，治政〔四〕善惡，豈此之由？」御史大夫杜淹對曰：「前代興亡，實由於樂。陳將亡也，爲玉樹後庭花〔五〕；齊將亡也，而爲伴侣曲〔六〕。行路聞之，莫不悲歎〔七〕，所謂亡國之音。以是觀之，實由於樂。」太宗曰：「不然，夫音聲豈能感人？歡者聞之則悦，哀者〔八〕聽之則悲。悲悦在於人心，非由樂也。將亡之政，其人必苦〔九〕，然苦心所感〔一〇〕，故聞而則悲耳〔一一〕。何有〔一二〕樂聲哀怨，能使悦者悲乎？今玉樹〔一三〕、伴侣之曲，其聲具存〔一四〕，朕當〔一五〕爲公奏之，知公必不悲耳〔一六〕。」尚書右丞魏徵對曰〔一七〕：「古人稱，禮云，禮云，玉帛云乎哉〔一八〕！樂云，樂云，鍾鼓云乎哉〔一九〕！樂在人和，不由音調。」太宗然之〔二〇〕。

校注

〔一〕太常少卿　菅家本上有「貞觀二年」四字。戈注：「祖，姓也，孝孫，名。」

〔二〕奏請　南家本、菅家本、寫字臺本、韓版、戈本無「請」字。戈注：「初，隋用黄鍾一宫，惟擊七鍾，其五鍾設而不擊，謂之啞鍾。至是叶（協）律郎張文收乃依古斷竹爲十二律，命與孝孫吹調五鍾，叩之而應，由是十二律皆用。而孝孫又以二十二用旋相爲六十聲，八十四調，雅樂成調，無出七聲。七聲：一宫，二商，三角，四變徵，五正徵，六羽，七變宫。本宫近相用，唯樂章則隨律定均，合以笙磬，節以鍾鼓。」〔案〕戈注有誤，「孝孫又以二十二用旋相爲六十聲」，當作「孝孫又以十二月旋相爲六十聲」。

〔三〕象物設教　菅家本作「像物設教」，戈本作「緣物設教」。

〔四〕治政　菅家本作「政治」。

〔五〕戈注：「陳後主，奢淫日甚，每飲酒，使妃嬪與狎客共賦詩。采其豔麗者，被以新聲，選宫女千餘人，習而歌之，分部迭進。其曲有玉樹後庭花、臨春樂，大略皆美諸妃嬪之容色。君臣相酣歌，自夕達旦，以此爲常，由是覆滅。」

〔六〕伴侣曲　南家本、菅家本、寫字臺本作「伴侣」。戈注：「齊東昏侯時，作伴侣曲，後爲蕭衍所滅。」

〔七〕悲歎　南家本、寫字臺本、戈本作「悲泣」。

〔八〕哀者　南家本、菅家本、寫字臺本作「憂者」。

〔九〕其人必苦　戈本作「其人心苦」。

〔一〇〕苦心所感　南家本訛作「心苦所感」，戈本作「苦心相感」。

〔一一〕聞而則悲　南家本作「聞而悲」。

〔一二〕何有　戈本無「有」字。

〔一三〕玉樹　南家本、寫字臺本作「玉樹後庭花」。

〔一四〕具存　南家本、菅家本、寫字臺本作「甚存」。

〔一五〕朕當　戈本作「朕能」。

〔一六〕不悲耳　菅家本作「不悲乎」。

〔一七〕對曰　南家本、菅家本、寫字臺本、戈本作「進曰」。

〔一八〕戈注：「唐史無此九字。」〔案〕戈直所據「唐史」乃新唐禮儀志，舊唐音樂志有此九字。

〔一九〕戈注：「論語孔子之辭。」

〔二〇〕太宗然之　菅家本衍作「太宗曰然之」。戈注：「按通鑑係貞觀二年，祖孝孫以爲梁、陳之音多吳、楚，周、齊之音多胡、夷，於是斟酌南北，考以古聲，作唐雅樂，凡八十四調、三十一曲、十二和。詔協律郎張文收與孝孫同修定。六月乙酉，孝孫等奏新樂。上曰云云。」

【案】本章南家本屬前章。事見舊唐卷二八音樂志一、新唐卷二一禮樂志一一。

210 〇貞觀七年〔一〕，太常卿蕭瑀奏言：「今破陳樂舞〔二〕天下之所共傳，然美至德之形容〔三〕尚有所未盡。前後之所破劉武周〔四〕、薛舉〔五〕、竇建德、王世充等，臣願圖其形狀，以寫戰勝攻取〔六〕之容。」太宗曰：「朕當〔七〕四方未定，因爲天下救焚拯溺，故不獲已，乃行戰伐〔八〕之事，所以人間遂有此舞，國家因茲亦製其曲。雅樂之容，正得〔九〕陳其梗概。若委曲寫之，則其狀易識。朕以見在將相，多有曾經受彼驅使〔一〇〕者，既經爲〔一一〕一日君臣，今若〔一二〕重見其被擒獲之勢，必當〔一三〕有所不忍。我爲此等，所以不爲也。」蕭瑀謝曰：「此事非臣思慮所及〔一四〕。」

校注

〔一〕七年　原作「十七年」，南家本、菅家本、寫字臺本、元刻同，據韓版、戈本改。〔案〕蕭瑀爲太常卿在貞觀六年至八年。

〔二〕破陳樂舞　南家本、菅家本作「破陣樂舞」。戈注：「陳，音陣。破陳樂，即七德舞也。太宗爲秦王時，破劉武周，軍中相與作破陳樂，用樂工百二十八人，被銀甲，執戟而舞。凡三變，每變爲四陣，象刺左圓右方，先偏後伍，交錯曲伸，以象魚麗、鵝鸛，觀者莫不扼腕踴躍。元日、冬至、朝會、慶賀，常奏。後舞人改用進賢冠、虎文袴、騰蛇帶、烏皮靴，二人執旌居前，更號神功破陣樂。七德者，取左傳『武有七德』名之也，所以示其發揚蹈厲之容也。」

〔三〕至德　南家本、菅家本、寫字臺本、戈本作「盛德」。

〔四〕前後之所破劉武周　南家本、菅家本、寫字臺本無「之」字。戈注：「馬邑人，隋世爲鷹揚校尉，義寧初，據馬邑郡，起兵附於突厥，突厥立武周爲定楊可汗，稱帝，改元。後太宗敗之于并州，奔突厥，爲突厥所斬。」

〔五〕戈注：「蘭州人，隋末起兵自號西秦霸王。建元後，僭帝號于蘭州。太宗降舉于高墌城，未幾死。子仁杲代立，秦王率諸將討之，以仁杲及其黨歸京師，斬之。」

〔六〕攻取　松本訛作「政取」。

〔七〕朕當　南家本、菅家本、寫字臺本作「當緣」。

〔八〕戰伐　南家本、菅家本、寫字臺本作「征伐」。戈注：「戰，一作攻。」

〔九〕正得　南家本、菅家本、寫字臺本、韓版、戈本作「止得」。

〔一〇〕受彼驅使　南家本、寫字臺本作「受其驅使」，菅家本作「受驅使」。

〔一一〕既經爲　南家本作「既爲」。

〔一二〕今若　興本、松本無「若」字。

〔一三〕必當　南家本無「當」字。

〔一四〕戈注：「按史志，太宗令魏徵與李百藥等更製破陣樂，名曰七德舞。舞初成，觀者皆踴躍。諸將上壽，群臣皆稱萬歲，蠻夷在庭者，請相率以舞。自是朝會慶賀，與九功舞同奏。」

貞觀政要卷第七

【案】建治本、菅家本無此七字，興本、松本作「貞觀政要第七」。

貞觀政要卷第八

【案】南家本、菅家本、寫字臺本、元刻有「史臣吴兢撰」五字，戈本作「戈直集論」。南家本、菅家本、寫字臺本、元刻另行有「務農第三十論刑法第三十一論赦令第三十二論貢獻第三十三」二十六字，戈本另行作「論務農三十論刑法三十一論赦令三十二論貢賦三十三辯興亡三十四」。

務農第三十

【案】菅家本下衍「禁末作附」四字。明本四章，據南家本、菅家本、寫字臺本補一章（213），共五章，排序依明本，增補的一章參照南家本、菅家本、寫字臺本編入。元刻、韓版、戈本均四章，戈注「凡四章」。

211 ○貞觀二年，太宗謂侍臣曰：「凡事皆須務本。國以人爲本，人以衣食爲本。凡營衣食[一]，以不失時爲本。夫[二]不失時者，唯在[三]人君簡静乃可致耳。若兵戈[四]屢動，土木不息，而欲不奪農時，其可得也〔五〕？」王珪曰：「昔秦皇、漢武，外則窮極兵戈，内則崇侈宮室，人力既竭，禍難遂興，彼豈不欲安人乎？失所以安人〔六〕之道也。亡隋之轍，殷鑒不遠，陛下親承其弊，知所以易之〔七〕，然在〔八〕初則易，終之實難。伏願慎終如始，方盡其美〔九〕。」太宗曰：「公言〔一〇〕是也。夫安人寧國，唯在於君。君無爲則人樂，君多欲則人苦，朕所以抑情損欲，尅己自勵耳。」

校注

〔一〕凡營衣食　南家本、菅家本作「營衣食」。

〔二〕夫　南家本、菅家本、寫字臺本作「人」。

〔三〕唯在　戈本作「在」。

〔四〕兵戈　菅家本作「干戈」。

〔五〕得也　戈本作「得乎」。

〔六〕失所以安人　南家本、菅家本作「失其所以安人」，寫字臺本作「失其所以安」。

〔七〕知所以易之　南家本、菅家本、寫字臺本作「知所以易終之」。

〔八〕然在　建治本訛作「然任」。

〔九〕其美　南家本、菅家本作「其美矣」。

〔一〇〕公言　南家本、菅家本、寫字臺本作「卿言」。

212 ○貞觀二年，京師旱〔一〕，蝗蟲大起。太宗入苑視禾〔二〕，見蝗蟲，掇數枚而祝〔三〕曰：「人以穀爲命，而汝食之，是害于百姓。百姓有過，在予一人，爾其有靈，但當食我心〔四〕，無害百姓。」將吞之，左右遽諫曰：「恐成疾，不可。」太宗曰：「所冀移災朕躬，何疾之避！」遂吞之。自是蝗不復爲災〔五〕。

校注

〔一〕京師旱　南家本、菅家本作「京師大旱」。

〔二〕視禾　興本、松本脱「視」字。

〔三〕見蝗蟲掇數枚而祝　南家本、菅家本作「見蝗掇數十枚而咒」，寫字臺本作「見蝗掇數枚而咒」，韓版、戈本作「見蝗蟲掇數枚而呪」。

〔四〕食我心　南家本、菅家本、寫字臺本作「食我」，戈本作「蝕我心」。

〔五〕自是蝗不復爲災　南家本、菅家本作「因是蝗不復爲災」，寫字臺本作「自是蝗蟲不復爲災」。

【案】本章事見舊唐卷三七五行志、會要卷四四、册府卷二五。

213●貞觀四年，太宗謂諸州考使曰：「國以人爲本，人以食爲命。若禾穀不登，恐由朕不躬親所致也。故就别院種三數畝禾，時自鋤其稊莠。纔得半畝，即苦疲乏〔一〕。以此思之，勞可知矣，農夫實甚辛苦。頃聞關東及諸處粟兩錢半價、米四錢價，深慮無識之人，見米賤遂惰農自安。儻遇水旱，即受飢餓。卿等至州日，每縣時遣官人就田隴間勸勵，不得令有送迎。若送迎往還，多廢農業，若此勸農，不如不去。」

校　注

〔一〕乏　興本訛作「令」。

【案】本章元刻、明本、韓版、戈本無。

214○貞觀五年，有司上書言〔一〕：「皇太子將行冠禮，宜用二月爲吉，請追兵以備儀注。」太宗曰：「今東作方興，恐妨農事，命〔二〕改用十月。」太子少保〔三〕蕭瑀奏言：「准陰陽家，用二月爲勝。」太宗曰：「陰陽拘忌〔四〕，朕所不行，若動静必依陰陽，不顧德義〔五〕，欲求福祐，其可得乎？若所行皆遵正道〔六〕，自然常與吉會〔七〕。且吉凶在人，豈假陰陽拘忌？農時甚要，不可蹔失。」

校注

〔一〕上書言　南家本、菅家本、寫字臺本作「上言」。
〔二〕命　南家本、菅家本、寫字臺本、戈本作「令」。
〔三〕少保　菅家本訛作「大保」。
〔四〕拘忌　南家本、菅家本「忌」下衍「勝忌」二字。
〔五〕德義　南家本、菅家本、寫字臺本、韓版作「禮義」，戈本作「理義」。
〔六〕正道　興本、松本作「正法」。
〔七〕常與吉會　菅家本作「當爲吉會」。

【案】本章事見通典卷五六、會要卷二六。

215 〇貞觀十六年〔一〕，太宗以天下粟價率計〔二〕斗直五錢，其尤賤處計斗直三錢〔三〕，因謂侍臣曰：「國以民爲本〔四〕，人以食爲命。朕爲億兆人〔五〕父母，若禾黍〔六〕不登，則兆庶非國家所有〔七〕。既屬豐稔若斯，安得不喜〔八〕。唯欲躬務儉約，必不〔九〕輒爲奢侈。朕常欲賜天下之人，皆使富貴。今省徭薄賦〔一〇〕，不奪其時〔一一〕，使比屋之人，恣其耕稼，此則富矣。敦行禮讓，使鄉閭之間，少敬長、妻敬夫，此則貴矣。但令天下皆然，朕不聽管弦，不從畋獵，樂在其中矣！」

校注

〔一〕十六年　南家本、假名本作「五年」，寫字臺本作「十五年」。

〔二〕計　菅家本無此字。

〔三〕計斗直三錢　南家本、菅家本、寫字臺本作「斗直兩錢」，韓版作「計斗直兩錢」。

〔四〕民爲本　南家本、菅家本、寫字臺本作「人爲本」，未避唐諱。

〔五〕億兆人　南家本、菅家本、寫字臺本作「億兆」。

〔六〕禾黍　南家本、菅家本、寫字臺本作「禾穀」。

〔七〕若禾黍不登則兆庶非國家所有　南家本、菅家本、寫字臺本、韓版、戈本在「朕爲億兆人父母」句前。

〔八〕安得不喜　原無此四字，元刻、韓版、戈本同，據南家本、菅家本、寫字臺本補。

〔九〕必不　南家本、菅家本、寫字臺本作「必不得」。

〔一〇〕今省徭薄賦　南家本、寫字臺本作「今省徭薄賦」，菅家本作「今今省徭薄賦」，戈本作「今省徭賦」。

〔一一〕不奪其時　南家本、菅家本、寫字臺本作「不奪農時」。

論刑法第三十一

【案】戈本無「論」字。明本九章，據南家本、菅家本、寫字臺本補一章（216），共十章，排序依明本，增補的一章參照南家本、菅家本、寫字臺本編入。元刻九章。戈本八章，戈注誤作「凡九章」，以217、218兩章爲一章。南家本、寫字臺本八章，以217、218兩章爲一章，221、222兩章爲一章。菅家本九章，以217、218兩章爲一章。

216 ●貞觀元年，詔以犯大辟罪者，令斷其右趾。因謂侍臣曰：「前代不行肉刑久矣，今斷人右趾，意不忍爲。」諫議王珪對曰：「古行肉刑以爲輕罪，今陛下矜死之多，故設斷趾之法，損一足以全其大命〔一〕，於犯者甚益矣。且見之足爲懲誡。」侍中陳叔達又曰：「古之肉刑，在死刑之外。陛下於死刑之內降從斷趾，便是以生易死，足爲寬法。」

校注

〔一〕大命　寫字臺本作「天命」。

【案】本章元刻、明本、韓版、戈本無。事見舊唐卷五〇刑法志、册府卷六一二。

217 ○貞觀元年，太宗謂侍臣曰：「死者不可再生，用法須務存寬簡〔一〕。古人云，鬻棺者，欲歲之疫，非疾於人，利於棺售故耳〔二〕。今法司覈理〔三〕一獄，必求深劾〔四〕，欲成其考課。今作何法，得使平允？」諫議大夫王珪曰〔五〕：「但選公良直善〔六〕人，斷獄允當者〔七〕，增秩賜金，即奸僞自息。」詔從之。

校注

〔一〕須務存寬簡　元刻、戈本作「務在寬簡」。

〔二〕利於　南家本、寫字臺本無「於」字。戈注：「售，賣也。」

〔三〕法司覈理　南家本、寫字臺本作「諸司覆理」，菅家本作「法司覆理」。

〔四〕深劾　南家本、菅家本、寫字臺本、元刻、韓版、戈本作「深刻」。

〔五〕曰　南家本、菅家本、寫字臺本、戈本作「進曰」。

〔六〕公良直善　南家本、菅家本、寫字臺本、戈本作「公直良善」。

〔七〕斷獄允當者　南家本、菅家本、寫字臺本作「若斷獄允當者」。

【案】本章事見通典卷一七〇、會要卷四〇。

218 ○太宗又曰：「古者斷獄，必訊於三槐、九棘之官〔一〕。今三公、九卿〔二〕即其職也。自今以後〔三〕，大辟罪〔四〕，皆令中書、門下四品已上〔五〕及尚書、九卿議之。如此〔六〕，庶免冤濫。」由是至四年，斷死刑，天下二十九人，幾致刑措〔七〕。

校注

〔一〕戈注：「周禮秋官：『左九棘，孤卿大夫位焉，群士在其後。右九棘，公侯伯子男位焉，群吏在其後。面三槐，三公位焉，州長衆庶在其後。』」

〔二〕戈注：「三公，見任賢篇注。唐制，九卿：太常寺卿，掌禮樂郊廟社稷之事；光禄寺卿，掌酒醴膳羞之政；衛尉寺卿，掌器械文物；宗正寺卿，掌天子族親屬籍以別昭穆；太僕寺卿，掌廄牧輦輿之政；大理寺卿，掌折獄詳刑；鴻臚寺卿，掌賓客凶儀之事；司農寺卿，掌倉儲委積之事；太府寺卿，掌財貨廪藏貿易。皆有少卿以爲之貳。」

〔三〕自今以後　南家本作「自今」。

〔四〕戈注：「死刑也。」

〔五〕中書門下四品已上　南家本、寫字臺本無此八字，作「宰相」二字，菅家本作「宰相中書門下四品已上」。

〔六〕如此　韓版無此二字。

〔七〕幾致刑措　南家本、菅家本、寫字臺本作「幾致刑措矣」。戈注：「舊本自太宗又曰以下另爲一章，今合爲一章。」

【案】本章元刻、明本獨自爲章，南家本、菅家本、寫字臺本、韓版與前章爲一章，戈本與前章合爲一章。事見册府卷一五一。

219 〇貞觀二年，太宗謂侍臣曰：「比有奴告主〔一〕謀逆，此〔二〕極弊法，特須〔三〕禁斷。假令有謀反者，必不〔四〕獨成，終將與人計之。衆計之事，必有他人論之，豈藉奴告主〔五〕也。自今奴告主者〔六〕，皆不須受〔七〕，盡令斬決。」

校注

〔一〕奴告主　南家本、菅家本、寫字臺本作「奴告其主」。

〔二〕此　建治本、松本作「此甚」，興本作「此其」。

〔三〕特須　寫字臺本作「特須令」。

〔四〕必不　南家本、菅家本、寫字臺本作「必不得」。

〔五〕豈藉奴告主　南家本、菅家本、寫字臺本作「豈藉其奴告」。

〔六〕自今奴告主者　菅家本作「自是奴告主者」，寫字臺本作「自今告主者」。

〔七〕皆不須受　戈本作「不須受」。

220 ○貞觀五年，張蘊古爲大理丞。相州人李好德素有風疾，言涉妖妄，詔令鞫其獄。蘊古言〔一〕：「好德癲病有徵，法不當坐。」太宗許將寬宥，蘊古密〔二〕報其旨，仍引與博戲。治書侍御史〔三〕權萬紀劾奏之，太宗大怒〔四〕，令斬於東市。既而悔之，謂房玄齡曰：「公等食君之禄〔五〕，須憂人之憂，事無巨細，咸當留意。今不問則〔六〕不言，見事都不諫争〔七〕，何所輔弼？如蘊古身爲法官，與囚博戲，漏洩朕言，此亦罪狀甚重，若據常律，未至極刑〔八〕。朕當時盛怒，即令處置，公等竟無一言〔九〕，所司又不覆奏，遂即〔一〇〕決之，豈是道理？」因詔曰〔一一〕：「凡有死刑，雖令即決，皆須五覆奏。」五覆奏，自蘊古始也〔一二〕。「守文決罪〔一三〕，或恐有冤。自今以後，門下省覆，有據法令合死而情可矜者，宜録奏聞〔一四〕。」

蘊古，初以貞觀二年自幽州總管府記室兼直中書省〔一五〕，奏上大寶箴〔一六〕，文義甚美，可爲規誡。其詞曰：

今來古往，俯察仰觀，惟辟作福〔一七〕，爲君實難〔一八〕。宅普天之下，處王公之上，任土貢其所求〔一九〕，具僚和其所唱。是故兢懼〔二〇〕之心日弛，邪僻之情轉放。豈知事起乎所忽，禍〔二一〕生乎無妄。固以聖人受命，拯溺亨〔二二〕屯，歸罪於己，因心於人〔二三〕。至明〔二四〕無偏照，至公無私親，故以一人治天下，不以天下奉一人。禮以禁其奢，樂以防其佚。左言而右事〔二五〕，出警而入蹕〔二六〕。四時調其慘舒，三光同其得失。故身爲之度，而聲爲之律〔二七〕。勿謂無知，居高聽卑；勿謂何害，積小成大。樂不可極，極樂成哀〔二八〕；欲不可縱，縱欲成災〔二九〕。壯九重於內〔三〇〕，所居不過容膝，彼昏不知，瑶其臺而瓊其室〔三一〕；羅八珍〔三二〕於前，所食不過適口〔三三〕，唯狂罔念〔三四〕，丘其糟而池其酒〔三五〕。勿內荒於色，勿外荒於禽〔三六〕，勿貴難得之貨〔三七〕，勿聽亡國之音〔三八〕。內荒伐人性，外荒蕩人心，難得之物〔三九〕侈，亡國之聲淫。勿謂我尊而傲賢侮士，勿謂我智而拒諫矜己。聞之夏后，授饋頻起〔四〇〕；亦有魏帝，牽裾不止〔四一〕。安彼反側，如春陽秋露，巍巍蕩蕩，推漢高大度〔四二〕；撫兹庶事，如履薄臨深，戰戰慄慄，用周文小心〔四三〕。詩云「不識不知〔四四〕」，書曰「無偏無黨〔四五〕」。一彼此於胸臆，捐好惡〔四六〕於心想。衆弃而後加刑，衆悦而後命賞。弱其强而治其亂，伸其屈而直其枉。故曰：如衡如石，不定物以數，物之懸者，輕重自具〔四七〕；如水如鏡，不示物以情〔四八〕，物〔四九〕之鑒者，妍蚩自露〔五〇〕。勿渾渾而濁，勿皎皎而清，勿汶汶〔五一〕而闇，勿察察而明。雖冕旒蔽目而視於未形〔五二〕，雖黈纊塞耳而聽於無聲〔五三〕。縱心乎湛然之域，遊神於至道之精〔五四〕。扣之者應洪纖而效響，酌之者隨淺深〔五五〕而皆盈。故曰：天之清〔五六〕，地之寧，王之貞〔五七〕。四時不言而代序，萬物無爲而化成〔五八〕，豈知帝有其力，而〔五九〕天下和平。吾王撥亂，戡以智力〔六〇〕，人〔六一〕懼其威，未懷其德。我皇撫運，扇以淳風，民懷其始，未保其終。爰述金鏡，窮神盡聖〔六二〕。使人以心〔六三〕，應言以行。苞括治體〔六四〕，抑揚詞令。天下爲公，一人有慶。開羅起祝，援琴命詩，一日二日，念兹在兹。惟人所召，自天祐之。争臣司直〔六五〕，敢告前疑。

太宗嘉之，賜帛三百段，仍授以大理寺丞〔六六〕。

校注

〔一〕言　菅家本作「奏言」。

〔二〕密　興本、松本訛作「察」。

〔三〕治書侍御史　菅家本、寫字臺本作「治書御史」，戈本作「持書侍御史」。

〔四〕太宗大怒　南家本、菅家本作「太宗怒」。

〔五〕食君之禄　南家本、菅家本、寫字臺本、戈本作「食人之禄」。

〔六〕則　南家本、菅家本、寫字臺本作「即」。

〔七〕都不諫争　南家本、菅家本、寫字臺本作「都不争」。

〔八〕未至極刑　南家本、菅家本、寫字臺本作「亦未至極刑」。

〔九〕無一言　興本、松本作「無言」。

〔一〇〕遂即　寫字臺本作「遂即令」。

〔一一〕詔曰　南家本、菅家本、寫字臺本無「曰」字。

〔一二〕皆須五覆奏五覆奏自蘊古始也　原作「皆須五覆五奏自蘊古始也」，元刻同，據菅家本、寫字臺本、韓版、戈本改。［案］「自蘊古始也」五字不是「詔曰」本文，而是出自吴兢或其他史家之筆。菅家本、寫字臺本、韓版的「皆須五覆奏」爲「詔曰」本文，「五覆奏自蘊古始也」亦吴兢或史家之筆。接下來的「守文决罪」至「宜録奏聞」三十一字仍爲「詔曰」本文。

〔一三〕守文決罪　戈本作「又曰守文定罪」。〔案〕戈直爲了表示「守文決罪」至「宜録奏聞」仍爲「詔曰」本文，添加了「又曰」二字。

〔一四〕守文決罪至宜録奏聞　南家本、菅家本、寫字臺本無此三十一字。

〔一五〕兼直中書省　南家本、菅家本、寫字臺本無「兼」字。

〔一六〕戈注：「易大傳曰：『聖人之大寶曰位。』蓋取此義。箴，誡也。」

〔一七〕戈注：「辟，君也。周書箕子陳洪範之辭。」

〔一八〕戈注：「孔子告魯定公曰：『爲君難。』」

〔一九〕其所求　興本、松本、戈本作「其所有」。戈注：「禹貢曰：『任土作貢。』」

〔二〇〕兢懼　戈本作「恐懼」。

〔二一〕禍　菅家本作「福」。

〔二二〕亨　建治本、松本訛作「烹」。

〔二三〕因心於人　菅家本、寫字臺本訛作「施恩於民」。〔案〕因心，語出詩大雅皇矣：「維此王季，因心則友。」

〔二四〕至明　南家本、菅家本、寫字臺本、戈本作「大明」。

〔二五〕戈注：「見文史篇論。」

〔二六〕戈注：「天子出稱警，入稱蹕。警者戒肅，蹕者止行也。」

〔二七〕聲爲之律　戈本作「身爲之律」。戈注：「史記：『禹聲爲律，身爲度。』注：『禹聲音應鐘律，以身爲法度。』」

〔二八〕成哀　南家本、菅家本、寫字臺本作「生哀」。

〔二九〕戈注：「曲禮曰：『欲不可從，樂不可極。』」

〔三〇〕戈注：「楚辭曰：『君門九重。』」

〔三一〕戈注：「桀作瑶臺，紂作瓊室。」

〔三二〕八珍　南家本、菅家本、寫字臺本、元刻作「八品」。戈注：「周禮：『膳夫，珍用八物，謂淳熬、淳母、炮豚、炮牂、擣珍、漬、熬、肝膋。』」

〔三三〕適口　南家本衍作「其適口」。

〔三四〕戈注：「周書曰：『惟聖罔念作狂。』」

〔三五〕戈注：「桀、紂酒池可以運船，糟堤可以望十里。」

〔三六〕戈注：「夏書五子之歌，其二曰：『訓有之，内作色荒，外作禽荒，有一于此，未或不亡。』色荒，寵嬖女也。禽荒，耽遊畋也。荒者，迷荒之謂。」

〔三七〕戈注：「老子曰：『不貴難得之貨，使民不爲盜。』」

〔三八〕戈注：「詩序曰：『亡國之音哀以思，其民困。』」

〔三九〕物　韓版作「貨」。

〔四〇〕授饋頻起　南家本、菅家本、寫字臺本、韓版、戈本作「據饋頻起」。戈注：「史記：『夏禹一饋而十起，以勞天下之民。』」

〔四一〕戈注：「魏文帝欲徙冀州十萬户實河南，辛毗諫，帝不答，起入内，毗隨而引其裾。帝怒，良久曰：『卿持我何太急耶！』於是從（徙）其半。」

〔四二〕戈注：「漢紀：『高祖寬仁有大度。』」

〔四三〕用周文小心　南家本、菅家本、寫字臺本作「同周文小心」。戈注：「詩小旻篇曰：『戰戰兢兢，如臨深淵，如履薄冰。』大明篇曰：『維此文王，小心翼翼。』」

〔四四〕戈注：「詩皇矣篇曰：『不識不知，順帝之則。』」

〔四五〕戈注：「周書曰：『無偏無黨，王道蕩蕩。』」

〔四六〕捐好惡　建治本、興本、菅家本、寫字臺本訛作「損好惡」。

〔四七〕輕重自具　寫字臺本、戈本作「輕重自見」。

〔四八〕以情　戈本作「以形」。

〔四九〕物　寫字臺本「物」下衍一「情」字。

〔五〇〕自露　南家本、菅家本、寫字臺本、韓版作「自生」。

〔五一〕汶汶　韓版作「没没」。

〔五二〕視於未形　南家本、菅家本、寫字臺本作「察於無形」。戈注：「冕，十有二旒，天子冠。用五采藻爲旒，以藻貫五采玉，垂於延之前後，各十二，取目不須視惡色之義。」

〔五三〕戈注：「黈纊，黄色綿也。以黄綿爲圓，用組垂之於冕，當兩耳旁，示不聽讒邪也。」

〔五四〕之精　菅家本脱「之」字。

〔五五〕淺深　菅家本、元刻、韓版作「深淺」。

〔五六〕天之清　南家本、菅家本、寫字臺本作「天之經」。

〔五七〕戈注：「老子曰：『天得一以清，地得一以寧，王侯得一以爲天下正。』」

〔五八〕萬物無爲而化成　南家本、菅家本、寫字臺本作「萬物無言而受成」，元刻、戈本作「萬物無爲而受成」。

〔五九〕而　菅家本無此字。

〔六〇〕戈注：「戡，勝也。」

〔六一〕人　南家本、菅家本、寫字臺本作「民」，未避唐諱。

〔六二〕窮神盡聖　戈本作「窮神盡性」。

〔六三〕使人以心　寫字臺本作「使文以心」。

〔六四〕治體　戈本作「理體」。

〔六五〕司直　南家本、菅家本、寫字臺本作「詞直」。

〔六六〕仍授以大理寺丞　南家本、寫字臺本無此七字。戈注：「按通鑑無與囚博戲之説。唐史張蘊古無傳，事見刑法志。」〔案〕戈注所指唐史乃新唐，舊唐文苑傳上有張蘊古傳，新唐將此事删去。

【案】本章事見舊唐卷五〇刑法志、卷一九〇上張蘊古傳、會要卷四〇、文粹卷七八、册府卷一七五。

221 ○貞觀五年，詔曰：「在京諸司比來奏決死囚，雖云五復〔一〕，一日即了〔二〕，都未暇審思，五奏何益？縱有追悔，又無所及。自今〔三〕在京諸司奏決死囚，宜三日〔四〕中五復奏，天下諸州三復奏〔五〕。」又手詔敕〔六〕曰：「比來有司斷獄，多據律文，雖情在可矜而不敢違法，守文定罪，或恐有冤。自今門下省復，有據法合死而情在可矜者，宜録狀奏聞。」

校注

〔一〕復　南家本、菅家本、寫字臺本、韓版、戈本作「覆」，下文同。

〔二〕即了　寫字臺本作「即畢」。

〔三〕自今 南家本、菅家本、韓版、戈本作「自今後」。

〔四〕三日 南家本、菅家本作「二日」。

〔五〕天下諸州 南家本、菅家本、寫字臺本作「下諸州」。

〔六〕手詔敕 南家本、菅家本、寫字臺本作「手敕」。

【案】本章事見舊唐卷五〇刑法志、會要卷四〇。

222 ○貞觀中〔一〕，鹽澤道〔二〕行軍總管、岷州都督高甑生〔三〕坐違李靖節度〔四〕，減死徙邊。時有上言者曰〔五〕：「甑生舊秦府功臣，請寬其過。」太宗曰：「甑生違李靖節度，又誣告靖謀逆〔六〕，雖是藩邸〔七〕舊勞，誠不可忘，然治國〔八〕守法，事須畫一，今若赦之，使開〔九〕僥倖之路。且國家建義太原，元從及征戰有功者甚衆，若甑生獲免，誰不覬覦？有功之人，皆須犯法〔一〇〕。我所以必不赦者〔一一〕，正爲此也。」

校注

〔一〕貞觀中 戈本作「貞觀九年」。

〔二〕鹽澤道 南家本、菅家本訛作「鹽澤潞道」。

〔三〕戈注：「史無傳。」

〔四〕坐違李靖節度　戈本下有「又誣告靖謀逆」六字。

〔五〕上言者曰　南家本作「上言」。

〔六〕甑生違李靖節度又誣告靖謀逆　南家本、戈本無此十三字，菅家本作「甑生違李靖節度久謀告靖謀逆」。

〔七〕藩邸　菅家本作「藩邸多」。

〔八〕治國　南家本、菅家本、寫字臺本、元刻、韓版、戈本作「理國」。

〔九〕使開　南家本、菅家本、寫字臺本作「便開」。

〔一〇〕皆須犯法　南家本、菅家本作「皆須犯我法」。

〔一一〕必不赦　菅家本、寫字臺本無「必」字。

【案】本章南家本、寫字臺本屬前章。事見舊唐卷六七李靖傳。

223 ○貞觀十一年，特進魏徵上疏曰：

臣聞書曰：「明德慎罰〔一〕」，「惟刑恤哉〔二〕」！禮云：「爲上易事，爲下易知，則刑不煩矣。上多疑〔三〕則百姓惑，下難知則君長勞矣〔四〕。」夫上易事，則〔五〕下易知，君長不勞，百姓不惑。故君有一德，臣無二心，上播忠厚之誠，下竭股肱之力，然後太平之基不墜，「康哉」之詠斯起〔六〕。當今道被華戎〔七〕，功高宇宙，無思不服，無遠不臻。然言尚於簡文〔八〕，志在於明察，刑賞之用，有所未盡。夫刑賞之本，在乎勸善而懲惡，帝王之所以與天下爲畫一，不以親疎貴賤而輕重者也〔九〕。今之刑賞〔一〇〕未必盡然。或屈伸〔一一〕在乎好惡，或輕重由乎喜怒。遇喜則矜其情於法中，逢怒則求其罪於事外，所好則鑽皮〔一二〕出其毛羽〔一三〕，所惡則洗垢求其瘢痕。瘢痕可求，則刑斯濫矣；毛羽可出，則賞因〔一四〕謬矣。刑濫則小人之道長，賞謬則君子之道消〔一五〕。小人之惡不懲，君子之善不勸，而望治安刑措，非所聞也。

且夫暇豫清談，皆敦尚於孔、老〔一六〕；威怒所至，則取法於申、韓〔一七〕。直道而行，非無三黜〔一八〕，危人自安，蓋亦多矣。故道德之旨未弘，刻薄之風已扇。夫刻薄既扇，則下生百端。人競趍時〔一九〕，則憲章不一，稽之王度，實虧君道。昔州犁上下其手，楚國之法遂差〔二〇〕；張湯輕重其心，漢朝之刑已弊〔二一〕。以人臣之頗僻，猶莫能申其欺罔〔二二〕，況人君之高下，將何以措其手足乎！以睿聖之聰明，無幽微之〔二三〕不燭，豈神有所不達，智有所不通哉？安其所安，不以恤刑爲念；樂其所樂，遂忘先笑之變〔二四〕。禍福相倚，吉凶同域，唯人所召，安可不思？頃者責罰稍多，威怒微厲，或以供張〔二五〕不贍，或以營作差違，或以物不稱心，或以人不從命〔二六〕，皆非致治之所急，實恐驕奢之攸漸。是知〔二七〕「貴不與驕期而驕自至，富不與侈期而侈自來〔二八〕」，非徒語也。

且我之所代，實在有隋，隋氏亂亡之源，聖明之所臨照。以隋氏之府藏譬今日之資儲，以隋氏之甲兵況當今之士馬，以隋氏之户口校今日〔二九〕之百姓，度長比大〔三〇〕，曾何等級？然隋氏以富强而喪敗，動之也；我以貧寡〔三一〕而安寧，静之也。静之則安，動之則亂，人皆知之，非隱而難見也，非微而難察也。然鮮蹈平易之塗，多遵覆車之轍，何哉？在於安不思危，治不念亂，存不慮亡之所致也。昔隋氏之未亂，自謂必無亂；隋氏之未亡，自謂必不亡。所以甲兵屢動，徭役不息，至於將受〔三二〕戮辱，竟未悟其滅亡之所由也，可不哀哉！

鑒形之美惡〔三三〕，必就於止水；鑒國之安危，必取於亡國。故詩曰：「殷鑒不遠，在夏后之世〔三四〕。」又曰：「伐柯伐柯，其則不遠〔三五〕。」臣願當今之動静，必思隋氏以爲殷鑒，則存亡治亂可得而知。若能思其所以危，則安矣；思其所以亂，則治矣；思其所以亡，則存矣。知存亡之所在，節嗜欲以從人，省遊畋之娛，息靡麗之作，罷不急之務，慎偏聽之怒。近忠厚，遠便佞，杜悦耳之邪説，甘苦口之忠言。去易進之人，賤難得之貨，採堯、舜之誹謗〔三六〕，追禹、湯之罪己〔三七〕，惜十家之産〔三八〕，順百姓之心。近取諸身，恕以待物，思勞謙以受益〔三九〕，不自滿以招損〔四〇〕。有動則庶類以和，出言而千里斯應〔四一〕，超上德於前載，樹風聲於後昆。此聖哲之宏規，帝王之大業〔四二〕，能事斯畢，在乎慎守而已。

夫守之則易，取之實難。既能得其所以難，豈不能保其所以易？其或〔四三〕保之不固，則驕奢淫溢動之也〔四四〕。慎終如始，可不勉歟〔四五〕！易曰：「君子安不忘危，治不忘亂，存不忘亡〔四六〕，是以身安而國家可保〔四七〕。」誠哉斯言，不可以不深察也。伏惟陛下欲善之志，不減於昔時；聞過必改，少虧〔四八〕於曩日。若能〔四九〕以當今之無事〔五〇〕，行疇昔之恭儉〔五一〕，則盡善盡美〔五二〕，固以〔五三〕無得而稱焉。

太宗深嘉而納用〔五四〕。

校　注

〔一〕戈注：「周書康誥之辭。」

〔二〕戈注：「虞書舜典之辭。」

〔三〕上多疑　戈本作「上人疑」。

〔四〕戈注：「禮緇衣篇之辭。」

〔五〕則　南家本、菅家本、寫字臺本無此字。

〔六〕戈注：「虞書皋陶賡歌曰：『庶事康哉。』」

〔七〕華戎　菅家本、寫字臺本作「華夷」。

〔八〕簡文　英華校注引政要作「簡大」。

〔九〕親疎貴賤而輕重　南家本、菅家本、寫字臺本作「親疎貴賤而爲輕重」，戈本作「貴賤親疎而輕重」，戈注：「疏與疎同。」

〔一〇〕今之刑賞　南家本、菅家本、寫字臺本作「今之賞罰」。

〔一一〕屈伸　南家本、菅家本、寫字臺本作「申屈」。

〔一二〕鑽皮　菅家本作「鑽肉」。

〔一三〕出其毛羽　南家本、菅家本、寫字臺本作「生其毛羽」。下文同。

〔一四〕賞因　南家本、菅家本作「賞典」，寫字臺本作「賞斯」。

〔一五〕小人之道長至君子之道消　南家本、菅家本、寫字臺本、元刻、韓版、戈本均無二「之」字。

〔一六〕戈注：「孔子、老聃也。」

〔一七〕則取法　英華校注引政要作「咸取法」。戈注：「申不害、韓非，皆戰國刑名之學。」

〔一八〕戈注：「論語曰：『柳下惠直道而事人，焉往而不三黜。』」

〔一九〕人競趍時　南家本、寫字臺本作「人心競趍時」。

〔二〇〕戈注：「左傳襄公二十六年，楚與秦侵鄭，楚穿封戌囚鄭皇頡，公子圍與之争，正於伯州犁。州犁乃立囚曰：『所争，君子也，其何不知？』上其手，曰：『夫子爲王子圍，寡君之貴介弟也。』下其手，曰：『此子爲穿封戌，方城外之縣尹也。誰獲子？』囚曰：『頡遇王子，弱焉。』戌抽戈逐王子圍，弗及。楚人以皇頡歸。」

〔二一〕已弊　南家本、菅家本、寫字臺本、元刻、韓版、戈本作「以弊」。戈注：「漢張湯爲廷尉，鄉上意所便，曰：『所治即上意所欲罪，予監吏深刻者；即上意所欲釋，予監吏輕平者。所治即豪，必舞文巧詆；即下户羸弱，時口言「雖文致法，上裁察」。』帝於是往往釋湯所言。出本傳。」

〔二二〕欺罔　英華校注引政要作「枉屈」。

〔二三〕之　南家本、菅家本、寫字臺本、戈本作「而」。

〔二四〕先笑之變　南家本、菅家本、寫字臺本作「先笑之禍」。

〔二五〕供張　南家本、菅家本、寫字臺本、戈本作「供帳」。

〔二六〕人不從命　南家本、菅家本、寫字臺本作「人不從欲」。

〔二七〕是知　寫字臺本作「是以知」。

〔二八〕富不與侈期而侈自來　南家本、菅家本、寫字臺本作「富不與奢期而奢自至」。

〔二九〕今日　南家本、菅家本、寫字臺本、戈本作「今時」。

〔三〇〕度長比大　南家本、菅家本、寫字臺本作「度長絜大」，英華校注引政要作「度長計大」。

〔三一〕貧寡　戈本作「貧窮」。

〔三二〕將受　英華校注引政要作「將憂」。

〔三三〕鑒形之美惡　南家本、菅家本、寫字臺本、戈本上有「夫」字。

〔三四〕戈注：「詩大雅蕩篇之辭。」

〔三五〕戈注：「詩豳風伐柯篇之辭。」

〔三六〕戈注：「堯、舜設誹謗之木於五達之衢，以書政治之愆失。」

〔三七〕戈注：「左傳：『禹、湯罪己，其興也勃焉。』」

〔三八〕戈注：「見納諫篇注。」

〔三九〕勞謙　南家本、菅家本作「謙勞」。戈注：「易謙卦：『九三，勞謙君子，有終吉。』」

〔四〇〕戈注：「虞書曰：『滿招損，謙受益。』」

〔四一〕出言　菅家本、寫字臺本作「出一言」。戈注：「易大傳曰：『君子居其室，出其言，善則千里之外應之。』」

〔四二〕大業　南家本、菅家本、寫字臺本作「盛業」。

〔四三〕其或　寫字臺本作「或其」。

〔四四〕淫溢動之也　南家本、菅家本、寫字臺本作「淫溢動之易也」。

〔四五〕可不勉歟　菅家本、寫字臺本訛作「不可勉歟」。

〔四六〕治不忘亂存不忘亡　南家本、菅家本、寫字臺本、戈本作「存不忘亡治不忘亂」。

〔四七〕戈注：「易文言傳釋否九五爻義。」〔案〕當爲「易繫辭下」，非「易文言傳」。

〔四八〕少虧　南家本作「匪虧」。

〔四九〕若能　戈本無「能」字。

〔五〇〕當今之無事　寫字臺本無「之」字。

〔五一〕疇昔之恭儉　寫字臺本無「之」字。

〔五二〕盡善盡美　南家本、寫字臺本、戈本作「盡善盡美矣」。

〔五三〕固以　南家本、菅家本、寫字臺本、元刻、韓版、戈本無「以」字。

〔五四〕深嘉而納用　建治本、松本、菅家本、寫字臺本作「深加納用」。戈注：「按史傳，上幸洛陽，次顯仁宮，多所譴責。徵諫曰：『隋惟責不獻食，或供奉不精，爲此無限而至於亡。故天命陛下代之，正當兢懼戒約，奈何令人悔爲不奢？若以爲足，今不啻足矣，以爲不足，萬此寧有足邪！』上驚曰：『非公不聞此言。』退又上疏云云。」

【案】本章事見舊唐卷七一魏徵傳、英華卷六九五、册府卷三二七。

224 ○貞觀十四年，戴州刺史賈崇以所部有犯十惡者，被御史〔一〕劾奏。太宗謂侍臣曰：「昔陶唐〔二〕大聖〔三〕，柳下惠大賢，其子丹朱甚不肖，其弟盜跖爲巨惡〔四〕。夫以聖賢之訓，父子兄弟之親，尚不能使陶染變革，去惡從善。今遣刺史化被下人咸歸善道，豈可得也。若令緣此皆被〔五〕貶降，或恐遞相掩蔽，罪人〔六〕斯失。諸州有犯十惡者，刺史不須從坐，但令明加糾訪〔七〕科罪，庶可以肅清奸惡〔八〕。」

校注

〔一〕御史　南家本、菅家本、寫字臺本作「御史權萬紀」，戈本作「刺史」。

〔二〕陶唐　南家本、菅家本、寫字臺本作「唐堯」。

〔三〕大聖　松本、菅家本、寫字臺本作「大聖則」。

〔四〕柳下惠大賢其子丹朱甚不肖　南家本、菅家本、寫字臺本作「其子丹朱不肖柳下惠大賢」。戈注：「盜跖，莊子雜篇以爲柳下惠之弟，名跖，而爲大盜。」

〔五〕皆被　菅家本無「皆」字。

〔六〕罪人　原作「罪入」，據南家本、菅家本、寫字臺本、元刻、韓版、戈本改。

〔七〕糾訪　建治本訛作「紀訪」。

〔八〕可以肅清奸惡 菅家本、寫字臺本作「可以肅清姦宄」，元刻、韓版、戈本作「可肅清奸惡」。

225〇貞觀十六年，太宗謂大理卿孫伏伽〔一〕曰：「夫作甲者欲其堅，恐人之傷〔二〕；作箭者欲其鋭，恐人不傷。何則？各有司存，利在稱職故也。朕問〔三〕法官刑罰輕重，每稱法網〔四〕寬於往代。仍恐主獄之司利在殺人，危人自達，以釣聲價。今之所憂，正在此耳！深宜禁止，務在寬平。」

校注

〔一〕戈注：「貝州人，武德初上言三事，帝曰：『可謂誼臣矣。』貞觀中，拜御史，累遷大理卿。」

〔二〕恐人之傷 南家本、菅家本無「之」字。

〔三〕朕問 南家本、菅家本、寫字臺本、戈本作「朕常問」。

〔四〕法網 南家本、寫字臺本無此二字。

【案】本章事見册府卷一五一。

論赦令第三十二

【案】戈本無「論」字。元刻、明本、韓版、戈本均四章，戈注「凡四章」。南家本、菅家本、寫字臺本七章，有本卷禁末作附篇二章（235、237）、卷十論愼終篇一章（272）。

226 ○貞觀七年，太宗謂侍臣曰：「天下愚人者多，智人者少〔一〕，智者不肯爲惡〔二〕，愚人好犯憲章。凡赦宥之恩，唯及不軌之輩。古語云〔三〕：『小人之幸，君子之不幸』，『一歲再赦，善人喑啞〔四〕。』凡養稂莠者傷禾稼〔五〕，惠奸宄者賊良人。昔『文王作罰，刑兹無赦〔六〕。』又蜀先主〔七〕嘗謂諸葛亮曰：『吾周旋陳元方、鄭康成之間〔八〕，每見啓告理亂之道備矣，曾不語赦〔九〕。』故諸葛亮理蜀十年不赦，而蜀大化〔一〇〕。梁武帝每年數赦，卒至傾敗。夫謀小仁者，大仁之賊，故我有天下已來，絶不放赦。今四海安寧〔一一〕，禮義興行，非常之恩，彌不可數。將恐愚人常冀僥倖，唯欲犯法，不能改過。」

校注

〔一〕愚人者多智人者少　南家本、寫字臺本作「愚人多智者少」，菅家本作「愚人多智人少」。

〔二〕爲惡　南家本、寫字臺本作「爲過」。

〔三〕古語云　南家本、菅家本、寫字臺本作「古語曰」。

〔四〕善人暗啞　南家本、菅家本、寫字臺本作「奴人暗噫」。

〔五〕戈注：「稂莠，草之害稼者。」

〔六〕戈注：「周書康誥武王之辭。」

〔七〕戈注：「姓劉，名備，字玄德，漢中山靖王之後，三國時，繼漢統，都蜀。」

〔八〕之間　南家本、菅家本、寫字臺本無「之」字。戈注：「元方，名紀；康成，名玄，並後漢人。」

〔九〕語赦　南家本、菅家本作「論赦」。

〔一〇〕而蜀大化　菅家本作「而大化」。

〔一一〕絶不放赦令四海安寧　南家本、菅家本、寫字臺本作「絶不赦令四海安静」。

【案】本章事見舊唐卷二太宗紀上、會要卷四〇。

【又案】此處南家本、菅家本、寫字臺本有禁末作附篇一章（235）。

227 ○貞觀十年，太宗謂侍臣曰：「國家法令，唯須簡約，不可一罪作數種條〔一〕。格式既多，官人不能盡記，更生奸詐。若欲出罪即引輕條，若欲入罪即引重條。數變法者〔二〕，實不益道理〔三〕。宜令審細，毋使互文〔四〕。」

校注

〔一〕數種條　南家本、菅家本、寫字臺本作「數種條格」。

〔二〕數變法者　寫字臺本作「數變刑法者」。

〔三〕不益道理　南家本、菅家本、寫字臺本作「不益理道」。

〔四〕宜令審細毋使互文　南家本、寫字臺本無此八字，菅家本「毋」作「無」。戈注：「毋、無通。」

228 ○貞觀十一年，上〔一〕謂侍臣曰：「詔令格式，若不常定，則人心多惑，奸詐益生〔二〕。周易稱『渙汗其大號〔三〕』，言發號施令，若汗出於體，一出而不復〔四〕也。又書曰〔五〕：『慎乃出令，令出惟行，弗惟反〔六〕。』且漢祖日不暇給，蕭何起於小吏〔七〕，制法之後，猶稱畫一。今宜詳思此義，不可輕出詔令，必須審定，以爲永式。」

校注

〔一〕上　南家本、寫字臺本、戈本作「太宗」。

〔二〕益生　南家本、菅家本、寫字臺本作「日益」。

〔三〕戈注：「易渙卦九五爻辭。」

〔四〕一出而不復　南家本、菅家本、寫字臺本作「一出而不復入」。

〔五〕又書曰　戈本作「書曰」。

〔六〕弗惟反　戈本作「弗爲反」。戈注：「周書周官之辭。」

〔七〕起於小吏　南家本、寫字臺本無此四字。

229 ○長孫皇后遇疾，漸危篤〔一〕。皇太子〔二〕啓后曰：「醫藥備盡，今尊體不瘳〔三〕，請奏赦囚徒并度人入道，冀蒙福祐〔四〕。」后曰：「死生有命，非人力〔五〕所加。若修福可延，吾素非爲惡〔六〕；若行善無效，何福可求？赦者，國之大事。佛道者，上每示存異方之教耳。常恐爲理體之弊〔七〕，豈以吾一婦人而亂天下法，不能依汝言也〔八〕。」

校注

〔一〕漸危篤　南家本作「漸至危篤」。

〔二〕戈注：「承乾也。」

〔三〕戈注：「愈也。」

〔四〕福祐　南家本、菅家本、寫字臺本作「福助」。

〔五〕人力　寫字臺本無「人」字。

〔六〕爲惡　元刻、戈本作「爲惡者」。

〔七〕理體之弊　南家本、菅家本作「治體所弊」，寫字臺本作「治體之所弊」。

〔八〕汝言也　南家本、菅家本、寫字臺本作「汝言耳」，戈本作「汝言」。戈注：「按通鑑貞觀九年，長孫皇后素有氣疾，前年從上幸九成宮，柴紹等中夕告變，上擐甲出閤問狀，后扶疾以從，左右止之，后曰：『上既震驚，吾何心自安！』由是疾甚。太子曰云云，后曰云云，『必行汝言，吾不如速死。』太子私以語房玄齡，玄齡白上，上哀之，欲爲之赦，后固止之。」

【案】本章南家本、寫字臺本屬前章。事見舊唐卷五一文德皇后傳。

【又案】此處南家本、菅家本、寫字臺本有卷十論慎終篇一章（272）、本卷禁末作附篇一章（237）。

論貢獻第三十三

【案】戈本作「貢賦第三十三」。各本均五章，戈注「凡五章」。

230〇貞觀二年，太宗謂朝集使曰〔一〕：「任土作貢，布在前典，當州所産，則充庭實〔二〕。比聞都督、刺史邀射聲名，厥土所賦，或嫌其不善，踰境外求〔三〕，更相倣效，遂以成俗。極爲勞擾，宜改此弊，不得更然。」

校注

〔一〕戈注：「唐制，諸州奉貢物入京者，謂之朝集使。」

〔二〕則充庭實　南家本、菅家本、寫字臺本作「即充庭實」。

〔三〕踰境外求　戈本作「踰意外求」。

231〇林邑國以貞觀中貢白鸚鵡〔一〕，性辯惠〔二〕，尤善應答，屢有苦寒之言。太宗愍之，付其使，令還出〔三〕於林藪。

校注

〔一〕林邑國以貞觀中貢白鸚鵡　南家本、菅家本、寫字臺本、戈本作「貞觀中林邑國貢白鸚鵡」。

〔二〕性辯惠　南家本、菅家本、寫字臺本作「性甚辯惠」。

〔三〕還出　南家本、菅家本、寫字臺本作「還放」。戈注：「按通鑑貞觀五年十一月，林邑獻五色鸚鵡。魏徵以爲不宜受，上喜而歸之。」

【案】本章事見舊唐卷一九七林邑國傳、會要卷九八。

232 〇貞觀十二年〔一〕，疎勒〔二〕、朱俱波、甘棠〔三〕遣使貢方物。太宗謂群臣曰：「向使中國不安，日南〔四〕、西域朝貢使亦何緣而至？朕何德以堪之，覩此翻懷危懼。近代平一天下、拓定邊方者，唯秦皇〔五〕、漢武〔六〕。始皇暴虐，至子而亡〔七〕；漢武驕奢，國祚幾絶。朕提三尺劍以定四海，遠夷率服，億兆乂安，自謂不減二主也。然念二主末塗〔八〕，皆不能自保，由是每自懼危亡〔九〕，必〔一〇〕不敢懈怠。惟藉公等〔一一〕直言正諫，以相匡弼。若惟揚美隱惡〔一二〕，共進諛言〔一三〕，則國之危亡可立而待也〔一四〕。」

校注

〔一〕十二年　南家本、菅家本、寫字臺本作「十三年」。

〔二〕疎勒　興本、松本作「疎勒國」。

〔三〕甘棠　元刻訛作「甘嘗」。戈注：「皆西域國名。疎勒，距長安九千里餘，王姓裴氏。朱俱波，在葱嶺之西。

甘棠，在大海南。」

〔四〕戈注：「南蠻國，在安南之外。」

〔五〕秦皇　興本、松本、寫字臺本作「秦始皇」。

〔六〕漢武　菅家本「武」下衍「始皇漢武」四字。

〔七〕至子而亡　菅家本、寫字臺本作「至子而滅亡」。

〔八〕然念二主末塗　戈本作「然二主末途」。

〔九〕每自懼危亡　南家本、菅家本、寫字臺本作「每懼危亡」。

〔一〇〕必　南家本、菅家本、寫字臺本無此字。

〔一一〕公等　南家本、菅家本、寫字臺本作「卿等」。

〔一二〕隱惡　南家本、菅家本、寫字臺本作「隱過」。

〔一三〕諛言　南家本作「諛之言」。

〔一四〕立而待也　興本、松本作「立而其待也」。戈注：「按通鑑係貞觀九年十二月。」〔案〕戈注誤，當爲貞觀十年。

【案】本章事見會要卷九九。

233 ○貞觀十八年，太宗將伐高麗，其莫離支〔一〕遣使貢白金。黃門侍郎褚遂良諫曰：「莫離支〔二〕虐殺〔三〕其主〔四〕，九夷所不容〔五〕，陛下以之興兵，將事弔伐，爲遼山〔六〕之人報主辱之恥。古者討弒君〔七〕之賊，不受其賂。昔宋督〔八〕遺魯君之郜鼎〔九〕，桓公受之於太廟〔一〇〕，臧哀伯〔一一〕諫曰：『君人者昭德塞違〔一二〕，今滅德立違，而置其賂器於太廟，百官象之，又何誅焉！武王剋商，遷九鼎於洛邑〔一三〕，義士猶或非之〔一四〕。而况將昭違亂之賂器，置諸太廟，其若之何〔一五〕？』夫春秋之書，百王取則〔一六〕，若受不臣之筐篚，納弒君〔一七〕之朝貢，不以爲愆〔一八〕，何所致伐〔一九〕？臣謂莫離支所獻，自不合受。」太宗從之〔二〇〕。

校注

〔一〕戈注：「高麗官名，其職如中國吏部兼兵部尚書也。貞觀十六年，高麗東部大人泉蓋蘇文弒其王武，立王弟子藏爲王，自爲莫離支官。」

〔二〕莫離支　菅家本脱「莫」字。

〔三〕虐殺　寫字臺本作「弒殺」。

〔四〕其主　南家本衍作「其九主」。

〔五〕戈注：「東方之夷有九種：曰畎夷、于夷、方夷、黃夷、白夷、赤夷、玄夷、風夷、陽夷。又，一曰玄菟，二曰樂浪，三曰高儷，四曰滿飭，五曰凫臾，六曰索家，七曰東屠，八曰倭人，九曰天都。」

〔六〕遼山　韓版、戈本作「遼東」。

〔七〕弑君　南家本、菅家本作「殺君」。

〔八〕戈注：「宋，春秋時國名。字華父，宋戴公孫也。」

〔九〕之郜鼎　韓版、戈本作「以郜鼎」。戈注：「魯君，桓公，名軌。郜鼎，郜國所造器，故繫名於郜。」

〔一〇〕太廟　南家本、菅家本、寫字臺本、戈本作「大廟」。下文同。戈注：「大音泰，後同。大廟，周公之廟也。」

〔一一〕戈注：「魯大夫臧孫達也。」

〔一二〕昭德塞違　南家本、菅家本、寫字臺本、戈本作「將昭德塞違」。

〔一三〕洛邑　戈本作「雒邑」。戈注：「九鼎，殷所受夏鼎也。武王克商，乃營雒邑而後去之，又遷九鼎焉。」

〔一四〕戈注：「蓋伯夷之屬。」

〔一五〕戈注：「事見左傳桓公二年，宋督弑其君殤公與夷，以郜鼎賂公，故遂相宋公。四月，取郜鼎于宋，納於大廟，臧哀伯諫曰云云，公不聽。」

〔一六〕取則　南家本、菅家本、寫字臺本作「取法」。

〔一七〕弑君　南家本、菅家本、寫字臺本、戈本作「弑逆」。

〔一八〕不以爲僁　南家本、菅家本、寫字臺本、戈本作「不以爲愆」。

〔一九〕何所　元刻、戈本作「將何」。

〔二〇〕戈注：「按通鑑，太宗又謂高麗使者曰：『汝曹皆事高武，有官爵，莫離支弒逆，汝曹不能復讎，今更爲之遊說以欺大國，罪孰大焉！』悉以屬大理。」

【案】本章事見舊唐卷八〇褚遂良傳、册府卷一〇〇、三二七。

234 ○貞觀十九年，高麗王高藏〔一〕及莫離支蓋蘇文〔二〕遣使獻二美女，太宗謂其使曰：「朕憫此女離其父母兄弟於本國，若愛其色而傷其心，我不取也。」並却還之本國〔三〕。

校注

〔一〕戈注：「高麗王名。」

〔二〕戈注：「高麗臣，名金，蓋蘇文既弒其王武，於是專擅國事，其狀貌雄偉，意氣豪逸，身佩五刀，左右莫敢仰視。常令貴人、武將伏地而履之上馬。出行必整隊伍，導者長呼，則人皆奔迸，不避坑谷，路絶行者，國人甚苦之。」

〔三〕並却還之本國　南家本、寫字臺本作「竝還之」。戈注：「按通鑑係貞觀二十年。」

【案】本章事見舊唐卷一九九上高麗傳、册府卷一六八。

禁末作附

【案】元刻、明本、韓版三章。南家本、菅家本、寫字臺本無此篇目，無一章（236），在論赦令篇二章（235、237）。戈本亦無此篇目，無一章（236），在卷五忠義篇一章（237）、卷六慎所好篇一章（235）。

235 ○貞觀七年，工部尚書〔一〕段綸〔二〕奏進巧人楊思齊至〔三〕，上〔四〕令試〔五〕，綸遣造傀儡戲具〔六〕。上語〔七〕綸曰：「所進巧匠〔八〕，將供國事，卿令先造此物，是豈〔九〕百工相戒無作奇巧之意邪？」乃詔削綸階級，並禁斷此戲〔一〇〕。

校注

〔一〕戈注：「唐制，工部掌山澤、屯田、工匠之事，尚書其長也。」

〔二〕戈注：「段，姓；綸，名。」

〔三〕巧人楊思齊至　南家本、菅家本、寫字臺本作「巧工楊思齊既至」。

〔四〕上　戈本作「太宗」。下文同。

〔五〕試　南家本、菅家本、寫字臺本作「試之」。

〔六〕戈注：「傀儡，木偶戲也。世傳運機子，起漢祖平城之圍。其城一面，即冒頓妻閼氏，兵强於三面。陳平訪之，閼氏妬忌，造木偶人，運機關，舞埤間。閼氏望見，謂是生人，慮下城，冒頓必納，遂退軍。後翻爲戲具。」

〔七〕語　南家本、菅家本、寫字臺本、戈本作「謂」。

〔八〕所進巧匠　原作「所造巧匠」，元刻、韓版同，南家本、菅家本、寫字臺本作「所造巧工」，據戈本改。

〔九〕是豈　南家本、菅家本、寫字臺本作「豈是」。

〔一〇〕戈注：「舊本此章在儉約篇，今附于此。」〔案〕「今附于此」，指卷六慎所好篇。

【案】本章南家本、菅家本、寫字臺本爲本卷論赦令篇第二章，戈本爲卷六慎所好篇第四章。

236 ○貞觀九年，上謂侍臣曰：「爲政之要，必須禁末作。傳曰：『雕琢刻鏤傷農事，纂組文彩害女工。』自古聖人制法，莫不崇節儉、革奢侈。又帝王凡有興造，亦須貴順物情。昔大禹鑿九山、通九江，用人力極廣而無怨讟者，物情所欲，共衆所有故也。秦始皇營建宫室而人多謗議者，爲徇其私，不與衆共故也。朕今欲造一殿，材木已具，遠想秦皇之事，遂復不作也。古人云：『不作無益，不見可欲，使心不亂。』至如鏤雕器物，珠玉服翫，若恣其驕奢，則危亡可立待也。自今王公已下，准品秩不合服用者，宜一切禁斷。」由是數十年間，風俗簡樸，財帛富饒，無復飢寒之弊。在儉約篇。

【案】本章雖與卷六論儉約篇第一章（142）大部分文字相同，卻多「爲政之要必須禁末作傳曰雕琢刻鏤傷農事纂組文彩害女工自古聖人制法莫不崇節儉革奢侈」三十九字，側重在「禁末作」，標年不同。南家本、菅家本、寫字臺本、戈本無。

237 ○貞觀十五年，詔曰：「朕聽朝之暇觀前史〔一〕，每覽前賢〔二〕佐時、忠臣徇國，何嘗不想見其人，廢書欽歎〔三〕！ 至於近代以來，年歲〔四〕非遠〔五〕，然其〔六〕胤緒，或當見存，縱未能顯加旌表〔七〕，無容弃之遐裔〔八〕。 其〔九〕周、隋二代名臣及忠節子孫，有貞觀已來犯罪配流者〔一〇〕，宜令所司具録奏聞。」於是多從矜宥〔一一〕論在刑法篇〔一二〕。

校注

〔一〕觀前史　南家本、菅家本、寫字臺本作「頗觀前史」。

〔二〕前賢　南家本、菅家本、寫字臺本作「名賢」。

〔三〕欽歎　南家本無「欽」字。

〔四〕年歲　南家本、菅家本、寫字臺本作「年載」。

〔五〕非遠　興本、松本、菅家本作「不遠」。

〔六〕然其　南家本、菅家本、寫字臺本無「然」字。

〔七〕旌表　南家本、菅家本、寫字臺本作「旌擢」。

〔八〕弃之遐裔　南家本、菅家本、寫字臺本作「棄其後裔」。

〔九〕其　興本作「自」。

〔一〇〕配流者　南家本、菅家本、寫字臺本作「流者」。

〔一一〕矜宥　南家本、菅家本、寫字臺本作「赦宥」。戈注：「舊本此章在刑法篇，今附入于此。」〔案〕此章南家本、菅家本、寫字臺本在論赦令篇，明本在禁末作篇，均不在刑法篇。「今附入于此」，指卷五忠義篇。

〔一二〕論在刑法篇　南家本、菅家本、寫字臺本、戈本無此五字。

【案】本章南家本、菅家本、寫字臺本爲本卷論赦令篇第六章，戈本爲卷五忠義篇第十三章。文見册府卷六三、唐大詔令集卷六五。

辯興亡第三十四

【案】南家本、菅家本、寫字臺本無。明本四章，重出卷六論奢縱篇二章（170/239、172/241）。此四章，分別在南家本、菅家本、寫字臺本卷五論仁義篇二章（238、240）、卷六論奢縱篇二章（239、

241），文字稍有出入。元刻、韓版四章，重出卷六論奢縱篇二章（170/239、172/241）。戈注「凡四章」，戈本實爲五章，重出卷六奢縱篇二章（170/239、172/241），有卷二直諫附篇移入一章（62）。

238 〇貞觀初，太宗從容謂侍臣曰：「周武〔一〕平紂之亂以有天下，秦皇因周之衰〔二〕遂吞六國，其得天下不殊，祚運〔三〕長短若此之相懸也？」尚書右僕射〔四〕蕭瑀進曰：「紂爲無道，天下苦之，故八百諸侯不期而會〔五〕。周室雖微〔六〕，六國無罪，秦氏專任智力，蠶食諸侯。平定雖同，人情則異。」太宗〔七〕曰：「不然，周既剋殷，務弘仁義；秦既得志，專行詐力〔八〕。非但取之有異，抑亦守之不同。祚之脩短，意在茲乎！」

校注

〔一〕周武　南家本、菅家本、寫字臺本作「周武王」。

〔二〕秦皇因周之衰　南家本、菅家本、寫字臺本作「秦始皇乘周之衰」。

〔三〕祚運　南家本、菅家本、寫字臺本作「何祚運」，韓版作「運祚」。

〔四〕右僕射　南家本、菅家本、寫字臺本作「左僕射」。

〔五〕戈注：「武王伐紂，諸侯會孟津者八百餘國。」

〔六〕周室雖微　戈本作「周室微」。

〔七〕太宗　南家本、菅家本、寫字臺本作「上」。

〔八〕專行詐力　南家本、菅家本、寫字臺本作「專任詐力」。

【案】本章南家本、菅家本、寫字臺本爲卷五論仁義篇第二章。事見會要卷五一。

239 〇貞觀二年，太宗謂黃門侍郎王珪曰：「隋開皇十四年〔一〕大旱，人多飢乏。是時倉庫盈溢，竟不許賑給，乃令百姓逐糧。隋文不憐百姓而惜倉庫如此〔二〕，至末年〔三〕，計天下儲積，得供五十〔四〕年。煬帝恃此富實〔五〕，所以華侈〔六〕無道，以致亡滅〔七〕。煬帝失國，亦由其父〔八〕。凡理國者，有〔九〕務積於人，不在盈其倉庫〔一〇〕，但使足備凶年〔一一〕，此外何煩儲畜！後嗣若賢，自能保其天下；如有〔一二〕不肖，多積倉庫，徒益其奢侈，而危亡之本也〔一三〕。」

校注

〔一〕十四年　原作「十年」，據卷六論奢縱篇第一章（170）、元刻、韓版、戈本改。

〔二〕如此　卷六論奢縱篇第一章（170）、元刻、韓版、戈本無此二字。

〔三〕至末年　卷六論奢縱篇第一章(170)、元刻、韓版、戈本作「比至末年」。

〔四〕五十　卷六論奢縱篇第一章(170)、元刻、韓版、戈本作「五六十」。

〔五〕富實　卷六論奢縱篇第一章(170)、元刻、韓版、戈本作「富饒」。

〔六〕華侈　卷六論奢縱篇第一章(170)、元刻、韓版、戈本作「奢華」。

〔七〕以致亡滅　戈本作「遂致滅亡」。

〔八〕亦由其父　韓版、戈本作「亦此之由」。

〔九〕凡理國者有　卷六論奢縱篇第一章(170)、元刻、韓版、戈本作「凡理國者」。

〔一〇〕此句之下，卷六論奢縱篇第一章(170)、元刻、韓版、戈本有「古人云百姓不足君孰與足」十一字。戈注：「論語有若對魯哀公之辭。」

〔一一〕但使足備凶年　卷六論奢縱篇第一章(170)、元刻、韓版、戈本作「但使倉庫可備凶年」。

〔一二〕如有　卷六論奢縱篇第一章(170)、戈本作「如其」。

〔一三〕而　南家本、菅家本、寫字臺本、元刻、韓版、戈本無。戈注：「舊本此章重出奢縱篇，今去彼存此。」

【案】本章元刻、明本、韓版重出卷六論奢縱篇第一章(170)，文字稍有出入，戈本「去彼存此」。

240 ○貞觀五年，上〔一〕謂侍臣曰：「天道福善禍淫，事〔二〕猶影響。昔啓人〔三〕亡國來奔〔四〕，隋文帝不悋粟帛〔五〕，大興士衆，營衛安置，乃得存立。既而强富〔六〕，當須子子孫孫不忘報德〔七〕。纔至失畢〔八〕，即〔九〕起兵圍煬帝於雁門。及隋國亂，又恃强深入，遂使昔安立其國家者，身及子孫並爲頡利兄弟之所屠戮，今頡利破亡〔一〇〕，豈非背恩忘義所至也！」群臣咸曰：「誠如聖旨。」

校注

〔一〕上　南家本、菅家本、寫字臺本、戈本作「太宗」。

〔二〕事　菅家本衍作「事相」。

〔三〕戈注：「本突厥啓民可汗，避太宗諱，改曰人。」

〔四〕來奔　南家本、菅家本、寫字臺本作「奔隋文帝」。

〔五〕隋文帝不悋粟帛　南家本作「文帝不惜粟帛」，菅家本、寫字臺本作「文帝不與粟帛」。

〔六〕既而强富　南家本、菅家本、寫字臺本作「既而强盛」。

〔七〕當須子子孫孫不忘報德　建治本作「當須子子孫孫長思報德」，興本、松本、菅家本、寫字臺本作「當須子子孫孫永思報德」，戈本作「子孫不思念報德」。

〔八〕失畢　原作「失脱」，據南家本、菅家本、寫字臺本改。〔案〕「失畢」，即「始畢」。

〔九〕即　南家本、菅家本、寫字臺本作「既」。

〔一〇〕並爲頡利兄弟之所屠戮今頡利破亡　「兄弟之所屠戮今頡利」九字原脱，元刻、韓版、戈本同，據南家本、菅家本、寫字臺本及舊唐補。

【案】本章南家本、菅家本、寫字臺本爲卷五論仁義篇第五章。事見舊唐卷一九四上突厥傳上。

【又案】此處戈本有卷二直諫附篇一章(62)。

241 〇貞觀元年〔一〕，太宗謂魏徵曰：「頃讀周、齊史，末代亡國之主，爲惡多相類〔二〕。齊主〔三〕所以倉庫用之略盡〔四〕，乃至關市無不税斂。常謂〔五〕此輩猶如〔六〕饞人自食其肉，肉盡必死。人君賦斂不已，百姓既弊，其君亦亡，齊主即是也。然天元〔七〕、齊主，若爲優劣？」徵對曰：「二王〔八〕亡國雖同，其行則別。齊主懦弱，政出多門，國無綱紀，遂至滅亡〔九〕。天元性凶而强，威福在己，亡國之事，皆在其身，以此論之，齊主爲劣矣〔一〇〕。」

校注

〔一〕元年　卷六論奢縱篇第三章(172)、戈本作「九年」。

〔二〕相類　卷六論奢縱篇第三章(172)、戈本作「相類也」。

〔三〕齊主　卷六論奢縱篇第三章(172)、元刻、韓版作「齊王」。戈注：「齊後主也，名緯，世祖之子。」

〔四〕所以倉庫用之略盡　卷六論奢縱篇第三章(172)、戈本作「深好奢侈所有府庫用之略盡」。

〔五〕常謂　卷六論奢縱篇第三章(172)、戈本作「朕常謂」。

〔六〕此輩猶如　卷六論奢縱篇第三章(172)作「此猶如」。

〔七〕戈注：「後周宣帝，名贇，自稱天元皇帝。」

〔八〕二王　卷六論奢縱篇第三章(172)、元刻、韓版、戈本作「二主」。

〔九〕滅亡　卷六論奢縱篇第三章(172)、元刻、韓版、戈本作「亡滅」。

〔一〇〕戈注：「舊本此章重出奢縱篇，今去彼存此。」

【案】本章南家本、菅家本、寫字臺本爲卷六論奢縱篇第三章，元刻、明本、韓版重出卷六論奢縱篇第三章(172)，戈本「去彼存此」。事見諫録卷四。

貞觀政要卷第八

貞觀政要卷第九

【案】建治本、興本、松本作「卷九」。菅家本缺，據宋刊本補。南家本、菅家本、寫字臺本、元刻有「史臣吴兢撰」五字，戈本作「戈直集論」。南家本、寫字臺本另行有「議征伐第三十四議安邊第三十五」十四字，菅家本、元刻作「議征伐第三十五議安邊第三十六」。戈本另行作「議征伐三十五議安邊三十六」。

議征伐第三十五

【案】南家本、寫字臺本作「議征伐第三十四」，戈本作「征伐第三十五」。菅家本、元刻、明本、韓版、戈本均十三章，戈注「凡十三章」，排序相同。南家本、寫字臺本分章、排序與菅家本、元刻、明本、韓版、戈本不盡相同。

242 ○武德九年冬，突厥頡利、突利〔一〕二可汗，以其衆二十萬，至渭水便橋之北〔二〕，遣酋帥〔三〕執矢思力〔四〕入朝爲覘〔五〕，自張聲勢〔六〕云：「二可汗總兵百萬，今已至矣。」乃請返命。太宗謂曰：「我與突厥面自和親，汝則背之，我無所愧。何輒將兵入我畿縣，自誇强盛，我當先戮爾矣！」思力懼而請命，蕭瑀、封德彝〔七〕請禮而遣之〔八〕。太宗曰：「不然。今者放還〔九〕，必謂我懼。」乃遣囚之。太宗曰：「頡利聞我國家新有内難，又聞朕〔一〇〕初即位，所以率其兵衆直至〔一一〕此，謂我〔一二〕不敢拒之。朕若閉門自守，虜必縱兵大掠。强弱之勢，在今一策。朕將獨出，以示輕之，且耀軍容，使知我必戰〔一三〕。事出不意，乖其本圖，制服匈奴，在兹舉矣〔一四〕。」遂單馬而進，隔津與語，頡利莫能測。俄而六軍繼至，頡利見軍容大盛，又知思力就拘，由是大懼，請盟而退〔一五〕。

校注

〔一〕突利　南家本、菅家本、假名本脱此二字。

〔二〕戈注：「漢武帝初作便門橋長安城北面西頭。門即平門也。古者平、便字同。於此道作橋，跨渡渭水，以趨茂陵，此便橋是也。」

〔三〕酋帥　建治本、松本、寫字臺本作「酋師」。

〔四〕戈注：「酋帥，長帥也。執矢，姓，思力，其名。」

〔五〕覘　菅家本作「占」。

〔六〕自張聲勢　南家本、寫字臺本作「自張形勢」。

〔七〕封德彝　戈本作「封德彝等」。

〔八〕遣之　寫字臺本作「還之」。

〔九〕今者放還　南家本、寫字臺本、韓版、戈本作「今若放還」。

〔一〇〕又聞朕　南家本、寫字臺本作「朕又」。

〔一一〕直至　戈本作「直至於」。

〔一二〕謂我　南家本、寫字臺本作「乃謂我」。

〔一三〕使知我必戰　南家本、戈本作「使知必戰」。

〔一四〕在茲舉矣　寫字臺本作「在茲一舉矣」。

〔一五〕戈注：「按通鑑載此事甚詳，辭多不録。」

【案】本章事見舊唐卷一九四上突厥傳上、册府卷九九一。

【又案】南家本以太宗帝範一章(252)屬此章，當係誤置所致。

243 ○貞觀初，嶺南諸州奏言高州酋帥〔一〕馮盎、談殿〔二〕阻兵反叛，詔將軍藺謩〔三〕發江、嶺數十州兵討之〔四〕。秘書監魏徵諫曰：「中國初定，瘡痍未復，嶺表〔五〕瘴癘，山川阻深，兵遠難繼〔六〕，疾疫或起，若不如意，悔不可追。且馮盎若反，即須及中國未寧，交結遠人，分兵斷險要〔七〕，破掠山縣〔八〕，署置官司。何因告來數年，兵不出境？此則反形未成，無容動衆。陛下既未遣使人就彼觀察，即〔九〕來朝謁，恐不見明。今若遣使分明曉諭，必不勞師旅，自致闕庭。」太宗從之，嶺表悉定。侍臣奏言：「馮盎、談殿，往年恒相征伐。當時議者屢請討之〔一〇〕，陛下發一單使，今嶺外恬然〔一一〕。」太宗曰：「初，嶺南諸州盛言盎反，朕必欲討之，魏徵頻諫，以爲〔一二〕但懷之以德，必不討自來。既從其計，遂得嶺表無事，不勞而定，勝於十萬〔一三〕之師。」乃賜魏徵〔一四〕絹五百匹〔一五〕。徵辭曰：「陛下德化所被，八表安寧。臣豈敢貪天之功以爲己力。」太宗曰：「臣有善須顯揚，正令〔一六〕如此也。」杜如晦曰：「陛下聖明，故推功歸善於下，前代王者皆以爲難〔一七〕。」

校注

〔一〕酋帥　松本、寫字臺本作「酋師」。

〔二〕馮盎　建治本、松本訛作「馮益」。戈注：「盎，字明達，高州人。隋亡，據嶺表。唐興，以其地降，高祖封爲越國公。談殿，人姓名，亦據嶺表。」

〔三〕藺謩　興本、松本、菅家本訛作「蘭謩」。戈注：「藺，姓也，名謩。」

〔四〕戈注：「發江南道、嶺南道諸州兵也。」

〔五〕嶺表　戈本作「嶺南」。

〔六〕兵遠難繼　南家本、寫字臺本作「兵連難結」。

〔七〕分兵斷險要　南家本、寫字臺本、韓版作「分斷險要」，戈本作「分兵斷險」。

〔八〕山縣　南家本、寫字臺本、韓版、戈本作「州縣」。

〔九〕即　寫字臺本作「既」。

〔一〇〕當時議者屢請討之　原無此八字，菅家本、元刻、韓版、戈本同，據南家本、寫字臺本補。

〔一一〕今嶺外恬然　南家本作「令嶺表恬然」，寫字臺本作「令嶺外恬然」，韓版作「令嶺外帖然」，戈本作「嶺外恬然」。

〔一二〕以爲　南家本、寫字臺本作「以爲不可」。

〔一三〕十萬　南家本作「千萬」。

〔一四〕魏徵　南家本、菅家本、寫字臺本、韓版、戈本作「徵」。

〔一五〕戈注：「按通鑑，貞觀元年九月，馮盎、談殿等，迭相攻擊，久未入朝，諸奏盎反者以十數，上命將討之。魏徵諫曰云云，上乃罷兵。十月，遣員外散騎侍郎李公掩持節慰諭之，盎遣其子智戴隨使者入朝。上曰：『魏徵令我發一介之使，而嶺表遂安，勝十萬之師，不可不賞。』賜絹五百段。」

〔一六〕正令　興本、松本作「正合」。

〔一七〕徵辭曰陛下德化所被至前代王者皆以爲難　原無此六十一字，元刻、韓版、戈本同，據南家本、寫字臺本補。〔案〕這應是吴兢底本或稿本文字，爲日本遣唐使轉抄，故南家本、寫字臺本有，而菅家本本卷據宋刊本補，則無此六十一字，説明經蔣乂整理本到宋刊本已没有這段文字了。

【案】本章事見諫録卷一。

244 ○貞觀四年，有司上言：「林邑國蠻〔一〕，表疏不順，請發兵討擊〔二〕。」太宗曰：「兵者，凶器，不得已而用之。故漢光武云〔三〕：『每一發兵，不覺頭鬚爲白〔四〕。』自古以來，窮兵極武，未有不亡者也。符堅〔五〕自恃兵强，欲必吞晉室，興兵百萬〔六〕，一舉而亡。隋主亦欲必〔七〕取高麗，頻年勞役，人不勝怨，死於〔八〕匹夫之手。至如頡利，往歲數來侵我國家，部落疲於征役，遂至滅亡〔九〕。朕今見此〔一〇〕，豈得輒即發兵？但經歷山險〔一一〕，土多瘴癘，若我兵士疾疫，雖克剪此蠻，亦何所補？言語之間，何足介意〔一二〕！」竟不討之〔一三〕。

校注

〔一〕林邑國蠻　戈本作「林邑蠻國」。戈注：「林邑，南蠻國名。漢南象郡之地，在交州南千餘里。」

〔二〕討擊　南家本、寫字臺本、戈本作「討擊之」。

〔三〕漢光武云　南家本、寫字臺本作「光武曰」。

〔四〕頭鬚爲白　建治本、寫字臺本、假名本作「頭鬢爲白」。

〔五〕符堅　韓版作「苻堅」。戈注：「苻堅，略陽氐人。晉時，苻健據長安，是爲前秦。健死，子立。苻堅弑生自立，伐晉大敗，後爲姚萇所殺。」

〔六〕百萬　寫字臺本作「百萬衆」。

〔七〕欲必　戈本作「必欲」。

〔八〕死於　南家本、寫字臺本、戈本作「遂死於」。

〔九〕滅亡　建治本、興本、寫字臺本作「亡滅」。

〔一〇〕朕今見此　南家本、寫字臺本作「朕今親見此」。

〔一一〕但經歷山險　南家本無「但」字。

〔一二〕介意　建治本、松本、寫字臺本訛作「分意」。

〔一三〕戈注：「按通鑑，林邑獻大珠，有司以其表辭不順，請討之。上曰：『好戰者亡，如煬帝、頡利，皆所親見也。小國勝之不武，况未可必乎！』」

245○貞觀五年，康國〔一〕請歸附。上〔二〕謂侍臣曰：「前代帝王，大有務廣土地以求身後之虚名，無益於身，其人甚困。假令於身有益，於百姓有損，朕必不爲，况求虚名而損百姓乎！康國既來歸朝，有急難不得不救。兵行萬里，得無勞於人〔三〕？若勞人求名，非朕所欲。所請歸附〔四〕，不須納也。」

校　注

〔一〕戈注：「即漢康居國，一曰薩末鞬，亦曰颯秣建，元魏所謂悉萬斤者，在那密水南。君姓温，本月氏。爲突厥所破，稍南依葱嶺，其王屈木支。」

〔二〕上　南家本、寫字臺本作「太宗」，菅家本、戈本作「時太宗」，元刻、韓版作「時上」。

〔三〕得無勞於人　南家本、寫字臺本作「豈得無勞」，元刻、韓版、戈本作「豈得無勞於人」。

〔四〕所請歸附　南家本作「請歸附」。

246○貞觀十四年，兵部尚書侯君集〔一〕伐高昌〔二〕。及師次柳谷〔三〕，候騎云〔四〕「高昌王麴文泰死〔五〕，剋日將葬，國人咸集，以二千人〔六〕輕騎襲之，可盡得也。」薛萬均〔七〕、姜行本〔八〕皆以爲然。君集曰：「天子以高昌驕慢，使吾恭行〔九〕天誅，乃於墟墓間以襲其葬〔一〇〕，不足稱武，此非問罪之師也。」遂按兵以待葬畢，然後進兵，以平其國〔一一〕。

校注

〔一〕戈注：「幽州人，以雄才稱。少事秦王，從征伐有功，王即位，進吏部尚書。後從承乾謀計，事覺被誅。」

〔二〕伐高昌　南家本、寫字臺本作「以伐高昌」。

〔三〕戈注：「西域地名。」

〔四〕候騎云　南家本、寫字臺本、元刻、戈本作「候騎言」。

〔五〕戈注：「文泰聞唐兵臨磧口，憂懼不知所爲，發疾卒。」

〔六〕二千人　南家本、寫字臺本、韓版、戈本無「人」字。

〔七〕薛萬均　南家本、寫字臺本、韓版、戈本作「副將薛萬均」。戈注：「燉煌人，萬徹之兄。高祖以其材武授上柱國。以計勝竇建德，擊突厥有功，拜將軍。」

〔八〕戈注：「名確，以字行。以幹力稱，爲宣威將軍。太宗每出幸，即以從。平高昌有功，封金城郡公。」

〔九〕恭行　建治本訛作「泰行」。

〔一〇〕以襲其葬　南家本作「掩以襲其葬」。

〔一一〕進兵以平其國　南家本、寫字臺本作「進軍平其國」，戈本作「進軍遂平其國」。戈注：「按通鑑，於是鼓行而進，至田城，諭之，不下，詰朝攻之，及午而克，虜男女計七千餘口，遂降。」

【案】本章事見舊唐卷六九侯君集傳。

247 〇貞觀十六年，太宗謂侍臣曰：「北狄代爲寇亂，今延陁倔强[一]，須早爲之所[二]。朕熟思之，惟有二策：選徒十萬，擊而虜之，滌除凶醜，百年無事[三]，此一策也。若遂其來請，與之姻媾[四]，朕爲蒼生父母，苟可[五]利之，豈惜一女！北狄風俗，多由内政，亦既[六]生子，則我外孫，不侵中國，斷可知也[七]。以此而言，邊境足得三十年來無事。舉此二策，何者爲先？」司空房玄齡對曰：「遭隋室大亂之後，户口太半未復，兵凶戰危，聖人所慎，和親之策，實天下幸甚[八]。」

校注

〔一〕戈注：「延陀，鐵勒諸部之姓。倔强，不柔服也。」

〔二〕早爲之所　南家本作「早爲之計」。

〔三〕百年無事　戈本作「百年無患」。

〔四〕姻媾　元刻、韓版作「爲姻媾」，戈本作「爲婚媾」。

〔五〕苟可　南家本、菅家本訛作「苟不」。

〔六〕亦既　南家本作「亦冀」。

〔七〕可知也　南家本、寫字臺本、韓版、戈本作「可知矣」。

〔八〕戈注：「按通鑑，即命兵部侍郎崔敦禮持節使薛延陀，以新興公主妻之。」

【案】本章事見舊唐卷一九九下鐵勒傳。

248 ○貞觀十七年，太宗謂侍臣曰：「蓋蘇文弑〔一〕其主而奪其國政，誠不可忍。今日國家兵力取之不難，朕未能即動兵衆，且令契丹、靺鞨擾攬之何如〔二〕？」房玄齡曰〔三〕：「臣聞〔四〕古之列國，無不强陵弱〔五〕、衆暴寡。今陛下撫養蒼生，將士勇鋭，力〔六〕有餘而不取之，所謂止戈爲武者也。昔漢武帝屢伐匈奴，隋後主〔七〕三征遼左，人貧國敗，實此之由，惟陛下詳察。」太宗曰：「善。」〔八〕

校　注

〔一〕弑　南家本、寫字臺本作「殺」。

〔二〕擾攬　南家本、寫字臺本、戈本作「攬擾」。戈注：「契丹，東胡種，元魏時號契丹。靺鞨，居肅慎地，凡數部，有黑水部獨强。」

〔三〕房玄齡曰　南家本、寫字臺本、戈本作「房玄齡對曰」。

〔四〕臣聞　南家本、寫字臺本、戈本作「臣觀」。

〔五〕强陵弱　南家本、寫字臺本作「以强陵弱」。

〔六〕力　寫字臺本作「兵力」。

〔七〕隋後主　戈本作「隋主」。

〔八〕戈注：「按通鑑，不載玄齡之辭，止載長孫無忌曰：『蓋蘇文自知罪大，畏大國之討，必嚴設守備。陛下姑爲之隱忍，彼得以自安，必更驕惰，愈肆其惡，然後討之未晚也。』上曰：『善！』」

【案】本章事見册府卷九九一。

249 ○貞觀十八年，太宗以高麗莫離支賊殺其主，殘虐其下，議將討之。諫議大夫褚遂良進曰：「陛下兵機神筭，人莫能知。昔隋末亂離，克平寇難。及北狄侵邊，南蠻〔一〕失禮，陛下欲命將擊之，群臣莫不苦諫，惟陛下明略獨斷，卒並誅夷。今聞陛下將伐高麗，意皆營惑。然陛下神武英聲〔二〕，不比周、隋之主，兵若渡遼，事須剋捷，萬一不獲，無以示威遠方〔三〕，必更發怒，再動兵衆，若至於此，安危難測。」太宗然之〔四〕。

校注

〔一〕南蠻　南家本、寫字臺本、韓版、戈本作「西番」，元刻作「南番」。

〔二〕英聲　寫字臺本作「英嚴」。

〔三〕示威遠方　南家本、寫字臺本、戈本作「威示遠方」。

〔四〕戈注：「按通鑑，李勣又曰：『間者薛延陀入寇，陛下欲發兵窮討，魏徵諫而止，使至今爲患。曏用陛下之策，北鄙安矣。』上曰：『然。此誠徵之失，朕尋悔之而不欲言，恐塞良謀故也。』上欲自征高麗，褚遂良上疏，以爲：『但命二三猛將，四五萬衆，仗陛下威靈，取之如反掌耳。今太子新立，年尚幼稺，自餘藩屏，陛下所知，一旦棄金湯之全，踰遼海之險，以天下之君，輕行遠舉，皆愚臣之所甚憂也。』時群臣多諫者，上皆不聽。」

【案】本章事見舊唐卷八〇褚遂良傳、會要卷九五、册府卷五四三、九九一。

250 〇貞觀十八年〔一〕，太宗將親征〔二〕高麗，開府儀同三司尉遲敬德奏言：「車駕若自往遼左，皇太子又監國定州，東、西二京，府庫所在，雖有鎮守，終是空虛，遼東路遥，恐有玄感之變〔三〕。且邊隅小國，不足親勞萬乘。若剋勝，不足爲武；儻或不勝〔四〕，恐爲所笑〔五〕。伏請委之良將，自可應時摧滅。」太宗雖不從其諫〔六〕，爲識者是之〔七〕。

校注

〔一〕十八年　戈本作「十九年」。

〔二〕將親征　南家本、寫字臺本無「將」字。

〔三〕戈注：「隋煬帝親征高麗，楊玄感遂起兵圍東都。」

〔四〕儻或不勝　南家本、寫字臺本、元刻、戈本無「或」字。

〔五〕恐爲所笑　南家本、寫字臺本作「翻爲所毀」，菅家本、戈本作「翻爲所笑」。

〔六〕不從其諫　南家本、寫字臺本作「不從其議」。

〔七〕爲識者是之　南家本、寫字臺本、韓版、戈本作「而識者是之」。戈注：「按通鑑，上不從，以敬德爲左一馬軍總管，使從行。」

【案】本章事見舊唐卷六八尉遲敬德傳、册府卷四〇七。

251 〇禮部尚書江夏王道宗從太宗征高麗，詔道宗與李勣爲前鋒。及濟遼水剋蓋牟城，逢賊兵大至，軍中僉議欲〔一〕深溝保險，待太宗至〔二〕。道宗曰〔三〕：「不可。賊赴急來遠〔四〕，兵實疲頓，恃衆輕我，一戰可摧。昔耿弇不以賊遺君父〔五〕，我既職在前軍，當須〔六〕清道以待輿駕。」李勣大然其議。乃率驍勇數百騎直衝賊陣，左右出入。勣因合擊，大破之。太宗至，深嘉賞勞〔七〕。道宗在陣損足，帝親爲其針〔八〕，賜其御膳〔九〕。

校注

〔一〕僉議欲　南家本、寫字臺本、戈本作「僉欲」。

〔二〕待太宗至　南家本、寫字臺本、戈本作「待太宗至徐進」。

〔三〕道宗曰　南家本、寫字臺本、戈本作「道宗議曰」。

〔四〕來遠　南家本、寫字臺本、韓版、戈本作「遠來」。

〔五〕戈注：「耿弇，漢光武將。」

〔六〕當須　寫字臺本無「須」字。

〔七〕深嘉賞勞　南家本、寫字臺本、戈本作「深加賞勞」。

〔八〕爲其針　戈本作「爲針灸」。

〔九〕賜其御膳　南家本、寫字臺本、韓版、戈本作「賜以御膳」。戈注：「按通鑑載此事甚詳，辭多不録。」

【案】南家本、寫字臺本屬前章。事見舊唐卷六〇江夏王道宗傳、册府卷二七一、二七七。

252 ○太宗帝範曰〔一〕：「夫兵甲者，國家凶器也〔二〕。土地雖廣，好戰則人凋；邦國〔三〕雖安，忘戰則人殆。凋非保全之術，殆非擬寇之方，不可以全除，不可以常用。故農隙講武，習威儀也；三年治兵，辨等列也。是以勾踐軾蛙，卒成霸業〔四〕；徐偃棄武，終以喪邦〔五〕。何也〔六〕？越習其威〔七〕，徐亡〔八〕其備也。孔子曰：『以〔九〕不教人戰，是謂棄之〔一〇〕。』故知弧矢之威〔一一〕，以利天下〔一二〕，此用兵之機也〔一三〕。」

校注

〔一〕戈注：「貞觀二十二年正月，太宗作帝範十二篇以賜太子，曰君體、建親、求賢、審官、納諫、去讒、戒盈、崇儉、賞罰、務農、閱武、崇文。」

〔二〕國家凶器也　南家本、寫字臺本作「國之凶器也」。

〔三〕邦國　南家本、寫字臺本作「邦境」，戈本作「中國」。

〔四〕戈注：「勾踐，越王名。越王既爲吴所敗，脩德治兵，謀雪吴耻，見蛙，下車拜之，左右怪問，越王曰：『彼亦有氣者。』」

〔五〕戈注：「徐，夷國，子爵，僭稱偃王。周穆王聞之，令楚伐徐，徐子曰：『吾賴於文德，而不明武備，故至於此。』」

〔六〕何也　南家本、寫字臺本作「何則」，菅家本作「何以」。

〔七〕越習其威　南家本、寫字臺本作「越習其威儀也」。

〔八〕亡　南家本、菅家本、寫字臺本、戈本作「忘」。

〔九〕以　南家本、菅家本、寫字臺本無此字。

〔一〇〕戈注：「論語之辭。」

〔一一〕弧矢之威　南家本、寫字臺本作「弧矢立威」。

〔一二〕戈注：「易大傳曰：『弧矢之利，以威天下。』」

〔一三〕用兵之機　戈本作「用兵之職」。

【案】南家本以本章屬第一章（242），寫字臺本別作一章，爲本篇第二章，均係誤置。

253 ○貞觀二十二年，太宗將重討高麗。是時，司空〔一〕房玄齡寢疾增劇，而謂子曰〔二〕：「當今天下清謐，咸得其宜，惟欲再討高麗〔三〕，方爲國害。主上含怒意決，臣下莫敢犯顏〔四〕。吾乃〔五〕知而不言，可謂銜恨入地。」遂上表諫曰：

臣聞兵惡不戢，武貴止戈。當今聖化所覃，無遠不暨〔六〕。上古所不臣者，陛下皆能臣之；所不制者，陛下〔七〕皆能制之。詳觀古今，爲中國患害，無過突厥。遂能坐運神策，不下殿堂，大小可汗相次束手，分典禁衛，執戟行間。其後延陁鴟張〔八〕，尋就夷滅，鐵勒慕義，請置州縣，沙漠已北，萬里無塵。至如〔九〕高昌叛换〔一〇〕於流沙，吐渾首鼠於積石，偏師〔一一〕薄伐，俱從平蕩。高麗歷代逋誅，莫能討擊。陛下責其逆亂，殺主虐人，親總六軍，問罪遼、碣。未經旬日，即〔一二〕拔遼東，前後虜獲，數十萬計，分配〔一三〕諸州，無處不滿。雪往代之宿耻〔一四〕，掩崤陵之枯骨〔一五〕，比功校德，萬倍前王。此聖主之〔一六〕所自知，微臣安敢備説。

且陛下仁風被於率土，孝德彰於配天。覩夷狄之將亡，則指期〔一七〕數歲；授將帥之節度，則決機萬里。觀風雲氣候〔一八〕，視景而望書〔一九〕，符應若神，筭無遺策。擢將於行伍之間〔二〇〕，取士於凡庸之末。遠夷單使，一見不忘；小臣之名，未嘗再問。箭穿七札〔二一〕，弓貫六鈞〔二二〕。加以留情典墳〔二三〕，屬意篇什，筆邁鍾、張〔二四〕，詞窮賈、馬〔二五〕。文鋒既振，則宫徵自諧；輕翰蹔飛，則花葩〔二六〕競發。撫萬民〔二七〕以慈，遇群臣以禮〔二八〕。褒秋毫之善，解吞舟之網。逆耳之諫必聽，膚受之愬斯絶〔二九〕。好生之德，禁障塞於江湖；惡殺之仁，息鼓刀於屠肆。鳧、鶴荷稻粱之惠，犬、馬蒙帷蓋之恩。降尊吮思摩之瘡〔三〇〕，登堂臨魏徵之柩〔三一〕。哭戰亡之卒，則哀動六軍〔三二〕；負填道〔三三〕之薪，則情感天地〔三四〕。重黔黎之大命〔三五〕，特盡心於庶獄。今〔三六〕臣心識昏憒，豈足論聖功之深遠〔三七〕，談天德之高大哉！陛下兼衆美而有之，靡不備具，微臣深爲陛下惜之重之〔三八〕，愛之寶之。

周易曰：「知進而不知退，知存而不知亡，知得而不知喪，其聖人乎〔三九〕。」又曰：「知進退存亡而不失其正者，其惟聖人乎〔四〇〕！」由此言之，進有退之義，存有亡之基〔四一〕，得是喪之理〔四二〕，老臣所以爲陛下惜之者，蓋謂此也。老子曰：「知足不辱，知止不殆〔四三〕。」臣謂陛下威名功德〔四四〕，亦已足矣〔四五〕；拓地開疆，亦可止矣。彼高麗者，邊夷賤類，不足待以仁義，不可責以常禮〔四六〕。古來以魚鼈畜之，宜從闊略。若〔四七〕必欲絶其種類，深恐獸窮則搏。且陛下每決死囚，必令〔四八〕三覆五奏，進素食、停音樂者，蓋以人命所重，感動聖慈也。況今兵士之徒，無一罪戾，無故驅之於戰陣〔四九〕之間，委之於鋒刃之下，使肝腦塗地，魂魄無歸，令其老父孤兒、寡妻慈母，望轊車〔五〇〕而掩泣，抱枯骨而摧心，足以〔五一〕變動陰陽，感傷和氣，實天下之冤痛也！且兵，凶器；戰，危事〔五二〕，不得已而用之。向使高麗違失臣節，而陛下誅之可也；侵擾百姓，而陛下滅之可也；久長〔五三〕能爲中國患，而陛下除之〔五四〕可也。有一於此，雖日殺萬夫，不足爲愧。今無此三條，坐煩中國，内爲舊主雪怨〔五五〕，外爲新羅報讎〔五六〕，豈非所存者小，所損者大？　伏願〔五七〕陛下遵皇祖老子止足之戒，以保萬代巍巍之名。發沛然〔五八〕之恩，降寬大之詔，順陽春以布澤，許高麗以自新，焚淩波之船，罷應募之衆〔五九〕，自然華夷慶賴，遠肅邇安。臣老病三公，朝夕〔六〇〕入地，所恨竟無塵露微增海嶽。謹罄殘魂餘息〔六一〕，豫代結草之誠〔六二〕。儻蒙録此哀鳴，即臣死且不朽〔六三〕。

太宗見表歎曰：「此人危篤如此，尚能憂我國家，真忠臣也〔六四〕。」雖諫不從，終爲善策〔六五〕。

校注

〔一〕司空　南家本、寫字臺本、元刻、戈本無此二字。

〔二〕而謂子曰　南家本、寫字臺本、韓版、戈本作「顧謂諸子曰」。

〔三〕再討高麗　南家本、寫字臺本作「東討高麗不停」，戈本作「東討高麗」。

〔四〕主上含怒意決臣下莫敢犯顔　南家本、寫字臺本、戈本無此十二字。

〔五〕吾乃　南家本、寫字臺本、戈本無「乃」字。

〔六〕無遠不暨　南家本、寫字臺本作「無遠不洎」。

〔七〕陛下　南家本、菅家本、寫字臺本、元刻、戈本無此二字。

〔八〕戈注：「鵰，惡鳥也。」

〔九〕至如　興本訛作「至加」，菅家本訛作「止如」。

〔一〇〕叛换　戈本作「叛涣」。

〔一一〕偏師　寫字臺本訛作「编師」。

〔一二〕即　寫字臺本無此字。

〔一三〕分配　菅家本訛作「分輩」。

〔一四〕戈注：「隋文帝十八年，高麗寇遼西，遣楊諒討之，無功。煬帝六年，徵其王元入朝，不至。八年，徵天下兵擊之，帝親攻諸城，不下。來護兒、宇文述等大敗。九年，復親征，不拔。十年，復討之，徵其王入朝，竟不至。」

〔一五〕戈注：「左傳僖公三十三年，晉人及姜戎敗秦師于殽。文公三年，秦伯伐晉，濟河焚舟，取王官及郊，晉人不出，遂自茅津濟，封殽尸而還。」

〔一六〕之　戈本無此字。

〔一七〕指期　菅家本作「斯指」。

〔一八〕觀風雲氣候　南家本、寫字臺本作「屈指而爲候驛」，韓版、戈本作「屈指而候驛」。

〔一九〕書　菅家本脱此字。

〔二〇〕擢將於行伍之間　南家本、寫字臺本、戈本作「擢將於行伍之中」，菅家本作「拔將於行伍之間」。

〔二一〕札　原作「扎」，據南家本、菅家本、寫字臺本、元刻、韓版、戈本改。戈注：「札，甲也。養由基射穿七札。」

〔二二〕戈注：「左傳定公八年，魯伐齊，士皆列，顔高之弓六鈞。」

〔二三〕典墳　南家本、寫字臺本、戈本作「墳典」。

〔二四〕戈注：「見師傅篇注。」

〔二五〕賈馬　南家本訛作「曹馬」。戈注：「漢賈誼、司馬相如，皆文人。」

〔二六〕花葩　南家本、寫字臺本訛作「花蘤」。

〔二七〕萬民　南家本、寫字臺本、戈本作「萬姓」。

〔二八〕以禮　南家本、寫字臺本作「有禮」。

〔二九〕戈注：「論語曰：『膚受之愬不行焉，可謂明也已矣。』」

〔三〇〕降尊吮思摩之瘡　南家本、寫字臺本作「降乘吮思摩之瘡」，菅家本作「降乘吮思摩瘡」。戈注：「貞觀十九年，太宗征遼，攻白巖城，右衛大將軍李思摩爲流矢所中，太宗親爲之吮血。」

〔三一〕戈注：「十七年正月，魏徵卒，太宗臨，哭之慟。」

〔三二〕哀動　南家本、寫字臺本作「哀慟」。戈注：「十九年，太宗征高麗，至營州，詔遼東戰亡士卒骸骨並集柳城東南，命有司設太牢，上自作文祭之，臨哭盡哀。」

〔三三〕填道　興本、菅家本作「清道」，寫字臺本訛作「墳道」。

〔三四〕情感天地　南家本、寫字臺本作「精感天地」。戈注：「十九年，太宗渡遼，遼澤泥潦，車馬不通，命長孫無忌將萬人剪草填道，水深處以車爲梁，上自繫薪於馬鞘，以助役。」

〔三五〕黔黎之大命　菅家本無「之」字。

〔三六〕今　南家本、寫字臺本、戈本無此字。

〔三七〕深遠　菅家本作「深達」。

〔三八〕重之　南家本衍作「臣重之」。

〔三九〕其聖人乎　原無此四字，菅家本、元刻、韓版、戈本同，據南家本、寫字臺本及易乾文言補。〔案〕易乾文言作「其惟聖人乎」，南家本、寫字臺本脱「惟」字。

〔四〇〕戈注：「易文言傳，釋乾卦之辭。」

〔四一〕存有亡之基　南家本作「存是亡之機」，寫字臺本、戈本作「存有亡之機」。

〔四二〕得是喪之理　寫字臺本、戈本作「得有喪之理」。

〔四三〕知止不殆　戈本作「知耻不殆」。

〔四四〕威名　寫字臺本衍作「盛德威名」。

〔四五〕亦已足矣　建治本、松本、寫字臺本、戈本作「亦可足矣」。

〔四六〕常禮　戈本作「常理」。

〔四七〕若　戈本無此字。

〔四八〕必令　南家本、寫字臺本作「必命」。

〔四九〕戰陣　南家本、寫字臺本作「行陣」。

〔五〇〕轒車　寫字臺本作「轜車」。

〔五一〕足以　戈本脱「以」字。

〔五二〕兵凶器戰危事　南家本、寫字臺本作「兵凶器也戰者危事也」。

〔五三〕久長　南家本、寫字臺本作「長久」。

〔五四〕除之　南家本、寫字臺本作「降之」。

〔五五〕舊主　南家本、寫字臺本作「舊王」。戈注：「十七年，高麗臣莫離支弑其君高武，而獨專國政，太宗於是有征遼之議。」

〔五六〕戈注：「十七年，新羅遣使言百濟攻取其國四十餘城，復與高麗連兵，謀絶新羅入朝之路，乞兵救援。上命司農丞相里玄奬齎璽書賜高麗，使勿攻新羅，莫離支竟不從。玄奬還，具言其狀，上於是欲征之。」

〔五七〕伏願　南家本、寫字臺本、戈本無「伏」字。

〔五八〕沛然　南家本、菅家本、寫字臺本、戈本作「霈然」。

〔五九〕戈注：「十八年，太宗欲征遼東，長安、洛陽募士三千，戰艦五百艘。」

〔六〇〕朝夕　寫字臺本作「一朝」。

〔六一〕餘息　南家本訛作「餘恩」。

〔六二〕戈注：「左傳宣公十五年，秦伐晉，次于輔氏，魏顆敗秦師，獲杜回。初，魏武子有嬖妾，無子，武子疾，命顆曰：『必嫁是。』疾甚，則曰：『必殉。』及卒，（顆嫁之，及輔氏之役，）顆見老人結草以亢杜回，杜回躓而顛，故獲之。夜夢之曰：『余，而所嫁婦人之父也，爾用爾先人之治命，余是以報。』」〔案〕戈注引左傳有脱文，以括弧補之。

〔六三〕死且不朽　戈本作「死骨不朽」。

〔六四〕真忠臣也　原無此四字，菅家本、元刻、韓版、戈本同，據南家本、寫字臺本補。

〔六五〕雖諫不從終爲善策　南家本、寫字臺本、韓版無此八字。

【案】本章事見舊唐卷六六房玄齡傳、會要卷九五、册府卷五四八。

254 ○貞觀二十二年，軍旅亟動，宮室互興，百姓頗有勞弊，充容〔一〕徐氏〔二〕上疏諫曰：

貞觀以來，二十有餘載〔三〕，風調雨時〔四〕，年登歲稔，人無水旱之弊，國無饑饉之災。昔漢武〔五〕守文之常主，猶登刻玉之符〔六〕；齊桓公〔七〕小國之庸君，尚塗〔八〕泥金之望〔九〕。陛下推功損己，讓德不居。億兆傾心，猶闕告成之禮〔一〇〕；云、亭佇謁，未展升中之儀〔一一〕。此之功德，足以咀嚼百王，網羅千代者矣。然古人有云「雖休勿休」，良有以也。守保未備〔一二〕，聖哲罕兼。是知業大者易驕，願陛下難之；善始者難終，願陛下易之。

竊見頃年以來，力役兼總，東有遼海六軍〔一三〕，西有崑丘之役，士馬疲於甲冑，舟車倦於轉輸。且召募投戍〔一四〕，去留懷死生之痛〔一五〕；囙風〔一六〕阻浪，人米〔一七〕有漂溺之危。一夫力耕〔一八〕，年無數十之獲；一船致損，則傾覆〔一九〕數百之糧。是猶〔二〇〕運有盡之農功〔二一〕，填無窮之巨浪，圖未獲之他衆，喪已成之我軍。雖除凶伐暴，有國常規，然黷武翫兵〔二二〕，先哲所戒。昔秦皇併吞六國，反速危亡〔二三〕之基；晉武奄有三方，翻成覆敗之業。豈非務功〔二四〕恃大，弃德而輕邦國〔二五〕；圖利而忘害〔二六〕，肆情而縱欲〔二七〕？遂使悠悠六合，雖廣〔二八〕不救其亡；嗷嗷黎庶，因弊以成其禍。是知地廣非常安之術，人勞乃易亂之源。願陛下布澤流仁，務恤弊乏〔二九〕，減行役之煩，增雨露〔三〇〕之惠。

妾又聞爲政〔三一〕之本，貴在無爲。竊見土木之功，不可遂兼〔三二〕。北闕初建，南營翠微，曾未踰時，玉華創制〔三三〕，複山藉水〔三四〕，非無搆架之勞〔三五〕；損之又損〔三六〕，頗有土力之費〔三七〕。終以〔三八〕茅茨示約，猶興木石之疲；假使和雇取人，不無煩擾之弊。是以卑宮菲室，聖王〔三九〕之所安；金屋瑤臺，驕主之爲麗。故有道之君，以逸逸人；無道之君，以樂樂身。願陛下使之以時，則力不竭矣；用而息之，則斯悦矣〔四〇〕。

夫珍玩技巧〔四一〕，爲喪國之斤斧〔四二〕；珠玉錦繡，寔迷心之酖毒。切見〔四三〕服玩鮮靡〔四四〕，如變化於自然；職貢珍奇〔四五〕，若神仙之所製。雖馳華於季俗，實敗素於淳風。是知漆器非〔四六〕延叛之方，舜〔四七〕造之而人叛；玉杯豈招亡之術，紂用之而亡國〔四八〕。方驗侈麗之源，不可不遏。夫作法於儉，猶恐其奢；作法於奢，何以制後？伏惟陛下，明照未形，智周無際，窮奧秘於麟閣〔四九〕，盡探賾〔五〇〕於儒林。千王理亂〔五一〕之蹤，百代安危之迹，興亡衰禍〔五二〕之數，得失成敗之機，故亦包吞〔五三〕心府之中，循環目圍之內，乃宸衷久察〔五四〕，無假〔五五〕一二言焉。唯知之〔五六〕非難，行之不易，志驕於業著〔五七〕，體逸於時安。伏願抑志裁心〔五八〕，慎終成始，削輕過以添重德，擇今是〔五九〕以替前非，則

鴻名與日月無窮，盛業與乾坤永泰〔六〇〕！

太宗甚善其言〔六一〕，特加〔六二〕優賜甚厚。

校注

〔一〕戈注：「唐制，女官號，九嬪之一也。」

〔二〕戈注：「名惠，長城人，生五月能言，四歲通經，八歲屬文。父孝德，嘗試使擬離騷，爲小山篇曰：『仰幽巖而流盻，撫桂枝以凝想。將千齡子（兮）此遇，全（荃）何爲子（兮）獨往。』太宗聞之，召爲才人，手不釋卷，文辭敏贍，帝益禮顧。永徽初卒，贈賢妃。」〔案〕戈注引述不確字，成化内府本不誤。

〔三〕二十有餘載　南家本、寫字臺本作「二十有二載」。

〔四〕風調雨時　戈本作「風調雨順」。

〔五〕漢武　戈本作「漢武帝」。

〔六〕刻玉之符　南家本、寫字臺本作「刻石之符」。戈注：「漢武帝封泰山，下東方，如郊祠太一之禮，封廣丈二尺，高九尺，其下則有玉牒書，書秘。禮畢，禪肅然山。」

〔七〕齊桓公　南家本、寫字臺本作「齊桓」。

〔八〕尚塗　亦作「尚圖」。戈注：「塗、圖，古通用。」

〔九〕戈注：「齊桓公既霸，會諸侯於葵丘，欲行封禪。後漢制，封禪用玉牒、玉檢，以水銀和金爲泥。望者，望而祭也。」

〔一〇〕戈注：「通典：『古者帝王之興，每易姓而起，以致太平，必封乎泰山，所以告成功也。』」

〔一一〕升中　建治本、松本、寫字臺本作「昇平」。戈注：「黄帝禪亭亭，五帝禪云云，皆山名。禮云：『升中於天。』」

〔一二〕守保未備　南家本、寫字臺本作「守始保末」。

〔一三〕遼海六軍　南家本、寫字臺本、戈本作「遼海之軍」。

〔一四〕召募投戎　南家本、寫字臺本作「召募兵戎」。

〔一五〕生　原脱，菅家本、元刻、韓版、戈本同，據南家本、寫字臺本及舊唐補。

〔一六〕囙風　南家本作「困風」，菅家本、寫字臺本、元刻、韓版、戈本作「因風」。

〔一七〕米　原無此字，菅家本、元刻、韓版、戈本同，據南家本、寫字臺本及舊唐補。

〔一八〕力耕　興本作「不耕」。

〔一九〕傾覆　南家本、寫字臺本無「覆」字。

〔二〇〕是猶　南家本、寫字臺本作「猶是」。

〔二一〕運有盡之農功　原作「有運盡之農功」，元刻同，據南家本、寫字臺本、戈本改。

〔二二〕翫　原作「習」，菅家本、元刻、韓版、戈本同，據南家本、寫字臺本及舊唐改。

〔二三〕反速危亡　南家本、寫字臺本作「返速危亡」，戈本作「反速危禍」。

〔二四〕務功　南家本、寫字臺本、戈本作「矜功」。

〔二五〕弃德而輕邦國　南家本、寫字臺本作「棄德而輕邦」，戈本作「棄德輕邦」。

〔二六〕圖利而忘害　南家本、寫字臺本、戈本作「圖利忘害」。

〔二七〕肆情而縱欲　戈本作「肆情縱欲」。

〔二八〕雖廣　南家本、寫字臺本作「雖曠」。

〔二九〕務恤弊乏　南家本、寫字臺本作「矜恤疲弊」，菅家本、元刻作「務弊恒之」，戈本無此四字。戈注：「此下疑闕四字。」

〔三〇〕雨露　南家本、寫字臺本作「湛露」。

〔三一〕爲政　南家本、寫字臺本作「爲治」。

〔三二〕不可遂兼　南家本、寫字臺本作「不可兼遂」。

〔三三〕戈注：「翠微、玉華，並宫名。」

〔三四〕複山藉水　南家本、寫字臺本作「雖復因山藉水」，菅家本、元刻作「複藉水」，戈本無此數字。

〔三五〕非無搆架之勞　南家本、寫字臺本作「非無築架之勞」，菅家本、元刻作「非無架之勞」，戈本作「非惟構架之勞」。

〔三六〕損之又損　戈本無此四字。

〔三七〕土力之費　南家本、寫字臺本作「功力之費」，戈本作「工力之費」。

〔三八〕終以　戈本作「雖複」。

〔三九〕聖王　南家本、寫字臺本作「明王」，韓版作「聖主」。

〔四〇〕則斯悦矣　南家本、寫字臺本作「則人斯悦矣」，戈本作「則心斯悦矣」。

〔四一〕技巧　菅家本作「妓巧」。

〔四二〕爲喪國之斤斧　南家本、寫字臺本作「乃喪國之斧斤」。

〔四三〕切見　南家本、寫字臺本、戈本作「竊見」。

〔四四〕服玩鮮靡　南家本、寫字臺本作「服翫纖靡」。

〔四五〕珍奇　戈本作「奇珍」。

〔四六〕非　興本、松本、寫字臺本作「非是」。

〔四七〕舜　戈本作「桀」。

〔四八〕亡國　南家本、寫字臺本、戈本作「國亡」。戈注：「紂，始爲象箸，箕子曰：『彼爲象箸，必將爲犀玉之杯。』」

〔四九〕戈注：「漢宣帝圖功臣於麒麟閣。」

〔五〇〕探賾　南家本、寫字臺本訛作「深賾」，菅家本、元刻訛作「探頤」。

〔五一〕理亂　南家本、菅家本、寫字臺本作「治亂」。

〔五二〕興亡衰禍　南家本、寫字臺本作「興衰禍福」，戈本作「興亡衰亂」。

〔五三〕故亦包吞　南家本、寫字臺本作「故亦苞吞」，戈本作「固亦包吞」。

〔五四〕宸衷久察　南家本、寫字臺本作「神衷之久察」。

〔五五〕無假　韓版作「無暇」。

〔五六〕唯知之　南家本、寫字臺本作「惟恐知之」。

〔五七〕業著　南家本、寫字臺本作「業泰」。

〔五八〕裁心　原作「摧心」，菅家本、元刻、韓版、戈本同，據南家本、寫字臺本及舊唐改。

〔五九〕擇今是　南家本、寫字臺本作「擇後是」。

〔六〇〕永泰　南家本、寫字臺本作「永大」。

〔六一〕太宗甚善其言　南家本、寫字臺本作「上善其言」。

〔六二〕特加　南家本、寫字臺本無此二字。

【案】本章事見舊唐卷五一賢妃徐氏傳、會要卷三〇、九五、文粹卷二七下。

議安邊第三十六

【案】南家本、寫字臺本作「議安邊第三十五」，戈本無「議」字。南家本、寫字臺本、元刻、明本、韓版均三章，戈本「次第其辭」，合255、256兩章爲一章，故戈注「凡二章」。

255 ○貞觀四年，李靖〔一〕擊突厥頡利，敗之〔二〕，其部落多來歸降〔三〕者，詔議安邊之術〔四〕。中書令溫彥博議：「請於河南處之。准漢建武時，置降匈奴於五原塞下，令其部落〔五〕得爲捍蔽，又不離其土俗，因而撫之，一則實空虛之地，二則示無猜之心，故是〔六〕含育〔七〕之道也。」太宗從之。秘書監魏徵曰：「匈奴自古至今〔八〕，未有如斯之破敗，此是上天勦絶，宗廟神武。且其世寇中國，萬姓〔九〕冤讎，陛下以其爲降，不能誅滅，即宜遣還〔一〇〕河北，居其舊土。匈奴人面獸心，非我族類，强必寇盜，弱則卑服，不顧恩義，其天性也。秦、漢患之〔一一〕若是，故發猛將〔一二〕以擊之，收其河南以爲郡縣，陛下奈何〔一三〕以內地居之？且今降者幾至十萬〔一四〕，數年之後〔一五〕，滋息過倍，居我肘腋，甫邇〔一六〕王畿，心腹之疾，將爲後患，尤不可處以河南〔一七〕也。」溫彥博曰：「天子之於物〔一八〕也，天覆地載，有歸我者必養之〔一九〕。今突厥破除〔二〇〕，餘落歸附〔二一〕，陛下不加憐愍〔二二〕，弃而不納，非天地之道〔二三〕，阻四夷之意，臣愚甚謂不可，宜處之河南〔二四〕，所謂死而生之，亡而存之，懷我厚恩，終無叛逆。」魏徵曰〔二五〕：「晉代〔二六〕有魏〔二七〕時，胡落〔二八〕分居近郡，郭欽〔二九〕、江統勸逐出塞外，武帝不用其言，數年之後，遂傾瀍、洛〔三〇〕。前代覆車，殷鑒不遠。陛下必用彦博言遺居河南，所謂養獸自遺患也。」彦博又曰：「臣聞聖人之道，無所不通。突厥餘魂，以命歸我，收居内地，教以禮法，選其酋首〔三一〕，遣居宿衛，畏威懷德，何患之有？且光武居河南單于〔三二〕於内郡，以爲漢藩翰，終于一代，不有叛逆〔三三〕。」太宗竟從其議〔三四〕，自幽州至靈州〔三五〕，置順、祐、化、長四州都督府〔三六〕以處之，其人居長安者近且萬家〔三七〕。

十三年〔三八〕，太宗幸九成宫，突利可汗〔三九〕弟、中郎將阿史那結社率陰結所部〔四〇〕，并擁突利子賀羅鶻夜犯御營，事敗皆捕斬之〔四一〕。太宗自是不直〔四二〕突厥，悔處其部衆於中國〔四三〕，還其舊部於河北，建牙於故定襄城，立李思摩爲乙彌泥熟俟利苾可汗以主之〔四四〕。因謂侍臣曰：「中國百姓，天下之根本〔四五〕；四夷之人，乃同枝葉〔四六〕。擾其根本以厚枝附〔四七〕，用求乂安〔四八〕，未之有也。初不納魏徵言〔四九〕，遂覺勞費〔五〇〕日甚，幾失久安之道〔五一〕。」

校　注

〔一〕李靖　建治本、寫字臺本訛作「李請」。

〔二〕敗之　寫字臺本無「之」字。

〔三〕多來歸降　南家本、寫字臺本作「多歸降」。

〔四〕安邊之術　戈本作「安邊之策」。

〔五〕令其部落　南家本、寫字臺本、戈本作「全其部落」。

〔六〕故是　戈本無「故」字。

〔七〕含育　韓版訛作「合育」。

〔八〕至今　菅家本作「止今」。

〔九〕萬姓　南家本、寫字臺本作「百姓」。

〔一〇〕遣還　戈本作「遣發」。

〔一一〕患之　戈本作「患之者」。

〔一二〕故發猛將　戈本作「故時發猛將」。

〔一三〕奈何　戈本無此二字。

〔一四〕十萬　南家本、寫字臺本作「千萬」。

〔一五〕數年之後　南家本、寫字臺本作「數年之間」。

〔一六〕甫邇　英華校注引政要作「俯邇」。

〔一七〕處以河南　菅家本無「以」字。

〔一八〕天子之於物　戈本、英華校注引政要作「天子之於萬物」。

〔一九〕必養之　南家本、菅家本、寫字臺本、戈本作「則必養之」。

〔二〇〕破除　南家本、寫字臺本作「破滅」，英華校注引政要作「破敗」。

〔二一〕餘落歸附　南家本、菅家本、寫字臺本作「餘部落歸附」，英華校注引政要作「部落歸附」。

〔二二〕憐愍　菅家本作「矜愍」。

〔二三〕非天地之道　英華校注引政要作「非天地之心」。

〔二四〕宜處之河南　南家本、寫字臺本無「宜」字。

〔二五〕魏徵曰　南家本、菅家本、寫字臺本作「魏徵又曰」。

〔二六〕晉代　原作「昔代」，菅家本、元刻同，據南家本、寫字臺本、韓版、戈本改。

〔二七〕有魏　南家本作「後魏」。

〔二八〕胡落　戈本作「胡部落」。

〔二九〕郭欽　戈本無此二字。〔案〕晉書匈奴傳，郭欽，西晉武帝時爲侍御史。以匈奴餘落歸化，使居河西，漸爲邊患，上疏請復上郡，實馮翊，募取死囚，徙四萬家以充之。武帝不納。

〔三〇〕戈注：「江統字應元，陳留人，晉武帝時爲山陰令。時關、隴爲氐、羌所擾，統深推四夷亂華，宜杜其萌，乃作徙戎論，帝不能用，未及十年，而夷狄亂華，時人服其深識。」

〔三一〕酋首　南家本、寫字臺本作「酋帥」，英華校注引政要作「酋長」。

〔三二〕河南單于　南家本、寫字臺本作「南單于」。

〔三三〕終于一代不有叛逆　戈本將下章「中書令温彦博對曰」至「方務懷柔未之從也」一百八十餘字移至此句之下，改爲「又曰」云云。

〔三四〕太宗竟從其議　原作「太宗竟從其義」，據南家本、菅家本、寫字臺本、元刻、韓版改。戈本無此六字。

〔三五〕戈注：「東至幽州，西至靈州也。」

〔三六〕都督府　原作「都督」，元刻同，據南家本、寫字臺本及通典、舊唐補「府」字。

〔三七〕其人居長安者近且萬家　戈本將下章「自突厥頡利破後」至章末「太宗不納」五百一十餘字移至此句之下。

〔三八〕十二年　寫字臺本、戈本作「十三年」。

〔三九〕突利可汗　寫字臺本、戈本作「突厥可汗」。

〔四〇〕阿史那結社率陰結所部　南家本訛作「阿太那結社陰率結所部」，寫字臺本訛作「阿史那結社陰率結所部」。戈注：「阿史那，突厥姓名。結社率，突利可汗之弟，時爲中郎將。」

〔四一〕夜犯御營事敗皆捕斬之　菅家本無「夜」、「斬」二字。

〔四二〕不直　南家本、寫字臺本作「不置」。

〔四三〕部衆於中國　南家本、寫字臺本作「部落於中國」，菅家本作「部衆中國」。

〔四四〕以主之　菅家本無「之」字。

〔四五〕天下之根本　戈本作「實天下之根本」。

〔四六〕乃同枝葉　南家本、寫字臺本作「乃國枝葉」。

〔四七〕枝附　寫字臺本、戈本作「枝葉」。

〔四八〕用求乂安　南家本、菅家本、寫字臺本作「用求久安」，戈本作「而求乂安」。

〔四九〕魏徵言　南家本、寫字臺本作「魏徵之言」。

〔五〇〕勞費　菅家本作「費損」。

〔五一〕戈注：「舊本李大亮疏以下，至太宗不納，另爲一章。十三年以下，接前段爲一章。今按共是一事，因次第其辭，合爲一章。又按通鑑載此事，衆議甚詳，辭多不録。」

【案】本章戈本據通鑑敘事，將下章文字移入本章，略加連結，合二爲一。事見諫録卷二、通典卷一九七、舊唐卷六一温彦博傳、卷一九四上突厥傳上、會要卷七三、英華卷七六九、册府卷九九一。

256 ○貞觀四年〔一〕，太宗與侍臣議安置突厥之事。中書令温彦博對曰〔二〕：「隋文帝勞兵馬，費倉庫，樹立可汗，令復其國，後遂〔三〕孤恩失信，圍煬帝於雁門〔四〕。今陛下仁厚，從其所欲，河南、河北，任情居住，各有酋長，不相統屬，力散勢分，安能爲害？」給事中杜楚客〔五〕進曰：「北狄人面獸心，難以德懷，易以威服。今命〔六〕其部落散處河南，逼近中華，久必爲患。至如雁門之役，雖是突厥背恩，自由隋主無道，中國以之喪亂，豈得云興復亡國，以致此禍？夷不亂華，前哲明訓〔七〕；存亡繼絶，列聖通規。臣恐事不師古，難以長久。」太宗嘉其言，方務懷柔，未之從也〔八〕。自突厥頡利破後，諸部落首領來降〔九〕者，皆拜將軍、中郎將，布列朝廷，五品已上〔一〇〕百餘人，殆與朝士相半。唯拓拔〔一一〕不至，又遣招慰之，使者相望於道。涼州都督李大亮以爲於事無益，徒費中國，上疏曰：「臣聞欲綏遠者，必先安近。中國百姓，天下根本；四夷之人，猶於枝葉。擾其根本以厚枝附〔一二〕，而求乂安〔一三〕，未之有也。自古明王，化中國以信，馭夷狄以權。故春秋云：『戎狄豺狼，不可厭也〔一四〕；諸夏親昵，不可棄也〔一五〕。』自陛下君臨區宇，深根固本〔一六〕，人逸兵强，九州殷富〔一七〕，四夷自服。今者招致突厥，雖入提封，臣愚稍覺勞費，未悟其有益也。然河西民庶，鎮禦藩夷，州縣蕭條，户口鮮少〔一八〕，加因隋亂，減耗尤多。突厥未平〔一九〕之前，尚不安業；匈奴微弱以來，始就農畝。若即勞役，恐致妨損。以臣愚惑，請停招慰〔二〇〕。且謂之荒服者，故臣而不内〔二一〕。是以周室愛民攘狄，竟延七百〔二二〕之齡；秦王輕戰事胡，故三十載而絶滅〔二三〕。漢文帝〔二四〕養兵静守，天下安豐；孝武揚威遠略，海内虚耗，雖悔輪臺，追已不及〔二五〕。至于隋室，早得伊吾，兼統鄯善〔二六〕，且〔二七〕既得之後，勞費日甚，虚内致外，竟損無益。遠尋秦、漢，近觀隋室，動静安危，昭然備矣。伊吾雖已臣附，遠在藩磧，民非夏人，地多沙鹵。其自豎立稱藩附庸者，請羈縻受之，使居塞外，必〔二八〕畏威懷德，永爲藩臣，蓋行虚惠而收實福矣。近日突厥傾國入朝，既不俘之於江淮〔二九〕，以變其俗，乃置於〔三〇〕内地，去京不遠，雖則寬仁之義，亦非久安之計。每見一人初降，賜物五疋、袍一領，酋帥〔三一〕悉授大官，禄厚位尊，理多糜費，以中國之租賦，供積惡之凶虜，其衆益多，非中國之利也。」太宗不納〔三二〕。

校注

〔一〕四年　南家本、菅家本、寫字臺本作「十四年」。

〔二〕中書令温彦博對曰　戈本作「又曰」。

〔三〕後遂　戈本無「遂」字。

〔四〕戈注：「隋開皇二十年，文帝以突厥突利爲啓民可汗，妻以義成公主。大業十一年，煬帝巡北邊，始畢可汗帥騎數十萬，謀襲帝，義成公主遣使告變，帝馳入雁門，突厥圍雁門，急攻之，帝泣，目盡腫，後公主以計解圍。」

〔五〕戈注：「如晦弟也。少尚奇節。初，建成難作，遁舍嵩山。貞觀四年，召爲給事中。太宗曰：『人不恤無官，患才不副，而兄與我共支一心者，爾當如兄事吾。』進蒲州刺史，有能名。遷工部尚書，攝府事，以威肅聞。」

〔六〕今命　南家本、寫字臺本、戈本作「今令」。

〔七〕明訓　興本、松本作「明説」。

〔八〕隋文帝勞兵馬至未之從也　戈本移至前章「終于一代不有叛逆」句後，另有「卒用彦博策」五字。

〔九〕諸部落首領來降　南家本、寫字臺本作「諸部落有首領來降」，菅家本作「諸落首領來降」。

〔一〇〕五品已上　南家本、寫字臺本作「五品已上者」。

〔一一〕拓拔　南家本、寫字臺本作「拓設」。戈注：「複姓。」

〔一二〕枝附　戈本作「枝葉」。

〔一三〕而求乂安　南家本、菅家本、寫字臺本、戈本作「而求久安」。

〔一四〕不可厭也　菅家本作「不所厭也」。

〔一五〕戈注：「左傳閔公元年，管仲告齊侯之辭。」

〔一六〕深根固本　菅家本作「深固本根」。

〔一七〕殷富　南家本、菅家本、寫字臺本作「殷盛」。

〔一八〕鮮少　南家本、菅家本、寫字臺本作「先少」。

〔一九〕未平　菅家本作「未安」。

〔二〇〕招慰　菅家本作「招諭」。

〔二一〕臣而不内　興本、寫字臺本、戈本作「臣而不納」。

〔二二〕七百　戈本作「八百」。

〔二三〕故三十載　南家本、寫字臺本作「四十載」，戈本作「故四十載」。

〔二四〕漢文帝　南家本、戈本無「帝」字。

〔二五〕迫已　菅家本作「迫已」。戈注：「漢武帝，既悔遠征伐，而搜粟都尉桑弘羊與丞相御史奏言：『故輪臺以東有溉田五千頃以上，請置校尉分護，歲收其利，以威西國。』上不從，乃下詔深陳既往之悔。」

〔二六〕鄯善　菅家本、元刻訛作「鄯羌」。戈注：「伊吾、鄯善，並西域國名。伊吾，在大磧外，南至玉門關八百里，漢宜禾都尉所治。」〔案〕鄯善，在伊吾以西，漢戊已校尉所治。

〔二七〕且　南家本、寫字臺本作「且夫」。

〔二八〕必　興本、松本作「亦」。

〔二九〕不俘之於江淮　建治本、松本「不能俘之江淮」的「之江」二字蟲損，興本作「不俘之於淮」，戈本作「不能俘之江淮」。

〔三〇〕乃置於　菅家本作「乃至於」。

〔三一〕酋帥　戈本作「酋長」。

〔三二〕自突厥頡利破後至太宗不納　戈本移至前章「十二年太宗幸九成宮」句前。

【案】本章戈本與前章合爲一章。事見通典卷一九七、舊唐卷六二李大亮傳、會要卷七三、册府卷四〇七、四六五。

257 ○貞觀十四年，侯君集平高昌之後，太宗欲以其國〔一〕爲州縣。魏徵曰〔二〕：「陛下初臨天下，高昌王先來朝謁。自後數有商胡稱其遏絶貢獻，加之不禮大國詔使，王誅載加〔三〕。若罪止文泰〔四〕，斯亦可矣。未若因撫其民〔五〕而立其子，所謂伐罪弔民，威德被於遐外，爲國之善者也。今若利其土壤以爲州縣，常須千餘人鎮守。數年一易，每來往〔六〕交替，死者十有三四。遣辦衣資，離別親戚，十年之後，隴右空虚，陛下終不得〔七〕高昌撮穀尺布以助中國。所謂散有用而事無用，臣未見其可。」太宗不從，竟以其地置西州，仍以西州爲〔八〕安西都護府，每歲〔九〕調發千餘人，防遏其地。

黄門侍郎褚遂良亦以爲不可，上疏曰：「臣聞古者，哲后臨朝，明王創制〔一〇〕，必先華夏而後夷狄，廣諸德化，不事遐荒。是以周宣薄伐，至境而反〔一一〕；始皇遠塞，中國分離〔一二〕。

陛下誅滅高昌，威加西域，收其鯨鯢，以爲州縣。然則王師初發之歲，河西供役〔一三〕之年，飛芻輓粟，十室九空〔一四〕，數郡蕭然，五年不復。陛下每歲〔一五〕遣千餘人而遠事屯戍〔一六〕，終年離別〔一七〕，萬里思歸。去者資裝自須營辦，既賣菽粟，傾其機杼。經途死亡，復在言外〔一八〕。兼遣罪人，增其防遏。所遣之内，復有逃亡，官司捕捉，爲國生事。高昌塗路，沙磧千里，冬風冰冽〔一九〕，夏風如焚，行人去者〔二〇〕，遇之多死。易云『安不忘危，理不忘亂。』設令張掖塵飛，酒泉烽起〔二一〕，陛下豈能得高昌一人菽粟〔二二〕而及事乎？終須發〔二三〕隴右諸州，星馳電擊。由斯而言，此河西者，方今心腹〔二四〕，彼高昌者，他人手足，豈得糜費中華，以事無用？陛下平頡利於沙塞，滅吐渾於西海。突厥餘落〔二五〕，爲立可汗；吐渾遺萌，更樹君長。復立高昌，非無前例，此所謂〔二六〕有罪而誅之，既服而存之〔二七〕。宜擇高昌可立者，徵給〔二八〕首領，遣還本國，負戴〔二九〕洪恩，長爲藩翰。中國不擾，既富且寧，傳之子孫，以貽後代〔三〇〕。」疏奏，不納。

至十六年，西突厥遣兵寇西州，太宗謂侍臣曰：「朕聞西州有警急〔三一〕，雖不足爲害，然豈能無憂乎？往者初平高昌，魏徵、褚遂良勸朕立麴文泰子弟，依舊爲國，朕竟不用其計〔三二〕，今日方自悔責。昔漢高祖遭平城之圍而賞婁敬〔三三〕，袁紹敗於官渡而誅田豐〔三四〕，朕恒以此二事〔三五〕爲誡，寧得忘所言者乎！」

校注

〔一〕其國　戈本作「其地」。

〔二〕魏徵曰　南家本、寫字臺本作「魏徵奏曰」。

〔三〕王誅載加　戈本上有「遂使」二字。

〔四〕戈注：「高昌王姓麴，名文泰。」

〔五〕撫其民　南家本作「撫其人民」，寫字臺本作「撫其人」。

〔六〕來往　南家本、寫字臺本作「往來」。

〔七〕不得　南家本、寫字臺本作「不能得」。

〔八〕仍以西州爲　南家本、寫字臺本作「仍於西州置」。

〔九〕每歲　菅家本作「每年」。

〔一〇〕創制　戈本作「創業」。

〔一一〕戈注：「周宣王，名靖。詩曰：『薄伐玁狁，至于太原。』言逐出之，而不窮追也。」

〔一二〕戈注：「秦始皇使蒙恬發兵三十萬人，收河南地，爲四十四縣。築長城，因地形，用制險塞，起臨洮至遼東，延袤萬餘里。」

〔一三〕供役　菅家本作「共役」。

〔一四〕十室九空　南家本、寫字臺本作「十室而九」。

〔一五〕每歲　南家本、菅家本、寫字臺本無「每」字。

〔一六〕屯戍　南家本訛作「屯戎」。

〔一七〕離別　南家本、寫字臺本作「別離」。

〔一八〕言外　原作「方外」，元刻、韓版、戈本同，南家本、寫字臺本作「京外」，據菅家本及通典改。

〔一九〕冰冽　南家本、寫字臺本作「冰烈」。

〔二〇〕去者　南家本、寫字臺本作「去來」，戈本無此二字。

〔二一〕烽起　南家本、菅家本、寫字臺本、韓版、戈本作「烽舉」。

〔二二〕一人菽粟　南家本、菅家本作「人斗粟」，寫字臺本作「一人斗粟」。

〔二三〕發　南家本、寫字臺本作「飛」。

〔二四〕方今心腹　南家本、菅家本、寫字臺本、元刻作「方以腹心」，戈本作「方於心腹」。

〔二五〕突厥餘落　南家本、寫字臺本作「突厥餘部落」。

〔二六〕所謂　菅家本、寫字臺本無「所」字。

〔二七〕既服而存之　南家本、寫字臺本作「既服而立之」，菅家本作「既復而存之」。

〔二八〕徵給　南家本、菅家本、戈本作「徵給」。

〔二九〕負戴　菅家本訛作「貴戴」。

〔三〇〕以貽後代　南家本、寫字臺本作「以貽長代」。

〔三一〕朕聞西州有警急　南家本、寫字臺本作「朕聞西州今有警急」，菅家本作「聞西州有警急」。

〔三二〕不用其計　南家本作「不能用其計」。

〔三三〕戈注：「漢高帝欲擊匈奴，使婁敬使匈奴。還報曰：『匈奴伏奇兵以争利，不可擊也。』上怒曰：『齊虜以口舌得官，迺今妄言沮吾軍。』械繫敬至廣武，遂至平城。匈奴果出奇兵，圍帝白登，七日，然後得解，還至廣武，赦敬曰：『吾不用公言，以困平城。』乃封敬千户，爲關内侯。」

〔三四〕戈注：「漢獻帝時，曹操兵大破袁紹於官渡，紹與八百騎渡河，走至黎陽，衆稍復歸，或謂田豐曰：『君必見重。』豐曰：『公今戰敗而歸，内恚將發，吾不望生。』紹謂逄紀曰：『田別駕前諫止吾，吾慙之。』紀曰：『豐聞將軍之退，拊手大笑。喜其言之中也。』袁紹遂殺豐。」

〔三五〕二事　興本、松本無「二」字。

【案】「至十六年」以下，假名本别爲一章。魏徵諫言，見諫録卷二、舊唐卷一九八高昌傳、會要卷九五。褚遂良上疏，見通典卷一九一、舊唐卷八〇褚遂良傳、會要卷九五、册府卷三三七。

貞觀政要卷第九

貞觀政要卷第十

【案】建治本無「卷」字，作「第十」。南家本、菅家本、寫字臺本、元刻有「史臣吴兢撰」五字，戈本作「戈直集論」。南家本、菅家本、寫字臺本另行有「論行幸第三十六論田獵第三十七論祥瑞第三十八論灾害第三十九論慎終第四十」三十四字。元刻作「論行幸第三十七論畋獵第三十八論災祥第三十九論慎終第四十」，戈本另行作「論行幸三十七論畋獵三十八論灾祥三十九論慎終四十」。

論行幸第三十七

【案】南家本、菅家本、寫字臺本作「論行幸第三十六」，戈本無「論」字。南家本、菅家本、寫字臺本、元刻、明本、韓版均三章，唯戈本有卷二直諫附篇移入一章(67)，故戈注「凡四章」。

258 〇貞觀初，太宗謂侍臣曰：「隋煬帝廣造宫室，以肆行幸，自西京至東京〔一〕，離宫別館，相望道次，乃至并州、涿郡，無不悉然〔二〕。馳道皆廣數百步，種樹以飾其傍。人力不堪，相聚爲賊。逮至末年，尺土一人，非復己有。以此觀之〔三〕，廣宮室、好行幸，竟有何益？此皆朕耳所聞、目所見〔四〕，深以自戒。故不敢輕用人力，惟令百姓安静，無有〔五〕怨叛而已。」

校注

〔一〕東京　原作「京都」，菅家本、寫字臺本、韓版、戈本作「東都」，據南家本、元刻改。

〔二〕無不悉然　菅家本、寫字臺本作「士庶無不悉然」。

〔三〕以此觀之　興本、松本脱「以」字。

〔四〕耳所聞目所見　南家本、菅家本、寫字臺本、韓版作「所耳聞目見」。

〔五〕無有　元刻、韓版、戈本作「不有」。

259 〇貞觀十一年，太宗幸洛陽宮，泛舟于積翠池，顧謂侍臣曰：「此宮苑臺沼是煬帝所爲〔一〕，驅役生人〔二〕，窮此雕麗，復不能守此一都，以萬人爲慮。好行幸不息，人所不堪。昔詩人云：『何草不黄？何日不行〔三〕』，『大東小東，杼軸其空〔四〕』，正謂此也。遂使天下怨叛，身死國滅，今其宮苑盡爲我有。隋氏傾覆者，豈惟其君無道，亦由股肱無良〔五〕。

如宇文述、虞世基、裴蘊之徒〔六〕，居高官、食厚禄，受人委任〔七〕，惟行諂佞，蔽塞聰明，欲令其國無危亡〔八〕，理不可得也〔九〕。」司空長孫無忌奏言：「隋氏之亡，其君則杜塞忠讜之言〔一〇〕，臣則苟欲自全，左右有過，初不〔一一〕糾舉，寇盜滋蔓，亦不〔一二〕實陳。據此，即不惟天道，實由君臣不相匡弼。」太宗曰：「朕與卿等承其餘弊，惟須弘道移風，使萬代〔一三〕永賴矣〔一四〕。」

校注

〔一〕此宮苑臺沼是煬帝所爲　南家本、菅家本、寫字臺本、戈本作「宮觀臺沼竝（並）煬帝所爲」。

〔二〕驅役生人　戈本作「所謂驅役生人」。

〔三〕何草不黄何日不行　原作「何日不行何草不黄」，南家本、菅家本、寫字臺本、元刻、韓版同，據戈本及詩改。

戈注：「詩小雅何草不黄篇之辭。」

〔四〕戈注：「詩小雅大東篇之辭。」

〔五〕亦由股肱無良　南家本作「亦由股肱無良臣」，菅家本作「忽由股肱無良臣」。

〔六〕戈注：「皆隋之臣。」

〔七〕受人委任　南家本、菅家本、寫字臺本作「受人之委任」。

〔八〕其國無危亡　南家本、菅家本、寫字臺本作「其君無危」，戈本作「其國無危」。

〔九〕理不可得也　戈本作「不可得也」。

〔一〇〕之言　菅家本訛作「三」。

〔一一〕初不　菅家本無「不」字。

〔一二〕亦不　菅家本作「亦不審」。

〔一三〕萬代　菅家本、元刻、韓版、戈本作「萬世」。

〔一四〕司空長孫無忌奏言至使萬代永賴矣　南家本、寫字臺本無此八十一字。

260 〇貞觀十三年〔一〕，太宗謂魏徵等曰：「隋煬帝承文帝餘業，海内殷阜，若能常據〔二〕關中，豈有傾敗？遂不顧百姓，行幸無期，徑往江都，不納董純、崔象〔三〕諫争，身戮國滅，爲天下笑。雖復帝祚長短，委以玄天，而福善禍淫，亦由人事〔四〕。朕每思之，若欲君臣長久，國無危敗，君有違失，臣須極言。朕聞卿等規諫，縱不能當時即從，再三思審，必擇善而用〔五〕。」

校　注

〔一〕十三年　興本、松本作「十二年」。

〔二〕常據　戈本作「常處」。

〔三〕崔象　南家本、菅家本作「崔民象等」，寫字臺本、韓版、戈本作「崔象等」。戈注：「皆隋之臣。」

〔四〕亦由人事　菅家本作「忽由人事」。

〔五〕必擇善而用　興本訛作「不擇善而用」，戈本作「必擇善而用之」。

【案】此處戈本有卷二直諫附篇移入一章(67)。

論田獵第三十八

【案】南家本作「論佃獵第三十七」，菅家本作「論田獵第三十七」，寫字臺本作「論畋獵第三十七」，戈本作「論畋獵第三十八」。南家本、菅家本、寫字臺本、元刻、明本、韓版均四章，唯戈本有卷二直諫附篇移入一章(65)，故戈注「凡五章」。

261 ○秘書監〔一〕虞世南以太宗頗好畋獵〔二〕，上疏諫曰：「臣聞秋獮冬狩，蓋惟恒典〔三〕；射隼從禽，備乎前誥〔四〕。伏惟陛下，因聽覽之餘辰，順天道以殺伐，將欲摧斑碎掌，親御皮軒〔五〕，窮猛獸之窟穴，盡逸材之林藪。夷凶剪暴，以衛黎元，收革擢羽，用充軍器〔六〕，舉旗效獲，式遵前古。然黃屋之尊，金輿之貴，八方之所仰德，萬國之所係心，清道而行，猶戒銜橜〔七〕，斯蓋重慎防微〔八〕，爲社稷也。是以馬卿直諫於前〔九〕，張昭變色於後〔一〇〕，臣誠細微〔一一〕，敢忘斯義？且天弧星罼〔一二〕，所殪已多〔一三〕，頒禽賜獲，皇恩亦溥。伏願時息獵車，且韜長戟，不拒芻蕘之請，降納畎澮〔一四〕之流，袒裼徒搏，任之群下，則貽範百王，永光萬代。」太宗深嘉〔一五〕其言。

校注

〔一〕秘書監　南家本、菅家本作「秘書少監」。

〔二〕畋獵　南家本作「佃獵」，菅家本作「田獵」。

〔三〕戈注：「周禮大司馬，仲秋教治兵以獮田，致禽以祀祊；仲冬教大閱以狩田，致禽以享烝。」

〔四〕備乎前誥　南家本、菅家本、寫字臺本作「備于前誥」。戈注：「隼，禽也。」

〔五〕戈注：「田獵之車也。」

〔六〕軍器　英華校注引政要作「軍實」。

〔七〕橜　南家本、寫字臺本訛作「蹷」，菅家本訛作「厥」。

〔八〕重愼防微　原作「愼防微」，元刻、韓版同，據南家本、菅家本、寫字臺本、戈本補「重」字。

〔九〕戈注：「司馬相如字長卿，漢武帝時爲郎，嘗從帝獵長楊，帝好自擊熊豕，馳逐野獸，相如上疏諫，帝從之。」

〔一〇〕戈注：「張昭字子布，彭城人，爲吳主孫權軍師，權嘗乘馬射虎，昭變色而諫之。」

〔一一〕細微　南家本、菅家本、寫字臺本作「微物」。

〔一二〕天弧星罼　建治本、松本、菅家本、寫字臺本訛作「天狐星罼」，興本訛作「天弧星畢」。戈注：「罼，網也。」

〔一三〕戈注：「殪，殺死也。」

〔一四〕畎澮　南家本、菅家本、寫字臺本、戈本作「涓澮」。

〔一五〕深嘉　南家本、菅家本、寫字臺本作「深納」。

【案】本章虞世南上疏重出寫字臺本卷四輔弼篇第一章。事見舊唐卷七二虞世南傳、會要卷二八、英華卷六九四、册府卷五三一、五四二。

262 ○谷那律〔一〕爲諫議大夫，嘗從太宗出獵，在塗遇雨，因〔二〕問曰：「油衣若爲得不漏〔三〕？」對曰：「能以瓦爲之，必不漏矣〔四〕！」意欲太宗弗數遊畋〔五〕，太宗嘉納〔六〕，賜帛五十段〔七〕，加以金帶〔八〕。

校注

〔一〕戈注：「魏州昌樂人。貞觀中，累遷國子博士，後遷諫議大夫，淹識群書，褚遂良稱爲九經庫。」

〔二〕因　建治本、菅家本作「上」，戈本作「太宗」。

〔三〕不漏　菅家本、寫字臺本作「不漏矣」。

〔四〕必不漏矣　南家本、菅家本、寫字臺本無「矣」字。

〔五〕弗數遊畋　南家本、菅家本、寫字臺本作「弗遊畋也」，戈本作「弗數遊獵」。

〔六〕太宗嘉納　南家本、菅家本、寫字臺本作「深嘉納其言大宗大悦」，戈本作「大被嘉納」。

〔七〕五十段　南家本、菅家本、寫字臺本作「二百段」。

〔八〕加以金帶　南家本作「加以金帶一條」，菅家本、寫字臺本作「兼以金帶一條」。戈注：「按通鑑，此事係在高宗永徽元年九月癸亥，與此異，而新、舊唐書則同。」

【案】本章南家本、寫字臺本屬前章。事見舊唐卷一八九上谷那律傳、會要卷二七、册府卷五四九。

【又案】此處戈本有卷二直諫附篇移入一章(65)。

263 ○貞觀十四年，太宗幸同州沙苑，親格猛獸，復晨出夜還。特進魏徵奏曰〔一〕：「臣聞書美文王不敢盤于遊畋〔二〕，傳述虞箴稱夷羿以爲誡〔三〕。昔漢文臨霸坂〔四〕欲馳下，袁盎〔五〕攬轡曰：『聖主不乘危，不徼幸。今陛下騁六飛，馳不測之山〔六〕，如有馬驚車覆〔七〕，陛下縱欲自輕，奈高廟何〔八〕？』孝武好格猛獸，相如進諫〔九〕：『力稱烏獲〔一〇〕，捷言慶忌〔一一〕，人誠有之，獸亦宜然。卒遇〔一二〕逸材之獸，駭不存之地，雖烏獲、逢蒙之技〔一三〕不得用，而〔一四〕枯木朽株盡爲難矣。雖萬全而無患，然本非天子所宜近〔一五〕。』孝元郊泰畤〔一六〕，因留射獵，薛廣德奏稱〔一七〕：『竊見關東困極，百姓罹灾，今日撞亡秦之鐘，歌鄭、衛之樂，士卒暴露，從官勞倦，欲安宗廟社稷〔一八〕，何憑河暴虎，未之比也〔一九〕？』臣竊思此數帝，心豈木石，獨不好馳騁之樂？而割情屈己〔二〇〕，從臣下之言者，志存爲國，不爲身也。臣伏聞車駕近出，親格猛獸，晨去夜還〔二一〕，以萬乘之尊，闇行荒野〔二二〕，踐深林、涉豐草，甚非萬全之計。願陛下割私情之娱，罷格獸之樂，上爲宗廟社稷，下慰群寮兆庶。」太宗曰：「昨日之事，偶屬〔二三〕塵昏，非故然也，自今深用爲戒也。」

校注

〔一〕奏曰　戈本作「奏言」。

〔二〕遊畋　戈本作「遊田」。戈注：「周書曰：『文王不敢盤于遊田，以庶邦惟正之供。』」

〔三〕戈注：「左傳，魏絳告晉侯曰：『昔虞人之箴曰：「在帝夷羿，冒于原獸。」虞箴如是，可不懲乎？』」

〔四〕漢文臨霸坂　南家本、菅家本、寫字臺本作「漢文帝臨霸阪」，戈本作「漢文臨峻阪」。

〔五〕戈注：「楚人，漢文帝時爲中郎將。」

〔六〕不測之山　菅家本、寫字臺本作「不測山」。

〔七〕馬驚車覆　戈本作「馬驚車敗」。

〔八〕戈注：「文帝從霸陵上，欲西馳下峻阪，袁盎諫。帝曰：『將軍怯邪？』盎曰：『臣聞千金之子不垂堂，百金之子不倚衡』云云。帝乃止。」

〔九〕相如進諫　南家本、寫字臺本作「相如陳」，菅家本作「相如進陳」。

〔一〇〕戈注：「秦武王力士，舉龍文鼎者。」

〔一一〕捷言　南家本訛作「擁言」。戈注：「吴王僚之子，射能捷矢。」

〔一二〕卒遇　南家本、菅家本、寫字臺本作「卒然遇」。

〔一三〕逢　「逄」的本字，音旁。戈注：「逄蒙，古之善射者。」

〔一四〕而　建治本、興本衍作「因而」。

〔一五〕然本非天子所宜近　戈本作「然而本非天子所宜」。戈注：「事見首章注。」〔案〕指注司馬相如條。

〔一六〕孝元郊泰畤　戈本作「孝元帝郊泰畤」。戈注：「郊祀之壇曰畤。」

〔一七〕薛廣德奏稱　弋本作「薛廣德稱」。弋注：「字長卿，沛郡人，時爲長信少府、御史大夫。」

〔一八〕欲安宗廟社稷　南家本、菅家本、寫字臺本作「顧其如宗廟社稷」，韓版作「顧如宗廟社稷」。

〔一九〕未之比也　南家本、菅家本、寫字臺本作「未足至誡也」，弋本作「未之戒也」。

〔二〇〕割情屈己　元刻作「剖情屈己」。

〔二一〕晨去夜還　南家本、寫字臺本、弋本作「晨往夜還」。

〔二二〕闇行荒野　英華校注引政要作「闇投荒村」。

〔二三〕偶屬　建治本、松本、菅家本、寫字臺本訛作「遇屬」。

【案】本章事見諫録卷二、會要卷二八、英華卷六二〇。

264 ○貞觀十四年冬十月，太宗將幸櫟陽遊畋〔一〕，縣丞劉仁軌〔二〕以收穫未畢，非人君順動之時事〔三〕，詣行在所〔四〕上表切諫。太宗遂罷獵，擢拜仁軌新安令〔五〕。

校注

〔一〕遊畋　南家本、菅家本、寫字臺本作「遊獵」。

〔二〕弋注：「字正則，汴州人。初爲陳倉尉，部人魯寧爲折衝都尉，豪縱犯法，縣莫敢屈，仁軌榜殺之。太宗召詰責，仁軌曰：『寧辱臣，臣故殺之。』帝以爲剛直，擢咸陽丞，累遷給事中，武后時拜僕射。」〔案〕戈注有誤，「咸陽丞」當作「櫟陽丞」。

〔三〕順動之時事　南家本、菅家本、寫字臺本作「順動之事」，戈本作「順動之時」。

〔四〕詣行在所　南家本、菅家本、寫字臺本、元刻作「詣於行所」，戈本作「詣行所」。

〔五〕戈注：「按史傳，太宗校獵同州，仁軌諫曰：『今玆澍澤霑足，百穀熾茂，收纔十二。常日賚調，已有所妨。又供獵事、繕橋、治道，役雖簡省，猶不損數萬。少延一旬，使場圃畢勞，陛下六飛徐驅，公私交泰。』上璽書褒納，拜新安令。」

【案】本章事見舊唐卷八四劉仁軌傳、會要卷二七。

論災祥第三十九

【案】南家本、菅家本、寫字臺本分作論祥瑞第三十八（一章，265）、論灾異第三十九（三章，266、267、268）。戈本無「論」字。元刻、明本、韓版、戈本均四章，戈注「凡四章」。

265 ○貞觀六年，太宗謂侍臣曰：「朕比見衆議以祥瑞爲美事〔一〕，頻有賀表〔二〕。如朕本心，但使天下太平，家給人足，雖無祥瑞，亦可比德於堯、舜。若百姓不足，夷狄内侵，縱有芝草遍街衢，鳳皇栖苑囿〔三〕，亦何異於桀、紂？常聞石勒時〔四〕有郡吏燃連理木，煮白雉肉喫，豈得稱爲明主邪？又隋文帝深愛祥瑞，遣秘書監王劭着衣冠，在朝堂〔五〕對考使〔六〕焚香以讀皇隋感瑞經〔七〕，舊嘗見傳説此事，實以爲可笑。夫爲人君〔八〕，當須至公理天下，以得萬國〔九〕之歡心。昔〔一〇〕堯、舜在上，百姓敬之如天地，愛之如父母。動作興事，人皆樂之；發號施令，人皆悦之，此是大祥瑞也。自此後諸州所有祥瑞，並不用申奏〔一一〕。」

校注

〔一〕美事　南家本、菅家本、寫字臺本作「盛事」。

〔二〕有賀表　南家本、寫字臺本、戈本作「有表賀慶」。

〔三〕鳳皇栖苑囿　建治本、松本、菅家本、寫字臺本作「鳳凰巢苑囿」，興本、戈本作「鳳凰巢苑囿」。

〔四〕常聞石勒時　南家本、菅家本、寫字臺本作「嘗聞後魏時」，戈本作「嘗聞石勒時」。戈注：「石勒，上黨匈奴人。晉元帝時據襄國稱帝，是爲後趙。」

〔五〕朝堂　南家本、菅家本、寫字臺本作「明堂」。

〔六〕考使　南家本、菅家本作「考使前」。

〔七〕以讀 戈本無「以」字。戈注：「隋文帝好機祥小數，王劭言上受命符瑞甚衆，又採歌謡、圖讖、佛經文字，曲加誣飾，撰皇隋靈感志三十卷。上令宣示天下。劭集諸州朝集使，盥手焚香，閉目讀之，曲折有聲如歌詠。經旬朔始徧。上益喜，賞賜優洽。」

〔八〕人君 興本、松本訛作「人若」。

〔九〕萬國 南家本、菅家本、寫字臺本、戈本作「萬姓」。

〔一〇〕昔 戈本作「若」。

〔一一〕戈注：「按通鑑，係貞觀二年。又曰：『嘗有白鵲構巢於寢殿槐上，合歡如腰鼓，左右稱賀。上曰：我嘗笑隋煬帝好祥瑞，瑞在得賢，此何足賀？命毁其巢於野外。』」

【案】本章南家本、菅家本、寫字臺本爲論祥瑞篇第三十八第一章（僅一章）。事見會要卷二八。

266 〇貞觀八年，隴右山崩，大蛇屢見，山東及江、淮多大水。太宗問〔一〕侍臣，秘書監虞世南對曰：「春秋時，梁山崩〔二〕，晉侯召伯宗而問焉〔三〕，對曰：『國主山川，故山崩川竭，君爲之不舉樂〔四〕，降服乘縵〔五〕，祝幣以禮焉。』梁山，晉所主也。晉侯從之，故得無害〔六〕。漢文帝元年，齊、楚地二十九山同日崩，大水出〔七〕，令郡國無來獻，施惠於天下，遠近歡洽，亦不爲灾。後漢靈帝時，青蛇見御坐〔八〕。晉惠帝時，大蛇長三百步，見齊地，經市入朝中〔九〕。案蛇宜在草野，而入市朝〔一〇〕，所以爲怪〔一一〕耳。今蛇見山澤〔一二〕，蓋深山大澤必有龍蛇，亦不足怪。又山東足雨〔一三〕，雖則其常，然陰懲〔一四〕過久，恐有冤獄，宜斷省〔一五〕繫囚，庶〔一六〕或當天意。且妖不勝德，唯修德〔一七〕可以銷變。」太宗以爲然，因遣使者賑恤饑餒〔一八〕，申理獄訟〔一九〕，多所原宥。

校注

〔一〕問　南家本、菅家本、寫字臺本、戈本作「以問」。

〔二〕戈注：「梁山，晉地。」

〔三〕戈注：「晉侯，景公，名孺。伯宗，晉大夫。」

〔四〕爲之不舉樂　南家本作「爲之不舉」。

〔五〕乘縵　南家本、菅家本、寫字臺本作「垂縵」。戈注：「謂乘車之無飾文者。」

〔六〕戈注：「事見左傳成公五年。」

〔七〕大水出　南家本、菅家本、寫字臺本、元刻、韓版、戈本作「水大出」。

〔八〕青蛇見御坐　南家本、寫字臺本、元刻、韓版、戈本作「青蛇見御座」，菅家本作「有青蛇見御座」。

〔九〕入朝中　韓版作「入廟」，戈本作「入朝」。

〔一〇〕市朝　南家本、菅家本、寫字臺本作「朝市」。

〔一一〕爲怪　南家本、菅家本、寫字臺本作「可爲怪」。

〔一二〕山澤　南家本、菅家本、寫字臺本作「山澤之」。

〔一三〕山東足雨　韓版、戈本作「山東之雨」。

〔一四〕陰僭　南家本、菅家本、寫字臺本、元刻、戈本作「陰潛」。

〔一五〕斷省　南家本、菅家本、寫字臺本作「料省」。

〔一六〕庶　南家本、菅家本、寫字臺本作「庶幾」。

〔一七〕唯修德　戈本無「唯」字。

〔一八〕饑餒　菅家本作「饑乏」。

〔一九〕獄訟　建治本訛作「獄詔」，戈本作「寃訟」。

【案】本章南家本、菅家本、寫字臺本爲論灾異篇第三十九第一章。事見舊唐卷三七五行志、卷七二虞世南傳、會要卷四三、册府卷一四四、五三一、六〇一、七八〇。

267 ○貞觀八年，有彗星見于南方〔一〕，長六尺〔二〕，經百餘日乃滅。太宗謂侍臣曰：「天見彗星〔三〕，由朕之不德，政有虧失，是何妖也？」虞世南對曰：「昔齊景公〔四〕時有彗星見〔五〕，公問晏子〔六〕。晏子對曰〔七〕：『公穿池沼畏不深，起臺榭畏不高，行刑罰畏不重，是以天見彗星爲公誡耳！』景公懼而修德，後十三日〔八〕而星没。陛下若德政不修，雖麟鳳數見，終是無益。但使朝無闕政，百姓安樂，雖有災變，何損於德〔九〕？願陛下勿以功高古人而自矜大，勿以太平漸久而自驕逸，若能慎終如始〔一〇〕，彗星縱見〔一一〕，未足爲憂！」太宗曰：「吾之理國，良無景公之過。但朕年十八便爲〔一二〕經綸王業，北翦劉武周〔一三〕，西平薛舉，東擒竇建德、王世充，二十四而天下定，二十九而居大位，四夷降服，海内乂安，自謂古來英雄撥亂之主無見及者，頗有自矜之意，此吾之過也。上天見變，良爲是乎？秦始皇平六國，隋煬帝富有四海，既驕且逸，一朝而敗，吾亦何得自驕也？言念於此，不覺惕惕而震懼〔一四〕！」魏徵進曰：「臣聞自古帝王未有無灾變者〔一五〕，但能修德，災變自消。陛下因有天變，遂能〔一六〕誡懼，反覆思量，深自剋責，雖有此變，必不爲災也〔一七〕。」

校注

〔一〕戈注：「彗星，妖星也，其狀如箒。」

〔二〕六尺　南家本、寫字臺本、戈本作「六丈」。戈注：「一作六尺。」

〔三〕彗星　南家本、菅家本、寫字臺本作「妖星」。

〔四〕戈注：「名杵臼。」

〔五〕有彗星見　戈本作「彗星見」。

〔六〕晏子　南家本、菅家本、寫字臺本作「晏嬰」。戈注：「晏嬰也。」

〔七〕晏子對曰　南家本、菅家本、寫字臺本作「嬰對曰」。

〔八〕十三日　南家本、菅家本、寫字臺本作「十日」，戈本作「十六日」。戈注：「十六，一作十三。」

〔九〕何損於德　南家本、菅家本、寫字臺本作「何損於時」。

〔一〇〕慎終如始　戈本作「終始如一」。

〔一一〕彗星縱見　南家本作「彗星見」，菅家本作「彗星雖見」，戈本作「彗見」。

〔一二〕便爲　南家本、菅家本、寫字臺本無「爲」字。

〔一三〕劉武周　建治本訛作「劉武固」。

〔一四〕惕惕而震懼　南家本、菅家本、寫字臺本、韓版、戈本作「惕焉震懼」，元刻作「惕而震懼」。

〔一五〕灾變者　寫字臺本無「者」字。

〔一六〕遂能　興本、松本無「能」字。

〔一七〕必不爲災也　南家本、菅家本作「必不爲災矣」，寫字臺本作「必不爲災」。

【案】本章南家本、菅家本、寫字臺本爲論灾異篇第三十九第二章。事見舊唐卷七二虞世南傳、會要卷四三、册府卷一四四、一七五、五三一、七八〇。

268 ○貞觀十一年，大雨，穀水溢，衝洛〔一〕城門，入洛陽宫，平地五尺，毁宫寺〔二〕十九，所漂七百餘家。太宗謂侍臣曰：「朕之不德，皇天降災，將由視聽弗明，刑罰失度，遂使陰陽舛謬，雨水乖常。矜物罪己，載懷憂惕，朕又何情獨甘滋味〔三〕？可令尚食斷肉〔四〕，進蔬食。文武百官各上封事，極言得失。」中書侍郎岑文本上封事曰：

臣聞開撥亂之業，其功既難；守已成之基，其道不易。故居安思危，所以定其業也；有始有卒，所以崇其基也。今雖億兆乂安，邊隅寧謐〔五〕，既承喪亂之後，又接凋弊之餘，户口減損尚多，田疇墾闢〔六〕猶少。覆燾之恩著矣，而瘡痍〔七〕未復；德教之風被矣，而資産屢空。是以古人譬之種樹，年紀〔八〕綿遠，則枝葉扶疎；若種之日淺，根本未固，雖壅之以黑壤〔九〕，暖之以春日，一人摇之，必致槁枯〔一〇〕。今日之百姓〔一一〕，頗類於此。常加含養，則日就滋息〔一二〕；暫有征役，則隨日凋耗〔一三〕。凋耗既甚，則人不聊生；人不聊生，則怨氣充塞〔一四〕；怨氣充塞，則離叛之心生矣。故帝舜曰「可愛非君，可畏非民〔一五〕」，孔安國曰「人以君爲命，故可愛。君失道，人叛之，故可畏〔一六〕」，仲尼曰「君猶舟也，人猶水也，水所以載舟〔一七〕，亦所以覆舟」，是以古人云「哲王〔一八〕雖休勿休，日慎一日〔一九〕」，良爲此也。

伏惟陛下覽古今之事，察安危之機，上以社稷爲重，下以億兆爲念〔二〇〕。明選舉，慎賞罰，進賢才，退不肖。聞過既改〔二一〕，從諫如流。爲善在於不疑，出令期於必信。頤神養性，省畋獵〔二二〕之娱；去奢從儉，減工役之費。務静方内，而不求闢土；載櫜弓矢，而無忘〔二三〕武備。凡此數者〔二四〕，雖爲國之恒道〔二五〕，陛下所常行〔二六〕。臣之愚昧〔二七〕，唯願陛下思而不怠，則至道之美，與三、五比隆〔二八〕；億載〔二九〕之祚，隨天地長久〔三〇〕。雖使桑穀爲妖〔三一〕，龍蛇作孽〔三二〕，雉雊於鼎耳〔三三〕，石言於晉地〔三四〕，猶當轉禍爲福，變災爲祥〔三五〕，况雨水〔三六〕之患，陰陽恒理〔三七〕，豈可謂天譴之而繫聖心哉〔三八〕！臣聞古人有言：「農夫勞而君子養焉，愚者言而智者擇焉〔三九〕。」輒陳狂瞽，伏待斧鉞。

太宗深納其言。

校注

〔一〕洛　菅家本作「洛陽」。

〔二〕毁宫寺　南家本、寫字臺本作「興毁宫寺」，菅家本作「損毁宫寺」。

〔三〕滋味　建治本、松本作「兹旨味」，興本作「滋旨味」，菅家本、寫字臺本作「滋旨」。

〔四〕可令尚食斷肉　南家本、菅家本作「每日可令尚食斷肉」，戈本作「可令尚食斷肉料」。戈注：「尚食，掌御膳之官。」

〔五〕邊隅寧謐　南家本、菅家本、寫字臺本作「四隅寧謐」，戈本作「方隅寧謐」。

〔六〕墾闢　南家本、寫字臺本作「墾開」。

〔七〕瘡痍　菅家本作「瘡疾」。

〔八〕年紀　南家本、菅家本、寫字臺本、戈本作「年祀」。

〔九〕黑壤　南家本、菅家本、寫字臺本、戈本作「黑墳」。

〔一〇〕槁枯　南家本、菅家本、寫字臺本、戈本作「枯槁」。

〔一一〕今日之百姓　南家本、菅家本、寫字臺本、戈本作「今之百姓」。

〔一二〕日就滋息　南家本、菅家本、寫字臺本作「就以滋息」。

〔一三〕隨日凋耗　南家本、菅家本作「隨而凋耗」，寫字臺本作「隨日而凋耗」。

〔一四〕則怨氣充塞　南家本作「即怨氣衝塞」，菅家本、寫字臺本作「即怨氣充塞」。

〔一五〕可畏非民　菅家本作「可畏非人哉」。

〔一六〕戈注：「孔安國釋虞書之辭。」

〔一七〕水所以載舟　南家本脱「水」字。

〔一八〕古人云哲王　南家本、菅家本、寫字臺本、戈本作「古之哲王」。

〔一九〕日慎一日　南家本、菅家本、寫字臺本、戈本作「日慎一日者」。

〔二〇〕爲念　戈本作「在念」。

〔二一〕聞過既改　戈本作「聞過即改」。

〔二二〕畋獵　南家本作「佃獵」，韓版作「畋遊」，戈本作「遊畋」。

〔二三〕無忘　戈本作「不忘」。戈注：「櫜，藏也。」

〔二四〕數者　南家本、菅家本、寫字臺本作「數事者」。

〔二五〕恒道　元刻、韓版作「常道」。

〔二六〕所常行　戈本作「之所常行」。

〔二七〕愚昧　南家本、菅家本、寫字臺本作「愚心」。

〔二八〕戈注：「三、五，三皇五帝也。」

〔二九〕億載　菅家本作「億兆」。

〔三〇〕隨天地長久　戈本作「與天地長久」。

〔三一〕戈注：「史記商紀：亳爲祥桑共生於朝，一暮大拱。帝大戊懼，問伊陟，伊陟曰：『臣聞妖不勝德，帝之政其有闕歟？帝其修德。』大戊從之，祥桑枯死而去。」

〔三二〕作孽　菅家本作「行孽」。戈注：「五行傳曰：『皇之不極，是爲不建。厥咎眊，厥極弱，時則有龍蛇之孽。』」

〔三三〕戈注：「史記商紀：武丁祭成湯，明日有飛雉登鼎耳而呴，武丁懼，祖己曰：『王勿憂，先修政事。』武丁從之，殷道復興。』」

〔三四〕戈注：「左傳昭公八年春，石言於晉。」

〔三五〕變災爲祥　南家本、菅家本、寫字臺本、元刻、韓版作「變咎爲祥」。

〔三六〕雨水　南家本、菅家本作「水雨」。戈注：「雨水，一作水旱。」

〔三七〕恒理　元刻、韓版作「常理」。

〔三八〕可謂天譴之而繫聖心　南家本、菅家本、寫字臺本作「可謂之天譴而繫聖心」，戈本作「可謂天譴而繫聖心」。

〔三九〕戈注：「養，當作『食』，出文子。」

【案】本章南家本、菅家本、寫字臺本爲論灾異篇第三十九第三章。事見舊唐卷三太宗紀下、卷三七五行志、卷七〇岑文本傳、會要卷四三、文粹卷二六上、册府卷五三一。

論慎終第四十

【案】戈本無「論」字。元刻、明本、韓版八章。南家本、菅家本、寫字臺本七章，在卷八論赦令篇一章（272）。戈本移至卷六儉約篇一章（272），故戈注「凡七章」。

269〇貞觀五年，太宗謂侍臣曰：「自古帝王亦不能常化，假令内安，必有外擾〔一〕。當今遠夷率服，百穀豐稔，賊盜〔二〕不作，内外寧静。此非朕一人之力，實由公等共相匡輔。然安不忘危，理不忘亂，雖知今日無事，亦須思其終始。常得如此，始是可貴〔三〕。」魏徵對曰：「自古已來，元首、股肱不能備具，或時君稱聖，臣即不賢；或遇賢臣，即無聖主。今陛下聖明〔四〕，所以致理。向若直有〔五〕賢臣，而君不思化〔六〕，亦無所益。天下今雖太平，臣等猶恐未〔七〕以爲喜，惟願〔八〕陛下居安思危，孜孜不怠耳！」

校注

〔一〕自古帝王亦不能常化假令内安必有外擾　南家本、菅家本、寫字臺本無此十七字。

〔二〕賊盜　戈本作「盜賊」。

〔三〕可貴　南家本作「可責也」。

〔四〕聖明　戈本脱「聖」字。

〔五〕直有　南家本、菅家本、寫字臺本作「直任」。

〔六〕思化　菅家本、寫字臺本作「思理化」。

〔七〕猶恐未　南家本、菅家本、戈本作「猶未」。

〔八〕惟願　南家本、寫字臺本無「願」字。

【案】本章事見諫録卷四。

270 〇貞觀六年，太宗謂侍臣曰：「自古人君爲善者，多不能堅守其事。漢高祖，泗上一亭長耳，初能拯危誅暴，以成帝業，然更延十數年〔一〕，縱逸之敗，亦不可保。何以知之？孝惠爲嫡嗣之重，温恭仁孝，而高帝惑於愛姬之子，欲行廢立〔二〕。蕭何、韓信，功業甚高〔三〕，蕭既妄繫〔四〕，韓亦濫黜〔五〕。自餘功臣，黥布之輩，懼而不安，以至反逆〔六〕。君臣父子之間悖謬若此，豈非難保之明驗也？朕所以不敢恃天下之安〔七〕，每思危亡之事〔八〕以自戒懼，用保其終。」

校注

〔一〕十數年　南家本、菅家本、寫字臺本作「數十年」。

〔二〕戈注：「見師傅篇注。」

〔三〕甚高　戈本作「既高」。

〔四〕戈注：「蕭何，沛人，漢丞相，封酇侯。嘗爲民請曰：『長安地陿，上林中多空地，願令民得入田。』高祖怒曰：『相國多受賈人財物，爲請吾苑。』乃下何廷尉，械繫數日，因王衛尉之言赦出之。」

〔五〕戈注：「黜，當作誅。韓信，淮陰人，佐漢高祖取天下，封楚王。有告信欲反，高祖乃詐遊雲夢，縛信至洛陽，赦爲淮陰侯。由此怨望，後復有言信反於吕后者，后令蕭何紿信入，后使武士縛信斬之，夷信三族。」

〔六〕以至　戈本作「至於」。戈注：「黥布姓英名布，嘗坐法黥。漢高祖封淮南王。及韓信、彭越之誅，陰聚兵候伺警急，中大夫賁赫詣長安告布反，高祖自將兵擊之，遂殺布，滅之。」

〔七〕天下之安　南家本、菅家本、寫字臺本作「天子之安」。

〔八〕危亡之事　南家本、菅家本、戈本無「之事」二字。

271 〇貞觀九年，太宗謂公卿曰：「朕端拱無爲，四夷咸服，豈朕一人之所致，實賴諸公之力耳！當思善始令終，永固鴻業，子子孫孫，遞相輔翼〔一〕。使豐功厚利，施於來葉〔二〕，令數百年後讀我國史，鴻勳茂業粲然可觀，豈唯〔三〕稱隆周、盛漢〔四〕及建武〔五〕、永平〔六〕故事而已哉？」房玄齡因進曰〔七〕：「臣觀近古〔八〕撥亂之主皆年踰四十，唯漢光武〔九〕年三十三。豈如陛下年十八便事經綸〔一〇〕，年二十四遂平天下〔一一〕，年〔一二〕二十九昇爲天子，此則武勝於古〔一三〕也。少從戎旅，不暇讀書，貞觀以來，手不釋卷，知風化之本，見政理之源〔一四〕。行之數年，天下大理〔一五〕，風移俗變，子孝臣忠〔一六〕，此又文過於古〔一七〕也。昔周、秦已降，戎狄内侵，今戎狄稽顙，皆爲臣妾〔一八〕，此又懷遠勝古也。此三者朕何德以堪之〔一九〕？既有〔二〇〕此功業，何得〔二一〕不善始慎終邪！」

校注

〔一〕永固鴻業子子孫孫遞相輔翼　韓版無此十二字。

〔二〕施於來葉　原無此四字，元刻同，據南家本、菅家本、寫字臺本、韓版、戈本補。

〔三〕豈唯　南家本、菅家本、寫字臺本作「豈維」。

〔四〕盛漢　戈本作「炎漢」。

〔五〕戈注：「光武年號。」

〔六〕戈注：「明帝年號。」

〔七〕此下原有「陛下撝挹之志推功群下致理昇平本關聖德臣下何力之有惟願陛下有始有卒則天下永賴太宗又曰」四十一字，元刻、韓版、戈本同，據南家本、菅家本、寫字臺本删。

〔八〕臣觀近古　原作「朕觀古先」，元刻、韓版、戈本同，據南家本、菅家本、寫字臺本改。

〔九〕漢光武　原作「光武」，元刻、韓版、戈本同，據南家本、菅家本、寫字臺本補「漢」字。

〔一〇〕豈如陛下年十八便事經綸　原作「但朕年十八便舉兵」，元刻、韓版、戈本同，據南家本、菅家本、寫字臺本改。

〔一一〕年二十四遂平天下　南家本、菅家本、寫字臺本脱「年二十四」四字，戈本作「年二十四定天下」。

〔一二〕年　南家本、菅家本、寫字臺本無此字。

〔一三〕武勝於古　南家本、菅家本、寫字臺本無「於」字。

〔一四〕政理之源　南家本、菅家本、寫字臺本作「理政之源」。

〔一五〕天下大理　南家本、菅家本、寫字臺本作「天下大治」。

〔一六〕風移俗變子孝臣忠　南家本、菅家本、寫字臺本無此八字，戈本前有「而」字。

〔一七〕文過於古　南家本、菅家本、寫字臺本無「於」字。

〔一八〕皆爲臣妾　南家本、菅家本、寫字臺本作「皆爲臣吏」。

〔一九〕此三者朕何德以堪之　南家本、菅家本、寫字臺本無此九字。

〔二〇〕既有　南家本、菅家本、寫字臺本作「已有」。

〔二一〕何得　南家本、菅家本、寫字臺本作「何可得」。

【案】太宗既對公卿表示「豈朕一人之所致，實賴諸公之力耳」，何以又炫耀自己「武勝於古」、「文過於古」、「懷遠勝古」呢？且前一年已對「自謂古來英雄撥亂之主無見及者，頗有自矜之意」明確表示了「此吾之過也」(267)，事隔一年怎麽會再次自我炫耀？此話出自房玄齡更覺可信，當以南家本、菅家本、寫字臺本爲是，據而改之。

272 ○貞觀十一年詔曰：「朕聞死者終也，欲物之反真〔一〕也；葬者藏也，欲令人〔二〕之不得見也。上古垂風，未聞於封樹；後聖貽則〔三〕，始備〔四〕於棺槨。譏僭侈者，非不愛〔五〕其厚費；美儉薄者，實亦貴〔六〕其無危。是以唐堯，聖帝也，穀林有通樹之説〔七〕；秦穆，明君也，橐泉無丘隴之處〔八〕。仲尼，孝子也，防墓不墳〔九〕；延陵，慈父也，嬴〔一〇〕、博可隱。斯皆懷無窮之慮，成獨决之明，乃便體於九泉，非徇名於百代者。洎乎闔閭違禮，珠玉爲鳧雁〔一一〕；始皇無度，水銀爲江海〔一二〕。季孫擅魯，斂以璠璵〔一三〕；桓魋專宋，葬以石槨〔一四〕。莫不因多藏以速禍〔一五〕，由有利而招辱。玄廬既發，致焚如於夜臺〔一六〕；黄腸再開，同暴骸於中野〔一七〕。詳思曩事〔一八〕，豈不悲哉！由此〔一九〕觀之，奢侈者可以爲戒，節儉者可以爲師矣。朕居四海之尊，承百王之弊，未明思化，中宵戰惕〔二〇〕。雖送往之典詳諸儀制，失禮之禁著在刑書，而勳戚之家多流通〔二一〕於習俗，閭閻之内或侈靡而傷風，以厚葬爲奉終，以高墳爲行孝，遂使衣衾棺槨，極彫刻之華；靈輀盟器〔二二〕，窮金玉之飾。富者越法度以相尚〔二三〕，貧者破資產而不逮。徒傷教義，無益泉壤，爲害既深，宜爲懲革。其王公已下，爰及黎庶，自今以後，送葬之具有不依令式者，仰州府縣官〔二四〕明加檢察，隨狀科罪。在京五品已上及勳戚家，仍録奏聞〔二五〕。」

校注

〔一〕反真　興本訛作「反損」，菅家本、寫字臺本作「反於真」。

〔二〕欲令人　南家本、菅家本、寫字臺本作「欲人」。

〔三〕後聖貽則　南家本、菅家本、寫字臺本作「後聖貽範」，戈本作「後世貽則」。

〔四〕始備　元刻作「備」，戈本作「乃備」。戈注：「易大傳曰：『古之葬者，厚衣之以薪，葬之中野，不封不樹，喪期無數，後世聖人易之以棺槨。』」

〔五〕非不愛　南家本、菅家本、寫字臺本、元刻、韓版、戈本無「不」字。

〔六〕實亦貴　南家本、菅家本、寫字臺本、韓版作「寔貴」，元刻、戈本作「實貴」。

〔七〕戈注：「呂氏春秋：『堯葬穀林，通樹之。』」

〔八〕戈注：「秦穆公名任好。史記注：『穆公葬雍州槖泉宮祈年觀下。』」

〔九〕戈注：「孔子合葬親於防，曰：『吾聞古也墓而不墳。』」

〔一〇〕嬴　原作「羸」，據南家本、菅家本、寫字臺本、元刻、韓版、戈本改。戈注：「吴延陵季子名札，適齊而返，其子死，葬於嬴、博之間，不歸鄉里。」

〔一一〕戈注：「闔閭，吴王名。葬虎丘山下，發士十萬人治葬，穿土爲川，積壤爲丘，銅棺三重，澒池六尺，以黄金珠玉爲鳧雁。」

〔一二〕始皇　原作「始秦」，據南家本、菅家本、寫字臺本、元刻、韓版、戈本改。戈注：「秦始皇葬於驪山，吏徒數十萬，曠日十年，合采金石，被以珠玉，水銀爲江海，人膏爲燈燭。」

〔一三〕璠璵　戈本作「璵璠」。戈注：「季孫，魯大夫季平子也。左傳定公五年：「季平子行東野，還，未至，卒于房。陽虎將以璵璠斂，仲梁懷弗與，曰：『改步改玉。』陽虎欲逐之，告公山不狃，不狃曰：『彼爲君也，子何怨焉！』」」

〔一四〕戈注：「桓魋，宋向戌之孫，爲司馬。禮記：子遊曰：『昔者夫子居於宋，見桓司馬自造石椁，三年而不成。夫子曰：若是其靡也，死不如速朽之愈也。』」

〔一五〕莫不因多藏　南家本、菅家本脱「因」字。

〔一六〕戈注：「玄廬、夜臺，墓之别名也。」

〔一七〕中野　南家本、菅家本、寫字臺本作「中夏」。戈注：「漢梁商薨，賜以東園朱壽之器，銀鏤黄腸。注云：『器，棺也。以朱飾之，以銀鏤之，以柏木黄心爲椁，曰黄腸也。』」

〔一八〕詳思曩事　南家本、菅家本、寫字臺本無「詳思」二字。

〔一九〕由此　南家本、菅家本、寫字臺本作「由斯」。

〔二〇〕戰惕　南家本、菅家本、寫字臺本作「載惕」。

〔二一〕流通　南家本、寫字臺本作「流遁」。

〔二二〕盟器　南家本、菅家本、寫字臺本、韓版作「明器」，戈本作「冥器」。

〔二三〕相尚　南家本、菅家本、寫字臺本作「相高」。

〔二四〕仰州府縣官　南家本、菅家本、寫字臺本作「州縣官司」。

〔二五〕奏聞　南家本、菅家本、寫字臺本作「聞奏」。戈注：「舊本此章在慎終篇，今附入此。」〔案〕指卷六儉約篇。

【案】本章南家本、菅家本、寫字臺本爲卷九論赦令篇第六章，戈本移爲卷六儉約篇第五章。文見册府卷一五九、唐大詔令集卷八〇。

273 ○貞觀十二年，太宗謂侍臣曰：「朕讀書見前王善事，皆力行不怠〔一〕，其所任用公輩數人，誠以爲賢，然致理〔二〕比於三、五之代，猶爲不逮，何也？」魏徵對曰：「今四夷賓服，天下無事，誠曠古所未有也。然自古帝王初即位者，皆欲勵精爲政，比迹於堯、舜。及其安樂也，則驕奢放逸，莫能終其善。人臣初見任用者〔三〕，皆欲匡主濟時，追蹤於稷、契。

及其富貴也，則思苟全官爵，莫能盡其忠節〔四〕。若使君臣常無懈怠，各保其終，則天下無憂不理，自可超邁前古〔五〕也。」太宗曰：「誠如卿言。」

校注

〔一〕不怠　南家本、菅家本、寫字臺本、元刻、韓版作「而不怠」，戈本作「而不倦」。

〔二〕致理　南家本、菅家本、寫字臺本作「政理」。

〔三〕任用者　南家本、寫字臺本無「者」字。

〔四〕盡其忠節　南家本、寫字臺本作「盡其節」。

〔五〕自可超邁前古　南家本、菅家本、寫字臺本無此六字。

【案】本章事見册府卷三二一。

274 ○貞觀十三年，魏徵恐太宗不能克終儉約，近歲頗好奢縱，上疏諫曰：

臣觀自古帝王受圖定鼎，皆欲傳之萬代，貽厥孫謀。故其垂拱巖廊，布政天下，其語道也〔一〕，必先淳樸抑浮華〔二〕；其論人也，必貴忠良鄙邪佞〔三〕；言〔四〕制度也，則絶奢靡而崇儉約；談物産也，則重穀帛而賤珍奇。然受命之初，皆遵之以成治；

稍安之後，多反之而敗俗。其故何哉？豈不以居萬乘之尊，有四海之富，出言而莫己逆，所爲而人必從，公道溺於私情，禮節虧於嗜欲故也？語曰：「非知之難，行之惟難〔五〕；非行之難，終之斯難〔六〕。」所言〔七〕信矣。

伏惟陛下，年甫弱冠，大拯横流，削平〔八〕區宇，肇開帝業。貞觀之初，時方克壯〔九〕，抑損嗜欲，躬行節儉，内外康寧，遂臻至治。論功則湯、武不足方，語德則堯、舜未爲遠。臣自擢居左右，十有餘年〔一〇〕，每侍〔一一〕帷幄，屢奉明旨。常許仁義之道，守之而不失〔一二〕；儉約之志，終始不渝〔一三〕。一言興邦，斯之謂也。德音在耳，敢忘之乎？而頃年以來，稍乖曩志，敦樸之理，漸不克終。謹以所聞，列之如左：

陛下貞觀之初，無爲無欲，清静之化，遠被遐荒。考之於今，其風漸墜，聽言則遠超於上聖，論事則未踰於中主。何以言之？漢文、晉武，俱非上哲〔一四〕，漢文辭千里之馬〔一五〕，晉武焚雉頭之裘〔一六〕。今則求駿馬於萬里，市珍奇於域外〔一七〕，取怪於道路，見輕於戎狄〔一八〕，此其漸不克終一也。

昔子貢問理人於孔子，孔子曰：「懔乎〔一九〕若朽索之馭六馬。」子貢曰：「何其畏哉？」子曰：「不以道導之〔二〇〕，則吾讎也，若何其無畏〔二一〕？」故書曰：「人惟邦本〔二二〕，本固邦寧。」「爲人上者，奈何不敬〔二三〕？」陛下貞觀之始，視人如傷，恤其勤勞〔二四〕，愛之如子〔二五〕，每存簡約〔二六〕，無所營爲。頃年已來，意在奢縱，忽忘卑儉，輕用人力，乃云「百姓無事則驕逸，勞役則易使。」自古以來〔二七〕，未有由百姓逸樂而致傾敗者也，何有逆畏其驕逸而故欲勞役之哉〔二八〕？恐非興邦之至言〔二九〕，豈安人之長筭？此其漸不克終二也。

陛下貞觀之初，損己以利物，至於今者〔三〇〕，縱欲以勞人。卑儉之迹歲改，驕侈之情日異〔三一〕。雖〔三二〕憂人之言不絕於口，而樂身之事實切於心。或時有所營〔三三〕，慮人致諫，乃云「若不爲此，不便我身。」人臣之情，何可復争？此直意在杜諫者之口，豈曰〔三四〕擇善而行者乎？此其漸不克終三也。

立身成敗，在於所染。蘭芷鮑魚〔三五〕，與之俱化。慎乎所習，不可不思。陛下貞觀之初，砥礪名節，不私於物，唯善是與，親愛君子，疎斥小人。今則不然，輕褻小人，禮重君子。重君子也，敬而遠之；輕小人也，狎而近之。近之則不見其非，遠之則莫知其是。莫知其是，則不間而自疎；不見其非，則有時而自昵。昵近小人，非致理〔三六〕之道；疎遠君子，豈興邦之義？此其漸不克終四也。

書曰：「不作無益害有益，功乃成；不貴異物賤用物〔三七〕，人乃足。犬馬非其土性不畜，珍禽奇獸弗育於國〔三八〕。」陛下貞觀之初，動遵堯、舜，捐金抵璧，反樸還淳。頃年以來，好尚奇異，難得之貨，無遠不臻；珍玩之作，無時而至〔三九〕。上好奢靡而望下敦樸，未之有也〔四〇〕；末作滋興而求農人豐實〔四一〕，其不可得，亦已明矣。此〔四二〕漸不克終五也。

貞觀之初，求賢如渴，善人所舉，信而任之，取其所長，恐其不及〔四三〕。近歲以來，由心好惡，或衆善舉而用之，或〔四四〕一人毁而弃之，或積年信而任之〔四五〕，或一朝疑而遠之。夫行有素履，事有成跡，所毁之人，未必可信於所舉〔四六〕；積年之行，不應頓失於一朝。且君子之懷〔四七〕，蹈仁義而弘大德〔四八〕；小人之性，好讒佞〔四九〕以爲身謀。陛下不審察其根源，而輕爲之臧否〔五〇〕，是使守道者日疎，干求者日進，所以人思苟免，莫能盡力，此其漸不克終六也。

陛下初登大位，高居深視〔五一〕，事惟清静，心無嗜欲，内除畢弋之物〔五二〕，外絶畋獵〔五三〕之源。數載之後，不能固志，雖無十旬之逸〔五四〕，或過三驅之禮，遂使盤遊之娱見譏於百姓，鷹犬之貢遠及於四夷。或時教習之處，道路遥遠，侵晨而出，入夜方還，以馳騁爲歡〔五五〕，莫慮不虞之變，事之不測，其可救乎〔五六〕？此其〔五七〕漸不克終七也。

孔子曰：「君使臣以禮，臣事君以忠〔五八〕。」然則君之待臣，義不可薄。陛下初踐大位，敬以接下，君恩下流，臣情上達，咸思竭力，心無所隱。頃年已來，多所忽略。或外官充使，奏事入朝，思覩闕庭，將陳所見，欲言則顔色不接，欲請又恩禮不加。間因所短〔五九〕，詰其細過，雖有聰辯之略，莫能申其忠款，而望上下同心，君臣交泰，不亦難乎？此其漸不克終八也。

傲不可長，欲不可縱，樂不可極，志不可滿〔六〇〕。四者，前王所以致福〔六一〕，通賢以爲深誡。陛下貞觀之初，孜孜理化〔六二〕，屈己從人，恒若不足。頃年已來，微有〔六三〕矜放，恃功業之大，意蔑前王〔六四〕；負聖智之明，心輕當代，此傲之長也。欲有所爲，皆取遂意，縱或抑情從諫，終是不能忘懷，此欲之縱也。志在嬉遊，情無厭倦，雖不〔六五〕全妨政事，不復專心治道，此樂將極〔六六〕也。率土乂安，四夷款服，仍〔六七〕遠勞士馬，問罪遐裔〔六八〕，此志將滿〔六九〕也。親狎者阿旨而不肯言，踈遠者畏威而莫敢諫，積而不已，將虧聖德，此其漸不克終九也。

昔堯舜〔七〇〕、成湯〔七一〕之時非無災患，而〔七二〕稱其聖德者，以其有始有終，無爲無欲，遇災則極其憂勤，時安則不驕不逸故也。貞觀之初，頻年霜旱，畿内户口並就關外，携負老幼，來往數千〔七三〕，曾無一户逃亡，一人怨苦〔七四〕，此誠由識〔七五〕陛下矜育之懷，所以至死無携貳〔七六〕。頃年〔七七〕已來，疲於徭役，關中之人，勞弊尤甚。雜匠〔七八〕之徒，下日〔七九〕悉留和雇；正兵之輩，上番多别〔八〇〕驅使。和市之物不絶於鄉閭，遞送之夫相繼於道路〔八一〕。既有所弊，易爲驚擾，脱〔八二〕因水旱，穀麥不收，恐百姓之心不能如前日之寧帖〔八三〕，此其漸不克終十也。

臣聞「禍福無門，唯人所召」。人無釁焉，妖不妄作。伏惟陛下統天御寓十有三年，道洽〔八四〕寰中，威加海外，年穀豐稔，禮教聿興，比屋踰於可封，菽麥〔八五〕同於水火。暨乎今歲，天災流行，炎氣致旱，乃遠被於郡國；凶醜作孽，忽近起於轂下。夫天何言哉？垂象示誡，斯誠〔八六〕陛下驚懼之辰，憂勤之日也。若見誡而懼，擇善而從，同周文之小心，追殷湯之罪己，前王所以致治者〔八七〕，勤而行之；今時所以敗德者，思而改之。與物更新，易人視聽，則寶祚無疆，普天幸甚，何禍敗之有乎？然則社稷安危，國家理亂，在於一人而已。當今太平之基，既崇極天之峻；九仞之積，猶虧一簣〔八八〕之功。千載休期〔八九〕，時難再得，明主可爲而不爲，微臣所以鬱結而長歎者也。

臣誠愚鄙，不達事機〔九〇〕，略舉所見十條，輒以上聞聖聽。伏願〔九一〕陛下採臣狂瞽之言，參以芻蕘之議，冀千慮一得，袞職有補〔九二〕，則死日生年〔九三〕，甘從斧鉞。

疏奏，太宗謂徵曰：「人臣事主，順旨甚易，忤情尤難。公作朕耳目股肱，常論思獻納。朕今聞過能改，庶幾克終善事。若違此言〔九四〕，更何顔與公相見？復欲何方以理天下？自得公疏，反覆研尋，深覺詞强理直，遂列爲屏障，朝夕瞻仰〔九五〕。又録付史司〔九六〕，冀千載之下，識君臣之義〔九七〕。」乃賜徵〔九八〕黄金十斤，廄馬二疋〔九九〕。

校注

〔一〕其語道也　南家本、菅家本、寫字臺本作「其語治也」。

〔二〕先淳樸抑浮華　戈本作「先淳樸而抑浮華」。

〔三〕貴忠良鄙邪佞　戈本作「貴忠良而鄙邪佞」。

〔四〕言　寫字臺本作「其言」。

〔五〕行之惟難　南家本、菅家本、寫字臺本、韓版無「惟」字。

〔六〕終之斯難　南家本、菅家本、寫字臺本、韓版無「斯」字。

〔七〕所言　南家本、菅家本、寫字臺本作「斯言」。

〔八〕削平　南家本、寫字臺本作「平一」，菅家本作「平定」。

〔九〕時方克壯　南家本作「年方克壯」。

〔一〇〕餘年　南家本、菅家本、寫字臺本作「餘載」。

〔一一〕每侍　原作「每恃」，元刻同，據南家本、菅家本、寫字臺本、韓版、戈本改。

〔一二〕守之而不失　南家本、菅家本、寫字臺本無「之」字。

〔一三〕終始不渝　戈本作「終始而不渝」。

〔一四〕俱非上哲　南家本、寫字臺本作「但非上聖」。

〔一五〕戈注：「漢文帝時，有獻千里馬者，詔還其馬，與道里費。」

〔一六〕戈注：「晉武帝時，太醫司馬程據獻雉頭裘，帝以奇技異服，典禮所禁，焚之于殿前。」

〔一七〕域外　寫字臺本訛作「城外」。

〔一八〕戎狄　菅家本、寫字臺本作「夷狄」。

〔一九〕懍乎　菅家本、寫字臺本作「懍懍乎」。

〔二〇〕不以道導之　戈本作「不以道遵之」。

〔二一〕何其無畏　南家本、菅家本、寫字臺本作「何其不畏」。戈注：「家語之辭。」

〔二二〕人惟邦本　戈本作「民惟邦本」，未避唐諱。

〔二三〕爲人上者　菅家本作「爲上人者」。戈注：「書五子之歌。」

〔二四〕恤其勤勞　南家本、寫字臺本作「見其勤勞」，菅家本作「見其劬勞」。

〔二五〕愛之如子　建治本、松本、菅家本、寫字臺本、元刻、韓版作「愛之猶子」，戈本作「愛民猶子」。

〔二六〕每存簡約　興本、松本訛作「每在簡約」。

〔二七〕自古以來　南家本、菅家本、寫字臺本無「以來」二字。

〔二八〕勞役之　戈本作「勞役者」。

〔二九〕至言　興本、菅家本、寫字臺本作「至理」。

〔三〇〕至於今者　戈本作「至於今日」。

〔三一〕日異　南家本作「日增」。

〔三二〕雖　南家本、菅家本、寫字臺本作「雖是」。

〔三三〕或時有所營　南家本、菅家本、戈本作「或時欲有所營」，寫字臺本作「或時有所勞」。

〔三四〕豈曰　南家本無「曰」字。

〔三五〕蘭芷鮑魚　建治本作「蘭茝鮑魚」，興本、松本訛作「蘭茝乾魚」。戈注：「家語之辭。」

〔三六〕致理　南家本、菅家本、寫字臺本作「致治」，未避唐諱。

〔三七〕不貴異物賤用物　南家本作「不貴異物不賤用物」。

〔三八〕弗育於國　菅家本、寫字臺本訛作「弗育於囿」，韓版作「不育於國」。戈注：「周書旅獒之辭。」

〔三九〕而至　南家本、菅家本、寫字臺本、韓版、戈本作「能止」。

〔四〇〕未之有也　原無此四字，據南家本、菅家本、戈本補。

〔四一〕農人豐實　戈本無「農人」二字。

〔四二〕此　南家本、菅家本、寫字臺本、韓版、戈本作「此其」。

〔四三〕恐其不及　建治本、戈本作「恒恐不及」，韓版作「常恐不及」。

〔四四〕或　南家本、寫字臺本無此字。下句同。

〔四五〕信而任之　南家本、菅家本、寫字臺本作「任而信之」，戈本作「任而用之」。

〔四六〕所舉　建治本、菅家本、寫字臺本作「所譽」。

〔四七〕且君子之懷　戈本無「且」字。

〔四八〕弘大德　南家本、菅家本、寫字臺本作「弘大體」。

〔四九〕讒佞　南家本、菅家本、寫字臺本作「讒毀」。

〔五〇〕之臧否　松本訛作「之滅否」，菅家本無「之」字。

〔五一〕高居深視　韓版作「高居拱視」。

〔五二〕畢弋　南家本訛作「甲戈」。戈注：「畢，網也。弋，以生絲繫矢而射也。」

〔五三〕畋獵　南家本作「佃獵」，菅家本、寫字臺本作「田獵」。

〔五四〕戈注：「夏書：『太康盤遊無度，畋于有洛之表，十旬弗反。』」

〔五五〕爲歡　南家本、菅家本、寫字臺本作「爲歡娱」。

〔五六〕其可救乎　南家本、菅家本、寫字臺本作「其可數乎」。

〔五七〕此其　菅家本無「其」字。

〔五八〕戈注：「孔子對魯定公之辭。」

〔五九〕間因所短　南家本、菅家本、寫字臺本作「乍因所短」。

〔六〇〕戈注：「禮曲禮篇之辭。」

〔六一〕致福　原作「致禍」，韓版同，據南家本、菅家本、寫字臺本、元刻、戈本改。

〔六二〕理化　南家本、戈本作「不怠」，菅家本、寫字臺本作「理治」。

〔六三〕微有　南家本、菅家本、寫字臺本作「微自」。

〔六四〕前王　興本、松本作「前主」。

〔六五〕雖不　戈本作「雖未」。

〔六六〕樂將極　南家本、菅家本、寫字臺本作「樂之將極」。

貞觀政要卷第十　論慎終

〔六七〕仍　南家本、菅家本、寫字臺本作「仍欲」。

〔六八〕遐裔　南家本、菅家本、寫字臺本作「遐荒」。

〔六九〕此志將滿　南家本、菅家本、寫字臺本作「此志難滿」。

〔七〇〕堯舜　韓版、戈本作「陶唐」。

〔七一〕成湯　南家本、菅家本作「武湯」。

〔七二〕而　南家本、菅家本、寫字臺本作「然而」。

〔七三〕來往數千　南家本、菅家本作「來者數千」。

〔七四〕一人怨苦　南家本、菅家本作「又無一人怨苦」。

〔七五〕此誠由識　南家本、菅家本、寫字臺本無「誠」字。

〔七六〕死無攜貳　南家本、菅家本、寫字臺本作「死而無攜貳」。

〔七七〕頃年　興本、松本作「頻年」。

〔七八〕雜匠　南家本、菅家本、寫字臺本作「工匠」。

〔七九〕下日　南家本、菅家本、寫字臺本作「下番」。

〔八〇〕多別　南家本作「多則」，寫字臺本作「多列」。

〔八一〕遞送之夫相繼於道路　原作「遞送之步不絕於道路」，元刻同，韓版作「遞送之步相繼於道路」，據南家本、菅家本、寫字臺本、戈本改。

〔八二〕脱　南家本作「既」。

〔八三〕寧帖　南家本、菅家本、寫字臺本作「寧恬」，韓版作「寧怗」。

〔八四〕道洽　元刻訛作「道治」。

〔八五〕菽麥　元刻同，南家本、菅家本、寫字臺本、韓版、戈本作「菽粟」。

〔八六〕斯誠　南家本無「誠」字，菅家本、寫字臺本作「斯識」。

〔八七〕致治　戈本作「致理」。

〔八八〕一簣　建治本、松本訛作「一遺」。戈注：「書曰：『爲山九仞，功虧一簣。』言中道而止，則前功盡棄也。」

〔八九〕休期　菅家本作「休明」。

〔九〇〕事機　菅家本作「時機」。

〔九一〕伏願　南家本、菅家本、寫字臺本作「伏惟」。

〔九二〕戈注：「詩大雅烝民之篇曰：『袞職有闕，維仲山甫補之。』」

〔九三〕死日生年　南家本作「死之日猶生之年」。

〔九四〕若違此言　南家本無「若」字。

〔九五〕瞻仰　韓版作「觀覽」。

〔九六〕又録付史司　南家本、菅家本、寫字臺本作「兼又録付史司」。

〔九七〕之義　興本、寫字臺本作「之議」。

〔九八〕乃賜徵　南家本、菅家本、寫字臺本無「徵」字。

〔九九〕戈注：「按史傳：十三年，阿史那結社率作亂，雲陽石燃，自冬至五月不雨，故徵上此疏。」

【案】本章自「不應頓失於一朝」至章末，原據戈本配補，現改用日本静嘉堂文庫藏明初刊本配補。事見新唐卷九七魏徵傳、文粹補一。

275 ○貞觀十四年，太宗謂侍臣曰：「平定天下，朕雖有其事。守之失圖〔一〕，功業亦復難保。秦始皇初亦平六國，據有四海，及末年不能善守，實可爲誡〔二〕。公等宜念公忘私，則榮名高位，可以克終其美。」魏徵對曰：「臣聞之〔三〕，戰勝易，守勝難〔四〕。陛下深思遠慮，安不忘危，功業既彰，德教復洽，恒以此爲政，宗社無由傾敗矣〔五〕。」

校注

〔一〕守之失圖　建治本、松本、菅家本、寫字臺本作「若守之失圖」，興本作「君守之失圖」。

〔二〕實可爲誡　南家本、菅家本、寫字臺本作「實可爲誡哉」。

〔三〕臣聞之　菅家本作「臣聞」。

〔四〕守勝難　南家本、菅家本、寫字臺本作「守文難」。

〔五〕傾敗矣　南家本、菅家本、寫字臺本無「矣」字。

【案】本章原據戈本配補，現改用日本靜嘉堂文庫藏明初刊本配補。

276 〇貞觀十六年，太宗問魏徵曰：「觀近古帝王，有傳位十代者，有一代兩代者，亦有身得身失〔一〕者。朕所以常懷憂懼，或恐撫養生民〔二〕不得其所，或恐心生驕逸，喜怒過度，然不能自知〔三〕。卿可爲朕言之，當以爲楷則。」徵對曰：「嗜欲喜怒之情，賢愚皆同。賢者能節之，不使過度。愚者縱之，多至失所。陛下聖德玄遠，居安思危，豈同常情〔四〕。然伏願陛下常能自制〔五〕，以保克終之美，則萬代永賴。」

校注

〔一〕身得身失　南家本、菅家本、寫字臺本訛作「身得全身失生」。

〔二〕生民　南家本、菅家本、寫字臺本作「蒼生」。

〔三〕不能自知　戈本作「不自知」。

〔四〕豈同常情　原無此四字，元刻、韓版、戈本同，據南家本、菅家本、寫字臺本補。

〔五〕伏願陛下常能自制　南家本、菅家本、寫字臺本作「然伏願常能自制心」。

【案】本章原據戈本配補，現改用日本静嘉堂文庫藏明初刊本配補。

貞觀政要卷第十

寫字臺本貞觀政要卷第四

史臣吴兢撰

輔弼第九　直言諫諍第十　興廢第十一　求媚第十二

【案】寫字臺本卷第四，篇目與各本不同，特附於此。輔弼篇四章，直言諫争篇十三章，興廢篇三章，求媚篇一章，總四篇二十一章。元刻、明本、韓版、戈本卷二納諫篇直諫附十五章中有二章與輔弼篇同，有十章與直言諫争篇同。直言諫争篇第二章（277）、第三章（278），興廢篇三章（279、280、281），爲各本所無。

輔弼第九

貞觀初，太宗引虞世南爲上客。因開文學館，中號爲多士，咸推世南爲文學之宗，授記室，與房玄齡對掌文翰。嘗命列女傳以裝屏風，于時無本，世南暗書之，一無遺失。累拜秘書監。太宗重其博物，每機務之隙，獨引世南與之談論之，共觀史籍。論及古先帝王爲政得失，每存諷諫，多所補益。又嘗上疏曰：「臣聞冬獮秋狩，蓋惟恒典。射隼從禽，備乎前誥。伏惟陛下，因聽覽之餘辰，順天道以煞伐，將欲摧斑碎掌，親御皮軒，窮猛獸之窟穴，盡逸材於林藪。夷凶剪暴，以衛黎元，收革擢羽，用充軍器，舉旗效獲，式遵前古。然黄屋之尊，金輿之貴，八方之所仰德，萬國之所係心，清道而行，猶誡銜橜，斯蓋重慎防微，爲社稷也。是以馬卿直諫於前，張昭變色於後，臣誠微物，敢忘斯義？且矢弧星罩，所殪已多，頒禽賜獲，皇恩亦傳。伏惟時息獵車，且韜長戟，不拒芻蕘之請，降納涓澮之流，袒裼徒搏，任之群下，則貽範百王，永光萬代。」其納忠宥犯，多此類也，太宗以是益親禮之。年老乞致仕，許之，學士如故。及高祖晏駕，太宗執喪過禮，哀容毀顇，久替萬機，百僚文武，計無所出。世南因入進諫，具陳安危禍福，寬譬哀情。後復封事進諫，太宗甚嘉納之。嘗臨朝稱世南一人遂兼五絶：一曰博聞，二曰德行，三曰書翰，四曰詞藻，五曰忠直。有一於此，足謂名臣也，而世南兼之，寧非絶類也。尋卒，太宗悼之。舉哀於別次，哭之甚慟。哀事官給，賜以東園秘器。手敕魏王泰曰：「世南於我，猶一體也。拾遺補闕，無日暫忘，實當代名臣，人倫準的也。吾有小善，必順而成之；吾有小失，必犯顔而諫之。今其云亡，石渠、東觀之中，無復人矣，痛惜豈可言邪！」未幾，太宗爲詩一篇，追思往古治亂之道，既而歎曰：「鍾子期死，伯牙不復鼓琴。朕之此篇，將何所示？」因令起居郎褚遂良詣其靈帳讀訖而焚之，其見重也如此。

【案】本章事，南家本、菅家本、元刻、明本、韓版、戈本在卷二任賢篇（30）。上疏諫畋獵，在卷十論畋獵篇（261）。見舊唐卷七二虞世南傳。

貞觀四年，太宗論隋日禁囚。魏徵對曰：「臣往在隋朝，曾聞有盜發處，煬帝令於士澄捕逐。但有疑似，苦加拷掠，枉成賊者二千餘人，並令同日斬決。大理丞張元濟怪之，試尋其狀，乃有六七人盜發之日先禁他所，被放纔出，亦遭推勘，不勝苦痛，自誣行盜。元濟因此更事究尋，二千人内唯九人逗留不明。官人有諳識者，就九人内四人非賊。有司以煬帝已令斬決，遂不執奏，並皆煞之。」太宗曰：「非直煬帝無道，臣下亦不盡心。須匡諫，不避誅戮，豈得唯行諂佞，苟求悦譽。君臣如此，何能不敗？朕賴公等共相輔助，遂得囹圄空虚，願公等善始令終，恒如今日！」

【案】本章南家本、菅家本無，元刻、明本、韓版、戈本在卷三論君臣鑒戒篇（69）。事見諫録卷三。

貞觀五年，隋通事舍人鄭仁基女年十六七，容色姝麗，妙絶當時。文德皇后訪求得之，請備嬪御，太宗乃聘爲元華。詔書已出，策使將發。魏徵聞其父康曰已許嫁陸氏，遽進而言曰：「陛下爲民父母，子愛萬姓，當憂其所憂，樂其所樂。自古有道之主，以百姓之心爲心，故君處臺榭，則欲民有棟宇之安；食膏粱，則欲民無飢寒之患；顧嬪御，則欲民有室家之歡。此人主之常道。今鄭氏之女已許人，陛下取之不疑，無所顧問，播之四海，豈爲民父母之義乎？臣傳聞所許或未指的，然恐虧損盛德，情不敢隱。君舉必書，所願特留神慮。」太宗聞之大驚，乃手詔答之，深自克責，遂停策使，即令女還舊夫。左僕射房玄齡、中書令温彦博、禮部尚書王珪、御史大夫韋挺等内外朝臣咸云：「許適陸氏，無顯然之狀，大禮既行，不可中止。」陸氏又抗表云：「其父康曰，與鄭家還往，時相贈遺資財，初無婚姻交接。親戚並云。外人不知，妄有此語。」大臣又皆勸進，太宗於是頗以爲疑，問魏徵曰：「群臣或可順旨，陸氏何爲過理分疎？」徵曰：「以臣度之，其意可識，將以陛下同於太上皇。」太宗曰：「何也？」徵曰：「太上皇初平原城，得辛處儉婦，有稍蒙寵遇。處儉時爲太子舍人，太上聞之不悦，遂令東宫出爲萬泉縣令，每懷戰懼，常恐不全首領。陸爽以爲陛下今雖容納，陰加譴責，所以反覆自陳，意在於此，不足爲怪。」太宗笑曰：「外人意見，或當如此。然則朕之所言，未能使人必信。」乃出敕曰：「今聞鄭氏之女，先以受人禮聘，前出文書之日，事不詳審，此乃朕之不是，亦有司之過。授元華者宜停。」聞之者莫不稱聖明主焉。

【案】本章南家本、菅家本無，元刻、明本、韓版、戈本在卷二直諫附篇（52）。事見諫録卷二。

貞觀十年，太宗謂侍臣曰：「太子大保，古難其選。成王幼小，以周、邵爲保傅，左右皆賢，足以長仁，理致太平，稱爲聖主。及秦之胡亥，始皇所愛，趙高作傅，教以刑法。及其篡也，誅功臣，煞親戚，酷烈不已，旋踵亦亡。以此而言，人之善惡，誠由近習。朕弱冠交遊，唯柴紹、竇誕等，爲人既非三益。及朕居兹寶位，經理天下，雖不及堯、禹之明，庶免乎孫皓、高緯之暴。以此而言，復不由染，何也？」魏徵進言曰：「中人可與爲善，可與爲惡，然上智之人自無所染。陛下受命自元，平定寇亂，救萬民之命，致理升平，豈紹、誕之徒能累聖德？但傳曰：『放鄭聲，遠佞人。』近習之間，尤可深慎。」太宗稱善。

【案】本章南家本、菅家本無，元刻、明本、韓版在卷二直諫附篇（53），戈本爲卷六杜讒邪篇第三章。事見諫録卷四。

直言諫争第十

貞觀三年，有詔關中免二年租調，關東給復一年。尋有敕：已役已納，並遣輸納了，明年總爲准折。給事中魏徵上書諫曰：「臣伏見八月九日詔書，率土皆給復一年，老幼相歡，或歌且儛。又聞有敕，丁已配役，即令役滿折造，餘物亦遣輸了，待至明年總爲准折。道路之人，咸失所望。此誠平分萬姓，均同七子。但下民難與圖始，日用不知，皆以國家追悔前言，二三其德。臣竊聞，天之所輔者信，故得原失信，古人不取。今陛下初膺大寶，億兆觀德。始發大號，便有二言。生八表之疑心，失四時之大信。縱國家有倒懸之急，猶必不可，況以太山之安，而輒行此事！爲願少覽臣言，詳擇利害，冒昧之罪，臣所甘心。」

簡點使出。右僕射封德彝等，並欲中男十八已上取入軍。敕三四出，徵執奏以爲不可。德彝重奏：「今見簡點使公，次男内大有壯者。」太宗怒，乃出敕：「中男已上，雖未十八，身形壯大亦取。」徵又不從，不肯署敕。太宗召徵及王珪，作色而待之，曰：「中男若實大，是其詐忘，依式點取，於理何嫌？君過作如此固執，朕不解公意！」徵正色曰：「臣聞竭澤而漁，非不得魚，明年無魚。焚林而畋，非不獲獸，明年無獸。若次男已上盡點入軍，租賦雜徭，將何取給？ 且比來國家衛士不堪攻戰，豈爲其少，但爲禮遇失所，遂使人無戰心。 若多點取，人還充雜使，其數雖多，終是無用。 若精簡壯健，遇之以禮，人百其勇，何必在多？ 陛下每云，『我之爲君，以誠信待物，欲使官人百姓，並無矯僞之心。』自登極已來，大事三數，皆是不信，復何以取信於人？」太宗愕然曰：「所云不信，是何等也？」徵曰：「陛下初即位，詔書『逋租宿債，欠負官物，並悉原免。』即命所司，列爲事條，奏府國司，亦非官物。 陛下自秦王爲天子，國司不爲官物，其餘官物復何所有？ 又關中免二年租調，關外給復一年。 百姓蒙恩，無不忻悅。 更有敕云：『今年白丁已多役訖，若從此放免，便是虛荷國恩，若已折已輸，並令總納使了，所免者皆以來年爲始。』散還之後，方便徵收，百姓之心，不能無怪。 已徵得物，便點入軍，來年爲始，何所取信？ 又共理所寄，唯縣刺史。 年常兒閱，並悉委之。 至於簡點，即疑其詐僞，望下誠信，不亦難乎？」太宗曰：「我見君固執不已，疑君蔽於此事。 令論國家信，迺是通於人情。 我等不思，過亦甚矣。 行事往往如此錯，天下若爲致理？」乃停取中男，賜徵金甕一口，賜王珪絹五十疋。

【案】本章南家本、菅家本無，寫字臺本爲一章，元刻、明本、韓版在卷二直諫附篇（54、55），戈本爲卷二直諫附篇第二章。 事見諫録卷一。

277 ●貞觀三年，太宗謂侍臣曰：「義寧之初，國家雖有關中，王充、李密，若據一隅。當此之日，諸君所事之主，誰優誰劣？」戴冑奏稱：「王充言議分明，繁而宣要。爲理但求一時之利，不甚思其後圖。」魏徵對曰：「李密智計英拔，而器局褊小。」

【案】本章南家本、菅家本、假名本、元刻、明本、韓版、戈本無。事見諫録卷三。

278 ●貞觀三年，太宗謂侍臣曰：「爲君極難，若法急恐濫善人，法寛即不肅奸宄。寛猛之間，若爲折衷？」魏徵奏稱曰：「自古爲理，因時設教。若人情似急，則濟之以寛；若有寛慢，則糺之以猛。時既不恒，法令無定。」太宗又曰：「朕常思數種事。自古但有天下者，皆欲子孫萬世，理道過於堯、舜。及其所行，即與堯、舜相反。如秦始皇亦是英雄之主，平定六國之已後，纔免其身，至子便失其國。桀、紂、幽、厲，亦皆喪己。朕爲此不得不誡懼。且天下百姓，傾目側耳，唯看朕一人善惡，豈得不思量？」魏徵奏稱：「自古以來，人君爲難，祇爲出言即成善惡。若人君出言欲聞己過，其國即興；若出言令人從己志，其國即喪。古人云『一言可以興邦，一言可以喪行』，正當爲此。但天下人皆日進於陛下，以榮其身。若正人即欲以正道自進，佞人則以邪道自媚。工巧者則進奇巧、異器，好鷹犬者即欲勸令田遊。所欲自進者，不覺爲非，皆言己是。陛下守正道，則奸人不能自效。如開其路，則邪佞欲遂其心。」太宗曰：「此事誠如卿所言。」

【案】本章南家本、菅家本、元刻、明本、韓版、戈本無。事見諫録卷四。

貞觀四年，太宗每從容論自古理正得失，因曰：「當今大亂之後，造次不可致理。」給事中魏徵曰：「不然，凡人居安樂則驕溢，驕溢則思亂，思亂則難理。在危困則憂死亡，憂死亡則思理，思理則易教化。然則亂後易教，猶飢人易食也。」太宗曰：「善人爲邦百年，然後勝殘去煞。大亂之後將求致理，寧可造次而望乎？」徵曰：「此據常人，在不聖哲。施化，上下同心，民應如響，不疾而速，朞月而可，信不爲難。三年成功，猶謂其晚。」太宗深納其言。封德彝等咸共非之曰：「三代以後，民漸澆訛，故秦任法律，漢雜霸道，皆欲理而不能，豈能理而不欲？魏徵書生，不識時務。若信其虚僞論，必敗亂國家。」徵曰：「五帝、三王，不易民而理。行帝道則帝，行王道則王，在於當時所以化之而已。考之載籍，可得而知。昔黄帝與蚩尤七十餘戰，其亂甚矣，既勝之後，便致太平。九黎亂德，顓頊征之，既克之後，不失其理。桀爲亂虐，而湯放之，在湯之世即致太平。紂爲無道，武王征之，成王之世亦致太平。若言民漸澆訛，不及純樸，至今應悉爲鬼魅魍魎，寧可復得而教化耶？」封德彝等無以難之，然咸以爲不可。太宗力行不倦，三數年間，契丹、靺鞨，並皆内附，突厥破滅，部落列爲編户。太宗每謂群臣曰：「貞觀之初，人皆異論，云當今必不可行帝王道，唯魏徵勸我不已。朕從其言，不過數載，遂得華夏寧安，遠戎賓服。突厥萬代以來常爲勍敵，今頭首並帶刀宿衛，部落皆襲衣冠，使我不動干戈，數年之間遂至於此，皆魏徵之力也。」又顧謂徵曰：「玉雖有美質在石間，不值良工琢磨，與瓦礫不别。若遇良工，即爲萬代之寶。朕雖無美質爲君所切瑳，約朕以仁義，弘朕以道德，使朕以功業至此，君亦足爲良工。唯恨不得使封德彝見之。」徵再拜謝曰：「匈奴破滅，海内康寧，自是陛下盛德所加，實非群下之力。臣但喜身逢明世，不敢貪天之功。」太宗曰：「朕能任卿稱所委，其功獨在朕乎，卿何煩飾讓？」

【案】本章南家本、菅家本、元刻、明本、韓版、戈本在卷一論政體篇（14）。事見諫録卷三、新唐卷九七魏徵傳。

貞觀五年，治書權萬紀、侍御史李仁發，俱以告訐譖數家引見，遂任心彈射，肆其欺因，令在上震怒，臣下無以自安。外内知其不可而莫能論争。給事中魏徵正色奏之曰：「權萬紀、李仁發並是小人，不識本體，以譖毁爲忠，以告訐爲直，凡所彈射，皆非有罪。陛下掩其所短，收其一功，乃騁其奸計，讒下用上，多行無禮，以取强直之名。誣玄齡、斥退張高，無所肅厲，徒損聖明。道路之人，皆有謗議。臣伏度聖心，必不以其謀慮深長，可委以棟梁之任，將以其無所避忌，欲以警勵群臣。若任使因邪，猶不可以小謀大，群臣素無矯僞，空使上下離心。玄齡、張高之徒，猶不可申其枉直，其餘疎賤，孰能免其欲誣？伏願陛下留神再思，自驅使二人以來，有一事弘益，臣即甘心斧鉞，受不忠之罪。陛下縱未能舉善以嵩德，豈可進奸而自損乎？」太宗欣然納之，賜絹五百疋。其萬紀等入奸狀漸露，仁發解黜，萬紀貶連司馬，朝廷相慶焉。

【案】本章南家本、菅家本無，元刻、明本、韓版在卷二直諫附篇(56)，戈本爲其第三章。事見諫録卷一。「張高」，當爲「張亮」。

貞觀六年，有人告尚書右丞徵，言其阿黨親戚者。太宗使御史大夫温彦博案驗其事，乃告者不直。彦博奏稱，魏徵既爲人臣，須存形迹。不能遠避嫌疑，爲人所道，雖情在無私，亦可有責。遂令彦博謂徵曰：「爾諫正我凡數百條，豈以小事便損衆義之美。然自今以後，不得不存形迹。」居數日，太宗問徵曰：「昨來在外，聞有何不是事？」徵正色曰：「前日令彦博宣敕語臣：『玄何因不作形迹？』此言大不是。臣聞君臣叶契，義同一體。未聞不存公道，唯事形迹。若君臣上下同遵此路，則邦國之興喪或未可知。」太宗矍然改容曰：「前發此語，尋以悔之，實大不是，公亦不得因此事遂懷隱避。」徵乃拜而言曰：「臣以身許國，直道而行，必不敢有所欺負。但願陛下使臣爲良臣，勿使臣爲忠臣。」太宗曰：「忠、良有異乎？」徵曰：「良臣，稷、契、咎繇是也。忠臣，龍逄、比干是也。良臣使身獲美名，君受顯號，子孫傳世，福禄無疆。忠臣身受誅夷，君陷大惡，國家並喪，獨有其名。以此而言，相去遠矣。」太宗曰：「君但莫違此言，我必不忘社稷之計。」乃賜絹三百疋。

【案】本章南家本、菅家本無，元刻、明本、韓版在卷二直諫附篇（57），戈本爲其第四章。事見諫録卷五、舊唐卷七一魏徵傳、會要卷五八。

貞觀七年，蜀王妃父楊譽在省競婢，都官郎中薛仁方留身勘問，未及與奪。其子爲千牛，於殿庭陳訴云：「五品已上非反逆不合留身。以是國親，故生節目，不肯斷决，淹歷歲年。」太宗聞之大怒曰：「知是我之親戚，故作如此艱難。」即令杖仁方一百，解所任官。侍中魏徵曰：「城狐社鼠，皆是微物，爲其有馮恃，故除之不易。況外戚、公主，舊號難理，漢、晉以來，莫能禁制。武德之中，或多奸縱，陛下登極，方始肅然。仁方既是職司，能爲國制家守法，豈可横加嚴罰，以成外戚之私乎！此源一開，萬端争起，後必悔之，將無所及。自古能禁斷此事，唯陛下一人而已。備豫不虞，爲國之道，豈可以水横流，便欲自毁隄防？臣竊思度，未見其可。」太宗曰：「誠如公語，向者不思。然仁方輒禁不言，頗是專擅，雖不合重罪，亦宜少加懲肅。」乃令杖少而嚴之。

【案】本章南家本、菅家本無，元刻、明本、韓版在卷二直諫附篇(59)，戈本爲其第六章。事見諫録卷二、會要卷五一。

貞觀八年，左僕射房玄齡、右僕射高士廉於路逢少府監竇德素，問北門近來更有何營造。德素以聞，太宗乃謂玄齡等曰：「君但知南牙事，我北門少有營造，何預君事？」玄齡等拜謝。魏徵進言曰：「臣不解陛下責意，亦不解玄齡、士廉拜謝意。玄齡既任大臣，即陛下股肱耳目，有所營造，何容不知？責其訪問官司，臣所不解。且所爲有利害，役功有多少，陛下所爲若是，當助陛下成之；所爲不是，雖已營造，當奏陛下罷之。此乃君使臣、臣事君之道。玄齡等問既無罪，而陛下責之；玄齡等不識所守，但知拜謝，臣亦不解。」太宗深愧之。

【案】本章南家本、菅家本無，元刻、明本、韓版在卷二直諫附篇（60），戈本爲其第七章。事見諫録卷二、會要卷五一。

貞觀八年，先是桂州都督李弘節以清慎聞，及身歿後，其家賣珠。太宗聞之，乃宣於朝曰：「此人生平宰相皆言其清，今日既然，所舉者豈得無過？必當深理之，不可捨也。」侍中魏徵承閒言曰：「陛下生平言此人濁，未見授財之所。今聞其賣珠，將罪舉者，臣不知所謂。自聖朝以來，爲國盡忠，清貞守，終始不渝者，屈突通、張道源而已。通子三人，未有一疋羸馬。道源兒子不能存立，未見一言及之。今弘節爲國立功，前後大蒙賞賚，居官終歿，不言貧賤，妻子賣珠，未爲有罪。審其清者，無所存問，疑其濁者，旁責舉人，雖云疾惡情深，實亦好善不篤。臣竊思度，未見其可，恐有識聞之，必生横議，伏願留心再思。」太宗撫掌曰：「造次不思，遂有此語，方知談不容易，並勿問之。其屈突通、張道源兒子，宜各與一人官。」

【案】本章南家本、菅家本無，元刻、明本、韓版在卷二直諫附篇(61)，戈本爲卷五忠義篇第六章。事見諫録卷二、會要卷五三。

貞觀九年，有北蕃歸朝人奏稱：「突厥内大雪，人飢，羊馬並死。中國人在彼者皆入山作賊，人情大惡。」太宗謂侍臣曰：「觀古來人君，行仁義、任賢良則理；暴亂、任小人敗。突厥所信任者，並共公等見之，略無忠正者。頡利復不憂百姓，恣情所爲，朕以人事觀之，亦可久？」魏徵進曰：「昔魏文侯問里克，諸侯誰先亡？克曰：『吴先亡。』文侯曰：『何故？』『數戰數勝，數戰則民疲，數勝則主驕。以驕馭疲民，不亡何待？』頡利逢隋末中國喪亂，遂恃衆内侵，今尚不息，此必亡之道。」太宗深然之。

【案】本章南家本、菅家本無，元刻、明本、韓版在卷二直諫附篇(62)，戈本爲卷八辯興亡篇第四章。事見諫録卷三。

貞觀十年，越王，長孫皇后所生，太子介弟，聰敏絶倫，太宗特所寵異。貴要有數言，三品已上皆輕蔑王者，意在譖毀侍中魏徵等，以激怒太宗。太宗御齊政殿，引三品已上入，坐定，大怒作色而言曰：「我有一言向公等道，往前天子是天子，今時天子非天子耶？往前天子兒是天子兒，今日天子兒非天子兒耶？我見隋家諸王，達官一品已下，皆不免被其躓頓。我之兒子，自不許其縱横，公等何容過得共相輕蔑？我若縱之，豈不能躓頓公等！」房玄齡等戰慄起，皆拜謝。魏徵正色而諫曰：「當今群臣，必無敢輕越王者。然在禮，臣、子一列。傳稱，王人雖微，列於諸侯之上。諸侯用之爲公即是公，用之爲卿即是卿。若不爲公卿，即下士之諸侯也。今三品已上列爲公卿，並天子大臣，陛下所加禮敬異。縱其小有不是，越王何容輕加折辱？若國家綱紀廢壞，臣所不知。以當今聖明之時，越王豈得如此。且隋高祖不知禮義，寵樹諸王，使行無禮，尋家罪黜，不知爲國禮法，亦何足道！」太宗聞其言，喜形於色，謂群臣曰：「凡人言語到，不可不服。朕之所言，當身私愛。魏徵所道，國家禮法。朕向者忿怒，自謂理在不疑。更見魏徵所論，始覺大非道理。爲人君言，何可容易！」召房玄齡等切責之，賜魏徵絹一千疋。

【案】本章南家本、菅家本無，元刻、明本、韓版在卷二直諫附篇(63)，戈本爲其第八章。事見諫録卷一。

貞觀十一年，太宗謂侍臣曰：「朕昨往懷州，有上封事者云：『何爲恒羡山東衆丁於苑内營造？即日徭役，似不可隋時。懷、洛以來凋殘，人不堪命，而畋獵尤數，驕逸之主也。今者復來懷州遊畋，恐不得復至洛陽矣。』夫四時蒐田，既是帝王常禮，今者懷州，秋豪不干於百姓。凡上書諫争，自有常禮。臣貴有辭，主貴能改。如斯詆毁，有似咒詛。」侍中魏徵奏稱：「國家開直言之路，所以上封事者極多。陛下親自披閲，或冀片言可取，所以徼幸之士得肆醜辭。臣諫其君，甚須折衷，合從容諷諫。漢元帝常酎祭廟，出便門，御樓船，御史大夫薛廣德當乘輿前，免冠頓首曰：『宜從橋。陛下不聽，臣之自刎，以頸血汙車輪，陛下不入廟矣。』元帝不悦。光禄勳張猛進曰：『臣聞主聖臣直，乘船危，就橋吉。聖主不乘危，廣德言可聽。』元帝曰：『曉人不當如此耶！』乃從橋。以此而言，張猛可謂能諫其君也。」

【案】本章南家本、菅家本無，元刻、明本、韓版在卷二直諫附篇(65)，戈本爲卷十畋獵篇第三章。事見諫録卷四。

貞觀十一年，太宗謂侍臣魏徵曰：「比來所行得失政化，何如往前？」徵對曰：「若威之所加，遠夷朝貢，比於貞觀之始，不可等級而言。若德義潛通，民心悦伏，比於貞觀之初，相去又亦甚遠。」太宗曰：「遠夷來服，應由德義。不如往前，功業何因得大？」徵曰：「昔者四方未定，常以德義爲心。以海内無虞，漸更驕奢自溢。所以功業雖盛，終是不如往初。」太宗曰：「今日所行，與往前何異？」徵曰：「貞觀之初，恐人不言，導之使諫。三年以後，見人諫争，悦而從之。一二年來，所悦人諫，雖俛僶聽受，而終有疑難之色。」太宗曰：「於何事如此？」徵曰：「即位之初，處元律師死罪，孫伏伽諫曰：『法不至死，無容濫加酷罰。』遂賜以蘭陵公主。一人善惡，豈得不自思量？」魏徵進曰：「自古以來，人君爲難，祇爲出言即成善惡。若人君出言聞己過，其國即興；若出言皆欲人從己志，其國即喪。古人一言可以興邦，一言可以喪邦，正當爲此。但天下人皆自進於陛下以榮其身，若正人即欲以正道自進，邪人則以邪道自媚。工巧者則進其奇服、異器，好鷹犬者即欲勸令田獵。所欲進者，不覺爲非，皆言是。若陛下常守正道，則奸人不能自好。如開其路，則邪佞遂其心。」太宗曰：「此事誠如卿所言。」

【案】本章南家本、菅家本無，元刻、明本、韓版在卷二直諫附篇(66)，戈本爲其第十章。「蘭陵公主」以前事見諫録卷一、新唐卷九七魏徵傳，下有脱文。自「一人善惡豈得不自思量」以下，見諫録卷四，重出本篇第三章，當爲鈔寫錯亂所致。

興廢第十一

279 ●貞觀九年，太宗謂侍臣曰：「比三兩月來，不見公等讜言，未知以朕不可諫諍，隱而不言，爲是庶事咸得，不須論也？」侍中魏徵對曰：「陛下每一事，即爲鑑誡。臣等深識聖情，必事理有違，豈敢隱而不奏。然比來大使既出，內外無事，所以不論。」太宗曰：「自古來，雖遭喪亂，未有如隋日者，朕皆平之，功何如古人？」魏徵對曰：「前代雖逢喪亂，皆牧宰割據，不過數歲即有所歸。至於隋末，天下鼎沸，百姓塗炭，經十餘年，陛下應天順人，一時平定，此乃再造天地，重立區夏。此之功業，古來未之有。」太宗謂右僕射李靖等曰：「人君之道，唯欲寬厚。非但刑戮，乃至鞭撻，亦不欲行。比每有人嫌我大寬，未知此言可信否？」魏徵對曰：「古來帝王，以煞戮肆威，知者實非久安之策。臣等見隋煬帝初有天下，亦大威嚴。而官人百姓，造罪非一。今陛下仁育天下，萬姓獲安。臣下雖愚，豈容不識恩造。」太宗曰：「人之一身，縱令無病，不免疥癬，及時有小小惡處。」魏徵對曰：「自古爲化，唯舉大體。堯、舜之時，非全無惡，但爲惡者少。桀、紂之世，非全無善，但爲惡者多。譬如百丈之木，豈能無一枝一節。今官人居職，豈能全不爲非。但犯罪者少，取是大理。」

【案】本章南家本、菅家本、元刻、明本、韓版、戈本無。假名本在直言諫争篇。事見諫録卷三。

280 ●貞觀九年，太宗謂侍臣曰：「朕觀隋主人人集，實博物有才，亦知悦堯、舜之風，醜桀、紂之行。然而行事，即欲言相反，何也？」魏徵對曰：「自古稱理，皆是人君之量，能任使，故智者爲之謀，勇者爲之戰。雖聰明聖晢，猶以黈纊塞耳，冕旒垂目。隋主雖有俊才，無君之量。恃才驕物，所以至於滅亡。」太宗曰：「然。昔漢武征使不息，户口減半，中途能改，還得傳祚子孫。向使隋主早寤，亦不至滅亡也。」先是以慶善樂爲文舞，破陣樂爲武舞，詔魏徵、虞世南、褚高、李百藥等爲之詞。太宗謂侍臣曰：「昔周公、成王，襲禮作樂，久之乃成。逮朕即位，數年之間成此二樂，五禮又復刑定，未知堪爲後世作法以否？朕觀前王有功於民者，作事施令，後即爲法，所謂不忘其德者也。既平天下，安堵海内，若德惠不倦，有始善終，自我作故，何慮不法。若遂無德於物，後何所遵？以此而言，後法不法，猶在朕耳。」魏徵奏稱：「陛下撥亂反正，功高百王，自開闢以來，未如陛下者也。更創新樂，兼修大禮，自我作故，萬代取法，豈止子孫而已。」

【案】本章南家本、菅家本、元刻、明本、韓版、戈本無。事見諫録卷四、册府卷一五七。「隋主人人集」、「褚高」，爲鈔寫致誤。

281 ●貞觀九年，太宗顧謂侍臣曰：「西蕃通來幾時？」侍中對曰：「禹貢『西至流沙』，又『西戎即敘』，不明境域所及。至漢武帝置燉煌、張掖等郡，自此已後，漸通西域。」太宗曰：「朕聞漢武帝時，爲通西蕃，中國百姓死者大半。此事著於史籍，不能具述。但隋後主欲開葱嶺已西，當時死者繼於道路。如聞沙州已西，仍有隋時破壞車轂，其邊即有白骨狼籍。北築長城，東度遼水，征伐不息，人無遼生。天下怨叛，聚而爲盜。煬帝安然，恣其所欲，遂至滅亡，祇爲不聞其過。朕以此事，永爲鑒誡。今與公等共理百姓，但有不安穩便事，即向朕道，勿得面從，苟相悦譽。且朕素無術學，未聞政道。一日萬機，不能盡耳目。所有處斷，獨見不明，致有失，所以委任公等。公等善相輔弼，使兆庶得所，此乃長保富貴，蔭及子孫。若尸禄曠官，苟貪榮利，朕當必加黜辱，終不容捨。朕既以漢武帝、隋後主爲龜鏡，公等恒將此事共規諫也。」魏徵進曰：「陛下恩弘至理，砥礪群下，臣等豈敢不竭股肱之力，但恐識度愚淺，無益萬分之一。臣聞漢武帝承五代之資，天下無事，倉庫充實，士馬强盛，遂思騁其欲，以事四夷。聞蒟醬而開邛杖，貪良馬而通大宛，北逐匈奴，南征百越，老弱疲轉輪，丁壯死軍旅。海内騷然，户口減半，至於國用不足，府庫空虚。乃榷酤鹽鐵，征税開市，課筭舟車，告緡賣爵，侵凌百姓。萬端俱起，外内窮困，不急邊費，議以戍卒，營田助運。迄於朞年，方始覺悟，下哀痛之詔，封丞相爲富民侯，僅以壽終，幾致大亂。煬帝恃其强盛，思欲追從漢武。車駕屢動，民無聊生。十餘年間，國亡身戮。陛下威加海外，無遠不臻，深惟二主以爲殷監。所謂一人有慶，兆民賴之。臣等奉以周旋，不敢失墜。脱千慮一失，必望有犯無隱。」

七年，徵遷侍中，累封鄭國公，以疾請解職。太宗曰：「公獨不見金之在鑛，何足貴哉？良冶鍛之爲器，使人謂之爲寶。朕方自比於金，以卿爲良匠。卿雖有疾，未爲衰老，豈得便爾耶？」徵乃止。後復固辭，聽解侍中，授以特進，仍知門下省事。十二年，帝謂侍臣曰：「貞觀以前，從我平定天下，周旋艱險，玄齡之功無所與讓。貞觀之後，盡心於我，獻忠讜安國，成我今日功業，爲天下稱者，唯魏徵而已。古之名臣，何以加也。」於是親解佩刀以賜二人。十七年，拜太子太師，知門下事如故。尋遇疾。徵宅内先無正堂，時太宗欲營小殿，乃輟其材爲造，五日而就。遣中使賜以布被素褥，逐其所尚。數日，薨。太宗觀臨慟哭，贈司空，謚曰文貞。太宗親爲製碑文，復自書於石。特賜其家實封九百户。太宗嘗謂侍臣曰：「夫以鏡爲鏡，可以正衣冠；以古爲鏡，可以知興喪；以人爲鏡，可以明得失。朕常保此三鏡，以防己過。今魏徵殂逝，遂亡一鏡矣。」因泣下久之。詔曰：「昔惟魏徵，每顯余過。自其逝也，雖過莫彰。朕豈獨有非於往時，而皆是於兹日？故亦庶僚苟順，難觸龍鱗者歟！所以虚己外求，披迷内省。言而不用，朕所甘心。用而不言，誰之責也？自斯已後，各志乃誠。若有是非，直言無隱。」

【案】本章南家本、菅家本、元刻、明本、韓版、戈本無。「七年徵遷侍中」以下至章末，重出卷二任賢篇第三章(27)後半章，當爲鈔寫錯亂所致。事見諫録卷三、册府卷三三一。

求媚第十二

貞觀七年，太宗幸蒲州，刺史趙元楷課父老服黄紗單衣，迎謁路左，盛飾廨宇，修營樓雉，欲以求媚。又潛飼羊百餘口，魚數千頭，將饋貴戚。太宗知而數之曰：「朕巡省河、洛，經歷數州，凡有所須，皆資官物。卿餇羊養魚，凋飾院宇，此乃亡隋弊俗，不可復行。當識朕心，改卿舊心也。」元楷在隋，陷邪佞之目，太宗故發此言以誡之。元楷慙懼，數日不食而卒。

【案】本章南家本、菅家本無，元刻、明本、韓版在卷六論貪鄙篇（187），戈本爲卷六杜讒邪篇第二章。事見會要卷二七、册府卷一五七。

貞觀政要卷第四

附録一　貞觀政要著録及題跋

一、宋元明清著録及題跋

（一）新唐書卷五八藝文志史部雜史類

吴兢太宗勳史一卷

又貞觀政要十卷

（二）汪應辰文定集卷十跋貞觀政要

此書婺州公庫所刻板也。予頃守婺，患此書脱誤頗多而無他本可以參板。紹興三十二年八月，偶訪劉子駒于西湖僧舍，出其五世所藏之本，乃後唐天成二年國子監板也。互有得失，然所是正亦不少。疑則闕之，以俟他日閑暇尋訪善本，且參以實録史書，庶幾可讀也。

（三）郡齋讀書志卷六雜史類

貞觀政要十卷

唐吴兢撰。兢以唐之極治，貞觀爲最，故采時政之備勸戒者，上之於朝，凡四十篇。

（四）直齋書録解題卷五典故類

貞觀政要十卷

唐吴兢撰，前題「衛尉少卿兼修國史」。按新、舊書列傳，兢未嘗爲此官。而書亦不記歲月，但其首稱「良相侍中安陽公、中書令河東公」，亦未詳爲何人。館閣書目云「神龍中所進」，當考。

（五）玉海卷四九藝文政要寶訓類

唐貞觀政要

志雜史：吴兢貞觀政要十卷、太宗勳史一卷。書目：兢於太宗實録外采太宗與群臣問對之語，以備勸戒，爲政要凡四十篇十卷。始君道、政體、任賢、求諫，終於謹終。表云「比見朝野七（士）庶論及國家政教者，咸云：若陛下之聖明，克邁（遵）太宗之故事，則不暇遠求上古之術，必致太平之業。」序云「有唐良相曰侍中安陽公源乾曜、中書令河東公張嘉貞，爰命下才，備加甄録。」君道、政體一卷，任賢、求諫、納諫二，君臣鑒戒、論擇官上下、論封建三，太子諸王定分、尊師傅、教戒太子、規諫太子四，仁義、論忠義、孝友、公平、誠信五，儉約、謙遜、仁惻、謹所好、謹言語、杜讒邪、論悔過、論奢縱、論貪鄙六，崇儒學、文史、禮樂七，務農、刑法、赦令、辨興亡、貢賦八，謹征伐、議安邊九，行幸、田獵、災祥、謹終十，凡十卷四十篇。既以魏徵論爲君之道爲首，又以徵論克終之道爲末，蓋太宗時惟徵爲善諫。上有所問，必指近事以爲據，而不爲泛濫、迂闊、激訐之言，太宗樂聞而喜從之。治幾成康，徵功爲多。按兢表上是書，史缺歲月。兢序有曰：「有唐良相曰侍中安陽公、中書令河東公，命加甄録。」以表考之，乾曜、嘉貞，開元八年五月始拜是官按本紀，開元八年乾曜爲侍中、張嘉貞爲中書令。十一年而嘉貞貶，十五年乾曜罷，至九年九月張説亦相。若二公並相之時，蓋可知矣，其上於開元八年、九年歟。會要：元和二年十二月，謂宰臣曰：「近讀貞觀政要，粗見當時之事。以太宗神武，一事少差，諫者往復數四。況朕寡昧，事不得中者，卿須十論，不得一二而已。」六年三月，帝曰：「嘗讀貞觀政要，見太宗立言行事，動本至仁。」文宗贊：文宗恭儉儒雅，出於天性。嘗讀太宗政要，慨然慕之。及即位，鋭意於治，故大和之初，政事修飭，號爲清明。魏謩傳：文宗讀貞觀政要，思魏徵賢，詔訪其後，同州刺史楊汝士薦徵孫謩，拜右拾遺大和九年十月。通鑑：宣宗書貞觀政要於屏風，每正色拱手而讀之。宋朝仁宗慶曆七年四月辛未，嘗讀太宗政要，亦云「太宗言任人必以德行、學業爲本。」王珪曰：「人無學業，豈堪大任。」帝復曰：「人臣不可不知書，宰相尤須有學。」

（六）郭思貞序

二帝三王之治，後世莫能及者，順人之道，盡乎仁義也。唐太宗以英武之資，克敵如拉朽，所向無前。天下甫定，魏鄭公力排封德彝之繆，以仁義進。雖太宗未能允迪其實，有愧於脩齊，然四年之間，内安外服。貞觀之治，亦仁義之明效歟。史臣吳兢，類爲政要，凡命令政教，敷奏復逆，詢謀之同，謇諤之異，所以植國體而裕民生者，赫赫若前日事。江右戈直，集前賢之論以釋之。翰林草廬吳公，敘其首以屬於余。值拜奎章，召命道廣陵，謀於憲使日新程公，將有以廣其傳也。程公慨然，即以學廩之，羡鋟諸梓。嗚呼！仁義之心，亘古今而無。間因其所已然，勉其所未至，以進輔於聖朝，則二帝三王之治，特由此而推之耳。觀是編者，尚勗之哉！

至順四年歲在癸酉正月辛卯，前中奉大夫江南諸道行御史臺侍御史奎章閣大學士郭思貞書。

（七）戈直序

貞觀政要者，唐太宗文皇帝之佳言善行、良法美政，而史臣吴兢編類之書也。自唐世子孫，既已書之屏帷，銘之几案，祖述而憲章之矣。至於後世之君，亦莫不列之講讀，形之論議，景仰而效法焉。夫二帝三王之事尚矣，兩漢之賢君六七，作何貞觀之政獨赫然耳目之間哉？蓋兩漢之時世已遠，貞觀之去今猶近。遷、固之文高古爾雅，而所紀之事略；吴氏之文質樸該贍，而所紀之事詳。是則太宗之事，章章較著於天下後世者，豈非此書之力哉！夫太宗之於正心、脩身之道，齊家、明倫之方，誠有愧於二帝三王之事矣。然其屈己而納諫，任賢而使能，恭儉而節用，寬厚而愛民，亦三代而下，絶無而僅有者也。後之人君，擇其善者而從之，其不善者而改之，豈不交有所益乎？惜乎，是書傳寫謬誤。竊嘗會萃衆本，參互考訂，而其義之難明、音之難通，字爲之釋、句爲之述。章之不當分者合之，不當合者分之。自唐以來，諸儒之論，莫不采而輯之，間亦斷以己意，附於其後，然後此書之旨頗爲明白。雖於先儒窮理之學不敢妄議，然於國家致治之方，未必無小補云。後學臨川戈直謹書。

（八）宋濂重刻序

貞觀政要者，唐史臣吴兢之所輯也。兢，浚儀人，有良史才。用魏元忠、朱敬則薦，詔直史館修國史，遷右拾遺内供奉。神龍中，改右補闕，累遷起居郎。數上疏論事，言人之所難言，尋拜諫議大夫。復脩史，轉太子左庶子。開元十三年，玄宗東封泰山，道中頗馳射爲樂，兢復極諫。明年六月，大風，詔群臣陳得失。兢言斥屏群小，不爲慢遊，出不御之女，減不急之馬，明選舉，慎刑罰，杜僥倖，存至公八事，皆當時所諱者。景龍間，所脩國史失實。兢患之，乃私述唐書、唐春秋，皆未就。至是，詔赴館撰録，進封長垣縣男。久之，坐書事不當，貶荆州司馬。累遷洪州刺史，復坐累，下除舒州。天寶初，入爲恒王傅，卒年八十。兢嘗定武后實録，敘張昌宗誘張説誣魏元忠事，頗言説已許之，賴宋璟等邀礪苦切，故轉禍爲忠，不然皇嗣且殆。後説爲相，屢以情蕲改。兢拒曰：「徇公之情，何名實録？」卒不從。世比之爲董狐云。其爲人大略如此。初，兢屢脩國史，見文皇之朝，君明臣忠，可取爲後嗣法，乃纂是書，十卷合四十篇，上之中宗。然當復辟之初，轉移之機，間不容髪。使中宗能觀之，以法文皇，則削武氏位號，而崇恩之廟不復矣；信任舊臣敬暉諸人，不罷政事矣；嚴於陰治，韋氏之禍不致蹈覆轍矣。奈何視爲空文而弗之講，徒使兢之孤忠遑遑焉而無所伸，可勝歎哉！厥後文宗踐位，始喜讀而篤行之。太和初政，燦然可觀，雖未能如貞觀之治，亦可謂能法其祖武者矣。自是以來，其書盛行于世。南、北刻本，多有舛訛。臨川戈直嘗集諸家而校讎之，然亦未能盡善。昇有良士曰：「王敬仁，故大族也，欲刊梓於家塾以傳。」予遂假中秘本重爲正之，理有可通者因仍其舊，不敢輒改。夫讀其書者，不可不知其人，古之道也，復詳序兢之行事於首簡云。書之篇端，謂兢爲衛尉少卿兼脩文館學士，與史所載頗不合。濂疑神龍進書之時，方改右補闕，未應升遷如此，豈或他有所據耶？奉議大夫國子司業金華宋濂謹序。

（九）明憲宗序

朕惟三代而後，治功莫勝於唐。而唐三百年間，尤莫若貞觀之盛。誠以太宗克己勵精圖治於其上，而群臣如魏徵輩感其知遇之隆，相與獻可替否以輔治於下，君明臣良，其獨盛也宜矣。厥後史臣吴兢，采其故實，編類爲十卷，名曰貞觀政要。有元儒士臨川戈直，復加考訂、注釋，附載諸儒論説，以暢其義。而當時大儒吴澄，又爲之題辭，以爲世不可無，其信然也。朕萬幾之暇，鋭情經史，偶及是編，喜其君有任賢、納諫之美，臣有輔君、進諫之忠。其論治亂興亡、利害得失，明白切要，可爲鑒戒，朕甚嘉尚焉。顧傳刻歲久，字多訛謬，因命儒臣重訂正之，刻梓以永其傳。於戲！太宗在唐，爲一代英明之君。其濟世康民，偉有成烈，卓乎不可及已。所可惜者，正心、修身有愧於二帝三王之道，而治未純也。朕將遠師往聖，允迪大猷，以宏至治，固不專於是編。然而嘉尚之者，以其可爲行遠登高之助也。序于篇端，讀者鑒焉。

成化元年八月初一日

（十）梅鷟南廱志經籍考下篇史類

貞觀政要十卷

存者七十八而缺者一百二十二面。唐史臣吴兢輯，合四十篇。臨川戈直嘗集諸家而校正之，刻於集慶路儒學。歲久模糊，學士宋濂遂假中秘本重校，序於首簡，洪武初重刻。

（十一）天禄琳琅書目卷三金版史部

貞觀政要　一函六册

唐吴兢撰。十卷。前金唐公弼序、兢上貞觀政要表。晁公武郡齋讀書志曰：「兢以唐之極治，貞觀爲最，故采時政之可備勸戒者，上之於朝，凡四十篇。」考唐書，兢，汴州浚儀人，少厲志，貫知經史，當路薦其才堪論撰，詔直史館修國史。此書當即其時所進。書前有大定己丑八月進士唐公弼序，稱南京路都轉運使梁公出公府之資，命工鏤版。按：大定爲金世宗年號，己丑爲世宗九年，在南宋爲孝宗乾道五年。公弼無考，所稱梁公未詳何人。……此本字宗顔體，刻印精良，與宋版之佳者無異。藏書家知崇宋本，而金版多未之及，蓋緣流傳實鮮，耳目罕經，似此吉光片羽，真爲稀世之寶也。

（十二）四庫全書總目卷五一史部雜史類

貞觀政要十卷

唐吴兢撰。兢，汴州浚儀人。以魏元忠薦，直史館，累官太子左庶子，貶荆州司馬。歷洪、舒二州刺史，入爲恒王傅。天寶初，年八十，卒。事蹟具唐書本傳。宋中興書目稱：兢於太宗實録外采其與群臣問答之語，作爲此書，用備觀戒，總四十篇。新唐書著録十卷，均與今本合。考舊唐書曹確傳，載確奏：「臣覽貞觀故事，太宗初定官品」云云。其文與此書擇官篇第一條相同，而唐志所録，别無貞觀故事，豈即此書之别名歟？其書在當時嘗經表進，而不著年月。惟兢自序所稱侍中安陽公者乃源乾曜，中書令河東公者乃張嘉貞。考玄宗本紀，乾曜爲侍中、嘉貞爲中書令，皆在開元八年，則兢成此書又在八年以後矣。書中所記太宗事蹟，以唐書、通鑑參考，亦頗見牴牾。如新、舊唐書載太宗作威鳳賦賜長孫無忌，而此作賜房玄齡。通鑑載張藴古以救李好德被誅，而此謂其與囚戲博，漏泄帝旨，事狀迥異。又通鑑載皇甫德參上書，賜絹二十四匹，拜監察御史，而此但作賜帛二十段。又通鑑載宗室諸王降封由封德彝之奏，貞觀初放宫人由李百藥之奏，而此則謂出於太宗獨斷，俱小有異同。史稱：兢敍事簡核，號「良史」，而晚節稍疎牾。此書蓋出其耄年之筆，故不能盡免滲漏。然太宗爲一代令辟，其良法善政、嘉言嬔行，臚具是編，洵足以資法鑒。前代經筵進講，每多及之。故中興書目稱：歷代寶傳，至今無闕。伏讀皇上御製樂善堂集，開卷首篇即邀褒詠。千年舊籍，榮荷表章，則是書之有裨治道，亦概可見矣。書中之注，爲元至順四年臨川戈直所作，又采唐柳芳、晉劉昫、宋宋祁、孫甫、歐陽脩、曾鞏、司馬光、孫洙、范祖禹、馬存、朱黼、張九成、胡寅、吕祖謙、唐仲友、葉適、林之奇、真德秀、陳惇脩、尹起莘、程奇及吕氏通鑑精義二十二家之説附之，名曰集論。吴澄、郭思貞皆爲之序。直，字伯敬，即澄之門人也。

（十三）皕宋樓藏書志卷二四雜史類

貞觀政要十卷　元刊本

唐史臣吴兢撰。上貞觀政要表、自序。按：此元刊細字本，每頁二十六行，每行二十四字，小黑口，與明刊本相似。

（十四）郘亭知見傳本書目卷四史部雜史類

貞觀政要十卷

唐吴兢撰。宋小字本　明成化内府大本　國初朱載農刊大字本　近年掃業山房刊本

邵位西有永樂大典校掃業山房本。

（十五）傅增湘藏園群書經眼録卷四史部二

貞觀政要十卷　唐吴兢撰

明洪武三年王氏勤有堂刊本，十三行二十四字，黑口，四周雙欄，版心題「政要幾」。序後有大木記，篆文二行十二字。文曰：

洪武庚戌仲冬
王氏勤有堂刊

首宋濂重刻貞觀政要序，前述吴兢事略，纂書宗旨，……又稱：「自是以來，其書盛行

於世，南北刻本多有舛訛，戈直嘗集諸家而校讐之，然亦未能盡善。昇有良士曰：『王敬仁，故大族也，欲刊梓於家塾以傳。』予遂假中秘本重爲正之。理有可通者因仍其舊，不敢輒改。夫讀其書者不可不知其人，古之道也，復詳序兢之行事於首云。書之篇端謂兢爲衛尉少卿兼修文館學士，與史所載頗不合，濂疑神龍進書之時方改右補闕，未應升遷如此，豈或他有所據耶？奉議大夫國子司業金華宋濂謹序。」

次上貞觀政要表，又吴兢序，題「衛尉少卿兼修國史弘文館學士」。

宋序後有「寓吴郡盧遂良刻」六小字。

鈐印列後：「曾藏汪閬源家」朱、「長洲汪駿昌藏」白、「雅庭」朱、「吴中汪六」白、「儀正堂印」朱、「吴郡西垵朱尗英書畫印」朱。

按：是書中版心，密行細字，工雅絶倫，書法秀麗，若宋璲所寫淵穎集，各家著録皆不見，其爲寶重當復何如！丙辰小雪後日沅叔記。（余藏）

（十六）陳寅恪元白詩箋證稿第五章新樂府七德舞

唐代祖宗功德之盛，莫過於太宗，而太宗實録四十卷部帙繁重，且係編年之體，故事跡不易檢查。斯太宗實録之分類節要本，即吴兢貞觀政要一書所以成爲古今之要籍也。

今世流行之貞觀政要，皆元代戈直注本，其本曾移改吴氏原書之篇章，如第貳篇論政體篇第拾章下注云：「舊本此章附忠義篇。今按其言於政體尤切，故附于此。」第肆篇論求諫篇第柒章下注云：「舊本此與上章通爲一章，今按不同，分爲二章。」第伍篇論納諫篇下注云：「直諫另爲一類，附此類之後。」其第伍章下注云：「舊本此章之首曰貞觀初，今按通鑑標（貞觀三）年。」其例甚多，不必一一標舉。實則其書中尚有脱漏之章，觀楊守敬之日本訪書志，羅振玉之校補本及影印日本之寫本，即可知之。

二、日本現存鈔本著録及奥書

（一）藤原佐世日本國見在書目録卅雜家

貞觀政要十四（卷或篇）

（二）建治本卷一末奥書

本云：

安元三年二月五日奉授主上既訖，正三位行宫内卿兼式部大輔播磨權守藤原朝臣建久第五年九月廿一日詣三品李部大卿書閣讀合畢，有秘説等，匠作員外少尹藤孝範。

永久二年仲春廿五日點訖，良兼。合證本等又加自點畢，秘本也，永範。

永範。

建保第四年夷則廿五日受嚴訓訖，文章得業生經範。

嘉禄三年四月廿四日合二條院御本並八條左相府證本畢，刑部權少輔經範。

建長三年二月十日以家説授茂才明範既訖，三品李部大卿經範。

建長六年三月廿日以家説授小男淳範既訖，三品吏部大卿經範。

（三）建治本卷一末紙背奥書

此本南家之點本也，奥書如表。而永仁二年八月晦日，以菅家本朱點并墨點寫之。於菅點者合短點畢，能能可分别也。又上注者是南家之注也。菅點本奥書云，讀合了，密澄。

建仁元年四月廿一日酉斜書寫了，同廿五日巳時移點校合了，知家。

同三年二月二日授侍中平二千石了，翰林主人菅在判。

菅師匠本奥書，奉左丞相教命奉授秘説了，大藏卿兼式部大輔菅原爲長。

建長七年十月五日以家秘説奉授二品羽林中郎將了，散位菅原在宗。

右奥書菅師匠證本如此，以彼秘本重移點校合了。于時建治第一之曆初冬上旬之候，於燭下所終功也，治部權少輔平朝臣兼俊。

（四）内藤本卷二末奥書

本云：

手自校衆本、勘本文，擇善合點了，三品李部員外大卿菅判。

建保四年五月十一日授男著作郎長貞了，大藏卿菅爲了。

嘉禄元年八月九日候於九條前，殿下且讀判。

貞應三年閏餘七月廿六日授男長成了，李部大卿判。

安貞二年四月二日授男長高了，大府卿判。

嘉禎四年五月一日授少子長明、孫宗長等了，李部大卿判。

仁治三年七月廿八日侍當今皇帝御讀，大藏卿兼式部大輔判。

弘長二年三月二日授愚息清長了，李部大卿判。

永仁五年十二月五日以家説重授正修上人了，從二位菅清長判。

永仁七年三月十日以説授小童摩尼殊丸了生年十二歲，明玄判。

永禄三年四月終書功了，李部大卿菅長雅。

（五）古本校正本引江家本奥書

本云：

以累代祕説本奉授聖上了，尤可祕藏也。寛弘三年三月五日，吏部大卿江判。

朱云：

寛弘九年閏七月念一日藤家本一校了，江匡衡。

（六）森立之經籍訪古志卷第三史部雜史類

貞觀政要十卷　影舊鈔本　求古樓藏

卷末有「本云：安元三年二月五日奉授主上既訖，正三位行宮内卿兼式部大輔播摩權守藤原朝臣永範記。永久三年仲春二十五日，良兼記。」及建久五年匠作員外尹藤孝範、建保四年文章得業生經範、嘉禄三年刑部權少輔經範、建長三年三品李部大卿、六年三品吏部大卿經範各記。每半葉七行，行十七字，界長七寸四分，幅七分半。

又　影舊鈔本　容安書院藏

前有吴兢上表。卷首題「貞觀政要卷第一」，「史臣吴兢撰」。卷二末有建保四年、嘉禄元年、貞應三年、安貞二年、嘉禎四年、仁治三年、弘長二年、永仁五年、永禄三年菅氏歷世題記。卷九末有永仁四年、永禄三年菅家記。又有文化六年六月廿三、廿四兩日齋中寫，同月廿七日一校終。寀者爲藤長親卿花押。此本影寫長親卿手鈔本者，蓋原本卷軸改爲册子也。

按：已上二通，以玉海所載目録及元戈直本校之，體式大異。蓋皇國博士家所傳舊物，爲唐時真本也。卧雲日件録載：菅原爲長卿以假字譯此書，其本今猶傳世。以此二本校之，大同小異。

又　僧日蓮手書本　駿河國本門寺藏

未見

又明成化元年刊本　昌平學藏

首有成化元年八月御製序、至順四年郭思貞集論題辭及臨川戈直題辭、吴氏舊序、集論諸儒姓氏、戈直集論、吴序。首署「唐衛尉少卿兼修國史修文館學士吴兢撰」。卷首題「貞觀政要卷第一」，次行列書篇目。每半板十行，行二十字。

又　慶長五年活字刊本

慶長五年，前龍山見鹿苑承兑叟奉神祖教校刊。卷末有承兑叟跋及慈眼久德刊之記。此本係依前本重刊者。

（七）楊守敬日本訪書志卷五

貞觀政要十卷　古鈔本

舊影寫本，狩古望之求古樓所載。前二卷末有安元三年二月五日奉授主上既訖云云，有永久、建久、建保、嘉禄、建長等名記，與森立之訪古志所載首一部合。每半葉七行，行十七字。字體精妙，神似唐人寫經之筆。原本當是卷子，影寫改爲摺本。然首無吴兢表文，猶不免有脱漏也。其第三卷以下，每卷後有文化六年六月等日齋中寫勾勘。案。第末卷有文化十二年十月上澣寄與興田箕山，生之記。每半葉九行，行十七字。而森立之顧未言及。此書以戈直注本照之，非唯字句多有不同，即篇第亦有增減移易。戈氏自序云「嘗會萃衆本，參互考訂」，「章之不當分者合之，不當合者分之」，知是皆爲戈氏所亂久矣。今全録其題識，以與森氏訪古志相證驗。又，録篇第異同於其下，使讀者知其崖略。若夫字句之差互，則屢牘不能盡，別爲劄記焉。

（引南家本奥書、貞觀政要古鈔本次第，略）

貞觀政要十卷　影舊鈔本

此本影文化六年鈔本。每半葉九行，行十七字，與狩古藏本第三卷以下皆同。首有吴兢上貞觀政要表，而無吴兢貞觀政要序。其第二卷後有建保、嘉禄、貞應、安貞、嘉禎、仁治、弘長、永仁、永禄等年菅氏歷世題記。每卷後均有文化六年六月等日寫記。有亲字押。森立之稱爲藤長親卿花押。此本即影寫長親卿手書本者，蓋原本卷軸改爲册子也。森立之又云：以玉海所載目録及元戈直本校之，體式大異，蓋其國博士家所傳唐時真本。其言當不誣。末卷有文化十二年興田吉從一跋，言此書甚悉。第一卷、第四卷、第七卷，有「不忍文庫」、「温故堂文庫」印，皆日本收藏名家也。

（引上貞觀政要表、内藤本奥書，略）

文化六年六月十九、二十兩日寫功了。宲。同年七月十日寓直之暇，一校了。昨日大風甚，自辰到酉。

貞觀政要十卷，菅原氏所傳，而從三位勘解，由長官菅原長親卿所親寫也。初，吉從獲元德年中菅氏文章得業生款狀於觀智院住實僧都，愛藏之。長親卿一見奇之，介藤原以文而求之。吉從深欽卿慕其祖之意，割愛奉呈焉。卿大喜，辱手書，且賜以此書。事詳於其書牘中。蓋政要之爲書坊間所刻者，係於戈直所注，縉紳學士家雖間有傳之者，衍錯脱誤，大紊其真。此編乃菅氏奕世所傳，而出於參議爲長卿所授也。卷首載吴兢上表，蓋兢表獨載於國字譯本，而其他則未嘗見存之者。况菅氏之令孫所親寫，而校訂政要之真，舍此編吾安適從焉。吉從獲之。

貞觀政要十卷　舊鈔本

此本係文政元年阿波介藤原以文以其國諸古本及戈本合校者。篇首載其國古墨筆凡十三通，又硃筆二通：一爲永本，一爲江本。又載漢本奥書、題識。奥書，卷子反面書也。其本有政要表而無政要序。表後有「景龍三年正月　日衛尉少卿兼修國史館崇文館學士臣吴兢等上表」，爲各本所無。按吴兢本傳，其書實成於神龍中，書録解題引館閣書目亦云，然則此景龍當爲神龍之誤。而據其自序，提要考在開元八年以後亦至確，莫詳其乖異之由也。此本每卷有「松田本生」印，又有「向山黄村」印。余從黄村得此本，而日本古本異同，皆彙集無遺，擬歸而刻之，久無應者，今以阿波介藤合校諸本列左：

古本校合凡例

八條左府本　二條院御點本　菅本　或本　南家本　異本　古本　一本　摺本

亻本　才本　家本　自本　永本菅長雅卿親寫本。有永禄三年之奥書，故稱永本。今爲五條家藏　江家本原本卷子本，有匡衡朝臣奥書，故稱江本。

（引江家本奥書，略）

此一卷以江家舊卷卷子本有匡衡奥書傳寫本校正訖，稱江本者是也。餘卷今逸，惜哉！

以源容所元寛校本再校訖此本有「多福文庫」印，元和活版也。

以清國嘉慶戊午重鐫掃葉山房刻本再訂訖，所稱清本是也。

文政元年八月一日，阿波介藤原以文。

不啻十朋之龜，乃十襲寶藏以貽之永世焉。長親卿手書别藏於家，宜並考。卿稱清岡學業富贍，最能文章。嘗聞卿常侍讀於皇太子，頗有啓沃之功云，實菅廟三十一世之孫也。文化十二年乙亥正月，興田吉從謹識。

（八）羅振玉古寫本卷五卷六校記後記

貞觀政要，元戈直集論本外，未見他本。戈氏作集論時，往往移易篇章，刊刻亦多衍脱。往歲讀日本澀江氏、森氏經籍訪古志及楊星吾舍人守敬日本訪書志，知東邦有唐時真本。庚子客鄂、渚，曾從舍人借觀，云在宜都故里，不得寓目，以爲憾事。及辛亥避地，携家浮海，始得古寫卷子本第五、第六兩卷於日本京都故家，爲彼邦六百年前物。取較戈本，凡衍脱不可通者，悉得據以勘訂。且補逸文數章，欲爲刊行，以復唐本之舊，而苦不能得全本。欲於海東藏書家謀之，而人事牽阻，匆匆未果。既返國，旅居津、沽，歲甲子，檢笥得往日校記，因命兒子福葆據卷子本傳録，付諸手民，並將他卷佚文及吴兢上書表附刊卷後，俾學者得窺唐本之一斑。他年若幸得觀全書，再續刊焉。乙丑閏月朔，上虞羅振玉記。

（九）陳寅恪元白詩箋證稿第五章新樂府七德舞

又取羅氏政要卷伍卷陸二卷之校記觀之，其中亦有戈本所詳，而日本寫本脱略者，則知日本寫本亦非無缺。羅氏雖有「欲復唐本之舊，苦未能得其全本」（見羅氏松翁近稿貞觀政要殘卷跋）之言，其實縱得日本傳寫政要之全本，恐亦不能悉復吴氏原書之舊觀。故白氏此篇所詠，其有不見於今日諸本政要者，未必全爲吴氏原書所不載也。

附録二　吴兢學行及著述

一、吴兢學行編年

高宗總章二年（己巳　公元六六九年）　吴兢生。

舊唐書卷一〇二吴兢傳："「天寶八年，卒於家，時年八十餘。」新唐書卷一三二吴兢傳："「天寶初，入爲恒王傅。……卒，年八十。」

根據舊唐書的記載，吴兢卒於玄宗天寶八載（公元七四九年），上推八十整年，爲公元六六九年，即高宗總章二年。古人年紀爲虛歲，「年八十」實爲七十九周歲，上推爲公元六七〇年，即高宗總章三年（咸亨元年）。但若爲「八十餘」，實際年齡至少爲八十周歲，生年不當晚於公元六六九年。根據兩部唐書的記載，吴兢的生年只能是個概數，即生於公元六六九年前後，可以作如下兩種表述：一、吴兢（公元六六九或六七〇—七四九年）。二、吴兢，生高宗總章、咸亨之交（公元六六九—六七〇年），卒玄宗天寶八載（公元七四九年）。

本表以舊唐書「天寶八年，卒於家，時年八十餘」爲據，確定吴兢生於總章二年。

兢，汴州浚儀（今河南開封）人。祖上無考。父處敬，玄宗開元八年，以鄭州長史爲鳳州刺史，仍聽致仕。（册府元龜卷五五四國史部恩奬）

是年，劉知幾九歲。

高宗咸亨二年（辛未　公元六七一年）　三歲

舊唐書外戚武承嗣傳：「乃以韓國夫人之子敏之爲士彟嗣，改姓武氏，累拜左侍極、蘭臺太史，襲爵周國公。仍令鳩集學士李嗣真、吴兢之徒，於蘭臺刊正經史並著撰傳記。」

據通鑑，武后以賀蘭敏之爲武士彟嗣，襲爵周公，改姓武氏，累遷弘文館學士，事在咸亨二年四月。此時吴兢尚爲幼兒，豈能入「蘭臺刊正經史並著撰傳記」！舊唐書外戚傳所記有誤。

高宗上元二年（乙亥　公元六七五年）　七歲

帝風疹不能聽朝，政事皆決於天后，内外稱爲「二聖」。（舊唐書高宗紀下）

八月，改崇賢館爲崇文館，避章懷太子名諱。（唐會要卷六四）

高宗儀鳳二年（丁丑　公元六七七年）　九歲

儀鳳中，弘文館中多圖籍，置詳正學士校理。（唐會要卷六四）

高宗調露二年　永隆元年（庚辰　公元六八〇年）　十二歲

二月，詔故符璽郎李延壽撰太宗政典，寫兩本，一本付秘書省，一本賜皇太子。（唐會要卷三六）

八月，改元永隆。

高宗永淳二年　弘道元年（癸未　公元六八三年）　十五歲

十二月，改元弘道。帝崩於貞觀殿，遺詔皇太子柩前即位，軍國大事有不決者，取天后處分。（舊唐書高宗紀下）

皇太子即位，是爲中宗。尊天后爲皇太后，政事咸取決焉。（通鑑）

中宗嗣聖元年　睿宗文明元年　則天光宅元年（甲申　公元六八四年）　十六歲

二月，武后廢中宗爲廬陵王，立豫王爲睿宗，改元文明。（舊唐書則天皇后紀）

九月，改元光宅，改東都爲神都，改官制，立武氏七廟。（通鑑）

徐敬業等起兵揚州討武，武后以李孝逸將兵三十萬討之。十一月，監軍魏元忠與行軍管記劉知柔固請李孝逸決戰，因風縱火，大敗敬業。（舊唐書魏元忠傳、通鑑）

則天垂拱元年（乙酉　公元六八五年）　十七歲

八月戊寅（初五），睿宗子隆基生於東都洛陽。（舊唐書玄宗紀上）

則天永昌元年　載初元年（己丑　公元六八九年）　二十一歲

十一月，改載初元年正月。改天、地等十二字。則天自名「曌」，改詔曰制。（舊唐書則天皇后紀、通鑑）

則天載初二年　天授元年（庚寅　公元六九〇年）　二十二歲

二月，策貢士於洛成殿，貢士殿試自此始。（通鑑）

九月，改國號爲周，改元天授，則天自加尊號曰聖神皇帝，降皇帝爲皇嗣。（舊唐書則天皇后紀）

則天長壽二年（癸巳　公元六九三年）　二十五歲

姚璹奏請仗下所言軍國政要，宰相一人撰録，號爲時政記，月送史館。宰相撰時政

記，自此始。（唐會要卷六三）

則天證聖元年　天册萬歲元年（乙未　公元六九五年）　二十七歲

劉知幾表陳四事。（通鑑）

則天聖曆元年（戊戌　公元六九八年）　三十歲

九月，廬陵王復爲皇太子。（舊唐書則天皇后紀）

則天聖曆二年（己亥　公元六九九年）　三十一歲

臘月，魏元忠爲鳳閣侍郎，同鳳閣鸞臺平章事。（通鑑）

聖曆中，徐堅爲判官，與給事中徐彦伯、定王府倉曹劉知幾、右補闕張説同修三教珠英。（舊唐書徐堅傳）

則天長安二年（壬寅　公元七〇二年）　三十四歲

十二月，張嘉貞以「有異才」被召見，則天與語大悦，即拜監察御史。（舊唐書張嘉貞傳、通鑑）

以「勵志勤學，博通經史」深受魏元忠、朱敬則器重。（舊唐書吴兢傳）

傳稱：（魏元忠、朱敬則）「及居宰輔，薦兢有史才，堪居近侍，因令直史館，修國史。」

［案］魏元忠拜相在聖曆二年，而朱敬則拜相在長安三年七月。長安三年正月詔修國史，朱敬則尚爲正諫大夫，「直史館吴兢」已名列其中了，傳文稍誤。

則天長安三年（癸卯　公元七〇三年）　三十五歲

正月，敕武三思、李嶠與正諫大夫朱敬則、司農少卿徐彦伯、司封郎中徐堅、左史劉知幾、直史館吴兢等修唐史。採四方之志，成一家之言。長懸楷則，以貽勸誡。（唐會要卷六三）

七月，正諫大夫朱敬則同平章事。（通鑑）

朱敬則上表，請擇史官。（唐會要卷六三）

劉知幾答鄭惟忠問：「史才須有三長，謂才也，學也，識也。」（唐會要卷六三）

九月，張昌宗引張説，使誣證魏元忠，賂以高官。劉知幾對張説曰：「無汙青史，爲子孫累！」張説反悔，則天以張説爲「反覆小人」。朱敬則密表奏曰：「魏元忠素稱忠正，張説又所坐無名。」（唐會要卷六四、通鑑）

是年，以直史館修國史，遷左拾遺内供奉。（請總成國史奏、唐會要卷六三）

［案］舊唐書吴兢傳、新唐書吴兢傳均作「右拾遺」，當以吴兢請總成國史奏爲准。

與劉知幾、徐堅、朱敬則、元行沖等「以言議見許，道術相知」。（史通自敘）

則天長安四年（甲辰　公元七〇四年）　三十六歲

劉知幾委國史於著作郎吴兢，别撰劉氏家史、譜考。（唐會要卷三六、舊唐書劉子玄傳）

中宗神龍元年（乙巳　公元七〇五年）　三十七歲

正月，桓彦範、敬暉、崔玄暐、張柬之、袁恕己等誅二張，則天傳位皇太子。（通鑑）

中宗復位，上太后尊號則天大聖皇帝。（舊唐書中宗紀）

桓彦範爲納言（即侍中），賜爵譙郡公，代桓彦範寫謝表。（舊唐書中宗紀、爲桓侍郎讓侍中表）

二月，復國號爲唐。（舊唐書中宗紀）

三月，制云：「政令皆依貞觀故事。」復以神都爲東都。（通鑑）

中宗即位，追贈永泰郡主爲公主，令備禮改葬，號其墓爲陵。（舊唐書懿德太子重潤傳）

作永泰公主挽歌二首。（文苑英華卷三一〇）

十月，改弘文館爲昭文館，避孝敬皇帝名諱。（唐會要卷六四）

十一月，則天崩於上陽宫。遺制：去帝號，稱則天大聖皇后。（舊唐書則天皇后紀、通鑑）

是年，轉遷左補闕。（唐會要卷三六）

［案］舊唐書吴兢傳、新唐書吴兢傳均作「右補闕」，當以後引唐會要卷三六記載爲是。

柳沖上奏請修氏族之譜，帝從之。「令尚書左僕射魏元忠、工部尚書張錫、禮部侍郎蕭至忠、岑羲、兵部侍郎崔湜、刑部侍郎徐堅、工部侍郎劉憲、左補闕吴兢等重修。」（唐會要卷三六）

中宗神龍二年（丙午　公元七〇六年）　三十八歲

與劉知幾等預修則天實録。（舊唐書吴兢傳）

是年，改昭文館爲修文館。（唐會要卷六四）

十月，車駕至西京，不復東遷。（通鑑）

中宗神龍三年　景龍元年（丁未　公元七〇七年）　三十九歲

二月，敕奏事不得言中興。（舊唐書中宗紀、通鑑）

補闕張景源以「母子承業，不可言中興」，欲中宗承襲武周之制。（新唐書武三思傳）

右補闕權若訥針對神龍元年中宗制書「一事以上，並依貞觀故事」，以「則天遺訓，誡曰母儀；太宗舊章，是稱祖德」爲由，認爲「沿襲應從近」。（請復天后所造諸字疏、通鑑）

八月，安樂公主、宗楚客「日夜謀譖相王」，侍御史冉祖雍誣奏相王等與太子重俊「通謀」。（通鑑）

九月，改元景龍。

中宗景龍二年（戊申　公元七〇八年）　四十歲

四月，修文館增置大學士、學士員。（唐會要卷六四、通鑑）

是年，上疏中宗，以「賊臣等日夜同謀，必欲嗔于極法，此則禍亂之漸，不可不察」，强調「自昔剪伐枝幹，委權異族者，未有不喪其宗社也。」（上中宗皇帝疏、唐會要卷六二）

中宗景龍四年　殤帝唐隆元年　睿宗景雲元年（庚戌　公元七一〇年）　四十二歲

六月，安樂公主欲韋后臨朝稱制，自爲皇太女，乃合謀毒死中宗。韋后密不發喪，自

總庶政，改元唐隆，殤帝即位。（舊唐書中宗紀、通鑑）
臨淄王隆基與太平公主謀，平定諸韋之亂，其父相王即帝位爲睿宗，隆基立爲皇太子。（舊唐書玄宗紀上、通鑑）
七月，改元景雲。宋璟、姚元之「協心革中宗弊政，當時翕然以爲復有貞觀、永徽之風。」（通鑑）
是年，修文館中學士多以罪被貶黜。（唐會要卷六四）
直學士宋之問自桂州貶所致書吴兢。（在桂州與修史學士吴兢書）
轉起居郎。

睿宗景雲二年（辛亥　公元七一一年）　四十三歲

三月，修文館復改爲昭文館。（唐會要卷六四）
十月，補闕辛替否上疏睿宗：若「忍棄太宗之理本，不忍棄中宗之亂階；忍棄太宗久長之謀，不忍棄中宗短促之計，陛下又何以繼祖宗、觀萬國？」（舊唐書辛替否傳、通鑑）

睿宗太極元年　延和元年　玄宗先天元年（壬子　公元七一二年）　四十四歲

八月，玄宗即位，尊睿宗爲太上皇，改元先天。（通鑑）

玄宗先天二年　開元元年（癸丑　公元七一三年）　四十五歲

三月，柳沖與魏知古、陸象先、徐堅、劉子玄、吴兢等撰成姓族系録二百卷奏上。（舊唐書柳沖傳、唐會要卷三六）

七月，盡殲太平公主及其黨羽。（通鑑）

母喪守制。

八月，恩敕：欲起復水部郎中，依舊判刑部郎中，知國史事。上讓奪禮表：「臣聞在家稱孝，居國必忠」，「伏願陛下敦孝理之風，全通喪之典」。

九月，上讓奪禮第二表：「陛下休明撫運，景業維新。伏望革近代之澆漓，復先王之至德。」

十二月，改元開元。

玄宗親政，勵精圖治，倚重姚崇，抑權倖、愛爵賞、納諫諍、卻貢獻，使「貞觀之風，一朝復振」。（通鑑）

玄宗開元二年（甲寅　公元七一四年）　四十六歲

十一月，又敕：「史館要才，須從權奪。」上讓奪禮第三表：「三年之制，貴賤同尊」，

「既不負素心，亦不玷皇化」。

「停職還家」，卻「匪忘紙札」，繼續修撰。（舊唐書吴兢傳）

玄宗開元三年（乙卯　公元七一五年）　四十七歲

服闋起復，「直列諫臣之位，復膺良史之才」，以長垣縣男守諫議大夫兼修國史。（蘇頲授吴兢諫議大夫制）

玄宗開元四年（丙辰　公元七一六年）　四十八歲

六月，睿宗崩，實録留東都，詔兢馳驛取進梓宫。（新唐書吴兢傳）

十一月，與劉知幾重新修定則天實録三十卷，修成中宗實録二十卷、睿宗實録五卷。又引古義以白執政，姚崇奏請褒賞劉知幾、吴兢。（唐會要卷六三）

上諫畋獵表。（文苑英華標「玄宗開元五年」）

[案]玄宗此次行幸東都，自開元五年正月至六年十月。通鑑開元四年十二月，「上將幸東都，以（宋）璟爲刑部尚書、西京留守」。蘇頲幸東都制：「令以來年正月五日行幸東都，仍取北路。」據兢表文，「臣伏見明制，來年五月五日幸東都」，「山陵始畢，甫及逾年」等語，此表當爲開元四年十二月所上；表中「五月五日」當爲「正月五日」

之訛。

閏十二月，宋璟繼姚崇爲相。（通鑑）

玄宗開元五年（丁巳　公元七一七年）　四十九歲

九月，「宋璟爲相，欲復貞觀之政」，奏以諫官、史官「對仗奏聞」。（通鑑）

上疏玄宗，以太宗皇帝好悅至言，時有魏徵等「咸以切諫，引居要職」，「陛下何不遵此道，與聖祖繼美」。（上玄宗皇帝納諫疏）

十二月，秘書監馬懷素奏請學術之士整比圖書，以左散騎常侍元行沖、衛尉少卿吴兢等二十六人同於秘閣刊正四部書。（舊唐書韋述傳、通鑑）

約從此時起，著手編録「貞觀故事」。

玄宗開元六年（戊午　公元七一八年）　五十歲

以諫議大夫兼修國史行著作郎兼昭文館學士。（蘇頲授吴兢著作郎制）

［案］吴兢前一年十二月以衛尉少卿參與「整比圖書」，卻未見其有行著作郎之職事，而下一年九月昭文館改弘文館，據授吴兢著作郎制，其授著作郎時間當在此年，最晚不過下一年九月昭文館改弘文館之際。

上乞典郡表，「自掌東觀，十有七年」，「不能勒成大典」；「顧省微躬，久妨賢路」，「望令試典一郡，刺舉外臺」。

玄宗批答：「轉要以從閑，乃回難而就易，私願或愜，公道若何」，不准其請。（報吴兢書）

玄宗開元七年（己未　公元七一九年）　五十一歲

九月，昭文館依舊改爲弘文館。（唐會要卷六四）

玄宗開元八年（庚申　公元七二〇年）　五十二歲

正月，宋璟、蘇頲同時罷相，源乾曜、張嘉貞並同平章事。（通鑑）

五月，源乾曜爲侍中、張嘉貞爲中書令。（通鑑）

二公並相，弼諧王政，緬懷故實，以「太宗時政化良足可觀」，命其編録。於是「綴集所聞，參詳舊史，撮其旨要，舉其宏綱」，正式編録貞觀政要。（貞觀政要序）

張説檢校并州大都督府長史，兼修國史，仍齎史本隨軍修撰。（唐會要卷六四）

玄宗開元九年（辛酉　公元七二一年）　五十三歲

九月，張説入朝爲相，兼修國史。

十二月，劉知幾卒。

張説見兢與劉知幾重修則天實録，長安三年張昌宗誣魏元忠，引張説作僞證，「頻祈請删削數字」，兢回答：「若取人情，何名爲直筆。」同修史官驚異道：「昔董狐古之良史，即今是焉。」（唐會要卷六四、通鑑）

玄宗開元十一年（癸亥　公元七二三年）　五十五歲

二月，張説取代張嘉貞爲中書令，成爲此間最受寵信的宰相。

五月，置麗正書院，以張説爲修書使以總之。（通鑑）

是年，以父喪解史職，張説用趙冬曦代之。（新唐書吴兢傳）

玄宗開元十三年（乙丑　公元七二五年）　五十七歲

起復爲太子左庶子。（新唐書吴兢傳）

十月，東封泰山，玄宗途中「數馳射爲樂」。

上請東封不宜射獵疏，依「貞觀」故事勸諫玄宗，「罷此遊畋之事，克備文物之儀」。（請東封不宜射獵疏、新唐書吴兢傳）

十二月，玄宗疑吏部選試不公，分吏部爲十銓，尚書、侍郎皆不得參預其事。

上諫十銓試人表，以爲「陛下曲受讒言，不信於有司」，非「居上臨人之道、經邦緯俗之規」；「凡選人書判，並請委之有司，仍停此十銓分選」。（諫十銓試人表、通典卷一五選舉三、通鑑）

是年，張嘉貞封河東侯。（舊唐書張嘉貞傳）

玄宗開元十四年（丙寅　公元七二六年）　五十八歲

四月，張説以「引術士占星，徇私僭侈，受納賄賂」被彈劾，罷中書令職，修史如故。（通鑑）

六月，大風拔木毁屋，詔群臣陳得失。

上大風陳得失疏，云「恐陛下左右有姦臣擅權，懷謀上之心。臣聞百王之失，皆由權移於下。」指出「賕謁大行，趨競彌廣」等弊政，勸玄宗「斥屏群小，不爲慢遊」，「明選舉、慎刑罰、杜僥倖、存至公」。（大風陳得失疏、新唐書吴兢傳）

七月，上請總成國史奏：長安、景龍之歲，以左拾遺、起居郎兼修國史，武三思等相次監領其職，立性邪佞，殊非直筆。雖綿歷二十餘年，尚未刊就；「頃歲以丁憂去官，自此便停知史事」；所撰國史，「事皆從實」，「斷自隋大業十三年，迄乎開元十四年春

三月」，特望給楷書手和紙墨，至絶筆之日，當送上史館。（請總成國史奏）「敕兢就集賢院修成其書」。（唐會要卷六三）

玄宗開元十五年（丁卯　公元七二七年）　五十九歲

宰相李元紘以國史記人君善惡、國政損益，一字褒貶，千載稱之，應敕其就史館參詳撰録。乃詔張説及吴兢並就史館修撰。（舊唐書李元紘傳）

玄宗開元十七年（己巳　公元七二九年）　六十一歲

六月，源乾曜罷侍中，只爲左丞相，不預政事。蕭嵩兼中書令，加集賢殿學士、知院事，監修國史。（舊唐書蕭嵩傳、通鑑）

八月，癸亥（初五）爲玄宗四十五歲生日，花萼樓大宴群臣，以每年八月初五爲「千秋節」，布告天下，咸令宴樂。（舊唐書玄宗紀上、通鑑）

庚辰，張嘉貞去世。（通鑑）

乙酉，源乾曜退爲太子太傅，封安陽郡公。（舊唐書玄宗紀上、舊唐書源乾曜傳）

是年，同鄉白履忠以「勘爲學官」徵召入京，履忠辭以老病，不任職事。玄宗手詔：「且遊上京，徐還故里。」左庶子吴兢謂履忠曰：「吾子家室屢空，竟不霑斗米匹帛，雖得五品，何益於實也？」履忠欣然曰：「往歲契丹入寇，家家盡著括排門夫，履忠特以少讀書籍，縣司放免，至今惶愧。今雖不得，且是吾家終身高卧，免徭役，豈易得也！」（舊唐書白履忠傳）

在東都，「詣明福門」上貞觀政要十卷，希望玄宗「克遵太宗之故事」，「願行之而有恒，思之而不倦」，以使「貞觀巍巍之化，可得而致矣」。（上貞觀政要表）

玄宗開元二十一年（癸酉　公元七三三年）**前**　六十五歲前

「坐書事不當」，「出爲荆州司馬，制許以史稿自隨」。（舊唐書吴兢傳、新唐書吴兢傳）

中書令、監修國史蕭嵩，奏取兢所撰國史，得六十五卷。（舊唐書吴兢傳）

玄宗開元二十九年（辛巳　公元七四一年）**前**　七十三歲前

累遷台、洪、饒、蘄、舒等州刺史。（舊唐書吴兢傳、新唐書吴兢傳）

續修國史，修訂唐春秋三十卷。

加銀青光禄大夫，封襄（長）垣縣子。（舊唐書吴兢傳）

遷相州長史。（舊唐書吴兢傳）

玄宗天寶元年（壬午　公元七四二年）　七十四歲

改官制，以相州長史爲鄴郡太守。（舊唐書吴兢傳）

相州自開元以來，刺史貶死者十數人。張嘉祐爲相州刺史，訪知北周末尉遲迥爲相州總管，身死國難，乃立神祠。經三考，改左金吾將軍。「吴兢爲鄴郡守，又加尉遲神冕服。自後郡守無患。」（舊唐書張嘉貞附弟嘉祐傳）

入爲恒王傅，「府幕列於外坊，時通名起居而已。」（舊唐書玄宗諸子傳）

玄宗天寶七載（戊子　公元七四八年）**前**　八十歲前

別撰梁、齊、周史各十卷，陳史五卷，隋史二十卷。（舊唐書吴兢傳）

玄宗天寶八載（己丑　公元七四九年）　八十餘

卒於家，時年八十餘。（舊唐書吴兢傳）

藏書一萬三千四百六十八卷，録爲西齋書目。自撰書附於正史之末，又有續鈔書列於後。（郡齋讀書志書目類）

附：身後事

子進其所撰唐史八十餘卷。（舊唐書吴兢傳）

肅宗史官柳芳，與同職韋述受詔添修吴兢所撰國史。韋述亡後，柳芳緒述凡例，勒成

國史一百三十卷。（舊唐書柳登傳）

德宗史官沈既濟，以吴兢國史立則天本紀，奏議非之。（舊唐書沈傳師傳）

藏書及吴氏西齋書目遺外孫蔣乂。（舊唐書蔣乂傳）

門生張鎬，少時師事兢，兢甚重之。天寶末，以「天下奇傑」被召薦，拜左拾遺。安禄山反，屢以軍國事咨之。肅宗即位，玄宗遣其赴肅宗行在，奏議多所弘益，拜諫議大夫，遷中書侍郎、同中書門下平章事。以其有文武才，命兼河南節度使，持節都統淮南道諸軍事。後罷相位，授荆州大都督府長史。尋徵爲太子賓客，改散騎常侍。又貶辰州司户。代宗即位，拜撫州刺史，遷洪州刺史，饒、吉等七州都團練觀察等使，正授江南西道都團練觀察等使。廣德二年九月卒。自入仕凡三年，致位宰相。居身清廉，不營資産，謙恭下士，善談論。多識大體，故天下具瞻。（舊唐書張鎬傳）

張鎬上請追謚常王傅吴兢奏，全文如下：

故常王傅吴兢，先朝史臣，歷踐中外，大行忠信，彰於朝野。伏以訓誡明旨，謚法攸遵。臣早歲服膺，備知名實相副。特乞聖恩，褒其嘉謚。（全唐文卷四三二）

二、吴兢著述目録

（據新唐書藝文志）

樂府古題要解一卷

郡齋讀書志樂類、宋史藝文志一作二卷

齊史十卷

郡齋讀書志、直齋書録解題

梁史十卷

郡齋讀書志、直齋書録解題

陳史五卷

郡齋讀書志、直齋書録解題

周書十卷

郡齋讀書志、直齋書録解題

隋史二十卷

郡齋讀書志、直齋書録解題

唐書一百三十卷，兢、韋述、柳芳、令狐峘、于休烈等撰

郡齋讀書志、直齋書録解題

唐春秋三十卷

郡齋讀書志、直齋書録解題

唐書備闕録十卷

郡齋讀書志、直齋書録解題、宋史藝文志

太宗勳史一卷

郡齋讀書志、直齋書録解題、宋史藝文志

貞觀政要十卷

郡齋讀書志、直齋書録解題、宋史藝文志

高宗後修實録三十卷，初，令狐德棻撰，止乾封，劉知幾、吴兢續成

郡齋讀書志、直齋書録解題、宋史藝文志

則天皇后實録二十卷，魏元忠、徐堅等撰，劉知幾、吴兢刊正

郡齋讀書志、直齋書録解題、宋史藝文志

中宗實録二十卷
郡齋讀書志、直齋書録解題、宋史藝文志
睿宗實録五卷
郡齋讀書志、直齋書録解題、宋史藝文志
吴氏西齋書目一卷
郡齋讀書志、宋史藝文志
兵家正史九卷
郡齋讀書志、直齋書録解題
五藏論影像一卷
郡齋讀書志、直齋書録解題
唐名臣奏十卷
郡齋讀書志、直齋書録解題
宋史藝文志尚有：
開元名臣録三卷

郡齋讀書志

開元昇平源一卷

郡齋讀書志、直齋書録解題

三、吴兢詩文輯録

（詩在前，文以時間先後爲序）

永泰公主挽歌二首　文苑英華卷三一〇、全唐詩卷一〇二

爲桓侍郎讓侍中表　文苑英華卷五七三、全唐文卷二九八

上中宗皇帝疏　册府元龜卷五四五諫諍部直諫一二、全唐文卷二九八

讓奪禮表、第二表、第三表　文苑英華卷五七九、全唐文卷二九八

諫畋獵表　文苑英華卷六二〇、全唐文卷二九八

上玄宗皇帝納諫疏　新唐書卷一三二吴兢傳、全唐文卷二九八

乞典郡表　册府元龜卷五五四國史部恩獎、全唐文卷二九八

請東封不宜射獵疏　册府元龜卷五四六諫諍部直諫一三、全唐文卷二九八

諫十詮試人表　通典卷一五選舉三、册府元龜卷六三〇銓選修制三、全唐文卷二九八

大風陳得失疏　新唐書卷一三二吴兢傳、全唐文卷二九八

請總成國史奏　唐會要卷六三、册府元龜卷五五六國史部採撰二、全唐文卷二九八

貞觀政要序　貞觀政要、全唐文卷二九八

上貞觀政要表　明本及南家本、菅家本貞觀政要、全唐文卷二九八

永泰公主挽歌二首　文苑英華卷三一〇

穠華從婦道，釐降適諸侯。河漢天孫合，瀟湘帝子遊。關雎方作訓，鳴鳳自相求。可歎凌波跡，東川逐不流。

舜華徂北渚，宸思結南陽。鹽綬哀榮備，遊軒寵悼彰。三川謀遠日，八水宅連岡。無復秦樓上，吹簫下鳳凰。

爲桓侍郎讓侍中表

臣彦範言：伏奉恩制，除臣侍中。光大之命，忽降望表；顛越之懼，頓積心涯，臣某中臣謝。聞君子樹功，心在利物；義夫建策，口不言賞。故田疇以責塞爲□□□□□□□□□□□□□□□趾達於閭里，筮仕本祈於州縣。屬天道貞觀，功能咸録；曾未一紀，殆將十遷。三入憲司，莫禁奸宄；再申會府，寧裨準繩。掌棘木之刑，訟聲詎弭；受羽林之寄，軍容未肅。循省知懼，寢興弗遑。頃逆豎等潛構禍端，竊窺神器，外結兇黨，陰懷密圖。則天大聖皇帝，天縱睿明，察之於將兆；陛下性命神武，擒之於發機。臣職統士卒，受命梟斬，此宗社之福也，陛下之明也，臣何力之有焉？金紫佩腰，已虧於曩節；貂蟬冠首，胡顔於後命。不出旬朔，頓越等倫，臣知不可，物議誰塞？臣又聞暴進者罹咎，知止者無辱。詩有匪服之議，易著折足之誡。歷考前載，益用惶惑。且賞罰之柄，國之大典，罰一罪使天下革心，賞一人使天下知勸。今皇極肇建，明命初基，惠化始覃，而賞勸失中，此臣所以固讓也。況此官出納帝命，喉舌王言，政之治亂，實所攸繫，豈可以微蚋之力，能負丘山；一葦之航，克濟溟渤。伏願覽任官惟賢之旨，察量能受職之義，寢已施之澤，鑒不奪之誠。幸甚，幸甚！

上中宗皇帝疏

今聞道路云云，皆言賊臣等竊議：以安國相王連謀於重俊，共加羅織，將欲寘於法。臣既忝職諫曹，安敢不奏。臣聞庶物不可以自生，陰陽以之亭育；大寶不可以獨守，子弟成其藩翰。昔武王聖主也，成王賢嗣也，然封建魯、衛，以扶社稷，所以龜鼎相傳，七百餘載。始皇絶昭襄之業，承戰争之弊，忽先王之典制，比宗親於黔首，孤立無輔，二代而亡。及諸吕用權，將傾劉氏，朱虚爲其心腹，絳侯作其爪牙，劉氏復安，豈非宗子之力歟！國之安危，在於藩屏，故設官分職，先親後疎。詩云「宗子維城」，書云「九族既睦」。自文明之後，皇運中衰，國之祚裔，不絶如綫。洎陛下龍興，恩被骨肉，搜擿竄於炎障，復衣冠於庭闕，萬國歡心，孰不慶幸！且安國相王，實陛下之同氣，六合至廣，親莫加焉。但賊臣等日夜同謀，必欲嗔于極法，此則禍亂之漸，不可不察。夫相王之仁孝，幽明共知。頃遭荼苦，哀毁過制。以陛下爲性命，亦陛下之手足。大孝於父母，而惡於兄弟者，未之有也。

若信任邪佞，委之於法，必傷陛下之恩，失天下之望。所謂芟刈股肱，獨任胸臆；方涉江漢，棄其舟檝，可爲寒心，可爲慟哭。自昔剪伐枝幹，委權異族者，未有不喪其宗社也。何以明之？秦任趙高，卒致傾敗；漢委王莽，遂成篡逆。晉家以自相魚肉，寰瀛鼎沸；隋皇以猜忌子弟，海縣塵飛。驗之覆車，安可重跡？是以任之以權，雖疎必重；奪之以勢，雖親必輕。臣又聞之，根朽則木枯，源涸則流竭。子弟者，國之根源，豈可使其朽竭哉？先王所以廣封樹、存親親，使謀孫翼子，柯葉碩茂。况皇家枝幹，零落無幾，方之先朝，十不存一。自陛下登極，于今四稔，一子以弄兵被誅，一子以愆失遠任，唯此一弟朝夕左右，斗粟尺布之刺，可不慎焉！蒼蠅之詩，誠可畏也。昔者謗書盈篋，難明於主君；讒言三至，見疑於慈母。伏願陛下降明制、曉群邪，使忠臣孝子，知友于之愛；姦佞庸回，執讒慝之口。下全棠棣之美，上慰罔極之心。德教加於兆人，風化流於千載，則群生幸甚。臣本布衣，匪求官達。聖明過聽，拔齒諍臣，不勝受恩之甚。謹昧死讜言，輕瀆天威，伏增戰汗。

册府元龜卷五四五諫諍部直諫一二

讓奪禮表

草土臣兢言：伏奉去年八月十日恩敕，追臣赴京，起復尚書水部郎中，依舊兼判刑部郎中、知國史事。聞命驚號，心手無措，臣兢中謝。臣行負幽明，禍延所怙一作恃，銜哀茹血，五情崩潰。卜隣之訓，永慕不追；陟岵之感，窮冤已及。但心同木石，未能自死，豈悟皇明，旋加辟命。且臣聞在家稱孝，居國必忠，苟違斯理，實虧禮教。焉有躬嬰荼毒，而跡忝南史，首伏苫廬，而名叨東觀？將何以發揮帝典，褒貶人倫，定一代之是非，爲百王之準的？臣不敢遠喻前古，廣飾浮辭。自近歲以來起復者，則有御史大夫解琬、黄門侍郎張説、工部侍郎蘇頲，皆訴哀陳款，特蒙矜遂，此實成例，竊敢庶幾。伏願陛下敦孝理之風，全通喪之典，追收綸涣，俯納懇誠，許其畢疚私庭，終服凶次。獲申負土之禮，用展攀柏之悲，則雖死之年，猶生之日，無任荒迫之至。謹遣臣大學生終奉表陳乞以聞。

第二表

草土臣兢言：頻表乞哀，誠辭已罄。未蒙矜亮，獎喻彌切。鞠躬周章，倍增號震。臣聞自昔墨縗，本因兵革。權宜變禮，不爲文儒。後來浮薄，罕存喪紀。事匪軍容，亦從權奪。陛下休明撫運，景業惟新。伏望革近代之澆漓，復先王之至德。況史官之任，爲代準的。若苟虧情理，輒徇恩榮，靦目强顔，操簡書事，適足玷聖朝之孝理，何以樹終古之風聲？特乞天慈，少加矜察，使畢情苫菜，少申悲露，則天地之恩，實爲至厚。臣子之道，幸此克全，無任懇迫之至。謹詣朝堂路左奉表乞哀以聞。

第三表

草土臣兢言：臣去九月一日冒死哀訴，冀得終服私門。天睠猶邈，未垂哀察；跼影窮號，罔知自寘。又奉十一月二日敕，史館要才，須從權奪，宜令州縣敦諭發遣者。伏對崩號，觸緒屠裂，臣某中謝。臣孝虧誠感，奄遘憫凶；瀝膽銜荼，崩心茹棘。尪骸殘喘，豈冀生全；天澤曲私，屢加奪命。令居史閣，是掌記言。臣昔忝此官，十有餘載，才輕寄重，答效無施。未能褒貶有章，使人倫知勸；典謩大訓，與日月俱懸。即微臣平日，其曠職如此。今心形隕越，荒疾失圖，寧可重處南、董之司，頻叨班、馬之列！實貽貪禄之咎，更招廢禮之辜。顧視等夷，何施面目。且三年之制，貴賤同遵；四時之悲，几筵是託。乞歸身苫壤，趨侍松塋，既不負素心，亦不玷皇化。干黷已屢，伏待刑書，無任崩迫之至。謹詣朝堂路左奉表乞哀以聞。

文苑英華卷五七九

諫畋獵表玄宗　開元五年

【案】小注有誤，詳見吳兢學行編年開元四年。

臣兢言：伏見明制，來年五月五日幸東都。道路皆以陛下至長春宫及沙苑，當有畋獵之事。今東土耆艾，關、河士女，莫不欣躍舞抃，翹望帝車，延頸企踵，所恩者德。伏願陛下舉無失禮，動則有章。詩云：「敬慎威儀，惟人之則。」愚臣以山陵始畢，甫及逾年。陛下縗服雖除，心喪未已。四海之内，八音尚遏，豈可遽將犬馬爲娱，鷹隼是務？必或如此，則恐傷人子之道，虧天地之經。欲令萬方，何所取則。况禮經云：「三年之喪，自天子之達。」陛下既俯順當時之請，唯行易月之制，奈何更盤于遊畋，以徇從禽之樂，豈所謂明王之孝理天下乎？而望德教加於百姓，必不可得也。昔魯侯觀魚于棠，春秋尚列其戒。陛下若既葬而獵，後代豈不爲刺！且馳鶩山澤之間，經過林薄之下，冰谷之危未遠，銜策之變不恒。伏願陛下重慎防微，須爲社稷自愛。老子曰：「我無爲而人自化，我無欲而人自樸。」詩云：「爾之教矣，人胥效矣。」由是觀之，居上者必慎所好。愚臣職居待問，兼掌史筆，竊以君舉必書，位在無隱。既聞衆所流議，實恐有玷聖猷。區區之誠，唯在於此。輒敢冒死上陳，伏願留神省察，恕此狂斐之罪云云。

文苑英華卷六二〇

上玄宗皇帝納諫疏

自古人臣，不諫則國危，諫則身危。臣愚食陛下禄，不敢避身危之禍。比見上封事者，言有可采，但賜束帛而已，未嘗蒙召見、被拔擢。其忤旨，則朝堂決杖，傳送本州，或死於流貶。由是臣下不敢進諫。古者設誹謗木，欲聞己過。今封事，謗木比也，使所言是，有益於國；使所言非，無累於朝。陛下何遽加斥逐，以杜塞直言？道路流傳，相視怪愕。夫漢高帝赦周昌桀、紂之對，晉武帝受劉毅桓、靈之譏，况陛下豁達大度，不能容此狂直耶？夫人主居尊極之位，顓生殺之權，其爲威嚴峻矣。開情抱、納諫諍，下猶懼不敢盡，奈何以爲罪？且上有所失，下必知之。故鄭人欲毁鄉校，而子産不聽也。陛下初即位，猶有褚無量、張廷珪、韓思復、辛替否、柳澤、袁楚客數上疏争時政得失。自頃上封事，往往得罪，諫者頓少。是鵲巢覆而鳳不至，理之然也。臣誠恐天下骨鯁士，以讜言爲戒，撓直就曲，斲方爲刓，偷合苟容，不復能盡節忘身，納君於道矣。

夫帝王之德，莫盛於納諫。故曰：「木從繩則正，后從諫則聖。」又曰：「朝有諷諫，猶髮之有梳。猛虎在山林，藜藿爲之不采。」忠諫之有益如此。自古上聖之君，恐不聞己過，故堯設諫鼓，禹拜昌言。不肖之主，自謂聖智，拒諫害忠，桀殺關龍逢而滅於湯，紂殺王子比干而滅於周，此其驗也。夫與治同道罔不興，與亂同道罔不亡。人將疾，必先不甘魚肉之味；國將亡，必先不甘忠諫之説。嗚呼，惟陛下深監于兹哉！隋煬帝驕矜自負，以爲堯、舜莫己若，而諱亡憎諫，乃曰：「有諫我者，當時不殺，後必殺之。」大臣蘇威欲開一言，不敢發，因五月五日獻古文尚書，帝以爲訕己，即除名。蕭瑀諫無伐遼，出爲河池郡守。董純諫無幸江都，就獄賜死。自是蹇諤之士，去而不顧，外雖有變，朝臣鉗口，帝不知也。身死人手，子孫剿絶，爲天下笑。太宗皇帝好悦至言，時有魏徵、王珪、虞世南、李大亮、岑文本、劉洎、馬周、褚遂良、杜正倫、高季輔，咸以切諫，引居要職。嘗謂宰相曰：「自知者爲難。如文人巧工，自謂己長，若使達者大匠，詆訶商略，則蕪辭拙跡見矣。天下萬機，一人聽斷，雖甚憂勞，不能盡善。今魏徵隨事諫正，多中朕失，如明鑑照形，美惡畢見。」當是時，有上書益於政者，皆黏寢殿之壁，坐望卧觀，雖狂瞽逆意，終不以爲忤。故外事必聞，刑戮幾措，禮義大行。陛下何不遵此道，與聖祖繼美乎？夫以一人之意，綜萬方之政，明有所不燭，智有所不周，上心未諭於下，下情未達於上。伏惟以虚受人，博覽兼聽，使深者不隱，遠者不塞，所謂「闢四門，明四目」也。其能直言正諫不避死亡之誅者，特加寵榮，待以不次，則失之東隅，冀得之桑榆矣。

新唐書卷一三二吴兢傳

乞典郡表

臣自掌史東觀，十有七年。歲序徒淹，勤勞莫著，不能勒成大典，垂誡將來。顧省微躬，久妨賢路，乞罷今職，别就他官。至於治人之政，在兢尤所詳曉，望令試典一郡，刺舉外臺，必當效績循良，不負朝寄。又，兢父致仕已來，俸料斯絶，所冀禄秩稍厚，甘脆有資。烏鳥之誠，幸垂矜察。

册府元龜卷五五四國史部恩奬

諫東封不宜射獵疏

陛下爰自雒邑，將告禪岱宗，行經數州，屢以畋獵爲事。伏恐外荒之攸漸，誠非致理之所急。況陳封告成，禮容甚大，伏願罷此畋遊之事，克備文物之儀。又貞觀時，太宗文皇帝凡有巡幸，則博選識達古今之士以在左右，每至前代興亡之地，皆問其所繇，用爲鑒誡。伏願陛下遵而行之，則與夫騁奔馬於澗谷，要狡獸於叢林，不愼垂堂之危，不思馭朽之變，安可同年而較其優劣！

册府元龜卷五四六諫諍部直諫一三

諫十銓試人表

易稱「君子思不出其位」，言各止其所，不侵官也。此實百王準的。伏見敕旨，令韋抗等十人分掌吏部銓選。及試判將畢，遽召入禁中次定，雖有吏部尚書及侍郎，皆不得參其事。議者皆以陛下曲受讒言，不信於有司也。然則居上臨人之道，經邦緯俗之規，必在推誠，方能感物。抑又聞：用天下之智力者，莫若使天下信之。故漢光武置赤心於人腹，良有旨哉。昔魏明帝嘗卒至尚書省，尚書令陳矯詭（跪）問曰：陛下欲何之？帝曰：欲按行省司文簿。矯曰：此是臣之職分，陛下非所宜臨。若臣不稱職，則就黜退。陛下宜即還宫。帝慙而返。又陳平、丙吉者，漢家之宰相也，尚不對錢穀之數，不問路死之人。故上自天子，至於卿士，守其職分，而不可輒有侵越也。況我大唐萬乘之君，卓絶千古之上，豈得下行選事，頓取怪於朝野乎？凡是選人書判，並請委之有司，仍停此十銓分選，復以三銓還有司。

通典卷一五選舉三

大風陳得失疏

自春以來，亢陽不雨，乃六月戊午，大風拔樹，壞居人廬舍。傳曰：「敬德不用，厥災旱。上下蔽隔，庶位踰節。陰侵於陽，則旱災應。」又曰：「政悖德隱，厥風發屋壞木。」風，陰類，大臣之象。恐陛下左右有姦臣擅權，懷謀上之心。臣聞百王之失，皆由權移於下。故曰：「人主與人權，猶倒持太阿，授之以柄。」夫天降災異，欲人主感悟，願深察天變，杜絶其萌。且陛下承天后、和帝之亂，府庫未充，冗員尚繁，户口流散，法出多門，賕謁大行，趨競彌廣。此弊未革，寔陛下庶政之闕也，臣不勝惓惓。願斥屏群小，不爲慢遊，出不御之女，減不急之馬，明選舉、慎刑罰、杜僥倖、存至公，雖有旱風之變，不足累聖德矣。

新唐書卷一三二吴兢傳

請總成國史奏

臣往者長安、景龍之歲，以左拾遺、起居郎兼修國史。時有武三思、張易之、張昌宗、紀處訥、宗楚客、韋温等，相次監領其職。三思等立性邪佞，不循憲章，苟飾虚詞，殊非直筆。臣愚以爲國史之作，在乎善惡必書。遂潛心積思，别撰唐書九十八卷、唐春秋三十卷，用藏於私室。雖綿歷二十餘年，尚刊削未就。但微臣私門凶釁，頃歲以丁憂去官，自此便停知史事。竊惟帝載王言，所書至重，儻有廢絶，實深憂懼。於是彌綸舊紀，重加删緝，雖文則不工，而事皆從實。斷自隋大業十三年，迄于開元十四年春三月，即皇家一代之典，盡在於斯矣。既撰將成此書于私家，不敢不奏。又卷軸稍廣，繕寫甚難，特望給臣楷書手三數人，并紙墨等。至絶筆之日，當送上史館。

唐會要卷六三

宋季三朝政要箋證
宋代官箴書五種
契丹國志
西夏書校補
大金弔伐録校補
大金國志校證
聖武親征録（新校本）
元朝名臣事略
明本紀校注
皇明通紀
明季北略
明季南略
國初群雄事略
三朝遼事實録
小腆紀年附考
小腆紀傳
史略校箋
廿二史劄記校證
通鑑地理通釋
黑韃事略校注

中國史學基本典籍叢刊　書目

穆天子傳匯校集釋
國語集解
吳越春秋輯校彙考
越絶書校釋
西漢年紀
兩漢紀
漢官六種
東觀漢記校注
校補襄陽耆舊記（附南雍州記）
十六國春秋輯補
洛陽伽藍記校箋
建康實録
荆楚歲時記
大唐創業起居注箋證（附壺關録）
貞觀政要集校（修訂本）
唐六典
蠻書校注
十國春秋
皇朝編年綱目備要
皇宋十朝綱要校正
隆平集校證
宋史全文
宋太宗皇帝實録校注
金石録校證
丁未録輯考
靖康稗史箋證
中興遺史輯校
鄂國金佗稡編續編校注
皇宋中興兩朝聖政輯校
中興兩朝編年綱目
續宋中興編年資治通鑑
續編兩朝綱目備要

貞觀政要人名索引

一、本索引爲貞觀政要正文中提及的隋、唐人名索引。隋、唐皇帝用廟號,其他人用本名。别稱、封號等只在本名後加括弧表明,不出參見。唐太宗不再出引。

二、人名排列以中文拼音字母爲序,人名後的數字表示本書正文頁碼。

N

P

Q

S

T

W

X

Y